普通高等院校“新工科”创新教育精品课程系列教材
教育部高等学校机械类专业教学指导委员会推荐教材

机械制图

主　编　丁　乔
主　审　田　凌
副主编　孙铁红　王晓华　刘冬梅　仵亚红
　　　　张孟玫
参　编　王少钦　韩丽艳　张建军　孙　宇

华中科技大学出版社
中国·武汉

内 容 简 介

本书是在“新工科”建设的宏观指导下，根据教育部最新颁布的《普通高等院校工程图学课程教学基本要求》及有关国家标准《技术制图》《机械制图》等，结合近年来各院校教学改革实践经验和成果编写而成的。

本书按照与 AutoCAD、机械测绘分离的教学模式编写，未编排 AutoCAD、机械测绘的教学内容，旨在强化学生自主学习能力的养成。每章配有内容框图和课程矩阵及课后测试题，并可通过扫描二维码查看答案。全书内容从基本体出发，把“轴测图”和“换面法”融合到“点线面体”的讲解中，试图通过图与形的实时转换，一个问题多角度分析、多途径解决来有效拓展思维，逐步提高学生的构型设计能力。主要内容包括：基本体的三视图和轴测图、基本几何元素的正投影原理及相对位置、制图的基本知识与技能、组合体、机件常用的表达方法、标准件和常用件、零件图、装配图等。

本书可作为高等学校机类、近机类各专业的课程教学用书，也可供机械工程领域的工程技术人员参考。

图书在版编目(CIP)数据

机械制图/丁乔主编.—武汉：华中科技大学出版社，2019.8(2023.8 重印)
普通高等院校“新工科”创新教育精品课程系列教材
教育部高等学校机械类专业教学指导委员会推荐教材
ISBN 978-7-5680-5578-9

Ⅰ.①机… Ⅱ.①丁… Ⅲ.①机械制图-高等学校-教材 Ⅳ.①TH126

中国版本图书馆 CIP 数据核字(2019)第 180487 号

机械制图 丁 乔 主编
Jixie Zhitu

策划编辑：张少奇
责任编辑：戢凤平
封面设计：杨玉凡
责任监印：周治超
出版发行：华中科技大学出版社(中国·武汉) 电话：(027)81321913
武汉市东湖新技术开发区华工科技园 邮编：430223
录 排：武汉三月禾文化传播有限公司
印 刷：武汉市首壹印务有限公司
开 本：787mm×1092mm 1/16
印 张：20
字 数：502 千字
版 次：2023 年 8 月第 1 版第 5 次印刷
定 价：49.90 元

普通高等院校“新工科”创新教育精品课程系列教材
教育部高等学校机械类专业教学指导委员会推荐教材

编审委员会

出版说明

为深化工程教育改革，推进“新工科”建设与发展，教育部于2017年发布了《教育部高等教育司关于开展新工科研究与实践的通知》，其中指出“新工科”要体现五个“新”，即工程教育的新理念、学科专业的新结构、人才培养的新模式、教育教学的新质量、分类发展的新体系。教育部高等学校机械类专业教学指导委员会也发出了将“新”落实在教材和教学方法上的呼吁。

我社积极响应号召，组织策划了本套“普通高等院校‘新工科’创新教育精品课程系列教材”，本套教材均由全国各高校处于“新工科”教育一线的专家和老师编写，是全国各高校探索“新工科”建设的最新成果，反映了国内“新工科”教育改革的前沿动向。同时，本套教材也是“教育部高等学校机械类专业教学指导委员会推荐教材”。我社成立了以李培根院士、段宝岩院士、杨华勇院士、赵继教授、顾佩华教授为顾问，奚立峰教授、刘宏教授、吴波教授、陈雪峰教授为主任的“‘新工科’视域下的课程与教材建设小组”，为本套教材构建了阵容强大的编审委员会，编审委员会对教材进行审核认定，使得本套教材从形式到内容上保持高质量。

本套教材包含了机械类专业传统课程的新编教材，以及培养学生大工程观和创新思维的新课程教材等，并且紧贴专业教学改革的新要求，着眼于专业和课程的边界再设计、课程重构及多学科的交叉融合，同时配套了精品数字化教学资源，综合利用各种资源灵活地为教学服务，打造工程教育的新模式。希望借由本套教材，能将“新工科”的“新”落地在教材和教学方法上，为培养适应和引领未来工程需求的人才提供助力。

感谢积极参与本套教材编写的老师们，感谢关心、支持和帮助本套教材编写与出版的单位和同志们，也欢迎更多对“新工科”建设有热情、有想法的专家和老师加入到本套教材的编写中来。

华中科技大学出版社

2018年7月

前　言

本书是在“新工科”建设的宏观指导下，根据教育部最新颁布的《普通高等院校工程图学课程教学基本要求》及有关国家标准《技术制图》《机械制图》等，结合近年来各院校教学改革实践经验和成果编写而成的。

本书立足于应用型人才培养，强化学生自主学习能力的养成，每章配有内容框图和课程矩阵及课后测试题，并可通过扫描二维码查看答案。全书内容从基本体出发，把“轴测图”和“换面法”融合到讲解“点线面体”知识点的章节中，试图通过图与形的实时转换，一个问题多角度分析、多途径解决来有效拓展思维，逐步提高学生的构型设计能力。全书采用最新的《技术制图》《机械制图》等国家标准，按照与 AutoCAD、机械测绘分离的教学模式编写，未安排 AutoCAD、机械测绘的教学内容。本书配套的教学课件、视频等可通过扫描相应的二维码获取。

本书由丁乔担任主编并统稿，参加编写工作的老师有北京石油化工学院丁乔（绪论、第1～5章、附录）、孙铁红（第4、10章）、仵亚红（第2、7章）、张孟玫（第6章）、韩丽艳（绪论）、张建军（附录），北京印刷学院王晓华（第8、9章），东北农业大学刘冬梅（第2章），北京建筑大学王少钦（第3章），哈尔滨技师学院孙宇（第1章）。

本书由清华大学田凌教授主审。

北京石油化工学院吴波教授、赵增慧副教授对本书编写给予了很多帮助，在此表示感谢。本书在编写过程中参考了一些同类著作，在此向相关作者表示衷心感谢，具体书目作为参考文献列于书末。

本书可作为高等学校机类、近机类各专业的课程教学用书，参考学时为56～100。

由于编者水平有限，书中缺点和错误在所难免，敬请读者批评指正。

编　者

2019年6月

目　　录

绪　　论

教学课件

在现代工业生产和实际生活中，机械装备是怎样制造出来的？首先要依据功能需求，进行机械设计，这个设计不能口述、不能手写而是用图样进行表达的。图样可以告诉别人“想制造什么样的机器”，读懂图样可以知道“别人想制造什么样的机器”。“机械制图”这门课程就是研究绘制和阅读机械图样的原理和方法的一门既有理论又有较强实践性的技术基础课程，是一门学习工程与产品图形信息表达、图形理解和图样绘制的课程，也是培养工程师的必修课程。

1. 本课程研究对象

工程技术上，为准确表达工程对象的形状、大小、相对位置和技术要求，将其按照一定的投影方法和有关技术规定表达在图纸上就得到了工程图样，简称图样。在机械工程中常用的图样是零件图和装配图，统称为机械图样。

图 0-1 所示的立体图因为不容易绘制，也难以将零件的内部结构和每个细节都表达清楚，更不便于尺寸标注，所以工程上采用了一种使用正投影方法绘制的图样。图 0-2 是一张“端盖”零件图，它完整、确切地表达出了零件的全部形状、大小和加工要求等。工人依据这样的图样，能够加工制造出这个零件。图 0-3 是一张“齿轮油泵”的装配图，它表示了构成“齿轮油泵”的全部零件装配在一起的装配状态，从中可以了解装配关系、工作原理等。

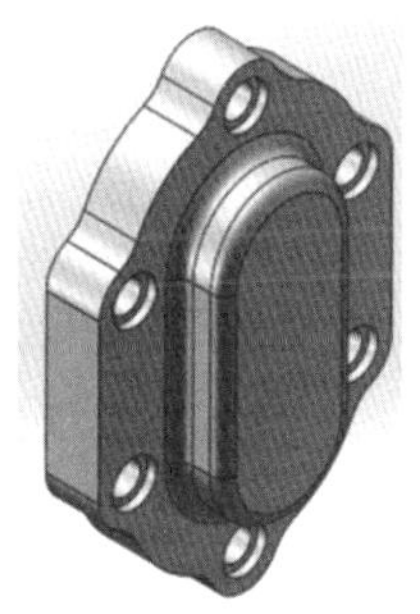

图 0-1　齿轮油泵及端盖立体图

可见，“一图胜千言”，图样是工程界的技术语言，是制造业最重要的技术信息，设计者通过图样来表达自己的设计思想，制造者（或使用者）通过图样来了解设计意图、结构和性能。一切机器、仪器和机械装备都是根据图样进行制造和装配的，如图 0-4 所示。

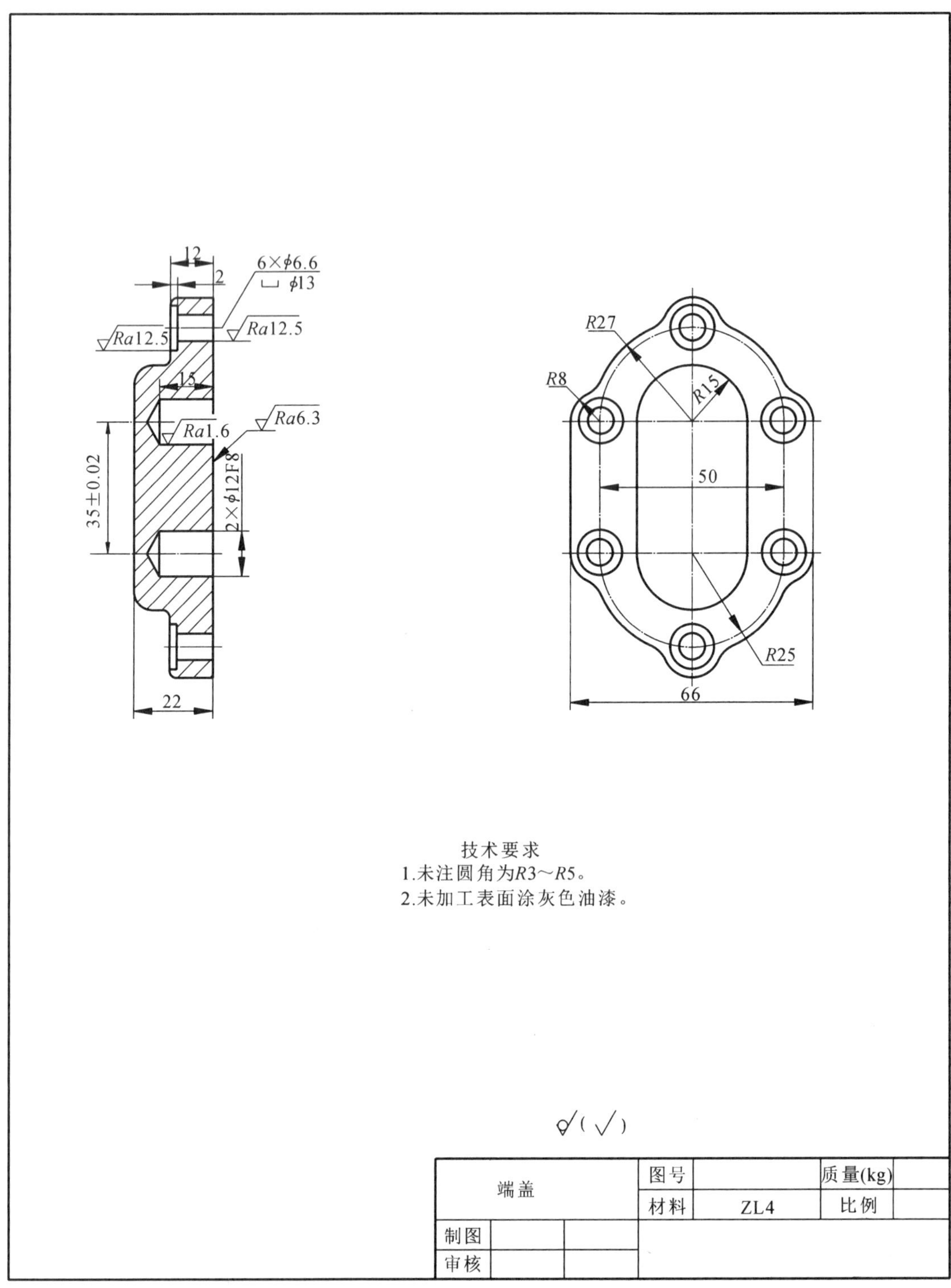
12
2
6×ϕ6.6
⌴ ϕ13
Ra12.5
Ra12.5
15
Ra1.6
Ra6.3
35±0.02
2×ϕ12F8
22
R27
R8
R15
50
R25
66
技术要求
1.未注圆角为R3～R5。
2.未加工表面涂灰色油漆。
端盖
图号
质量(kg)
材料
ZL4
比例
制图
审核

图 0-2　端盖零件图

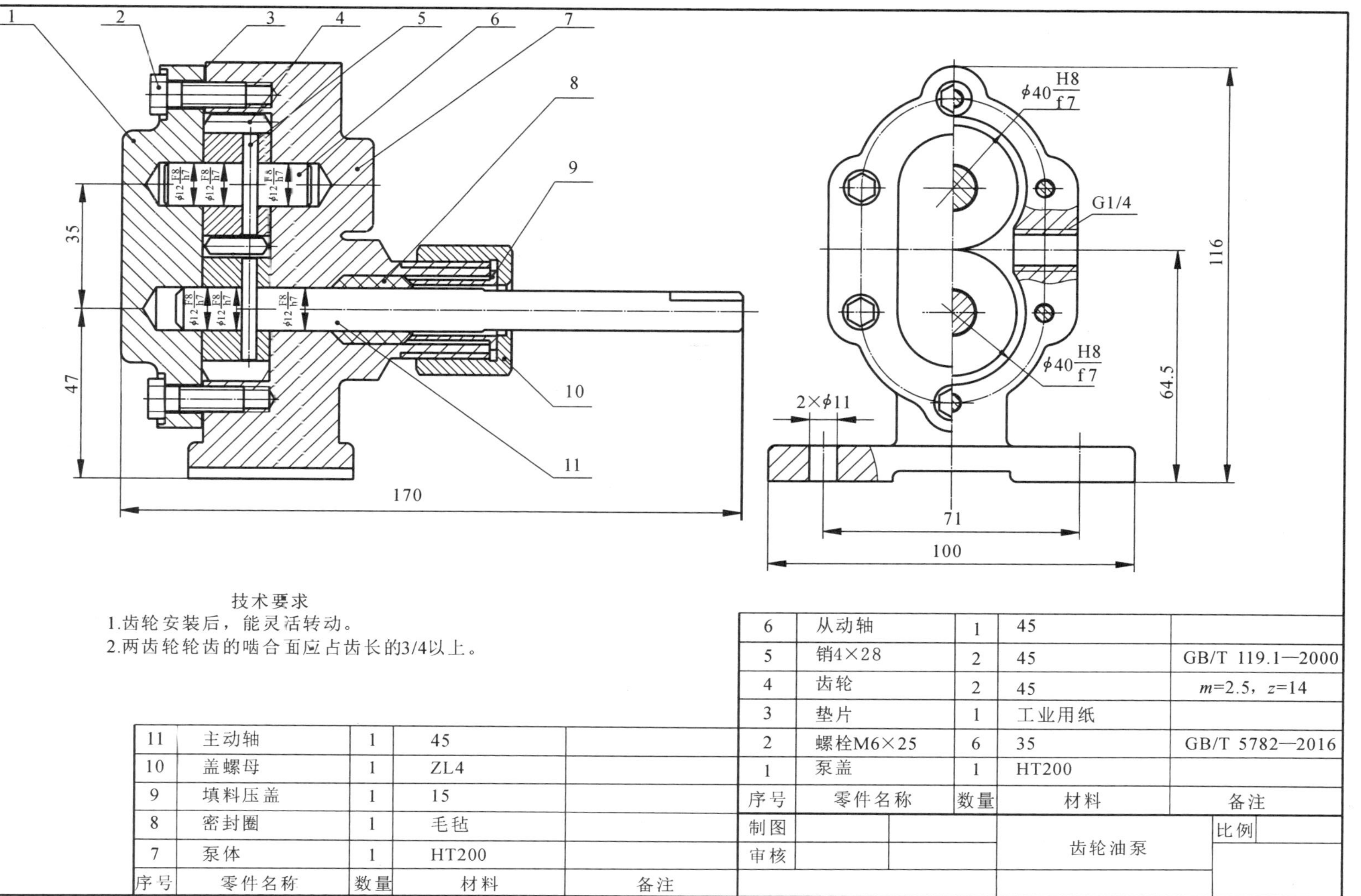

序号	零件名称	数量	材料	备注
11	主动轴	1	45	
10	盖螺母	1	ZL4	
9	填料压盖	1	15	
8	密封圈	1	毛毡	
7	泵体	1	HT200	
6	从动轴	1	45	
5	销4×28	2	45	GB/T 119.1—2000
4	齿轮	2	45	m=2.5，z=14
3	垫片	1	工业用纸	
2	螺栓M6×25	6	35	GB/T 5782—2016
1	泵盖	1	HT200	

图0-3　齿轮油泵装配图

图 0-4　图样的作用

2. 本课程培养目标和内容

本课程培养目标可以概括为三种能力的培养和三种意识的建立。三种能力是：培养图学思维和空间想象能力；培养图形表达能力和简单构型能力；培养图形的绘制能力。三种意识是：建立工程意识；建立设计构型意识；建立遵守标准和规范的意识及责任意识。

本课程学习内容如图 0-5 所示。

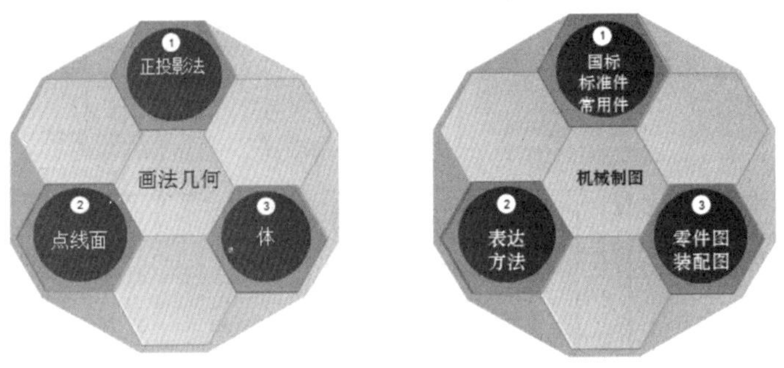

图 0-5　机械制图课程内容

画法几何——研究运用投影理论在平面上表示空间几何元素（点、线、面、体）及其相对位置的方法（即图示法）和图解空间几何问题的基本原理和方法（即图解法）。

机械制图——学习和贯彻制图国家标准及其他有关标准的基本规定，用绘图仪器和工具、计算机或者徒手正确表达、绘制机械图样并能根据图样了解设备的结构和性能等。

3. 本课程学习方法

根据本课程的特点，建议学习过程中注意以下几点。

(1) 建立良好的学习习惯，平时做到课前预习，课上认真听课，主动讨论交流，及时复习，按时完成作业；留意观察正投影法在日常生活中的应用，图样上所表达的对象大多都是生活中能遇到的。

(2) 多想、多看、多练，熟知基本理论和基本方法，深入理解和掌握平面和空间互相转换的规律，借助于现代计算机技术，逐步提高空间想象能力和图形思维能力。

(3) 画图时要严格遵守制图国家标准的有关规定，培养一丝不苟、严谨细致的学习作风。

本课程只能为同学们的绘图和读图能力打下一定基础，要达到合格的工科大学生所必须达到的制图技能要求，还有待于在后续课程、生产实习、课程设计和毕业设计中继续培养和提高，希望同学们高瞻远瞩、脚踏实地，谨记千里之行始于足下。

第1章 平面基本体的三视图和轴测图

教学视频

内容框图

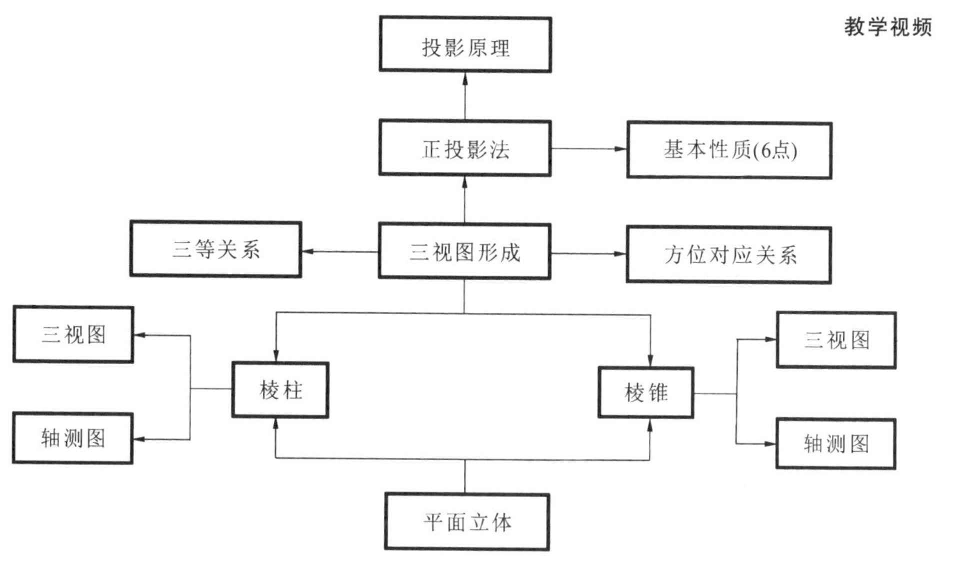

课程矩阵

一般性目标	掌握投影原理，建立起空间物体和平面图形之间的转换关系，具有表达平面立体的能力
具体目标	掌握正投影原理和三视图的形成及投影关系；能够绘制平面立体的三视图和轴测图
教师教法建议	布置课前预习任务，提供课件、测试题；课件辅助讲授；启发、模型、板书、黑板范例作图
学生学法建议	通过课前预习，网上互动、小测，听老师讲授，动手制作立体模型以及作业练习等完成学习任务
效果评价	作业完成情况70%，学习过程30%
建议课时	4～6学时

1.1 投影法

在日常生活中，人们可以看到物体受到日光或其他光源照射而在地面上或墙壁上呈现影子，这就是一种投影现象。人们将这种自然现象加以科学抽象和归纳，形成了投影的概念。将光源抽象为一点，称为投射中心 S；光线为投射线，即投射中心 S 与物体上任意一点的连线称为投射线，如 SA；地面或墙面为投影面 P，SA 的延长线与投影面 P 的交点 a，称为 A 点在 P 面上的投影，如图 1-1(a)所示。再如图 1-1(b)所示，由投射中心 S 作出了$\triangle ABC$ 在投影面 P 上的投影：投射线 SA、SB、SC 分别与投影面 P 交于点 A、B、C 的投影 a、b、c；直线 ab、bc、ca 分别是直线 AB、BC、CA 的投影；$\triangle abc$ 就是$\triangle ABC$ 的投影。这种投射线通过物体，向选定的平面进行投射，并在该面上得到图形的方法叫投影法。

根据投射线的类型(平行或者交汇)，投影法分为中心投影法和平行投影法两类。

1.1.1 中心投影法

当投射中心 S 位于有限距离内时，投射线均由投射中心 S 出发，称为中心投影法，所得的投影称为中心投影，如图 1-1 (b)所示。

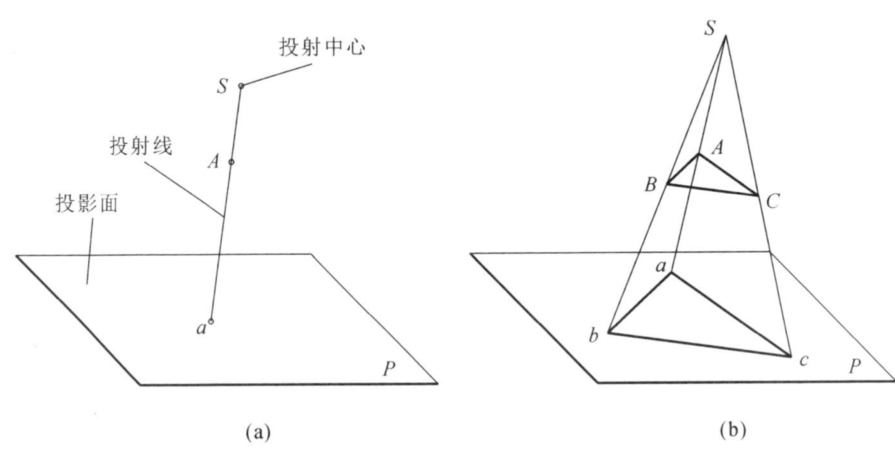

图 1-1 中心投影法

中心投影法具有较强的直观性，立体感好，一般建筑物常采用这种投影法绘制透视图。但这种投影法绘制的图像不能反映物体表面的真实形状和大小。

1.1.2 平行投影法

当投射中心与投影面的距离为无穷远时，投射线相互平行。这种投射线相互平行的投影法称为平行投影法。

根据投射线与投影面 P 是否垂直，平行投影法可分为斜投影法和正投影法两种。如图 1-2(a)所示，斜投影法是投射线倾斜于投影面的平行投影法，所得投影称为斜投影；如图 1-2(b)所示，正投影法是投射线垂直于投影面的平行投影法，所得投影称为正投影。

用平行投影法绘制的投影图直观性差，但其度量性好，所以工程图样主要使用正投影法。

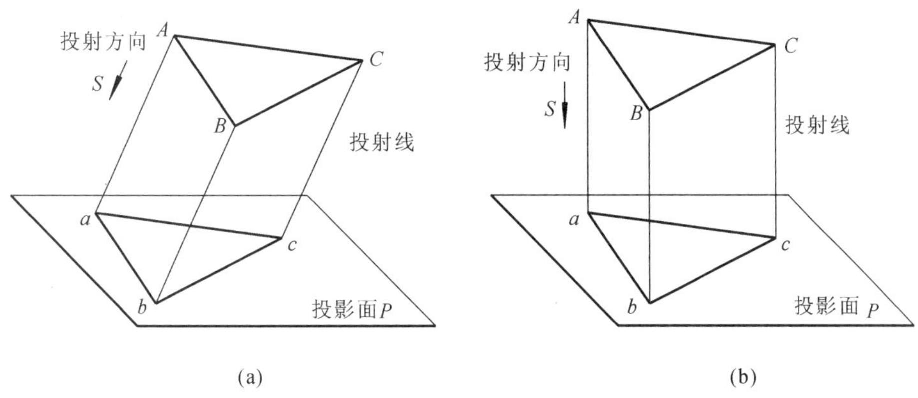

图 1-2　平行投影法

1.1.3　正投影法的基本性质

正投影一般具有如下基本性质。

1. 真实性

当直线或平面平行于投影面时，它们在该投影面上的投影反映其实长（真实长度）或反映其实形（实际形状），如图 1-3(a)所示。

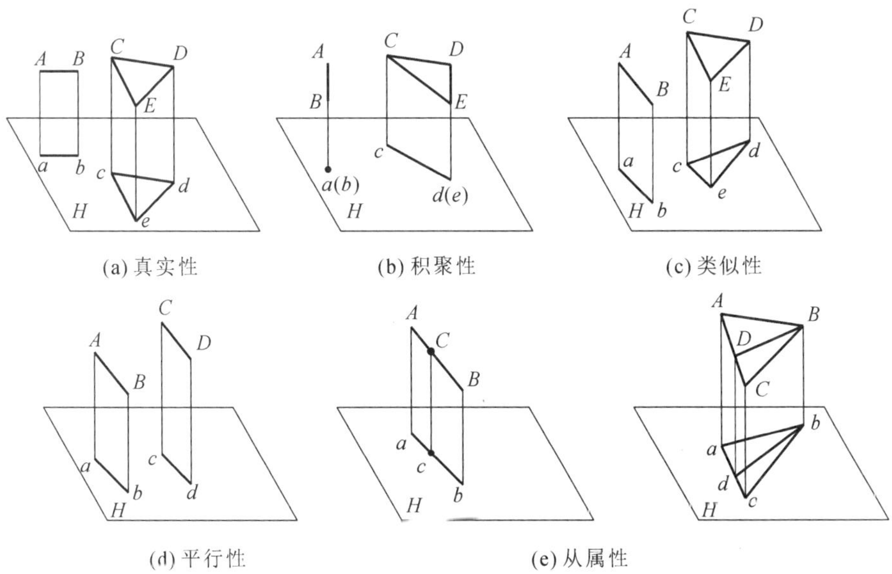

图 1-3　正投影的基本性质

2. 积聚性

当直线或平面垂直于投影面时，直线的投影积聚成一个点，或平面图形的投影积聚成一直线，如图 1-3(b)所示。

3. 类似性

当直线或平面倾斜于投影面时，直线的投影仍为直线，但其长度小于直线的实际长度；平面的投影是原图形的类似形（与原图形边数相同、凸凹性相同、平行性相同），但投影面积变小，如图 1-3(c)所示。

4. 平行性

若空间两直线相互平行，则其投影也互相平行。如图 1-3(d)所示，若空间直线 $AB /\!/ CD$，则投影 $ab /\!/ cd$。

5. 从属性

若点在直线上，则点的投影必在该直线的投影上；若直线在平面上，则直线的投影必在该平面的投影上。如图 1-3(e)所示，空间点 C 在直线 AB 上，则投影 c 在 ab 上；直线 BD 在平面 ABC 上，则投影 bd 在平面 abc 上。

6. 等比性

点分线段长度之比等于其投影长度之比；平行两线段长度之比等于其投影长度之比。如图 1-3(e)所示，$AC:CB=ac:cb$；如图 1-3(d)所示，$AB:CD=ab:cd$。

1.2 平面基本体的三视图

一般的机器零件或物体，不论其结构形状如何复杂，都可以看成是由一些单一的几何体，如棱柱、棱锥、圆柱、圆锥、圆球、圆环等叠加或切割而成的。习惯上把这些单一几何体称为基本体。基本体按其表面的几何形状不同可分为两类，如图 1-4 所示。

平面基本体：表面全部为平面的立体，如棱柱、棱锥等。

曲面基本体：表面为曲面或既有平面又有曲面的立体，如圆柱、圆锥、圆球、圆环等。

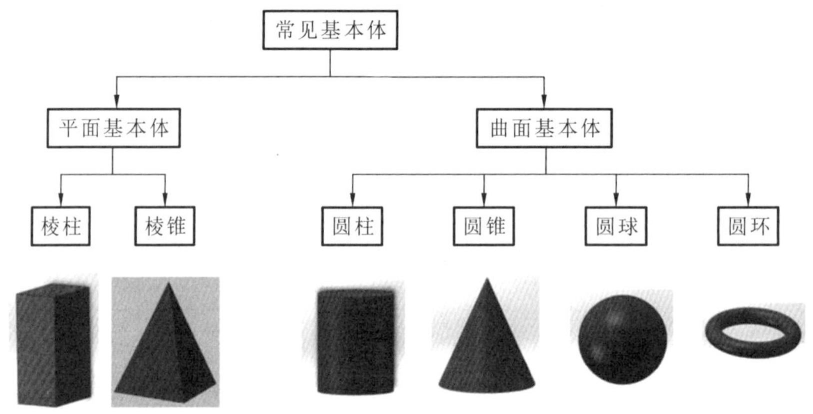

图 1-4 常见的基本体

1.2.1 视图

用正投影法，将机件向投影面投射所得到的图形称为视图。绘制视图时，有以下要求。

(1) 构成物体的每一要素(点、线、面)在投影面上都有与之对应的投影。

(2) 物体可见部分的投影用粗实线表示；不可见部分的投影用虚线表示。

(3) 当可见部分与不可见部分的投影重合时，即粗实线与虚线重合时，只画粗实线，如图 1-5 所示。

注意：仅用一个视图不能唯一地确定物体的形状和大小。

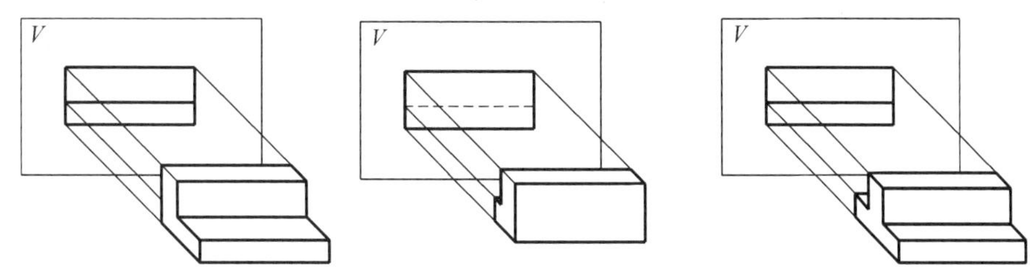

图 1-5　视图形成举例

一个视图只能反映出物体长、宽、高中两个方向的尺寸,不同形状物体的某一视图有可能是完全一样的,如图 1-6(a)所示。有时两个视图也不能唯一地确定物体的形状,如图 1-6(b)所示。为了唯一地确定物体的形状和大小,必须再增加一个视图,即画出物体的三个视图,每个视图表示物体的一个方面,三个视图配合便可准确、清楚地表示物体。

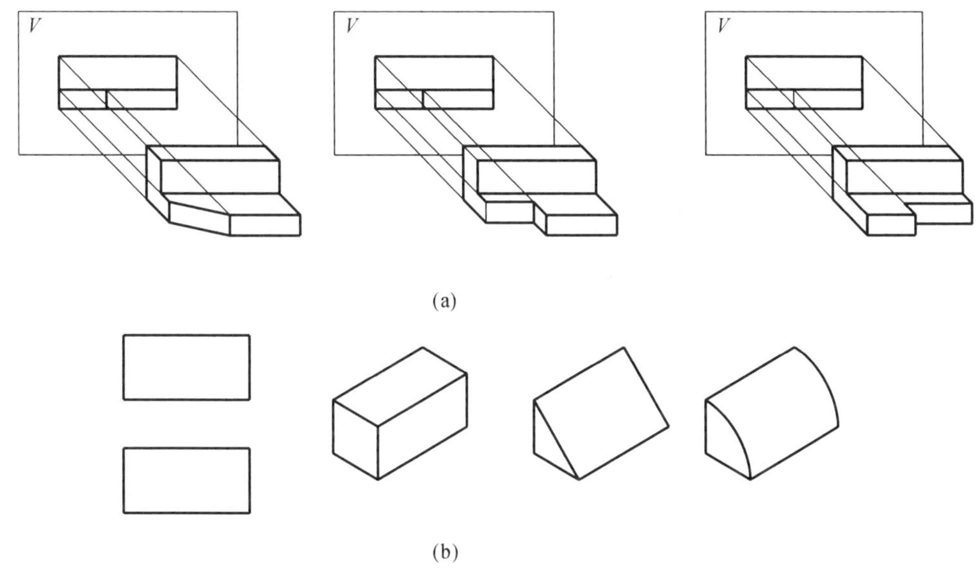

(a)

(b)

图 1-6　一个视图对应多个形状物体举例

1.2.2　三视图的形成

设立三个两两相互垂直的投影面:水平投影面(简称水平面或 H 面)、正立投影面(简称正面或 V 面)、侧立投影面(简称侧面或 W 面)。三个投影面 H、V、W 两两相互垂直相交,交线称为投影轴,记为 OX 轴、OY 轴和 OZ 轴,分别代表物体的长、宽、高三个方向。三个投影面 H、V、W 构成了三投影面体系,如图 1-7(a)所示。将物体分别向三个不同的投影面作正投影,就得到三面正投影图,如图 1-7(b)所示。

主视图:由前向后投射所得到的视图,即物体的正面投影。

俯视图:由上向下投射所得到的视图,即物体的水平投影。

左视图:由左向右投射所得到的视图,即物体的侧面投影。

主视图、俯视图和左视图,总称为三视图。

为将空间的三个视图展开在一个平面上,将 V 面保持不动,沿 OY 轴分开 H 面和 W 面,

将 H 面绕 OX 轴向下旋转 90°，W 面绕 OZ 轴向右旋转 90°，如图 1-8(a)所示。在 H 面上的 OY 轴记为 OY_H，在 W 面上的 OY 轴记为 OY_W，得到如图 1-8(b)所示的三视图。为了便于画图和看图，在三视图中不画投影面的边框线，视图之间的距离可根据具体情况确定，如图 1-8(c)所示。

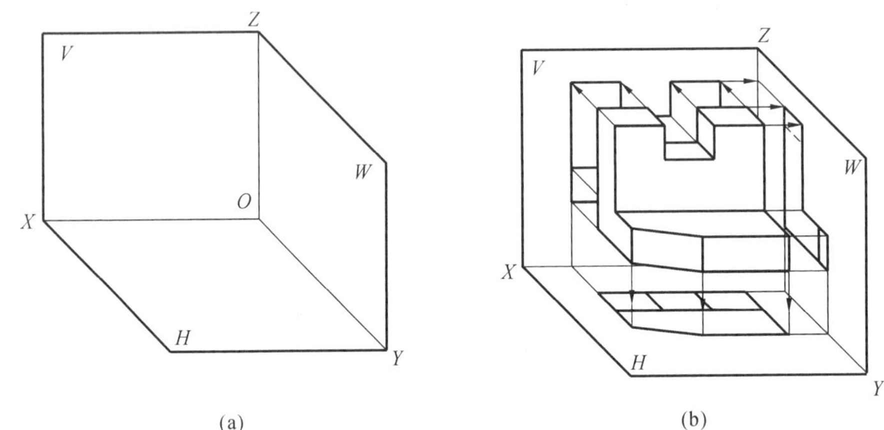

图 1-7 三投影面体系和三视图形成(1)

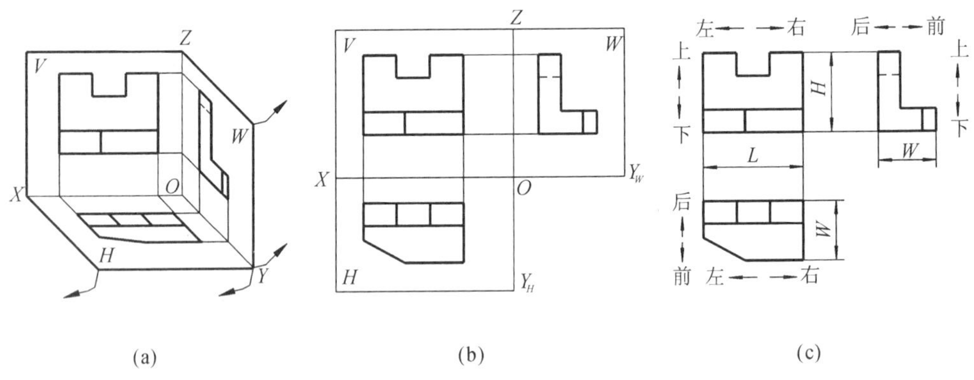

图 1-8 三投影面体系和三视图形成(2)

1.2.3 三视图之间的对应关系

1. 位置关系

从三视图的形成过程可以看出，主视图放置好后，俯视图放在主视图的正下方，左视图放在主视图的正右方。按照这种位置配置视图时，国家标准规定一律不注视图的名称。

2. 方位关系

主视图反映物体的上下、左右，俯视图反映物体的前后、左右，左视图反映物体的前后、上下，如图 1-8(c)所示。

3. 尺寸关系

主视图反映物体长、高两个方向的尺寸；俯视图反映物体长、宽两个方向的尺寸；左视图反映物体宽、高两个方向的尺寸。由图 1-8(c)可以看出：主视图与俯视图各对应部分的长度相等；俯视图与左视图各对应部分的宽度相等；主视图与左视图各对应部分的高度相等。因此三个视图之间的三等关系如下：

主、俯视图长度相等——左右长对正；

主、左视图高度相等——上下高平齐；

俯、左视图宽度相等——前后宽相等。

三视图的投影规律非常重要，它贯穿于工程制图的始终，是画图和读图最基本的准则。在画图和看图时一定要注意运用三视图的投影规律，特别是俯视图与左视图各对应部分的宽度相等以及前后的位置关系，将三个视图联系起来看，就能全面反映出物体的空间形状。

1.2.4　棱柱的三视图

1. 棱柱的组成

棱柱由上下底面和若干个侧棱面组成，侧棱面和侧棱面的交线称为侧棱线，侧棱线互相平行。侧棱线与底面垂直的叫直棱柱，侧棱线与底面倾斜的叫斜棱柱。本节只讨论直棱柱的三视图。

2. 棱柱的三视图

以正六棱柱为例，当六棱柱与投影面处于图 1-9 所示的位置时：六棱柱的两底面与 H 面平行，在 H 面上反映实形——正六边形；前后两侧棱面与 V 面平行，在 V 面上反映实形——矩形；六个侧棱面均与 H 面垂直，在 H 面上积聚成与正六边形的边相重合的直线。

根据前面的分析，按以下作图步骤画正六棱柱的三视图。

(1) 画中心轴线和基准线；画具有积聚性的俯视图，如图 1-10(a)所示。

(2) 根据六棱柱的高，按长对正的投影关系，画出主视图，如图 1-10(b)所示。

(3) 根据长对正、高平齐、宽相等的投影关系，画出左视图。

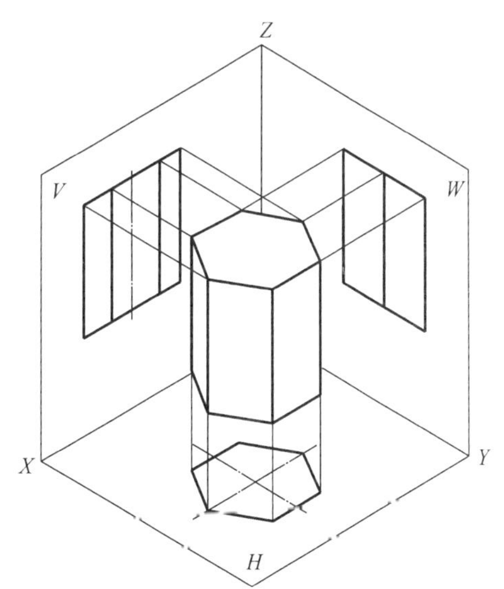

图 1-9　正六棱柱立体图

在具体作图时可采用如下两种方法来求解左视图。

(方法一)量取距离法。正六棱柱前面两个棱线和后面两个棱线到中心轴线的距离(即宽度)均为 Y，它们分别位于中心轴线的前面和后面。根据宽相等的投影关系，在求解左视图时直接相对于中心轴线的左、右方向量取 Y，即可求得四条棱线的投影；正六棱柱左右两条棱线在左视图中的投影与中心轴线重合。最后按高平齐投影规律画出左视图，如图 1-10(c)所示。

(方法二)添加辅助线法。分别延长俯视图中水平方向中心轴线和左视图中心轴线，二者交于点 p；过点 p 作与此二中心轴线成 45°的辅助线，则正六棱柱上其他各点的投影均可根据此辅助线求出，如图 1-10(d)(e)所示。

(4) 最后检查并描深，如图 1-10(f)所示。

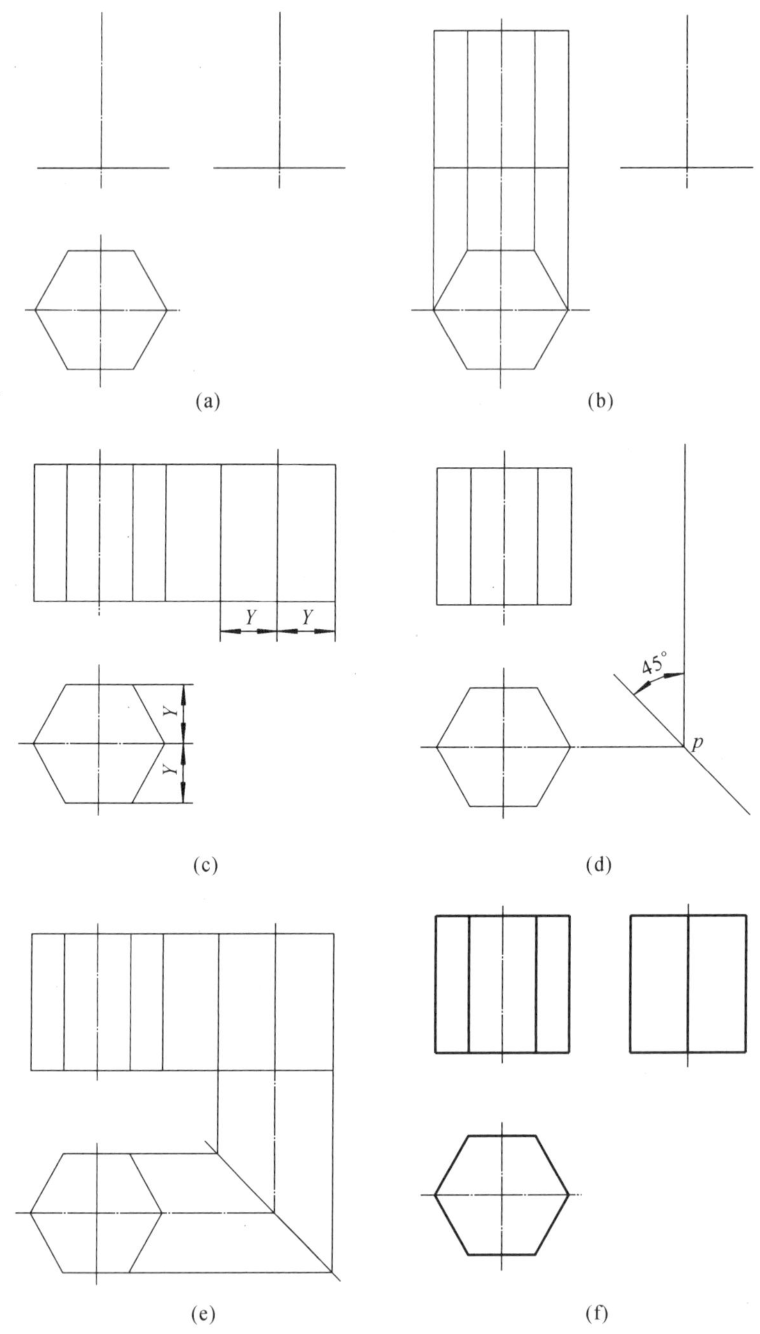

图 1-10　正六棱柱三视图作图步骤

1.2.5　棱锥的三视图

1. 棱锥的组成

棱锥由一个底面和若干个侧棱面组成，侧棱线交于有限远处的一点——锥顶。

2. 棱锥的三视图

图 1-11 所示为一个正三棱锥，它由一个底面和三个侧面围成，当其处于图 1-11 所示位置时：底面 ABC 平行于 H 面，在 H 面上反映实形；后棱面 SAC 垂直于 W 面，在 W 面上积

聚成一直线，另两面投影为类似形；前两个棱面 SAB 和 SBC 在三个投影面上的投影均为类似形。

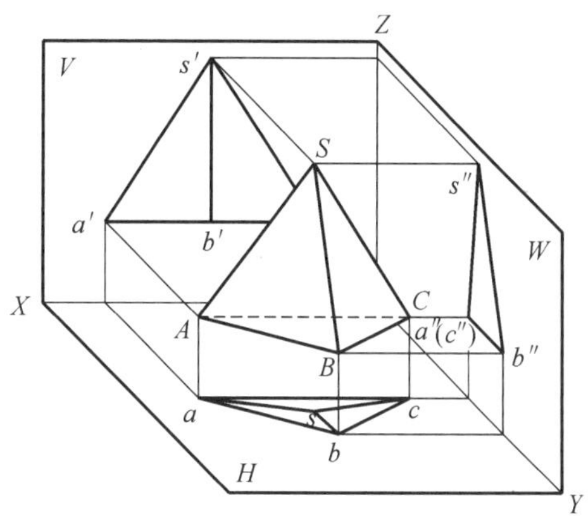

图 1-11　正三棱锥立体图

根据前面的分析，按以下作图步骤画正三棱锥的三视图，如图 1-12 所示。

(1) 画基准线。

(2) 画棱锥底面的水平投影 abc，按照"长对正，高平齐，宽相等" 的投影关系画出底面的正面投影 $a'b'c'$ 和侧面投影 $a''b''c''$。

(3) 根据三棱锥的高，按照"长对正，高平齐，宽相等"的投影关系，画出三棱锥顶点的三个投影 s'、s、s''。

(4) 依次连接各点画出三棱锥的三视图。

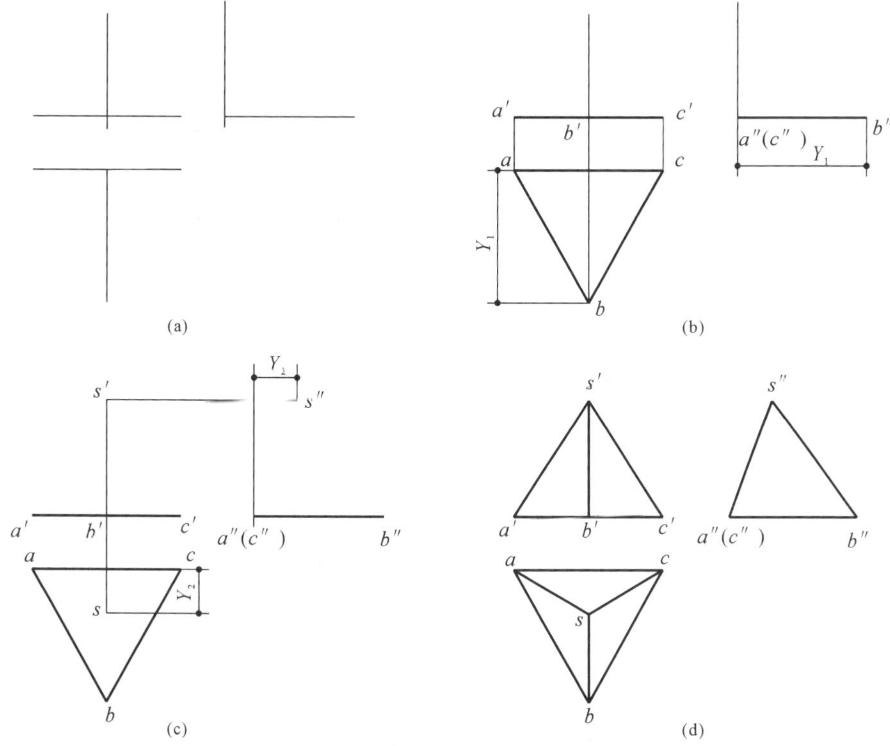

图 1-12　正三棱锥三视图作图步骤

1.3 平面基本体的轴测图

1.3.1 轴测图基本知识

多面正投影图能够完整、准确地表达出物体的形状和大小，而且作图方便，度量性好，因此它常作为工程上的生产图样，如图 1-13(a)所示。但是由于这种图样立体感不强，只有具备一定读图能力的人方可看懂。为了帮助看懂多面正投影图，在工程图样中经常采用三维立体感较强的轴测投影图作为辅助图样，如图 1-13 (b)所示，以弥补正投影图的不足。

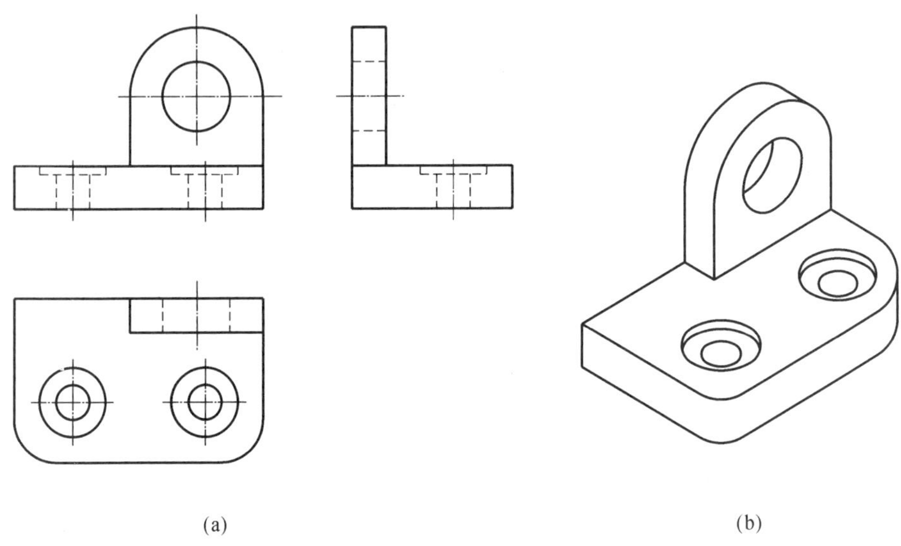

图 1-13 多面正投影图与轴测投影图

1. 轴测图的形成和投影特性

如图 1-14 所示，将物体连同其参考直角坐标系，沿不平行于任一坐标面的方向，用平行投影法将其投射在单一投影面上，所得到的具有立体感的图形，称为轴测投影图，简称轴测图。这个单一投影面 P 称为轴测投影面。

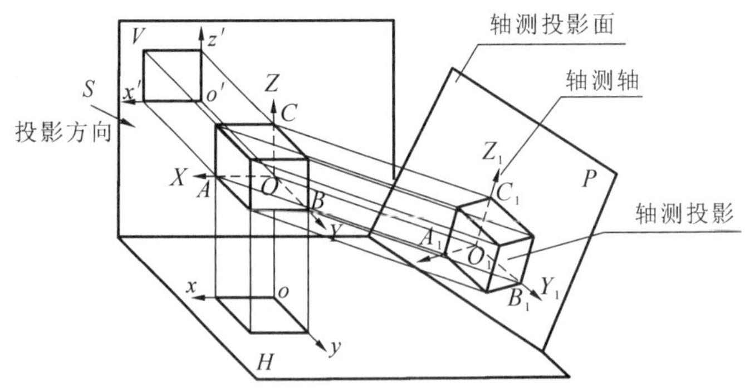

图 1-14 轴测图的形成

由于轴测投影图是由平行投影法产生的，因此它具有如下投影特性：

(1) 立体上相互平行的线段，在轴测图上仍然相互平行；

(2) 立体上两平行线段或同一直线上的两线段长度之比，在轴测图上保持不变；

(3) 立体上与轴测投影面平行的线段或平面，在轴测图上反映该线段或平面的实长或实形。

2. 轴间角和轴向伸缩系数

(1) 轴间角。空间物体上参考直角坐标系的三个坐标轴 OX、OY、OZ 在轴测投影面 P 上的投影 O_1X_1、O_1Y_1、O_1Z_1，称为轴测轴。相邻两个轴测轴之间的夹角 $\angle Y_1O_1Z_1$、$\angle X_1O_1Y_1$、$\angle Z_1O_1X_1$，称为轴间角。

(2) 轴向伸缩系数。在空间直角坐标轴 OX、OY、OZ 上各取单位长度 OA、OB、OC，向轴测投影面 P 上投影得三投影为 O_1A_1、O_1B_1、O_1C_1，将投影长度和实际长度之比称为轴向伸缩系数，分别记为 p、q、r。

其中：

$p=\dfrac{O_1A_1}{OA}$——X 轴轴向伸缩系数；

$q=\dfrac{O_1B_1}{OB}$——Y 轴轴向伸缩系数；

$r=\dfrac{O_1C_1}{OC}$——Z 轴轴向伸缩系数。

3. 轴测图的分类

根据投射方向和轴测投影面的相对位置，轴测图分为正轴测图和斜轴测图两类。这两类轴测图根据轴向伸缩系数的不同，每类又可分为三种：

(1) 正(斜)等轴测图，简称正(斜)等测，即 $p=q=r$；

(2) 正(斜)二等轴测图，简称正(斜)二测，即 $p=q\neq r$ 或 $p\neq q=r$ 或 $p=r\neq q$；

(3) 正(斜)三等轴测图，简称正(斜)三测，即 $p\neq q\neq r$。

画轴测图时，只有沿轴测轴方向才能直接量取尺寸作图，这就是轴测的含义。而不沿轴测轴方向一般不能直接截取尺寸作图。工程上常用正等测轴测图和斜二测轴测图两种。

1.3.2　棱柱的正等轴测图

1. 正等轴测图的轴间角和简化轴向伸缩系数

在正等轴测图中，三个轴测轴的轴向伸缩系数都相等，理论上可以证明 $p=q=r\approx0.82$。为了作图方便，国家标准规定用简化伸缩系数 $p=q=r=1$ 来作图，这样作出来的正等轴测图放大了 $1/0.82\approx1.22$ 倍。三个轴间角也都相等：$\angle X_1O_1Y_1=\angle Y_1O_1Z_1=\angle X_1O_1Z_1=120^\circ$，轴测轴 O_1Z_1 取为铅垂方向，如图 1-15所示。

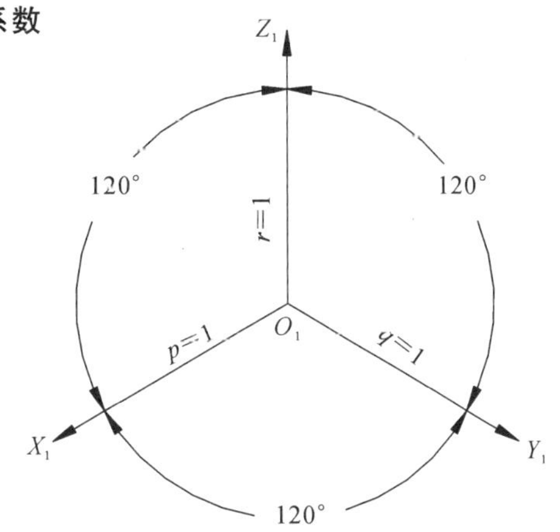

图 1-15　正等测图的轴间角和简化轴向伸缩系数

2. 棱柱的正等轴测图

画轴测图常用的方法是坐标法，即沿坐标轴测量，按坐标画出各顶点的轴测投影，然后将同一棱线上的两点连成直线即得平面立体的轴测图。下面举例说明棱柱正等轴测图的画法。

［例 1-1］ 如图 1-16(a)所示，作出正六棱柱的正等轴测图。

［分析］ 作物体的轴测图时，习惯上是不画出其虚线，因此作正六棱柱的轴测图时，为减少不必要的作图线，先从顶面开始作图比较好。

［作图］ 步骤如下。

(1) 在两面投影图上建立坐标系 $OXYZ$，如图 1-16(a)所示。

(2) 画出正等测中的轴测轴 $O_1X_1Y_1Z_1$，如图 1-16 (b)所示。

(3) 在 O_1Y_1 轴上，以 O_1 为圆心，截取线段 Ⅰ Ⅱ 与线段 12 长度相等，得到 Ⅰ 和 Ⅱ 两点，沿 O_1X_1 轴量取 $O_1C_1=oc$、$O_1F_1=of$，得 C_1 和 F_1 两点，如图 1-16 (b)所示。

(4) 分别过点 Ⅰ 和 Ⅱ 作 O_1X_1 的平行线，并以 Ⅰ 和 Ⅱ 为圆心，截取 $A_1B_1=ab$ 和 $E_1D_1=ed$，得 A_1、B_1、D_1、E_1 四点，如图 1-16 (b)所示。

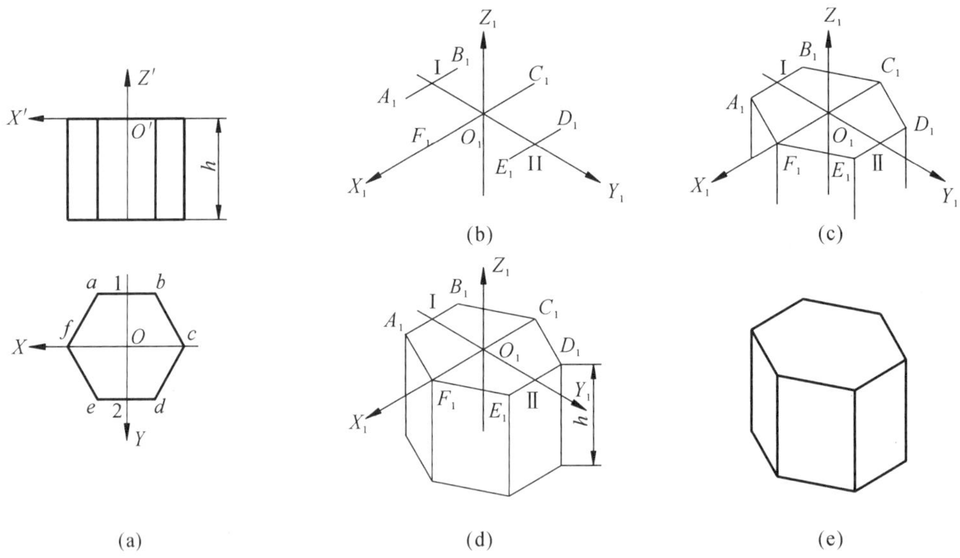

图 1-16　正六棱柱正等测图的画法

(5) 连 A_1、B_1、C_1、D_1、E_1、F_1 各点得正六棱柱顶面的轴测投影，如图 1-16 (c)所示。

(6) 分别过 A_1、D_1、E_1、F_1 各点向下作 O_1Z_1 轴的平行线，并在各平行线上截取长度均等于正六棱柱的高 h 的线段，连接各截取点，如图 1-16 (d)所示。

(7) 描深各棱线的投影得正六棱的正等测图，如图 1-16 (e)所示。

1.3.3　棱锥的正等轴测图

［例 1-2］ 如图 1-17(a)所示，作出三棱锥的正等轴测图。

［作图］ 步骤如下。

(1) 在正投影图上确定坐标原点的位置和坐标轴，如图 1-17(a)所示。

(2) 画出轴测轴。在 $X_1O_1Y_1$ 坐标面上，用坐标值 l 确定 B_1 点，l_1、l_2 确定 C_1 点，A_1 点与原点重合。三点连线，画出底面的投影，如图 1-17 (b)所示。

(3) 由坐标值 l_3、l_4 及 h 确定顶点 S_1，如图 1-17 (b)所示。

(4) 连接 S_1A_1、S_1B_1、S_1C_1，画出各棱线的轴测投影，即可得到三棱锥的正等轴测图，如图 1-17 (b)所示。

(5) 擦去多余作图线和不可见轮廓线(在轴测图上,不可见的线一般不画出),按线型要求描深,完成三棱锥的正等轴测图,如图 1-17 (c)所示。

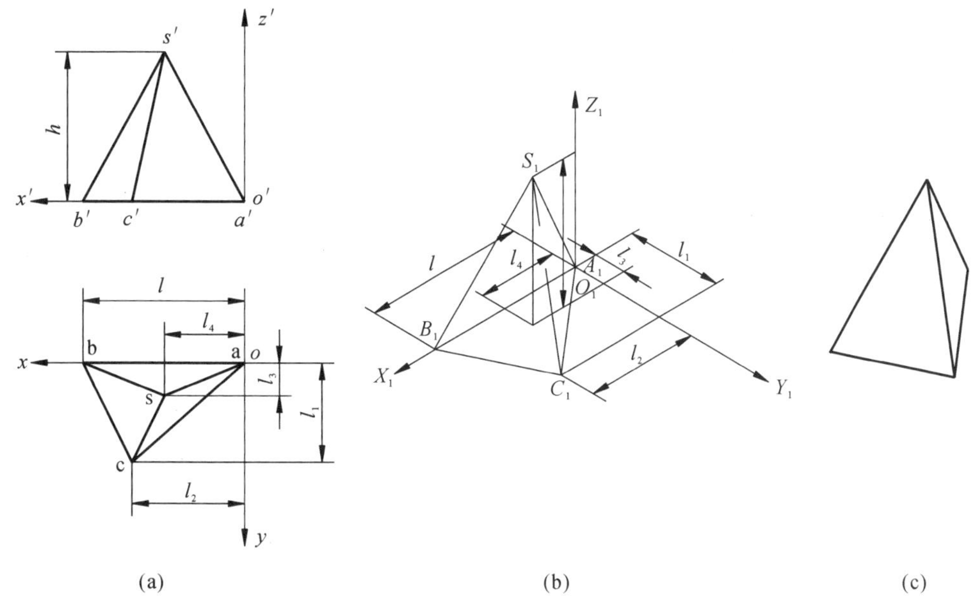

(a)　(b)　(c)

图 1-17　三棱锥正等轴测图

注意:画轴测图时,与坐标轴不平行的线段,如三棱锥的棱线,其伸缩系数与轴向伸缩系数不同,不能直接测量与绘制,只能根据线段端点的坐标,作出端点的轴测投影后再连线。

测　　试

一、填空

1. 正投影法是投射线与投影面________的________投影法。根据正投影法所得到的图形称为________。

2. 正面投影是由________向________投射所得到的图形,称为________视图;水平投影是由________向________投射所得到的图形,称为________视图;侧面投影是由________向________投射所得到的图形,称为________视图。

3. 三视图之间的投影规律:主、俯视图________,主、左视图________,俯、左视图________。

4. 正等轴测图是采用________投影法得到的投影。作图时,应沿三个轴测轴(长、宽、高)方向按________量取尺寸,轴间角为________。

二、判断(正确的画√,错误的画×)

1. 表达一个立体必须画三视图。(　　)

2. 立体的一个投影只能表示两个方向的尺寸大小,但不能确立立体的形状。(　　)

第 2 章　点、直线、平面的投影

教学视频

内容框图

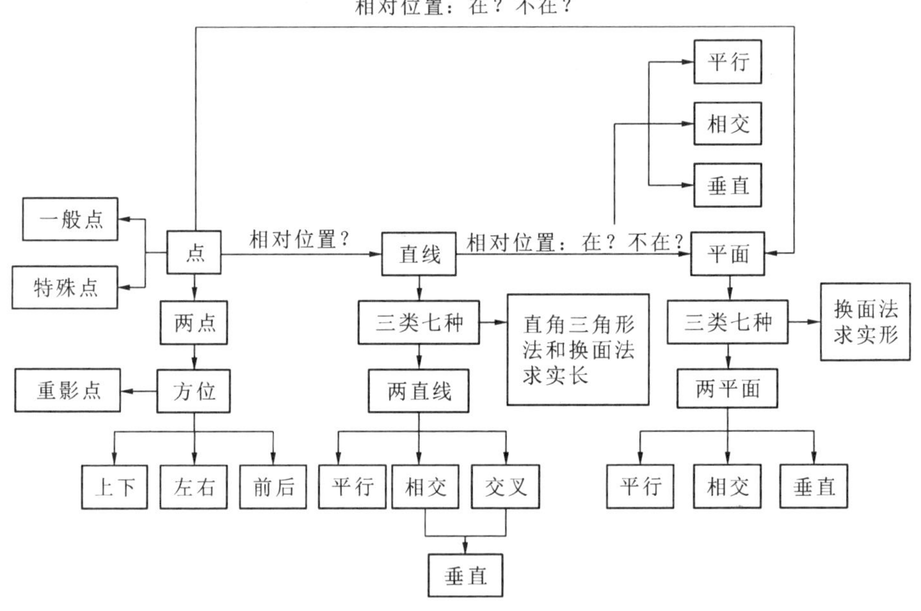

课程矩阵

一般性目标	培养观察力，初步建立空间立体感，为提高空间思维能力打基础
具体目标	掌握点的投影规律及各种位置直线、平面的投影特性，能根据直线、平面的投影图判断直线、平面的空间位置，能够解决一些基本的图解几何问题
教师教法建议	布置课前预习任务，提供课件、测试题；课件辅助讲授；启发、讨论、课堂展示，模型、板书、黑板范例作图
学生学法建议	通过课前预习，网上互动、小测，听老师讲授，同伴互教，作业等完成学习任务
效果评价	作业完成情况 70%，学习过程 30%
建议课时	12～14 学时

从图 2-1 可以看出，立体六棱柱由平面围成，平面上有点和直线，点是最基本的几何元素。点、线（直线和曲线）、面（平面和曲面）是构成一切有形物体的几何元素，本章将介绍点、直线、平面的投影规律及其定位与度量问题。

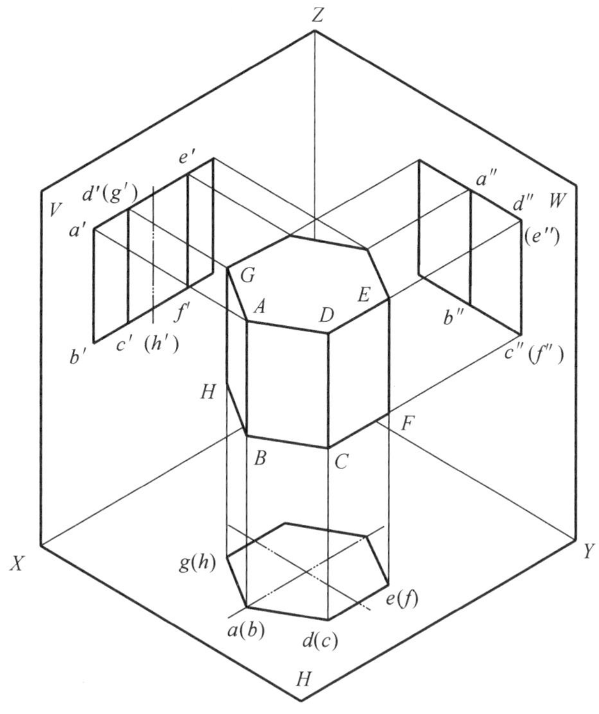

图 2-1　六棱柱的投影

2.1　点的投影

2.1.1　点的三面投影

如图 2-2(a)所示，在三投影面体系中，过空间点 A 作垂直于 H 面的投射线 Aa，Aa 与 H 面交得点 A 的水平投影 a；过空间点 A 作垂直于 V 面的投射线 Aa'，Aa'与 V 面交得点 A 的正面投影 a'；过空间点 A 作垂直于 W 面的投射线 Aa''，Aa''与 W 面交得点 A 的侧面投影 a''。投影法规定，空间点用大写字母表示（如 A、B、…），水平投影用相应小写字母表示（如 a、b、…），正面投影用相应小写字母加一撇表示（如 a'、b'、…），侧面投影用相应小写字母加两撇表示（如 a''、b''、…）。

为将空间的三个投影展开在一个平面上，将 V 面保持不动，沿 OY 轴分开 H 面和 W 面，将 H 面绕 OX 轴向下旋转 90°，W 面绕 OZ 轴向右旋转 90°。在 H 面上的 OY 轴记为 OY_H，在 W 面上的 OY 轴记为 OY_W，得到如图 2-2(b)所示的投影图。

画图时不必画出投影面的边框，也不必注写 a_X、a_{Y_H}、a_{Y_W}、a_Z，实际的投影图如图 2-2(c)所示。为了作图方便，可用过点 O 的 45°辅助线，aa_{Y_H}、$a''a_{Y_W}$ 的延长线必与这条辅助线交会于一点。

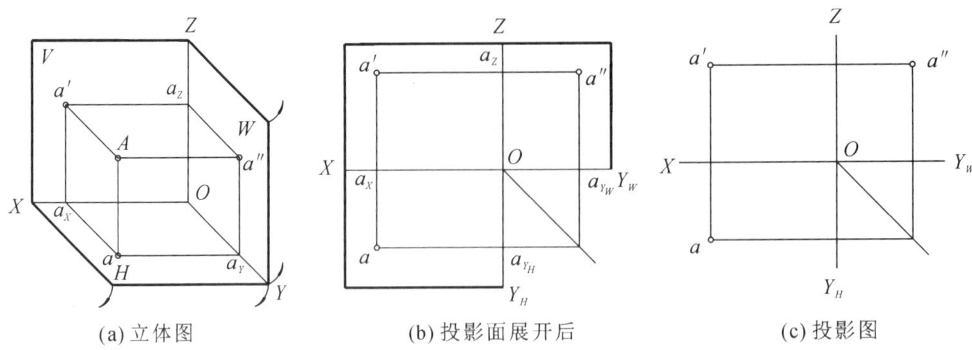

(a) 立体图　(b) 投影面展开后　(c) 投影图

图 2-2　点在 H、V、W 三面体系中的投影

2.1.2　点的投影与坐标的关系

在三投影面体系中，为了确定空间点对三个投影面的相对位置，将投影面作为坐标面，将投影轴作为坐标轴，建立空间直角坐标系，如图 2-3(a)所示。在坐标系中，空间点 A 的坐标是(X_A、Y_A、Z_A)，点 A 的坐标与投影面的位置关系如下：点 A 的 X_A坐标反映点 A 到 W 面的距离；点 A 的 Y_A坐标反映点 A 到 V 面的距离；点 A 的 Z_A坐标反映点 A 到 H 面的距离，如图 2-3(b)所示。

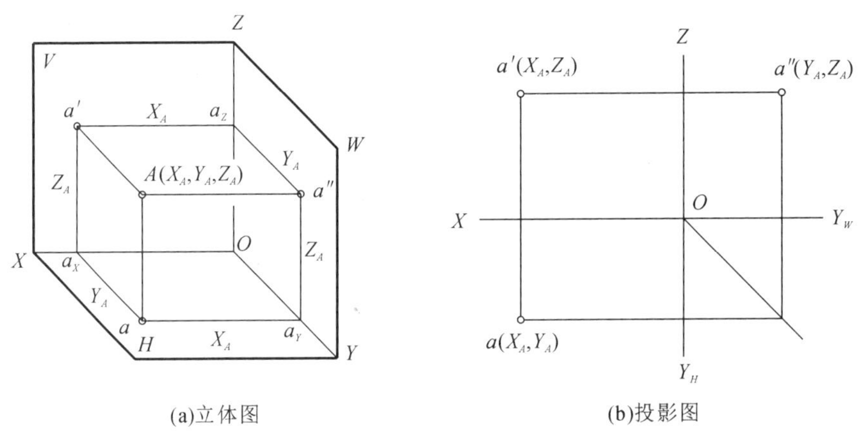

(a)立体图　(b)投影图

图 2-3　点的投影与坐标之间的关系

2.1.3　点的投影规律

(1) 点的投影连线垂直于投影轴，即 $a'a \perp OX$、$a'a'' \perp OZ$；a 与 a″的连线被分为两段，在 H 面上的一段垂直于 OY_H轴，在 W 面上的一段垂直于 OY_W轴，两段延长交于过 O 点的 45°辅助线上。

(2) 空间点的投影到投影轴的距离，等于空间点到相应投影面的距离。

$a'a_Z = aa_{Y_H} = Aa'' = X_A =$ 点 A 到 W 面的距离；

$aa_X = a''a_Z = Aa' = Y_A =$ 点 A 到 V 面的距离；

$a'a_X = a''a_{Y_W} = Aa = Z_A =$ 点 A 到 H 面的距离。

[例 2-1]　已知点 A 的坐标为(15,10,15)，试作其三面投影。

[分析]　已知点 A 的 X_A和 Y_A坐标，可以作出点 A 的水平投影 a；已知点 A 的 X_A和 Z_A坐标，可以作出点 A 的正面投影 a′；已知点 A 的 Y_A和 Z_A坐标，可以作出点 A 的侧面投影 a″。其中 $aa' \perp OX$、$a'a'' \perp OZ$。

[作图]　步骤如下。

(1) 如图 2-4(a)所示，根据 $X_A=15$，可以找到 a_X 点；

(2) 如图 2-4 (b)所示，过 a_X 点作铅垂的投影连线垂直于 OX 轴，在其上截取 $aa_X=10=Y_A$，$a'a_X=15=Z_A$；

(3) 如图 2-4 (c)所示，分别过 a 和 a' 作水平的投影连线垂直于 OY_H 轴和 OZ 轴，aa_{Y_H} 的延长线与 45°辅助线交于一点，过此点作 OZ 轴的平行线交 $a'a_Z$ 的延长线于 a''。

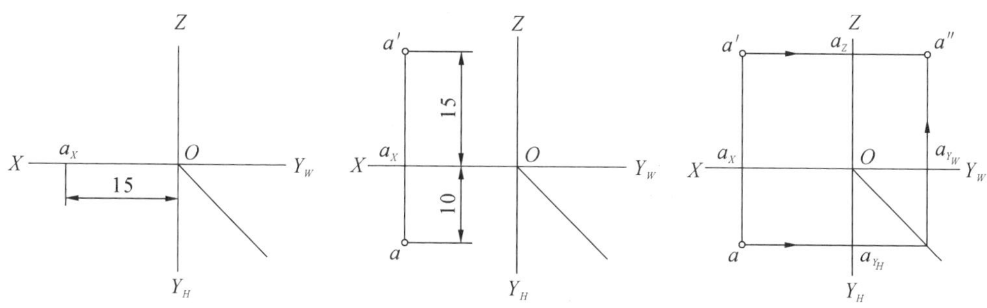

图 2-4 已知点 A 的坐标作三面投影

2.1.4 特殊位置点的投影

如果空间点位于投影面上或投影轴上，这样的点称为特殊位置点。

当空间点位于投影面上时，其一个坐标值为 0。如图 2-5 中的 A 点位于 V 面上，A 点的坐标为$(X_A,0,Z_A)$，Y_A 坐标为 0。A 点的水平投影 a 和侧面投影 a'' 都在投影轴上，正面投影 a' 就是 A 点本身。B 点位于 H 面上，B 点的坐标为$(X_B,Y_B,0)$，Z_B 坐标为 0。B 点的正面投影 b' 和侧面投影 b'' 都在投影轴上，水平投影 b 就是 B 点本身。

当空间点位于投影轴上时，其两个坐标值为 0。如图 2-5 中的 C 点位于 Y 轴上，其坐标为$(0,Y_C,0)$，X_C、Z_C 坐标为 0。C 点的水平投影 c 和侧面投影 c'' 都在投影轴上，正面投影 c' 位于原点。

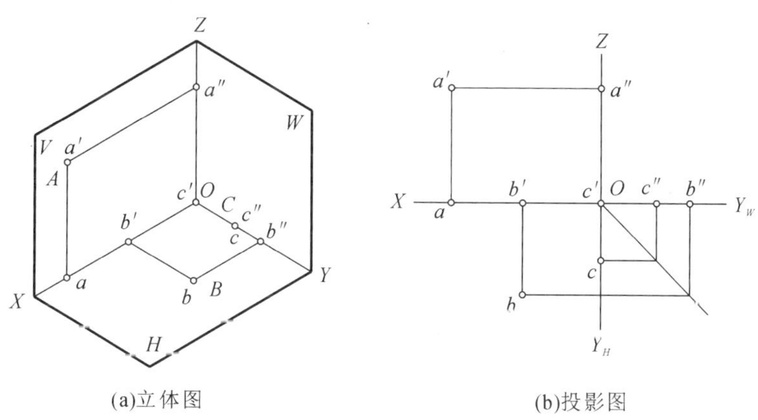

(a)立体图 (b)投影图

图 2-5 投影面上或投影轴上的点的投影

2.1.5 两点的相对位置

两点的相对位置指空间两点的上下、前后、左右位置关系，如图 2-6(a)所示。在三投影面体系中，X 轴正向为左方，Y 轴正向为前方，Z 轴正向为上方。空间两点的相对位置可由两点的坐标来判断，X 坐标大的点在左方，Y 坐标大的点在前方，Z 坐标大的点在上方。空间两点的相对位置也可由两点的同名投影(在同一个投影面上的投影)的相对位置来判断。

设 A 点坐标为(X_A,Y_A,Z_A)，B 点坐标为(X_B,Y_B,Z_B)，则 B 点与 A 点的坐标差为：

$$\Delta X = X_B - X_A$$
$$\Delta Y = Y_B - Y_A$$
$$\Delta Z = Z_B - Z_A$$

一组坐标差(ΔX,ΔY,ΔZ)称为 B 点对 A 点的相对坐标，如图 2-6(b)所示。当 ΔX、ΔY、ΔZ 为正时，则 B 点在 A 点左方、前方、上方；反之，则 B 点在 A 点右方、后方、下方。

若在投影图上给出 A 点的投影，并知道 B 点对 A 点的相对坐标，则可作出 B 点的投影。

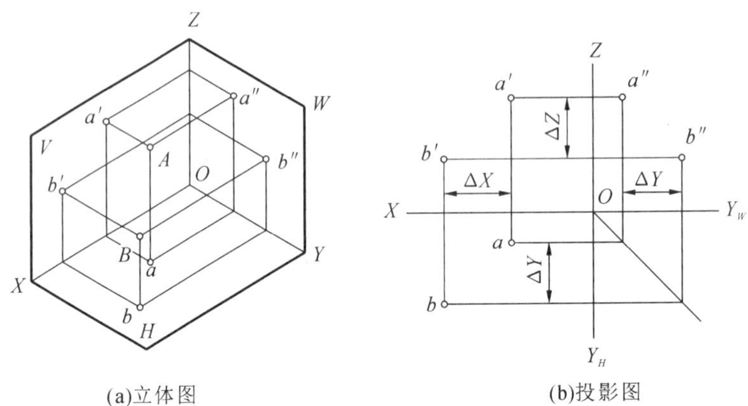

(a)立体图　　(b)投影图

图 2-6　两点的相对位置

2.1.6　重影点

当空间两点位于同一投射线上时，此两点在该投射线垂直的投影面上的投影重合为一点，称这两点为对该投影面的重影点。图 2-7(a)中，点 A 和点 B 位于垂直于 V 面的同一条投射线上，它们的 V 面投影 a'和 b'重合，称它们是对 V 面的一对重影点。重影点中必定有两个相等的坐标。如 V 面的重影点 A 和 B 的 X 坐标相等，$\Delta X=0$，Z 坐标也相等，$\Delta Z=0$。因此，重影点是仅有一个坐标不同的两个点。

由于重影点在投影面上的投影重合，这便产生了投影的可见性问题。对于 H 面的重影点，投射线从上往下，观察者在上方，上方的点可见；对于 V 面的重影点，投射线从前往后，观察者在前方，前方的点可见；对于 W 面的重影点，投射线从左往右，观察者在左方，左方的点可见。由此可见，坐标值大的点遮住坐标值小的点，即上遮下、前遮后、左遮右。图 2-7 中 A 点在 B 点的正前方，应该是 a'可见，b'不可见，被遮住点的投影 b'加括号，如图 2-7(b)中的(b')。

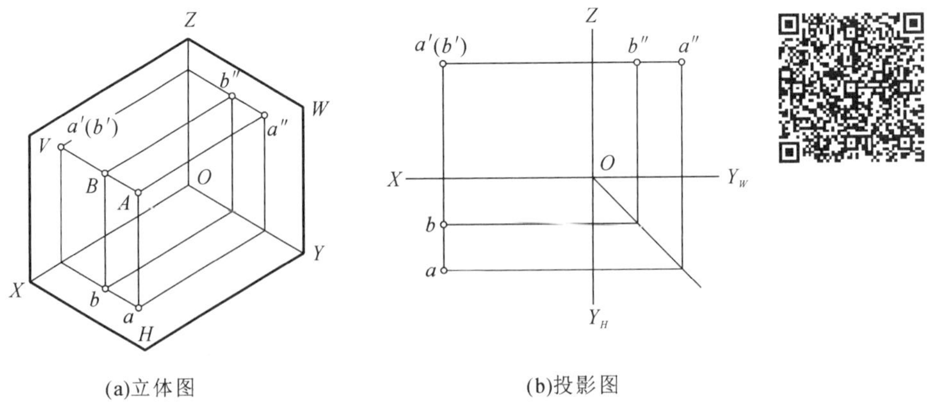

(a)立体图　　(b)投影图

图 2-7　重影点

2.2　直线的投影

2.2.1　直线与投影面的相对位置及投影特性

一般情况下，直线的投影仍为直线，直线的投影可由直线上任意两点的投影来确定。直线与投影面的相对位置可由直线与投影面的夹角来表示。

如图 2-8 所示，直线 AB 与投影面 P 的夹角为 α，直线对投影面的投影有如下投影特性：

(1) AB 平行于投影面 P，投影为实长，$ab=AB$，$\alpha=0°$；

(2) AB 垂直于投影面 P，投影积聚为一点，$\alpha=90°$；

(3) AB 倾斜于投影面 P，投影缩短，$ab=AB\cos\alpha$。

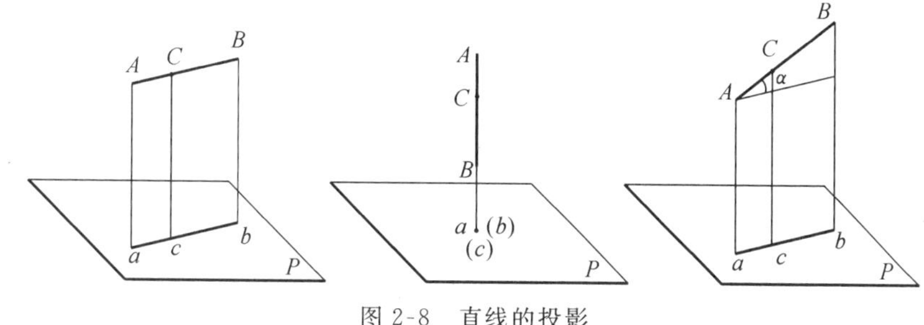

图 2-8　直线的投影

2.2.2　各种位置直线的投影

在三投影面投影体系中，空间直线对投影面的相对位置有三种：一般位置直线、投影面平行线、投影面垂直线。

1. 一般位置直线

倾斜于三个投影面的直线，称为一般位置直线，如图 2-9 中的直线 AB。直线 AB 对 H 面的倾斜角度用 α 表示，对 V 面的倾斜角度用 β 表示，对 W 面的倾斜角度用 γ 表示。空间直线 AB 与它的水平投影的夹角可以反映 α；空间直线 AB 与它的正面投影的夹角可以反映 β；空间直线 AB 与它的侧面投影的夹角可以反映 γ。一般位置直线的投影特性如下：

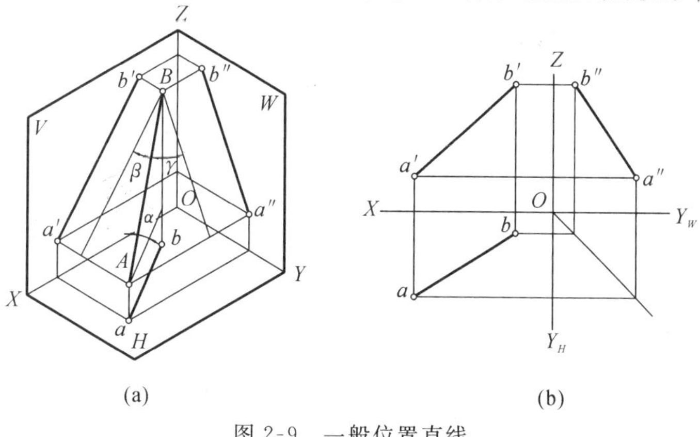

图 2-9　一般位置直线

(1) 三个投影都倾斜于投影轴；

(2) 三个投影的长度都小于直线实长，即

$ab=AB\cos\alpha<AB$，$a'b'=AB\cos\beta<AB$，$a''b''=AB\cos\gamma<AB$；

(3) 投影与投影轴的夹角不反映空间直线与投影面的真实夹角。

2. 投影面平行线

平行于一个投影面与另外两个投影面倾斜的直线，称为投影面平行线。投影面平行线又可分为以下三种：

(1) 水平线　与 H 面平行，倾斜于 V 面和 W 面；

(2) 正平线　与 V 面平行，倾斜于 H 面和 W 面；

(3) 侧平线　与 W 面平行，倾斜于 V 面和 H 面。

如表 2-1 所示，投影面平行线有如下投影特性：

(1) 在其所平行的投影面上的投影反映实长，且该投影与投影轴的夹角反映空间直线与另外两个投影面的夹角；

(2) 在另外两个投影面上的投影分别平行于相应的投影轴，长度缩短。

表 2-1　投影面平行线

名称	轴测图	投影图	投影特性
水平线	Z V W X Y H a' b' A B O a'' b'' a b β γ	Z X Y_W Y_H O a' b' a'' b'' a b β γ	① 水平投影 ab 反映实长，$ab=AB$； ② AB 与 H 面的夹角 $\alpha=0°$，ab 与 OX 轴夹角反映 AB 与 V 面夹角 β，ab 与 OY_H 轴夹角反映 AB 与 W 面夹角 γ； ③ $a'b'$ // OX，$a''b''$ // OY_W，长度缩短
正平线	Z V W X Y H a' b' A B O a'' b'' a b α γ	Z X Y_W Y_H O a' b' a'' b'' a b α γ	① 正面投影 $a'b'$ 反映实长，$a'b'=AB$； ② AB 与 V 面的夹角 $\beta=0°$，$a'b'$ 与 OX 轴夹角反映 AB 与 H 面夹角 α，$a'b'$ 与 OZ 轴夹角反映 AB 与 W 面夹角 γ； ③ ab // OX，$a''b''$ // OZ，长度缩短
侧平线	Z V W X Y H a' b' A B O a'' b'' a b α β	Z X Y_W Y_H O a' b' a'' b'' a b α β	① 侧面投影 $a''b''$ 反映实长，$a''b''=AB$； ② AB 与 W 面的夹角 $\gamma=0°$，$a''b''$ 与 OY_W 轴夹角反映 AB 与 H 面夹角 α，$a''b''$ 与 OZ 轴夹角反映 AB 与 V 面夹角 β； ③ $a'b'$ // OZ，ab // OY_H，长度缩短

3. 投影面垂直线

垂直于一个投影面的直线，称为投影面垂直线。由于三个投影面是互相垂直的，因此直线与一个投影面垂直，必定与另两个投影面平行。投影面垂直线又可分为以下三种：

(1) 铅垂线　垂直于 H 面，平行于 V 面和 W 面。

(2) 正垂线　垂直于 V 面，平行于 H 面和 W 面。

(3) 侧垂线　垂直于 W 面，平行于 H 面和 V 面。

如表 2-2 所示，投影面垂直线有如下投影特性：

(1) 直线在其所垂直的投影面上的投影积聚为一点；

(2) 另外两个投影分别垂直于相应的投影轴，且反映实长。

表 2-2　投影面垂直线

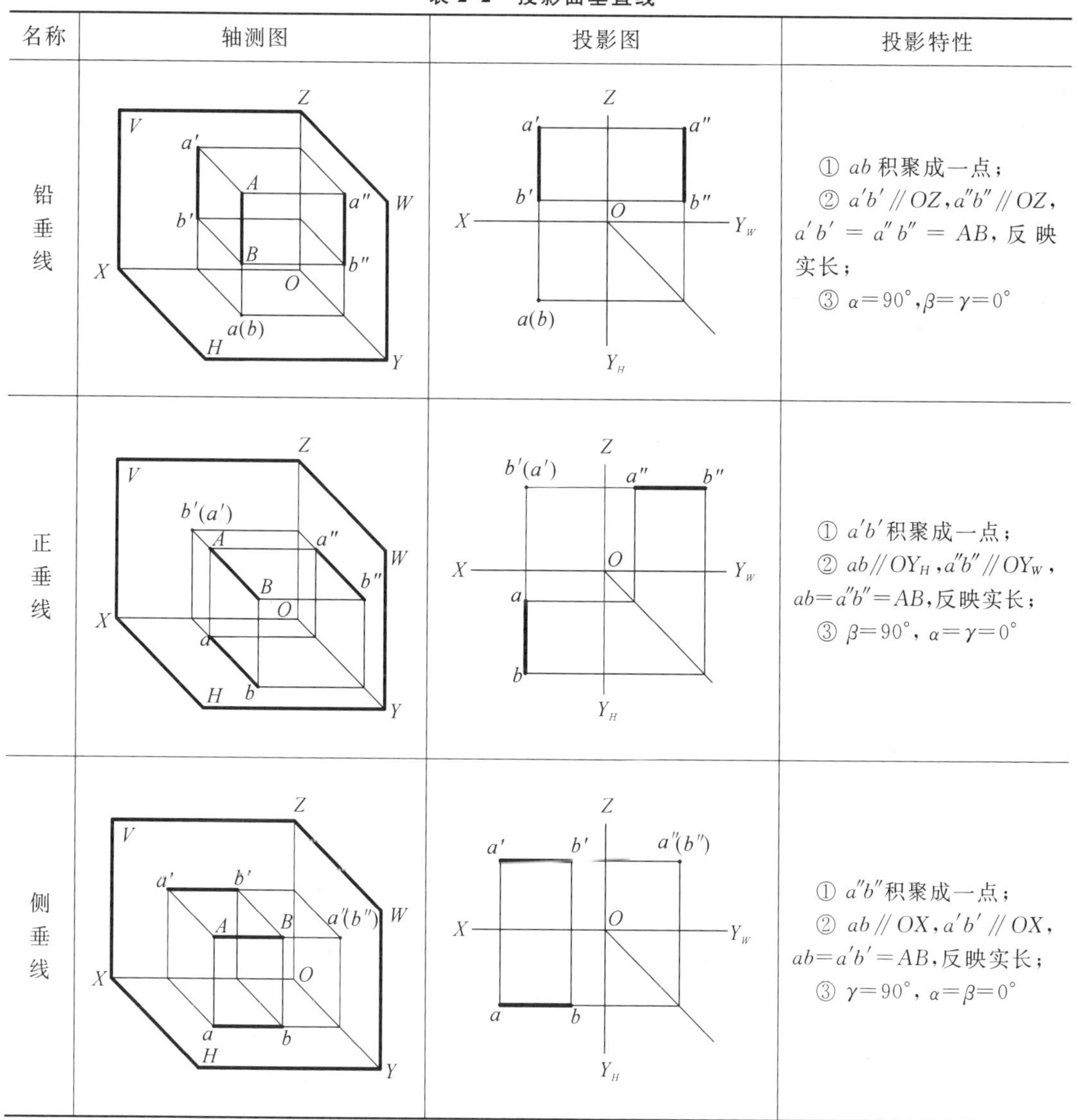

名称	轴测图	投影图	投影特性
铅垂线			① ab 积聚成一点； ② $a'b' \parallel OZ$，$a''b'' \parallel OZ$，$a'b' = a''b'' = AB$，反映实长； ③ $\alpha=90°$，$\beta=\gamma=0°$
正垂线			① $a'b'$ 积聚成一点； ② $ab \parallel OY_H$，$a''b'' \parallel OY_W$，$ab=a''b''=AB$，反映实长； ③ $\beta=90°$，$\alpha=\gamma=0°$
侧垂线			① $a''b''$ 积聚成一点； ② $ab \parallel OX$，$a'b' \parallel OX$，$ab=a'b'=AB$，反映实长； ③ $\gamma=90°$，$\alpha=\beta=0°$

[例 2-2]　如图 2-10(a)所示，已知直线 AB 的 V 面、H 面投影，求作 AB 的 W 面投影。

[作图]　根据图 2-10(a)所给的已知条件，分别作出 A 点、B 点的 W 面投影 a''、b''，然后连接 $a''b''$，即得到 AB 的 W 面投影，如图 2-10(b)所示。

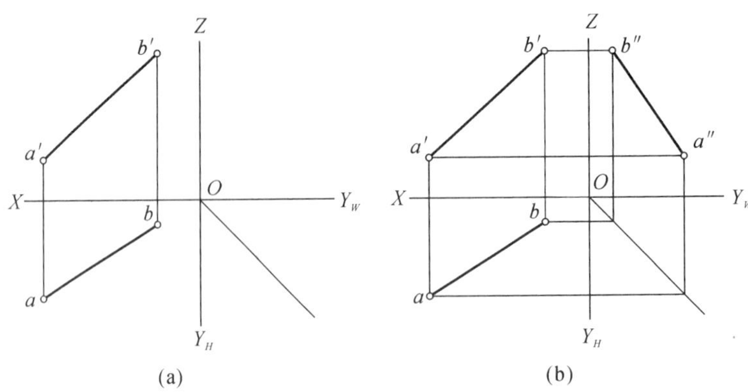

图 2-10　作直线 AB 的 W 面投影 a″b″

［例 2-3］　如图 2-11(a)所示，已知点 A 的投影 a、a′，试过 A 点作水平线 AB，使点 B 在点 A 的右前方，AB 的实长为 20 mm，β 角为 30°。

［作图］　步骤如下：

(1) 由 a 向右前方作直线与 OX 轴成 30°，截取 ab 等于 20 mm，作出点 B 的水平投影 b，如图 2-11(b)所示；

(2) 由 a′作 OX 轴的平行线，再由水平投影 b 作 OX 轴的垂直线，两线相交于 b′，作出点 B 的正面投影 b′；

(3) 描深 a′b′和 ab，求出 AB 的两个投影，如图 2-11(c)所示。

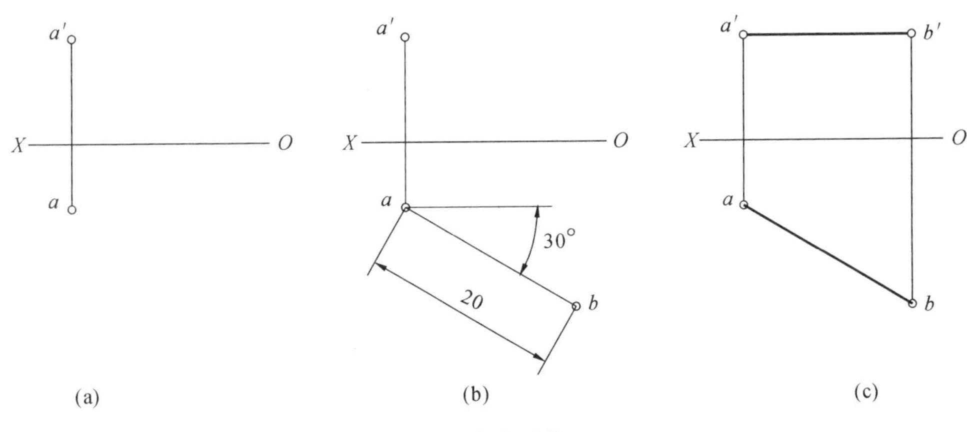

图 2-11　作水平线 AB

2.2.3　直角三角形法和换面法求一般位置线段的实长和倾角

1. 直角三角形法求一般位置线段的实长及其对投影面的倾角

在图 2-12(a)中，过点 A 作 AC∥ab，则 ACB 为一直角三角形。其中 AC＝ab，BC＝Bb－Aa＝Z_B-Z_A(点 B 和点 A 的 Z 坐标差)，∠BAC 等于线段 AB 对 H 面的倾角 α，斜边长即 AB 的实长。因此，求线段 AB 的实长及其对投影面的倾角问题，可归结为求作直角三角形的问题，即用线段的水平投影和两端点的 Z 坐标差为两直角边长，画出直角三角形 ACB 就可以求出线段 AB 的实长和 α 角。

按上述分析，在投影图中求线段的实长和与 H 面的倾角的作图方法有两个。

(方法一)如图 2-12 (b)所示：

(1) 自点 b 作 $bB_1 \perp ab$，并取 $\Delta Z = Z_B - Z_A$；

(2) 连 aB_1 即得线段的实长，此时$\angle baB_1$ 即为 α。

(方法二)如图 2-12 (c)所示：

(1) 在正面投影上作直角三角形，ΔZ 为一直角边，固定不动，另一直角边等于 ab 长；

(2) 连 $b'A_1$ 即得线段的实长，此时$\angle b'A_1a'$即为 α。

可见，重要的是搞清楚直角三角形的几何关系，至于直角三角形作在什么位置是没有关系的。

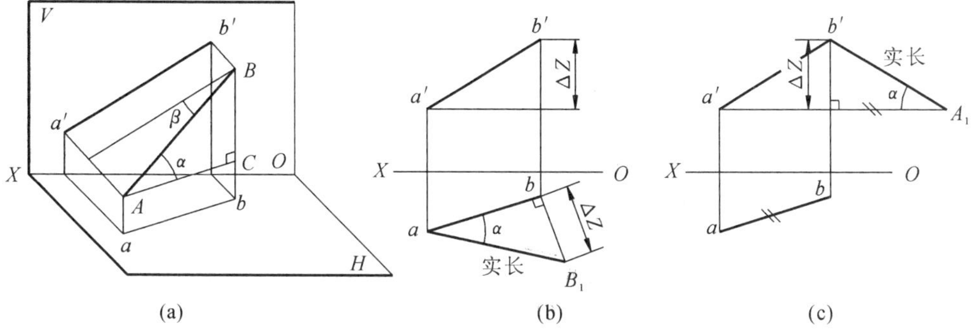

图 2-12 求线段的实长及倾角 α

若欲求 AB 线段对 V 面的倾角 β，则可利用正面投影 $a'b'$ 和两端点的 Y 坐标差为两直角边长构成直角三角形，如图 2-13 所示。

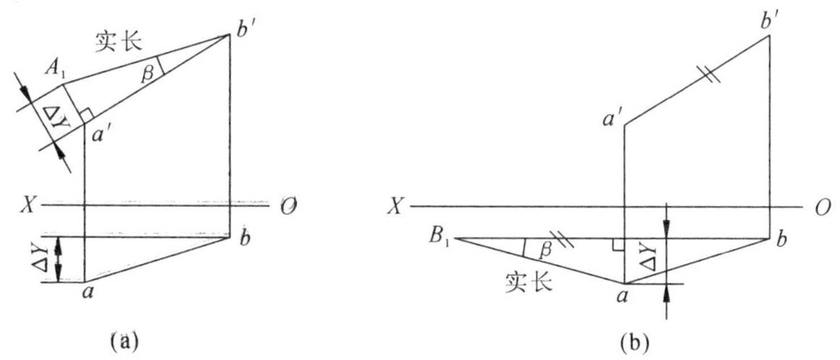

图 2-13 求线段的实长及倾角 β

[**例 2-4**] 如图 2-14(a)所示，已知线段 $AB=25$ mm 及其正面投影 $a'b'$和点 A 的水平投影 a，试求该线段的水平投影 ab。

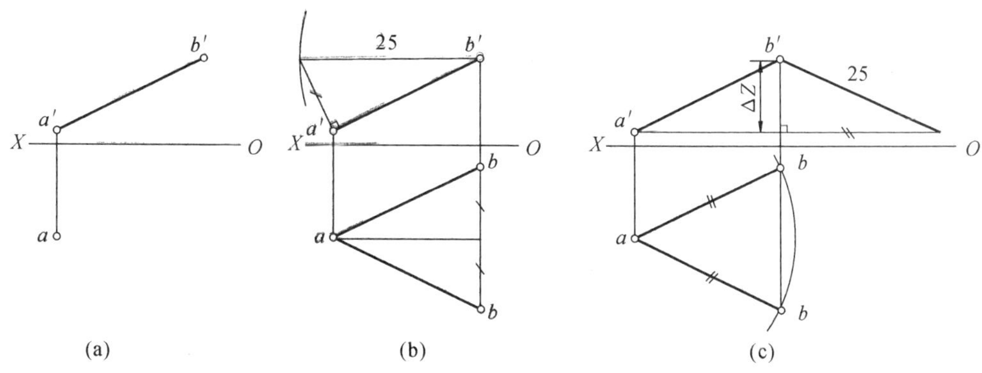

图 2-14 求线段的实长及倾角

［分析］ 水平投影 a 为已知，若想求该线段的水平投影 ab，只要求出 b，连线 ab 即可。有两种方法求 b：一种方法是，根据已知线段实长 25 mm 和 $a'b'$，可构造直角三角形求出另一条直角边，即 AB 水平投影的坐标差 ΔY，从而可求出 b；第二种方法是，根据已知 $a'b'$ 可求出点 A 和点 B 的高度坐标差 ΔZ，加之已知线段实长 25 mm，可构造直角三角形求出另一条直角边，即 AB 水平投影 ab 的长度，从而可求出 b。

［作图］

（方法一） 如图 2-14(b)所示：

(1) 过 a' 作线段 $a'b'$ 的垂线，以 b' 为圆心、以 25 mm 为半径画圆弧，与垂线交于一点，该交点与 a' 的距离即为 AB 水平投影的坐标差 ΔY；

(2) 过 a 作水平线与过 b' 向下的垂线交于一点，以该交点为基准，分别向上、向下量取 ΔY 的距离，确定两个 b；

(3) 连线 ab，有两解。

（方法二） 如图 2-14(c)所示：

(1) 求出线段 $a'b'$ 的高度坐标差 ΔZ，以 ΔZ 为一直角边、以 25 mm 为斜边，构造一直角三角形，另一直角边长度即是 AB 水平投影 ab 的长度；

(2) 以 a 为圆心，以 ab 的长度为半径画一圆弧，与过 b' 向下作的垂线交于两个点，即为两个 b；

(3) 连线 ab，有两解。

2. 换面法概述

通过前面的学习我们知道，当直线相对于投影面处于一般位置时，在此投影面上投影不能直接反映其实长和倾角，并且不具有积聚性；而当直线相对于投影面处于特殊位置时，一些图示和图解问题就容易解决。

换面法就是保持空间几何元素的位置不动，而用一新投影面代替原有的某一投影面，构成一新的投影体系，使空间几何元素在新投影面体系中处于有利于解题的位置。

选择新投影面必须符合下面两个原则：

(1) 新投影面必须垂直于一个原有的投影面，构成一个新的互相垂直的两投影面体系；

(2) 新投影面对空间几何元素应处于有利于解题的位置。

3. 点的换面规律

点是最基本的几何元素，它的换面规律是换面法的基础。

1) 点的一次变换

如图 2-15(a)所示，在互相垂直的两投影面体系 V/H 中，有一空间点 A 的两个投影为 a'、a。假设有某种解题需要，用一个新投影面 V_1 代替原有投影面 V，而 H 面保持不变，则构成一新的两投影面体系 V_1/H，平面 V_1 与 H 面的交线 O_1X_1 为新投影轴。过点 A 向新投影面 V_1 作垂线可得到新投影 a_1'，这样 A 点在新的两投影面体系 V_1/H 的投影（a_1'，a）就代替了原两投影面体系 V/H 的投影（a'，a），即新投影 a_1' 代替了原投影 a'。新投影面 V_1 绕新投影轴 O_1X_1 旋转到与 H 面重合（所选择的旋转方向一般应使图形不重叠），即可得到新投影图，如图 2-15(b)所示。

根据正投影原理可知，$a_1'a \perp O_1X_1$；由于新旧投影面体系具有同一个正立投影面 H，所以点 A 到 H 面的距离不变，即 $a'a_X = Aa = a_1'a_{X_1}$。

［作图］ 如图 2-15(b)所示：

(1) 定出新投影轴 O_1X_1；

(2) 过点 a 作 $a a_1{}' \perp O_1X_1$；

(3) 取 $a_1{}'a_{X_1} = a' a_X$，$a_1{}'$即为所求的新投影。

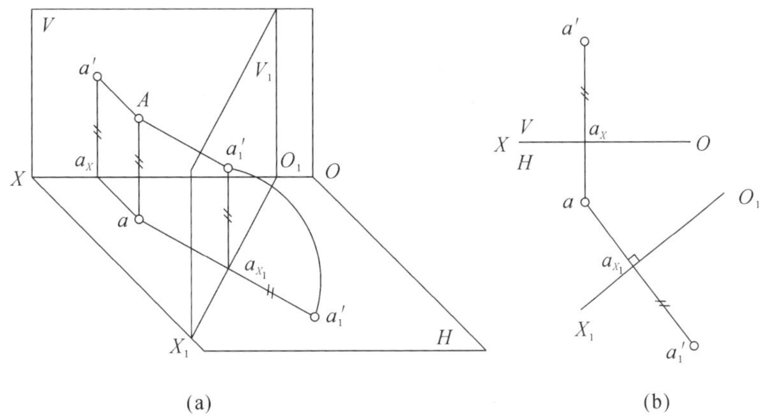

图 2-15　点的一次变换(用 V_1 替换 V)

由此可见，点的换面规律为：

(1) 点的新投影和保留的投影的连线垂直于新投影轴；

(2) 点的新投影到新投影轴的距离等于被替换的旧投影到旧投影轴的距离。

在两面投影体系 V/H 中，若用一个新投影面 H_1 替换原有投影面 H，则构成一新的两面投影体系 V/H_1。同理，A 点的新投影 a_1 和原投影 a 之间也存在同样的关系，如图 2-16(a)(b)所示。

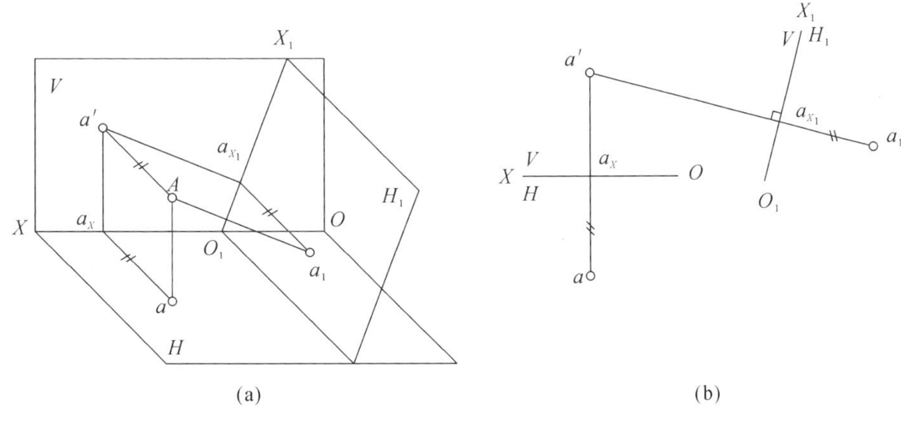

图 2-16　点的一次变换(用 H_1 替换 H)

2) 点的二次变换

在解决某具体问题时，有时进行一次换面还不能满足要求，必须依次进行两次或多次换面。

点的二次变换的作图方法与一次变换的方法完全相同，只是要交替变换投影面，不能连续两次都变换同一个投影面，即若第一次由 V_1 面替换 V 面构成 V_1/H 投影体系，第二次换面则应以 H_2 面替换 H 面，构成 V_1/H_2 体系。如图 2-17 所示为点的二次变换，其作图步骤如下。

(1) 一次变换，以 V_1 面替换 V 面，组成新投影体系 V_1/H。作新投影轴 O_1X_1，过 a 点作 $aa_1{}' \perp O_1X_1$，并使 $a_1{}'a_{X_1} = a'a_X$，即求得新投影 $a_1{}'$。

(2) 进行二次变换，即在投影体系 V_1/H 中再作一次变换，用 H_2 面替换前一次变换中还未被代替的投影面 H，构成 V_1/H_2 投影体系。作新投影轴 O_2X_2，过 a_1' 点作 $a_1'a_2 \perp O_2X_2$，并使 $a_2a_{X_2}=aa_{X_1}$，即求得新投影 a_2。

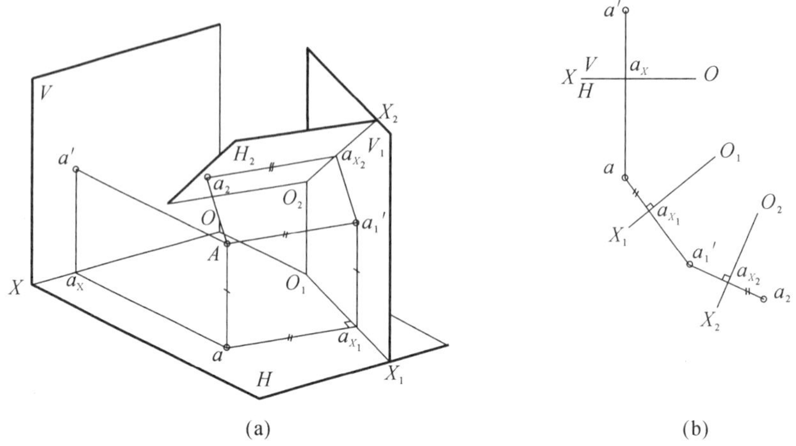

(a) (b)

图 2-17　点的二次变换

4. 直线的换面规律

1）一般位置直线变换为投影面平行线

如图 2-18(a)所示，直线 AB 为一般位置直线，现将 AB 一次换面变换为投影面平行线，可以求出直线的实长和对投影面的倾角。

根据平行线的投影特性(直线的一个投影平行于投影轴)，如若将直线 AB 变成正平线，可以选取一个与直线 AB 平行且垂直于 H 面的新投影面 V_1 替换原有投影面 V，则构成新投影体系 V_1/H。

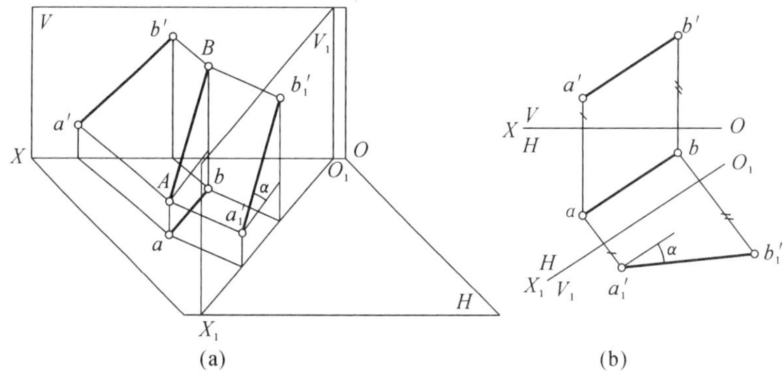

(a) (b)

图 2-18　将一般位置直线变换为投影面平行线

［作图］　如图 2-18(b)所示：

(1) 作 $O_1X_1 \parallel ab$；

(2) 按点的换面规律分别求出 A、B 两点的新投影 a_1'、b_1'；

(3) 连接 a_1' 和 b_1' 即可得到直线 AB 的实长，$a_1'b_1'=AB$，显然，在新投影体系 V_1/H 中，直线 AB 是正平线；

(4) $a_1'b_1'$ 与 O_1X_1 轴的夹角即为直线 AB 对 H 面的倾角 α。

2）将投影面平行线变换成投影面垂直线

如图 2-19(a)所示，直线 AB 为正平线，可以将正平线 AB 一次换面变换为新投影面 H_1 的垂直线。

根据垂直线的投影特性(直线的一个投影反映实长且垂直投影轴)，只能选取与直线 AB 垂直的正垂面 H_1 作为新投影面替换 H 面，构成新投影体系 V/H_1。

[作图]　如图 2-19(b)所示：

(1) 作 $O_1X_1 \perp a'b'$；

(2) 按点的换面规律分别求出 A、B 两点的新投影 a_1、b_1，它们重影于一点 $a_1(b_1)$，显然，在新投影体系 V/H_1 中，直线 AB 是投影面垂直线。

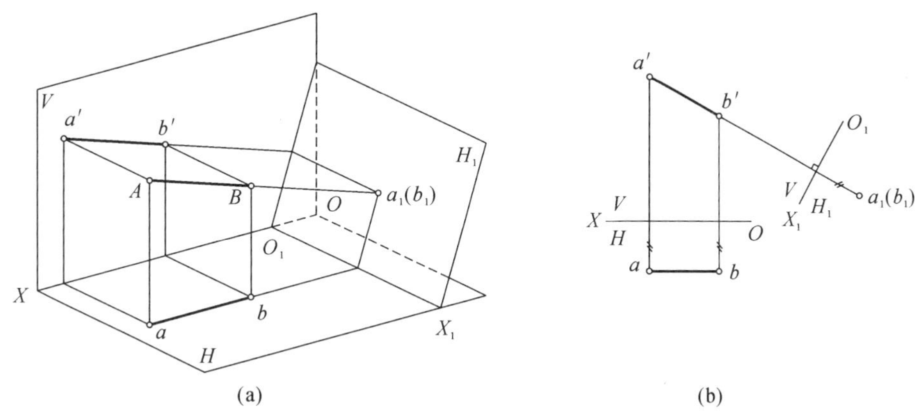

图 2-19　将正平线变换成铅垂线

3) 一般位置直线变换为投影面垂直线

如图 2-20(a)所示，直线 AB 为一般位置直线，现若将直线 AB 变换为投影面垂直线，进行一次换面是不能够实现的。因为与一般位置直线垂直的平面必定无法与原投影面 H、V 中的任何一个构成相互垂直的新投影面体系。所以需要经过两次换面，第一次将一般位置直线变为新投影体系中的投影面平行线，第二次将投影面平行线变为第二个新投影体系中的投影面垂直线。

[作图]　如图 2-20(b)所示：

(1) 作 $O_1X_1 /\!/ ab$；

(2) 求出新投影 a_1'、b_1'；

(3) 作 $O_2X_2 \perp a_1'b_1'$；

(4) 求出新投影 a_2、b_2(a_2 与 b_2 重合)。

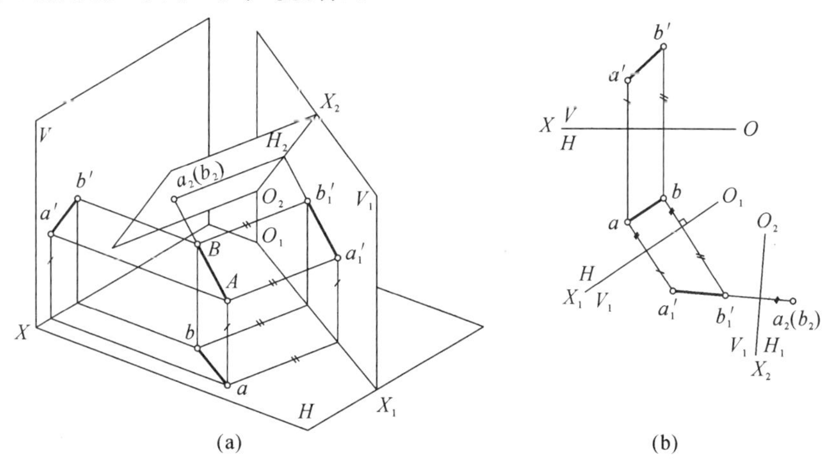

图 2-20　直线的二次换面

2.2.4　直线上的点

1. 点和直线的从属关系

若点在直线上，则点的投影一定在直线的同名投影上；反之亦然。

如图 2-21 所示，已知 $C \in AB$，则 $c \in ab$、$c' \in a'b'$、$c'' \in a''b''$。

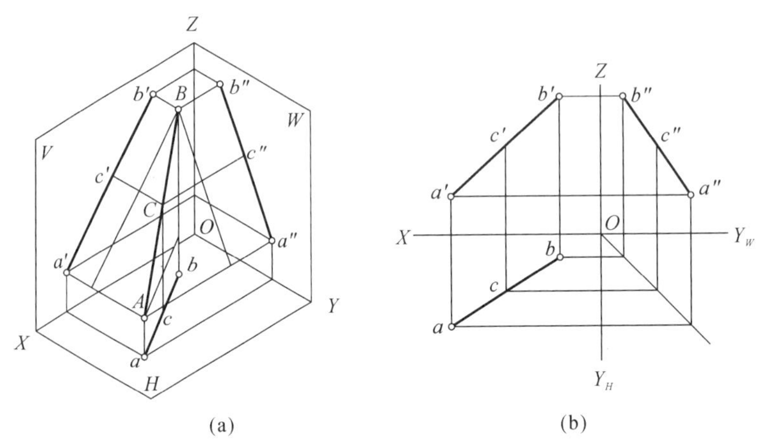

(a)　　(b)

图 2-21　直线及其上的点

2. 点分线段成定比(定比定理)

属于线段的点，分线段之比等于其投影之比。

如图 2-21 所示，已知 $C \in AB$，则 $AC : CB = ac : cb = a'c' : c'b' = a''c'' : c''b''$。

[例 2-5]　如图 2-22(a)所示，已知点 C 和直线 AB 的两投影，判断点 C 是否在直线 AB 上。

[解]　此题有两种解法。

(解法一)应用第三投影。作出直线 AB 和点 C 的侧面投影，如图 2-22(b)所示。点 C 的侧面投影 c'' 不在直线 AB 的侧面投影 $a''b''$ 上，由直线上点的投影特性判断，点 C 不在直线 AB 上。

(解法二)应用定比定理。如图 2-22(c)所示，先过 a 点任意作一条射线作为辅助线，在辅助线上量取 $aB_1 = a'b'$，在 aB_1 上定出 C_1 点，使 $aC_1 = a'c'$，连接 bB_1，过 C_1 作 bB_1 的平行线交 ab 于 c_1。由于 c_1 不与 c 重合，根据直线上点的投影特性判断，点 C 不在直线 AB 上。

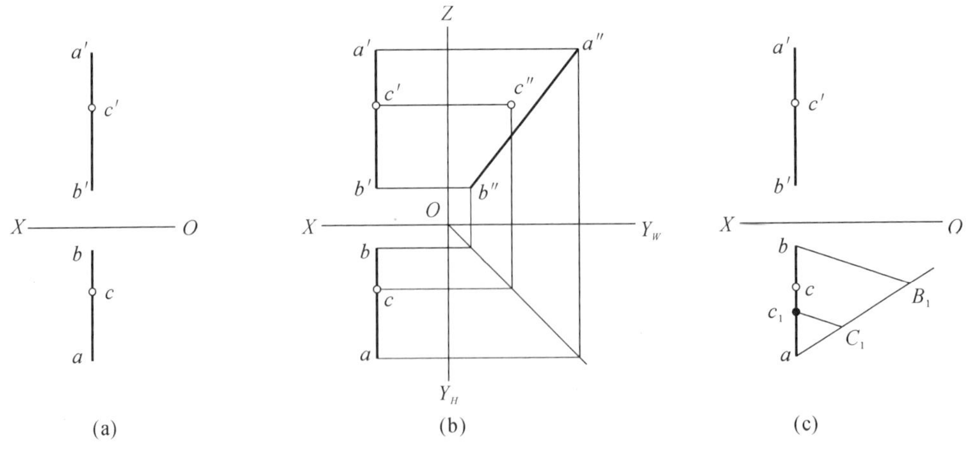

(a)　　(b)　　(c)

图 2-22　判断点 C 是否在直线 AB 上

［例 2-6］　如图 2-23(a)所示，已知直线 AB 的投影 ab 和 $a'b'$，求作直线上一点 C 的投影，使 $AC:CB=3:2$。

［作图］　步骤如下：

(1) 过 a 任意作一条射线，在其上截取 5 个单位长度的线段，连接 $5b$，如图 2-23(b)所示；

(2) 从分点 3 处作 $5b$ 的平行线交 ab 于 c，则 $ac:cb=3:2$；

(3) 由 c 按点的投影规律求出 c'，如图 2-23(c)所示。

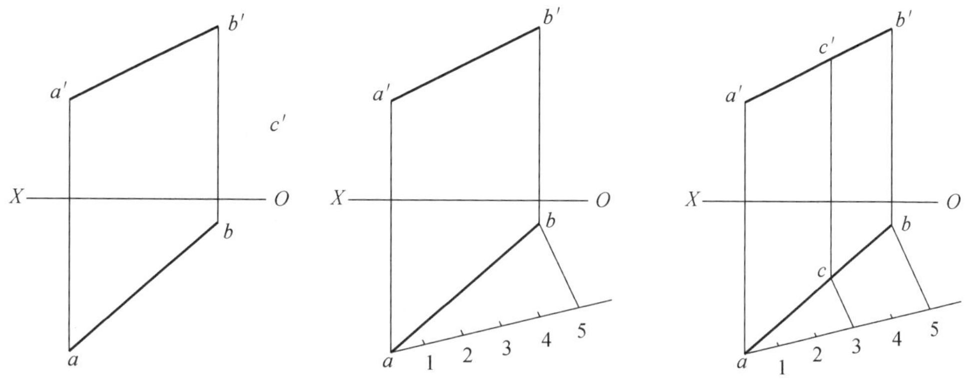

图 2-23　作线段 AB 的分点 C 的投影

2.2.5　两直线的相对位置

两直线在空间的相对位置有三种：平行、相交、交叉(或异面)。

1. 平行

如果空间两直线相互平行，则其同名投影必相互平行，如图 2-24 所示，若 $AB/\!/CD$，则 $ab/\!/cd$，$a'b'/\!/c'd'$，$a''b''/\!/c''d''$。

反之，如果两直线的各同名投影都相互平行，则空间两直线一定平行。若 $ab/\!/cd$，$a'b'/\!/c'd'$，$a''b''/\!/c''d''$，则 $AB/\!/CD$。

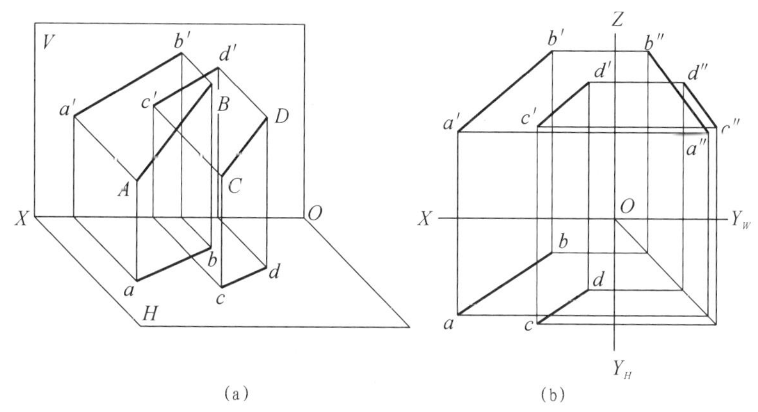

(a)　(b)

图 2-24　平行两直线

2. 相交

如果空间两直线相交，则两直线的各同名投影均相交，且各同名投影的交点符合点的投影规律。如图 2-25 所示，空间直线 AB 与 CD 相交于 K 点，则水平投影 ab 与 cd 相交于 k，

正面投影 $a'b'$ 与 $c'd'$ 相交于 k'，且 $kk' \perp OX$ 轴，K 点符合点的投影规律。

反之，若两直线的同名投影相交，且其交点符合点的投影规律，则两直线相交。

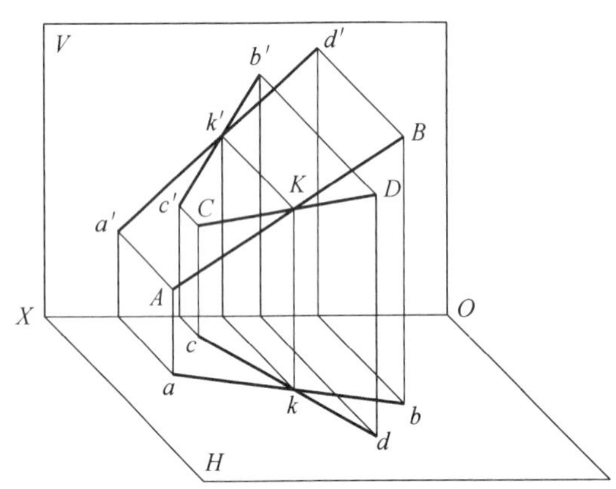

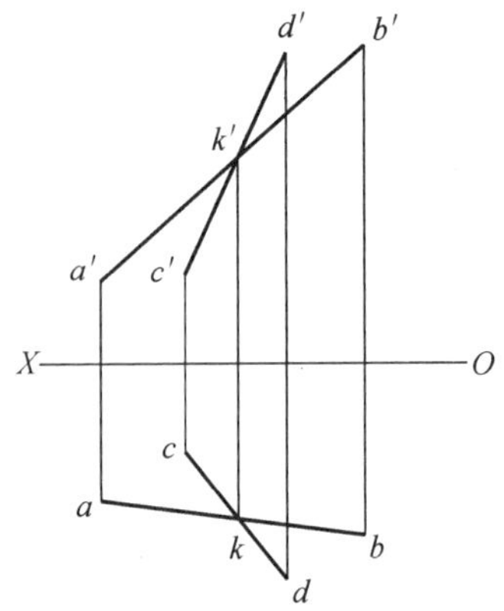

图 2-25　相交两直线

[例 2-7]　如图 2-26(a)所示，过 C 点作水平线 CD 与 AB 相交。

[分析]　CD 是水平线，$c'd' /\!/ OX$，先求 $c'd'$，再求 cd。

[作图]　步骤如下：

(1) 过 c' 作 $c'd' /\!/ OX$，$c'd'$ 与 $a'b'$ 交于 k'，$c'd'$ 长度不限，如图 2-26(b)所示；

(2) 根据交点 K 的投影规律，K 点既属于 AB，也属于 CD，且 $kk' \perp OX$，在 ab 上找到 k；

(3) 连接 ck，延长求出 cd 并描深，如图 2-26(c)所示。

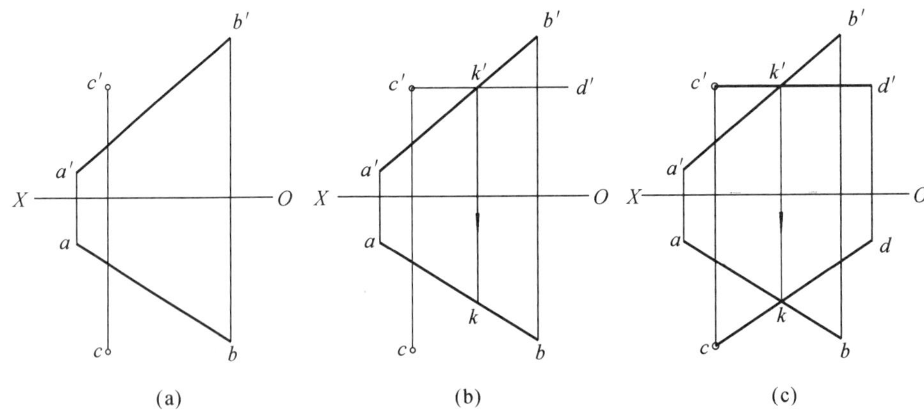

图 2-26　作水平线 CD 与 AB 相交

3. 交叉

在空间既不平行也不相交的两直线称为交叉直线。

图 2-27 所示为交叉两直线的投影，交叉两直线的同名投影可能相交，但投影交点不符合点的投影规律。水平投影的交点，实际上是空间Ⅰ、Ⅱ两个点对 H 面的重影点，其中点Ⅰ在 CD 上，点Ⅱ在 AB 上；正面投影的交点是空间Ⅲ、Ⅳ两个点对 V 面的重影点，点Ⅲ在 AB 上，点Ⅳ在 CD 上。

利用交叉两直线投影中的重影点的可见性判别，可以判断交叉两直线的相对位置。

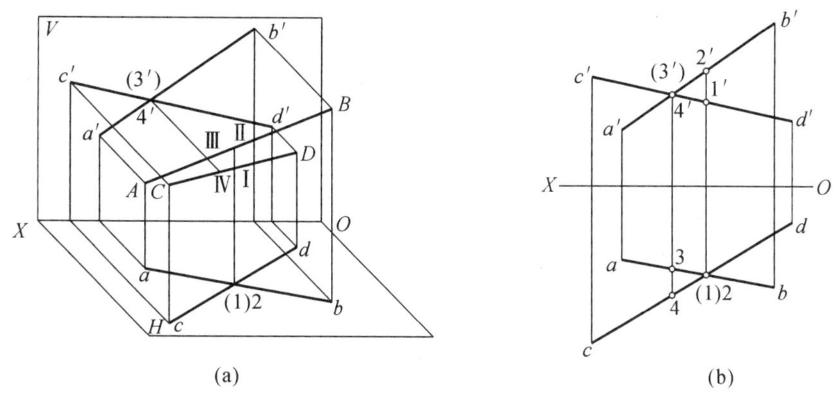

图 2-27　交叉两直线

[例 2-8]　判断图 2-28、图 2-29 所示两直线的位置关系。

[分析]　图 2-28(a)为已知条件，可以判断出 DE 与 FG 同为侧平线，两直线的相对位置要用侧面投影来判断。通过作 W 面投影，如图 2-28(b)所示，可以判断两直线交叉。当交叉两直线同为投影面的平行线时，在三面投影中会有两组同名投影平行，另一组同名投影相交，如 $de /\!/ fg$，$d'e' /\!/ f'g'$，但是 $d''e''$ 与 $f''g''$ 相交。

用同样的方法可以判断出，图 2-29 中的两直线也为交叉直线。

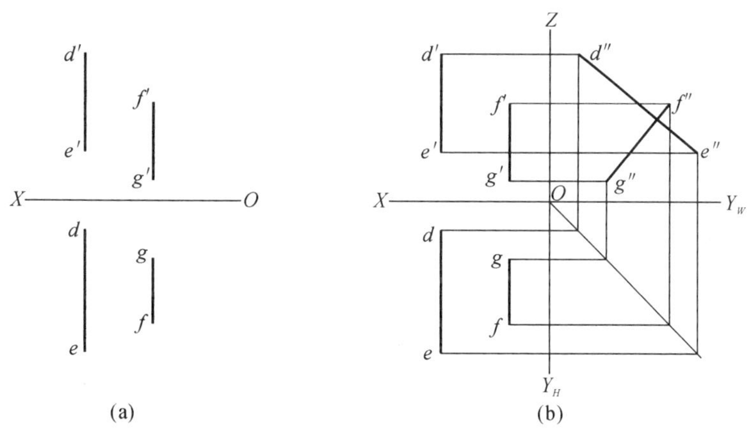

图 2-28　判断 DE、FG 两直线的相对位置

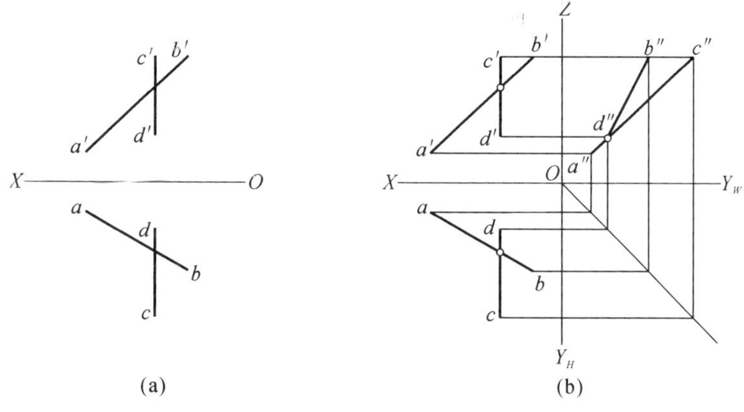

图 2-29　判断 AB、CD 两直线的相对位置

［例 2-9］ 如图 2-30(a)所示，试作直线 KL 与已知直线 AB、CD 均相交，交点分别为 K、L，并与已知直线 EF 平行。

［分析］ 因为 $KL /\!/ EF$，所以 $kl /\!/ ef$，$k'l' /\!/ e'f'$，又因为 KL 与 CD 交于 L 点，由图 2-30(a)可知，直线 CD 是铅垂线，则点 L 的水平投影 l 与 $c(d)$ 重合。

［作图］ 步骤如下：

(1) 求出 L 点的水平投影 l；

(2) 过 l 作直线平行于 ef 交 ab 于 k，过 k 作 OX 轴的垂线交 $a'b'$ 于 k'；

(3) 过 k' 作 $e'f'$ 的平行线交 $c'd'$ 于 l'；

(4) 描深 kl 和 $k'l'$，则 KL 的两投影即为所求，如图 2-30(b)所示。

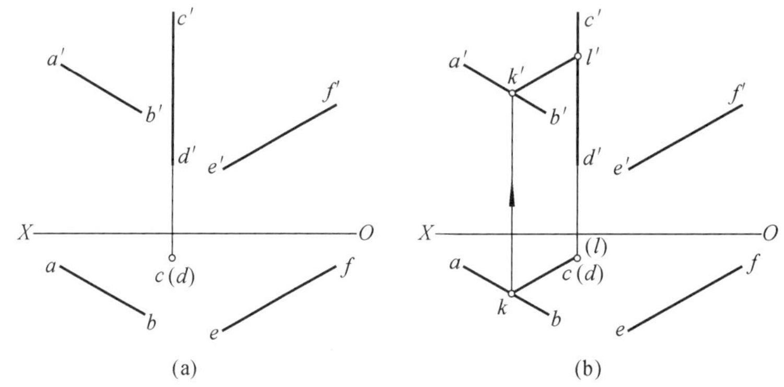

图 2-30 作直线 KL

［例 2-10］ 如图 2-31(a)所示，过 C 点作直线交已知直线 AB 于 K，并使 K 到 V、H 面的距离相等。

［分析］ 若点的 Y、Z 坐标相等，则点到 V、H 面的距离相等，点的侧面投影反映 Y、Z 坐标。

［作图］ 步骤如下：

(1) 过 O 点作 45°斜线交 $a''b''$ 于 k''，并求出 k' 和 k；

(2) 连接并描深 ck、$c'k'$、$c''k''$，CK 即为所求，如图 2-31(b)所示。

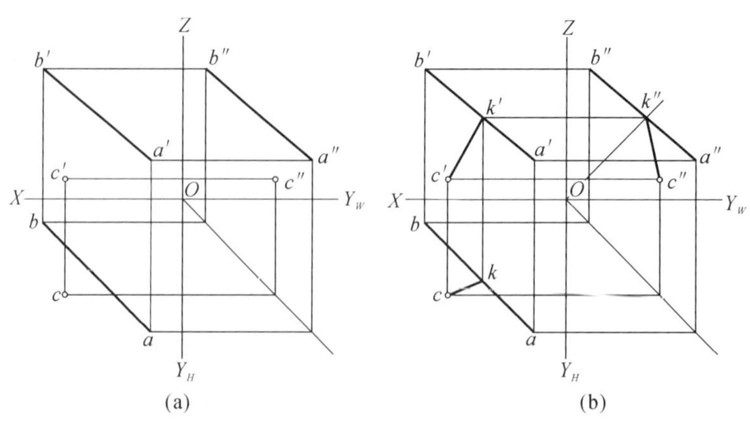

图 2-31 过 C 点作直线 CK 与直线 AB 相交

［例 2-11］ 如图 2-32(a)所示，过点 C 作直线 CD 交 AB 于 D，D 点距 H 面 20 mm。

［分析］ D 点距 H 面 20 mm，即 D 点的 Z 坐标等于 20 mm。

［作图］　步骤如下：

(1) 作 OX 轴的平行线，且距离 OX 轴为 20 mm，交 $a'b'$ 于 d'，如图 2-32(b)所示；

(2) 过 d' 作 OX 轴的垂线交 ab 于 d，连接并描深 cd、$c'd'$，CD 即为所求，如图 2-32(c)所示。

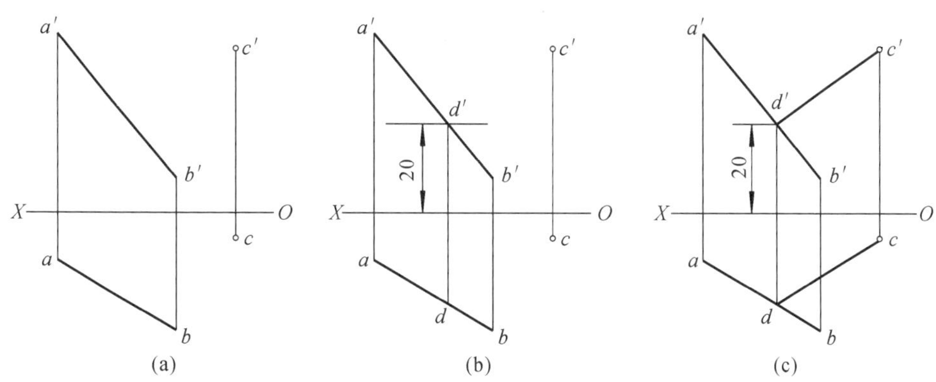

图 2-32　过 C 点作直线 CD 与直线 AB 相交

2.2.6　直角投影定理

当互相垂直的两直线同时平行于某个投影面时，在该投影面上的投影仍为直角；当互相垂直的两直线都不平行于某个投影面时，在该投影面上的投影不反映直角。

当互相垂直的两直线(相交或交叉)，其中有一直线平行于某一投影面(另一边不垂直于该投影面)时，两直线在该投影面上的投影仍为直角。这种投影特性称为直角投影定理。

现将直角投影定理证明如下(见图 2-33)。

已知：AB 与 BC 垂直相交，$AB /\!/ H$ 面。

求证：$\angle abc=90°$。

证明：因为 $AB \perp BC$，$AB /\!/ H$ 面，$Bb \perp H$ 面，所以 $AB \perp$ 平面 $CBbc$。

又因为 $AB /\!/ ab$，所以 $ab \perp$ 平面 $CBbc$，因此 $ab \perp bc$，即 $\angle abc=90°$。

证毕。

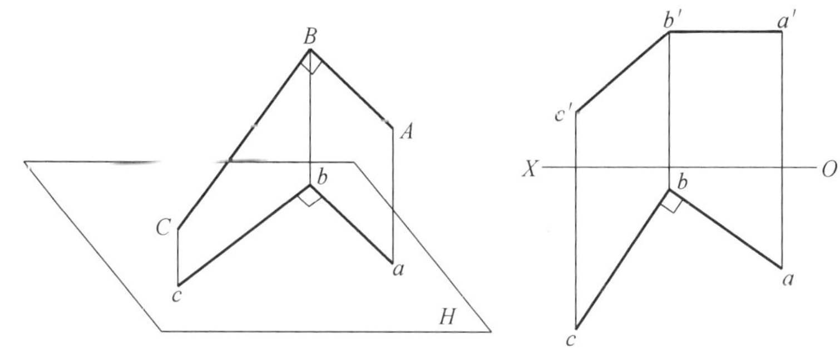

图 2-33　直角投影定理(1)

如果将平面 $CBbc$ 扩大，记为 Q(见图 2-34(a))，因 $AB \perp Q$，则 AB 直线必垂直于 Q 平面上的任何直线(如 EF 直线)，又因 EF 在 H 面上的投影和 ab 重合，在同一条直线上，而 $ab \perp bc$，故 $ab \perp ef$。可见，直线 AB 与直线 EF 垂直交叉时，由于一直线 AB 平行于 H 面，所以两直线 AB 与 EF 在该投影面上的投影仍为直角。反之，如果两直线在某一投影面上的投影垂直,其中有一直线是该投影面的平行线,则空间两直线一定垂直。图 2-34 所示为两直线交叉垂直的情形。

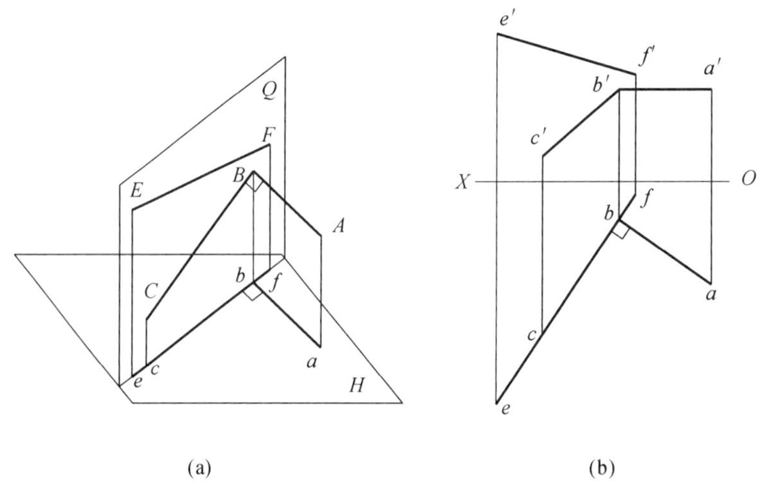

图 2-34　直角投影定理(2)

[例 2-12]　如图 2-35 所示,判断两直线 AB 与 CD 是否垂直?

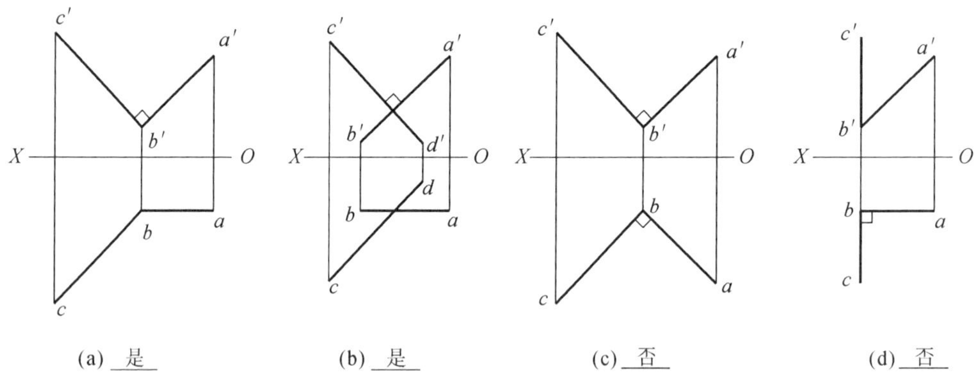

图 2-35　直角投影定理举例

[例 2-13]　如图 2-36 (a)所示,求点 C 到正平线 AB 的距离(投影和实长)。

[分析]　求点到直线的距离,实际是求点到直线的垂线的长度。因为直线 AB 是正平线,所以根据直角投影定理,在 V 面投影中直接进行作图。然后利用直角三角形法或换面法求出垂线的实长。

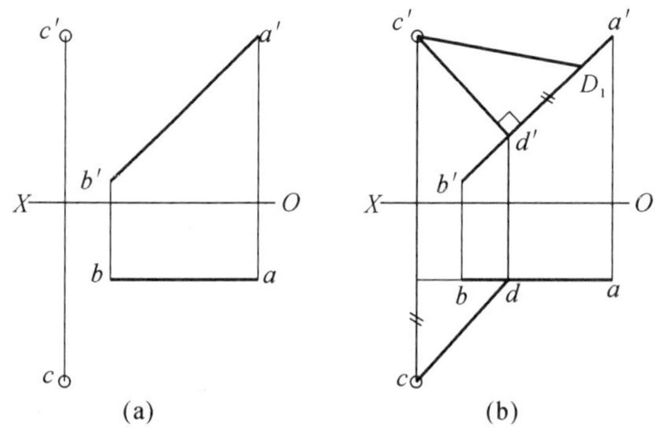

图 2-36　求点 C 到直线 AB 的距离

[作图]　步骤如下:

(1) 过 c' 作 $a'b'$ 的垂线交于 d',并求出 d;

(2) 连接 cd ,cd 和 $c'd'$ 即为垂线 CD 的两投影;

(3) 用直角三角形法求出 CD 的实长($c'D_1$),如图 2-36(b)所示。

2.3　平面的投影

2.3.1　平面的表示法及投影特性

1. 平面的表示法

由初等几何可知，不在同一条直线上的三个点可以唯一地确定一个平面，平面的投影可以用不在同一直线上的三点的投影表示。如图 2-37(a)所示，A、B、C 三点表示了空间一个确定位置的平面，不表示该平面的范围或形状。由此可以演化出空间平面的另四种表示形式：一直线和直线外一点，相交两直线，平行两直线，任意平面图形（例如三角形、圆以及其他图形），如图 2-37(b)(c)(d)(e)所示。

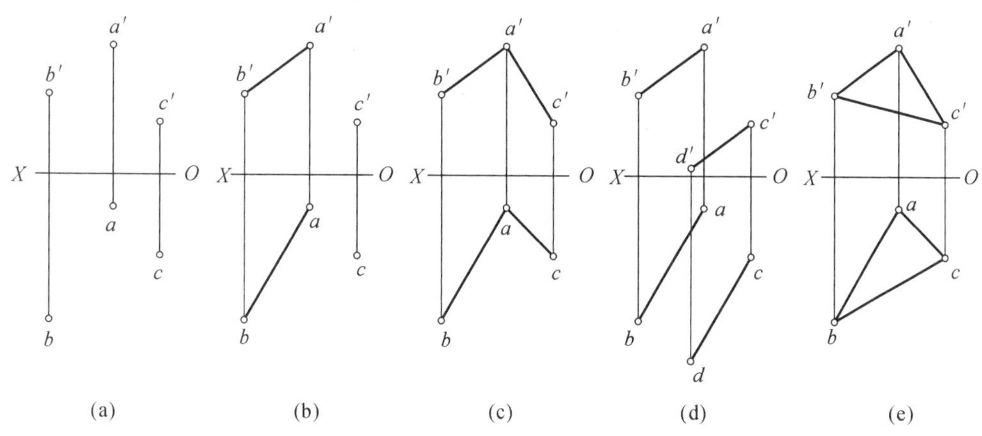

图 2-37　用几何元素表示平面

2. 平面的投影特性

平面与投影面的相对位置不同，其投影具有不同的性质，如图 2-38 所示：当平面△ABC 平行于投影面 P 时，投影反映实形；当平面△DEF 垂直于投影面 P 时，投影积聚为直线；当平面△SMN 倾斜于投影面 P 时，投影具有类似形（边数相等的类似多边形）。

平面与投影面的相对位置用平面与投影面的夹角（即二面角）来表示。在三投影面体系中，平面与投影面 H、V、W 的夹角分别用 α、β、γ 来表示。当平面平行于投影面时，倾角为 0°；当平面垂直于投影面时，倾角为 90°；当平面倾斜于投影面时，倾角大于 0°，小于 90°。

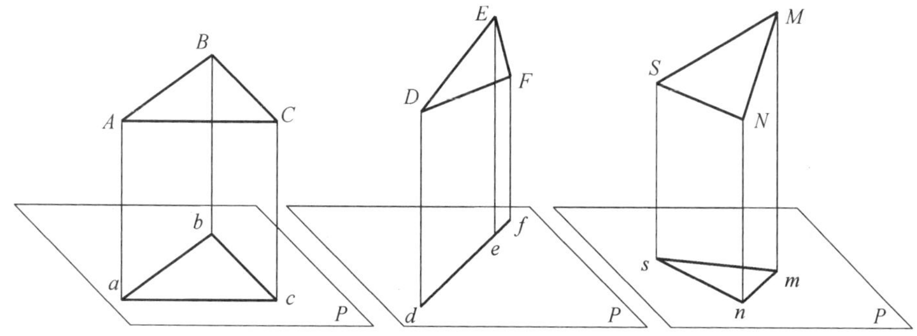

图 2-38　平面的投影特性

2.3.2 各种位置平面的投影

根据平面与投影面的相对位置不同，平面可分为三类：投影面垂直面、投影面平行面、一般位置平面。

1. 投影面垂直面

垂直于一个投影面，与另外两个投影面倾斜的平面称为投影面垂直面。投影面垂直面有以下三种类型：

(1) 铅垂面　垂直于 H 面，倾斜于 V 面和 W 面；

(2) 正垂面　垂直于 V 面，倾斜于 H 面和 W 面；

(3) 侧垂面　垂直于 W 面，倾斜于 V 面和 H 面。

如表 2-3 所示，投影面垂直面有如下投影特性：

(1) 在其所垂直的投影面上的投影，积聚为一条与投影轴倾斜的直线，它与投影轴的夹角分别反映该平面与另两个投影面的倾角；

(2)在另两个投影面上的投影均不反映实形，是原平面图形的类似形。

表 2-3　投影面垂直面

名称	轴测图	投影图	投影特性
铅垂面	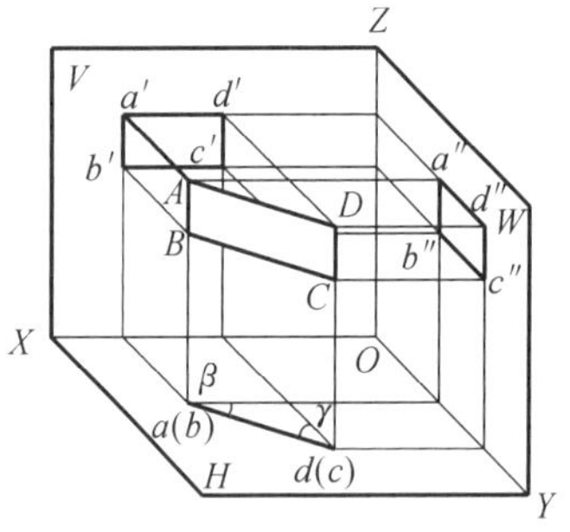	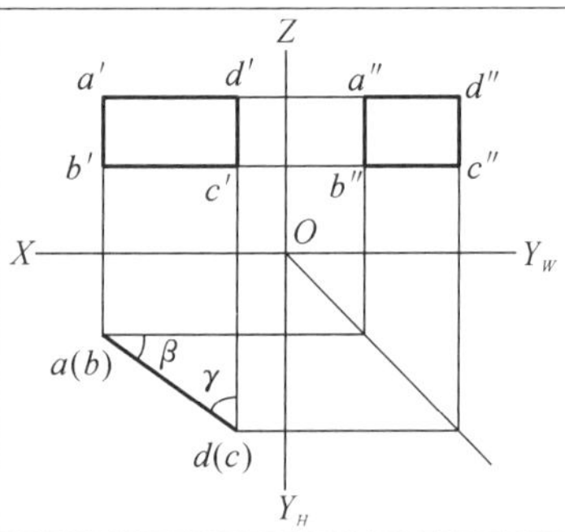	① 水平投影积聚成直线，$\alpha=90°$。水平投影与 OX、OY 轴夹角反映空间平面对 V、W 面的夹角 β、γ； ② 正面投影、侧面投影均为类似形
正垂面	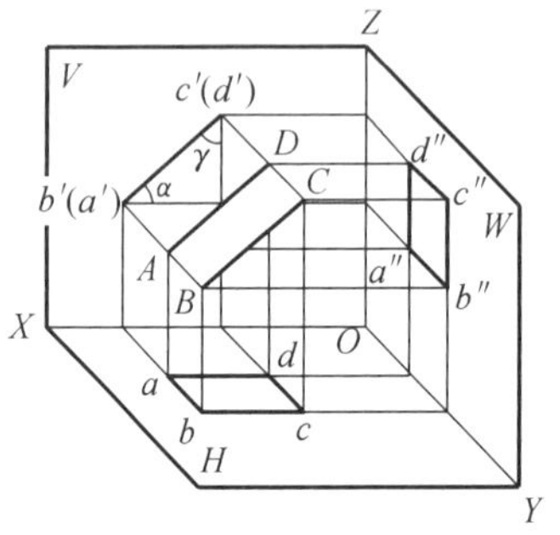	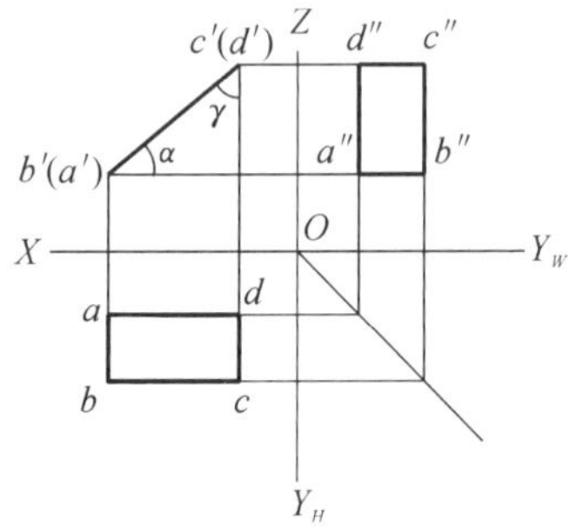	① 正面投影积聚成直线，$\beta=90°$。正面投影与 OX、OZ 轴夹角反映空间平面对 H、W 面的夹角 α、γ； ② 水平投影、侧面投影均为类似形
侧垂面	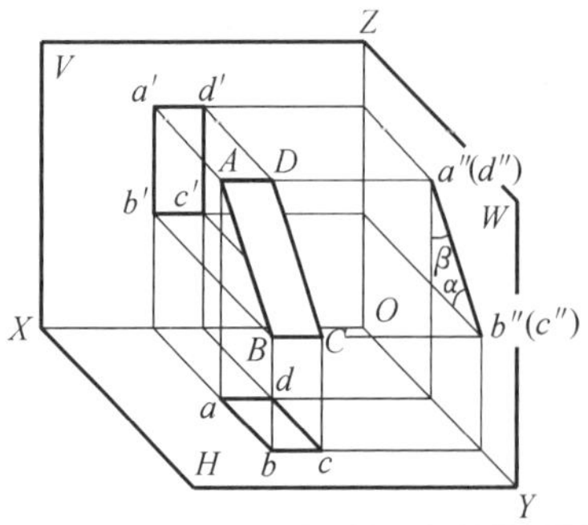	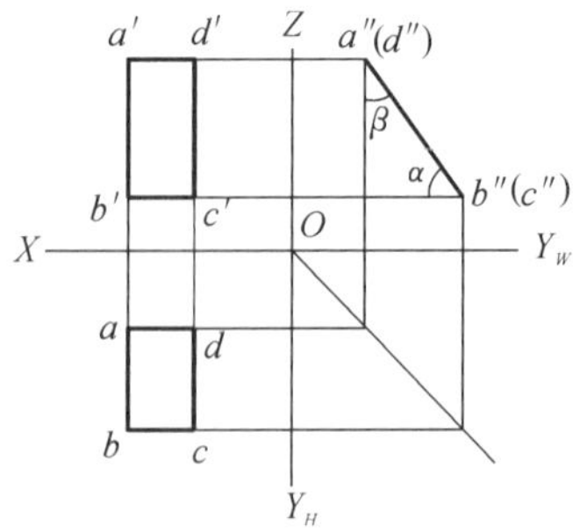	① 侧面投影积聚成直线，$\gamma=90°$。侧面投影与 OY_W、OZ 轴夹角反映空间平面对 H、V 面的夹角 α、β； ② 水平投影、正面投影均为类似形

2. 投影面平行面

平行于一个投影面，而与另外两个投影面垂直的平面称为投影面平行面。投影面平行面有以下三种类型：

(1) 水平面　平行于 H 面，垂直于 V 面和 W 面；

(2) 正平面　平行于 V 面，垂直于 H 面和 W 面；

(3) 侧平面　平行于 W 面，垂直于 V 面和 H 面。

如表 2-4 所示，投影面平行面有如下投影特性：

(1) 在其所平行的投影面上的投影反映实形；

(2) 在另两个投影面上的投影均积聚成直线，且平行于相应的投影轴。

表 2-4　投影面平行面

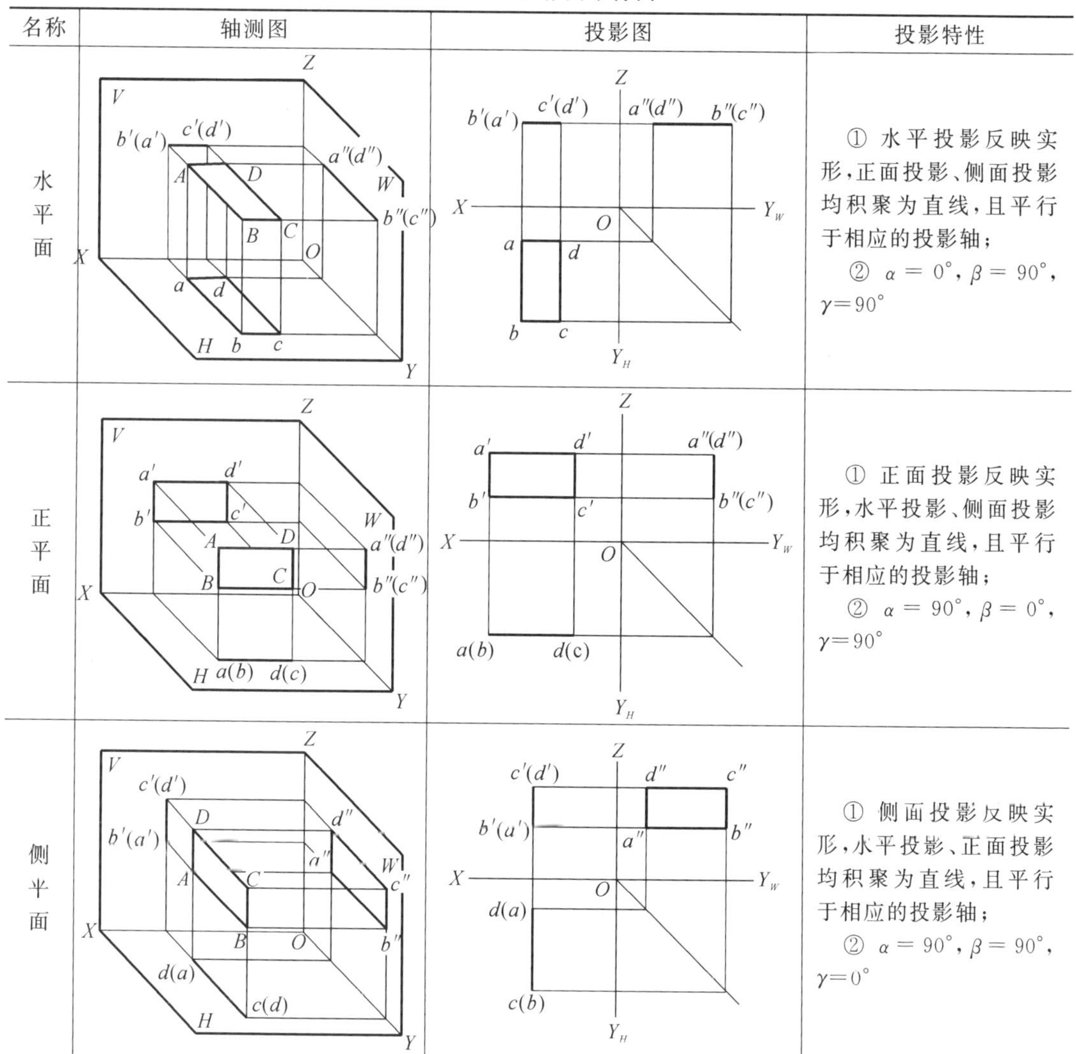

名称	轴测图	投影图	投影特性
水平面			① 水平投影反映实形，正面投影、侧面投影均积聚为直线，且平行于相应的投影轴； ② $\alpha=0°$，$\beta=90°$，$\gamma=90°$
正平面			① 正面投影反映实形，水平投影、侧面投影均积聚为直线，且平行于相应的投影轴； ② $\alpha=90°$，$\beta=0°$，$\gamma=90°$
侧平面			① 侧面投影反映实形，水平投影、正面投影均积聚为直线，且平行于相应的投影轴； ② $\alpha=90°$，$\beta=90°$，$\gamma=0°$

3. 一般位置平面

倾斜于三个投影面的平面称为一般位置平面。它在三个投影面上的投影既不反映实形，也没有积聚性，均为原平面图形的类似形。三个投影都不能直接反映该平面对投影面的真实倾角。

如图 2-39 所示，空间△ABC 的三个投影分别为△abc、△$a'b'c'$ 、△$a''b''c''$，三个投影仍然

是三角形，但面积缩小。

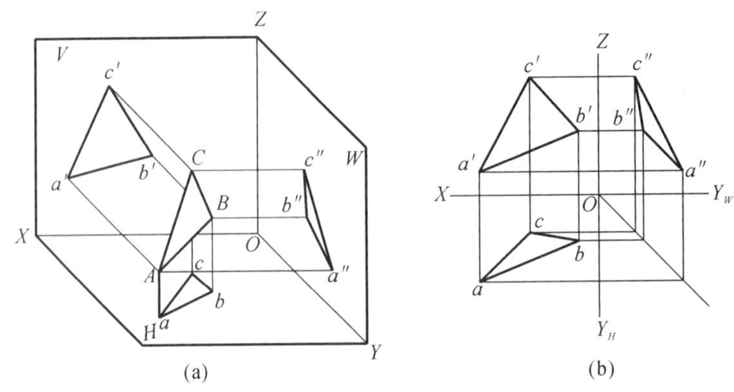

图 2-39　一般位置平面

［例 2-14］　如图 2-40(a)所示，已知 AC 为水平线，试以 AC 为对角线作水平正方形的三个投影。

［分析］　水平正方形在水平投影面上的投影反映真实形状，正方形的对角线长度相等且互相垂直平分。

［作图］　步骤如下：

(1) 在水平投影面上，作 ac 的垂直平分线，并截得 $bd=ac$，如图 2-40(b)所示；

(2) 连 $abcd$ 得正方形的水平投影；

(3) 由 $abcd$ 求出 b'、d'(位于 $a'c'$ 上)；

(4) 根据正方形的 V、H 面投影，求出其 W 面投影 $a''b''c''d''$，如图 2-40(c)所示。

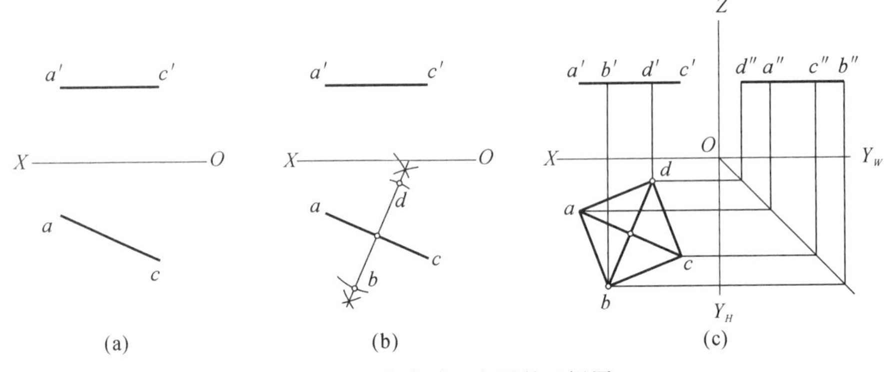

图 2-40　作水平正方形的三视图

2.3.3　换面法求平面的实形

平面的投影变换就是变换平面各顶点，得到平面的新投影。在解题时可根据具体需要进行换面。

1. 将一般位置平面变换为投影面垂直面

由两平面相互垂直的几何关系可知，只要将一般位置平面上任一直线变换为投影面垂直线，则此平面就变换成了投影面垂直面。因此，将一般位置平面变换成投影面垂直面，可在平面上选取一条投影面平行线，将其变换成投影面垂直线，则该平面随之就变换成了投影面的垂直面。

如图 2-41(a)所示，平面△ABC 是一般位置平面，可以将其变换为正垂面并求出与 H 投影面的倾角 α。在平面上取一条水平线 AD，选取一铅垂面 V_1 为新投影面替换原有投影面

V，使其与水平线 AD 垂直，则在新投影体系 V_1/H 中，平面△ABC 就变换为投影面垂直面了。如图 2-41(b)所示，作图过程如下：

(1) 作平面△ABC 上的水平线 AD；

(2) 作新投影轴 $O_1X_1 \perp ad$；

(3) 按换面的基本规律，在新投影面 V_1 上分别求出 A、B、C 各点的投影 a_1'、b_1'、c_1'，并连接各点，得到△ABC 在 V_1 面上的投影 $a_1'b_1'c_1'$，积聚为一条直线；

(4) $a_1'b_1'c_1'$ 与 O_1X_1 轴的夹角即反映平面△ABC 与 H 面的夹角 α。

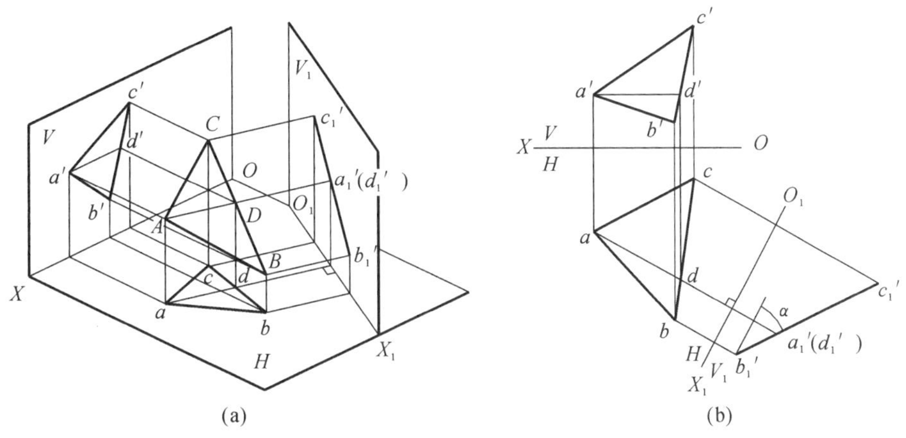

图 2-41　将一般位置平面变换为正垂面

2. 将投影面垂直面变换成投影面平行面

把投影面垂直面变换成投影面平行面，可以求出平面的实形。

如图 2-42(a)所示，将铅垂面平面△ABC 变换为正平面。根据平行面的投影特性(一个投影积聚为一直线且平行投影轴，另一投影反映实形)和换面原则，只能选取铅垂面 V_1 作为新投影面替换 V 面，并使新投影面 V_1 平行于平面△ABC，构成新投影体系 $V_!/H$。如图 2-42(b)所示，作图过程如下：

(1) 作新投影轴 $O_1X_1 /\!/ abc$；

(2) 按换面的基本规律在新投影面上分别求出△ABC 各点的新投影 a_1'、b_1' c_1'，并连接各点，得到△ABC 在新投影面 V_1 上的投影△$a_1'b_1'c_1'$；

(3) △$a_1'b_1'c_1'$ 即反映△ABC 的实形。

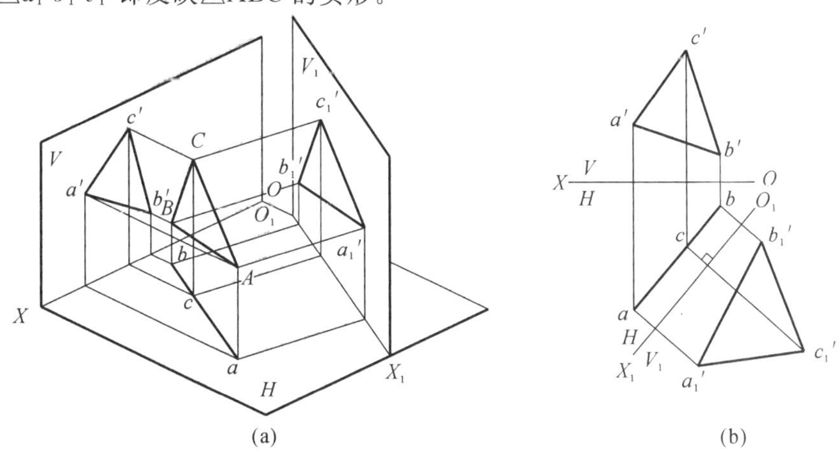

图 2-42　将铅垂面变换成正平面

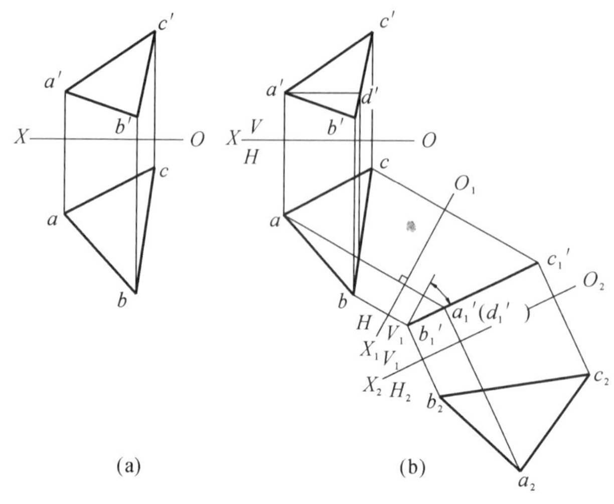

图 2-43　求平面△ABC 的实形和 α 角

3. 将一般位置平面变换成投影面平行面

要把一般位置平面变换成投影面平行面，直接作一个辅助投影面与其平行是不行的，因为该辅助投影面既不垂直于 H 面也不垂直于 V 面，不能与原有任一投影面构成新的投影体系。应首先将其变换成投影面垂直面，然后再变换成投影面平行面，即必须将平面连续做两次换面。

如图 2-43(a)所示，若求一般位置平面△ABC 与 H 面的倾角 α 及其实形，必须将平面进行二次换面，即先将一般位置平面变换为投影面垂直面，再将它变换为投影面平行面。若仅求实形，换面顺序是随便的，但若要求 α 角，因一次换面时 H 面不能换，只能用 V_1 面替换 V 面，则换面顺序应为：$V/H \rightarrow V_1/H \rightarrow V_1/H_2$。作图步骤如图 2-43(b)所示。

2.3.4　平面上的点和直线

平面图形由点和线段构成，在平面上取点和直线是作平面投影的基础。

1. 平面上的点

点属于平面的几何条件是：如果一点位于平面内的一已知直线上，则此点必在平面上。

在图 2-44 中，K 点位于平面内的直线 AD 上，故 K 点在平面 ABC 上。

2. 平面上的直线

直线属于平面的几何条件是：直线若经过平面上已知两点；或经过平面上一已知点，且平行于该平面上的另一已知直线，则此直线必定在该平面上。

在图 2-44 中，A 点和 E 点均为平面上的点，故直线 AE 在平面 ABC 上。

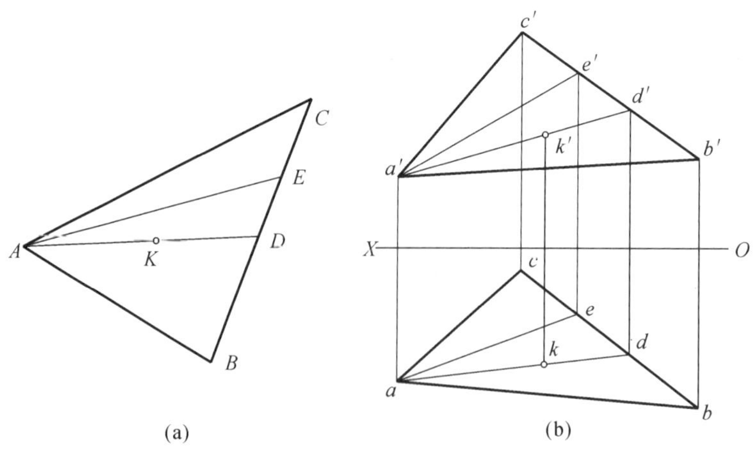

图 2-44　平面上的点和直线

[**例** 2-15]　如图 2-45(a)所示，已知△ABC 上点 M 的 V 面投影 m'，求点 M 的水平投

影 m。

［作图］ 步骤如图 2-45(b)(c)(d)所示：

(1) 连接 $a'm'$ 并延长交 $b'c'$ 于 n'，根据 $nn' \perp OX$ 轴，求出 n；

(2) 连接 an，m 点在 an 上，由 $mm' \perp OX$，可以在 an 上求出 m。

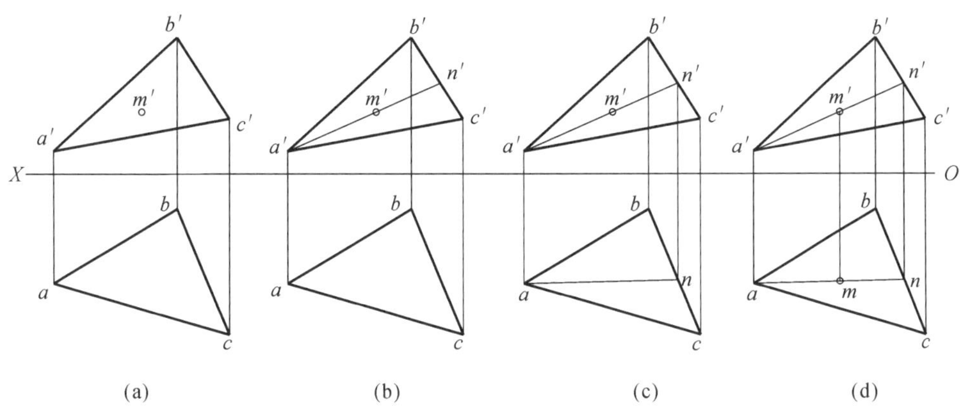

图 2-45　作点 M 的水平投影 m

［例 2-16］ 判断点 K 是否在平面 ABC 内，如图 2-46(a)所示。

［分析］ 如果点 K 在平面 ABC 内，则一定在平面 ABC 内的一条直线上，否则就不在平面 ABC 上。

［作图］ 如图 2-46(b)所示：

(1) 连 $a'k'$，并延长与 $b'c'$ 相交于 d'；

(2) 由 d' 作出 d，连 ad，k 不在 ad 上，显然 K 不在 AD 上，所以点 K 不在平面 ABC 内。

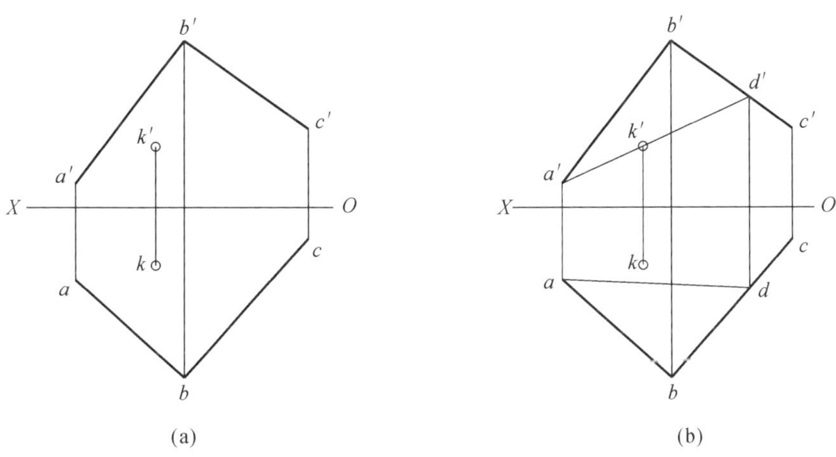

图 2-46　判断点是否在平面上

［例 2-17］ 如图 2-47(a)所示，已知平面图形 $ABCDE$ 的正面投影和 AB、AE 的水平投影，补全其水平投影。

［分析］ 由于相交两直线 AB、AE 确定一个平面，并且 AB、AE 的 V 面、H 面投影已知，故补全平面图形 $ABCDE$ 的水平投影问题属于平面上取点问题。

［作图］ 如图 2-47(b)(c)所示：

(1) 连接 $b'e'$ 及 be，连接 $a'c'$ 交 $b'e'$ 于 $1'$，点 Ⅰ 应属于平面 $ABCDE$；

(2) 点Ⅰ属于 BE，由 $1'$ 求出水平投影 1，连 $a1$ 并延长；

(3) 点 C 在 AⅠ上，由 c' 求出水平投影 c；

(4) 同理可求出 d，连接并描深 $abcde$。

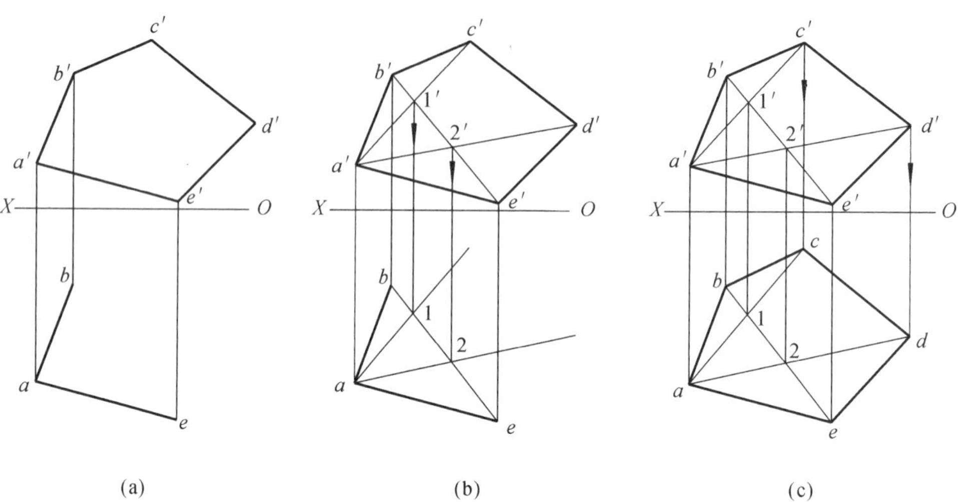

图 2-47　作平面图形 $ABCDE$ 的水平投影

[例 2-18]　如图 2-48(a)所示，已知平面△ABC 的两个投影 $a'b'c'$ 和 abc，求其面上的水平线的两个投影。

[分析]　属于平面上的投影面平行线包括三种：平面上的水平线、正平线和侧平线。它们既有平面上直线的投影特性，又具有投影面平行线的投影特性。本题求属于平面△ABC 上的水平线，就是该直线既在平面△ABC 上，又要满足水平线的投影特征，即正面投影 // OX 轴，水平投影是倾斜于 OX 轴的线段。

[作图]　如图 2-48(b)(c)所示：

(1) 过 c' 作 $c'd'$ // OX 轴交 $a'b'$ 于点 d'；

(2) 过 d' 作 OX 轴的垂线交 ab 于点 d；

(3) 连接 cd；

(4) 描深 $c'd'$、cd 即为所求。

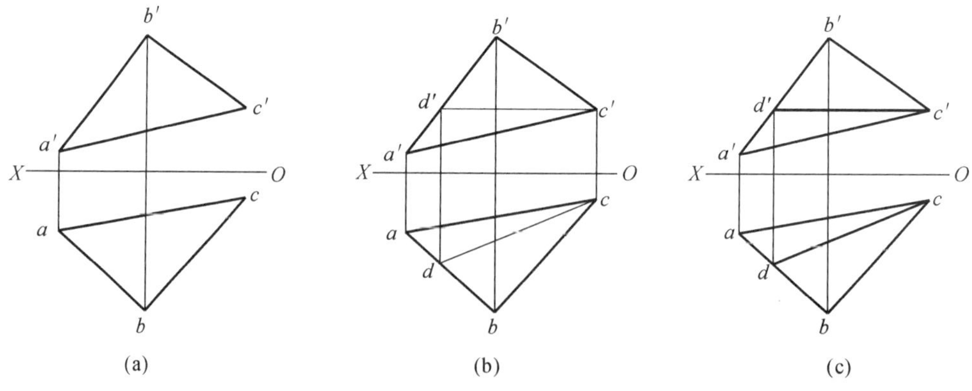

图 2-48　作属于平面上的水平线

3. 棱柱面上取点、取线

由于棱柱的表面都是平面，在棱柱表面上取点、取线和在平面上取点、取线的方法完全相同。但立体不透明，需要判断点和直线的可见性。可见性的判断规则如下：若点(线)所在的平面的投影可见，点(线)的投影也可见；若平面的投影积聚成直线，点(线)的投影按可见处理。不可见的点的投影加括号，不可见的线的投影画虚线。

如图 2-49(b)所示，已知正六棱柱表面上点 M、N 的正面投影 m' 和 n'，求其另两面投影。

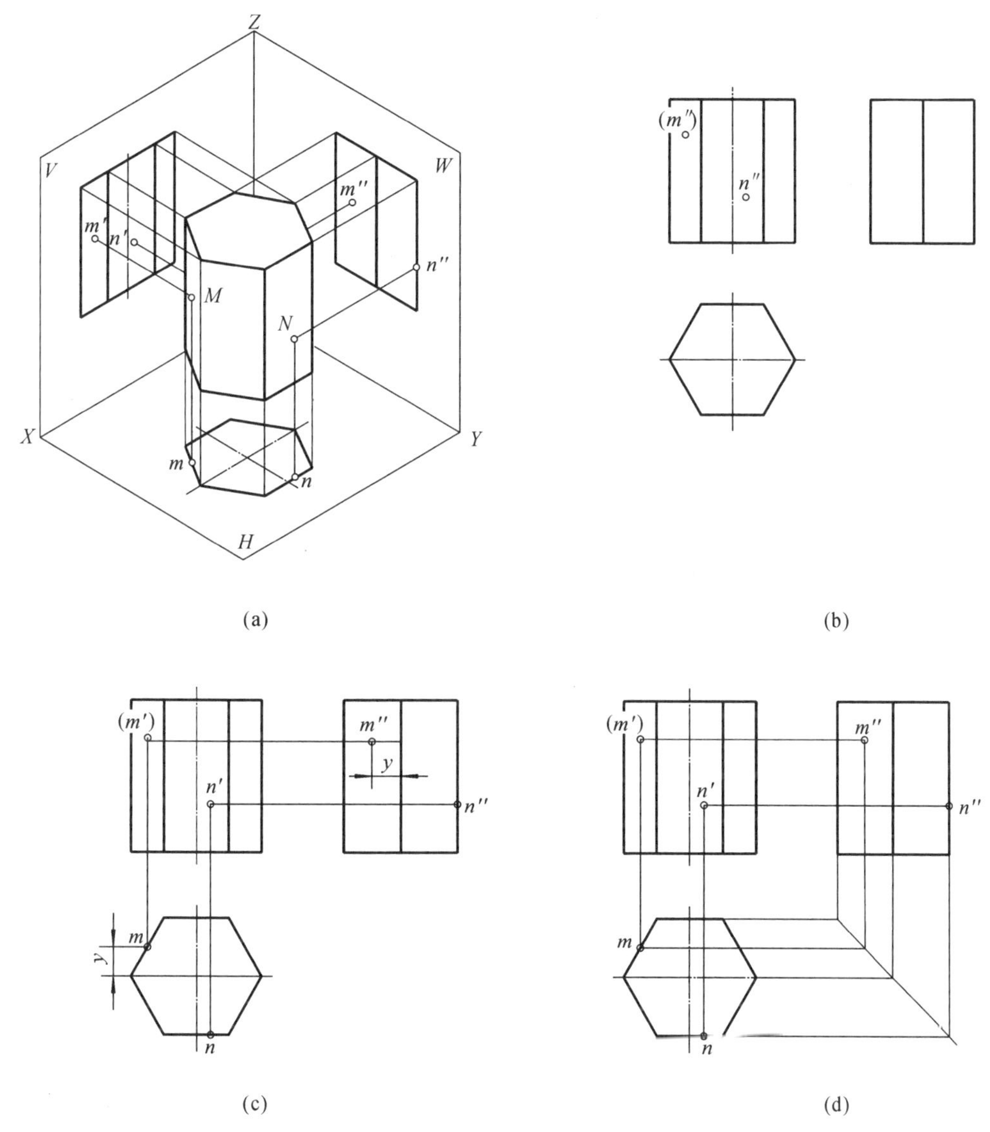

图 2-49　棱柱面上取点举例

［空间分析］　由于组成六棱柱的八个表面都是特殊位置平面，先分析点、线位于六棱柱的哪个表面上，再利用平面投影的积聚性，直接求出点的投影并判别可见性。

点 M 的正面投影不可见，因此点 M 位于六棱柱的左后棱面上，左后棱面是铅垂面，水平投影有积聚性，先求点 M 的水平投影，再求侧面投影。点 N 的正面投影可见，因此点 N 位于六棱柱的前棱面上，前棱面是正面，水平投影和侧面投影都有积聚性，可直接求出点 N 的投影，如图 2-49(a)所示。

［作图］　步骤如下：

(1) 求点 M 的投影：根据长对正投影规律，过 m' 向 H 面作垂线交于左后棱面水平投影上，得到 m，可见；过 m' 向 W 面作垂线，按照俯左宽相等量取得到 m''，如图 2-49(c)所示；或者按照已知 m' 和 m，作出 M 的侧投影 m''，如图 2-49(d)所示；可见。

(2) 求点 N 的投影：过 n' 向 H 面作垂线交前棱面水平投影于 n，可见；过 n' 向 W 面作垂线交于前棱面侧面投影上，得到 n''，可见，如图 2-49(c)所示。

4. 棱锥面上取点

如图 2-50(a)所示，已知三棱锥表面上点 M 的正面投影 m'，求其另两面投影。

[空间分析] 根据已知投影的位置及可见性，判断点位于三棱锥哪个表面上，如果点位于特殊位置平面上，则利用平面投影的积聚性直接求点的投影；如果点位于一般位置平面上，则需要作辅助线求点的投影。如图 2-50(a)所示，点 M 的正面投影可见，点 M 位于 SAB 棱面上，SAB 是一般位置平面，需要作辅助线求点 M 的投影。

[作图] 辅助线法求点的投影，有两种方法。

(方法一) 过所求点及锥顶作辅助线，如图 2-50(b)所示。

作图步骤是：连 $s'm'$ 并延长交底边 $a'b'$ 于 d'，D 点为 SM 与 AB 的交点，M 点在 SD 上；由 d' 向俯视图作垂线交 ab 于 d，连 sd；由 d'、d 按投影关系求出 d''，并连接 $s''d''$；由于 M 点位于 SD 上，由 m' 向下、向右引垂线分别交 sd、$s''d''$ 于 m、m''，则 m、m'' 即为所求，均可见。

(方法二) 过所求点作已知边的平行线，如图 2-50(c)所示。

作图步骤是：过 m' 作水平线 $d'e'$ 平行底边 $a'b'$，分别交 $s'a'$、$s'b'$ 于 d'、e'，则 DE 平行于 AB，M 点在 DE 上；自 d' 向俯视图引垂线交 sa 于 d；过 d 作 ab 的平行线 de；由 m' 向俯视图引垂线交 de 于 m；再由 m'、m 按投影关系求出 m''，m、m'' 均可见。

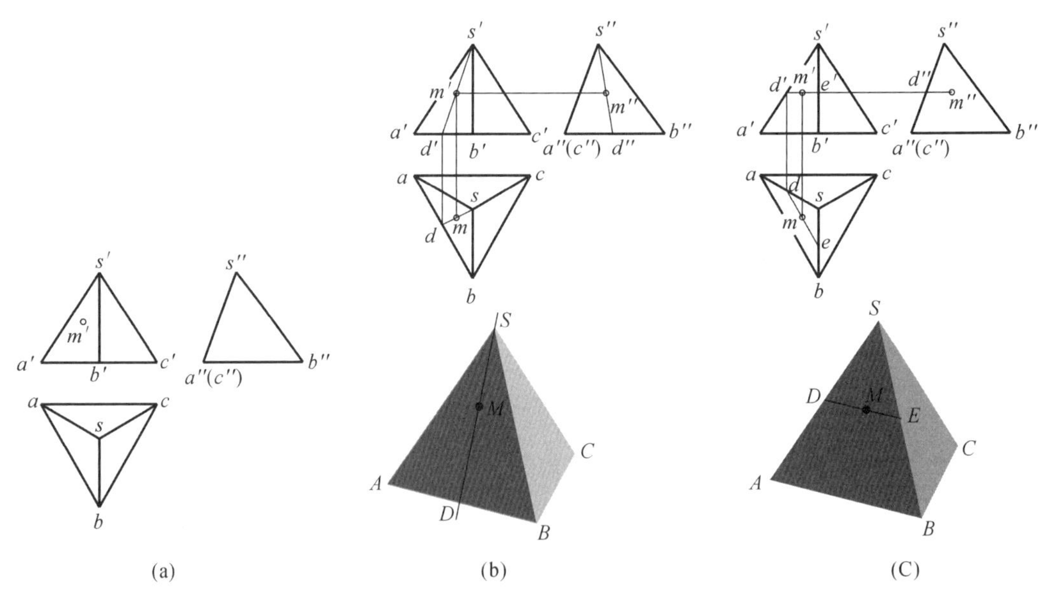

图 2-50 棱锥面上取点举例

5. 棱锥面上取线

如图 2-51(a)所示，已知三棱锥表面上点 P 和线 MN 的正面投影 p' 和 $m'n'$，求其另两面投影。

[空间分析] 如图 2-51(a)所示，点 P 的正面投影不可见，点 P 位于 SAC 棱面上，SAC

是一侧垂面，侧面投影积聚成一直线，利用积聚性求点 P 的投影。线 MN 的端点 M 位于 SAB 棱面上，端点 N 位于 SBC 棱面上，直接连接 MN 不在棱锥表面上，因此要在 MN 两点之间的棱线 SB 上找到点 K，则 MK 和 KN 是位于棱锥表面上的线。

［作图］ 步骤如下：

(1) 求点 P 的投影。先求点 P 的侧面投影 p''，棱面 SAC 的侧面投影积聚，p'' 可见；已知 p' 和 p''，可以作图求出 p，SAC 的水平投影可见，p 可见，如图 2-51(b)所示。

(2) 求线 MN 的投影。这里可利用图 2-50 所示的两种方法分别求出点 M 和 N 的投影，点 K 在棱线 SB 上，可以利用直线上取点的方法直接求出点 K 的投影，K 在 SAB 棱面上，k、k'' 可见。判别可见性并连线，MK 和 KN 分别位于 SAB 棱面和 SBC 棱面上，这两个棱面的水平投影可见，所以 mk 和 kn 可见，画粗实线；SAB 棱面的侧面投影可见，$m''k''$ 可见，画粗实线；SBC 棱面的侧面投影不可见，$k''n''$ 不可见，画虚线，如图 2-51(b)所示。

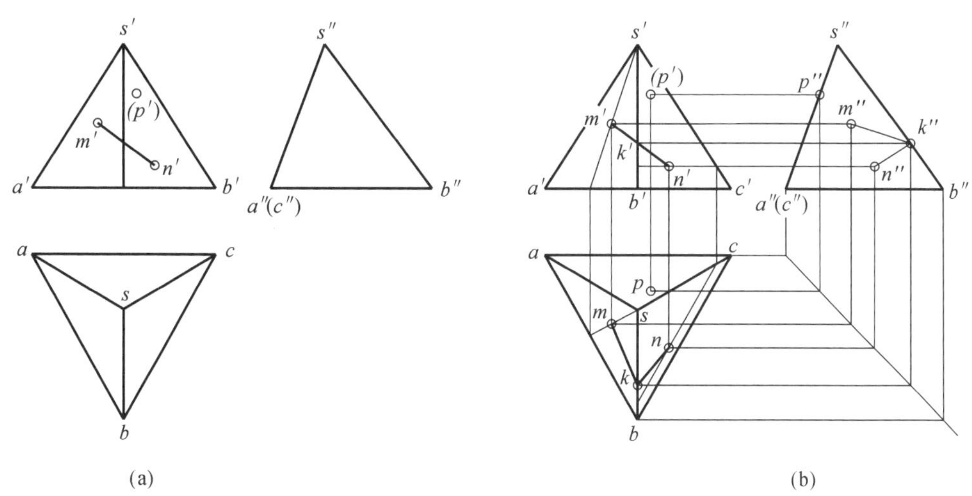

图 2-51　棱锥面上取线举例

2.4　直线与平面、平面与平面的相对位置

直线与平面、平面与平面的相对位置有平行、相交两种情况，在相交中包括一种特殊关系——垂直。

2.4.1　平行

1. 直线与平面平行

直线与平面平行的几何条件是：若平面外的一直线平行于平面内的一条直线，则该直线与平面平行。

在图 2-52 中，直线 EF 平行于平面 ABC 内的一条直线 AD，在投影图中表现为 $ef \parallel ad$，$e'f' \parallel a'd'$，故直线 EF 平行于平面 ABC。图 2-53 说明了直线 MN 与特殊位置平面 ABC 平行的投影特征，直线 MN 的水平投影 mn 与平面 ABC 的水平投影 abc 平行。

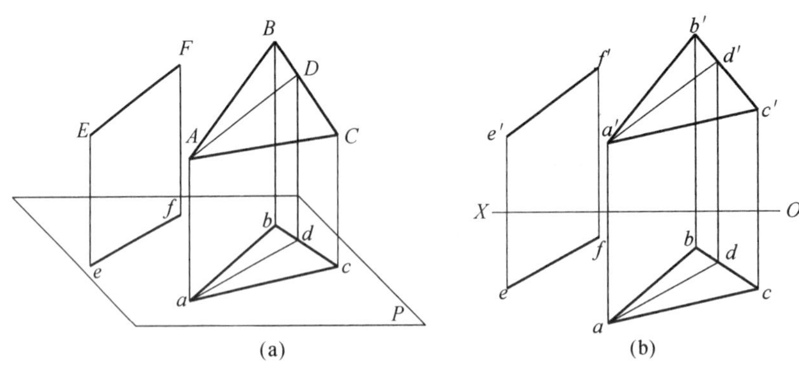

图 2-52 直线与平面平行(1)

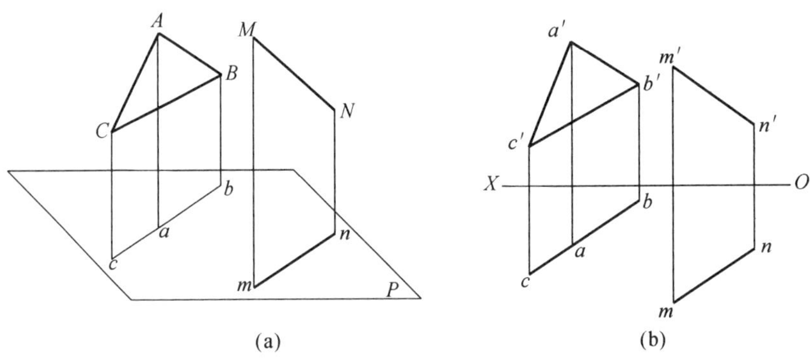

图 2-53 直线与平面平行(2)

［**例** 2-19］ 如图 2-54(a)所示，过 K 点作一条水平线 KL 平行于平面 ABC。

［**分析**］ 根据题意，KL 应平行于平面 ABC 内的所有水平线。先在平面 ABC 内作一条水平线，使 KL 平行于此水平线。

［**作图**］ 步骤如下：

(1) 在平面 ABC 内作一条水平线 AD，AD 的正面投影平行于 OX 轴；

(2) 过 K 点作直线 KL 平行于 AD，则 $k'l' /\!/ a'd'$，$kl /\!/ ad$，直线 KL 即为所求，如图 2-54(b)所示。

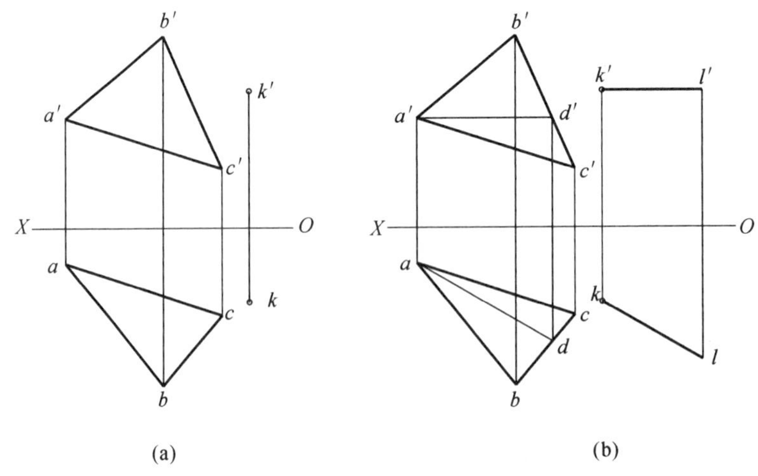

图 2-54 作直线与平面平行举例

2. 平面与平面平行

两平面平行的几何条件是：若一平面内的两相交直线分别平行于另一平面内的两相交直线，则这两平面平行。

在图 2-55 中，平面 P、Q 分别由两条相交直线表示。由于 $AB//DE$，$BC//EF$，所以 $P//Q$。图 2-56 表示两个平行的铅垂面的投影，两个平面的水平投影有积聚性且平行。

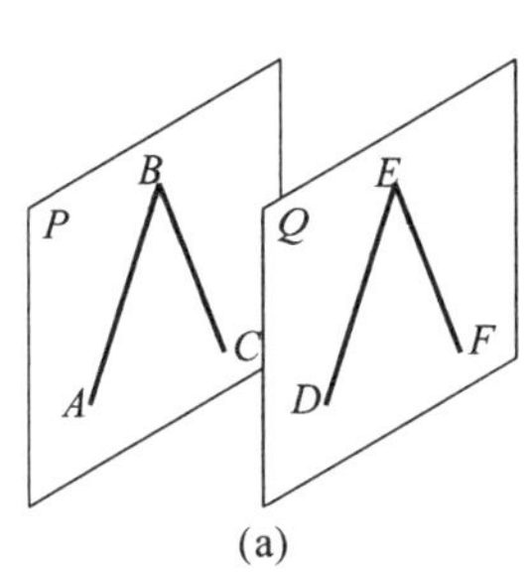

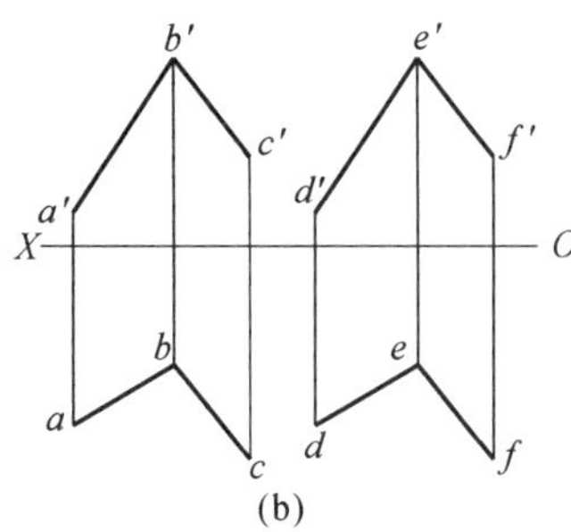

图 2-55　两平面平行(1)

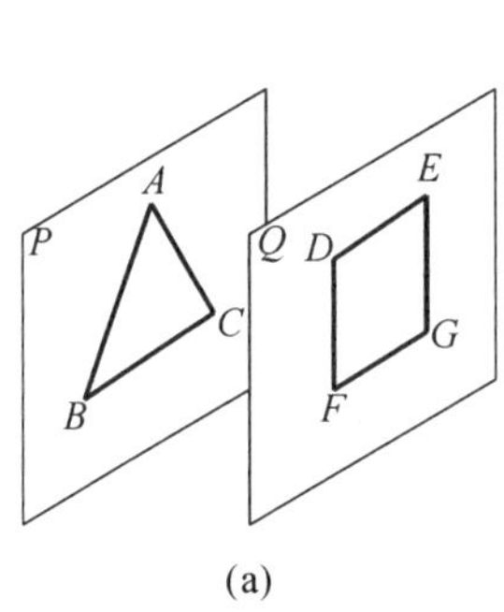

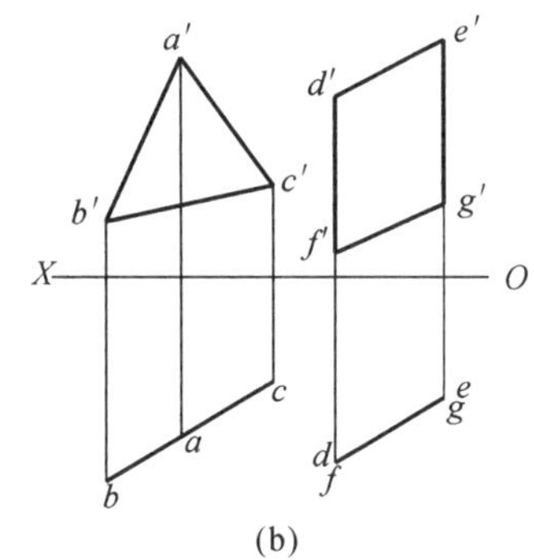

图 2-56　两平面平行(2)

［例 2-20］　如图 2-57(a)所示，过 K 点作一平面，使其平行于平面 ABC。

［分析］　根据两平面平行的几何条件，所求平面用两条相交直线表示，交点为 K。

［作图］　步骤如下：

(1) 在正立投影面上，作 $k'l'//c'b'$，作 $k'd'//c'a'$；

(2) 在水平投影面上，作 $kl//cb$，$kd//ca$，相交两直线 KD 和 KL 表示的平面即为所求，如图 2-57(b)所示。

如图 2-57(c)所示，用同样的方法可以求出平面 KEF。

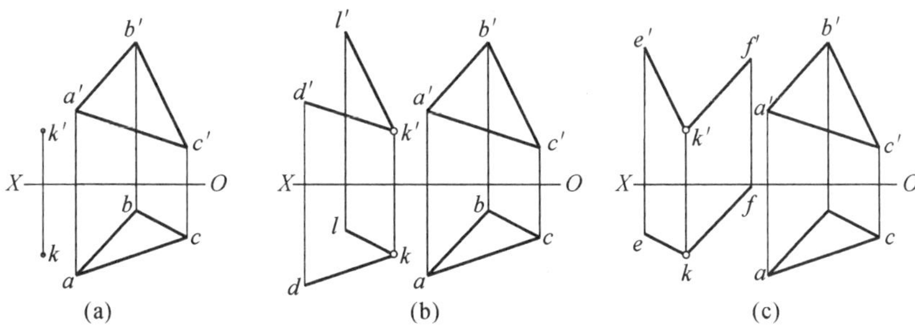

图 2-57　过 K 点作平面平行于平面 ABC

2.4.2　相交

直线与平面相交,交点是直线与平面的共有点。两平面相交,交线是两平面的共有线。若求两平面的交线,需要求出相交平面的两个共有点,或求出一个共有点及交线的方向。

由于直线与平面的相对位置不同,从某个方向投射时,彼此之间会存在相互遮挡关系,如图 2-58 所示,且交点是直线的可见段与不可见段的分界点。因此,求出交点后,还应判别可见性。平面与平面相交也如此。

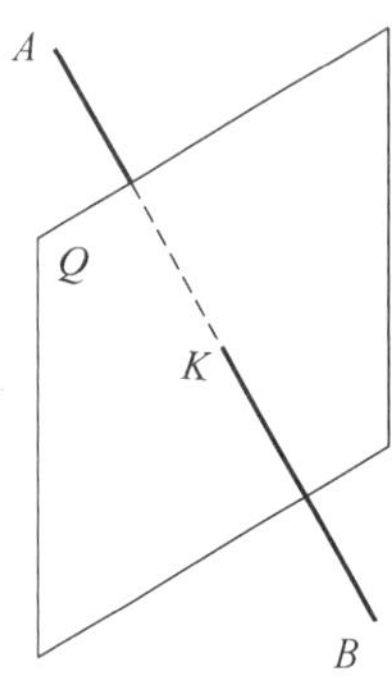

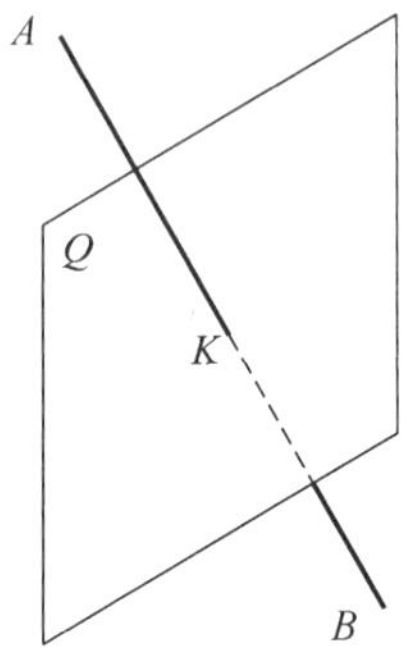

图 2-58　平面与直线的相互遮挡关系

1. 利用积聚性求交点、交线

1）一般位置直线与投影面垂直面相交

当直线与投影面垂直面相交时,可以利用其有积聚性的投影来求交点。图 2-59 显示出一般位置直线 MN 与正垂面 ABC 相交,交点 K 的 V 面投影 k' 可以直接确定,交点 K 的 H 面投影 k 可利用点在直线上的投影特性求出,如图 2-59(a)所示。

在图 2-59(b)中,直线 MN 与平面 ABC 投影相重合的部分需判别可见性。交点 K 将直线 MN 分为两部分,由正面投影可知,KM 部分在平面 ABC 的上方,其水平投影可见;KN 部分在平面 ABC 的下方,其水平投影与平面 ABC 重合的部分不可见,用虚线表示。还可以通过两交叉直线的重影点加以比较,欲判断直线 MN 在 H 面上投影的可见性,需要取 ac 和 mn 的重影点 1、2,直线 MN 上的Ⅰ点的 Z 坐标大于直线 AC 上Ⅱ点的 Z 坐标,故 $k1$ 段可见,另一段不可见。

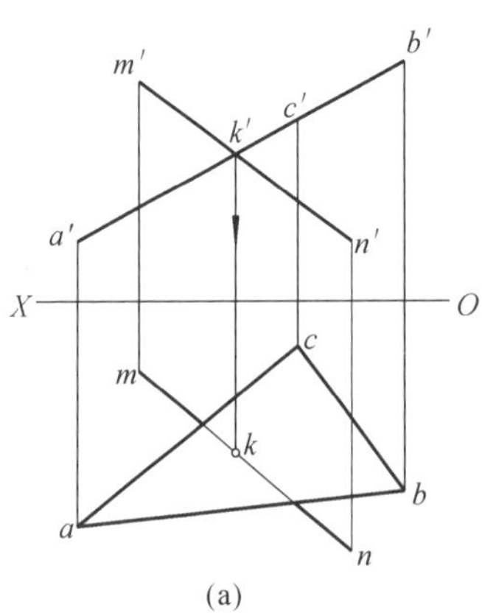

(a)

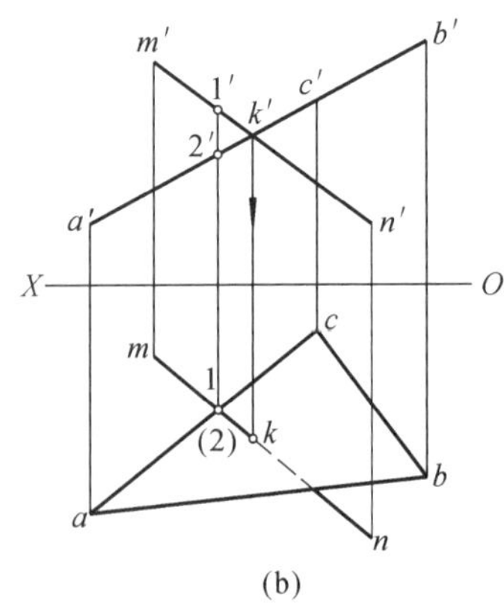

(b)

图 2-59　一般位置直线与投影面垂直面相交

2）投影面垂直线与一般位置平面相交

图 2-60 显示出正垂线 EF 与一般位置平面 ABC 相交。交点 K 的 V 面投影 k' 与 $e'(f')$ 重合，可以直接确定，交点 K 的 H 面投影 k 可利用在平面上取点的方法求出。连接 $a'e'$ 并延长交 $b'c'$ 于 d'，由 d' 向下作 OX 轴的垂线交 bc 于 d，连接 ad 交 ef 于 k，如图 2-60(a) 所示。

水平投影 ef 与平面 abc 相重合部分需判别可见性。由正面投影可知，EF 在 AC 的上方，在 BC 的下方，所以，在水平投影 ef 中由 k 到 ac 且与 $\triangle ABC$ 相重合的部分可见，在水平投影 ef 中由 k 到 bc 且与 $\triangle ABC$ 相重合的部分不可见，用虚线表示，如图 2-60(b) 所示。

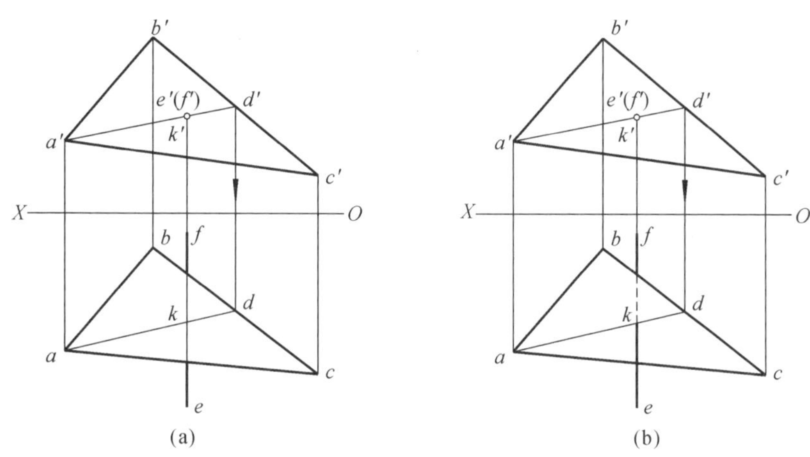

图 2-60 投影面垂直线与一般位置平面相交

3）一般位置平面与投影面垂直面相交

一般位置平面与投影面垂直面相交，可以在没有积聚性的那个平面上取两条直线，分别求出这两条直线与投影面垂直面的交点，则交点的连线即为两平面的交线。实际上是将求交线问题转变为求两个交点的问题。

图 2-61 所示为一般位置平面 ABC 与铅垂面 $STUV$ 相交求交线的方法。分别求出直线 AB 与 $STUV$ 的交点 K 和直线 BC 与平面 $STUV$ 的交点 L，并判别 AB、BC 的可见性。需注意的是平面 $STUV$ 也有被平面 ABC 遮挡而不可见的部分。

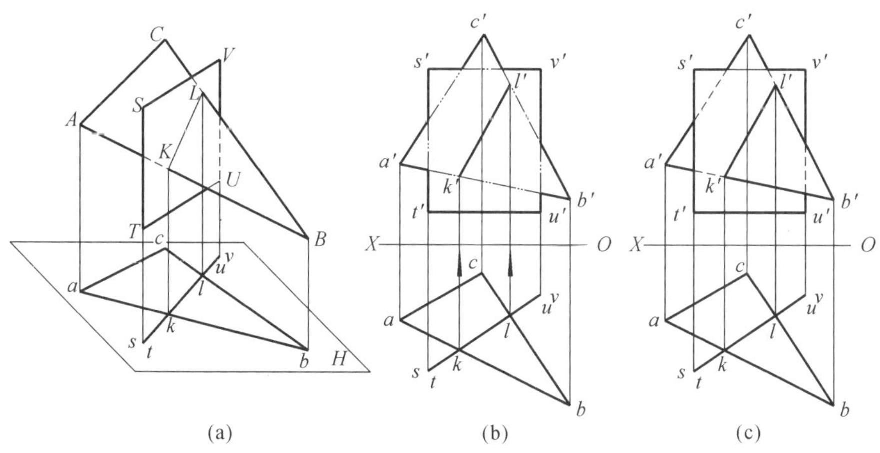

图 2-61 一般位置平面与投影面垂直面相交

2. 利用辅助面求交点、交线

1）利用辅助面求交点

辅助平面法的作图原理：如图 2-62 所示，设空间直线 MN 与平面△ABC 相交于 K 点。过交点 K 在平面△ABC 上任作一条直线 EF，EF 与直线 MN 构成一平面 P，称之为辅助平面，EF 即为辅助平面与已知平面△ABC 的交线，EF 与 MN 的交点即为直线 MN 与平面△ABC 的交点 K。

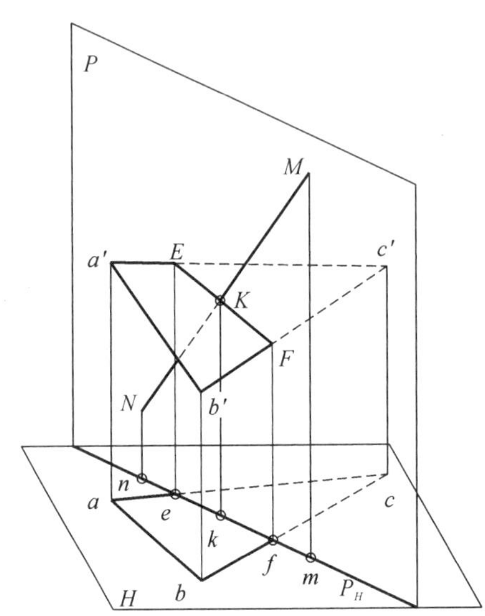

图 2-62　辅助平面法求交点

根据上述分析，可归纳出用辅助平面法求直线与平面交点的步骤如下。

(1) 包含已知直线作一辅助平面。为了作图简便，一般选作投影面的垂直面(如包含 MN 作铅垂面 P_H)。

(2) 求作辅助平面与已知平面的交线(如求 P_H 面与已知△ABC 的交线 EF)。该交线与已知直线的交点，即为已知直线与已知平面的交点(如 EF 与 MN 的交点)。

［**例** 2-21］　如图 2-63(a)所示，求直线 MN 与平面△ABC 的交点 K，并判别可见性。

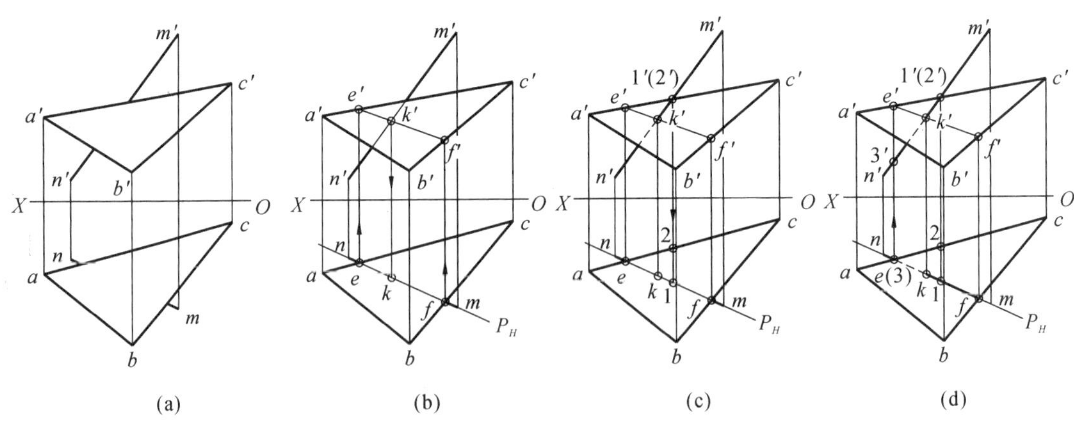

图 2-63　求直线 MN 与平面△ABC 的交点

［**分析**］　已知直线与平面均处于一般位置，需用辅助平面法求交点。

［**作图**］　如图 2-63 (b)所示，步骤如下。

(1) 过 MN 作铅垂辅助面 P_H。

(2) 求 P_H 与已知△ABC 的交线 EF：由于 P_H 具有积聚性，交线水平投影 ef 可直接确定；通过平面上取线求得正面投影 $e'f'$。

(3) 求直线 EF 与已知直线 MN 的交点 K。正面投影 $e'f'$ 与 $m'n'$ 的交点 k' 即为所求交点 K 的正面投影，再通过 k' 求得 k。

(4) 判别正面投影的可见性。如图 2-63 (c)所示，取正面投影的重影点 1′、2′，在水平投影上可以看出Ⅰ、Ⅱ点 Y 坐标 $Y_2<Y_1$，故Ⅰ点是可见的，Ⅱ点不可见。因此，正面投影 $k'1'$ 段可见，画成粗实线；k' 到 $m'n'$ 与 $a'b'$ 交点段就不可见，画成虚线。

(5) 判别水平投影的可见性。如图 2-63 (d)所示，取水平投影的重影点 3、e，在正面投影上可以看出Ⅲ、E 点的 Z 坐标 $Z_3<Z_e$，故 E 点是可见的，Ⅲ点不可见。因此，水平投影 ke 段不可见，画成虚线；kf 段就可见，画成粗实线。

注意：在判别可见性时，H 面投影的可见性与 V 面投影的可见性彼此是独立的，二者间无任何联系；另外，交点是可见与不可见分界点，直线投影一段为可见，另一段一定为不可见。

2) 利用辅助面求交线

将两平面相交问题转化为直线与平面相交问题。方法是：可在其中一平面上任取两直线，用辅助平面法分别求出两直线与另一平面的交点，这两个交点的连线即为所求两平面交线。

[例 2-22]　如图 2-64(a)所示，求平面△ABC 与平面△DEF 的交线 MN，并判别投影的可见性。

[分析]　两平面均为一般位置平面，可在平面△DEF 上取两直线 DF、DE，用辅助平面法分别求出两直线与平面△ABC 的交点，连接这两个交点即为所求两平面交线。

[作图]　如图 2-64 (b)所示，步骤如下。

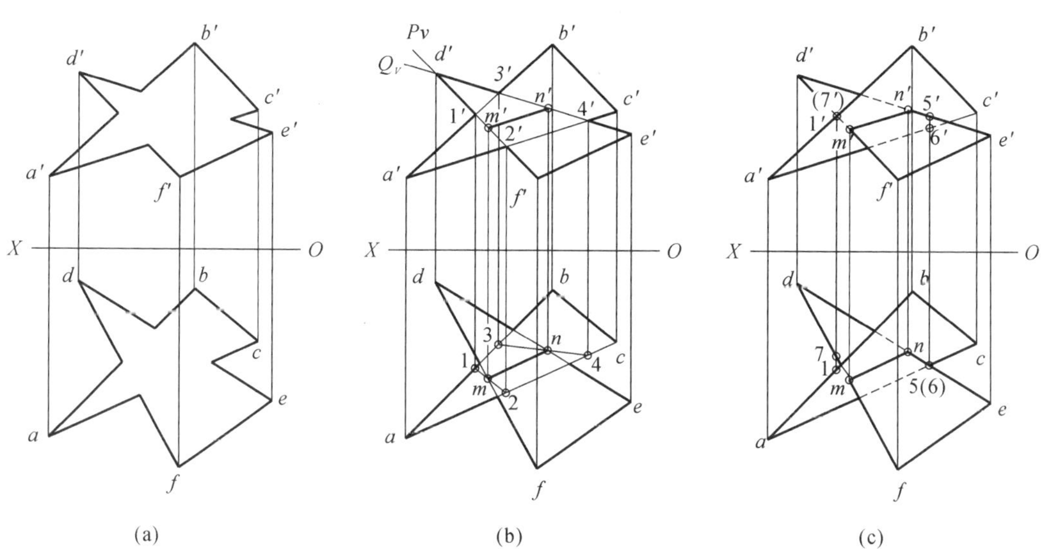

图 2-64　求两一般位置平面的交线

(1) 用辅助平面法求直线 DF 与平面△ABC 的交点 M，即包含直线 DF 作正垂面 P_V（也可作铅垂面）可求得 $M(m$、$m')$。

(2) 同理，求出直线 DE 与平面△ABC 的交点 $N(n、n')$。

(3) 连接 MN，交线一定是可见的，用粗实线连接，即分别连接 mn、$m'n'$。

(4) 判别可见性。作图结果如图 2-64(c)所示。

2.4.3 垂直

1. 直线与平面垂直

直线与平面垂直的几何条件：若一直线垂直于一平面上的任意两条相交直线，则此直线垂直于此平面。反之，若一直线垂直于一平面，则此直线垂直于该平面上的所有直线。

如 2-65(a)所示，已知直线 MN 垂直于平面△ABC(垂足为 N 点)，若过 N 点作一水平线 AD，则 $MN \perp AD$，根据直角投影定理，则 $mn \perp ad$；再过 N 点作一正平线 EF，则 $MN \perp EF$；同理 $m'n' \perp e'f'$，如图 2-65(b)所示。

由此可知，直线与平面垂直的投影特性：若一直线垂直于一平面，则直线的正面投影必定垂直于该平面上正平线的正面投影；直线的水平投影必定垂直于该平面上水平线的水平投影。反之，若直线的正面投影和水平投影分别垂直平面上正平线的正面投影和水平线的水平投影，则直线一定垂直于该平面。

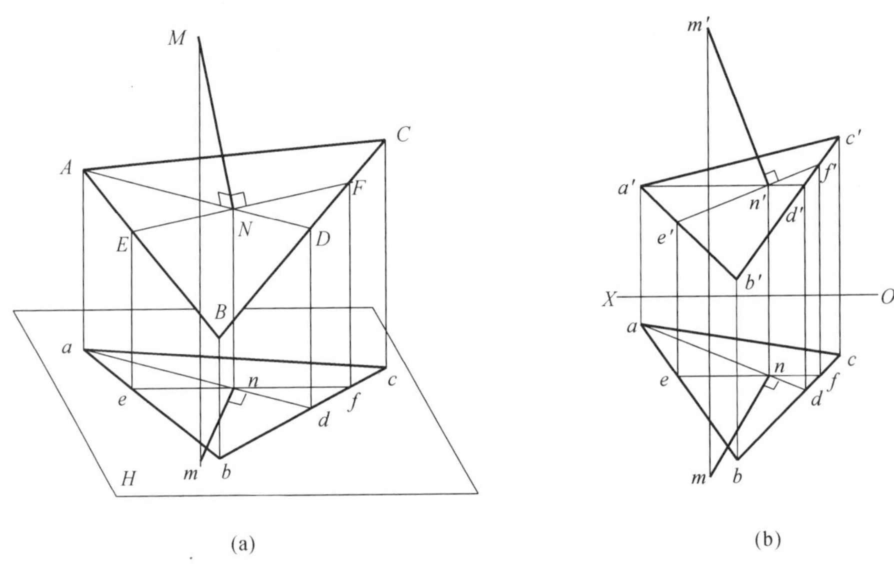

图 2-65　直线与平面垂直

[**例** 2-23]　如图 2-66(a)所示，过 A 点作平面垂直于已知直线 MN。

[**分析**]　根据直线与平面垂直的几何条件可知，所作平面内应有两条相交直线与 MN 垂直，由直线与平面垂直的投影特性可知，这两条相交直线应为属于平面上的正平线和水平线，所以可分别过 A 点作正平线 AB、水平线 AC 并与已知直线 MN 垂直，此两相交直线所表示的平面即为求。

[**作图**]　如图 2-66(b)所示，过 A 点作正平线 AB 垂直于直线 MN，即作 $a'b' \perp m'n'$，$ab \parallel OX$轴；过 A 点作水平线 AC 垂直于直线 MN，即作 $ac \perp mn$，$a'c' \parallel OX$ 轴；AB、AC 两相交直线所确定的平面即为所求。

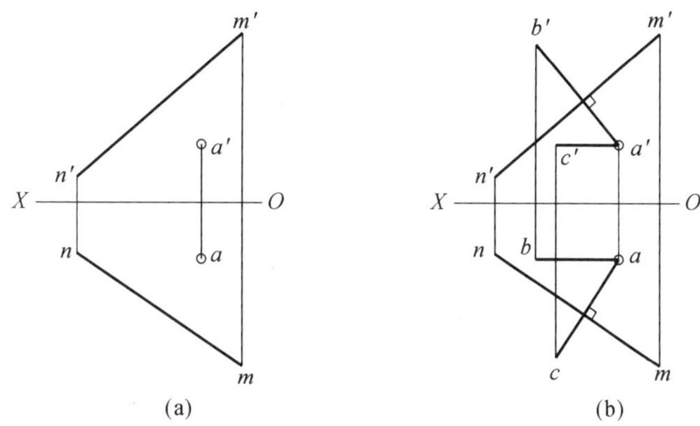

图 2-66　过点 A 作平面垂直于已知直线

2. 平面与平面垂直

由立体几何可知：若一直线垂直一平面，则包含此直线的所有平面都垂直于该平面。如图 2-67(a)所示，由于直线 AB 垂直 P 平面，则包含 AB 的 Q 平面和 R 平面都垂直 P 平面。

由此得出绘制相互垂直平面的两种方法：

(1) 使一平面包含另一平面的一条垂线，如图 2-67(a)所示；

(2) 使一平面垂直于另一平面内的一条直线，如图 2-67(b)所示。

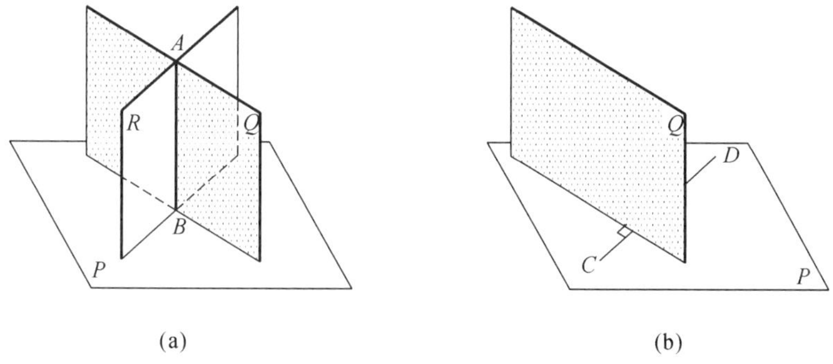

图 2-67　两平面垂直

[例 2-24]　如图 2-68(a)所示，试过点 K 作一平面垂直于已知平面△ABC。

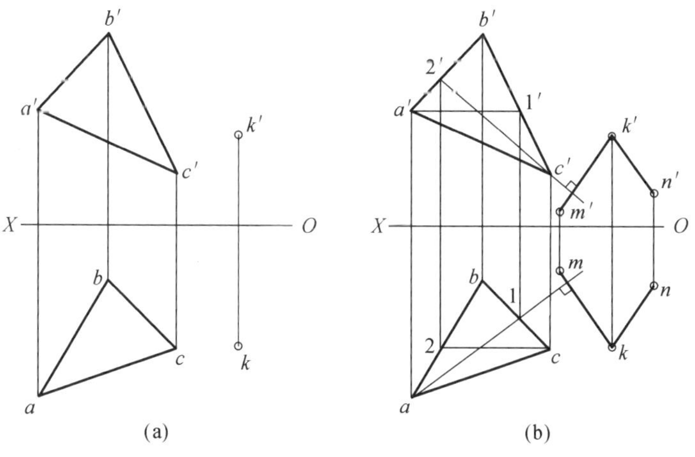

图 2-68　过点 K 作平面垂直于已知平面

[分析]　由两平面垂直的几何条件可知，所求平面可以是通过点 K 的一组相交直线构成的，使其中一条直线垂直于平面△ABC。

[作图]　如图 2-68(b)所示：

(1) 先在△ABC 上任取一水平线 AⅠ，即作 $a'1' /\!/ OX$ 轴，由点线从属性求得 $a1$；

(2) 同理，在△ABC 上任取一正平线 CⅡ；

(3) 过点 K 作一直线 KM 垂直于平面△ABC，即过点 k 作 $km \perp a1$，过点 k' 作 $k'm' \perp c'2'$；

(4) 过点 K 任作一直线 KN，两相交直线 KM、KN 所确定的平面即为所求。

2.4.4　两一般位置直线垂直

本章 2.2.6 节直角投影定理所介绍的是：当互相垂直的两直线，若其中有一直线平行于某一投影面(另一边不垂直于该投影面)，则两直线在该投影面上的投影仍为直角。那么如果互相垂直的两直线都不平行于某一投影面时如何进行投影作图呢?

有两种方法：① 由立体几何可知，若一直线垂直一平面，则这条直线垂直于该平面上的所有直线，据此可以解决；② 用换面法也可以解决。

[例 2-25]　如图 2-69(a)所示，试过点 K 作一条直线，使其与直线 AB 垂直相交。

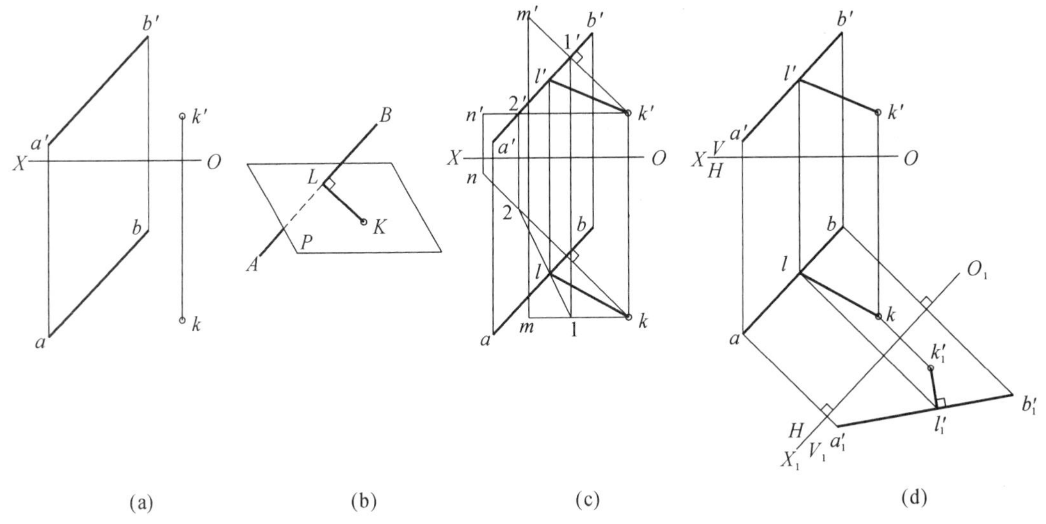

图 2-69　过点 K 作直线垂直于已知直线

(方法一)

[分析]　由于 AB 为一般位置直线，过点 K 与 AB 垂直且相交的直线也是一般位置直线。所求直线必在过 K 点且与直线 AB 垂直的平面内，该平面与直线 AB 的交点和 K 点的连线即为所求，如图 2-69(b)所示。

[作图]　如图 2-69(c)所示：

(1) 过点 K 作直线 AB 的垂面，即过点 K 作正平线($k'm' \perp a'b'$，$km /\!/ OX$)，过点 K 作水平线($kn \perp ab$，$k'n' /\!/ OX$)；

(2) 求一般位置直线 AB 与所作的一般位置平面(KM、KN 确定的垂面)的交点 $L(l'、l)$；

(3) 连接 KL，则 $KL(k'l'、kl)$即为所求。

(方法二)

[分析]　由于 AB 为一般位置直线，过点 K 与 AB 垂直且相交的直线也是一般位置直线。根据直角投影定理，可以把已知的一般位置直线 AB 通过一次换面变成投影面的平行线，在新投影体系里过 K 点作该平行线的垂线，然后返回到原投影体系里求得所作垂线的两面投影。

[作图]　如图 2-69(d)所示：

(1) 用 V_1 面代替 V 面，使一般位置直线 AB 成为正平线，即作 $O_1X_1 /\!/ ab$，求得直线 AB 和点 K 在 V_1 面的投影 $a_1'b_1'$、k_1'；

(2) 在新投影体系内过点 k_1' 作 $a_1'b_1'$ 垂线，求得 l_1'；

(3) 按换面法的投影规律把点 L 返回到原投影体系里，求得 l'、l；

(4) 连接 KL，则 KL($k'l'$、kl)即为所求。

[例 2-26]　如图 2-70(a)所示，试求点线距离(投影和实长)。

[分析]　本题所求的实长就是在例 2-24 的基础上进一步求点 K 和垂足 L 之间的线段实长。

[作图]　有如下两种方法：

(方法一)用直角三角形法求线段 KL 的实长，如图 2-70(b)所示。

(方法二)二次换面求线段 KL 的实长，如图 2-70(c)所示。

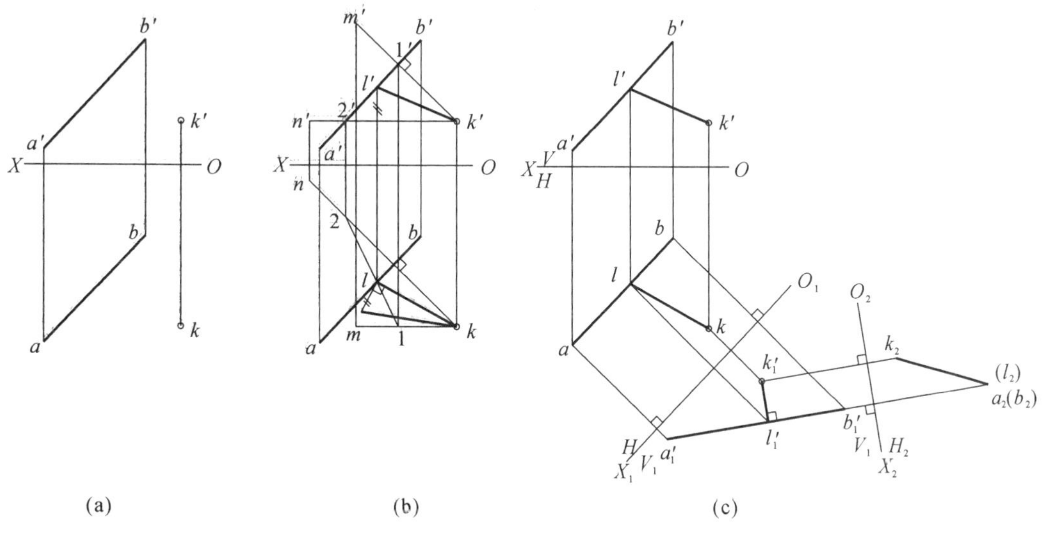

图 2-70　求点 K 到直线 AB 的垂直距离

测　　试

一、填空

1. 空间的三个坐标(x,y,z)，分别是点到________、________、________三个投影面的距离。

2. 分析图 2-1 所示六棱柱底面上各棱点的相对位置并回答下列问题：

(1) 点 A 位于点 F 的________方。(请选择“左、右、前、后、上、下”填空)

(2) D 点在 G 点的________方，且________可见；C 点在 D 点的________方，且________不可见；E 点在 D 点的________方，且________不可见。

3. 直线平行于投影面，其投影等于空间直线的________，有________；直线垂直于投影面，其投影为________，有________；直线倾斜于投影面时，其投影仍为________，其长度比空间直线________，有________性。

4. 分析图 2-1 中下列两直线的位置关系并填空：

(1) AB 与 DC ________(平行，相交，交叉)。

(2) AD 与 DE ________(平行，相交，交叉)。

(3) AD 与 CF ________(平行，相交，交叉)。

(4) DE 与 CF ________(平行，相交，交叉)。

5. 平面平行于投影面，其投影反映空间平面的________；平面垂直于投影面，其投影为________；平面倾斜于投影面，平面的投影为空间平面的________形。

6. 图 2-49 所示六棱柱表面上有哪几种位置的平面？

7. 图 2-51 所示三棱锥表面上有哪几种位置的平面？

二、作图

1. 如图 2-71 所示，求线段 CD 的实长及对 W 面的倾角 γ。

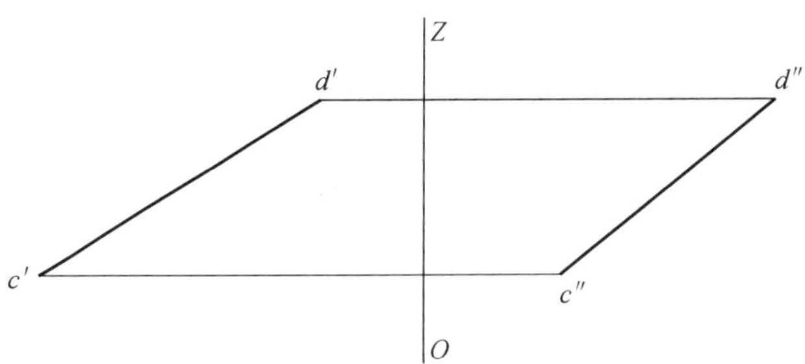

图 2-71 求线段的实长及倾角 γ

2. 如图 2-72 所示，求直线 AB 对 V 面的倾角 β。

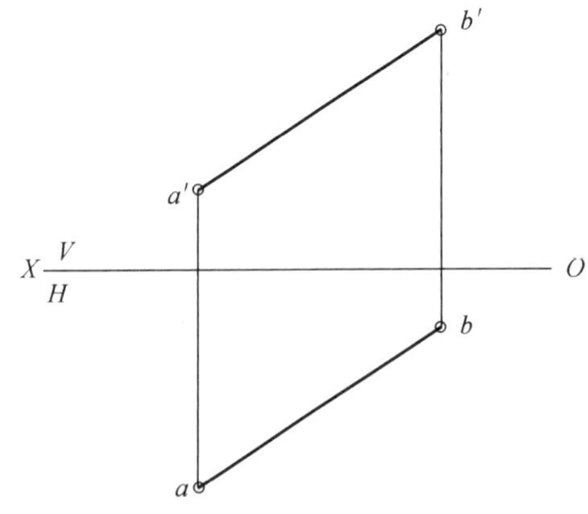

图 2-72 求直线 AB 对 V 面的倾角 β

3. 如图 2-73 所示，请把水平线 AB 变换成新投影面的垂直线。

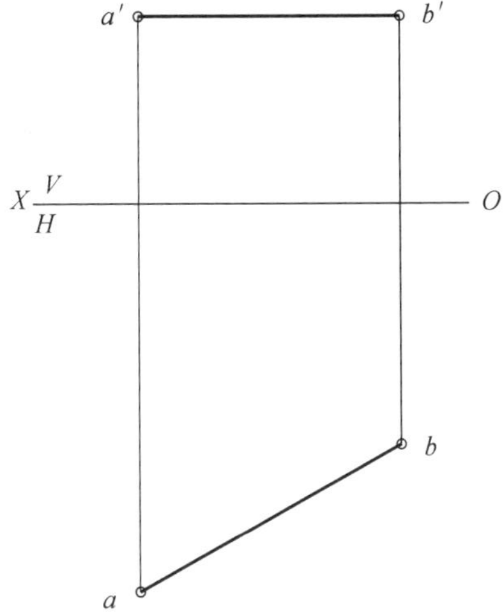

图 2-73　将水平线 AB 变换成正垂线

4. 求图 2-74 所示平面△ABC 对 V 面的倾角 β。

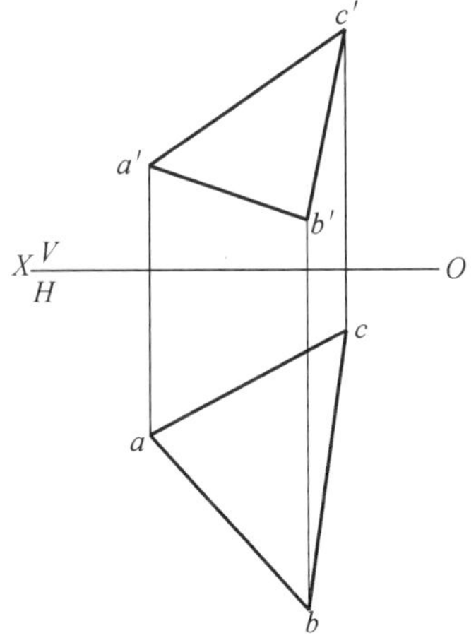

图 2-74　求平面△ABC 对 V 面的倾角 β

5. 求图 2-75 所示平面△ABC 的实形。

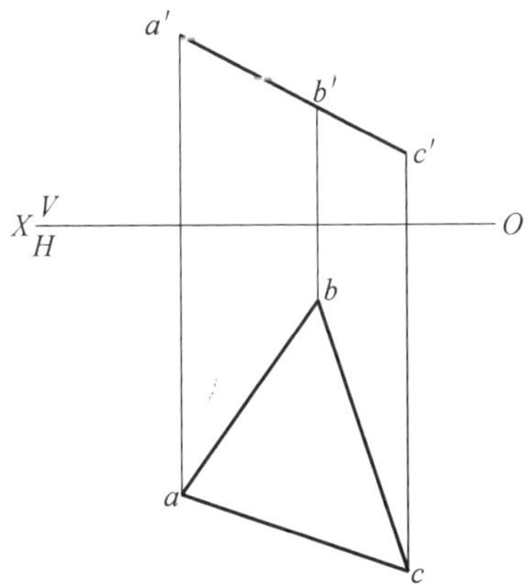

图 2-75　将正垂面变换成水平面

6. 求图 2-76 所示平面△ABC 与 V 面的倾角 β 和实形。

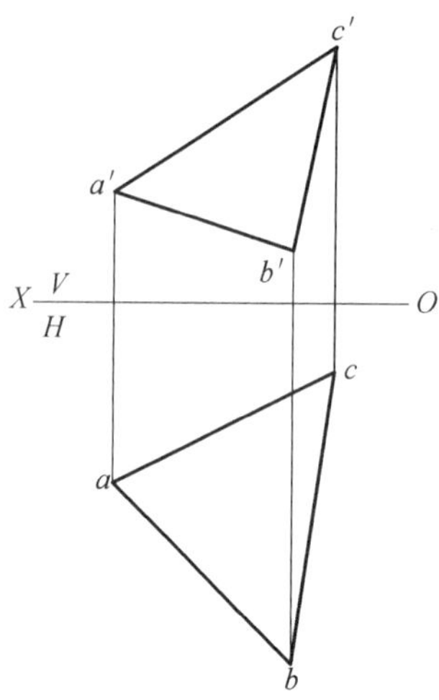

图 2-76 求平面△ABC 的倾角 β 和实形

7. 求图 2-77 中属于平面△ABC 上的正平线。

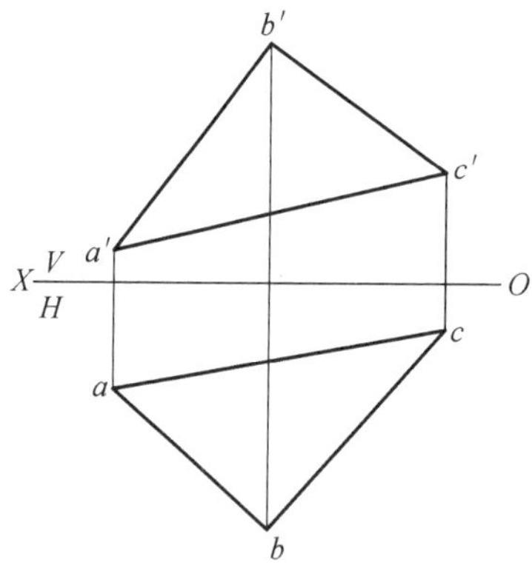

图 2-77 求属于平面△ABC 上的正平线

8. 用换面法求图 2-78 所示的相错两直线间的最短距离(投影和实长)。

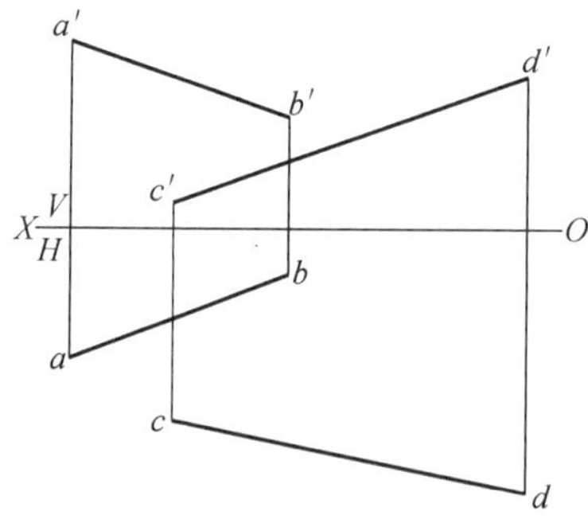

图 2-78 求两相错直线的最短距离

三、回答问题

如图 2-79 所示,平面 $P \perp H$ 面,$AK \perp P$ 面,即当直线 AK 垂直于某一投影面 H 的垂直面 P 时:

(1) 这条直线 AK 与该投影面 H 处于什么位置？

(2) 在该投影面 H 上直线与平面的投影有什么特点？请画出投影图。

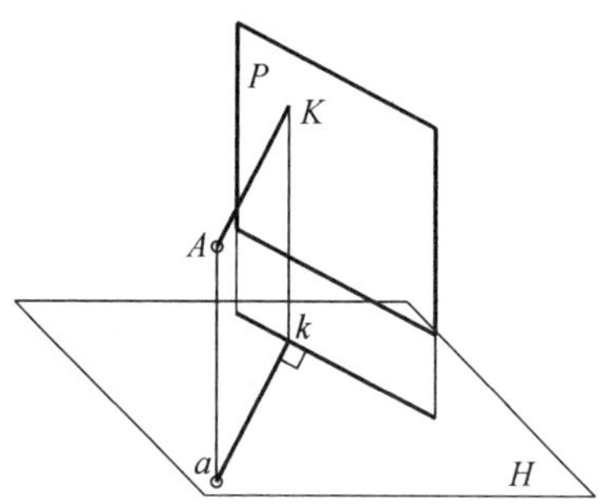

图 2-79　直线与投影面的垂直面垂直

第 3 章　曲面基本体的三视图和轴测图

教学视频

内容框图

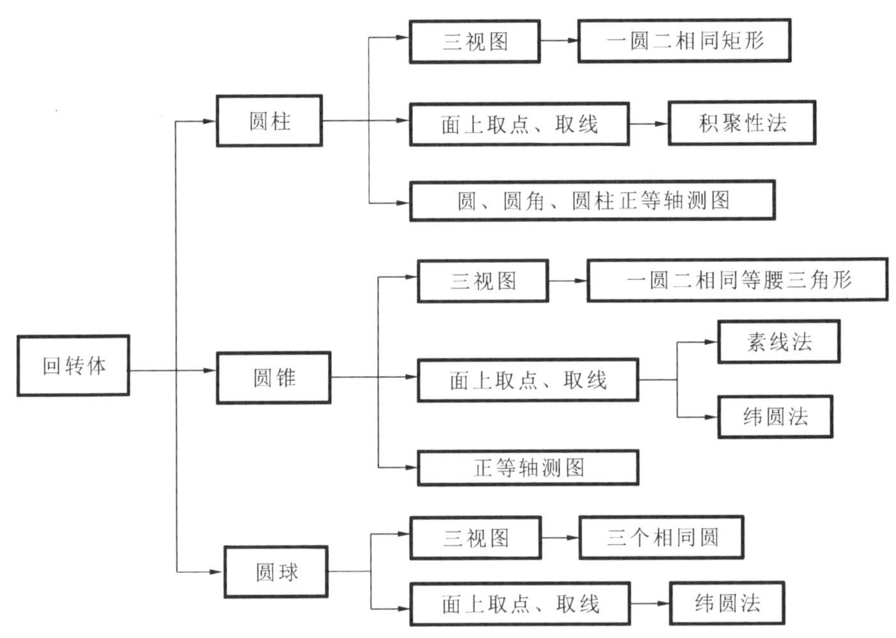

课程矩阵

一般性目标	培养观察力，初步建立空间立体感，为提高空间思维能力打基础
具体目标	能够绘制回转体的三视图和轴测图，并能够在立体表面上取点、取线
教师教法建议	布置课前预习任务，提供课件、测试题；课件、模型辅助讲授；启发、讨论、课堂展示；板书、黑板范例作图
学生学法建议	通过课前预习，网上互动、小测，听老师讲授，同伴互教，作业等完成学习任务
效果评价	作业完成情况 70%，学习过程 30%
建议课时	6 学时

3.1　曲面基本体的三视图

工程上应用最多的曲面立体是回转体。回转体是由回转面或回转面与平面包围成的立体，如圆柱、圆锥、圆球、圆环等。回转面是由母线（直线或曲线）绕着固定的轴线（直线）旋转一周形成的。母线在回转面上的任意位置称为素线。母线上任意一点绕轴旋转一周，形成回转面上垂直于轴线的纬圆。

画回转体的三面投影图时，首先要用细点画线画出轴线和圆的中心线的投影，然后画出组成立体的回转面的轮廓及平面的投影。由于回转面是光滑曲面，画回转面轮廓的投影图时，仅画曲面上可见面和不可见面的分界线的投影，这种分界线称为转向轮廓素线。

3.1.1　圆柱

1. 圆柱的形成

圆柱由圆柱面和上、下底面组成，如图 3-1(a)所示。圆柱面可以看成是直线 AA_1 绕与它平行的固定轴线 OO_1 旋转而成的。直线 AA_1 是母线，OO_1 是轴线，母线 AA_1 在圆柱面上任一位置是素线，圆柱面上所有的素线都平行于轴线。圆柱面可以看成是直线的集合。

圆柱面也可以看成是一个圆沿与圆平面垂直的方向移动一段距离而成的，因此圆柱面也是直径相等的圆的集合。

2. 圆柱的三视图

1）分析

如图 3-1(b)所示，当圆柱轴线为铅垂线时，圆柱上、下底面是水平面。圆柱的俯视图是一个圆，该圆反映圆柱上、下底面的实形，也是圆柱面的积聚投影，圆柱面上任何一点、线的投影都积聚在该圆上。圆柱的主视图为一个矩形，其上、下两水平线为圆柱的上、下底面的积聚性投影，其左、右两条竖线是圆柱面上最左、最右素线（即前、后两半圆柱的分界线）的投影，也就是圆柱正面投影的转向轮廓素线的投影。圆柱的左视图也是一个矩形，其上、下两水平线为圆柱的上、下底面的积聚性投影，其前、后两条竖线是圆柱面上最前、最后素线（即左、右两半圆柱的分界线）的投影，也就是圆柱侧面投影的转向轮廓素线的投影。

2）画法

绘制圆柱的三视图如图 3-1(c)所示，用细点画线绘制圆的中心线和轴线的投影，圆柱的水平投影是圆，圆心即为轴线的水平投影，正面投影和侧面投影分别是大小相等的矩形。

3）可见性判别

由图 3-1(b)(c)可见，圆柱面上有 4 条转向轮廓素线，正面投影的转向轮廓素线 AA_1 和 BB_1 将圆柱分为前、后两半，其前半圆柱面的正面投影可见，后半圆柱面的正面投影不可见；侧面投影的转向轮廓素线 CC_1 和 DD_1 将圆柱分为左、右两半，左半圆柱的侧面投影可见，右半圆柱的侧面投影不可见；上底面水平投影可见，下底面水平投影不可见。

4）转向轮廓素线投影

圆柱正面投影的转向轮廓素线 AA_1 和 BB_1 在主视图中的投影是矩形轮廓线 $a'a_1'$ 和 $b'b_1'$，用粗实线绘出，在左视图中投影与轴线的投影（细点画线）重合，不画出来。圆柱侧面投影的转向轮廓素线 CC_1 和 DD_1 在左视图中投影是矩形轮廓线 $c''c_1''$ 和 $d''d_1''$，用粗实线绘出，在主视图中投影与轴线的投影(细点画线)重合，不画出来。4 条转向轮廓素线在俯视图中的投影积聚为圆周上的 4 个点。

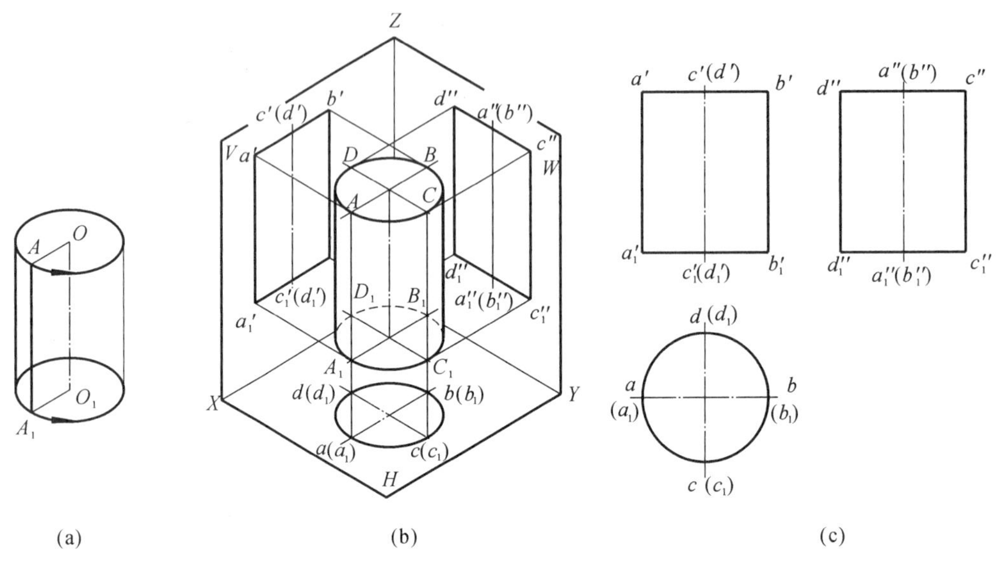

图 3-1　圆柱三视图的形成

3. 圆柱面上取点

在圆柱表面上取点与平面立体类似，应根据已知的投影和可见性，判断点在圆柱面上的位置，再求点的其余投影。

如图 3-2(a)所示，已知点 M、N、S 属于圆柱表面和各点的某一个投影，求各点的其余投影。

求解步骤如下。

(1) 根据已知各点的投影位置及可见性，分析其在圆柱面上的位置。

m'' 位于左视图的轴线上并可见，则 M 点应位于圆柱的最左轮廓线上；主视图上 n' 可见，则 N 点在左前半圆柱上；左视图上 s'' 不可见，则 S 点在右后半圆柱上。

(2) 位于转向轮廓素线上点的投影可利用转向轮廓素线的投影直接求解。

由分析可知，M 点是圆柱最左轮廓素线上的点，则在主视图上可直接找到最左轮廓素线的投影，由 m'' 按高平齐求 m'，再对应求 m。

(3) 一般位置点的投影可利用圆柱投影的积聚性求解。

由分析可知，N 点和 S 点是处于一般位置的点。已知圆柱面在俯视图上积聚为圆，因此 N 点和 S 点的投影 n 和 s 也在该圆上。由 n' 按长对正求 n，再按宽相等和高平齐求 n''；由 s'' 按宽相等求 s，再对应求 s'。

(4) 可见性判断。

由于圆柱面在俯视图上积聚为圆，因此俯视图上 m、n、s 均可见；M 点位于圆柱的最左轮廓线上，主视图上 m' 可见；S 点在右后半圆柱上，主视图上 s' 不可见。

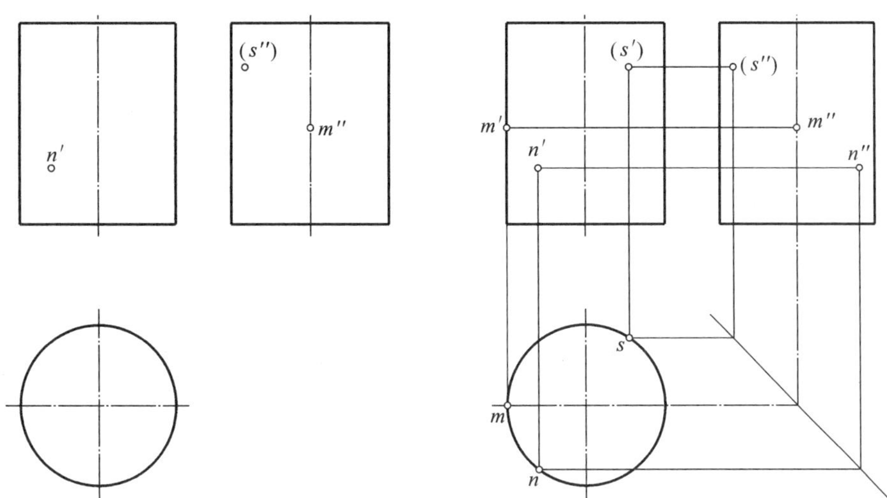

图 3-2 圆柱面上取点举例

4. 圆柱面上取线

圆柱面上只有素线是直线段，其他情况均为曲线。在圆柱面上求一条曲线的投影时，通常采用面上取点的方法。求出该条曲线的所有特殊点，并在相邻特殊点之间取一般点，判断可见性，顺序光滑连接成曲线，即为该曲线的投影。所谓特殊点，指曲线段的端点、极限位置点（最前、最后、最左、最右、最高、最低）、曲线与特殊位置素线的交点以及其他对作图有意义的点（如椭圆长短轴的端点）等。

圆柱面上取线的投影作图方法如图 3-3 所示。

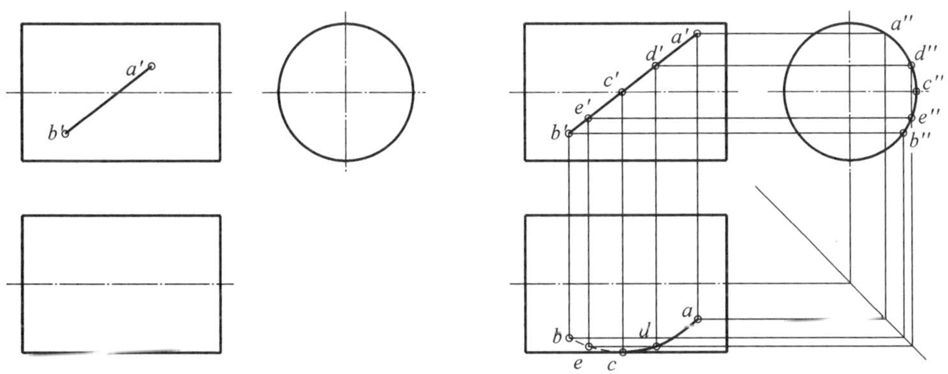

图 3-3 圆柱面上取线举例

3.1.2 圆锥

1. 圆锥的形成

圆锥由圆锥面和底面（底圆）组成，如图 3-4(a)所示。圆锥面可以看成是直线 SA（母线）绕与它相交的直线 OO_1（轴线）旋转而成的，也可以看成是由若干个直径依次变小的圆叠加而成的。因此圆锥面是过锥顶 S 的直线的集合，也是变径圆的集合。圆锥面上过锥顶 S 的任一直线称为圆锥面的素线。

2. 圆锥的三视图

1）分析

图 3-4(b)是圆锥的立体图，图示位置的圆锥轴线为铅垂线，圆锥底面是水平面。圆锥的俯视图是一个圆，是圆锥底面及锥面的投影，反映底面实形；主、左视图均为全等的等腰三角形，三角形的底边是圆锥底面的积聚投影，而两腰分别为圆锥面的转向轮廓素线的投影，圆锥面的三个投影均不具有积聚性。

2）画法

绘制圆锥的三视图如图 3-4(c)所示，用细点画线绘制圆的中心线和轴线的投影，圆锥的水平投影是圆，圆心即为轴线的水平投影，正面投影和侧面投影是两个全等的等腰三角形。

3）可见性判别

由图 3-4(b)(c)可见：圆锥面的水平投影可见，圆锥底面的水平投影不可见；圆锥面上有 4 条转向轮廓素线，正面投影的转向轮廓素线 *SA* 和 *SB* 将圆锥分为前、后两半，其前半圆锥面的正面投影可见，后半圆锥面的正面投影不可见；侧面投影的转向轮廓素线 *SC* 和 *SD* 将圆锥分为左、右两半，左半圆锥的侧面投影可见，右半圆锥的侧面投影不可见。

4）转向轮廓素线投影

圆锥正面投影的转向轮廓素线 *SA* 和 *SB* 在主视图中的投影是等腰三角形的两个腰 $s'a'$ 和 $s'b'$，用粗实线绘出，在左视图中的投影与轴线的投影（细点画线）重合，不画出来；圆锥侧面投影的转向轮廓素线 *SC* 和 *SD* 在左视图中的投影是等腰三角形的两个腰 $s''c''$ 和 $s''d''$，用粗实线绘出，在主视图中投影与轴线的投影（细点画线）重合，不画出来。4 条转向轮廓素线在俯视图中的投影与圆的对称中心线（细点画线）重合，不画出来。

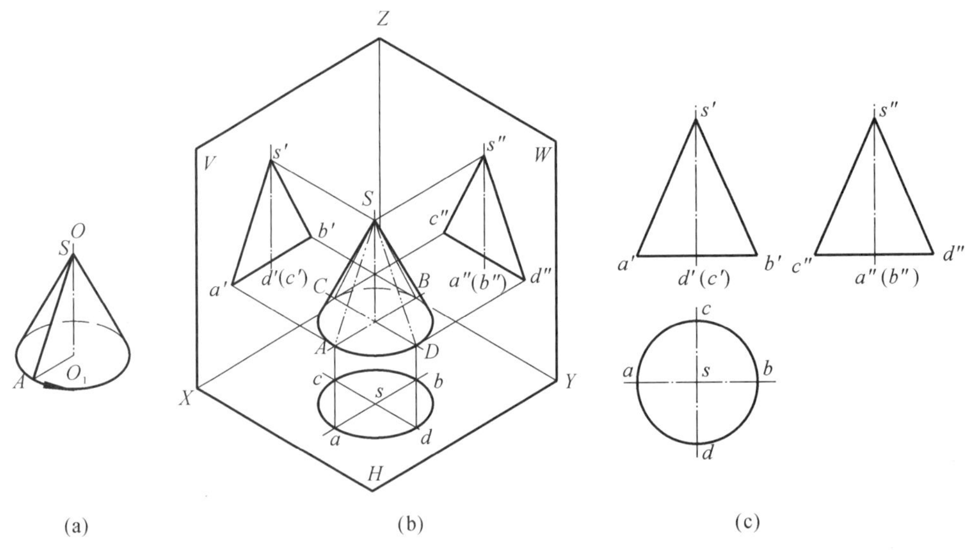

图 3-4　圆锥三视图的形成

3. 圆锥表面上取点

如图 3-5(a)所示，已知点 *K*、*M*、*N* 属于圆锥表面和各点的某一个投影，求各点的其余投影。

求解步骤如下。

(1) 根据已知投影位置和可见性，分析所求各点的位置。

由已知分析可得，*K* 点位于圆锥的最右轮廓线上，*M* 点和 *N* 点位于左前半圆锥面上。

(2) 位于圆锥轮廓线上点的投影可利用轮廓线的投影直接求解。

由于 K 点位于圆锥的最右轮廓线上,因此可在俯视图和左视图上直接找到最右轮廓线投影,根据长对正和高平齐规律直接求出 K 点的其他两个投影 k 和 k'',如图 3-5(b)所示。

(3) 位于一般位置点的投影可采用辅助线法求解。在圆锥面上作辅助线的方法有以下两种。

(方法一)辅助素线法。

以求解 M 点的投影为例,已知圆锥面上 M 点的正面投影 m', 求作 M 点的其余两投影 m 和 m''。方法是过 M 点及锥顶 S 作一辅助素线 SA,且 M 点属于 SA。分别求解 SA 的三个投影,再根据点在线上其投影必也在线的投影上的规律,求解 M 点的其他投影,如图 3-5(b)所示。

作图步骤如下。

① 根据已知条件,作过锥顶和已知点的一辅助素线 SA 的投影,并求 SA 其余两投影。连接 s'和 m',延长 $s'm'$ 与底圆的正面投影交于 a'。按投影规律求得 a 及 a'',连接 s 和 a、s''和 a'',求得素线 SA 的另两个投影 sa 和 $s''a''$。

② 求点的另两个投影。已知点 m'在 $s'a'$上,按点的投影规律在素线 SA 的另两个投影 sa 和 $s''a''$上求得点 M 的另两个投影 m 和 m''。

(方法二)辅助圆法。

以求解 N 点的投影为例,已知圆锥面上 N 点的正面投影 n',求作 N 点的其余两投影 n 和 n''。方法是过 N 点作一水平辅助圆,N 点属于这个圆。再求解该辅助圆的水平投影,最后按三等规律求其在左视图上的投影。

作图步骤如下。

① 过 n'作垂直于轴线的水平辅助圆的正投影,它与圆锥轴线正投影的交点为辅助圆圆心的正投影,它与最左和最右两条转向轮廓素线的正投影交点为 $1'$和 $2'$,$1'2'$间线段长度为辅助圆的直径实长。

② 作过 N 点的水平辅助圆的水平投影。该辅助圆的水平投影反映其实形,其圆心与 s 点重合,直径为 $1'2'$的长度。

③ 按点的投影规律求 N 点的其他两投影 n 和 n'',如图 3-5(c)所示。

(4) 可见性判断。本例中点 M、N 为圆锥面左半部分上的点,因此 m、n 均可见,m''、n''也可见;点 K 位于右半圆锥面上,因此 k 可见,k''不可见。

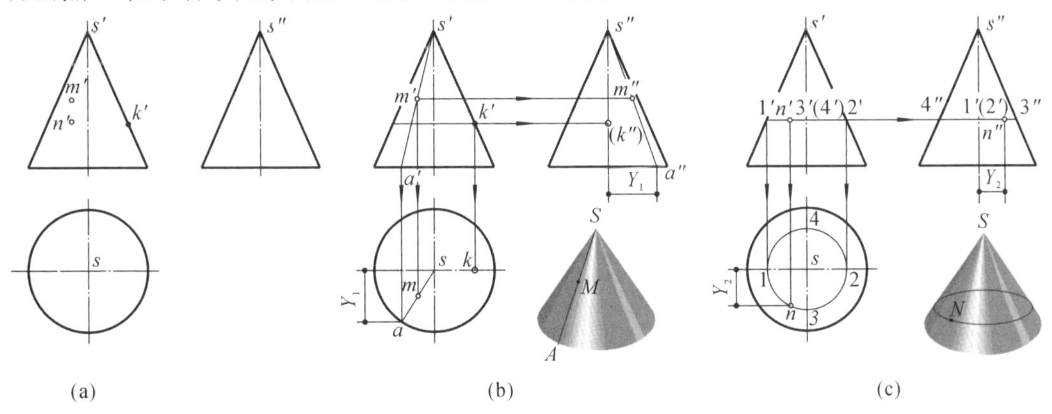

图 3-5　圆锥面上取点举例

4. 圆锥表面上取线

圆锥面上只有素线是直线段，其他情况均为曲线。在圆锥面上求一条曲线的投影时，通常采用面上取点的方法。求出该条曲线的所有特殊点，并在相邻特殊点之间取一般点，判断可见性，顺序光滑连接成曲线，即为该曲线的投影。

圆锥面上取线的投影作图方法如图 3-6 所示。

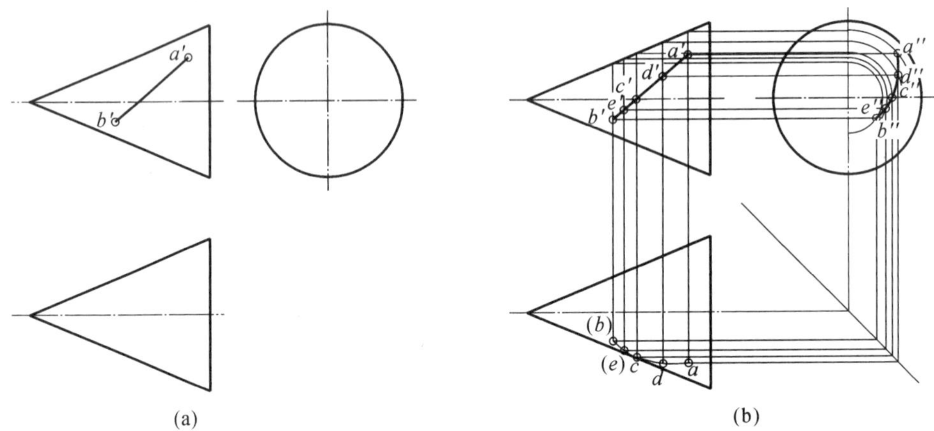

图 3-6 圆锥面上取线举例

3.1.3 圆球

1. 圆球的形成

以圆为母线，圆的任一直径为轴旋转即形成球面，如图 3-7(a)所示。由于母线圆上的任一点在旋转中都形成圆，故球是圆的集合。

2. 圆球的三视图

如图 3-7(b)所示，圆球的三视图均为 3 个等直径圆，但这 3 个圆不是圆球上一个圆的投影，而是圆球上 3 个方向转向轮廓素线(圆)的投影。

可见性判别：圆球的前半球、上半球、左半球分别在主、俯、左视图中可见；后半球、下半球、右半球分别在主、俯、左视图中不可见。

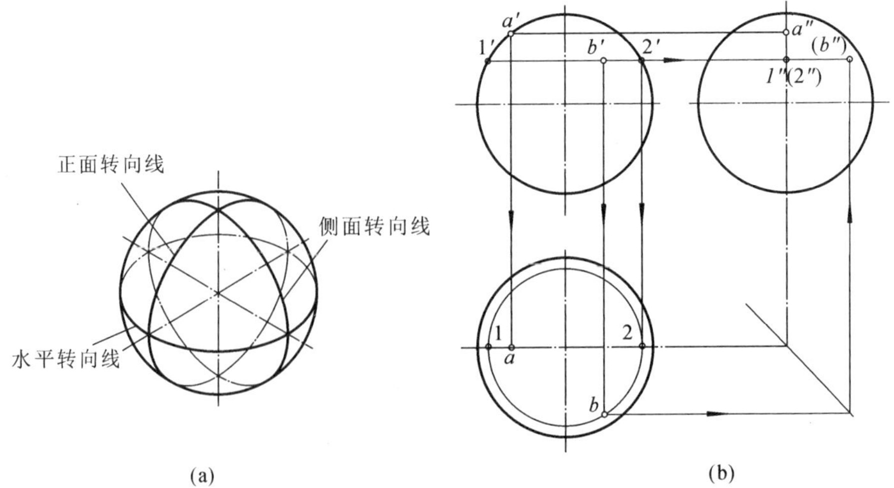

图 3-7 圆球三视图及圆球表面取点举例

3. 圆球表面上取点

如图 3-7(b)所示，已知球面上点 A、B 的正面投影 a'、b'，求各点的其余投影。

求解步骤如下。

(1) 根据已知点的投影位置及可见性，判断点所在位置。

由已知投影可得，点 A 位于球面左上半部分的正面轮廓线上，点 B 位于球面右上半部分。

(2) 轮廓线上点的投影可在其他视图上直接找到轮廓线投影，按投影规律直接求出。

如图 3-7(b)所示，由已知 a'可直接求出 a 及 a''。

(3) 一般位置点的投影可采用辅助线法求解。

由于圆球表面上不能作出直线，而球面是圆的集合，故可利用辅助圆法求解。通过该点在球面上作平行于任一投影面的辅助圆，然后按照投影关系求出圆球表面上点的投影。

作图步骤如下。

① 过 b'作垂直于轴线的水平辅助圆的正投影，它与圆球垂直方向中心轴线正投影的交点为辅助圆圆心的正投影，它与正面轮廓线的交点为 $1'$、$2'$，$1'2'$间线段长度为辅助圆的直径实长。

② 作过 B 点水平辅助圆的水平投影。该辅助圆的水平投影反映其实形，其圆心与两中心轴线的交点重合，直径为 $1'2'$的长度。

③ 按点的投影规律求 B 点的其他两投影 b 和 b''，如图 3-7(b)所示。

(4) 可见性判断。

由于 B 点位于球的右上半部分，因此 b 可见，b''不可见。

4. 圆球表面上取线

圆球面上没有直线段，在圆球面上求一条曲线的投影时，要求出该条曲线的所有特殊点，并在相邻特殊点之间取一般点，判断可见性，顺序光滑连接成曲线，即为该曲线的投影。

圆球面上取线的投影作图方法如图 3-8 所示。

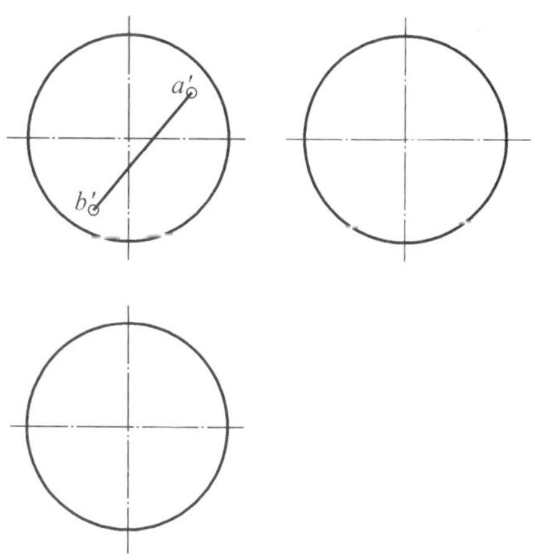

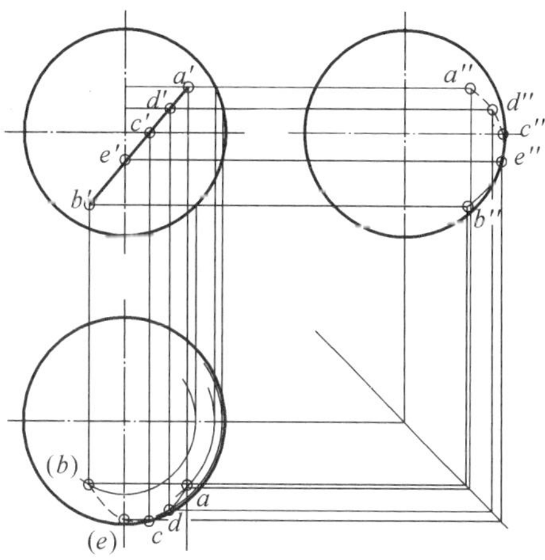

图 3-8　圆球面上取线举例

3.2 曲面基本体的轴测图

3.2.1 圆柱的正等轴测图

1. 圆的正等轴测图的画法

在画圆柱、圆锥等回转体的轴测图时，关键是解决圆的轴测投影的画法。图 3-9 所示为直径为 d 分别平行于三个坐标面的圆。由于圆所平行的坐标面不平行于轴测投影面，因此其正等轴测图均为椭圆。椭圆的短轴方向与相应菱形的短对角线重合，即与相应的轴测轴方向一致，该轴测轴就是垂直于圆所在平面的坐标轴的投影，长轴则与短轴相互垂直。具体如下：

平行于 XOY 坐标面的圆，其轴测图上椭圆短轴与 O_1Z_1 轴重合，长轴垂直于 O_1Z_1 轴；

平行于 XOZ 坐标面的圆，其轴测图上椭圆短轴与 O_1Y_1 轴重合，长轴垂直于 O_1Y_1 轴；

平行于 YOZ 坐标面的圆，其轴测图上椭圆短轴与 O_1X_1 轴重合，长轴垂直于 O_1X_1 轴。

若轴向变形系数采用简化系数，所得椭圆长轴约等于 $1.22d$，短轴约等于 $0.7d$。

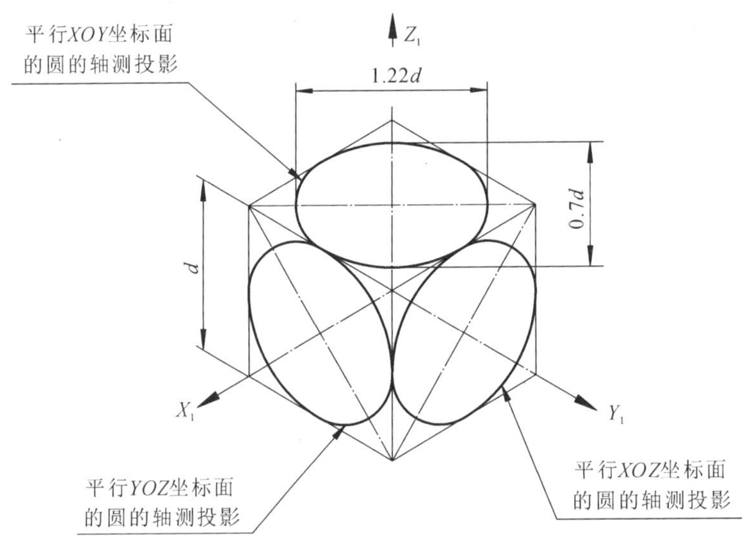

图 3-9 平行于坐标面的圆的正等轴测图

以直径为 d 的水平圆为例，说明正等轴测投影椭圆的近似画法（四心法或称菱形法）。

(1) 过圆心 O 作坐标轴并作圆的外切正方形，切点为 A、B、C、D，如图 3-10(a)所示。

(2) 作轴测轴及切点的轴测投影，过切点 A_1、B_1、C_1、D_1 分别作 X_1、Y_1 轴的平行线，相交成菱形（即外切正方形的正等轴测图）；菱形的对角线分别为椭圆长、短轴的方向，如图 3-10(b)所示。

(3) 点 1、2 为菱形顶点，连接 $2A_1$、$2D_1$，交长轴于点 3、4，如图 3-10(c)所示。

(4) 分别以点 1、2 为圆心，以 $1B_1$（或 $2A_1$）为半径画大圆弧 B_1C_1、A_1D_1；以点 3、4 为圆心，以 $3A_1$（或 $4B_1$）为半径画小圆弧 A_1C_1、B_1D_1，如此连成近似椭圆，如图 3-10(d)所示。

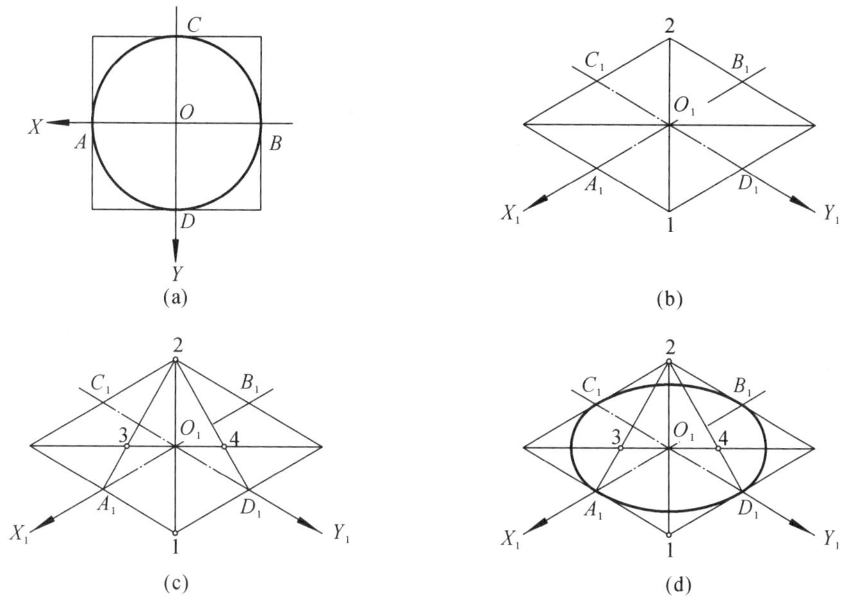

图 3-10　椭圆的近似画法

2. 圆柱体的正等轴测图的画法

如图 3-11(a)所示，取顶圆中心为坐标原点，建立直角坐标系。并使 Z 轴与圆柱的轴线重合，其作图步骤如下：

(1) 作轴测轴，用近似画法画出圆柱顶面的近似椭圆，再把连接圆弧的圆心沿 Z 轴方向下移 H，以顶面相同的半径画弧，作底面近似椭圆的可见部分，如图 3-11 (b)所示；

(2) 过两长轴的端点作两近似椭圆的公切线，如图 3-11 (c)所示；

(3) 擦去多余的线并描深，得到完整的圆柱体的正等轴测图，如图 3-11 (d)所示。

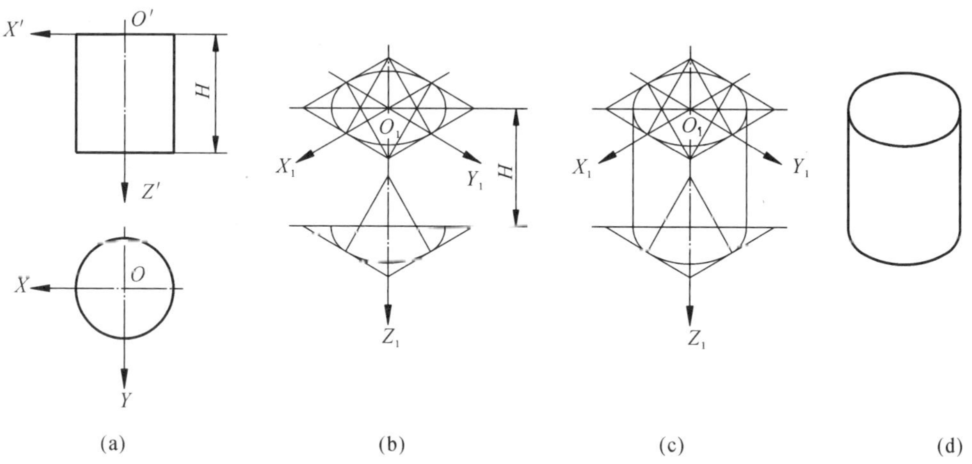

图 3-11　圆柱的正等轴测图的画法

3.2.2　圆台的正等轴测图

如图 3-12(a)所示，圆台的轴线垂直于水平面，顶面和底面都是水平面，取顶面圆心为坐标原点，Z 轴与圆台的轴线重合，其作图步骤如下：

(1) 作轴测轴，用近似画法画出圆台顶面和底面的近似椭圆，如图 3-12 (b)所示；

(2) 作顶面和底面近似椭圆的公切线，如图 3-12 (c)所示；

(3) 擦去多余的线、描深，如图 3-12 (d)所示。

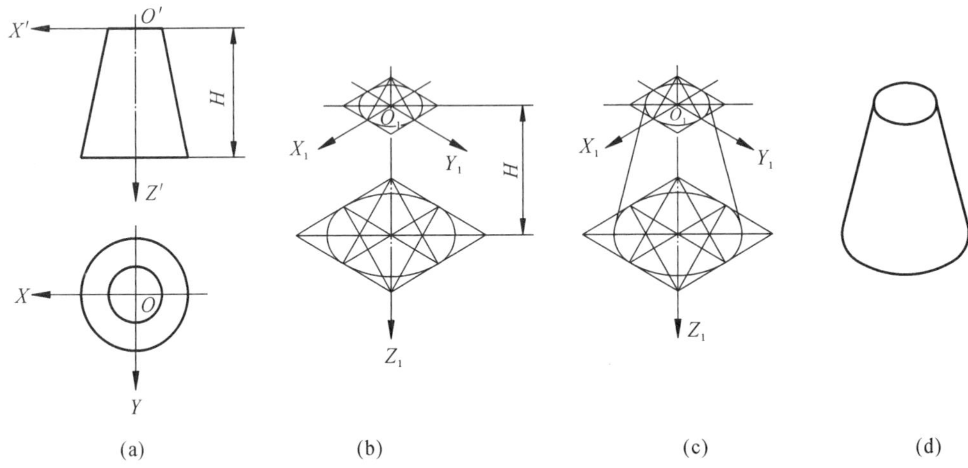

图 3-12　圆台的正等轴测图的画法

3.2.3　圆角的正等轴测图

圆角是圆柱的四分之一，其正等轴测图画法与圆柱的正等轴测图画法相同，即作出对应的四分之一菱形，画出近似圆弧。

如图 3-13(a)所示，圆角的正等轴测图的近似画法如下。

(1) 画长方体的正等轴测图。

(2) 在作圆角的边线上由角顶点沿两边分别量取圆角半径 R，得 1、2、3、4 四个点，如图 3-13 (b)所示。

(3) 过 1、2、3、4 点分别作所在边的垂线，垂线的交点即为底板上表面的圆心 O_1、O_2；然后分别以 O_1、O_2 为圆心，以 $O_1 1$、$O_2 3$ 为半径画弧，所得弧即为底板上表面的圆角。将圆心 O_1、O_2 沿 Z 轴方向下移板厚距离 H，得到圆心 O_3、O_4，以上表面相同的半径画弧，即完成下表面圆角的作图，如图 3-13 (c)所示。

(4) 作右侧小圆弧的公切线，完成圆角作图。擦去多余线条，描深可见轮廓线，如图 3-13 (d)所示。

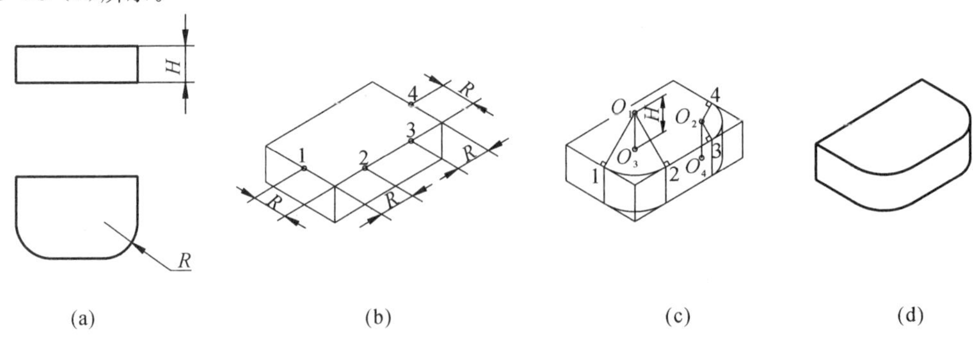

图 3-13　圆角的正等轴测图的画法

测　　试

1. 如图 3-14 所示，已知半圆柱表面上点 A、B、C 的投影 a'、(b')、(c'')，求各点的其余两个投影并判别可见性。

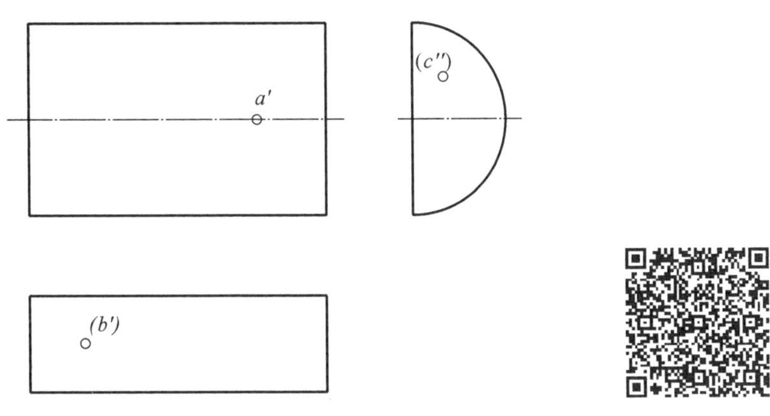

图 3-14　半圆柱面上取点

2. 如图 3-15 所示，已知半圆锥表面上点 A、B、C 的投影 a'、b'、c'，求各点的其余两个投影并判别可见性。

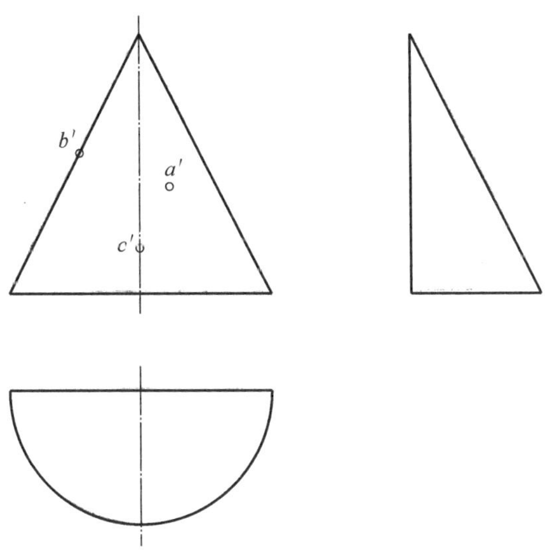

图 3-15　半圆锥面上取点

3.如图 3-16 所示，已知半圆球的两个视图及其表面上点 A、B、C 的投影 a'、b、c，求第三视图和各点的其余两个投影并判别可见性。

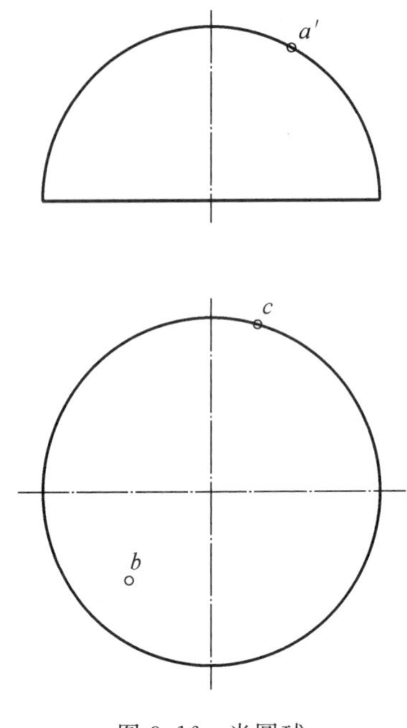

图 3-16　半圆球

第 4 章　切割体与相贯体的三视图

教学视频

内容框图

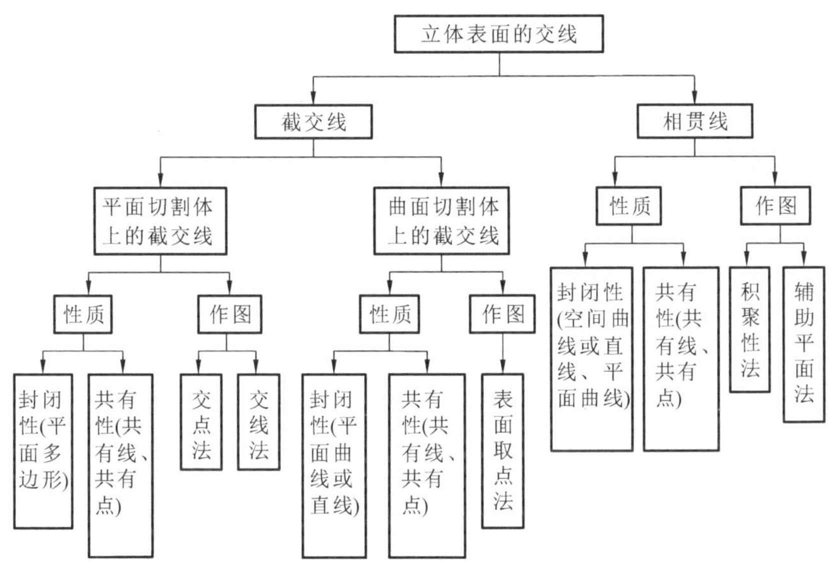

课程矩阵

一般性目标	培养图形检索能力和空间分析能力
具体目标	掌握截交线和相贯线的作图方法
教师教法建议	布置课前预习任务，提供课件、测试题；模型、三维造型、课件辅助讲授；启发引导、板书、黑板范例作图
学生学法建议	通过课前预习、网上互动、老师讲授、同学之间讨论、动手实践和作业等完成学习任务
效果评价	作业完成情况 70%，学习过程 30%（包括课堂讨论、课堂小测、动手制作基本体模型等）
建议课时	8 学时

工程上经常可以看到某些机件是由一些基本体被平面切割或是两个及以上基本体贯穿在一起而成的，这种被平面截切的立体就是切割体，两个及以上贯穿在一起的立体称为相贯体，如图 4-1 所示。本章主要介绍切割体、相贯体三视图画法。

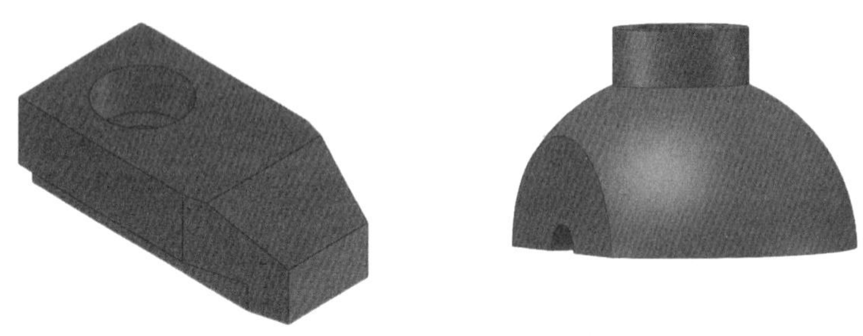

图 4-1　切割体与相贯体

4.1　切割体的三视图

如图 4-2 所示，用平面切去立体的一部分称为截切，截切立体的平面称为截平面，平面与立体表面相交产生的交线称为截交线，截交线围成的平面称为截断面。

要绘制切割体的投影，不仅要绘制基本立体的投影，还要正确绘制截交线的投影，本节主要介绍截交线的性质和作图方法。

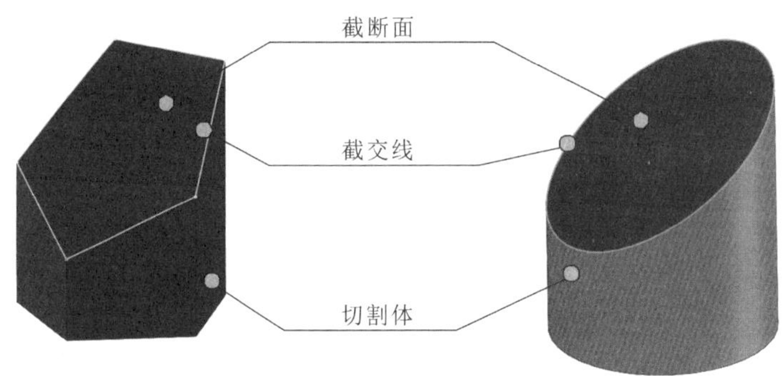

图 4-2　切割体及基本概念

4.1.1　截交线的性质

(1) 封闭性：截交线一般是由直线、曲线或直线和曲线围成的封闭的平面多边形。

(2) 共有性：截交线是截平面与立体表面的共有线，截交线上的点是截平面与立体表面的共有点。

截交线的形状取决于被截立体的形状及截平面与立体的相对位置，截交线投影的形状取决于截平面与投影面的相对位置。

4.1.2　平面切割体的三视图

平面立体被截平面截切，称为平面切割体。求平面切割体的投影，关键是求出平面立体截交线的投影。平面与平面立体相交所产生的截交线是一个由直线围成的封闭的平面多边形，多边形的顶点为截平面与平面立体各棱线的交点，多边形的边是截平面与平面立体各表面的交线。因此，求平面立体截交线的方法有以下两种。

(1) 交点法：求平面立体各棱线与截平面的交点，则在立体同一表面上的两个交点连线即是截交线。

(2) 交线法：求平面立体各表面与截平面的交线，截平面与几个表面相交就求几条交线，即截交线。

[例 4-1] 如图 4-3(a)(b)所示，求被截切后五棱柱的左视图。

[空间及投影分析] 从主视图可以看出截平面是正垂面，与五棱柱的五个侧棱面均相交，因而截交线为五边形，五边形的 5 个顶点是截平面与 5 条棱线的交点。

由于截交线是截平面与五棱柱立体表面的共有线，截平面是正垂面，故截交线的正面投影积聚在截平面的正面投影上；同时，截交线在五棱柱的 5 个棱面上，截交线的水平投影积聚在五棱柱 5 个棱面的水平投影 上。

[作图] 步骤如下。

(1) 先画出完整的五棱柱的左视图。

(2) 在正面投影上确定截平面与五条棱线的交点 1′、2′、3′、4′、5′，按投影关系在五棱柱水平投影和侧面投影的各棱线上分别求出各点的水平投影 1、2、3、4、5 和侧面投影 1″、2″、3″、4″、5″。

(3) 画出截交线的侧面投影：五棱柱被截去左上角，因此截交线的侧面投影可见，用粗实线把同一棱面上的两点连线，得截交线侧面投影 1″2″3″4″5″，为类似形，如图 4-3(c)所示。

(4) 判断被截切后立体棱线的存在情况及其可见性：左视图有两条棱线不可见，画成虚线；保留部分的可见轮廓线画粗实线；描深全部图形，如图 4-3(d)所示。

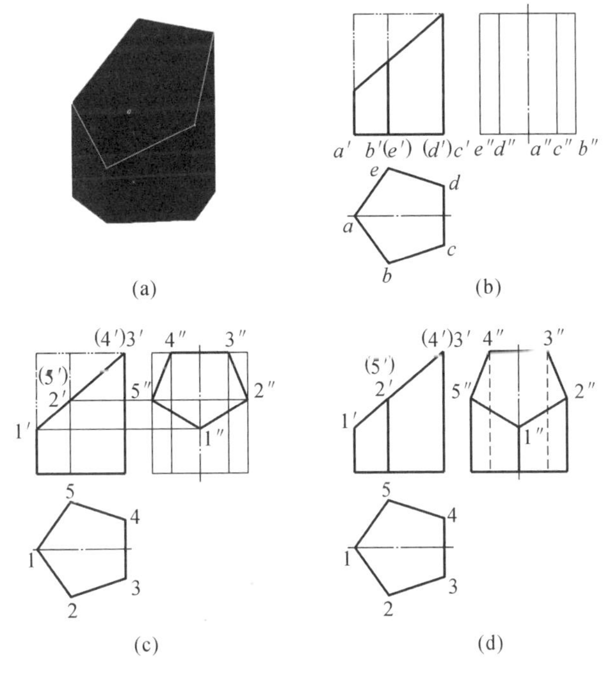

图 4-3 棱柱截交线求解举例(1)

[例 4-2] 如图 4-4(a)所示，求作四棱锥被正垂面 P 截切后的俯视图和左视图。

[**空间及投影分析**]　从图 4-4(a)中的主视图可以看出截平面是正垂面，与四棱锥的四个侧棱面均相交，因而截交线为四边形，四边形的 4 个顶点是截平面与 4 条棱线的交点，如图 4-4(d)所示。

由于截交线是截平面与四棱锥立体表面的共有线，截平面是正垂面，因此截交线的正面投影积聚在截平面的正面投影上，在俯视图和左视图上均为类似形。

[**作图**]步骤如下。

(1) 先画出完整四棱锥的左视图，如图 4-4(b)所示。

(2) 在正面投影上确定截平面与四条棱线的交点 1′、2′、3′、4′，按投影关系在四棱锥各棱线的水平投影和侧面投影上分别求出各点的水平投影 1、2、3、4 和侧面投影 1″、2″、3″、4″，如图 4-4(b)所示。

(3) 画出截交线的水平投影和侧面投影。四棱锥被截去左上角，因此截交线的水平投影和侧面投影均可见，用粗实线把同一棱面上的两点连线，得截交线水平投影 1234 和侧面投影 1″2″3″4″，均为类似形，如图 4-4(b)所示。

(4) 判断被截切后立体棱线的存在情况及其可见性。被切走部分的轮廓线不画或画细双点画线，保留部分的可见轮廓线画粗实线，不可见轮廓线画虚线，描深全部图形，如图 4-4(c)所示。

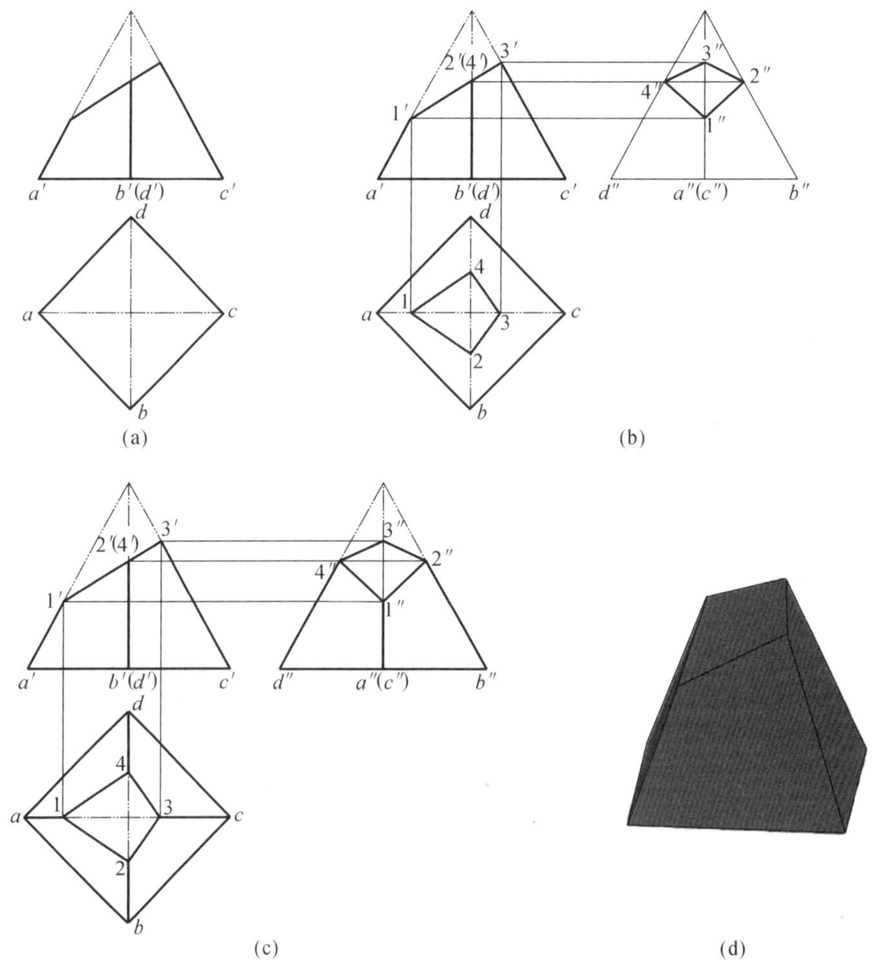

图 4-4　截切四棱锥的投影

［例 4-3］ 如图 4-5(a)所示，求三棱柱被两个平面截切后的左视图投影。

［空间及投影分析］ 从图 4-5 (a)可以判断出，该三棱柱被一个正垂面和一个侧平面切割掉了左上方的一块。正垂面与 2 个侧棱面相交，2 个截平面有交线，所以正垂面截切得到的截交线是三角形，其正面投影积聚，水平投影和侧面投影是类似形；侧平面与 2 个侧棱面和上表面相交，加之 2 个截平面有交线，所以侧平面截切得到的截交线是四边形，其正面投影和水平投影积聚，侧面投影反映实形，如图 4-5 (c)所示。

［作图］ 步骤如下。

(1) 先画出完整的三棱柱的左视图。

(2) 在正面投影上确定截平面与三棱柱的交点 $1'$ 和交线 $2'3'$、$4'5'$，按投影关系求出点和交线的水平投影和侧面投影。

(3) 判断被截切后立体棱线的存在情况及其可见性。左视图中各条棱线和交线均可见；进一步判断各条棱线的变化，描深全部图形，如图 4-5(b)所示。

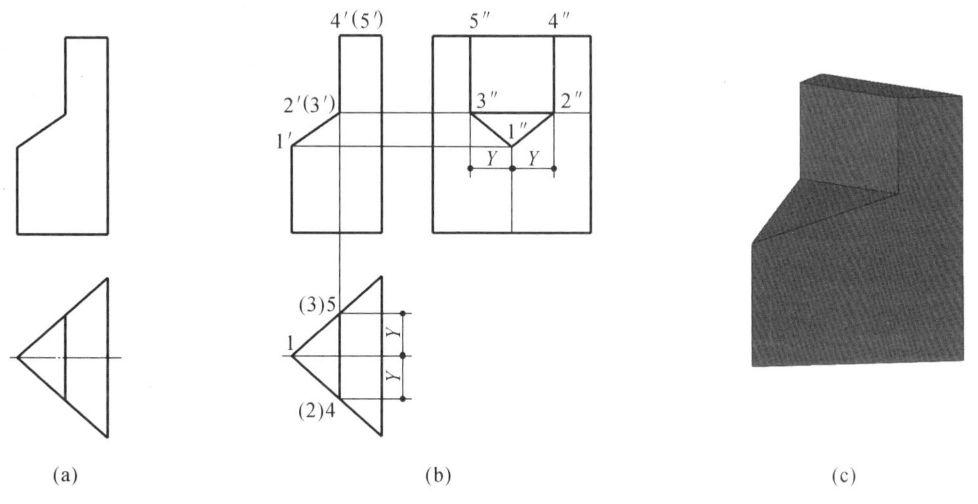

图 4-5　棱柱截交线求解举例(2)

［例 4-4］ 如图 4-6(a)所示，求四棱锥被两个平面截切后的投影。

［空间及投影分析］ 从四棱锥的主视图可以判断出，该四棱锥被一个正垂面和一个水平面切割，主视图中被平面截去的部分用双点画线表示。两个截平面的交线正好与四棱锥的两条棱线重合，两个截平面各截得 个三角形，如图 4-6(c)所示；截交线属于截平面，截交线的正面投影积聚在截平面的投影上。

［作图］ 步骤如下。

(1) 先画出完整的四棱锥的左视图。

(2) 在正面投影上确定截平面与四条棱线的交点 e'、f'、g' 和 h'，按投影关系各交点均应在各棱线的投影上，求出各点的水平投影和侧面投影。

(3) 判断可见性，左视图上 $c''h''$ 棱线不可见，画成虚线；判断各条棱线的变化，描深全部图形，完成截切后四棱锥的三视图，如图 4-6(b)所示。

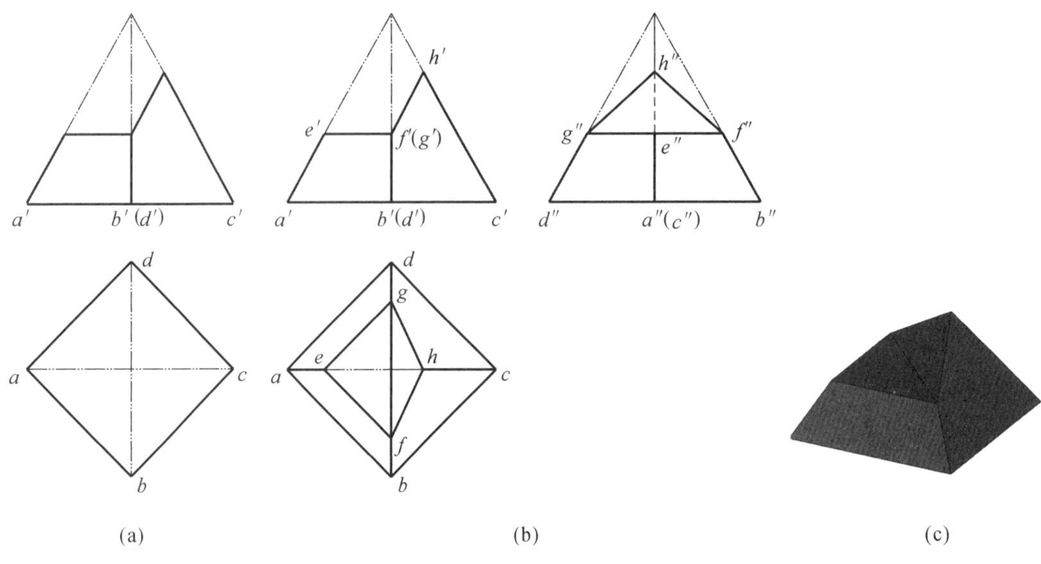

图 4-6　棱锥截交线求解举例

4.1.3　回转切割体的三视图

回转体被截平面截切,称为回转切割体。平面与回转体相交产生的截交线一般情况下是封闭的平面曲线。但由于截平面与回转体相对位置的变化,也可能得到由直线与平面曲线组成的截交线,或者完全是由直线段组成的截交线。

1. 圆柱切割体

1）截交线的形状

平面截切圆柱时,根据截平面与圆柱轴线相对位置的不同,圆柱面截交线有三种形状,如表 4-1 所示。当截平面平行于圆柱轴线时,截交线为两组平行直线;当截平面垂直于圆柱轴线时,截交线为圆;当截平面倾斜于圆柱轴线时,截交线为椭圆。

表 4-1　圆柱面截交线形状

截平面位置	平行于轴线	垂直于轴线	倾斜于轴线
截交线形状	两组平行直线	圆	椭圆
立体图			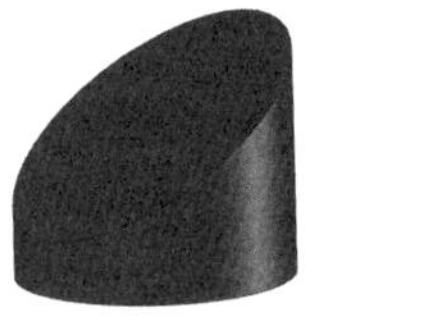
投影图	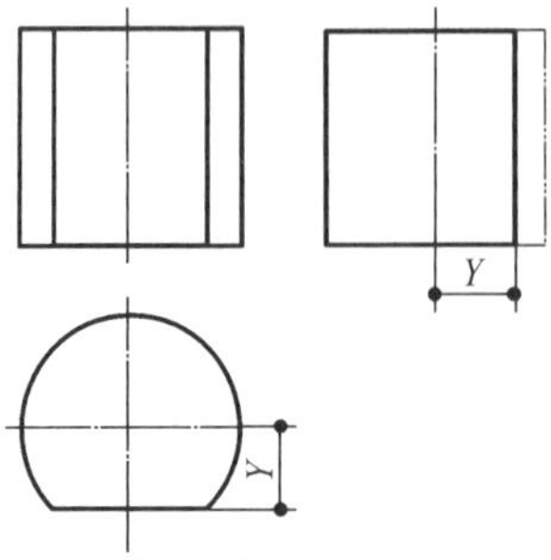 Y　Y	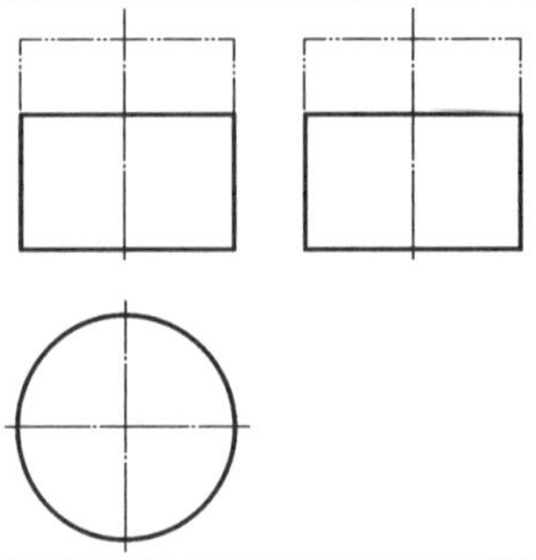	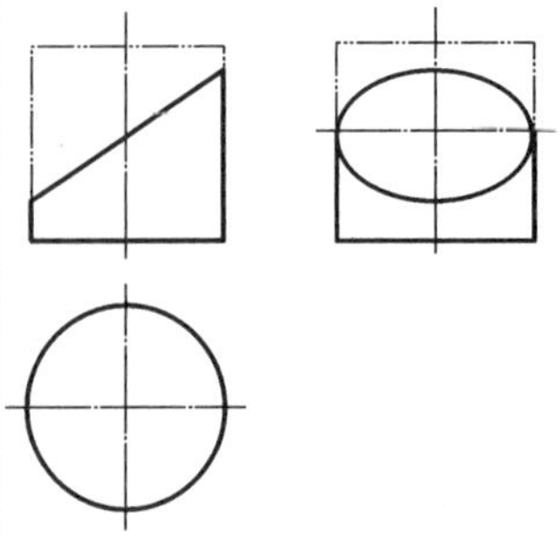

2）圆柱截交线的作图

当圆柱截交线为两组平行直线或圆时，可利用圆柱面和截平面投影的积聚性，直接精确求出，如表 4-1 第一、第二种情况所示。

当截交线为椭圆时，由于椭圆的投影为曲线，不能精确求出，可根据圆柱面和截平面投影的积聚性，先求出若干个截交线上的点，然后光滑连接这些点而近似求出。截交线上的点可分为特殊点和一般点。特殊点为圆柱转向轮廓素线上的点，这些点为所求截交线的最高点、最低点、最上点、最下点、最左点和最右点，确定了截交线的范围。一般点为除去特殊点以外的截交线上的其他点，它们确定了截交线的弯曲方向。

[例 4-4]　如图 4-7 (a) 所示，已知一立体被截切后的主、俯视图，求左视图。

[空间及投影分析]

(1) 被截切立体形状的判定。本例中，根据已知的主、俯视图中立体未被截切前的投影可知该立体为圆柱，如图 4-7 (d) 所示。

(2) 截交线形状的判定。截交线的形状由截平面与圆柱轴线的相对位置确定。本例中，共有两类截平面，一类截平面与圆柱的轴线平行，其截交线为两组平行直线 12、34 和 56、78；另一类截平面与圆柱的轴线垂直，其截交线为圆弧 42、68。

(3) 截交线投影的确定。截交线的投影与截平面本身的属性相关，因此需对截平面本身的位置属性进行判定。本例中，与圆柱轴线平行的截平面为侧平面，因此产生的截交线的投影在主、俯视图上积聚，而在左视图上反映实形；与圆柱轴线垂直的截平面为水平面，因此产生的截交线的投影在俯视图上反映实形，而在主、左视图上积聚为线。

[作图]　如图 4-7(b)所示，步骤如下。

(1) 画出完整圆柱体的左视图。

(2) 求截交线的投影。根据分析结果，利用截平面与圆柱投影的积聚性，可得到两组平行直线 12、34 和 56、78 在主、俯视图上的投影，进而求出其在左视图上投影 1″2″、3″4″和5″6″、7″8″。圆弧 42、68 在左视图上的投影积聚为线 4″2″、8″6″。

(3) 确定被截切圆柱轮廓素线的情况。在例中，圆柱在左视图上反映的轮廓素线为圆柱的最前和最后轮廓素线，该轮廓素线没有被截平面所截切，因此在左视图上圆柱的转向轮廓素线保持完整，用粗实线画出。图 4-7(c)所示为左视图的错误画法。

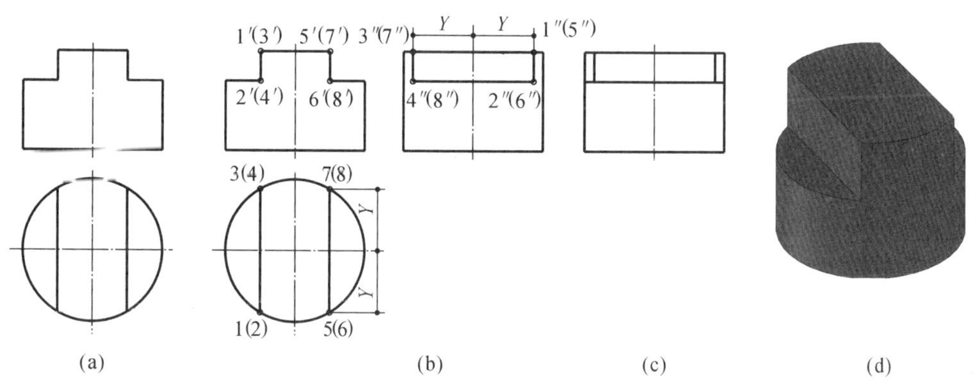

图 4-7　圆柱截交线举例(1)

[例 4-5]　如图 4-8(a)所示，已知圆柱体被截切后的主视图和俯视图，求作左视图。

本例的求解步骤同例 4-4，但在确定被截切圆柱轮廓素线的情况时，左视图上反映的轮廓素线为圆柱的最前和最后轮廓素线，从正面投影上可以看出，该轮廓素线上部被截平面所截切，因此在左视图上圆柱的转向轮廓素线的上部分被切除，如图 4-8(b)所示。

图 4-8(c)所示为左视图的错误画法。

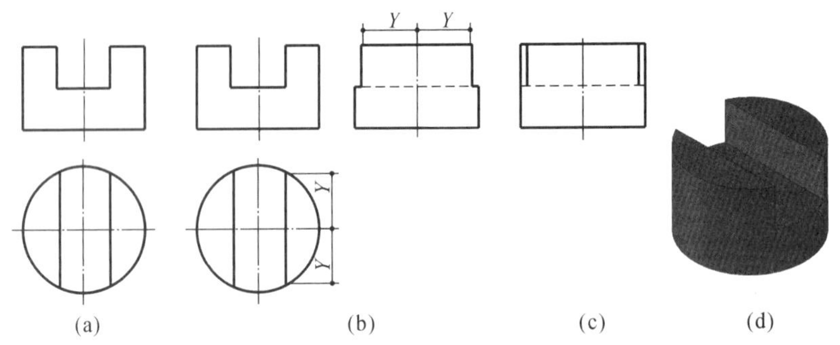

图 4-8　圆柱截交线举例(2)

［例 4-6］　如图 4-9(a)所示，已知立体主、俯视图，求左视图。

本例的求解方法与例 4-4 相似，其差别在于本例中立体为带圆柱孔的圆柱。在求解时按图 4-7 中左视图的求解方法，再求解截平面分别截切圆柱的外表面(实心圆柱表面)和圆柱内表面(圆柱孔表面)产生的截交线即可。对应的左视图如图 4-9(b)所示。

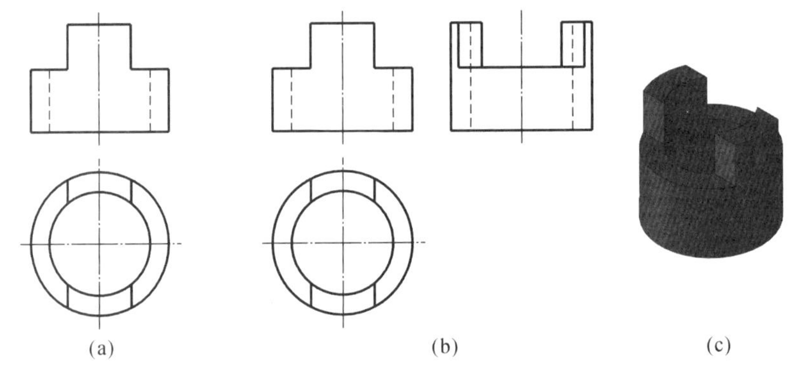

图 4-9　圆柱截交线举例(3)

［例 4-7］　如图 4-10(a)所示，已知立体的主、俯视图，求左视图。

本例的求解方法与例 4-5 相似，其差别在于本例中立体为带圆柱孔的圆柱。在求解时按图 4-8 中左视图的求解方法，再求解截平面分别截切圆柱的外表面(实心圆柱表面)和圆柱内表面(圆柱孔表面)产生的截交线即可。对应的左视图如图 4-10(b)所示。

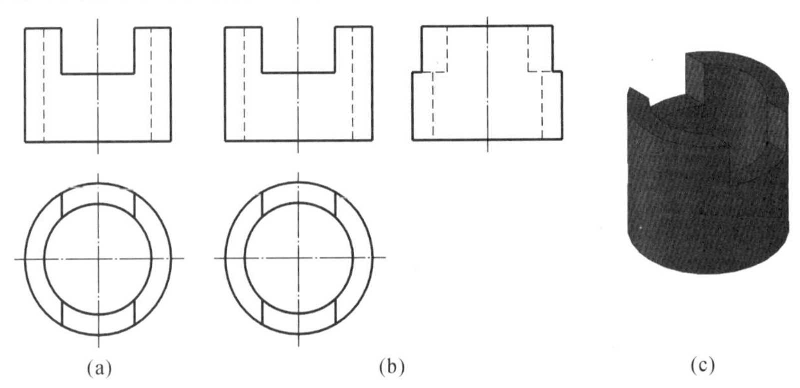

图 4-10　圆柱截交线举例(4)

［例 4-8］　如图 4-11(a)所示，已知圆柱切割体的主、俯视图，求其左视图。

［空间及投影分析］　由图 4-11(a)可以看出，圆柱体的轴线是铅垂线，被一正垂面斜截切去上面一部分，截交线是椭圆。截交线的正面投影积聚为一段直线，截交线的水平投影为圆，侧面投影投影为椭圆。可想象出立体图如图 4-11(b)所示。

［作图］　先画出截切之前完整的圆柱的侧面投影。截交线的侧面投影是椭圆，其作图过程如下。

(1) 求截交线上特殊点的投影。图中 1′、2′、3′、4′点为截交线上的特殊点，由圆柱投影的积聚性可得，四个点的水平投影为 1、2、3、4，因此可求出四个点的侧面投影，如图 4-11(c)所示。

(2) 求截交线上一般点的投影。一般点的选取可根据实际截交线的情况选取适当的个数，从而保证对所求截交线投影弯曲方向的确定。根据曲线的情况，在主视图上取四个一般点 5′、6′、7′、8′，根据圆柱投影的积聚性可得四个一般点的水平投影 5、6、7、8，从而求出四个点的侧面投影，如图 4-11(d)所示。

(3) 用曲线光滑连接各点的侧面投影成椭圆，再画出圆柱轮廓素线的投影，结果如图 4-11(e)所示。

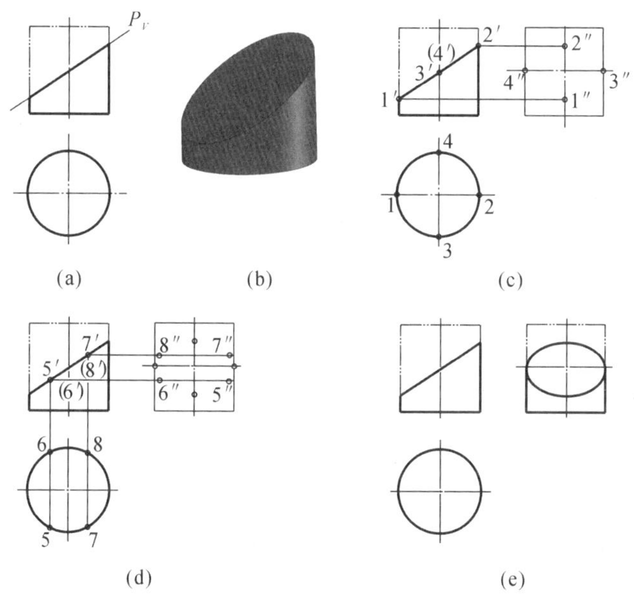

图 4-11　截交线为曲线的求解过程

［讨论］　当截平面与圆柱轴线的夹角发生变化时，椭圆的长轴和短轴的变化情况。

如图 4-12(a)(b)所示，椭圆的长、短轴随截平面与圆柱轴线夹角的变化而改变。当截平面与圆柱轴线夹角成 45°时，截交线的空间形状是椭圆，但其侧面投影是与圆柱直径相等的圆，即其长、短轴的侧面投影长度相等，如图 4-12(c)所示。

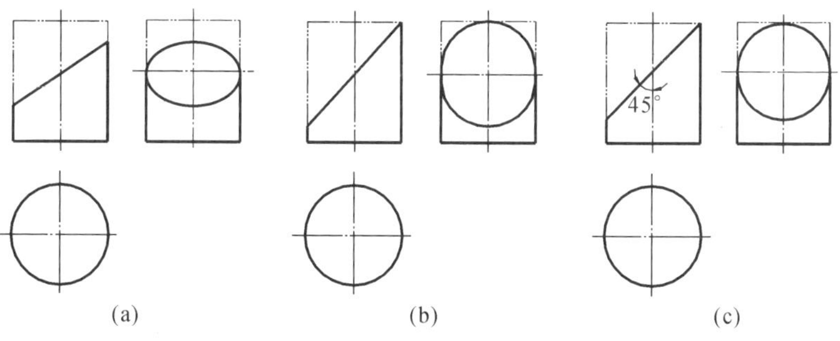

图 4-12　截平面倾斜于圆柱轴线截切的几种情况

2. 圆锥切割体

1）截交线的形状

根据截平面与圆锥轴线相对位置的不同，圆锥面截交线有五种形状，如表 4-2 所示。

表 4-2 平面与圆锥面的截交线形状

截平面位置	与轴线垂直 ($\theta=90°$)	过锥顶	与轴线不垂直 ($90°>\theta>\alpha$)	与一条素线平行 ($\theta=\alpha$)	与轴线平行或倾斜 ($0°\leqslant\theta<\alpha$)
截交线形状	圆	两相交直线	椭圆	抛物线	双曲线
立体图			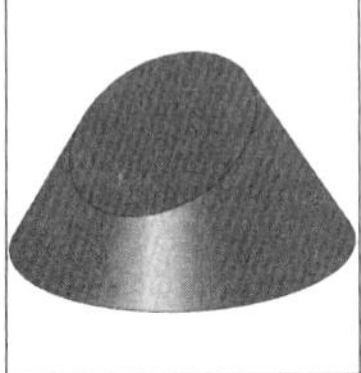		
投影图	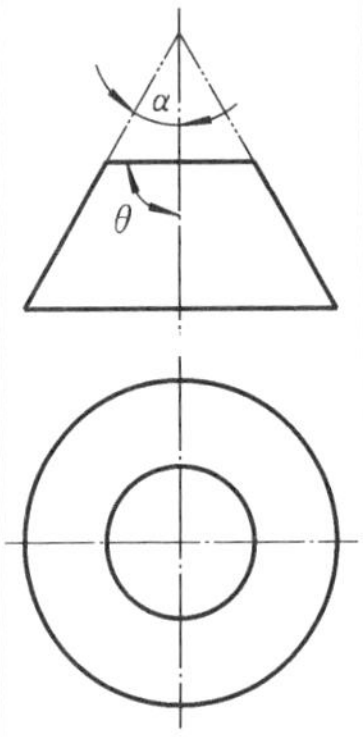	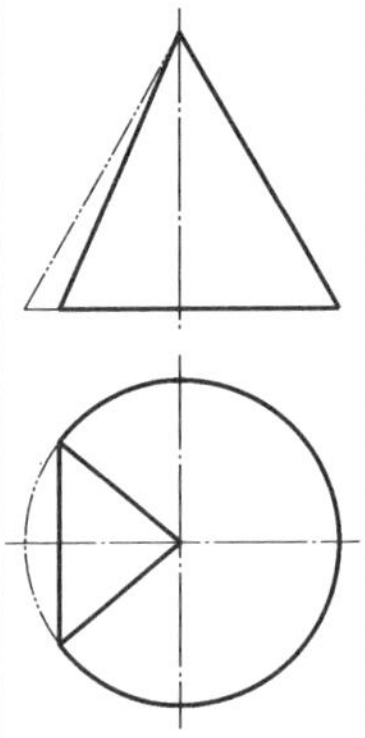	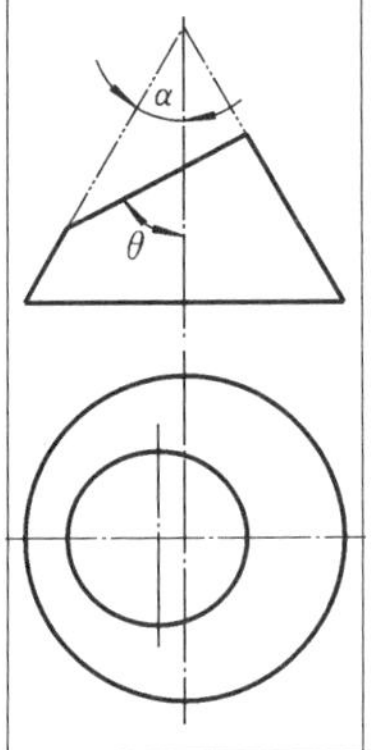	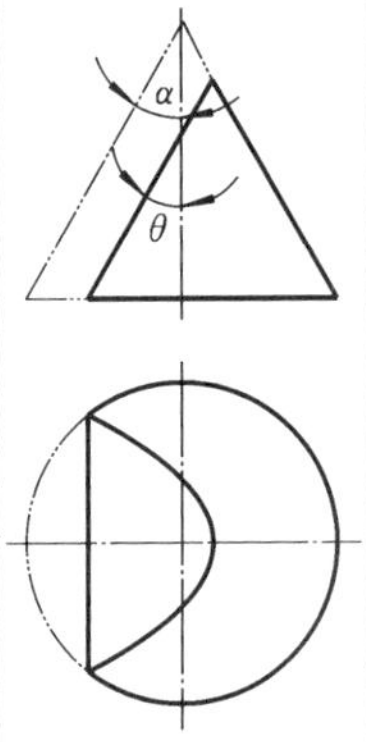	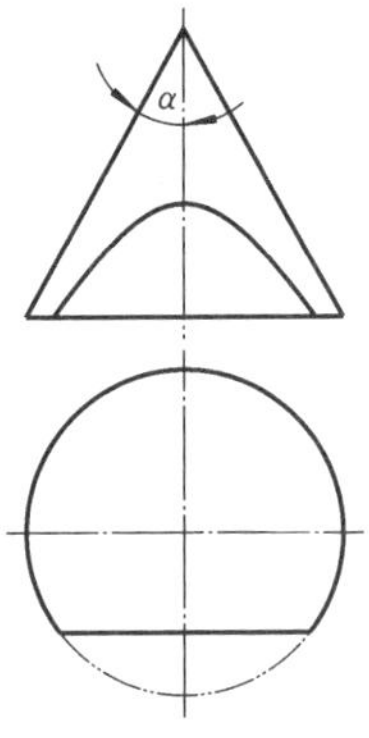

2）圆锥截交线的作图

当截平面截圆锥面产生的截交线是圆和直线时，可利用投影关系直接准确求出；当产生的截交线为椭圆、双曲线、抛物线时，可按如下步骤画出。

(1) 求曲线上特殊点的投影。它们分别为椭圆长、短轴端点，双曲线、抛物线的顶点、端点，在求解时，通常为截平面积聚为线的投影与圆锥轮廓素线和轴线的交点。(当截交线为椭圆时，该椭圆短轴的端点在主视图上的投影为线段 1′4′的中点，如图 4-13 所示。)

(2) 求曲线上适量一般点的投影。利用圆锥表面上取点的方法作一般点的投影。

(3) 光滑连接所求点，可参见图 4-13。

[例 4-9] 如图 4-13(a)所示，求圆锥被一正垂面截切后完整的俯视图和左视图。

[空间及投影分析] 由截平面与圆锥的相对位置可知，截交线为一椭圆，如图 4-13(c)所示。截交线的正面投影与截平面的正面投影重合，而水平投影和侧面投影仍为椭圆。先求特殊点，再求一般点，光滑连接同面投影即可。

[作图] 如图 4-13(b)所示，步骤如下。

(1) 求截交线上特殊点的投影。特殊点有 Ⅰ、Ⅱ、Ⅲ、Ⅳ、Ⅴ、Ⅵ，其中 Ⅰ、Ⅳ、Ⅲ、Ⅴ 四点，由其正面投影可直接得到水平投影和侧面投影，Ⅱ、Ⅵ 两点，由正面投影需作纬圆，再求出另两面投影。

(2) 求截交线上一般点的投影。利用纬圆法，求适当数量的一般点的投影，如 Ⅶ、Ⅷ 两点。

(3) 光滑连接成椭圆，判别可见性，整理轮廓素线，得到圆锥截切体完整的俯视图和左视图。

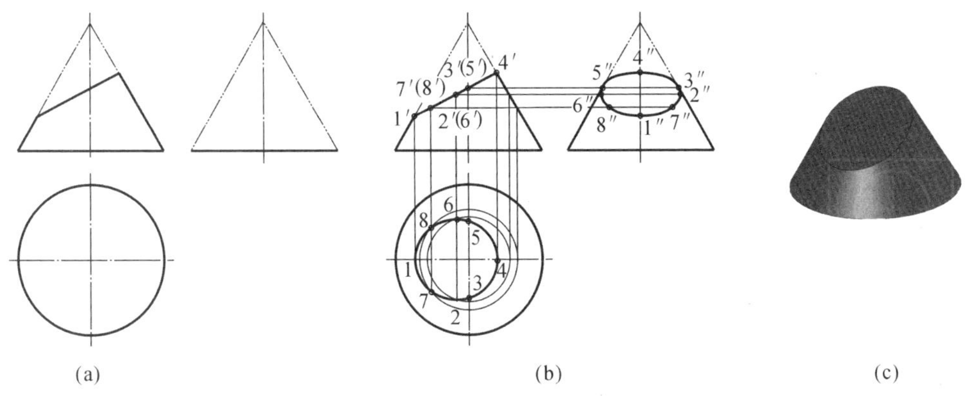

图 4-13　圆锥截交线求解举例(1)

[例 4-10]　如图 4-14(a)所示，求圆锥被一侧平面截切后完整的左视图。

[空间及投影分析]　截平面是个侧平面，平行于圆锥轴线，截交线是双曲线加直线段，如图 4-14(c)所示。其侧面投影反映实形，正面投影和水平投影均积聚成直线。

[作图]　如图 4-14(b)所示，步骤如下。

(1) 求截交线上特殊点的投影。特殊点有Ⅰ、Ⅱ、Ⅲ，Ⅰ为最高点，Ⅱ和Ⅲ为最低点。

(2) 求截交线上一般点的投影。利用纬圆法，求适当数量的一般点的投影，如Ⅳ、Ⅴ两点。

(3) 光滑连接侧面投影各点，判别可见性，整理轮廓线，得到圆锥截切体完整的左视图。

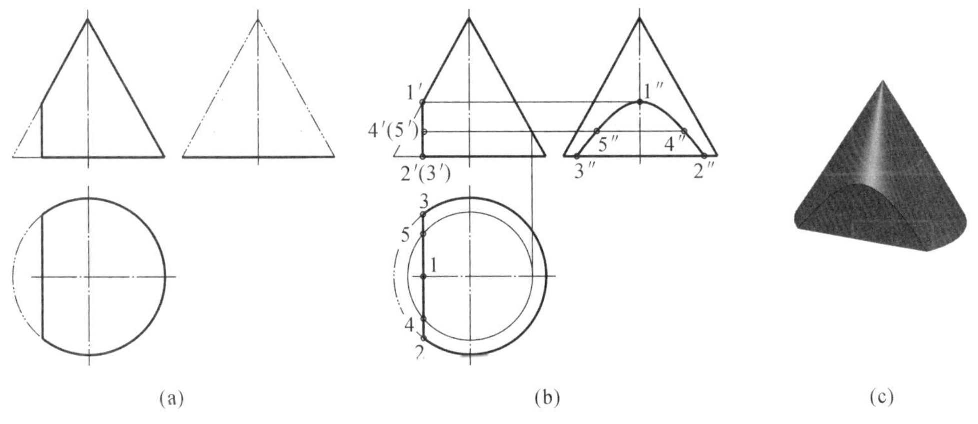

图 4-14　圆锥截交线求解举例(2)

[例 4-11]　如图 4-15(a)所示，已知圆锥被截切后的主视图，求俯、左视图。

[空间及投影分析]

(1) 由已知投影，判断每个截平面与圆锥轴线的位置关系，确定所得截交线的形状，如图 4-15(c)所示。

(2) 由已知投影，判断每个截平面的位置属性，确定截交线在三视图的投影特性。当截交线为直线时，应确定直线两个端点的位置；当截交线为圆弧时，应确定圆弧的半径、圆心及端点；当截交线为椭圆弧、抛物线、双曲线时，应确定端点、顶点等。

[作图]　如图 4-15(b)所示，步骤如下。

(1) 当截交线为直线或圆时,可根据已知投影直接准确求出。当截交线为椭圆弧、抛物线或双曲线时,应先求出特殊点,包括转向轮廓素线上的点、轴线上的点、端点、顶点、中心点等,其中包括可见性分界点;再求出必要的一般点,从而确定曲线的弯曲方向。

(2) 将所求点依次连线作出截交线的投影。

(3) 判断可见性,检查轮廓素线的变化,注意截切平面相互之间的交线的投影。

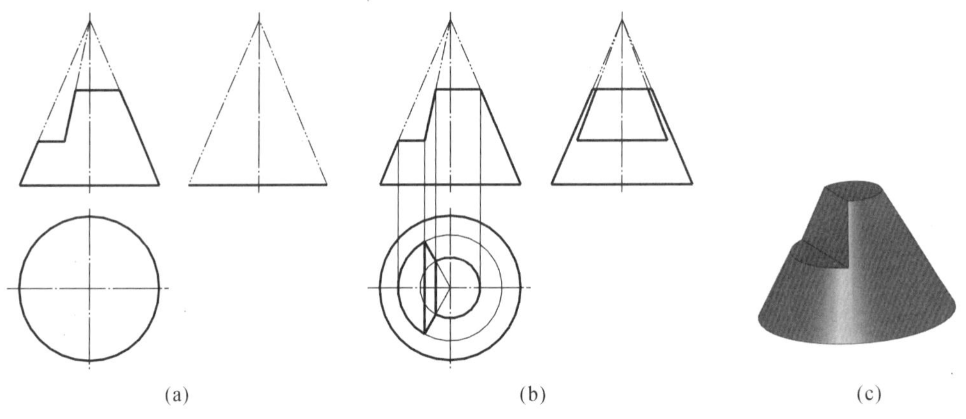

图 4-15 圆锥截交线求解举例(3)

3. 圆球切割体

1) 截交线的形状

用任何位置的平面截圆球,其截交线均为圆。但由于截平面与投影面的位置不同,截交线的投影可能是直线、圆或椭圆。如表 4-3 所示。

表 4-3 平面与圆球相交

截平面位置	投影面平行面	投影面垂直面
截交线形状	圆	圆
截交线投影	在截平面所平行的投影面上投影为圆,另两个投影面上积聚成直线	在截平面所垂直的投影面上投影积聚成直线,在另两个投影面上投影为椭圆
立体图	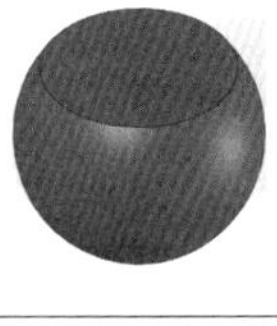	
投影图	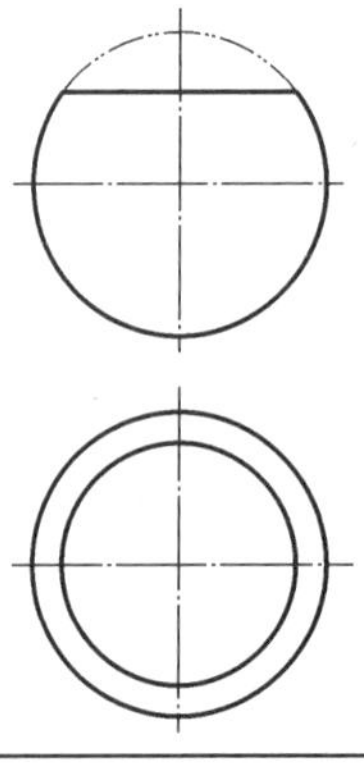	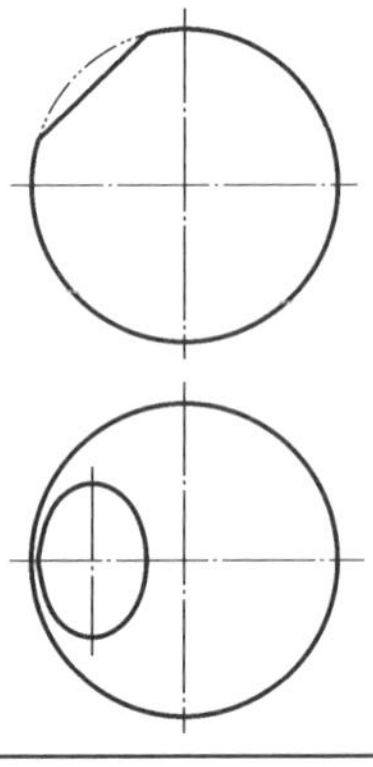

2) 圆球截交线作图

[例 4-12]　如图 4-16(a)所示，已知圆球被截切后的主视图，求俯、左视图。

[空间及投影分析]　图 4-16(a)所示圆球被正垂面所截，截交线的实形仍是一个圆，如图 4-16(e)所示。圆的正面投影与截平面的正面投影重合，为一段直线，其长度等于该圆的直径；圆的水平投影和侧面投影都是椭圆，可以通过圆球表面取点，作辅助圆求得。

[作图]　步骤如下。

(1) 作轮廓线上点 A、B、E、F、G、H 的水平投影和侧面投影，如图 4-16(b)所示。

(2) 作椭圆长轴 CD 的投影。由于短轴 AB 已求出，AB 是正平线，长轴与短轴垂直，CD 应是正垂线，故取 $a'b'$ 中点即为长轴 CD 的正面投影，由 $c'd'$ 利用辅助圆法求出 cd 和 $c''d''$，如图 4-16(c)所示。

(3) 检查轮廓素线的变化，光滑连接所求点，完成作图，如图 4-16(d)所示。

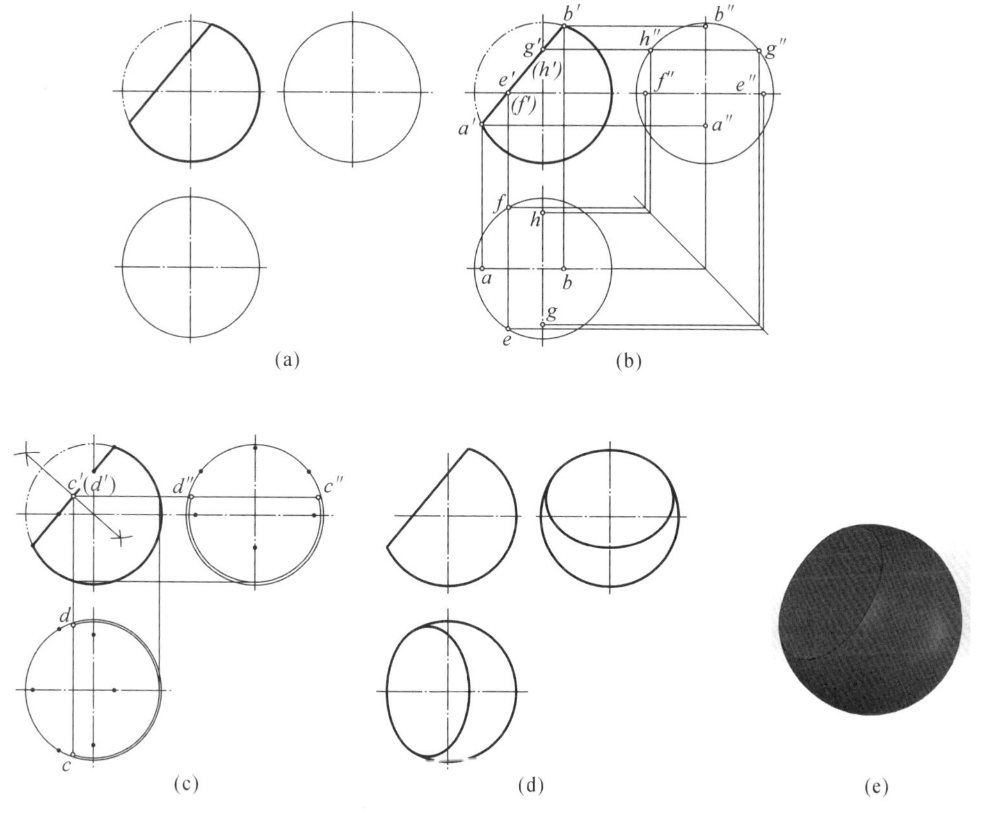

图 4-16　圆球截交线求解举例(1)

[例 4-13]　如图 4-17(a)所示，已知半圆球切槽后的主视图，补全其俯视图并画出左视图。

[空间及投影分析]　由图 4-17(a)可知，半圆球是由左右对称的两侧平面和一个水平面切割而成的，与球面的交线均为圆弧，如图 4-17(c)所示。其中侧平面截切的圆弧的正面投影和水平投影都积聚成直线，侧面投影反映实形；水平面截切的圆弧的正面投影和侧面投影积聚成直线，水平投影反映实形。

[作图]　如图 4-17(b)所示，步骤如下。

(1) 画出截切之前完整的半圆球的侧面投影。

(2) 利用纬圆法求水平面完整截切半球的水平投影纬圆,按“长对正”取局部圆弧 275 和 386,可见,画粗实线圆弧。侧面投影积聚成直线 7″8″。

(3) 利用纬圆法求侧平面完整截切半球的侧面投影半圆,按“高平齐”取局部圆弧 2″1″3″,可见,画粗实线圆弧,5″4″6″与 2″1″3″重合,不可见。水平投影积聚成直线 23 和 56,可见,画粗实线。

(4) 侧平面与水平面的交线侧面投影不可见,所以 2″3″画虚线。7″2″和 8″3″可见,画粗实线。

(5) 整理轮廓素线的投影。水平投影的轮廓素线就是半圆球的底圆,可见,画粗实线;侧面投影的转向轮廓素线是不完整的,上面一段被切去,所以侧面投影上面一段圆弧没有。

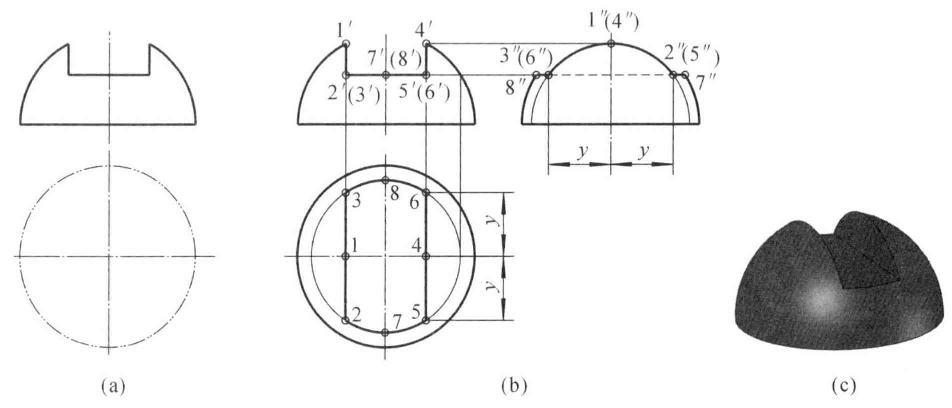

图 4-17 圆球截交线求解举例(2)

4. 复合回转体的切割

由两个或两个以上同轴线的回转体组成的几何体称为复合回转体。

求复合回转体的截交线时,先分析出复合回转体由哪些基本回转体组成,再分别求出平面与各基本回转体产生的截交线,最后将各段截交线拼成所求截交线。

[**例** 4-14] 如图 4-18(a)所示,已知顶尖被截切后的主视图和左视图,补全其俯视图。

[**空间及投影分析**] 顶尖表面由圆锥面和圆柱面构成,被两个平面所截,圆锥面上得到的截交线为双曲线,在圆柱面上得到的截交线为直线和圆弧,如图 4-18(c)所示。作图时应注意圆锥和圆柱交线可见性的变化。

[**作图**] 如图 4-18(b)所示,步骤如下。

(1) 截平面和圆锥的截交线是双曲线,先在正面投影上确定特殊点和一般点的投影 1′、2′、3′、7′、8′,再找到侧面投影 1″、2″、3″、7″、8″,最后求出水平投影 1、2、3、7、8,光滑连接各点成曲线,可见,画粗实线。

(2) 平行于圆柱轴线的截平面和圆柱的截交线是两平行直线,先在正面投影上确定四个点 2′、3′、4′、5′,再找到侧面投影 2″、3″、4″、5″,最后求出水平投影 2、3、4、5,连线 24、35,可见,画粗实线。

(3) 垂直于圆柱轴线的截平面和圆柱的截交线是圆,这里只截一部分,所以截交线是圆弧。又由于截平面是侧平面,截交线是截平面和圆柱面上的共有线,因此这段圆弧的侧面投影反映实形,水平投影积聚成一直线,即 45,可见,画粗实线。

(4) 确定复合回转体切割后的投影,逐个分析圆锥和圆柱切割后的投影,不可见轮廓线画虚线。

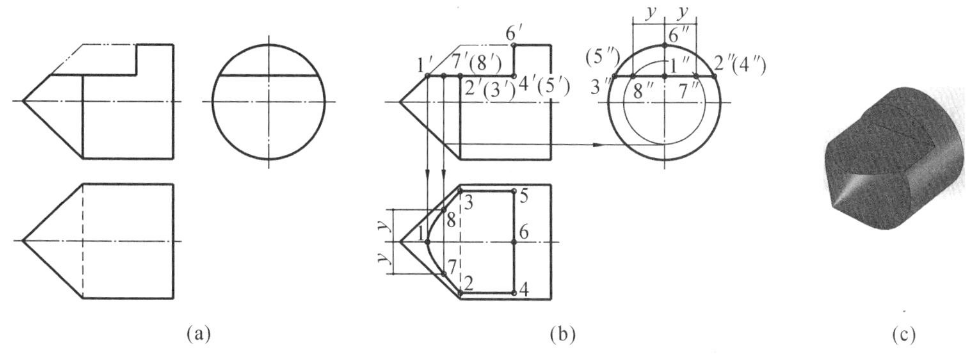

图 4-18　复合回转体截交线举例

4.2　相贯体的三视图

4.2.1　相贯线的概念及性质

两个立体相交叫相贯，两个相交的立体称为相贯体，两立体相交时在立体表面所产生的交线称为相贯线，如图 4-19 所示。

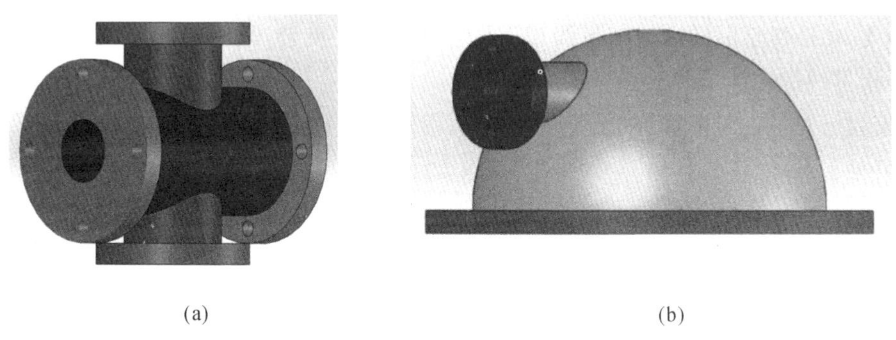

图 4-19　立体表面的相贯线

根据立体几何性质不同，两个立体相交可分为两平面立体相交、平面立体与曲面立体相交和两曲面立体相交三种。前两种情况可采用求解截交线的方法解决，本节重点讨论两回转体相交产生的相贯线的求法。

两回转体相贯线具有以下性质：

(1) 表面性　相贯线位于两个立体的表面上；

(2) 共有性　相贯线是两立体表面的共有线，线上的点是两立体表面的共有点；

(3) 封闭性　相贯线一般是封闭的空间曲线，特殊情况下是平面曲线或直线。

求作两曲面立体的相贯线，实质上就是求两立体表面的一系列共有点的投影。根据求共有点的作图方法不同，求解相贯线的基本方法可以分为表面取点法和辅助平面法两种。

当相贯线的投影为非圆曲线时，一般先求出相贯线上的特殊点，即能够确定相贯线范围的点(最高、最低、最左、最右、最前、最后点和回转体转向轮廓素线上的点等)，再按需要求出相贯线上一些其他点，即一般点，从而确定交线的弯曲趋势，并判断其可见性，将所求点光滑连接成曲线。

4.2.2　表面取点法求相贯线

表面取点法也叫积聚性法，就是当两个回转体相交，且两个立体表面的投影均有积聚性时，可利用积聚性确定相贯线的两个投影，再去求解相贯线的第三个投影。

［例 4-15］　如图 4-20(a)所示，已知两圆柱轴线垂直相交，补全主视图上相贯线的投影。

［空间及投影分析］　由图 4-20(a)可知，相贯线为一前后、左右对称的封闭的空间曲线，如图 4-20(c)所示。小圆柱轴线为铅垂线，水平投影积聚成圆；大圆柱轴线为侧垂线，侧面投影积聚成圆；相贯线是两圆柱表面上的共有线，因此其水平投影积聚在小圆柱面的水平投影上，侧面投影积聚在大圆柱表面的侧面投影上，且为两圆柱面侧面投影共有部分的一段圆弧。

［作图］　如图 4-20(b)所示，步骤如下。

(1) 求特殊点。点 A、B 是相贯线的最左、最右点（也是最高点），在正面投影中位于两圆柱轮廓素线的交点处；点 C、D 是相贯线的最前、最后点（也是最低点），侧面投影在小圆柱的轮廓素线上，其正面投影可从侧面投影求得。

(2) 求一般点。任取两点 E、F，在水平投影中定出 e、f，然后按投影关系求出 e''、(f'')，再根据 e、e''、f、(f'')求出 e'、f'。

(3) 连线并判断可见性。相贯线正面投影前后相互重合，只画出粗实线；光滑连接所求点，得到相贯线的正面投影。

相贯线可见性的判断原则是：同时位于两回转体可见表面上的点，其投影是可见的；否则为不可见。

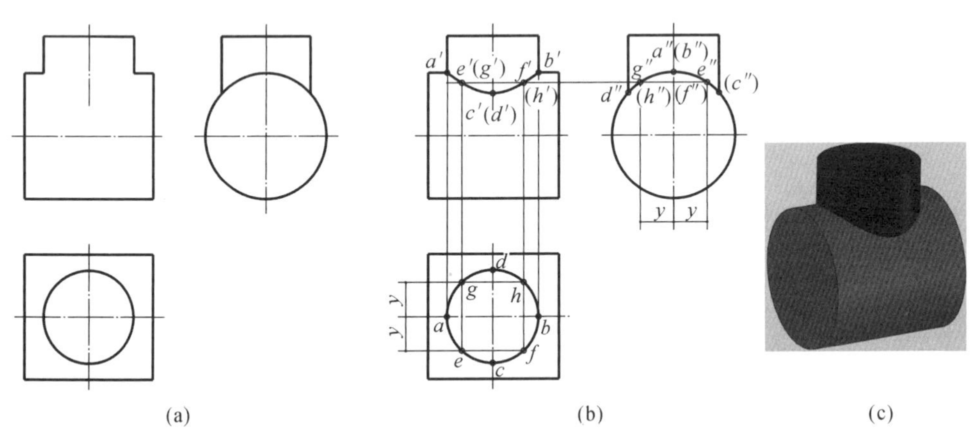

图 4-20　表面取点法求解相贯线举例

1. 相贯线形成方式

图 4-21 所示为两圆柱内、外表面相交产生相贯线的三种形式。其中：图(a)为两圆柱外表面相贯；图(b)为一个圆柱的外表面与一个圆柱的内表面（圆柱孔）相贯；图(c)为两个圆柱的内表面相贯（两个圆柱孔相贯）。不论哪种形式的相贯，其相贯线的分析和作图方法都是相同的。

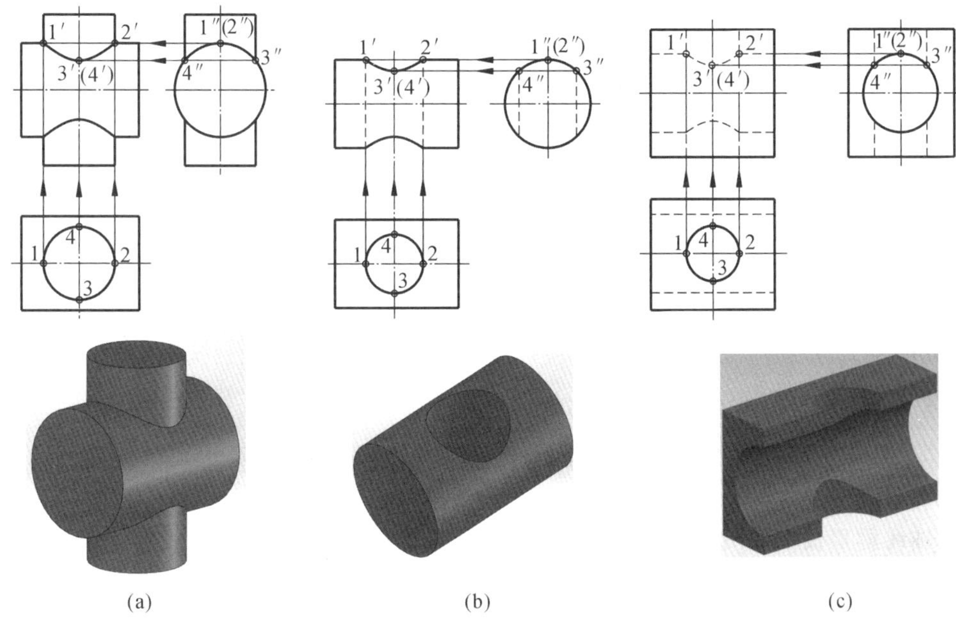

图 4-21　两圆柱内、外表面相交产生相贯线的三种形式

2. 相贯线的特殊情况

一般情况下相贯线为空间曲线，而在特殊情况下退化为平面曲线（直线、圆、椭圆等）。掌握相贯线的特殊情况，可以简化并准确地求出相贯线的投影。

（1）相贯线为圆：两回转体共轴相贯时，相贯线为垂直于轴线的圆。当轴线平行于投影面时，圆的投影积聚为直线，如图 4-22 所示。

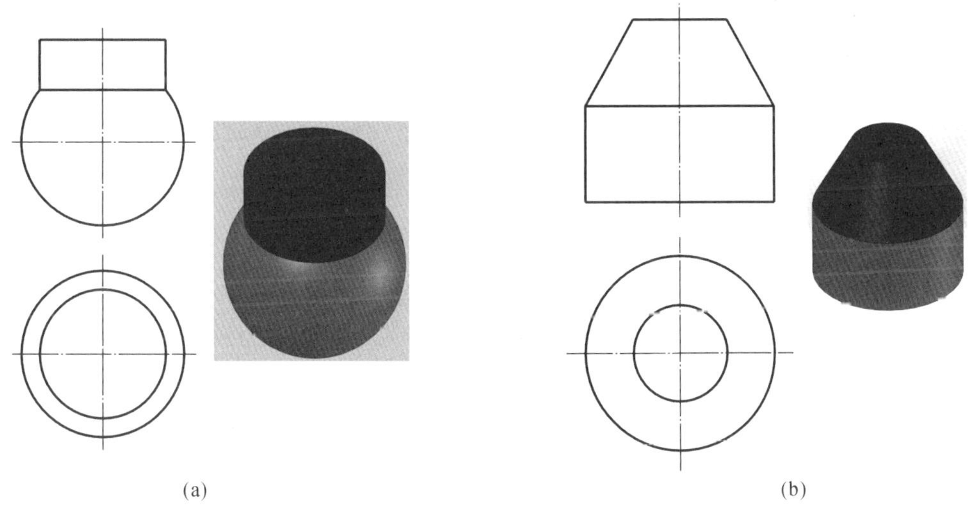

图 4-22　相贯线特殊情况——相贯线为圆

（2）相贯线为椭圆：当两圆柱（或圆柱孔）直径相等并且轴线垂直相交时，相贯线为椭圆。椭圆在其与两圆柱轴线都平行的投影面上的投影为两相交直线，如图 4-23 所示。

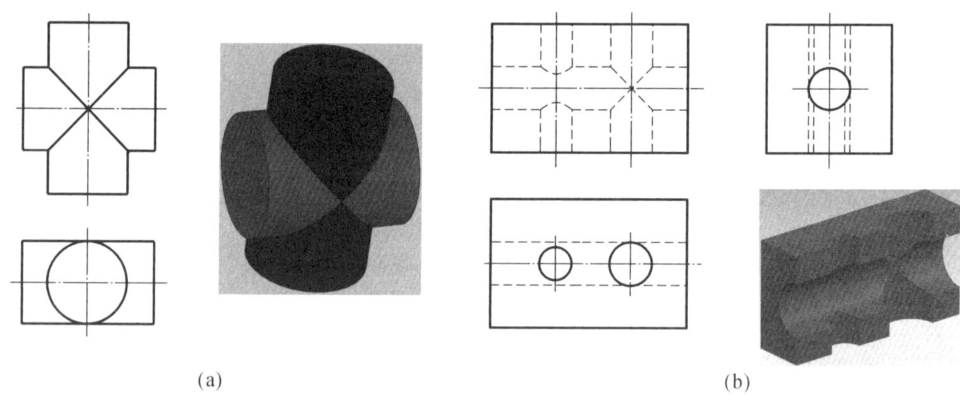
(a) (b)

图 4-23 相贯线特殊情况——相贯线为椭圆

3. 轴线垂直相交的两圆柱直径的变化对相贯线的影响

图 4-24 所示为轴线垂直相交两圆柱直径不同时相贯线的变化情况。从图 4-24(a)(c)中可以看出，相贯线的非积聚性投影向大圆柱轴线的方向弯曲。当两个圆柱的直径相等时，相贯线变为两条平面曲线(椭圆)，其投影为两条相交直线，如图 4-24(b)所示。

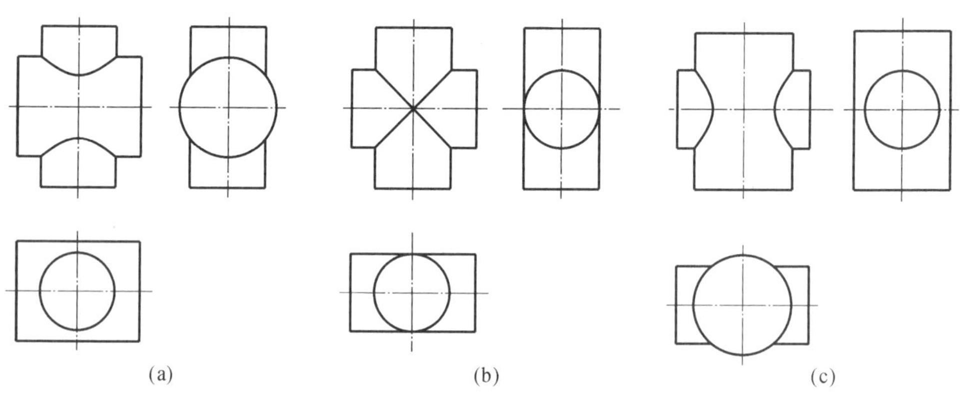
(a) (b) (c)

图 4-24 轴线垂直相交两圆柱直径不同时相贯线的变化情况

[例 4-16] 如图 4-25(a)所示，已知半个套筒的俯视图和左视图，补全主视图。

[空间及投影分析] 图 4-25(a)所示的半个套筒内外表面均为圆柱面，上部钻有一个圆柱孔，该孔与套筒的内、外圆柱面均相贯，与内圆柱孔的直径相等，如图 4-25(c)所示。套筒的俯、左视图已知，主视图的相贯线有两处，竖向圆柱孔与套筒外表面相贯，为一封闭的空间曲线，可利用表面取点法求得；两个圆柱孔由于直径相等，相贯线为两个椭圆弧，相贯线的正面投影为两条相交直线。

[作图] 如图 4-25(b)所示，竖向圆柱孔与套筒外表面的相贯线可通过求特殊点和一般点的正面投影，然后光滑连接各点成曲线得到，可见，画粗实线；两个圆柱孔的相贯线正面投影为两条相交直线，直接连线即可，由于在内表面，画成虚线。

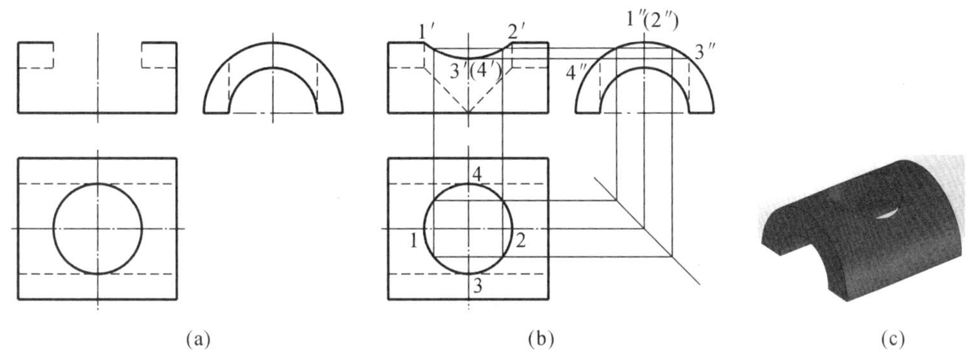

图 4-25　相贯线求解综合举例(1)

［**例** 4-17］　如图 4-26(a)所示,求长圆柱与圆柱的相贯线。

［**空间及投影分析**］　图 4-26(a)(b)所示相贯体中的长圆柱可看成由长方体和两半圆柱组合而成,因此相贯线由三部分构成,两边是半圆柱与圆柱的相贯线,中间是长方体与圆柱的交线,为直线段。画图时注意确定相贯线的分界点,且注意内、外表面的相贯线类似,如图 4-26(c)(d)所示。

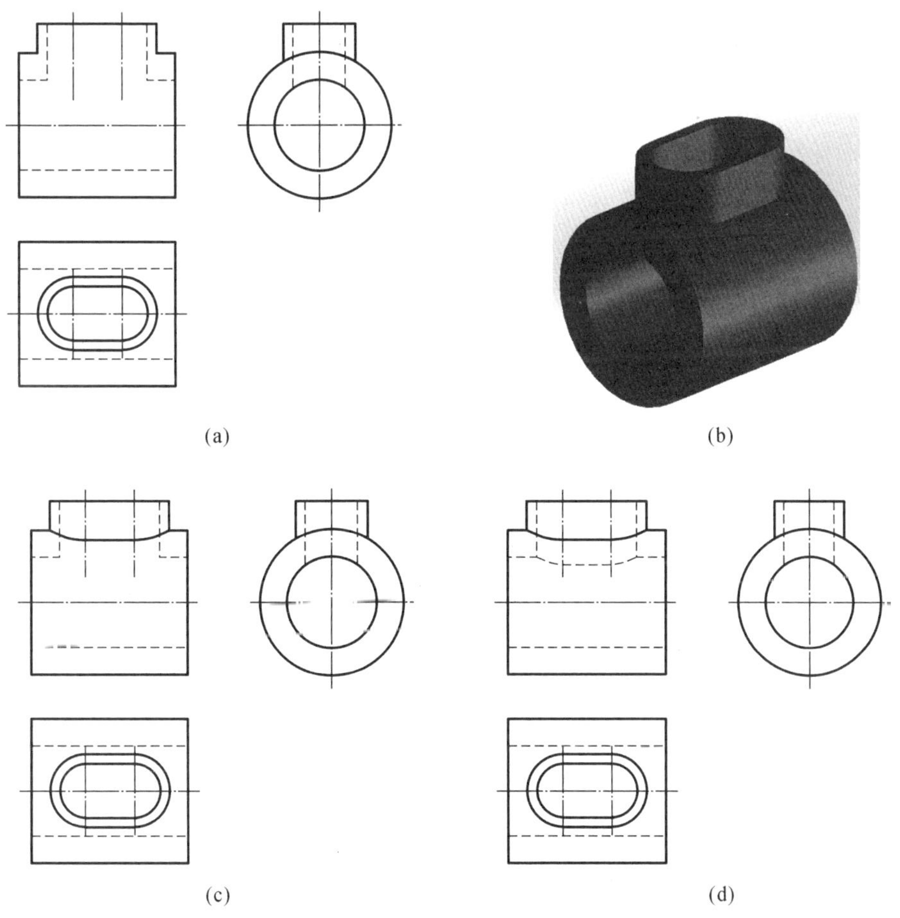

图 4-26　相贯线求解综合举例(2)

4.2.3　辅助平面法求相贯线

当相贯线不能用积聚性直接求出时，可以利用辅助平面法求解。

辅助平面法是根据三面共点的原理，如图 4-27(a)所示，当圆柱与圆锥相贯时，为求得共有点，可假想用一个平面 P（称为辅助平面）截切圆柱和圆锥。取平面 P 为水平面，它与圆柱面的截交线为两条平行直线，与圆锥面的截交线为圆，两直线与圆的交点是平面 P、圆柱面和圆锥面三个面的共有点，也就是相贯线上的点。利用若干个辅助平面，就可得到若干个相贯线上点的投影，光滑连接各点即可求得相贯线的投影。

辅助平面的选择原则如下。

(1) 应使辅助平面与两回转体的截交线及其投影是直线或圆。图 4-27 (a)所示的水平面 P 和图 4-27(b)所示的过锥顶且平行于圆柱轴线的平面 Q 是通常采用的两类辅助平面。

(2) 辅助平面应位于两曲面立体的共有区域内。

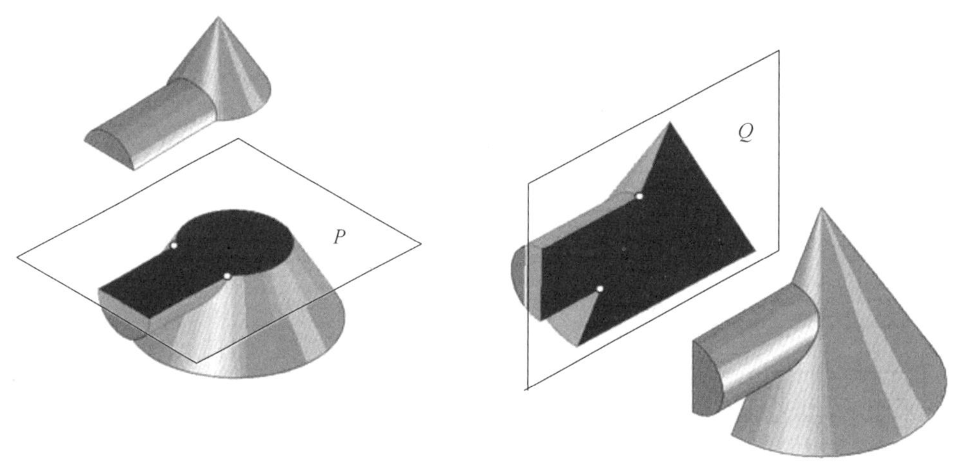

图 4-27　辅助平面法求解相贯线思路示意图

[例 4-18]　利用辅助平面法求图 4-28(a)中圆柱与圆锥的相贯线。

[空间及投影分析]　圆柱与圆锥轴线垂直相交；圆柱轴线是侧垂线，圆柱面的侧面投影积聚为圆，相贯线的侧面投影与此圆重合；需求相贯线的正面投影和水平投影。

[作图]　步骤如下。

(1) 选择辅助平面。这里选择水平面 P，P 与圆柱轴线平行且与圆锥轴线垂直。

(2) 求特殊点。如图 4-28(b)所示，由左视图可看出，点 A、D 为相贯线上的最高、最低点，a'、d' 在圆柱与圆锥的轮廓素线上，可直接求出；点 C、E 为相贯线上的最前、最后点，由过圆柱轴线的水平面 P 求得；P 与圆柱的截交线为最前、最后轮廓素线，与圆锥的截交线为圆，二者相交得 c、e，它们是相贯线水平投影的可见与不可见的分界点。如图 4-28(c)所示，过锥顶作与圆柱面相切的侧垂面 Q_1、Q_2 为辅助平面，这两个平面的侧面投影 Q_{1W}、Q_{2W} 与圆柱面的侧面投影(圆)相切，两个切点 B、F 为相贯线上的最右点。

(3) 求一般点。根据作图需要在适当位置再作一些水平面为辅助面，可求出相贯线上的一般点。

(4) 判断可见性并光滑连线。如图 4-28(d)所示，相贯线的正面投影前、后重合，用实线表示；水平投影的可见与不可见的分界点是 c、e，点 D 在下半圆柱上，故 cde 连线为虚线，其他为实线。

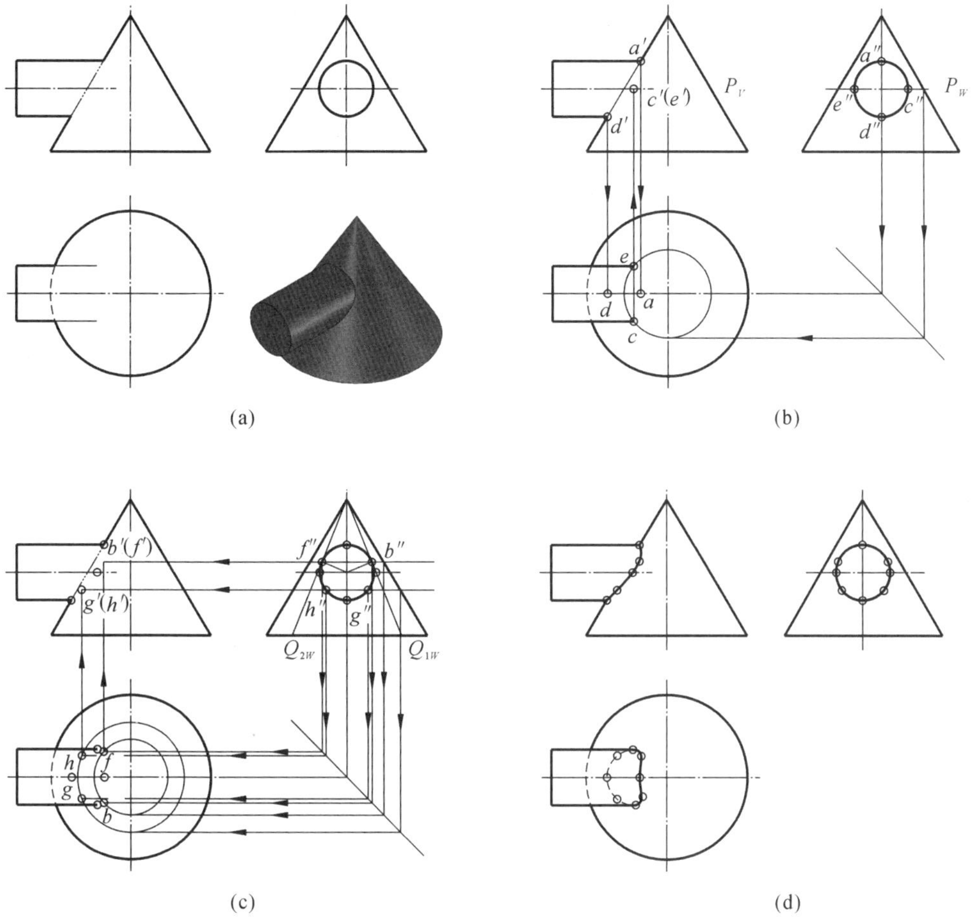

(a)　　(b)

(c)　　(d)

图 4-28　辅助平面法求解相贯线作图步骤

测　　试

1. 如图 4-29 所示,已知一立体被截切后的主、左视图,求俯视图。

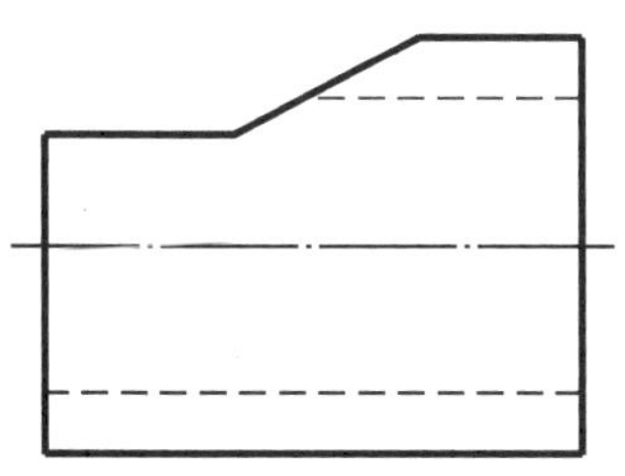

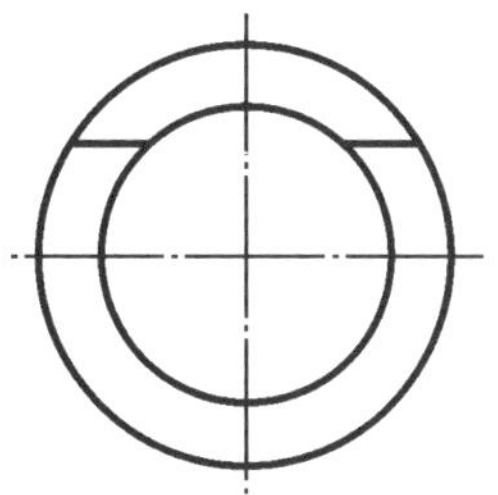

图 4-29　一立体被截切后的主、左视图

2. 如图 4-30 所示，已知俯、左视图，补全主视图。

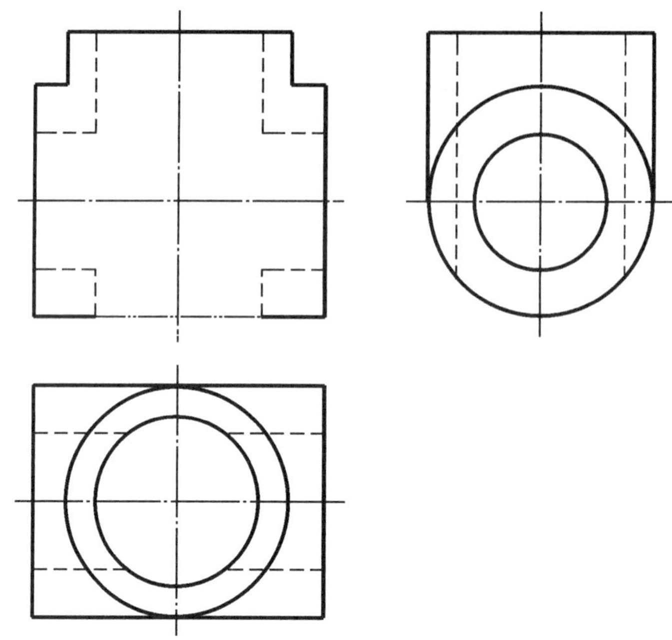

图 4-30　题 2 图

第 5 章　制图的基本知识

教学视频

内容框图

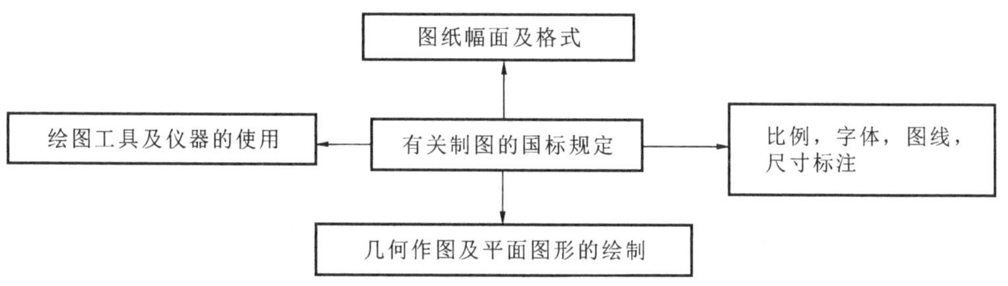

课程矩阵

一般性目标	培养遵守标准和规范的意识
具体目标	了解有关制图的国家标准的一般规定;初步掌握尺规绘图的方法和技能;掌握平面图形的分析和绘制
教师教法建议	课前分组,布置预习任务;课件辅助讲授;2 学时大班教师授课、4 学时小班研讨、辅导;优秀大图展示、小作业互批
学生学法建议	课前预习,通过老师讲授、同学之间讨论、实践、作业等完成学习任务
考核与评价	作业完成情况 70%,学习过程 30%
建议课时	6 学时

图样是设计、制造与维修机器的重要技术资料,是工程界的技术“语言”。要正确地绘制机械图样,必须遵守国家标准的各项规定,学会正确地使用绘图工具,掌握合理的绘图方法和步骤。本章主要介绍技术制图国家标准关于图幅、比例、字体、图线、尺寸注法等的规定,绘图仪器及工具的使用,以及几何作图的方法和步骤。

5.1　技术制图国家标准的基本规定

为了适应现代化生产、管理以及便于技术交流,国家标准化主管机构批准颁布了《技术制图》国家标准,对绘图规则、图样的画法等做了统一规定。我国国家标准的代号是“GB”,

简称国标。例如 GB/T 14690—1993 为技术制图“比例”的标准，其中 14690—1993 为标准的编号，1993 表示该标准是 1993 年颁布的。

本节仅介绍其中的“图纸幅面和格式”“比例”“字体”和“图线”。

5.1.1 图纸幅面和格式（GB/T 14689—2008）

1. 图纸幅面

在绘图时，应优先采用表 5-1 所规定的图纸幅面，图纸幅面代号有 A0、A1、A2、A3、A4 五种。必要时也允许加长幅面，但加长量必须符合国家标准 GB/T 14689—2008 的规定。

表 5-1 图纸幅面 单位：mm

幅面代号	A0	A1	A2	A3	A4
$B\times L$	841×1189	594×841	420×594	297×420	210×297
e	20		10		
c	10			5	
a	25				

2. 图框格式

图框是图纸上限定绘图范围的线框，用粗实线绘制。其格式分为不留装订边和留装订边两种，同一产品的图样只能采用同一种图框格式。

不留装订边的图框格式如图 5-1 所示，留有装订边的图框格式如图 5-2 所示，尺寸按表 5-1 的规定。

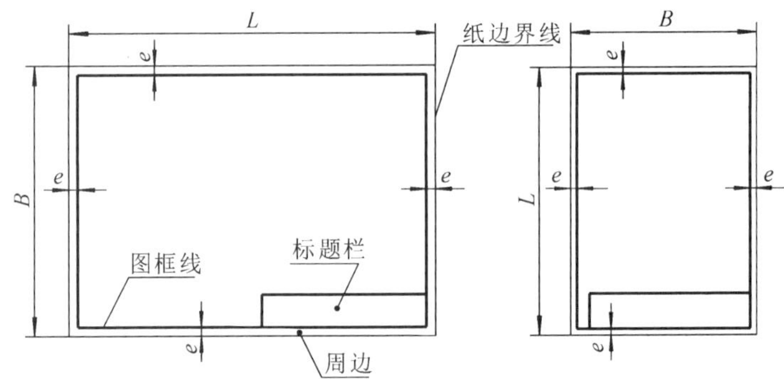

图 5-1 不留装订边的图框格式

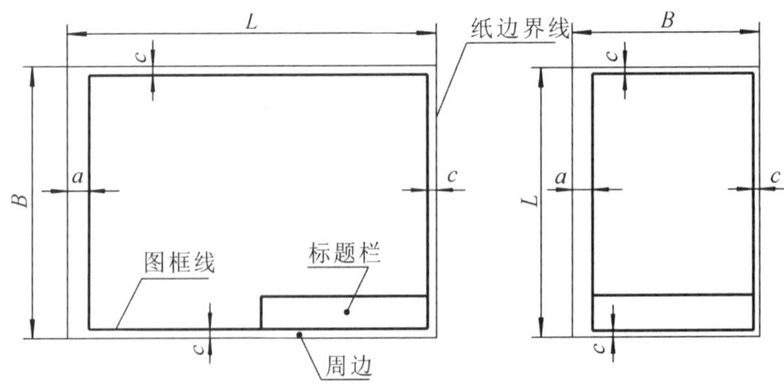

图 5-2 留装订边的图框格式

3. 标题栏(GB/T 10609.1—2008)

每种图纸上都必须画有标题栏，标题栏位于图纸的右下角。图5-3所示为国标推荐企业图样使用的标题栏参考格式。在制图作业中可采用图5-4所示的简化格式(非国家标准)。简化的标题栏外框是粗实线，其右边和底边与图框重合，框内为细实线。

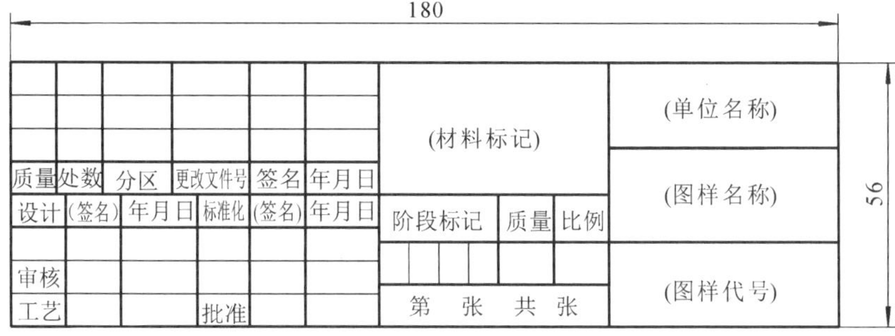

图5-3 国标推荐企业图样使用的标题栏格式

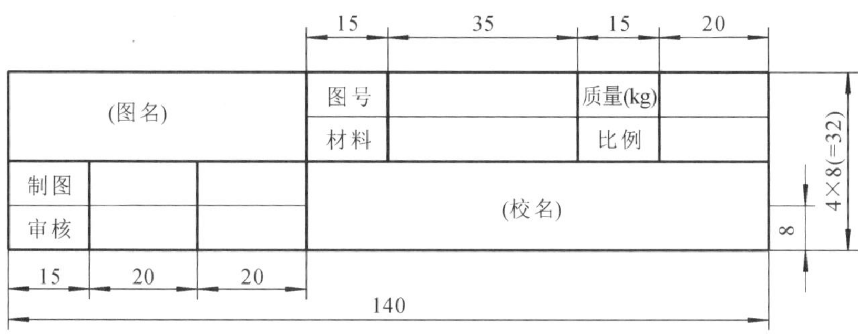

图5-4 推荐学生使用的标题栏格式

5.1.2 比例(GB/T 14690—1993)

1. 比例的概念

图样的比例是指图样中图形与其实物相应要素的线性尺寸之比。图样比例分原值比例、放大比例、缩小比例三种。根据机件的大小与结构的不同，绘图时可根据情况放大或缩小。为了能使图样直接反映出机件的大小，绘图时应尽量采用1∶1的比例。采用的比例应优先从表5-2规定的系列中选取，必要时也允许选用表5-3中规定的比例。

表5-2 一般选用的比例

种类	比例		
原值比例	1∶1		
放大比例	5∶1 5×10^n∶1	2∶1 2×10^n∶1	 1×10^n∶1
缩小比例	1∶2 1∶2×10^n	1∶5 1∶5×10^n	1∶10 1∶1×10^n

表 5-3 允许选用的比例

种 类	比 例				
放大比例	4∶1 4×10ⁿ∶1		2.5∶1 2.5×10ⁿ∶1		
缩小比例	1∶1.5 1∶1.5×10ⁿ	1∶2.5 1∶2.5×10ⁿ	1∶3 1∶3×10ⁿ	1∶4 1∶4×10ⁿ	1∶6 1∶6×10ⁿ

2. 比例的有关规定

(1) 无论采用哪种比例值,图形上所标注的尺寸数值必须是机件的实际大小,与图形的绘图比例无关,如图 5-5 所示。

(2) 绘制同一机件的各个视图一般应采用相同的比例,并填写在标题栏中的比例栏内,例如 1∶5。当某个视图采用不同于标题栏内的比例时,可在视图名称的下方另行标注,例如:$\frac{\text{I}}{2:1}$,$\frac{A}{1:100}$,$\frac{B-B}{2.5:1}$。

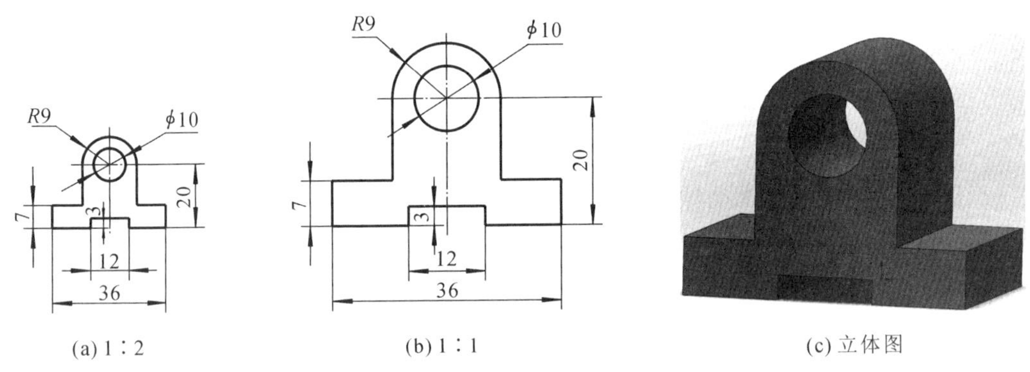

(a) 1∶2　(b) 1∶1　(c) 立体图

图 5-5 用不同比例绘制的同一图形

5.1.3 字体(GB/T 14691—1993)

图样上的字体包括汉字、字母和数字三种。书写字体必须做到:字体工整、笔画清楚、间隔均匀、排列整齐。

字体的高度称为字体的号数。字体高度(用 h 表示)的公称尺寸系列为:1.8 mm、2.5 mm、3.5 mm、5 mm、7 mm、10 mm、14 mm、20 mm 等八种。若需要书写大于 20 号的字,其字体高度应按$\sqrt{2}$的比率递增。

1. 汉字

汉字应写成长仿宋体,并采用我国国务院正式公布推行的简化字。汉字的高度 h 不应小于 3.5 mm,字宽一般为 $h/\sqrt{2}$,如图 5-6 所示。

长仿宋体的基本笔画有:点、横、竖、撇、捺、挑、钩、折等,书写要领是:横平竖直,注意起落,结构匀称,填满方格。

10 号字

字体工整 笔画清楚 间隔均匀 排列整齐

7 号字

横平竖直注意起落结构均匀填满方格

5 号字

技术制图机械电子汽车航空船舶土木建筑矿山井坑港口纺织服装

3.5 号字

螺纹齿轮端子接线飞行指导驾驶舱位挖填施工引水通风闸阀坝棉麻化纤

图 5-6　长仿宋体汉字书写示例

2. 数字和字母

数字和字母可书写成斜体和直体两种。斜体字字头向右倾斜，与水平基准线成 75°。在同一张图纸上只能采用同一种字体。数字和字母的字高 h 应不小于 2.5 mm。

工程上常用的数字有阿拉伯数字和罗马数字，其书写示例如图 5-7 所示。字母有拉丁字母和希腊字母，拉丁字母书写示例如图 5-8 所示。数字和字母常用斜体书写。

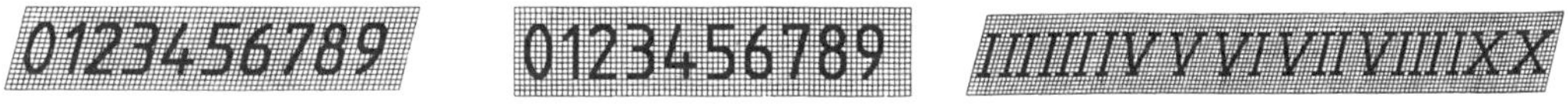

0123456789

(a) 斜体阿拉伯数字

0123456789

(b) 直体阿拉伯数字

I II III IV V VI VII VIII IX X

(c) 斜体罗马数字

图 5-7　数字书写示例

ABCDEFGHIJKLMNOP

QRSTUVWXYZ

(a) 大写斜体拉丁字母

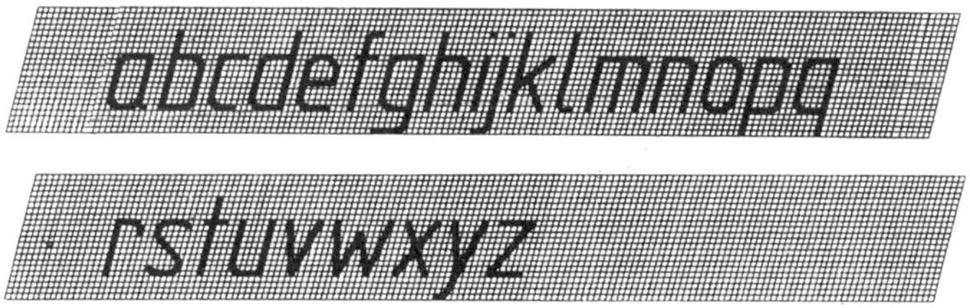

abcdefghijklmnopq

rstuvwxyz

(b) 小写斜体拉丁字母

图 5-8　字母书写示例

5.1.4 图线(GB/T 17450—1998,GB/T 4457.4—2002)

1. 线型

国标(GB/T 17450—1998)规定了 15 种线型的名称、形式、结构、标记和画法规则。机械制图常用线型及应用见表 5-4(参考 GB/T 4457.4—2002)。它适用于各种技术图样,如机械、电气、建筑和土木工程图样等。图线的形状可以是直线或曲线、连续或不连续线。各种图线应用示例如图 5-9 所示。

表 5-4 常用线型及应用

图线名称	线　　型	应　　用
粗实线	————————	可见棱边线、可见轮廓线、相贯线、螺纹牙顶线、螺纹长度终止线、齿顶圆(线)、剖切符号用线
细实线	————————	过渡线、尺寸线、尺寸界线、指引线和基准线、剖面线、重合断面的轮廓线、短中心线、螺纹牙底线、表示平面的对角线、范围线及分界线、重复要素表示线、锥形结构的基面位置线、辅助线、不连续同一表面连线、成规律分布的相同要素连线
波浪线	～～～	断裂处边界线、视图与剖视的分界线
细双折线	—\/—\/—	断裂处边界线、视图与剖视的分界线
细虚线	- - - - - -	不可见棱边线、不可见轮廓线
粗虚线	— — — — —	允许表面处理的表示线
细点画线	—·—·—	轴线、对称中心线、分度圆(线)、孔系分布的中心线、剖切线
粗点画线	—·—·—	限定范围表示线
细双点画线	—··—··—	相邻辅助零件的轮廓线、可动零件的极限位置的轮廓线、中心线、成形前轮廓线、剖切面前的结构轮廓线、轨迹线

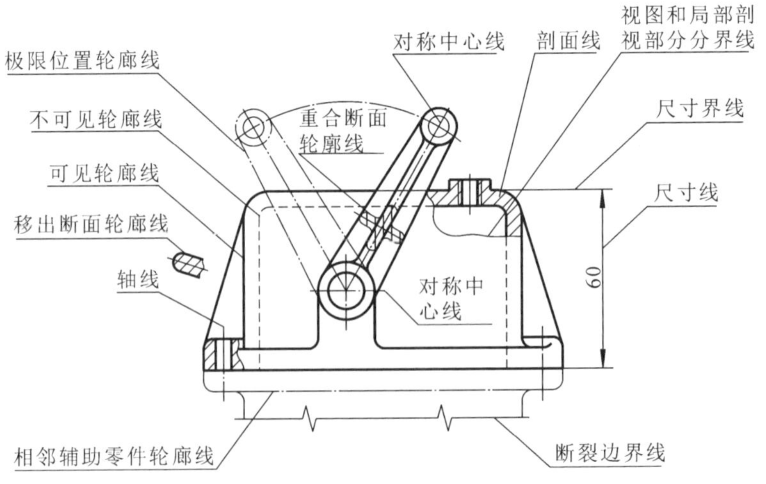

图 5-9 图线应用示例

2. 图线宽度

在机械图样中采用粗细两种线宽，它们之间的比例为 2∶1，即粗线线宽为 d，细线的线宽约为 $d/2$。图线的宽度 d 应按图样的类型和尺寸大小在下列数系中选择：0.13 mm，0.18 mm，0.25 mm，0.35 mm，0.5 mm，0.7 mm，1 mm，1.4 mm，2 mm。粗线线宽宜在 0.5～1 mm，建议同学们在学习中选用（0.5 和 0.25）、（0.7 和 0.35）、（1 和 0.5）的粗细线宽。

同一张图样中相同线型的宽度应一致。

3. 图线的画法

（1）同一图样中，同类图线的宽度应基本一致。虚线、点画线及双点画线的线段长度和间隔应各自大致相等。

（2）两条平行线（包括剖面线）之间的最小间隙应不小于 0.7 mm。

（3）两种或多种图线相交时，都应相交于画，而不应该相交于点或间隙；当虚线是粗实线的延长线时，在分界处应留空隙。

（4）圆的中心线、孔的轴线、对称中心线等用细点画线绘制，且细点画线的两端应为画，并超出轮廓线 12d，为 2～5 mm。当图形较小时，可用细实线代替细点画线，如图 5-10 所示。

（5）当两种或多种图线重合时，只需绘制其中的一种，其优先顺序为：可见轮廓线（粗实线）→不可见轮廓线（虚线）→尺寸线→多种用途的细实线→轴线或对称中心线（点画线）→假想线（双点画线）。

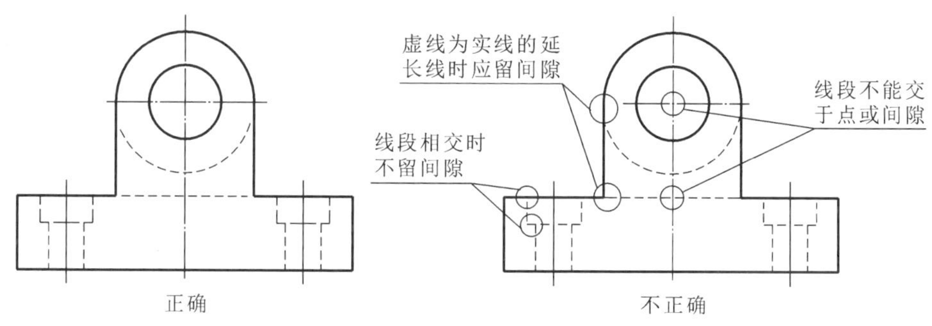

图 5-10 图线的画法

5.1.5 尺寸注法（GB/T 4458.4—2003）

图样中的图形只能表达物体的结构形状，物体的真实大小由尺寸确定。在一张完整的图样中，其尺寸注写应做到正确、完整、清晰、合理。国家标准中对尺寸标注的规则和方法有详细的规定，下面介绍规定中的主要内容。

1. 基本规则

（1）机件的真实大小应该以图样上所注的尺寸数值为依据，与图形的大小及绘图的准确度无关。

（2）图样中（包括技术要求和其他说明）的尺寸，以 mm 为单位时，不需标注计量单位的代号或名称。如采用其他单位，则应注明相应的单位符号或名称。

（3）机件的每一尺寸，一般只标注一次，并应标注在反映该结构最清晰的图形上。

（4）图样中所标注的尺寸，为该图样所示机件的最后完工尺寸，否则应另加说明。

2. 尺寸的组成

一个完整的尺寸由尺寸界线、尺寸线、尺寸线终端和尺寸数字四个要素组成，如图 5-11 所示。

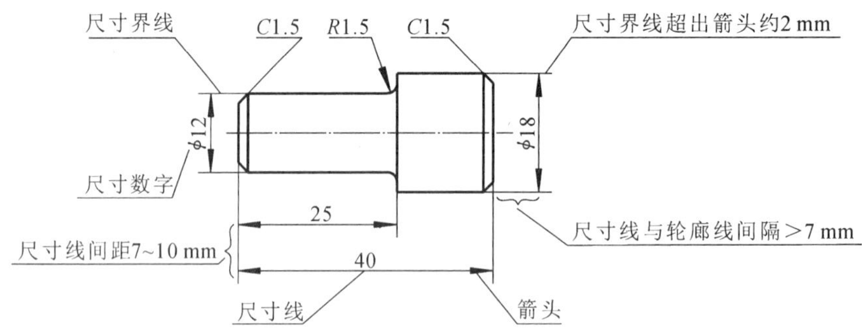

图 5-11 尺寸的组成

1）尺寸界线

尺寸界线表明所注尺寸的范围，用细实线绘制，并应由图形的轮廓线、轴线或对称中心线处引出，也可以借用图形的轮廓线、轴线或对称中心线，并超出尺寸线终端 2～3 mm。

尺寸界线一般应与尺寸线垂直，必要时允许倾斜。在光滑过渡处标注尺寸时，必须用细实线将轮廓线延长，从它们的交点处引出尺寸界线，如图 5-12 所示。

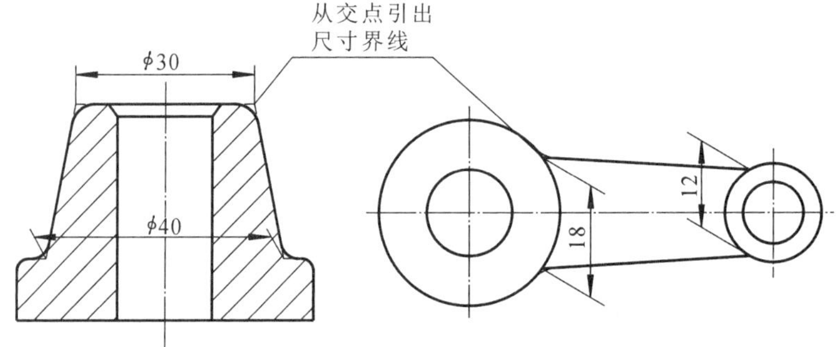

图 5-12 尺寸界线的画法

2）尺寸线

尺寸线用细实线绘制，必须单独画出，不能用其他任何图线代替，一般也不得与其他图线（如图形轮廓线、中心线等）重合或画在其延长线上。标注线性尺寸时，尺寸线必须与所标注的线段平行，相同方向的各尺寸线之间的距离要均匀，间隔应大于 5 mm，如图 5-13(a)所示。相互平行的尺寸，应使较小的尺寸靠近图形，较大的尺寸依次向外分布，避免尺寸线与尺寸界线相交，如图 5-13(b)所示。

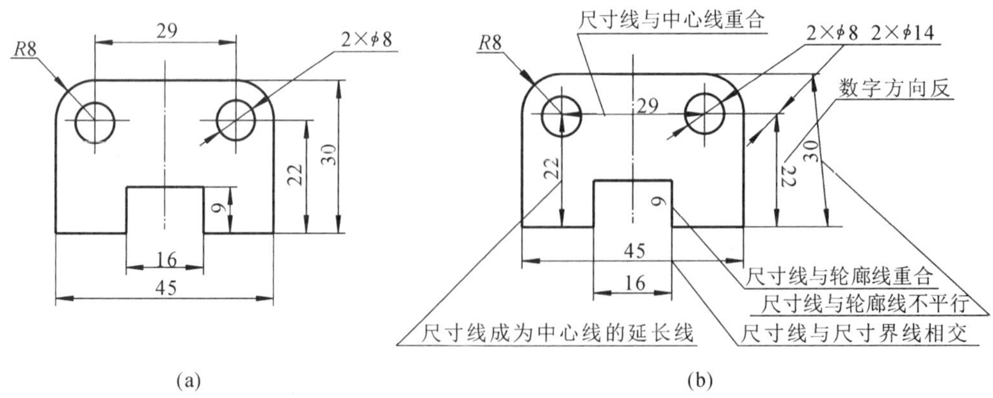

图 5-13 尺寸标注的正误对比

3）尺寸线终端

尺寸线的终端一般用箭头或细斜线绘制，并画在尺寸线与尺寸界线的相交处，如图 5-14 所示。其中箭头适用于各种类型的图样；当尺寸线终端采用斜线形式时，尺寸线和尺寸界线应相互垂直。机械图样中一般采用箭头作为尺寸线的终端。同一张图样中只能采用一种尺寸线终端的形式。

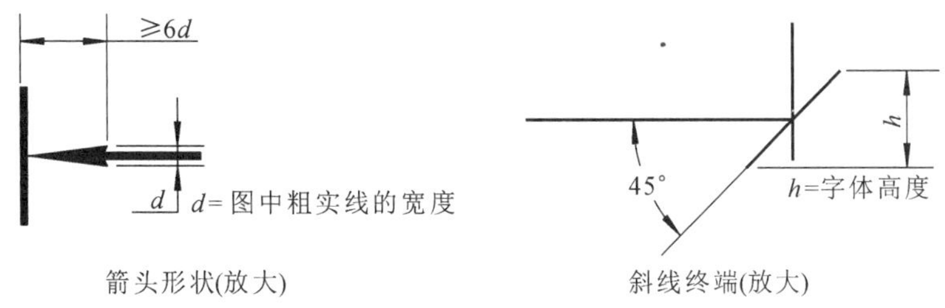

图 5-14　尺寸终端的两种形式

4）尺寸数字

（1）线性尺寸的注法。

线性尺寸的数字一般应注写在尺寸线的上方，也允许注写在尺寸线的中断处。线性尺寸数字的方向应按图 5-15(a)所示的方向注写，并尽可能避免在图中所示 30°范围内标注尺寸，当无法避免时，可按图 5-15(b)所示的形式标注。

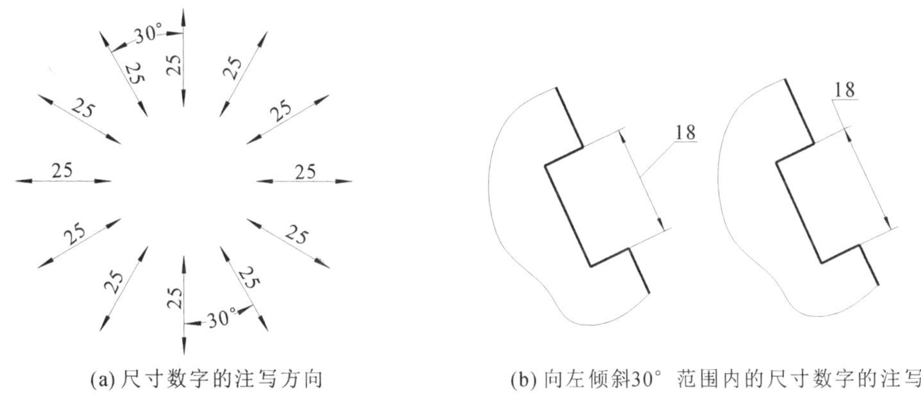

图 5-15　线性尺寸数字的注写方向

尺寸数字不可被任何图线所通过，当不可避免时，必须将图线断开，如图 5-16 所示。

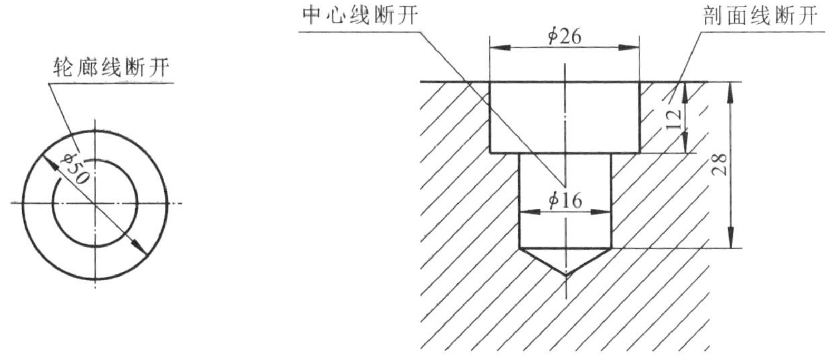

图 5-16　图线通过尺寸数字时的处理

(2) 圆、圆弧及球面尺寸的注法。

整圆、大于半圆的圆弧一般标注直径尺寸，并在尺寸数字前加注符号“ϕ”，如图 5-17 所示。

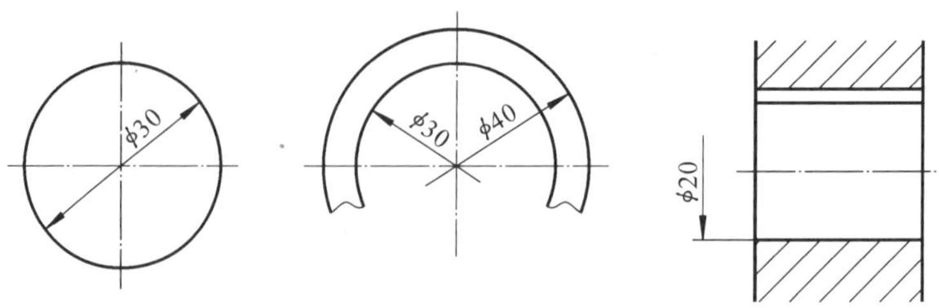

图 5-17　圆的直径注法

半圆、小于半圆的圆弧一般标注半径，并在尺寸数字前加注符号“R”，半径尺寸只能注在投影为圆弧的图形上，且尺寸线自圆心引出，如图 5-18 所示。当圆弧半径过大或在图纸范围内无法标注其圆心位置时，可按图 5-19(a)所示的形式标注。若无须标注圆心位置时，可按图 5-19(b)所示的形式标注。

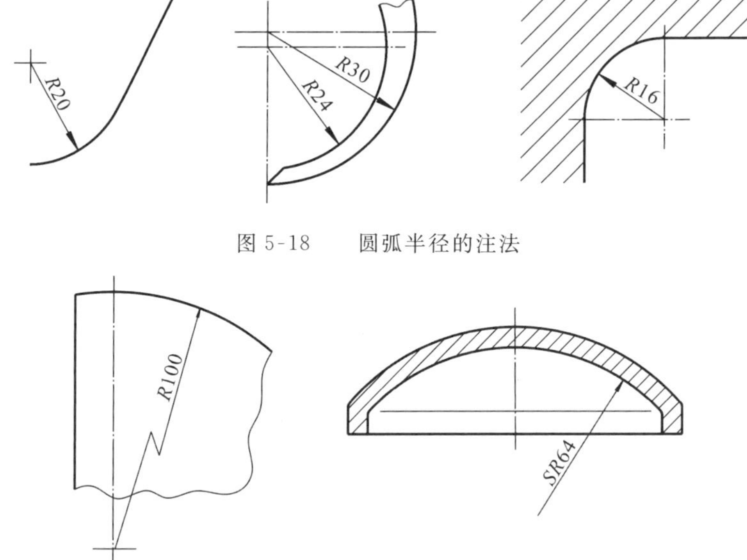

图 5-18　圆弧半径的注法

图 5-19　圆弧半径较大时的注法

标注球面的直径或半径时，应在符号“ϕ”或“R”前再加注符号“S”，如图 5-20 所示。

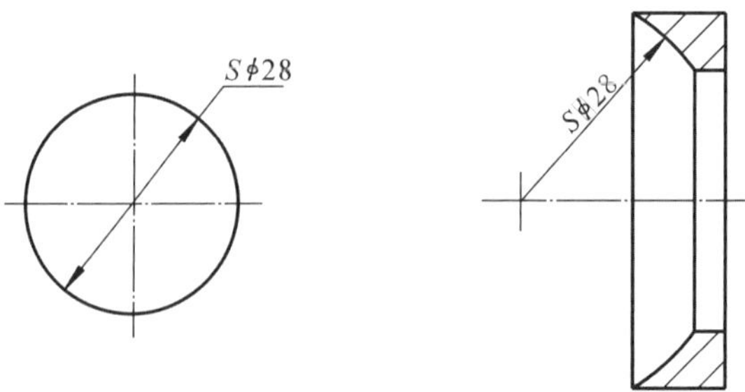

图 5-20　球面尺寸的注法

(3) 角度尺寸的注法。

标注角度尺寸时，尺寸界线应沿径向引出，尺寸线是以该角顶点为圆心的一段圆弧。角度的尺寸数字一律写成水平方向，并一般注写在尺寸线中断处，必要时也可引出标注或写在尺寸线的旁边，如图 5-21 所示。

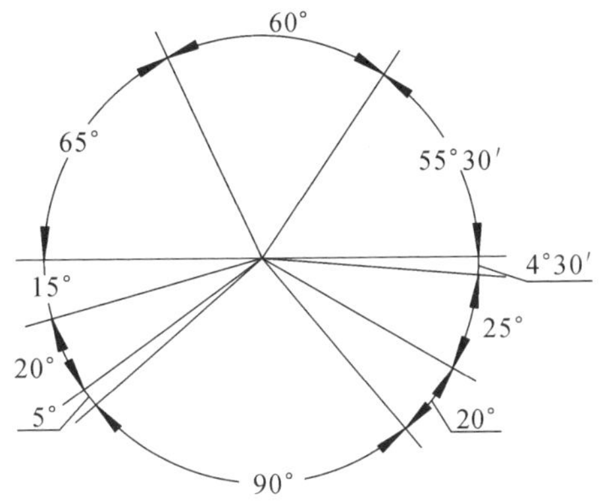

图 5-21　角度尺寸的注法

(4) 弧长及弦长尺寸的注法。

弧长及弦长的尺寸界线应平行于该弦的垂直平分线，弦长的尺寸线用直线，如图 5-22(a)所示。弧长的尺寸线用圆弧，并应在尺寸数字左方加注符号“⌒”，如图 5-22(b)所示。当弧长较大时，尺寸界线可改用沿径向引出，如图 5-22(c)所示。

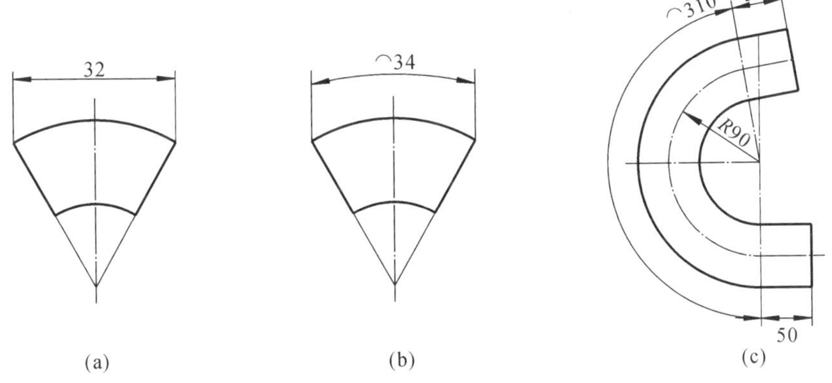

图 5-22　弧长及弦长尺寸的注法

(5) 小尺寸的注法。

对于小尺寸在没有足够的位置画箭头或注写数字时，允许将箭头画在尺寸线外边，或用小圆点代替两个箭头；尺寸数字也可采用旁注或引出标注，如图 5-23 所示。

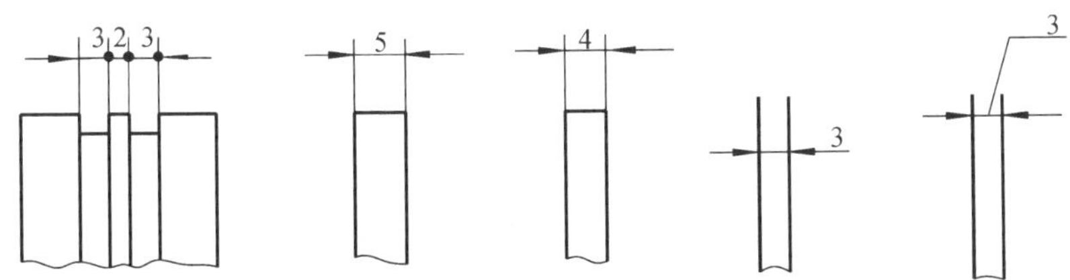

图 5-23　小尺寸的注法

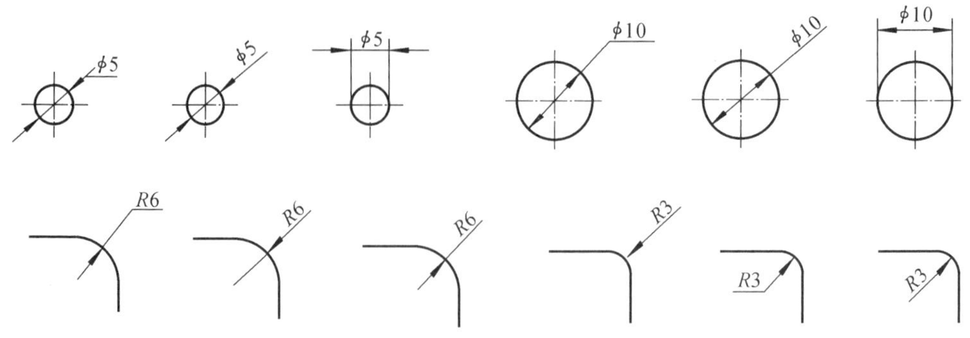

续图 5-23

（6）倒角的注法。

零件上的 45°倒角，按图 5-24(a)(b)(c)注出。其中 C 代表 45°倒角，C 后的数字代表倒角的高度。非 45°倒角则需要分别注出，如图 5-24(d)所示。

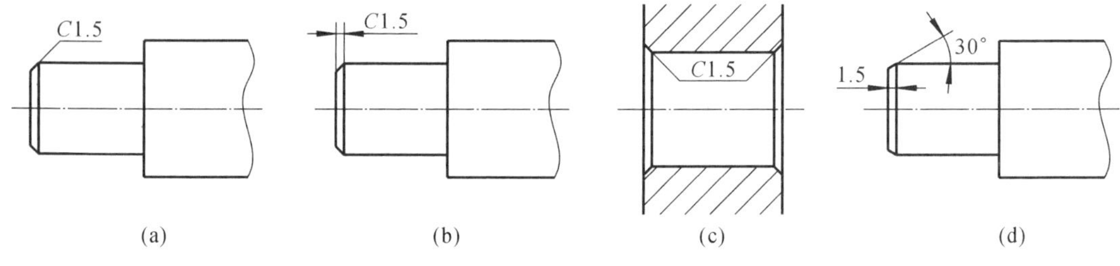

图 5-24　倒角的注法

5.2　绘图工具和仪器

绘图的主要工具和仪器有图板、丁字尺、三角板、分规、圆规、铅笔等。正确地使用绘图工具和仪器是提高绘图质量，准确而又迅速地绘制图样的前提。下面介绍几种常用的绘图工具及仪器的使用方法。

5.2.1　绘图铅笔

专门用于绘图的铅笔是“中华绘图铅笔”，根据铅芯的软硬程度有多个品种，教学中建议：

2B 或 B 铅笔用于绘制粗实线；HB 铅笔用于写字；H 铅笔用于绘制各类细线；H 或 2H 铅笔用于画底稿。

笔尖可以修成圆锥形和矩形两种，如图 5-25 所示。圆锥形笔尖是大家已经熟悉的形状，适于各种软硬程度的铅笔。当画较长线条时，为了保持图线粗细均匀，可以边画边缓慢地旋转铅笔，如图 5-26 所示。矩形笔尖只适用于画粗实线的铅笔，应在教师指导下练习其使用方法。

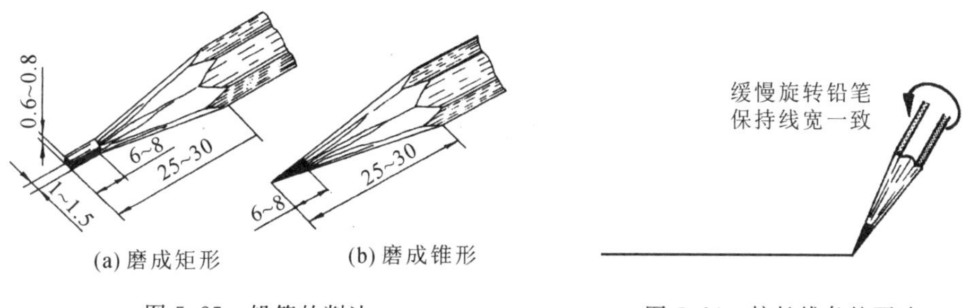

图 5-25　铅笔的削法　　图 5-26　较长线条的画法

5.2.2　图板、丁字尺和三角板

绘图板用于固定图纸，一般使用透明胶带将图纸的四个角粘在图板上，要求图板的工作表面必须平整、光滑。图板的左边与丁字尺配合称为工作边，一定要保持平直，否则将影响绘图的准确性。

丁字尺的尺头与尺身必须保持垂直，连接牢固。用左手扶持住尺头，使其紧贴图板工作边，上下推动，如图 5-27 所示。

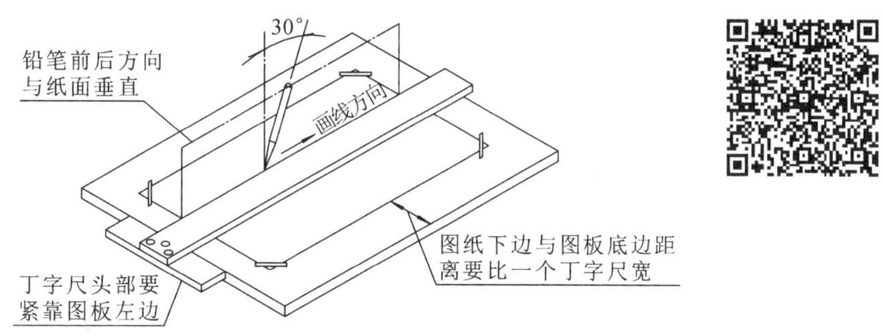

图 5-27　图板、丁字尺和固定图纸

三角板有两种形状，一种是 45°等腰直角三角形，另一种是 30°、60°直角三角形，尺身背面的尺寸刻度是小的沟槽，可以将圆规的针尖卡住，便于量取尺寸。两块三角板与丁字尺配合可以画出 15°角度倍数的直线；两块三角板配合可以画平行线或垂直线。

1. 画水平线

推动丁字尺到画线位置，保持尺头与图板工作边贴紧，左手按住丁字尺，右手持笔，从左向右画水平线。

铅笔向右倾斜，与纸面约成 60°角，在前后方向应与纸面垂直，画线时可以缓慢旋转铅笔，如图 5-28 所示。

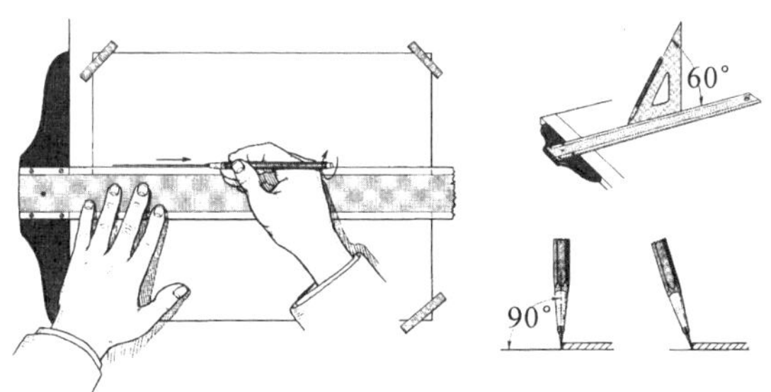

图 5-28　水平线的画法

2. 画垂直线

将三角板的一直角边紧贴在丁字尺上，用左手同时按住丁字尺与三角板，右手持笔，从下向上画垂直线。铅笔向前倾斜，与纸面约成60°角，在左右方向应与纸面垂直，可将身体向前、向左转，如图5-29所示。

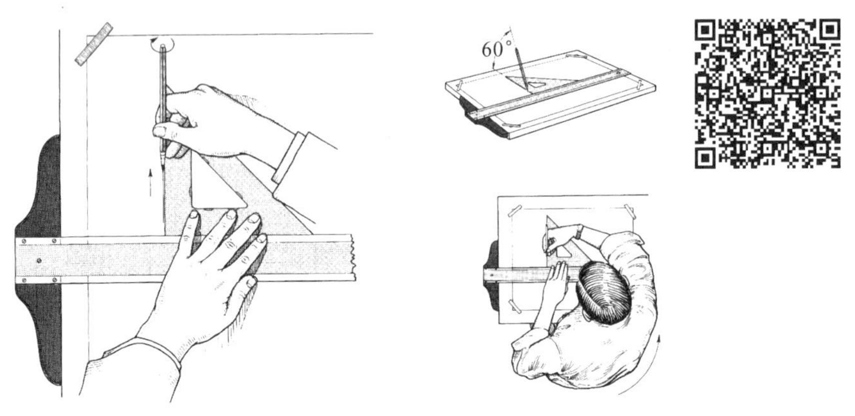

图5-29　垂直线的画法

3. 画15°倍角线和平行线

图5-30显示了画45°平行线和75°角直线的方法。

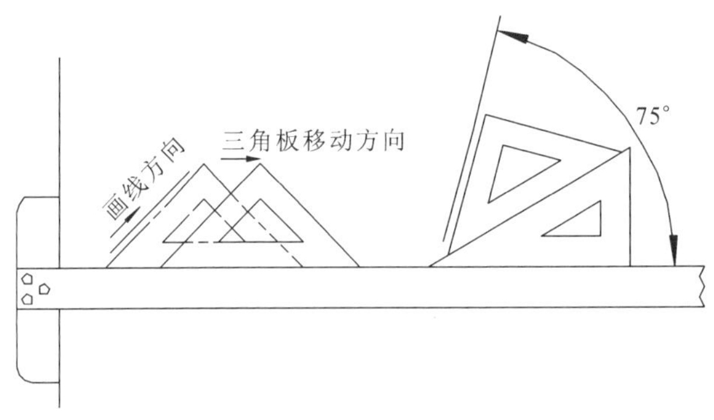

图5-30　15°倍角线和平行线

5.2.3　圆规和分规

用圆规画圆及圆弧。使用圆规时应注意以下几点。

(1) 圆规使用前要调整针尖，应使用带有支承面的小针尖，圆规两脚合拢时，针尖应比铅芯稍长些，画圆时将针尖扎入图板，如图5-31(a)(b)所示。

(2) 应准备软硬不同的几种圆规铅芯。画各类细线圆时，用H或HB铅芯，并磨成铲形，如图5-31(a)所示；画粗实线圆时为了与粗直线的深浅一致，圆规的铅芯应比画粗直线的铅笔芯软一个等级，一般可用2B，并磨成矩形截面，如图5-31(b)所示。

(3) 画圆时针脚与铅芯均应保持与纸面垂直，沿顺时针方向旋转，圆规稍向前倾斜，便于用力，应匀速前进，如图5-32(a)(b)所示；画大直径圆时还可以使用加长杆，仍应保持铅芯和针脚与纸面垂直，如图5-32(c)所示。

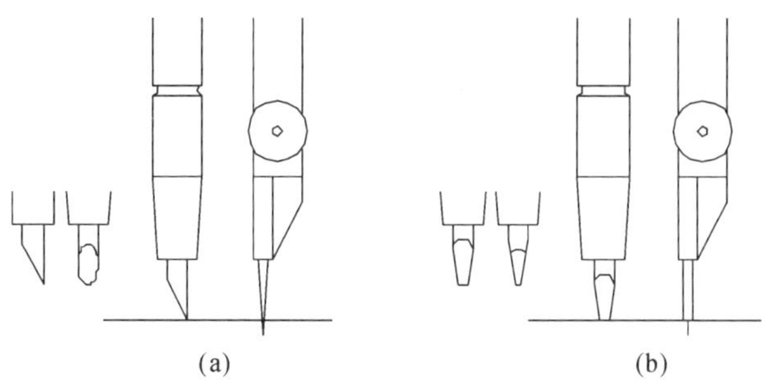

图 5-31　圆规的使用方法(1)

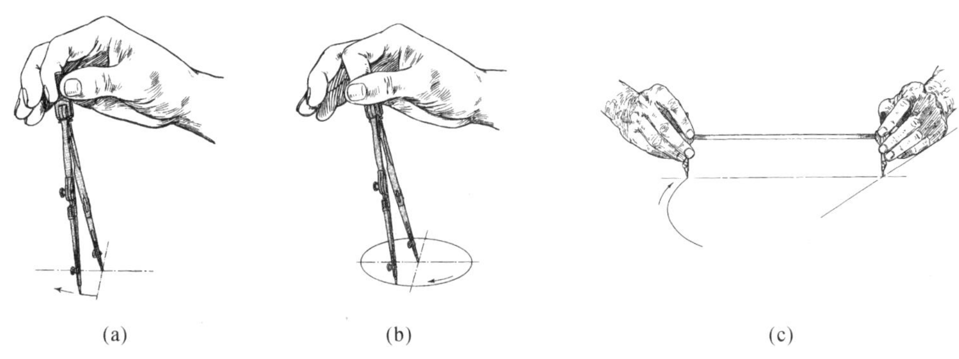

图 5-32　圆规的使用方法(2)

5.2.4　分规

分规的两脚都是针尖，伸出长度对齐。分规用来截取某一定长的线段或等分线段，如图 5-33 所示。

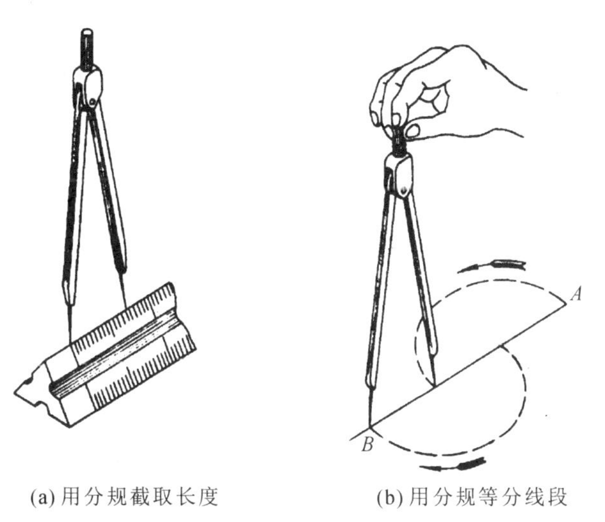

(a) 用分规截取长度　　(b) 用分规等分线段

图 5-33　分规的用法

5.3 尺规几何作图

机械图样中包含各种几何图形，因此，熟练掌握几何图形的尺规作图方法，是提高绘图速度、保证图面质量的基本技能之一。

5.3.1 过点作已知直线的平行线和垂直线

1. 过点作已知直线的平行线

两块三角板配合使用，可画出任意倾斜直线的平行线或垂直线，如图 5-34 所示。

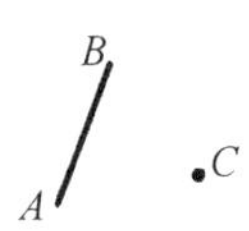

(a) 已知直线AB和点C

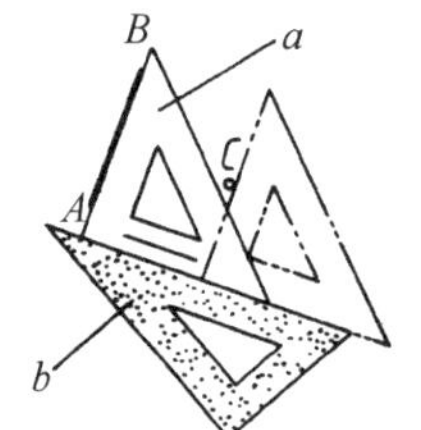

(b) 令三角板a一直角边与AB重合，三角板b一边与a另一直角边紧贴

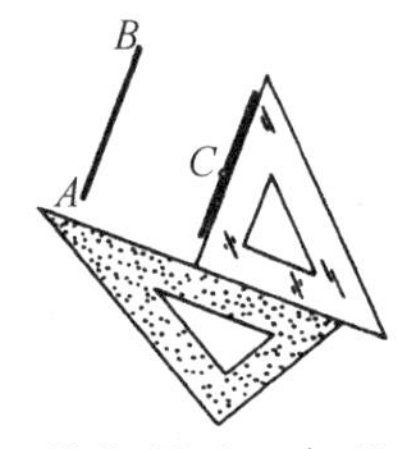

(c) 按住b不动，令a沿b的一边滑动，当a的直角边与点C重合时，作直线即可

图 5-34 过点作已知直线的平行线

2. 过点作已知直线的垂直线

(方法一) 如图 5-35 所示，使三角板 1 的一个直角边过直线 AB，斜边紧贴三角板 2 的一条边；按住三角板 2 不动，推动三角板 1，使其另一个直角边通过点 C，即可过点 C 作 AB 的垂直线。

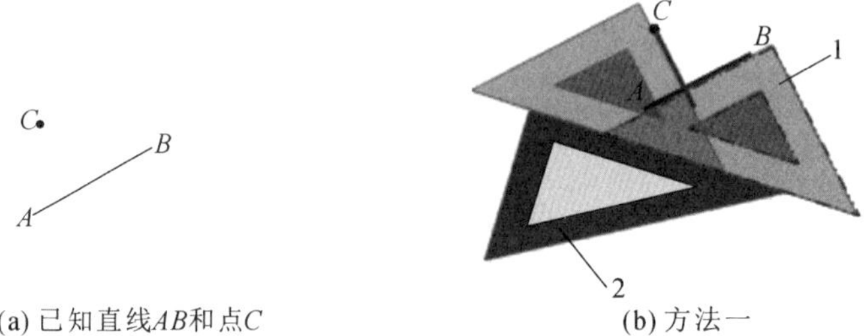

(a) 已知直线AB和点C (b) 方法一

图 5-35 过点作已知直线的垂直线(1)

(方法二) 如图 5-36 所示，使三角板 2 的一个边过直线 AB，三角板 1 的一个直角边紧贴三角板 2，使另一个直角边通过点 C，即可过点 C 作 AB 的垂直线。

图 5-36 过点作已知直线的垂直线(2)

5.3.2　等分线段

等分线段可采用平行线法。图 5-37 所示为对直线 AB 进行四等分的步骤。首先过点 A 作任意角度的一条辅助直线 AC，在 AC 上截 4 个等分点，连接 $B4$，再过其他等分点作 $B4$ 的平行线交 AB 即可。

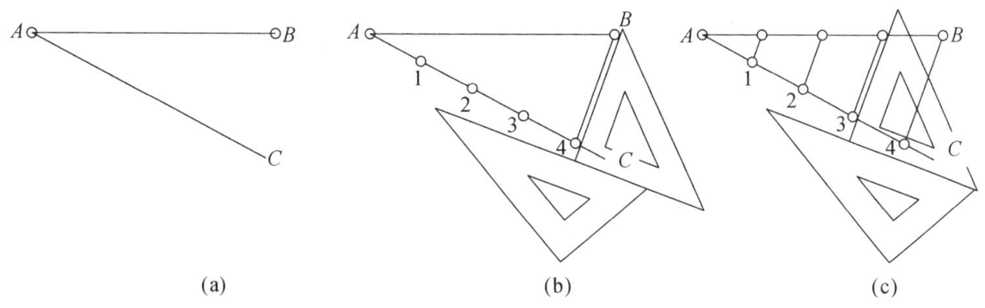

图 5-37　等分线段的方法

5.3.3　等分圆周和作正多边形

用绘图工具可以等分圆周并作正多边形，其方法见表 5-5。

表 5-5　等分圆周、画正多边形

等分	作图步骤	说明
三等分（内接正三角形）	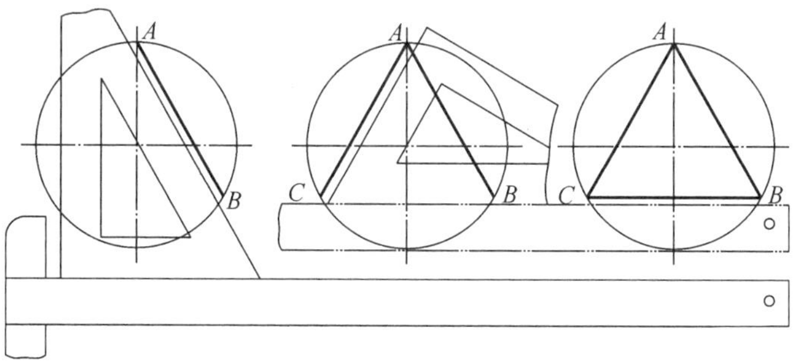	(1) 用 60°三角板过 A 点画 60°斜线交圆周于 B 点。 (2) 旋转三角板，同法画 60°斜线交圆周于 C 点。 (3) 连 CB 得正三角形
四等分（内接正四边形）	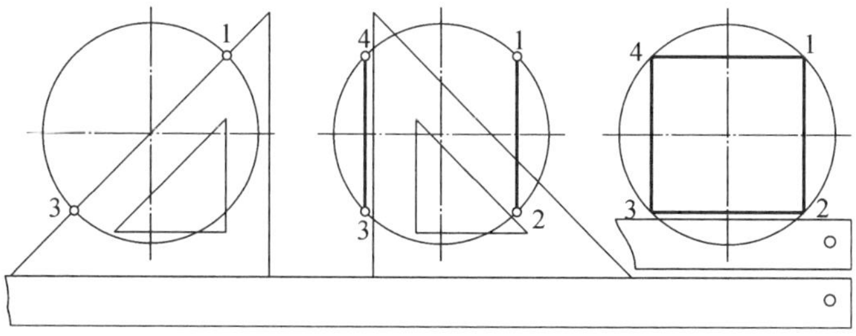	(1) 用 45°三角板斜边过圆心，交圆周于 1、3 两点。 (2) 移动三角板，用直角边作垂线。 (3) 用丁字尺画 41、32 水平线

续表

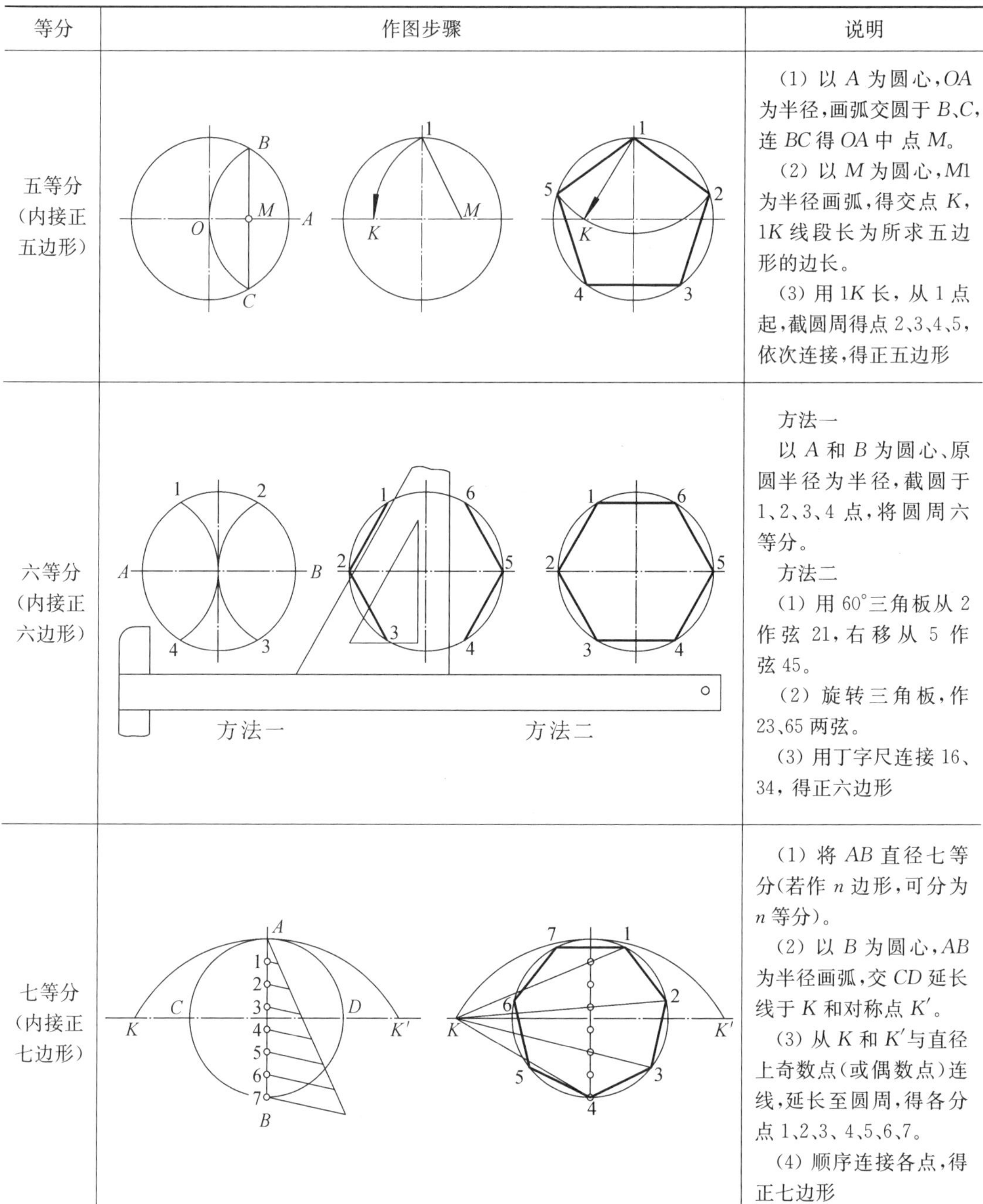

等分	作图步骤	说明
五等分（内接正五边形）		(1) 以 A 为圆心，OA 为半径，画弧交圆于 B、C，连 BC 得 OA 中点 M。 (2) 以 M 为圆心，$M1$ 为半径画弧，得交点 K，$1K$ 线段长为所求五边形的边长。 (3) 用 $1K$ 长，从 1 点起，截圆周得点 2、3、4、5，依次连接，得正五边形
六等分（内接正六边形）		方法一 以 A 和 B 为圆心、原圆半径为半径，截圆于 1、2、3、4 点，将圆周六等分。 方法二 (1) 用 60°三角板从 2 作弦 21，右移从 5 作弦 45。 (2) 旋转三角板，作 23、65 两弦。 (3) 用丁字尺连接 16、34，得正六边形
七等分（内接正七边形）		(1) 将 AB 直径七等分（若作 n 边形，可分为 n 等分）。 (2) 以 B 为圆心，AB 为半径画弧，交 CD 延长线于 K 和对称点 K'。 (3) 从 K 和 K' 与直径上奇数点（或偶数点）连线，延长至圆周，得各分点 1、2、3、4、5、6、7。 (4) 顺序连接各点，得正七边形

5.3.4 斜度和锥度

1. 斜度

斜度是指一直线或平面对另一直线或平面的倾斜程度，其大小用该两直线或两平面间夹角的正切表示，并简化为“1∶n”的形式，如图 5-38 所示。

$$斜度=\tan\alpha=\frac{H}{L}=1:\frac{L}{H}=1:n$$

在图样上应标注斜度符号和“1∶n”，斜度符号的规定画法如图 5-39(a)所示，斜度符号“∠”的方向应与斜度方向一致，如图 5-39(b)所示。

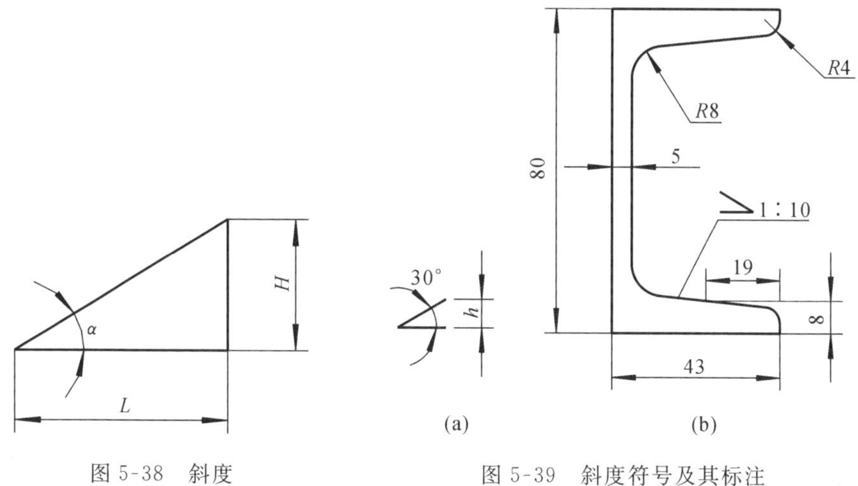

图 5-38　斜度　　　图 5-39　斜度符号及其标注

图样上斜度的作图步骤如图 5-40 所示。

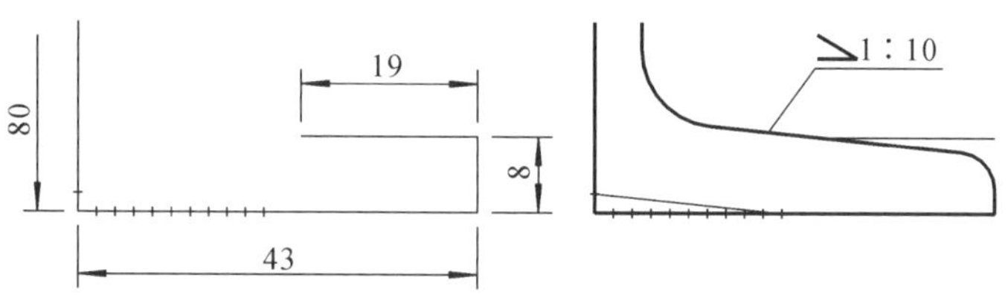

图 5-40　斜度的作图步骤

2. 锥度

锥度是指正圆锥底圆直径与圆锥高度之比。圆台的锥度为其上、下两底圆直径差与圆台高度之比，并简化为“1∶n”的形式，如图 5-41(b)所示。

$$锥度=\frac{D}{L}=\frac{D-d}{l}=2\tan\alpha=1:n$$

在图样上应标注锥度符号和“1∶n”，锥度符号的规定画法如图 5-41(a)所示，锥度符号“◁”的方向应与锥度方向一致，如图 5-41(c)所示。

图样上锥度的作图步骤如图 5-42 所示。

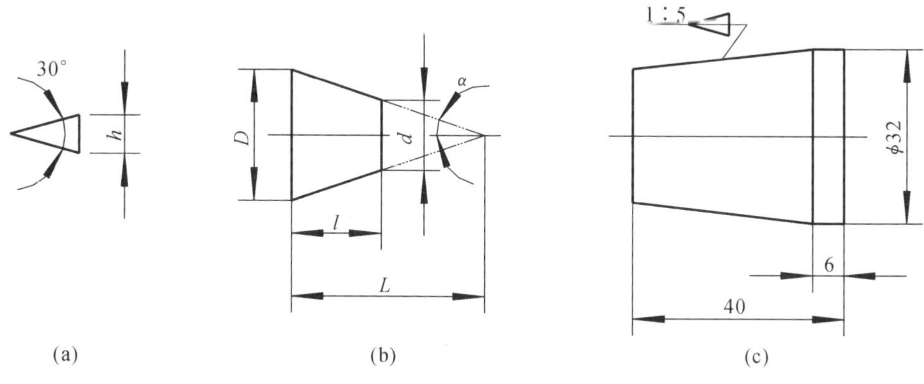

图 5-41　锥度符号、锥度及其标注

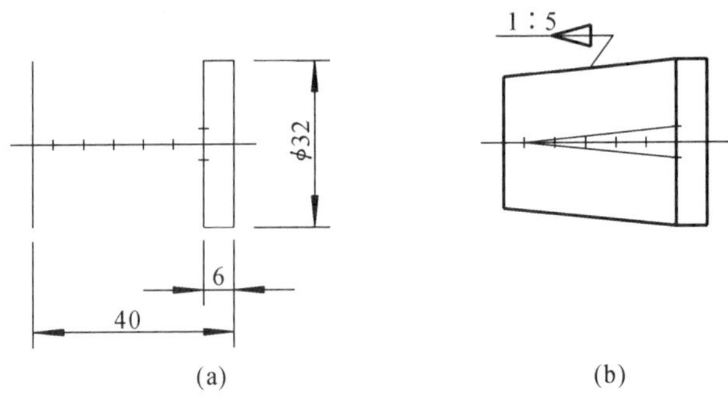

图 5-42　锥度的作图步骤

5.3.5　圆弧连接

用已知半径的圆弧将两已知线段(直线或圆弧)光滑地连接起来,这类作图问题称为圆弧连接。起连接作用的圆弧称为连接弧。圆弧连接的作图要点是:根据已知条件准确定出连接弧的圆心及与其他线段的切点。图 5-43 所示为圆弧连接在工程上的应用实例。

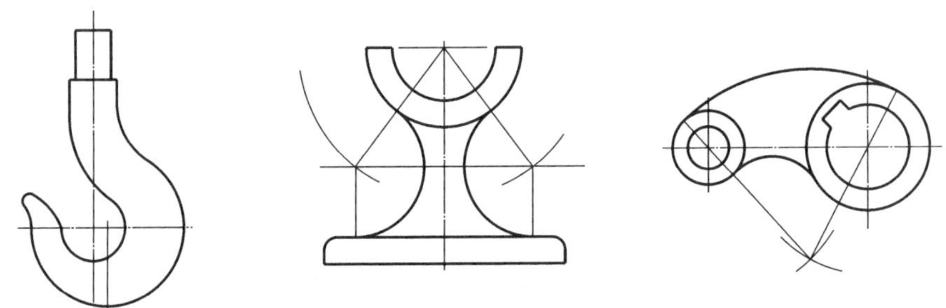

图 5-43　圆弧连接实例

设连接圆弧的半径为 R,三种情况下连接弧的圆心轨迹和切点位置如图 5-44 所示。

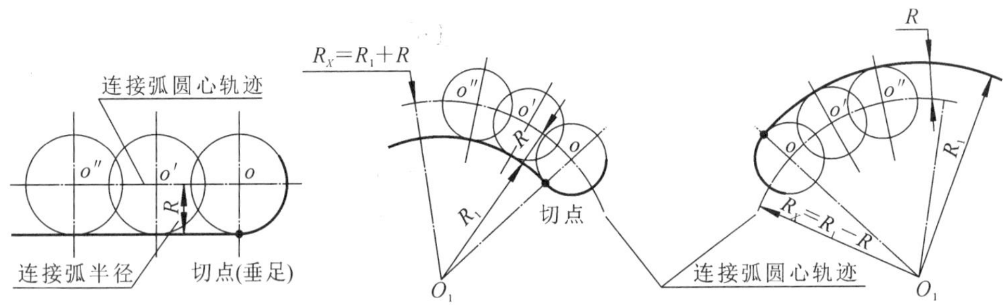

图 5-44　圆弧连接作图原理

1. 用圆弧连接两已知直线

已知:两条直线 AC、BC 及连接圆弧半径 R,如图 5-45 所示。

求作:用该圆弧连接这两条直线。

[作图]　步骤如下:

(1) 作两条辅助直线分别与 AC、BC 平行,距离都等于 R,它们的交点 O 就是所求连接圆弧的圆心;

(2) 从 O 点向 AC、BC 两直线作垂线,得到的两个交点 M、N 就是切点;

(3) 以 O 为圆心，OM 或 ON 为半径画弧，与 AC、BC 相切于 M、N 两点，完成圆弧连接的作图。

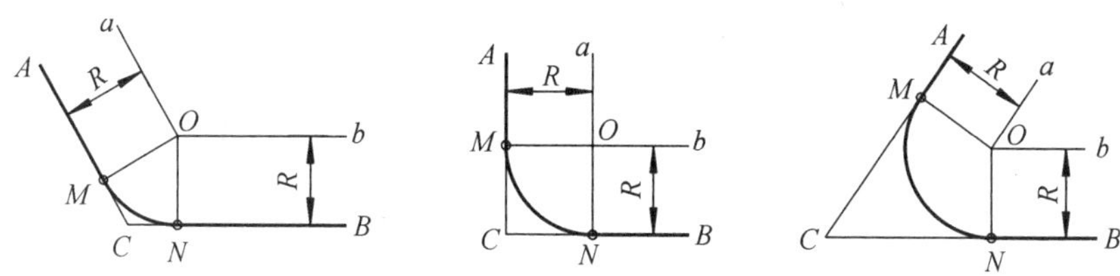

图 5-45　圆弧连接两条已知直线

2. 用圆弧连接两已知圆弧

已知：两圆 O_1、O_2 的半径 R_1、R_2 及连接圆弧半径 $R_{内}$、$R_{外}$，如图 5-46(a)所示。

求作：如图 5-46(b)所示的图形。

［作图］　以 $R_{外}$ 为半径画弧与两已知圆外切，如图 5-46(c)(d)所示：

(1) 以 O_1 为圆心、$R_1+R_{外}$ 为半径画弧，以 O_2 为圆心、$R_2+R_{外}$ 为半径画弧，它们的交点 O_3 就是所求连接圆弧的圆心；

(2)连 O_1O_3 及 O_2O_3 得切点 M_1、M_2；

(3) 以 O_3 为圆心、$R_{外}$ 为半径画弧，与圆 O_1、O_2 相切于 M_1、M_2 两点，完成圆弧连接的作图。

以 $R_{内}$ 为半径画弧与两已知圆内切，如图 5-46(e)(f)所示：

(1) 以 O_1 为圆心、$R_{内}-R_1$ 为半径画弧，以 O_2 为圆心、$R_{内}-R_2$ 为半径画弧，它们的交点 O_4 就是所求连接圆弧的圆心；

(2) 连 O_1O_4 及 O_2O_4 得切点 N_1、N_2；

(3) 以 O_4 为圆心、$R_{内}$ 为半径画弧，与圆 O_1、O_2 相切于 N_1、N_2 两点，完成圆弧连接的作图。

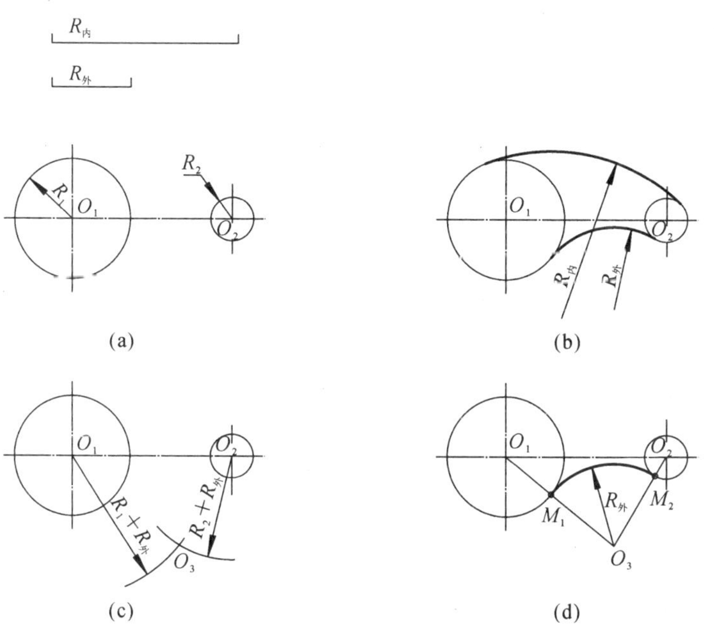

图 5-46　圆弧连接两个已知圆弧

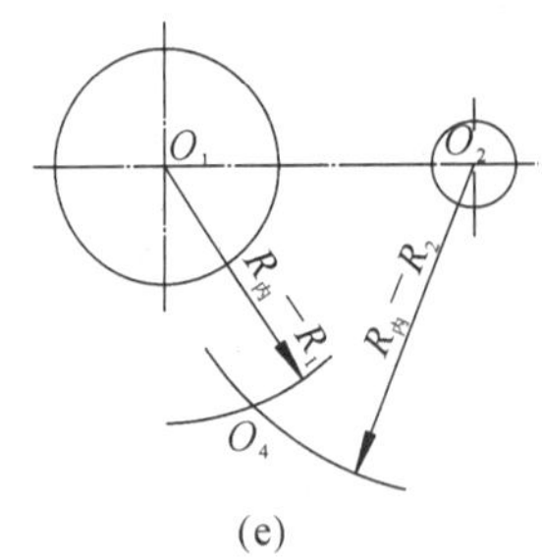

(e)

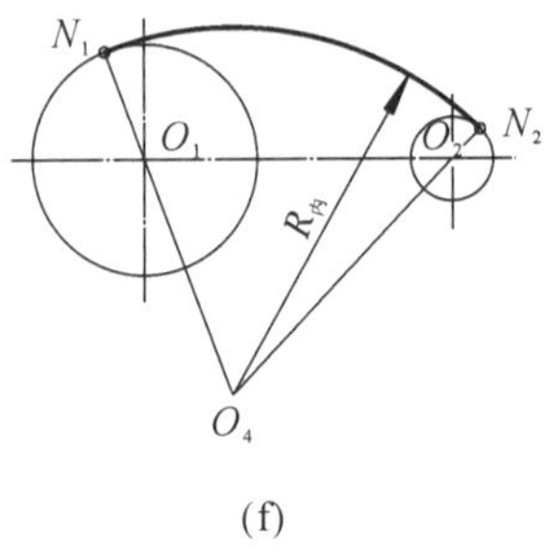

(f)

续图 5-46

3. 用圆弧连接已知直线和圆弧

如图 5-47 所示，根据上述的两个例子，请读者自己分析作图过程。

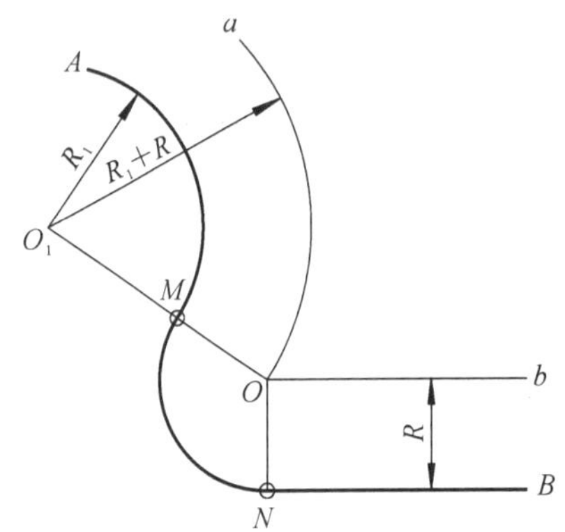

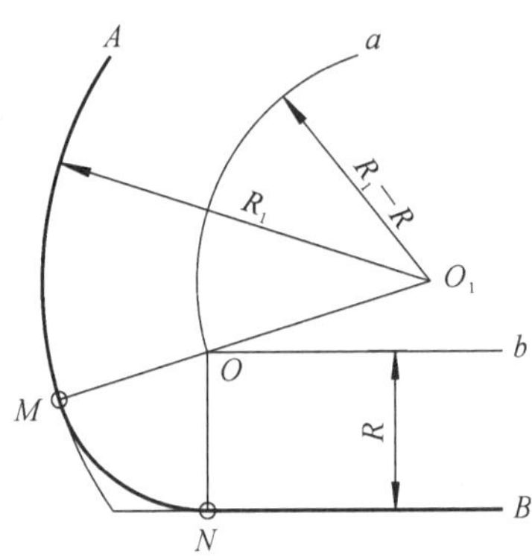

图 5-47　圆弧连接已知直线和圆弧

归纳圆弧连接的作图方法，可以得出以下两点。

(1) 各种形式的圆弧连接作图，连接弧的圆心都是利用动点运动轨迹相交的概念确定的。例如：与直线等距离的点的轨迹是平行直线；与圆弧等距离的点的轨迹是同心圆弧。

(2) 连接弧的圆心是作图决定的，所以只标注其半径 R，不标注连接弧圆心的定位尺寸。

5.4　平面图形分析及画法

平面图形是由若干条线段(直线或曲线)连接而成的，而每条线段都有各自的尺寸和位置。画图前必须对平面图形的构成、尺寸、各线段的性质以及它们之间的相互关系进行分析，才能确定正确的作图步骤，并正确、完整地标注尺寸。现以图 5-48 所示的平面图形为例来进行分析并作图。

5.4.1　平面图形的尺寸分析

尺寸按其在平面图形中所起的作用，可分为定形尺寸和定位尺寸两类。要想确定平面图形中线段的上下、左右的相对位置，必须首先引入尺寸基准的概念。

(1) 尺寸基准：确定平面图形尺寸位置的几何元素(点、直线)。平面图形中有水平和垂直两个方向的尺寸基准。通常选择图形的对称线、回转体的轴线、圆的中心线、较长轮廓线作为尺寸基准。如图 5-48 中长度方向尺寸基准是左端面，高度方向尺寸基准是图形的对称中心线。

(2) 定形尺寸:确定平面图形中几何元素的大小的尺寸。例如直线的长度、圆的直径等。如图 5-48 中的尺寸:ϕ40、30、R30、ϕ10、R24、R100、R20 等。

(3) 定位尺寸:确定平面图形中几何元素之间相对位置的尺寸。例如圆心的位置、直线的位置。如图 5-48 中的尺寸:16、150。

5.4.2　平面图形的线段分析

根据定形尺寸和定位尺寸的概念,分析图 5-48 所示的平面图形,可将图形中的线段分为三种。

(1) 已知线段:定形尺寸和定位尺寸均全部注出,不需要依赖其他线段而能直接画出的线段称为已知线段。在图 5-48 中,圆心定位尺寸为 16、直径为 ϕ10 的圆,定形尺寸和定位尺寸均已知,所以该圆即为已知线段。此外 R20 也是已知线段。

(2) 中间线段:给出定形尺寸和一个定位尺寸,需要依赖另一已知线段才能画出的线段称为中间线段。例如图 5-48 中,半径为 R100 的圆弧,缺少圆心在左右方向的定位尺寸,可利用其与 R20 相切的条件做出,属于中间线段。

(3) 连接线段:只有定形尺寸,而没有定位尺寸,完全依赖与其两端相切的线段才能画出的线段称为连接线段。在图 5-48 中,圆弧 R100、R24 没有定位尺寸,为连接线段。

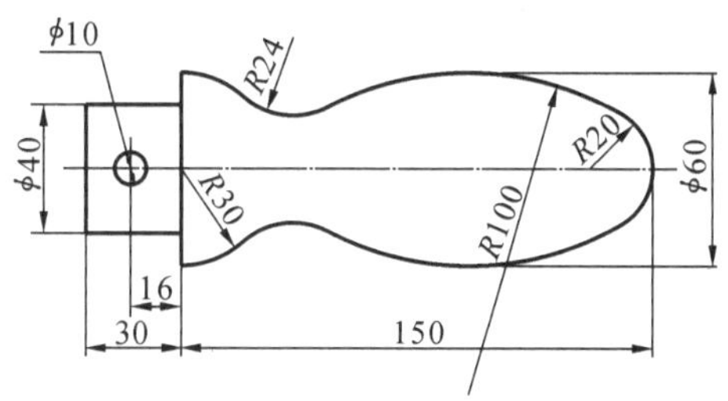

图 5-48　平面图形的尺寸分析和线段分析

5.4.3　平面图形的绘图方法和步骤

根据上述对平面图形的线段分析,如果已知线段、中间线段和连接线段三种线段顺序连接在一起,则必须先画已知线段,再画中间线段,最后画连接线段。

图 5-49 给出了绘制平面图形的方法和步骤。

(1) 做好准备工作　将铅笔按照绘制不同线型的要求修磨好;圆规的铅芯按同样的要求磨好,调整好两脚的长短;图板、丁字尺、三角板等用十净的布或软纸擦拭干净;各种用具放在固定的位置,不用的物品不要放在图板上。

(2) 分析所画对象　对于平面图形要搞清连接情况:哪些是已知线段?哪些是中间线段?哪些是连接线段?

(3) 选取比例和确定图纸幅面　根据所画图形的大小,选择合适的绘图比例和图纸幅面,应遵守国标来选择。

(4) 固定图纸　分清图纸的正、反面,用橡皮擦拭图纸,图纸正面不起毛;用胶带纸将图纸固定在图板左下方合适位置,保证图纸边与丁字尺边平行,参见图 5-27。

(5) 画图框和标题栏　参考表 5-1、图 5-1～图 5-4 关于图纸幅面、图框、标题栏的要求,绘制图框和标题栏,注意尺寸大小和线型粗细。

(6) 布置图形　图形布置应尽量均匀，按图的大小及标注尺寸所需的位置，将图形布置在图框中的合适位置；画出各图形的基准线(中心线、对称线、主要平面线)。

(7) 画底稿　使用较硬的铅笔，先画出图形的主要轮廓，然后画细节部分，如孔、槽、圆角等，尽量画得轻、细。

(8) 描深　完成底稿后，进行认真的检查，擦去不需要的作图线，按如下步骤描深图线。

① 描深粗实线：描深所有的圆及圆弧；用丁字尺由上到下描深所有的水平线；用丁字尺配合三角板，由左到右描深所有的垂直线；描深斜线。

② 描深虚线：步骤同粗实线。

③ 绘制中心线和剖面线。

④ 绘制尺寸界线、尺寸线、尺寸箭头。

⑤ 注写尺寸数字和其他文字说明。

⑥ 填写标题栏。

(9) 检查、完成。

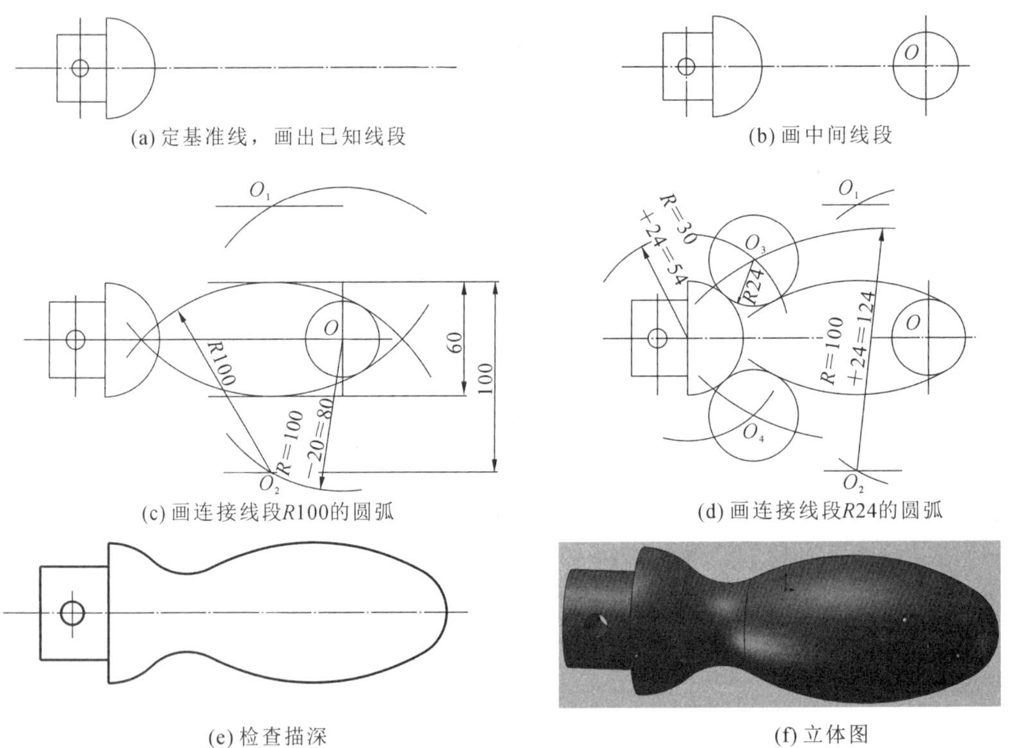

(a) 定基准线，画出已知线段　(b) 画中间线段

(c) 画连接线段$R100$的圆弧　(d) 画连接线段$R24$的圆弧

(e) 检查描深　(f) 立体图

图 5-49　绘制平面图形的方法和步骤

5.4.4　平面图形的尺寸标注

1. 平面图形的尺寸注法

平面图形尺寸标注的基本要求是：正确、完整、清晰。正确是指应严格按照国家标准规定注写；完整是指尺寸不多余、不遗漏；清晰是指尺寸的布局要清晰、整齐，便于阅读。

在标注尺寸时，应分析图形各部分的构成，确定尺寸基准，先标注定形尺寸，再标注定位尺寸。通过几何作图可以确定的线段，不要标注尺寸。尺寸标注应符合国家标准的有关规定，尺寸在图上的布局要清晰。尺寸标注完成后应进行检查，看是否有遗漏或重复。可以按照画图过程进行检查，画图时没有用到的尺寸是重复尺寸，应去掉，如果按所注尺寸无法完成作图，说明尺寸不足，应补上所需尺寸。

2. 尺寸标注应注意的几个问题

1）标注作图最方便、直接用以作图的尺寸

如图 5-50(a)所示，此图可直接用尺寸 ϕ 和 A 作出，应标注这两个尺寸，尺寸 L 是多余的。若标注尺寸 L 而不标注尺寸 A，尺寸 L 所表示的线段不能直接画出，必须利用 L 被铅垂对称中心线平分的关系通过辅助作图作出，显然作图较繁复，所以不注 A 改注 L 是不合理的。

2）不标注切线的长度尺寸

如图 5-50(b)中尺寸 M 是公切线段的长度，它是由已知两圆直径 ϕ_1、ϕ_2 和两圆心距离 K 确定的，不应标注。

3）不能注成封闭的尺寸链

如图 5-50(c)中的尺寸 S 是由尺寸 B、C、D 确定的，尺寸 S 是多余的，称封闭尺寸。标注封闭尺寸是错误的。

4）总长、总宽尺寸的处理

一般情况下标注图形的总长、总宽尺寸，如图 5-51 中的尺寸 50、40。当遇到图形的一端为圆或圆弧时，往往不注总体尺寸，例如一般不标注图 5-52(a)(b)(c)所示图形中的总体尺寸，而按图 5-52(d)(e)(f)中的标注。

5）其他注意事项

如图 5-53 所示，圆 $\phi 20$ 及圆弧 $\phi 40$ 应注 ϕ，不能注 R。相同的孔或槽可注数量，如 $2\times\phi 12$，其他相同的结构（如 $R10$）不注数量。对称结构 $R10$ 应注一边，对称尺寸 60 不能只注一半 30，也不能注总长尺寸 80。

常见平面图形的尺寸注法示例如表 5-6 所示。

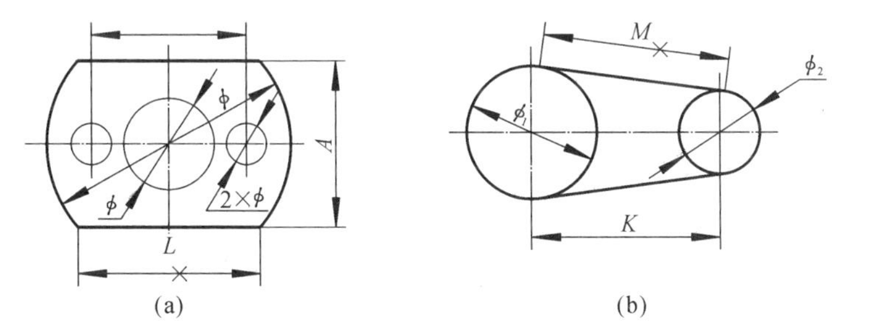

图 5-50　多余尺寸示例

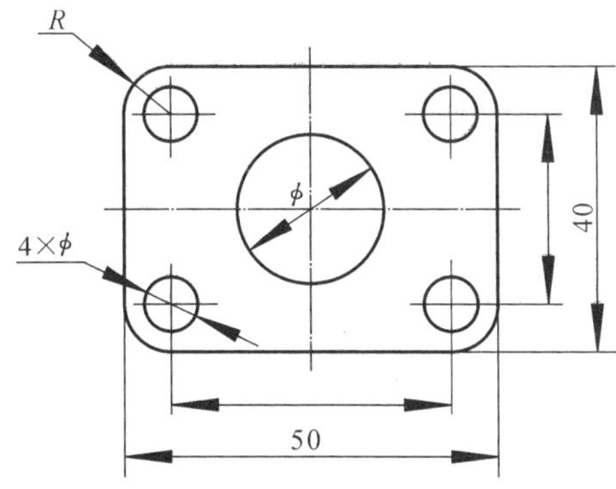

图 5-51　总长、总宽尺寸示例

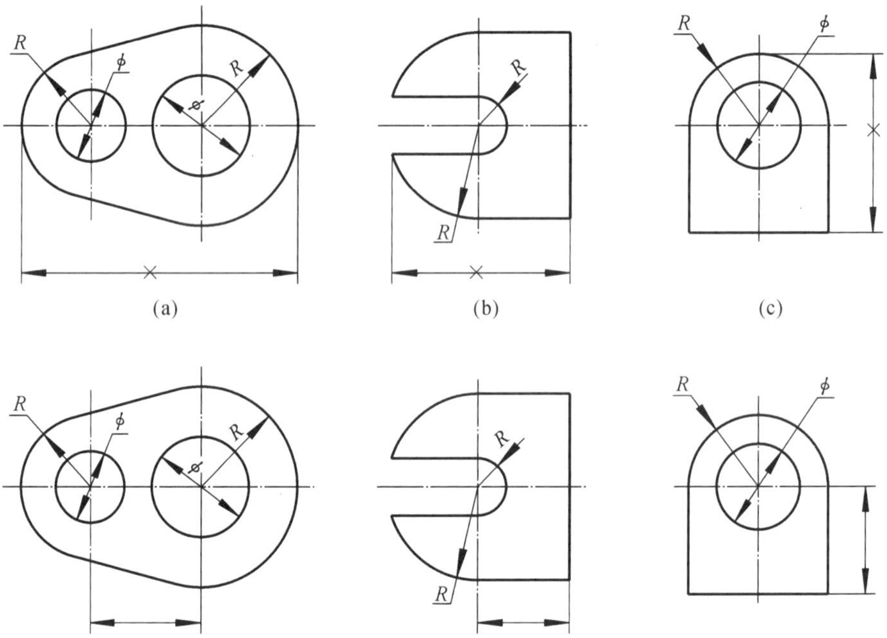

(a)　(b)　(c)

(d)　(e)　(f)

图 5-52　尺寸注法示例

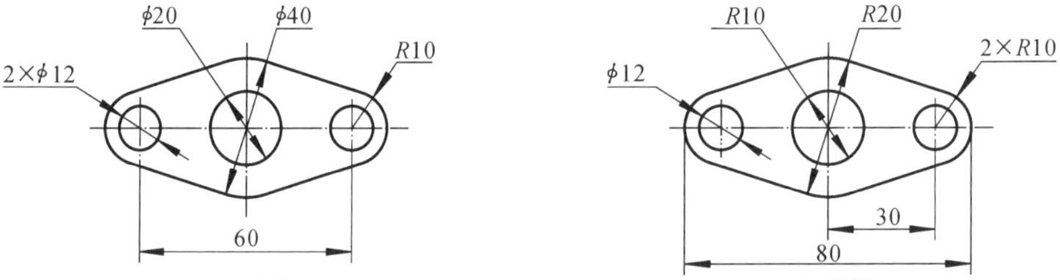

(a) 正确　(b) 错误

图 5-53　正误尺寸注法示例

表 5-6　常见平面图形的尺寸注法

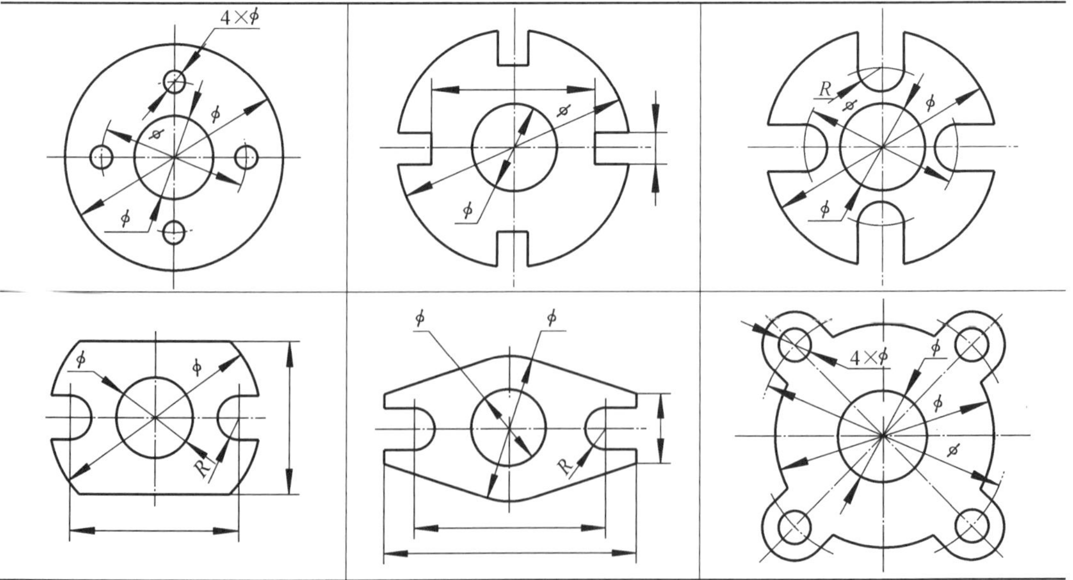

续表

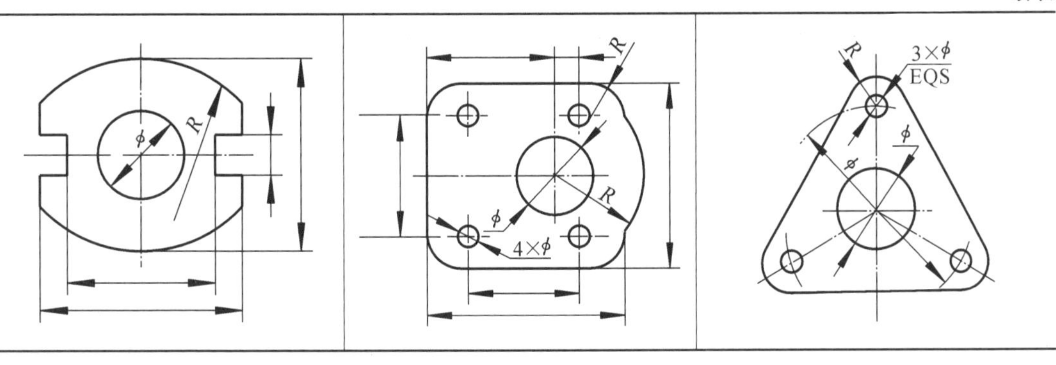

测　　试

一、填空

1. 图纸基本幅面有________种，其中 A0 幅面是 A3 幅面大小的________倍。

2. 标题栏一般配置在图框的________。

3. 1∶2 是________比例，2∶1 是________比例。若实物长度是 180 mm，采用 1∶2 比例绘图，则在图上的长度为________ mm，且应在相应位置标________ mm。

4. 字体的号数即为字体的________，单位是________，汉字采用________体。

5. 现行国家标准规定，在机械图样中采用粗细________种线宽，它们之间的线宽比例为________。

6. 可见轮廓线用________线绘制，不可见轮廓线用________线绘制，轴线、对称中心线用________线绘制。

7. 一个完整的尺寸由________、________、________、________组成，尺寸线用________线绘制。

8. 标注半径或直径尺寸时，应在数字前面加注符号________或________。

9. 在图 5-54 中，有________个定位尺寸，它们是________；有________段连接圆弧，它们是________。

图 5-54　测试题图

二、判断（正确的画√，错误的画×）

1. 斜度是指一直线或平面对另一直线或平面的倾斜程度，其大小用该两直线或两平面间夹角的正切表示，并简化为 $1:n$ 的形式。（　　）

2. 锥度用圆锥面上位于过回转轴的同一平面上的两母线的夹角的正切表示，并简化为

1∶n的形式。(　　)

3.相互连接的两段圆弧,其两圆心和切点位于同一直线上。(　　)

4.平面图形的定位尺寸必须标注两个。(　　)

5.凡平面图形必须标注总长、总宽尺寸。(　　)

6.尺寸标注不应封闭。(　　)

7.相同的孔可注数量,如 4×ϕ6,其他相同的结构(如 R6)不注数量。(　　)

第 6 章　组合体的三视图和轴测图

教学视频

内容框图

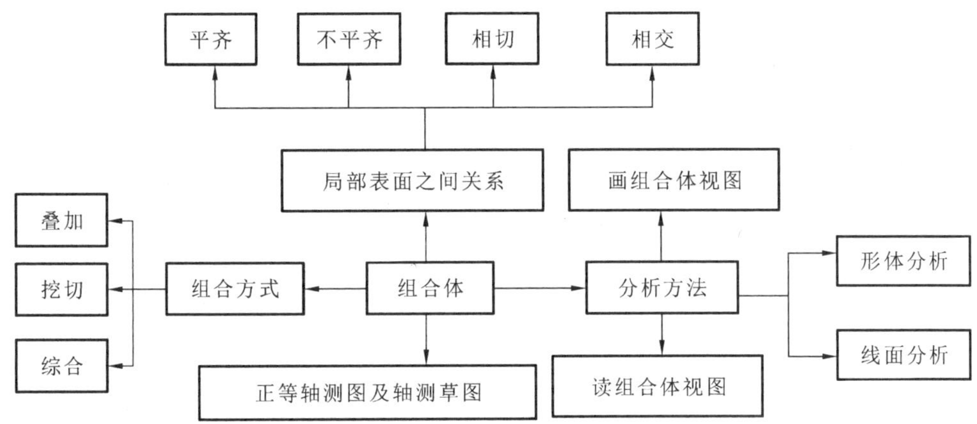

课程矩阵

一般性目标	培养构型创新能力
具体目标	熟练掌握画组合体视图的作图方法和步骤及组合体轴测图、轴测草图的绘制方法；掌握“正确、完整、清晰”标注组合体尺寸的方法；熟练掌握以形体分析法为主、结合线面分析法识读组合体视图的方法
教师教法建议	布置课前预习任务，提供课件、测试题；模型、课件辅助讲授；启发、讨论、板书、黑板范例作图
学生学法建议	通过课前预习，网上互动、小测，听老师讲授，同伴互教，作业，3D 打印模型等完成学习任务
效果评价	作业完成情况 70%，学习过程 30%
建议课时	8 学时

任何复杂的形体都可以看成是由一些基本体(如棱柱、棱锥、圆柱、圆锥、球等)按照一定的方式组合而成的。由基本体组合而成的物体称为组合体。本章主要研究组合体三视图的绘制、尺寸标注、组合体正等轴测图画法、组合体的读图等内容，搭建从投影理论到实际工程图应用的桥梁。

6.1　组合体的组合形式及表面关系

6.1.1　组合体的组合形式

组合体的组合形式通常可以分为如下三种

(1) 叠加型：组合体由两个或两个以上基本体堆砌或拼合而成，如图 6-1 所示。

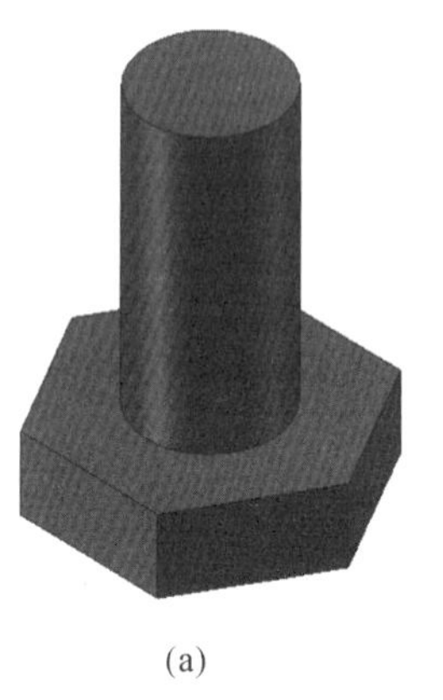

(a)

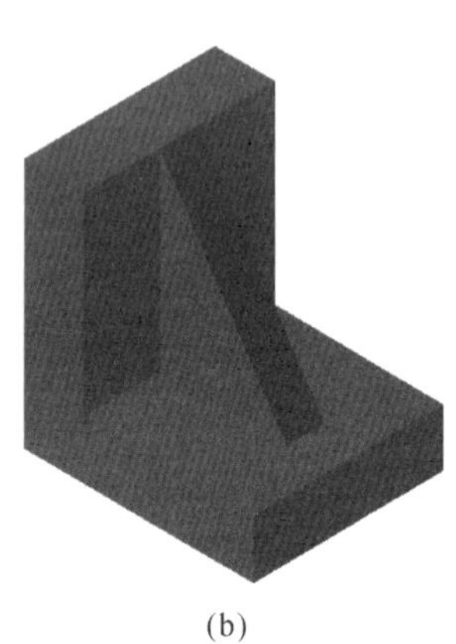

(b)

图 6-1　叠加型组合体

(2) 挖切型：组合体由基本体截切或者挖孔而成，如图 6-2 所示。

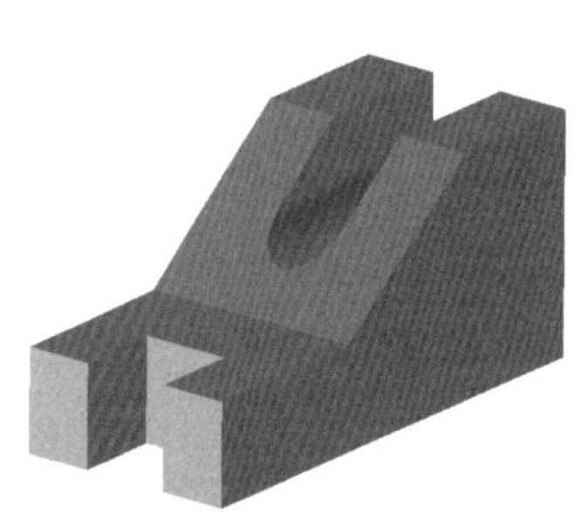

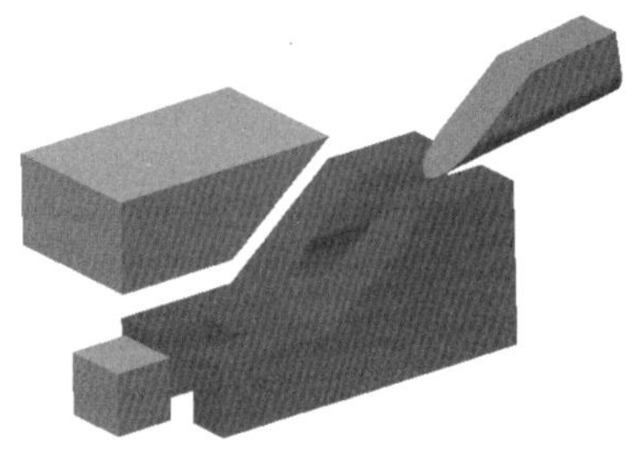

图 6-2　挖切型组合体

(3) 综合型：实际零件的构型往往是叠加与截切兼而有之，如图 6-3 所示。

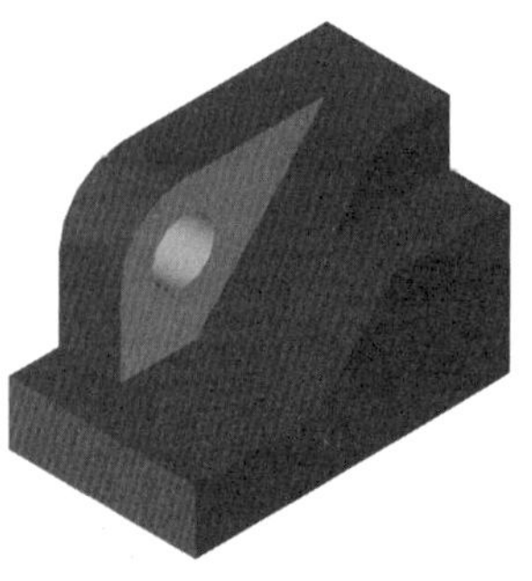

图 6-3　综合型组合体

6.1.2　相邻两形体表面的过渡关系

组成组合体的各基本体表面之间可能是平齐、不平齐、相交、相切四种相对位置，如图 6-4所示。基本体间的相对位置不同，表面过渡关系也不同，投影分析也不一样。所以，在读图时，必须看懂基本体间的表面过渡关系，才能彻底弄清组合体形状。在画图时，也必须注意这些关系，才能使投影作图不多线、不漏线。

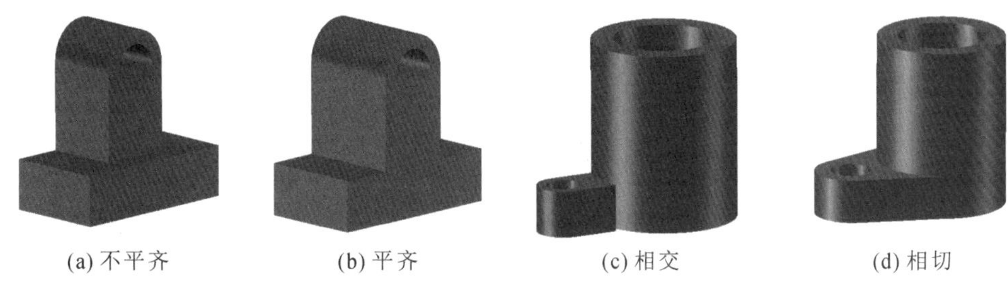

图 6-4　形体间的表面过渡关系

(1) 当两形体的表面不平齐时，中间应该有投影线隔开，如图 6-5 所示。

(2) 当两形体的表面平齐时，中间应该没有投影线隔开，如图 6-6 所示。

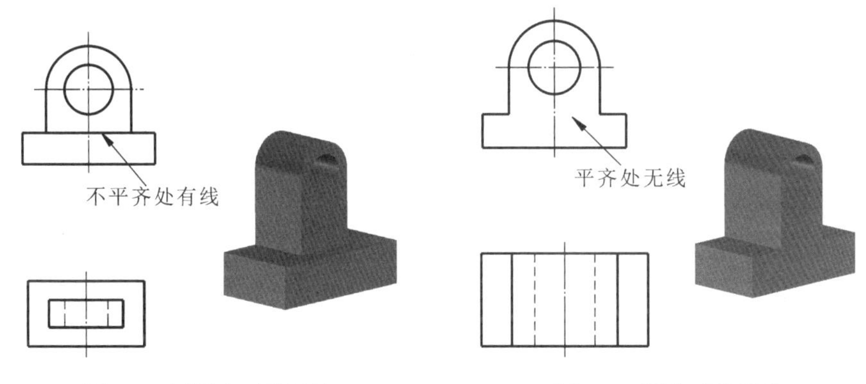

图 6-5　不平齐时的画法　　　　图 6-6　平齐时的画法

(3) 当两形体的表面相交时，表面的交线是它们的分界线，图上必须画出，如图 6-7 所示。

(4) 当两形体的表面相切时，因为相切处两表面是光滑过渡的，故该处不应画出分界线，如图 6-8 所示。

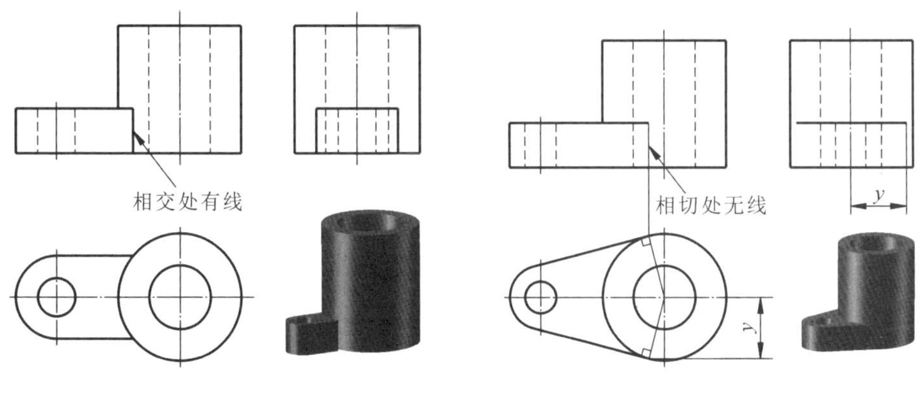

图 6-7　相交时的画法　　　　图 6-8　相切时的画法

6.2 组合体三视图的画法

在画组合体三视图之前，一般先要对组合体进行分析，在此基础上选择合适的视图来表达组合体结构，然后绘制图形和标注尺寸。

常用的组合体分析方法有两种。

1. 形体分析法

形体分析法就是假想把组合体分解为若干个基本几何体，弄清各基本几何体的形状和它们的相对位置及组合方式，分析基本几何体间邻接表面关系及投影特性，从而确定整个组合体的形状与结构。如图6-9所示的轴承座，可假想为由四个基本几何体——底板、套筒、支撑板和肋板叠加而成。套筒和底板之间分别由肋板和支撑板连接，支撑板和肋板居中叠加在底板之上，底板和支撑板的后表面平齐，支撑板的左右两个表面与套筒的外表面相切，肋板与套筒相交。底板上有两个小孔，底板的前面有圆角，底部挖槽。形体分析法较适合于以叠加方式形成的组合体。

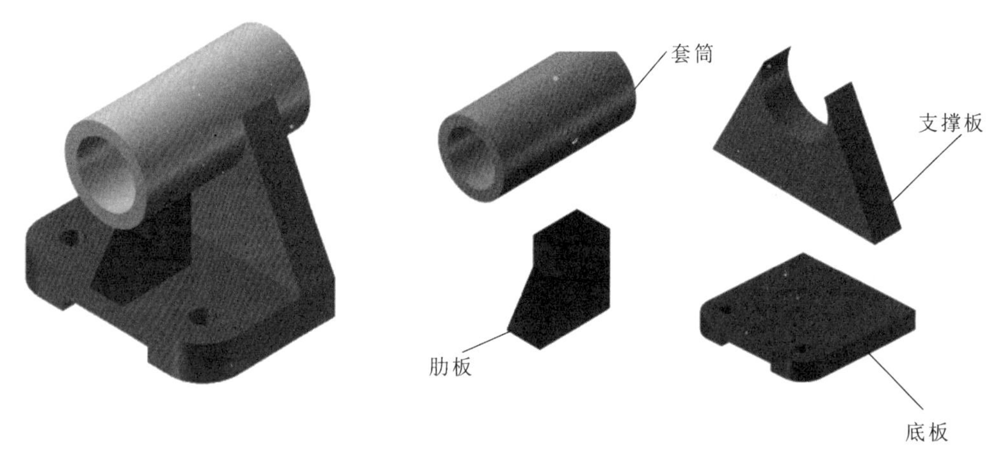

图6-9 组合体形体分析

2. 线面分析法

线面分析法就是根据线、面的投影特性(如积聚性、实形性、类似性等)及规律，分析组合体某些复杂局部的线、面的投影，以便确定其形状和结构。对于用切割方式形成的组合体，常常需要利用线面分析法进行分析、检查，可以快速、正确地画出图形。

由于组合体的组合方式往往既有叠加又有切割，因此绘图时一般不是独立地采用某种方法，而是两者综合使用，互相配合，互相补充。通常以形体分析为主，线面分析为辅。

6.2.1 叠加型组合体的画图方法

画叠加型组合体的三视图时主要采用形体分析法，下面以轴承座为例，说明画图步骤。

(1) 形体分析。

轴承座的形体分析如图6-9所示。

(2) 选择主视图。

在三视图中，主视图是最主要的视图。选择主视图，就是要解决组合体怎么放置和从哪个方向投射这两个问题。

① 放置位置——稳定性原则。通常人们习惯从物体的自然位置进行观察，所以选择主视图时，常把物体放正，使物体的主要平面（或轴线）平行或垂直于投影面。如图 6-10 所示的放置位置即满足这一原则。

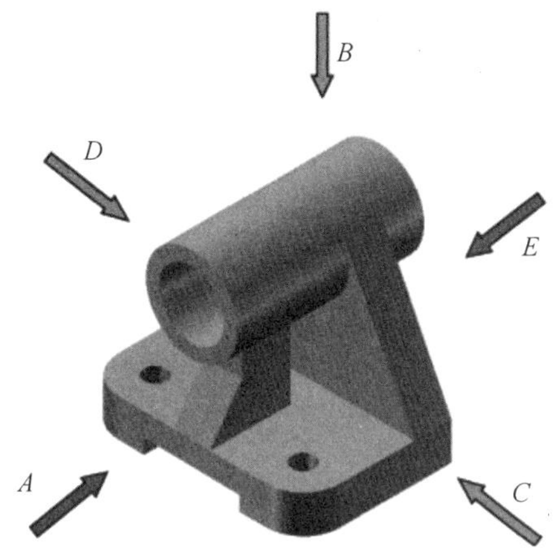

图 6-10　主视图的确定

② 投射方向——特征原则及虚线最少原则。要求主视图能够较多地反映物体的形状特征，即必须把组合体的各组成部分的形状特点和相互关系反映最多的方向作为主视图的投影方向，同时考虑其他视图虚线尽量少。图 6-10 中的“A”和“C”方向的视图均可满足该特征原则，综合比较，以“A”方向作为轴承座的主视图投影方向，主视图最为清晰。

主视图确定了，其他视图也就确定了。

(3) 选择比例，确定图幅。

在选择比例时，尽量选择 1∶1 比例，以便于直接估量形体的大小和画图。对小而复杂或大而简单的形体及专业图，可根据国标中比例的规定选用放大或缩小的比例。

确定图幅时要根据投影图所占面积、投影图间的适当间隔以及标注尺寸的空隙和标题栏位置，选择标准图幅。

(4) 布置视图。

先绘出图框和标题栏线框，然后根据各视图各个方向的最大尺寸和视图之间应该留的空隙，画出中心线、对称线、轴线和其他基准线或方框，定出各视图的位置。

(5) 画底稿。

以形体分析为主，线面分析为辅，根据形体的组合形式，从最具形体特征的视图入手，按先主后次，先外后内，先整体后细部，先定位置后定形状，分先后、有步骤地逐个绘出各简单形体的三视图，如图 6-11 所示，最后“组合”成整个投影图。绘图时要注意：同一形体应先画有圆和圆弧的视图，要养成三个视图配合起来画的习惯，这样可利用投影关系使作图既快又准确，不要画完整个立体的一个视图再画另一个视图。

(6) 检查并描深。

完成底稿经检查无误后，擦去多余的线，按国家标准规定的各类线型要求，进行描深。注意同类线型应保持浓淡和粗细度一致。

(7) 标注尺寸。

详见 6.5 节。

（8）其他。

填写标题栏、技术要求等，完成全图。

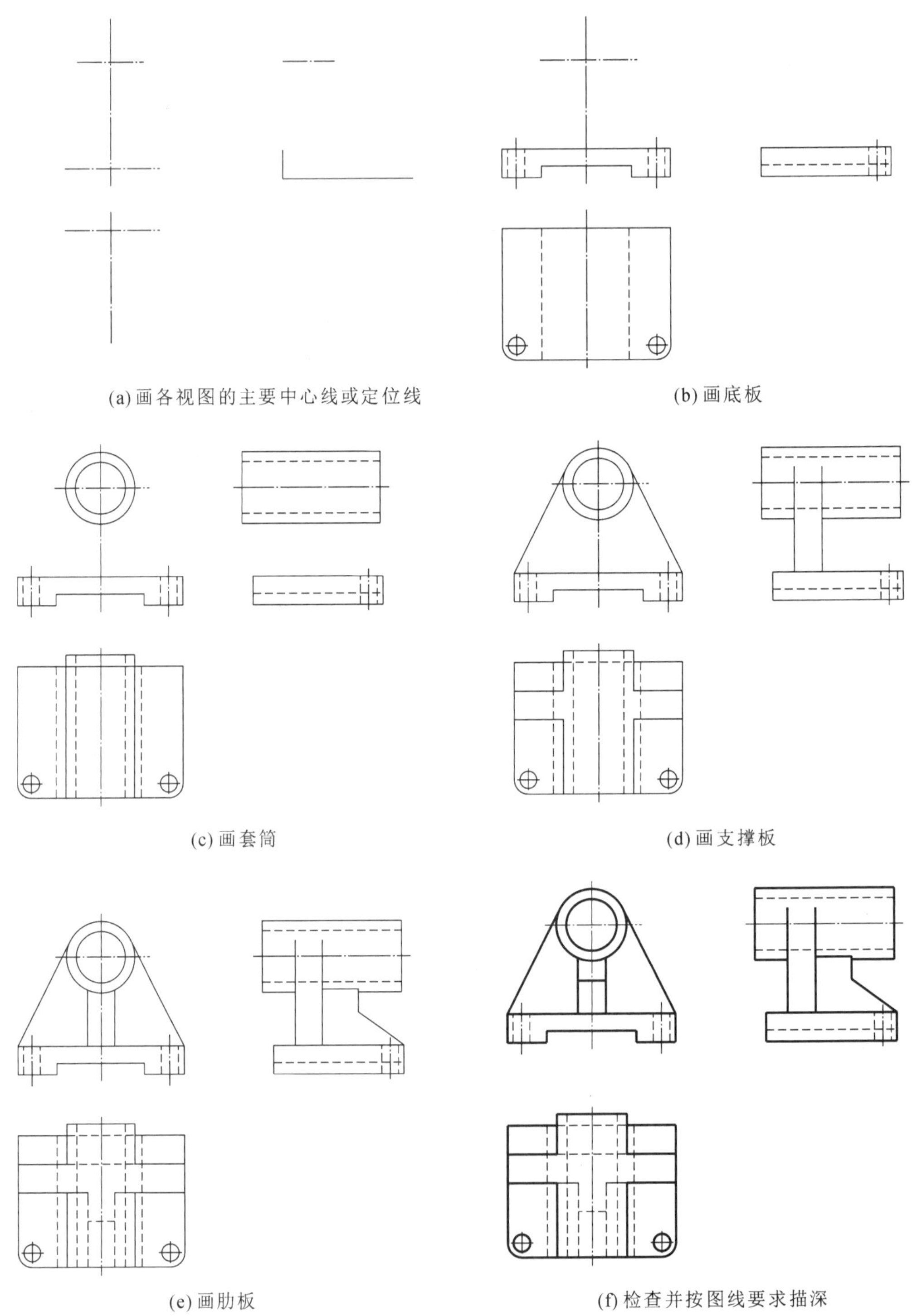

(a) 画各视图的主要中心线或定位线　(b) 画底板

(c) 画套筒　(d) 画支撑板

(e) 画肋板　(f) 检查并按图线要求描深

图 6-11　叠加型组合体画图步骤

6.2.2　挖切型组合体的画图方法

画挖切型组合体三视图时，一般要先分析立体的挖切过程，看看立体挖切前是什么基本体，是挖去了哪些形体后而形成的。可以按照挖切顺序依次画出切去每一部分后的三视图，必要时使用线面分析法分析并画出挖切后立体表面产生的截交线。下面以图 6-2 所示组合体为例说明画图步骤。

（1）形体分析。

如图 6-12 所示，组合体可以看作是长方体依次切去Ⅰ、Ⅱ、Ⅲ三个形体而形成的。

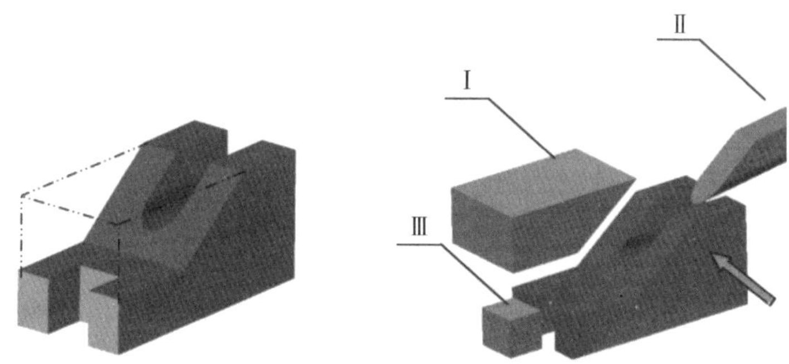

图 6-12　形体分析

（2）选择主视图。

在选择主视图时，考虑到稳定性原则，按自然安放位置并使其主要平面与投影面平行或垂直，以便使投影获得实形或积聚。选择图 6-12 中箭头所示方向作为主视图方向，这样被形体Ⅰ截切后的两个表面在主视图中都有积聚性。

（3）选择比例，确定图幅。

同叠加型组合体的画图方法。

（4）布置视图。

同叠加型组合体的画图方法。

（5）画底稿。

按照挖切顺序画图，具体步骤如图 6-13 所示。画图时应首先从有积聚性的视图入手，然后根据投影关系画出其他视图的交线，如图 6-13(b)(c)所示。挖切型组合体经常会出现斜面，除形体分析外，还应该结合线面分析进行画图或检查。如图 6-13(d)所示，Q 面是一个正垂面，在主视图上积聚为一条直线，在俯视图和左视图上都是类似形。

（6）检查并描深。

（7）标注尺寸。

（8）其他。

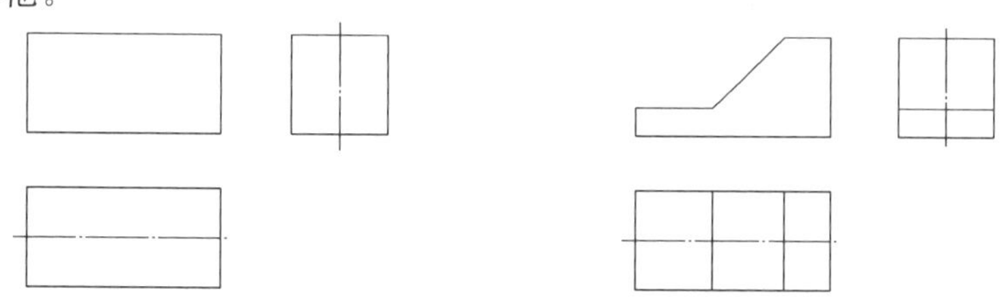

(a) 画基准线和长方体的三视图　　(b) 左上方切去形体Ⅰ，先画主视图

图 6-13　挖切型组合体画图步骤

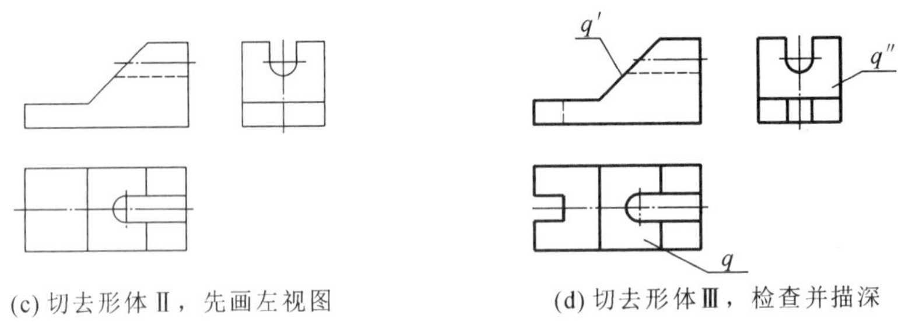

(c) 切去形体Ⅱ，先画左视图　　(d) 切去形体Ⅲ，检查并描深

续图 6-13

6.3 组合体正等轴测图画法

6.3.1 叠加法

对于叠加型组合体，先将其分解成若干基本几何体，然后再逐个将基本几何体的轴测图画出并结合在一起，即采用叠加法。

[例 6-1] 画出图 6-14(a)所示物体的正等轴测图。

[作图] 步骤如下：

(1) 在正投影图上确定坐标原点和坐标轴的位置，见图 6-14 (a)；

(2) 画出轴测轴，根据三视图中 x、y、z 的尺寸，画出最高台阶的长方体，见图 6-14 (b)；

(3) 根据三视图中 x、y、z 的尺寸，画出第二个台阶的长方体，见图 6-14 (c)；

(4) 根据三视图中 x、y、z 的尺寸，画出第三个台阶的长方体，见图 6-14 (d)；

(5) 根据三视图中 x、y、z 的尺寸，画出左右两个扶手的长方体，见图 6-14 (e)；

(6) 去掉多余线，整理描深后得到正等轴测图，见图 6-14 (f)。

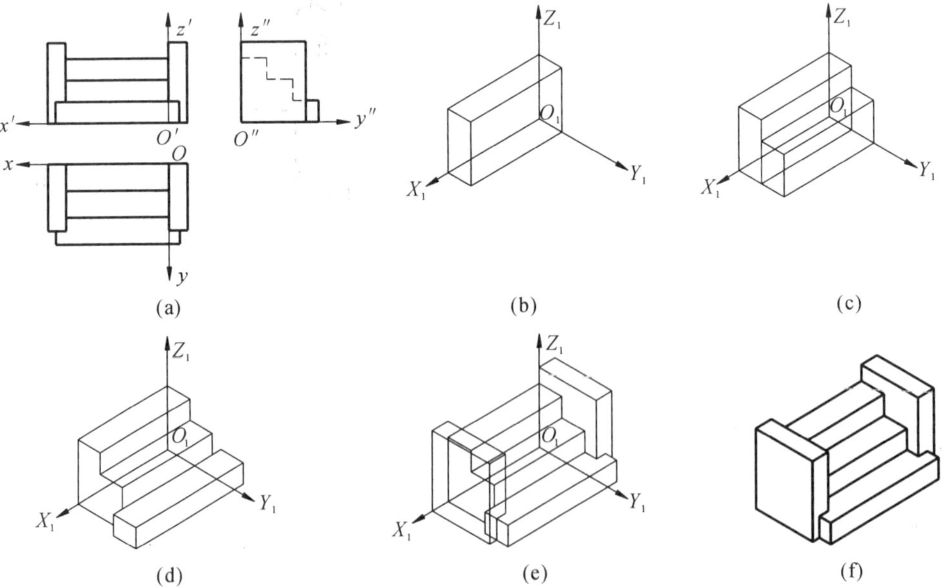

图 6-14　叠加法画正等轴测图

6.3.2　挖切法

对于挖切型组合体，可先按切割前完整的形体画出轴测图，然后逐步挖切画出其不完整的部分，最后得到组合体的轴测图。

[例 6-2]　画出图 6-15(a)所示物体的正等轴测图。

[作图]　步骤如下：

(1) 在正投影图上确定坐标原点和坐标轴的位置，见图 6-15 (a)；

(2) 画出轴测轴，根据 a、b、c 尺寸画出完整的长方体，见图 6-15 (b)；

(3) 根据 d、g、k 尺寸切去楔形块，见图 6-15 (c)；

(4) 根据 e、f 尺寸切出顶部的四棱柱槽，见图 6-15 (d)；

(5) 去掉多余线，整理描深后得到正等轴测图，见图 6-15 (e)。

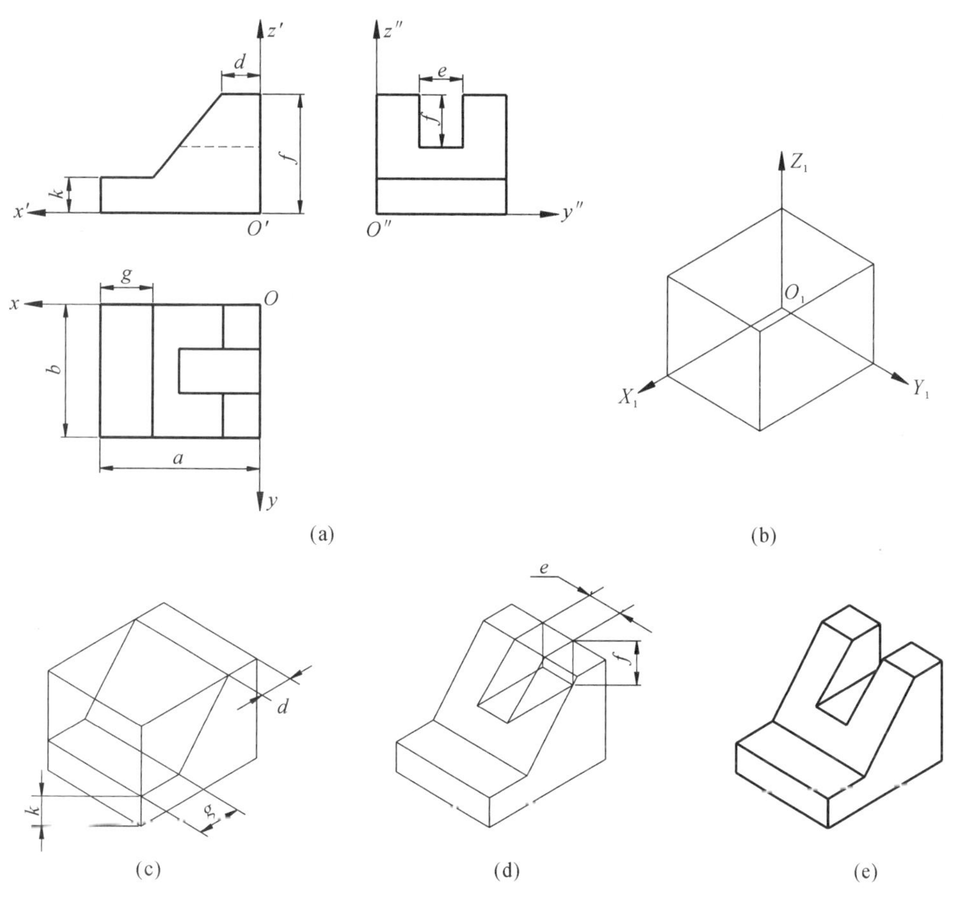

图 6-15　挖切法画正等轴测图

6.3.3　综合举例

如图 6-16 所示，首先根据该组合体的三视图，对其进行形体分析，明确该组合体是由底板、圆柱体和肋板组合而成的，然后按组合形体依次画图。圆孔、圆角一般先不考虑，待主要几何体完成后，再逐步去画，作图方法及步骤如下：

(1) 在正投影图上确定坐标原点和坐标轴的位置，如图 6-16 (a)所示；

(2) 画出轴测轴，画底板和右面长方体的主要轮廓，如图 6-16 (b)所示；

(3) 根据 y、z 坐标，切割掉右前方的小长方体，然后画后部分的近似椭圆，再过 A 点作 $AB /\!/ O_1Y_1$，取 $AB=ab$，过 A、B 分别作近似椭圆的公切线，如图 6-16 (c)所示；

(4) 画圆孔和底板圆角，如图 6-16 (d)所示；

(5) 擦去作图线，描深，得该组合体的正等轴测图，如图 6-16 (e)所示。

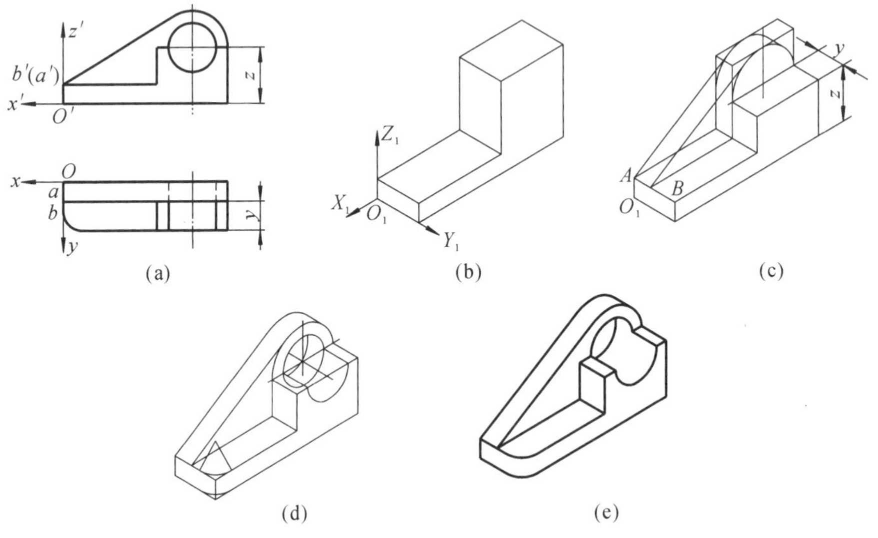

图 6-16　组合体正等轴测图画法举例

6.3.4　轴测草图的画法

1. 徒手绘图

徒手图也称草图，是不借助仪器，仅用铅笔以徒手、目测估计比例的方法绘制的图样。由于绘制草图迅速简便，因此有很大的实用价值，常用于创意设计、测绘机件和技术交流中。徒手图不要求按照国标规定的比例绘制，但要求正确目测实物形状及大小、基本上把握住形体各部分间的比例关系。为了控制尺寸大小，经常在网格纸上画徒手图。

1) 直线的画法

标记好起始点和终止点，眼睛看着终止点，眼睛的余光看着铅笔，用较快的速度绘出直线，切记不要一小段一小段地画。一般水平线从左向右绘制，铅垂线从上向下绘制，向右上斜的线从左下向右上绘制，向右下斜的线从左上向右下绘制。图 6-17(a)所示为在网格纸上徒手绘制水平线，图 6-17 (b)所示为徒手绘制竖直线，图 6-17 (c)所示为徒手绘制斜线。画长线时，可将图纸旋转适当角度，以利于运笔画线。

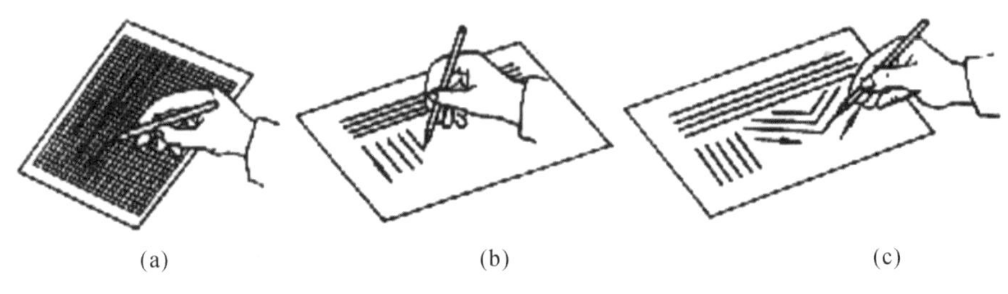

图 6-17　徒手绘制直线

2）常见角度的画法

根据两个直角边的比例关系，定出两个端点，然后连线，如图 6-18 所示。

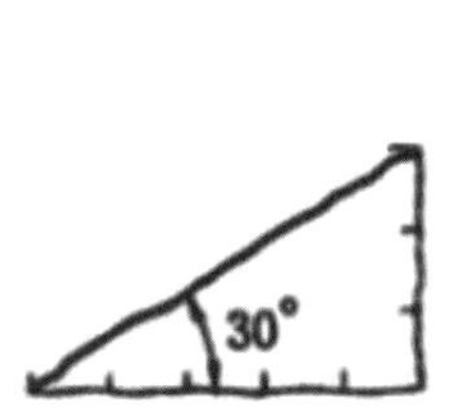

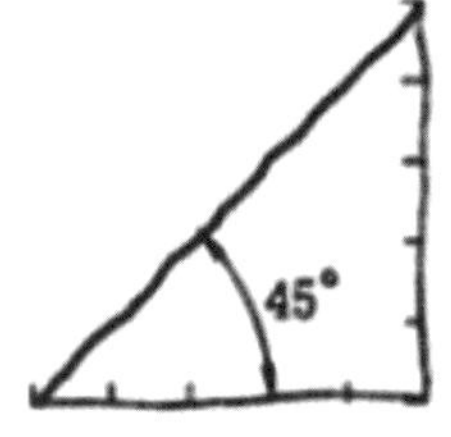

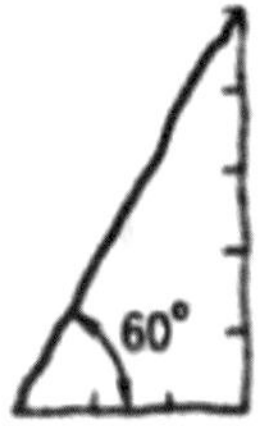

图 6-18　徒手绘制常见的角度

3）圆的画法

先画两条中心线，然后在中心线上按半径标记好四个点，接着画左半圆（或右半或上半），再画右半圆（或左半或下半），如图 6-19(a)所示。画较大圆时，也可在 45°方向上加画两条中心线作为标记，如图 6-19 (b)所示。

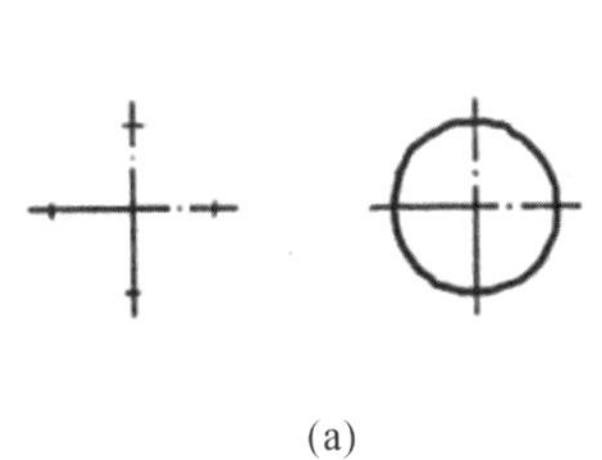

(a)

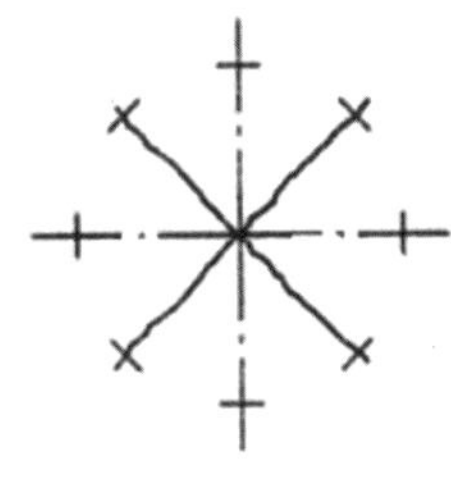
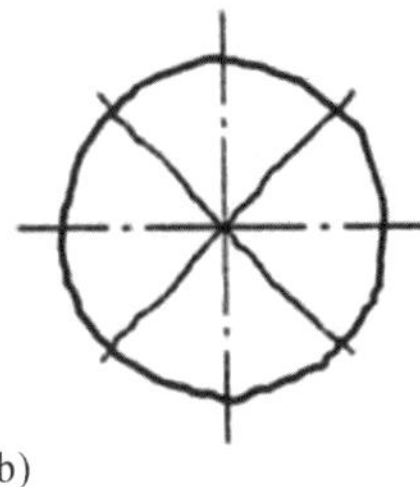

(b)

图 6-19　徒手绘制圆

3）圆角的画法

首先根据圆角半径的大小，在角分线上定出圆心的位置，然后过圆心分别向两边引垂线定出圆弧的起点和终点，同时在角分线上也按圆角半径定出一点，最后过这三点连成圆弧，如图 6-20 所示。

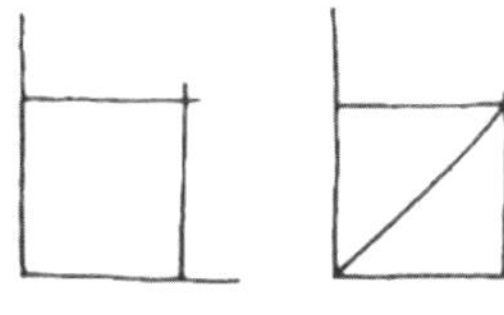
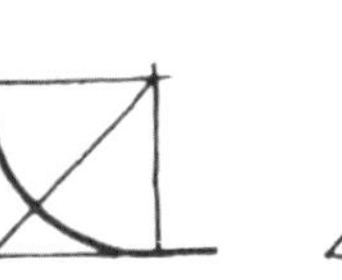

(a) 画90°圆弧

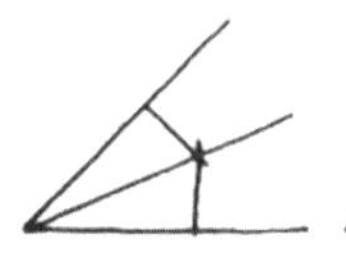

(b) 画任意角圆弧

图 6-20　徒手绘制圆角

4）椭圆的画法

(1) 利用矩形画椭圆。如图 6-21(a)所示，先画出椭圆长、短轴，再在长、短轴上目测长、短轴的一半长度定出四个点；过这四个点分别作长、短轴的平行线，画出一个矩形，连矩形的对角线，在四段半对角线上，目测估计找出从角点向中心取 3∶7 的分点；最后将作出的长短轴上的四个点和对角线上的四个分点顺序连成椭圆。

(2) 利用外切菱形画椭圆。平行于坐标面的圆，其正等轴测投影都是椭圆。如图 6-21 (b)所示的三个椭圆，分别为平行于平面 XOY、XOZ、YOZ 的圆的正等轴测投影。每个坐标面上的椭圆都有一对共轭轴，分别平行于所在平面的轴测轴，长度约等于圆的直径，因此也称为共轭直径。例如水平面 XOY 上椭圆的共轭轴 $ab \parallel OX$、$cd \parallel OY$。画椭圆时，首先根据椭圆的共轭轴绘出其外切菱形，然后经过共轭轴的顶点画出与外切菱形相切的四段圆弧形成椭圆。

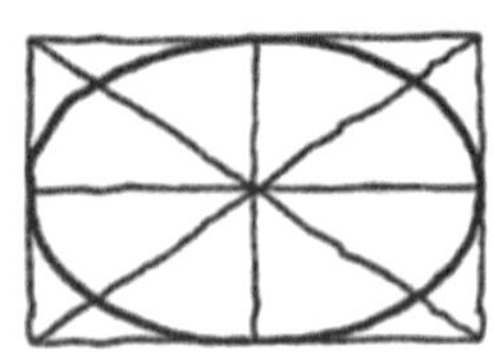

(a) 利用矩形画椭圆

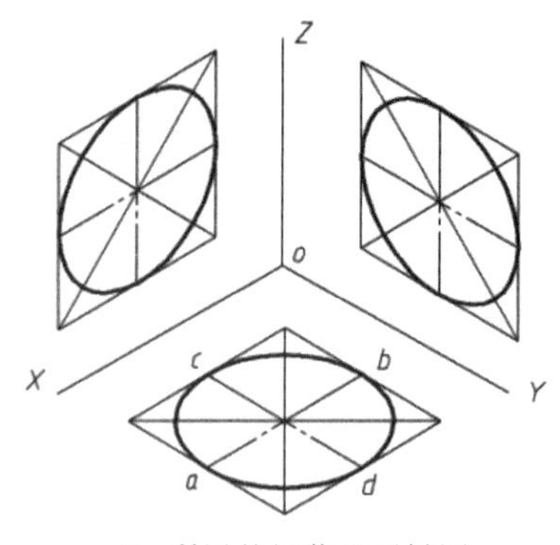

(b) 利用外切菱形画椭圆

图 6-21 徒手绘制椭圆

2. 平面立体的正等轴测草图画法

为了由实体画出正等轴测图，应使物体倾向观察者放置，如图 6-22(a)所示。在此位置，物体高度方向在图上是垂直位置，宽度和长度方向的边缘各自与水平方向成 30°(正等轴测投影的轴测轴位置)。

画图步骤如下。

(1) 轻微用力绘制长方体。AB 铅垂，而 AC 及 AD 与水平方向大约成 30°，这三条线即为正等轴测轴。按目测尺寸截取 AB、AC 及 AD，与实体相对应的线条长度大约一致，然后分别画出与这三条线相平行的线，并根据目测的物体上的凹凸部分的长宽位置，按比例标记出，如图 6-22 (b)所示。

(2) 过标记点画出凹凸部分的位置线，根据目测尺寸画出凹下深度和凸起高度，如图 6-22 (c)所示。

(3) 擦去作图辅助线，并描深物体轮廓线，如图 6-22 (d)所示。

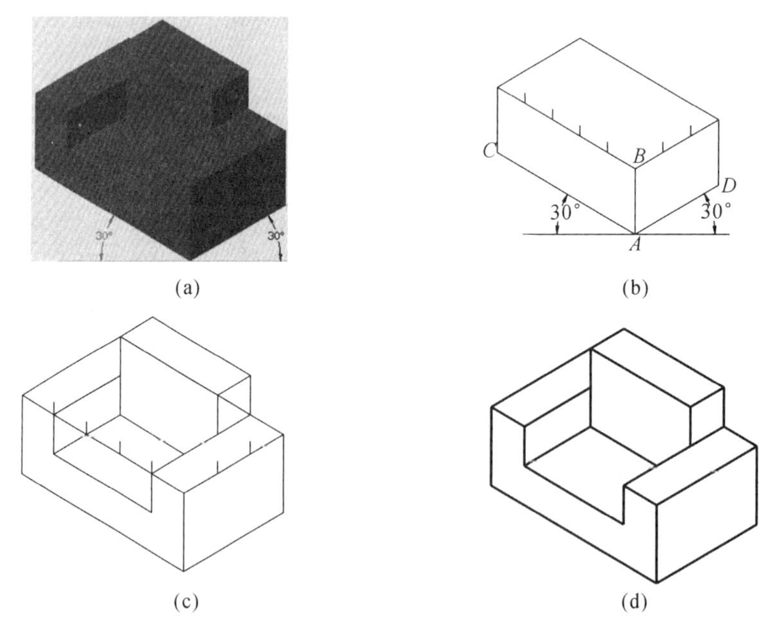

(a) (b)

(c) (d)

图 6-22 平面立体正等轴测草图画法

3. 带有回转面的立体的正等轴测草图画法

绘制带有回转面立体的草图时，应首先将曲面立体按四棱柱绘制，然后将正四边形作为圆的外切菱形绘制椭圆，形成圆柱。

带有回转面的立体的正等轴测草图的画图步骤如下：

(1) 图 6-23 (a)为物体的主、俯视图。在俯视图中画出圆柱筒内外两个圆的外切四边形，画出左边半圆柱体中半圆的外切四边形；

(2) 在图 6-23 (b)中，首先绘制中心线表示轴测坐标，然后根据主视图中的高度画出以外切四边形表示的左右两个四棱柱的正等轴测图；

(3) 在图 6-23 (b)右边的高四棱柱中，分别过中心线和外切四边形的交点画出四段圆弧，形成椭圆，作上下椭圆的切线形成圆柱回转素线；同理在左边的低四棱柱中，画出半圆柱体；

(4) 擦去多余的作图线，画出左右两个部分的交线，并描深最终结果，如图 6-23 (c)所示。

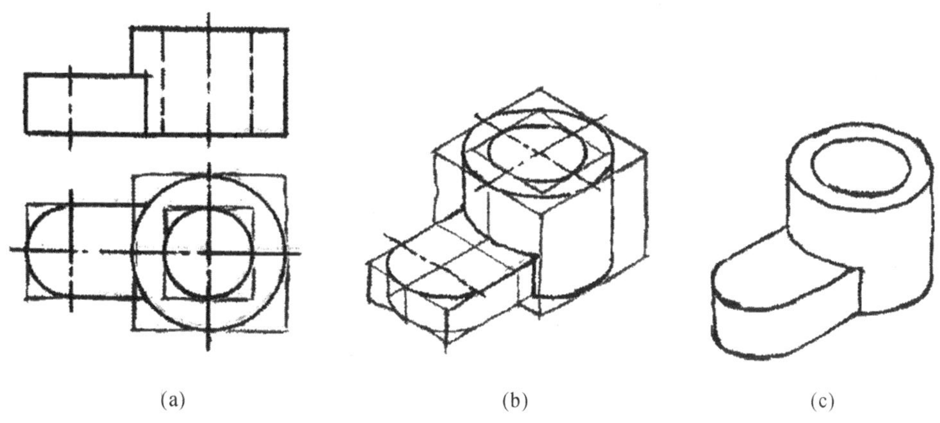

(a)　(b)　(c)

图 6-23　带有回转面的立体的正等轴测草图画法

6.4　读组合体视图的方法

读图是运用正投影原理，通过对已知视图进行分析来想象出空间形体形状结构的过程，是画图的逆过程。正确、迅速地看懂组合体视图是需要重点掌握的基本技能，也是阅读机械图样的基础。

6.4.1　读图的基本方法

形体分析法和线面分析法既是绘图的基本方法，也是读图的基本方法。要读懂图，除了必须掌握一定的投影理论外，掌握一定的读图方法是很有必要的。

1. 将各个视图联系起来识图

组合体的形状一般是通过几个视图来表达的，每个视图只能反映物体一个方向的形状，仅由一个或两个视图不一定能唯一地确定组合体的形状。一般要根据几个视图并运用投影规律进行分析，才能想象出空间物体的形状。

如图 6-24 所示的五组视图，它们的主视图都相同，但俯视图不同，组合体形状就不同。

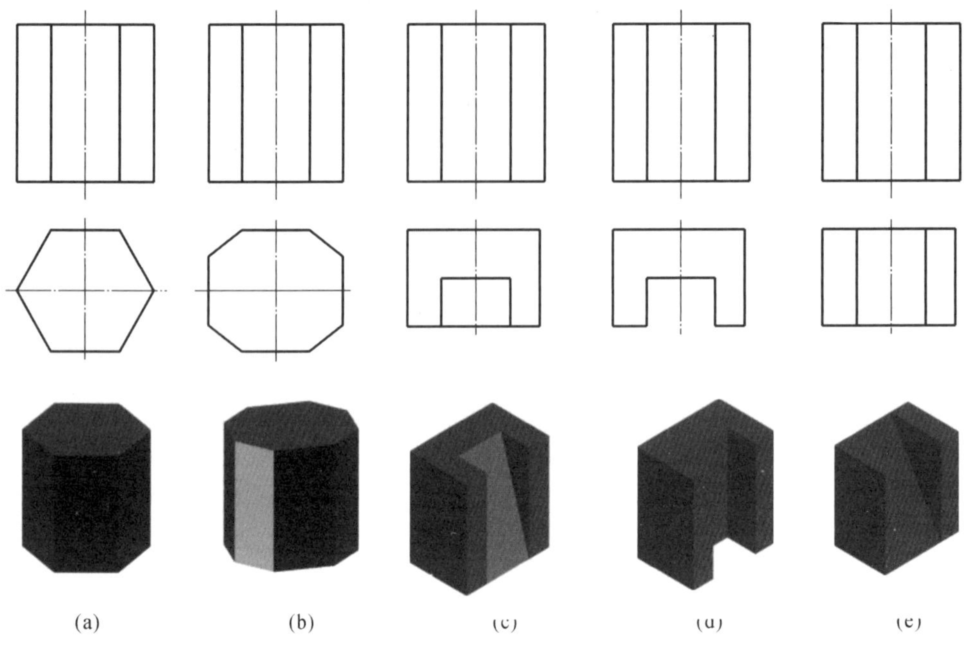

图 6-24 一个视图不能唯一确定物体的形状示例

如图 6-25 所示的三组视图，虽然其主、左两个视图相同，但由于俯视图不同，组合体形状也不同。

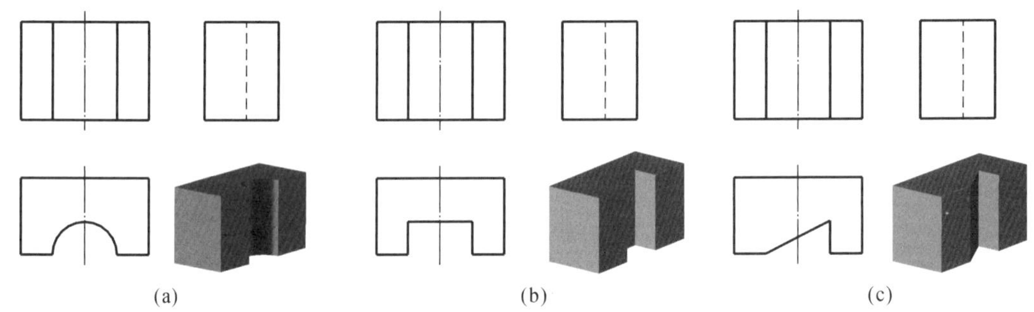

图 6-25 两个视图不能唯一确定物体的形状示例

2. 从特征视图入手

特征视图是最能反映形体特征的那个视图，是最能提供识别形体关键信息的视图。它包括形状特征视图和位置特征视图。

形状特征视图——最能反映物体形状特征的视图。图 6-25 中三个物体的俯视图为其形状特征视图。有时物体的形状特征不是都在一个视图中，如图 6-26 所示，肋板的形状特征是主视图，底板的形状特征是俯视图。

位置特征视图——最能反映构成组合体的各基本几何体之间相对位置关系的视图。如图 6-27 所示，主视图是形状特征视图，该组合体由三个几何体Ⅰ、Ⅱ、Ⅲ组成，按照投影规律“长对正”，俯视图中与Ⅱ、Ⅲ对应部分一个是凸台，一个是孔，但并不能确定哪个几何体是凸台，哪个几何体是孔。如果对照左视图，则很容易判断出来，所以左视图为其位置特征视图。

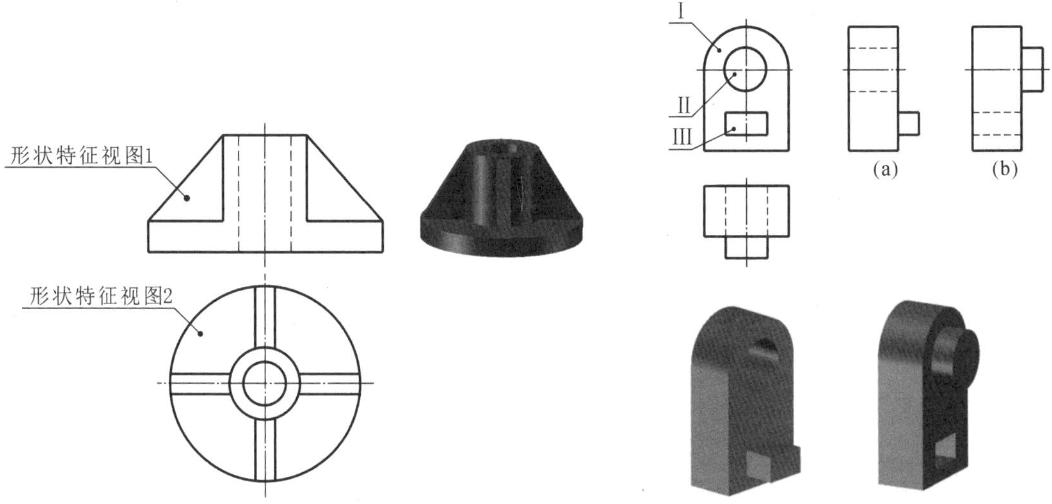

图 6-26　形状特征视图不在同一个视图中　　图 6-27　位置特征视图

3. 注意反映几何体之间连接关系的图线

如图 6-28 中箭头所指的图线，在左边的物体中，三棱柱与 L 形部分的交线从主视图方向上看是可见的实线，如图 6-28(a)所示，结合其左视图可知，在前后方向上，三棱柱位于物体的中间。右边的物体是从中间挖去一个三棱柱，如图 6-28(b)所示，因此从主视图方向投影是虚线。

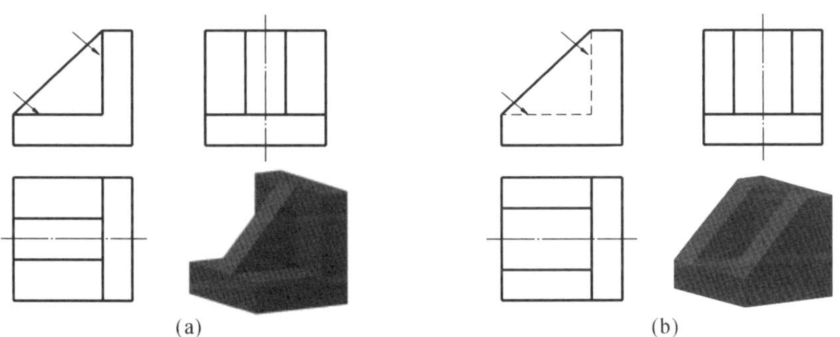

图 6-28　形体间连接关系

4. 理解视图中线框和图线的含义

(1) 视图上的每一条图线(包括实线和虚线)可能表示三种含义：立体上有积聚性的平面或曲面、立体上两个表面的交线以及曲面的转向轮廓素线，如图 6-29 所示。

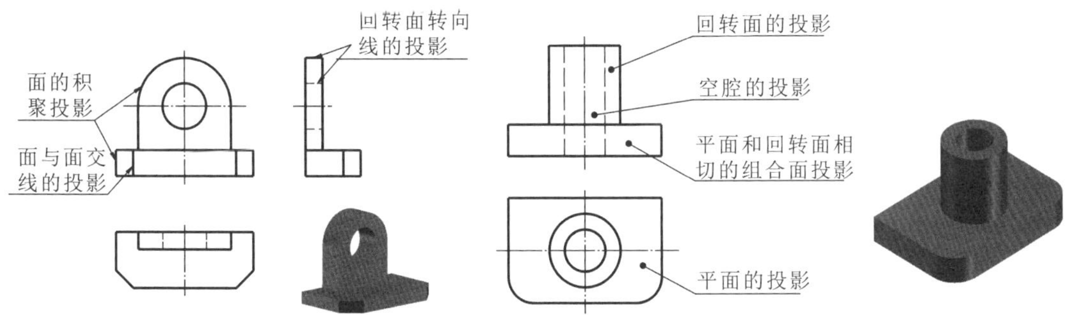

图 6-29　视图中图线的含义　　图 6-30　视图中线框的含义

(2) 视图上的每一个封闭线框一般情况下表示一个面的投影，可能表示四种含义：平面、曲面、平面与曲面相切的组合面以及空腔，如图 6-30 所示。

(3) 视图上相邻的封闭线框通常表示两个相邻的面同向错位或相交。如图 6-31(a)(b)所示的视图中线框Ⅰ、Ⅲ和Ⅱ所表示的平面前后错位不平齐；图 6-31(c)(d)所示的视图中线框Ⅰ和Ⅱ、Ⅱ和Ⅲ所表示的平面相交。

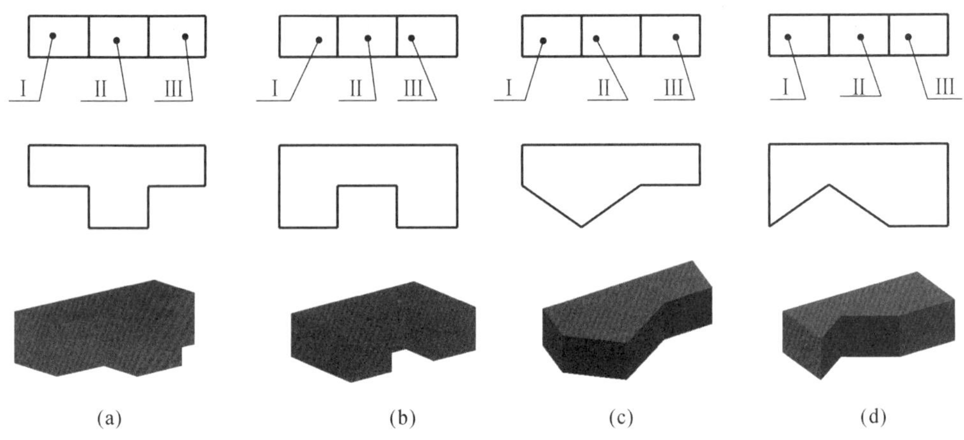

图 6-31　视图中相邻封闭线框的含义

(4) 视图上相套的封闭线框，通常是两个面凹凸不平或者是具有打通的孔。如图 6-27所示的主视图中，线框Ⅰ里面有线框Ⅱ和Ⅲ，线框Ⅱ和Ⅲ可能是挖孔，也可能是凸起。

5. 善于构思物体的形状

为了提高读图能力，应注意不断培养构思物体形状的能力，进一步丰富空间想象能力，达到能正确和迅速地读懂视图。下面举例说明构思物体形状的步骤和方法。

[**例** 6-3]　如图 6-32 所示，已知物体三个视图的外轮廓，要求通过空间构思想象出这个物体的形状并补全其三视图。

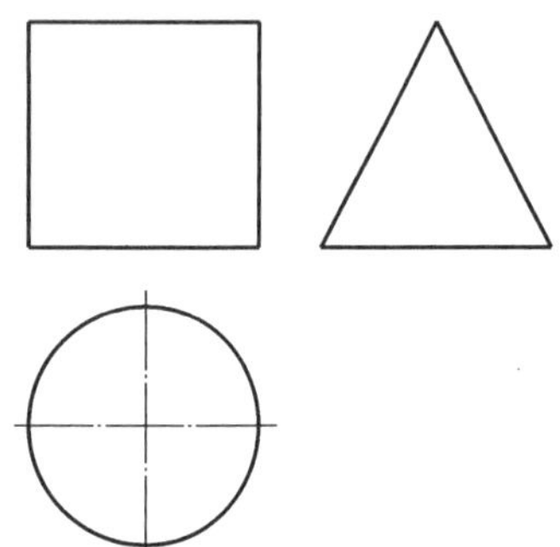

图 6-32　已知物体三个视图的外轮廓构思出这个物体的形状

[**解析**]　在构思过程中，可以先逐步按三个视图的外轮廓来构思这个物体，然后再想象出这个物体的形状。

构思步骤和方法如下。

(1) 将正方形作为主视图的物体，可以构思出很多，如立方体、圆柱体、三棱柱等，如图 6-33(a)所示。

(2) 将圆作为俯视图的物体，也可构思出很多，如圆柱体、球体、圆锥体等，但是结合主视图轮廓为正方形，俯视图为圆的物体只能是一个圆柱体，如图 6-33(b)所示。

(3) 综合主、俯视图的轮廓分别为正方形和圆，而左视图为三角形，该物体应该是圆柱体被截平面截切后形成的，即用两个侧垂面切去圆柱体的前后两块。切割后的圆柱体的左视图为一个三角形，而主、俯视图的轮廓仍分别能保持原来的正方形和圆。只是主视图上应添加前、后两个断面的重合投影，俯视图上应添加两个断面的交线的投影。物体最终的形状和三视图，如图 6-33(c)(d)所示。

综上所述，读图时，不仅要几个视图联系起来看，还要对视图中的每个线框和每条图线的含义进行分析，这样才能逐步想象出物体的完整形状。

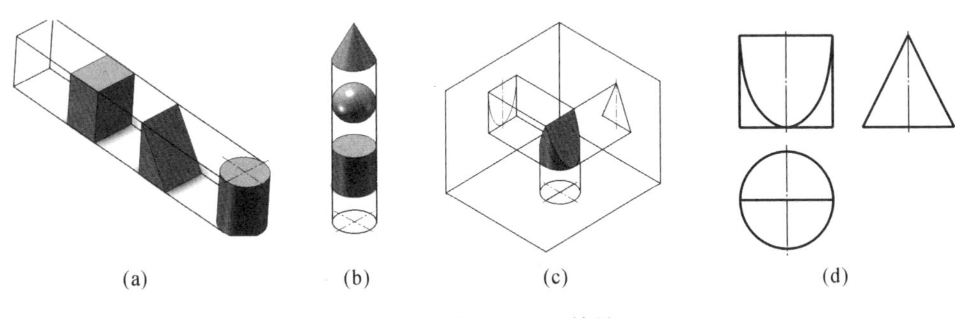

图 6-33　构思过程及结果

6.4.2　读图的方法

1. 形体分析法

形体分析法是读图的最基本方法。应用这种方法，先从最能反映物体形状特征的主视图着手，分析该物体是由哪几部分组成以及它们的组成形式，然后运用投影规律，逐一找出每一部分在其他视图上的投影，从而想象出各部分所表达的几何体的形状以及它们之间的相对位置关系，最后构思出整个物体的形状。下面以图 6-34 所示的组合体为例说明这种方法在读图中的具体应用。

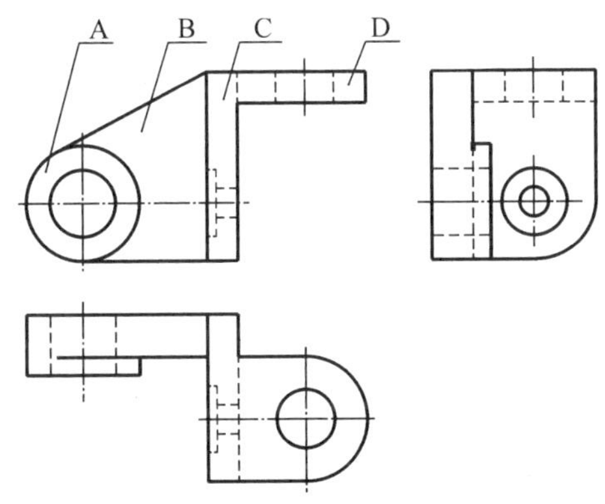

图 6-34　支座的形体分析

1）抓特征分线框

以主视图为主，配合其他视图，找出反映物体特征较多的视图，从图上将物体分解成几部分。如图 6-35 所示，将主视图划分为四个线框，即 A、B、C、D 四部分。

2）对投影识形体

搞清各部分的形状、相对位置及组合方式，从形体 A 的主视图线框出发，根据“三等”关系，找到 A 在左、俯视图中的对应投影，如图 6-35(a)中所示的粗线条。然后将形体 A 的三个视图对应起来，很容易确定 A 线框代表一个空心圆柱。

以同样的方法分析 B、C、D 线框，如图 6-35(b)(c)(d)所示，确定其余形体的形状。

3）综合起来想整体

在读懂每部分形体的形状，搞清各部分形体的相对位置、组合方式的基础上，综合起来想象整体的形状。组合体的最终形状如图 6-35(e)所示。

由已知两投影图补画第三投影图是培养看图能力的一种主要方法，常做这样的训练，有助于提高看图能力。其过程是先分析形体的两投影图，确定该形体的形状，然后按前述绘图方法补绘第三投影图。

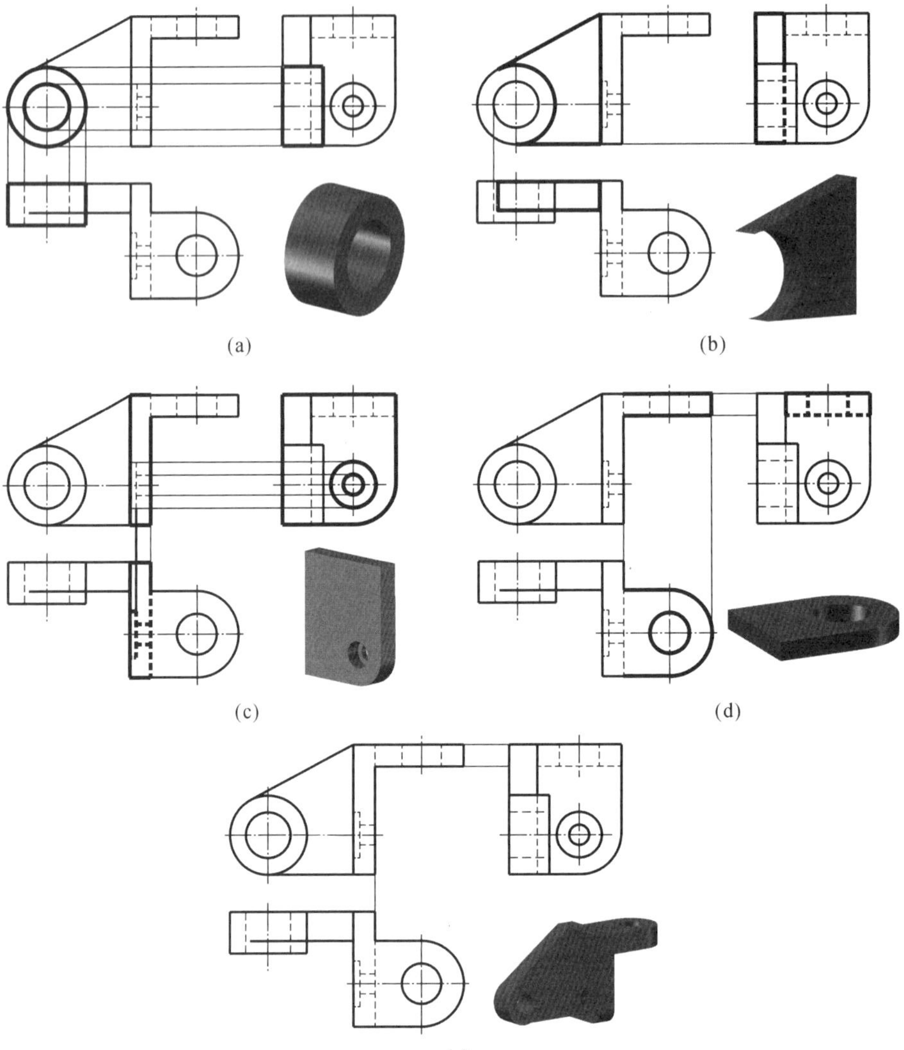

(a)　(b)

(c)　(d)

(e)

图 6-35　支座的形体分析方法

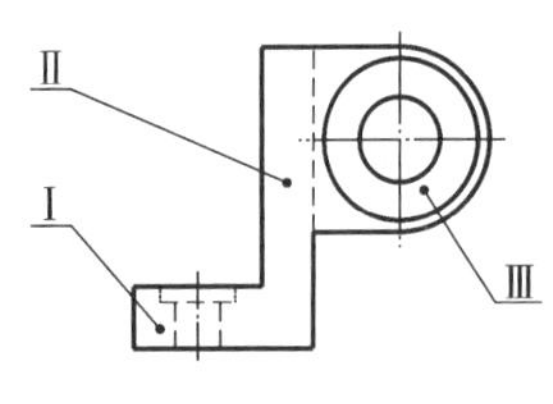

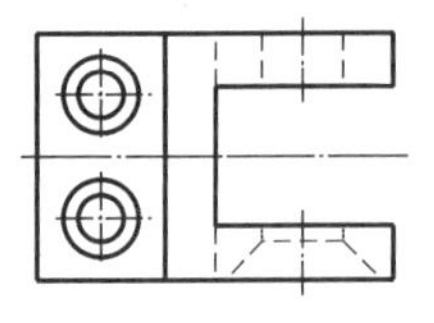

图 6-36　已知条件

［例 6-4］　如图 6-36 所示，已知叉架的主、俯视图，补画左视图。

［作图］　补图方法和步骤如下。

(1) 抓特征分线框。如图 6-36 所示，将主视图划分为三个封闭的线框，看作组成支架的三个部分的投影：Ⅰ是底板线框；Ⅱ是立板线框；Ⅲ是 U 形体线框(注意线框内包括的小圆线框)。

(2) 对投影识形体。对照俯视图，逐个构思出每个线框的形状并补画出视图，如图 6-37(a)(b)(c)所示。

(3) 综合起来想整体。分析每两个简单形体之间的相对位置和表面连接关系，综合得出叉架的整体形状。

(4) 检查、描深。检查组合体的三视图，有错误则修改，没有错误则描深图形，如图 6-37(d)所示。

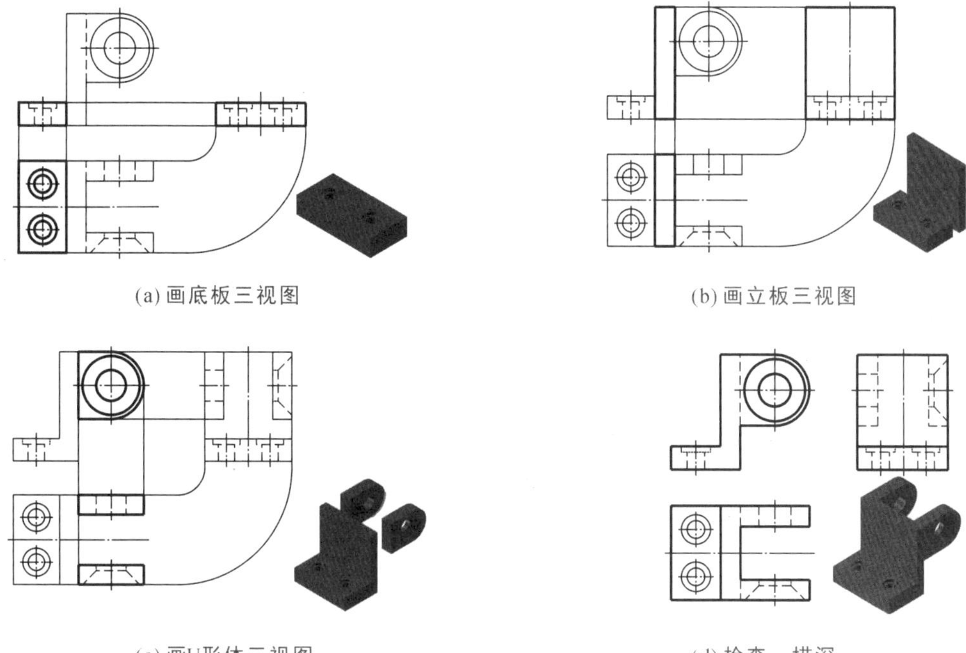

图 6-37　叉架的补图过程

2. 线面分析法

线面分析法是看图的辅助方法，是根据每一封闭线框表示空间一个面的投影特征，运用线、面的投影特征，分析投影图中线段、线框的含义及其相互位置关系。

在组合体形体划分较清晰的情况下，应采用形体分析法进行读图。对于由切割方式形成的组合体，需要利用线面分析的方法帮助读图。一般情况下是两种方法混合使用，以形体分析为主，辅以线面分析。下面以图 6-38(a)所示压块为例，说明在读图中如何进行线面分析。

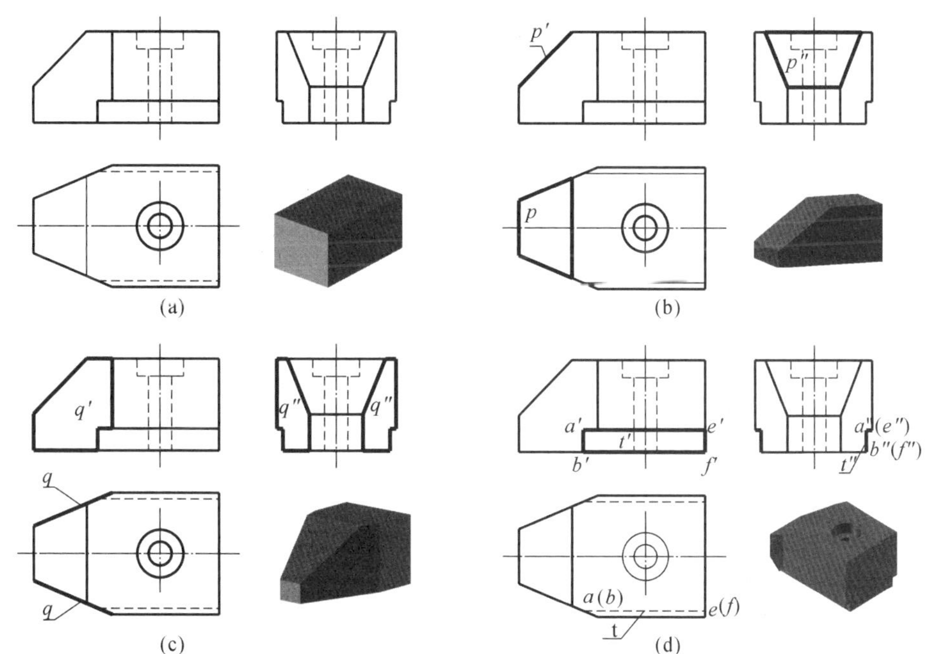

图 6-38　压块的线面分析法

1）分析视图

对所给视图进行分析，搞清它是由哪种几何体切割而成的。从图 6-38(a)所示视图可以看出该组合体由一个长方体切割而成。

2）分析视图中的线和面

如图 6-38(b)所示，从主视图中的斜线 p'，找出它在俯、左视图中对应的投影 p 和 p''。可以看出它是一个正垂面，将长方体左上角切去。从图 6-38(c)所示主视图中的多边形 q'，找出它在俯、左视图中对应的投影 q 和 q''。可以看出它是两个铅垂面，将长方体的左前、左后角切去。从图 6-38(d)所示主视图中的矩形线框 t'，找出它在俯、左视图中对应的投影 t 和 t''。可以看出它是两个水平面和两个正平面，将长方体前下角、后下角切去。

3）综合想象整体形状

根据以上线面分析，综合想象出压块的形状，如图 6-38(d)所示。

综上所述，弄清楚了各个面的相对位置关系，即能想象出该物体的形状。下面举例说明这种方法在看图中的应用。

[**例** 6-5]　如图 6-39(a)所示为垫块的主、俯视图，要求补画出其左视图。

[**作图**]　补图方法和步骤如下。

同时采用形体分析法和线面分析法。

(1) 采用形体分析法，抓特征分线框。如图 6-39 (b)所示，首先从主视图入手，画线框 1 和 2，然后对投影，在俯视图上找到特征视图线框 3 和 4。这样构成垫块的基本体有四个。

(2) 对投影，识形体。把线框 2 从整体中分离出来，可知线框 2 表达垫块下部中间的一长方体，如图 6-39(c)所示。具体分析线框 2 采用线面分析法。对照主、俯视图可以看出面 B 在前，面 A 在后，面 D 是水平面，它们是一个凹进去的长方体。补出长方体的左视图，凹进部分用虚线表示。

(3) 图 6-39(d)分析了线框 4。主视图上的 C 面，按投影规律“长对正”可判断出 C 面是一正平面，由此可知长方体前面有一凸块，因而在左视图的右边补出相应的一块。

(4)图 6-39(e)分析了线框 1。长方体上面一个带孔的立板，因图上箭头所指处没有轮廓线，可知立板的前面与上述的 A 面是同一平面，补出立板的左视图。

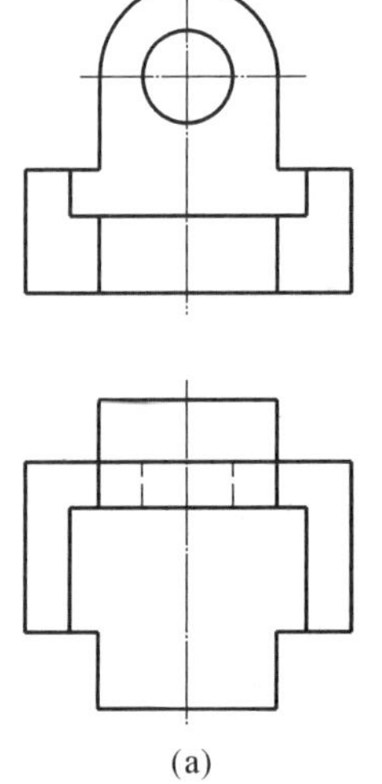

(a)

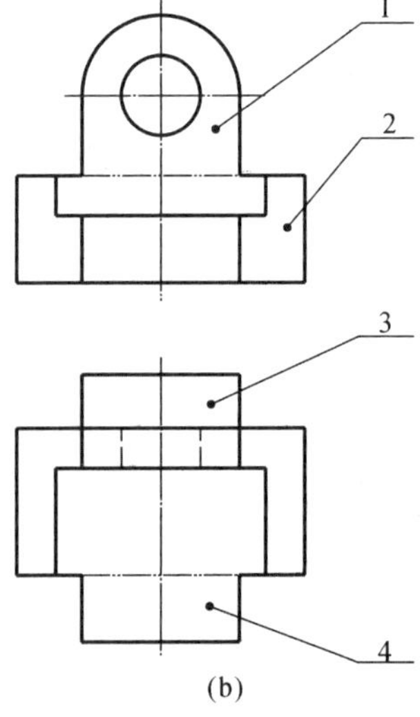

(b)

图 6-39　垫块的补图分析

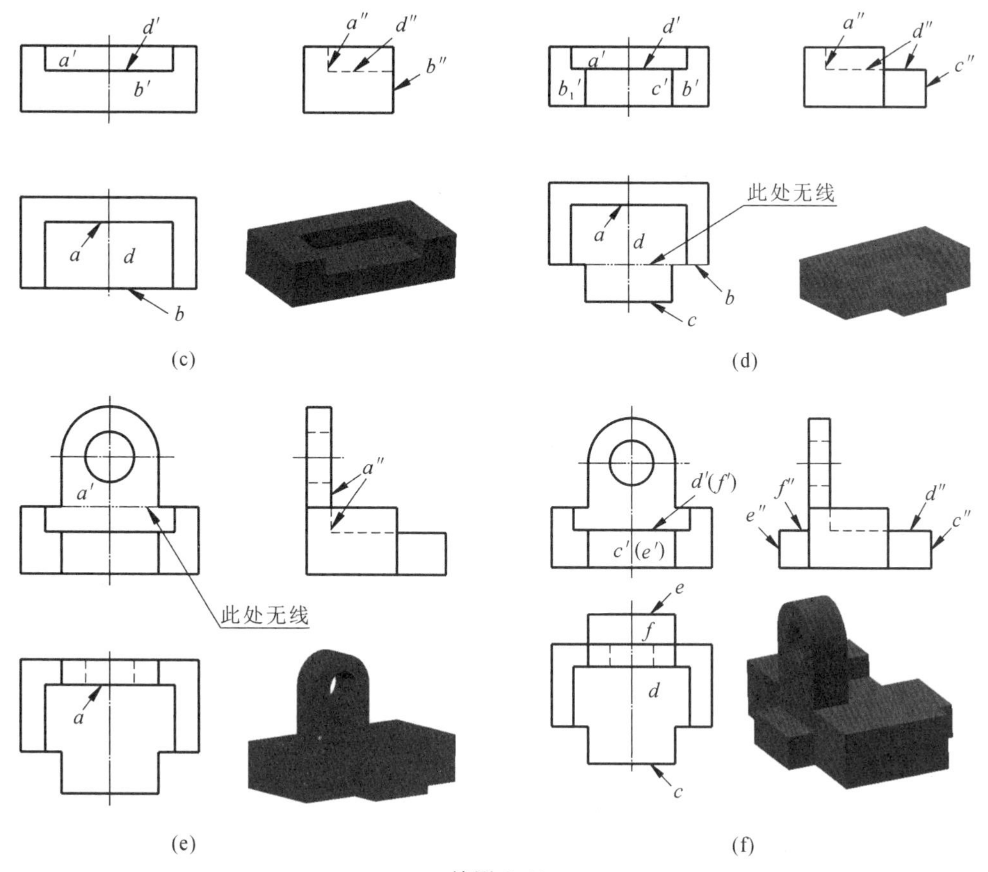

续图 6-39

(5) 图 6-39(f)分析了线框 3。从俯视图可知垫块后有一凸块，由于在主视图上没有对应的虚线，由此可知后凸块的背面 E 和 C 面的正面投影重合，即前、后凸块的长度和高度相同，补出后凸块的侧面投影。

(6) 检查、描深，完成垫块的左视图，如图 6-39(f)所示。

[**例** 6-6]　补画图 6-40(a)所示组合体视图中所缺图线并把错误之处改正过来。

[**作图**]　方法和步骤如下。

(1) 利用形体分析法，根据已知视图可推断该形体为半圆柱切割而成的柱形体，如图 6-40(b)所示。

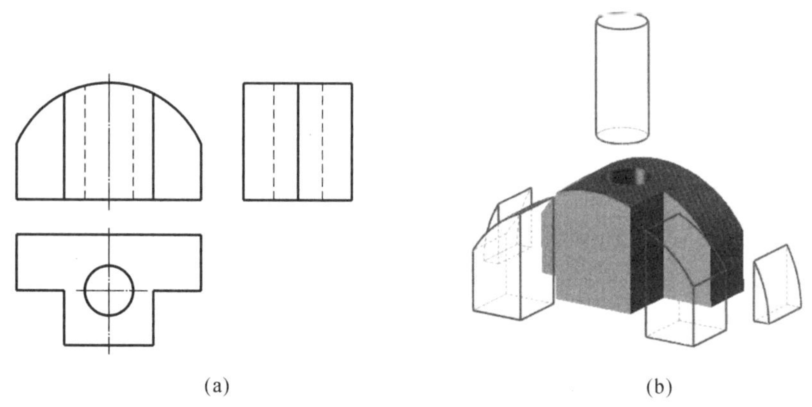

图 6-40　补画组合体视图缺线、改错的方法步骤

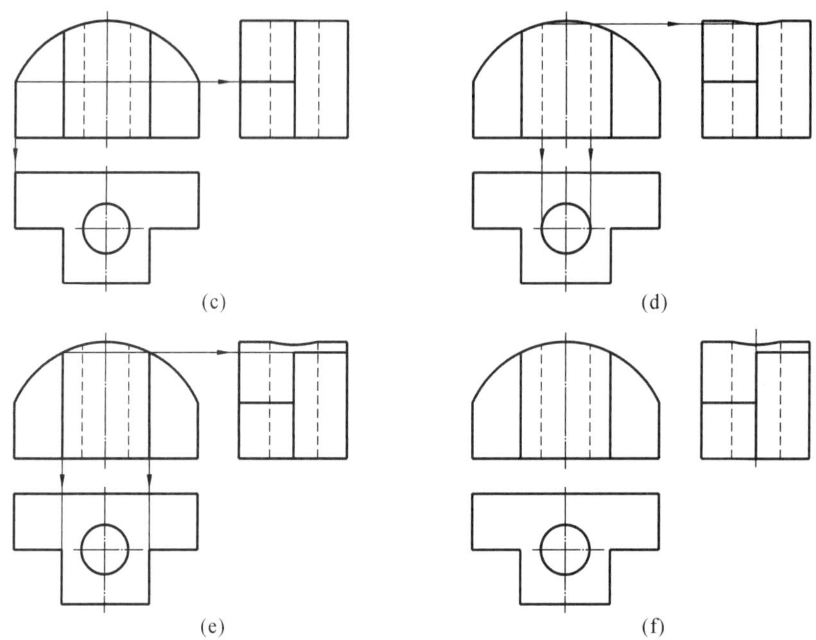
(c)　(d)　(e)　(f)

续图 6-40

(2) 抓特征视图,从主视图入手可知,半圆柱上表面与左右两侧平面有交线,对投影补出左视图中的缺线,如图 6-40(c)所示。

(3) 半圆柱上表面被挖孔有相贯线,其水平投影积聚成圆,侧面投影为圆弧,如图 6-40(d)所示,擦去多余的直线段。

(4) 如图 6-40(e)所示,半圆柱面被两个侧平面截切,截交线为正垂线,按照"长对正、高平齐、宽相等"投影规律画出其侧面投影,擦去多余的小线段。其结果如图 6-40(f)所示。

6.5　组合体视图上的尺寸标注

视图只能表达组合体的形状结构,其真实大小则由视图中所标注的尺寸确定。尺寸是视图中的一项重要内容,按照国家标准有关规定正确、完整、清晰地标注尺寸尤为重要。

一般将组合体分解为若干个几何体,在形体分析的基础上标注以下三类尺寸。

(1) 定形尺寸:确定各几何体形状和大小的尺寸。

(2) 定位尺寸:确定各几何体之间相对位置的尺寸。

要标注定位尺寸,必须先选定尺寸基准。物体有长、宽、高三个方向的尺寸,每个方向至少要有一个基准。通常以物体的底面、端面、对称面和轴线作为基准。

(3) 总体尺寸:物体长、宽、高三个方向的最大尺寸。

总体尺寸有时可能就是某形体的定形或定位尺寸,这时不再注出。当标注总体尺寸后出现多余尺寸时,需做调整,避免出现封闭尺寸链。当组合体的某一方向具有回转结构时,由于注出了定形、定位尺寸,该方向的总体尺寸不再注出。

6.5.1　常见形体的尺寸标注

1. 常见基本体的定形尺寸注法

常见基本体主要有棱柱、棱锥、棱台、圆柱、圆台、圆环和球体，只需标注定形尺寸，如图 6-41 所示(注:()内尺寸为参考尺寸)。

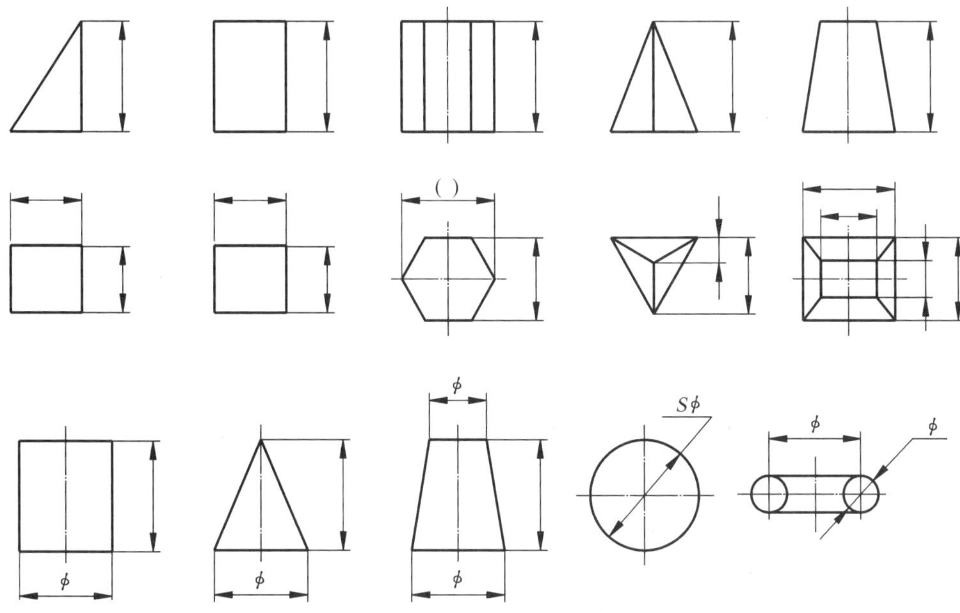

图 6-41　基本体的尺寸标注示例

2. 常见形体的定位尺寸注法

如图 6-42 所示为常见形体的定位尺寸标注示例。

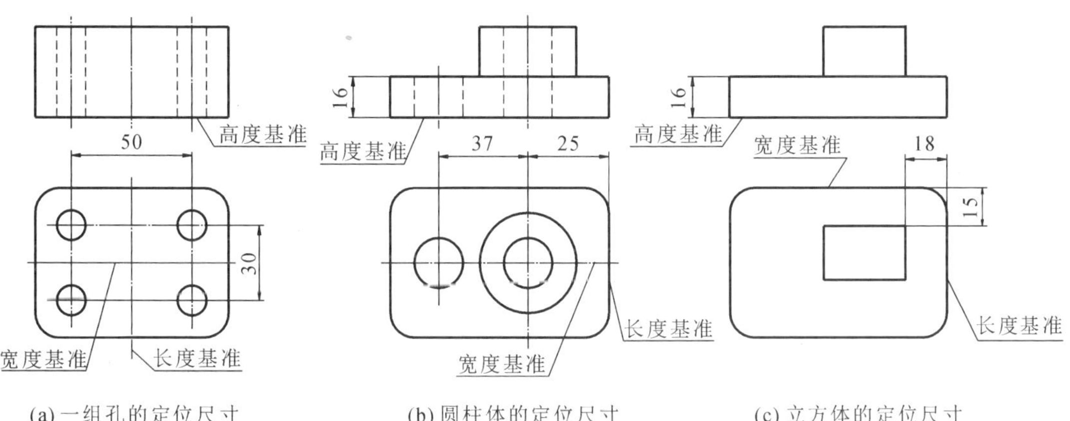

(a) 一组孔的定位尺寸　(b) 圆柱体的定位尺寸　(c) 立方体的定位尺寸

图 6-42　常见形体的定位尺寸标注示例

3. 切割体的尺寸注法

基本体被平面截切后的尺寸标注，首先要标注基本体的定形尺寸，然后标注截切平面的定位尺寸。注意不能在截交线上直接标注尺寸。如图 6-43 所示为基本体被截平面切割后的尺寸标注示例，图中除了注出形体的定形尺寸外，还在特征视图上集中标注出截平面的定位尺寸，而不标注截交线的定形尺寸(尺寸线上画有“×”的尺寸)。

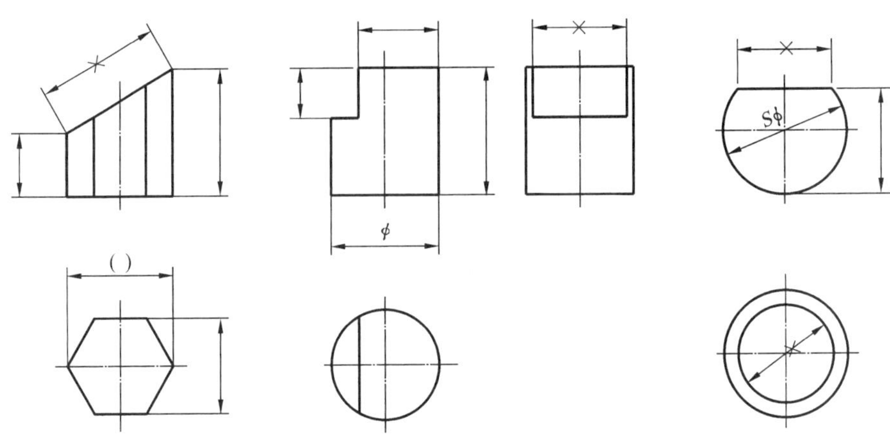

图 6-43　切割体的尺寸标注示例

4. 相贯体的尺寸注法

当立体的表面具有相贯线时，应标注产生相贯线的两基本体的定形和定位尺寸，不能在相贯线上直接注尺寸。如图 6-44 所示为两圆柱相交时尺寸的标注。其中标注出的定形尺寸如小圆柱直径 $\phi 28$、大圆柱直径 $\phi 36$ 和长度 50 以及定位尺寸 27 和 21 是正确的注法，而 $R16$ 和 16、7 的注法是错误的。

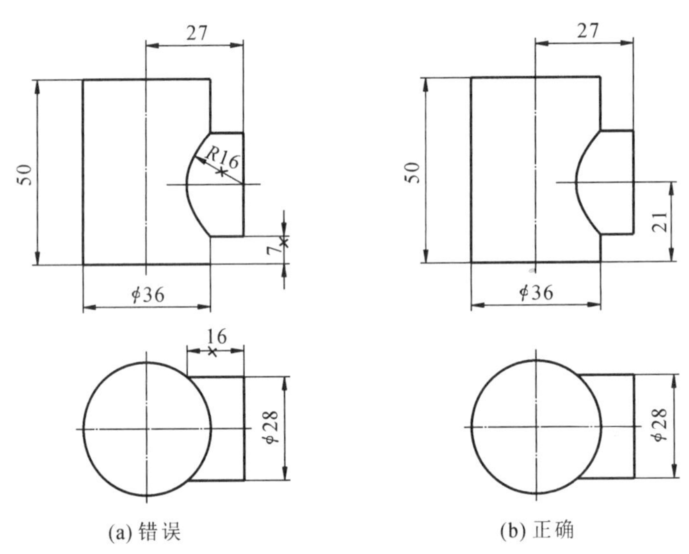

图 6-44　相交形体的尺寸标注示例

6.5.2　尺寸标注注意事项

尺寸标注除了要符合国标规定并保证标注完整准确无误外，还要使配置明显、清晰、整齐，以便读图。

1. 尺寸应标注在反映形体特征的视图上

为了看图方便，尽可能把尺寸标注在反映形体特征最明显的视图上。如图 6-45 所示的 V 形槽，其定形尺寸都标注在反映 V 形槽形状特征的主视图上。

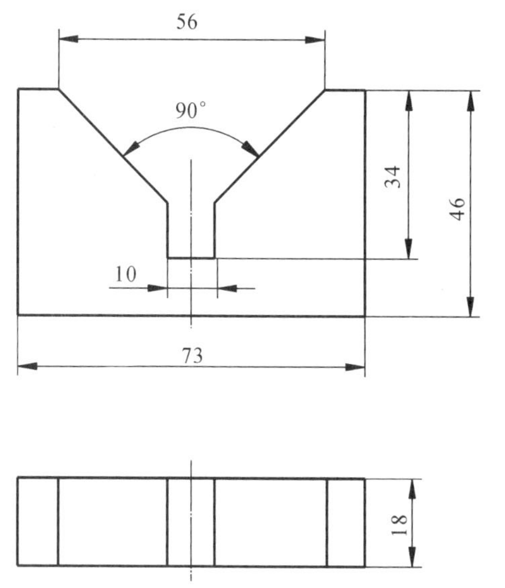

图 6-45　尺寸标注在反映形体特征的视图上

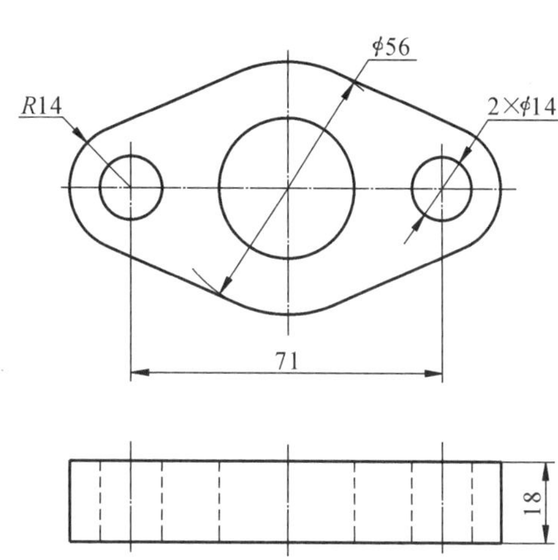

图 6-46　同一形体尺寸集中标注

2. 同一形体的尺寸及有关联的尺寸应尽量集中标注

同一形体的定形、定位尺寸，应尽量集中标注在一或两个视图上，而与两投影图有关的尺寸，宜注在两投影图之间，便于阅读。如图 6-46 所示的两个圆孔定形尺寸 2×ϕ14 及其长度方向的定位尺寸集中标注在主视图上。

3. 尺寸排列要整齐、清晰

(1) 尺寸一般应尽可能布置在视图轮廓线之外，在不影响图形清晰情况下，某些尺寸允许标注在图形内，如图 6-47(a)中的 ϕ19。尺寸尽量不注写在虚线上。相互平行的尺寸，应按照"小尺寸在里、大尺寸在外"的原则标注，避免尺寸界线与尺寸线相交，且平行排列的尺寸线的间隔应相等，相距以 7～10 mm 为宜，如图 6-47(b)所示。

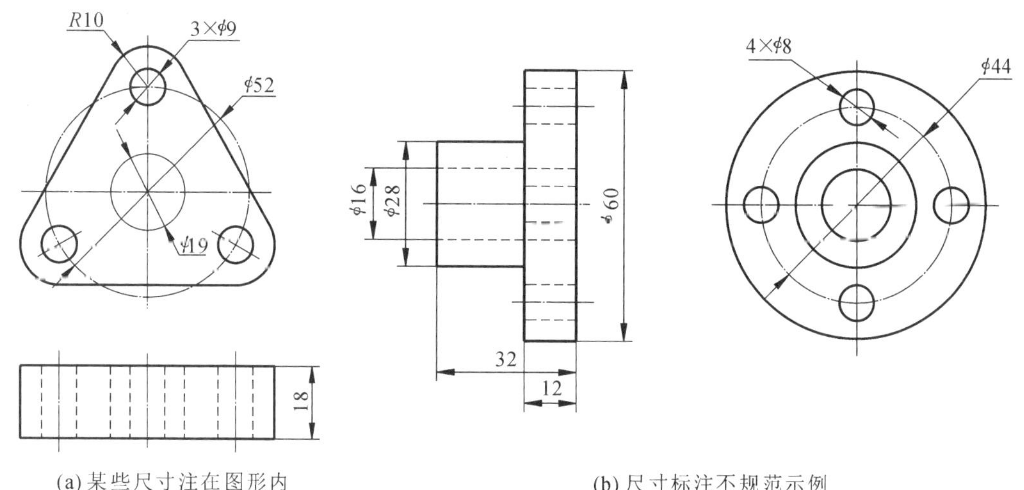

(a) 某些尺寸注在图形内　　(b) 尺寸标注不规范示例

图 6-47　尺寸排列举例

(2) 回转体的直径尺寸尽量标注在非圆视图上，按圆周分布的孔的直径和定位尺寸一般标注在反映其数量和分布位置的视图上，如图 6-48 所示。

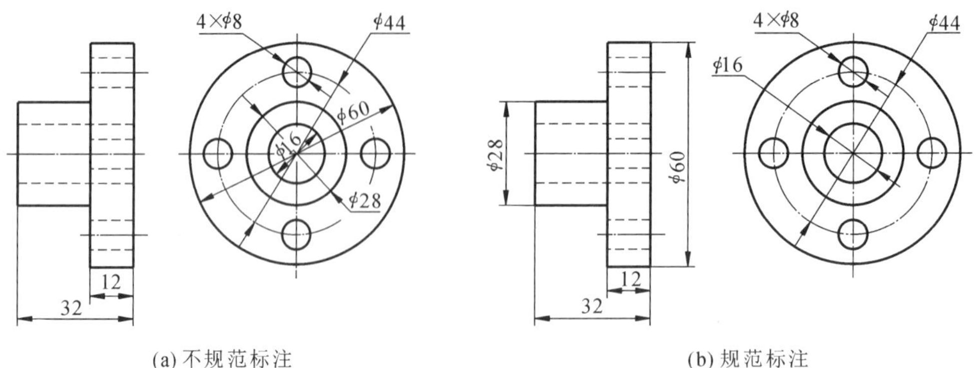

(a) 不规范标注　　(b) 规范标注

图 6-48　直径尺寸尽量标注在非圆视图上

(3) 以对称中心线为基准的定位尺寸或定形尺寸，一般不从对称中心线注起，而是直接标注互相对称的两要素之间的距离，如图 6-49 所示。

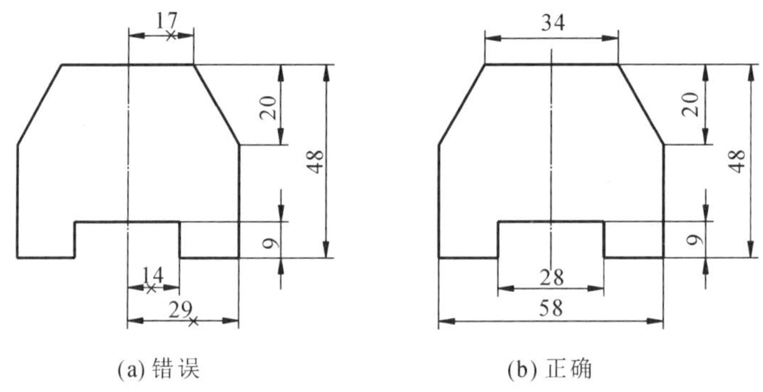

(a) 错误　　(b) 正确

图 6-49　对称图形的尺寸标注

(4) 同一方向的几个尺寸，在不互相重叠的条件下，应尽量画在一条线上，不要错开，如图 6-49 中垂直方向尺寸 9 和 20。

4. 常见结构形体尺寸标注

在机器零件上有一些固定组合形体经常遇到，称其为常见结构形体。源于加工工艺和习惯，其尺寸标注方法已经固定，如图 6-50 所示，底面为矩形且有圆角的柱体，其四个圆角不论与孔是否同轴，一般都要标注出孔的轴线间的定位尺寸和圆角的定形尺寸，还要标注出总体尺寸。应当注意当圆角与小孔同心时，上述尺寸数值之间不得出现矛盾。

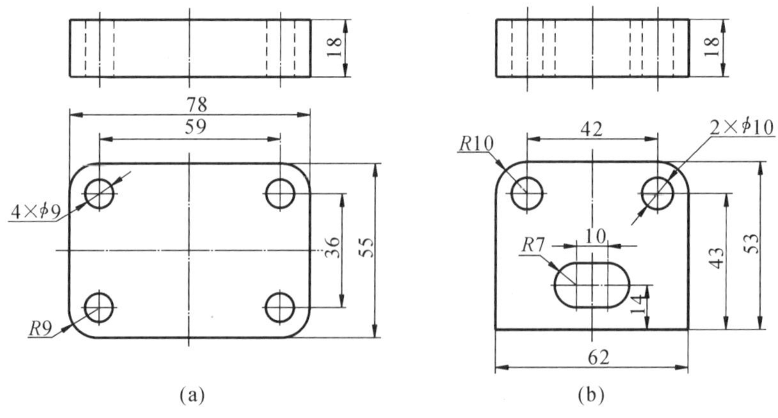

(a)　　(b)

图 6-50　常见结构形体尺寸标注举例

5. 总体尺寸标注

(1) 当组合体的端部是回转面，一般不以回转面的轮廓线为界直接标注其总体尺寸，而是由确定回转面轴线的定位尺寸和回转面的定形尺寸(半径或直径)来间接确定。如图 6-51 所示的结构形体，其总高尺寸由回转面轴线的定位尺寸 38 和回转面轴线的定形尺寸 $R28$ 之和确定；图 6-46 所示结构形体的总长尺寸，由回转面轴线的定位尺寸 71 和两个回转面定形尺寸 $R14$ 之和确定。

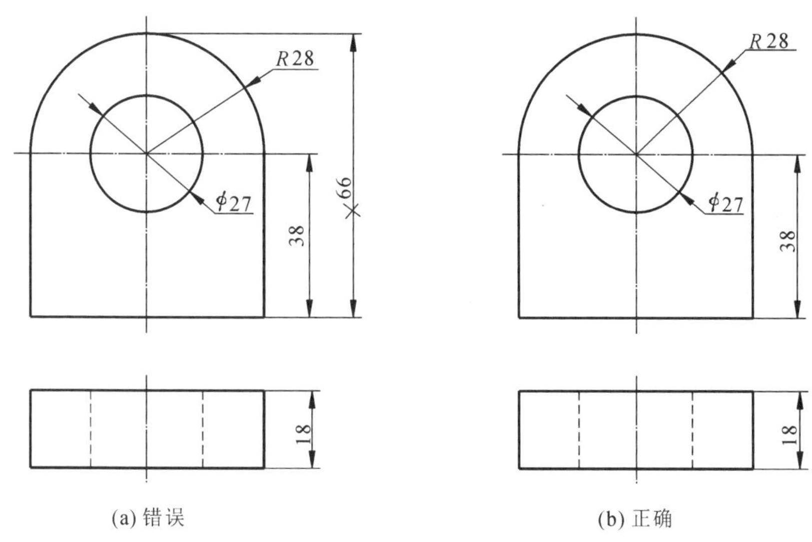

图 6-51　组合体的总体尺寸(1)

(2) 标注总体尺寸时，为了避免重复，还应做适当的调整，如图 6-52 所示。

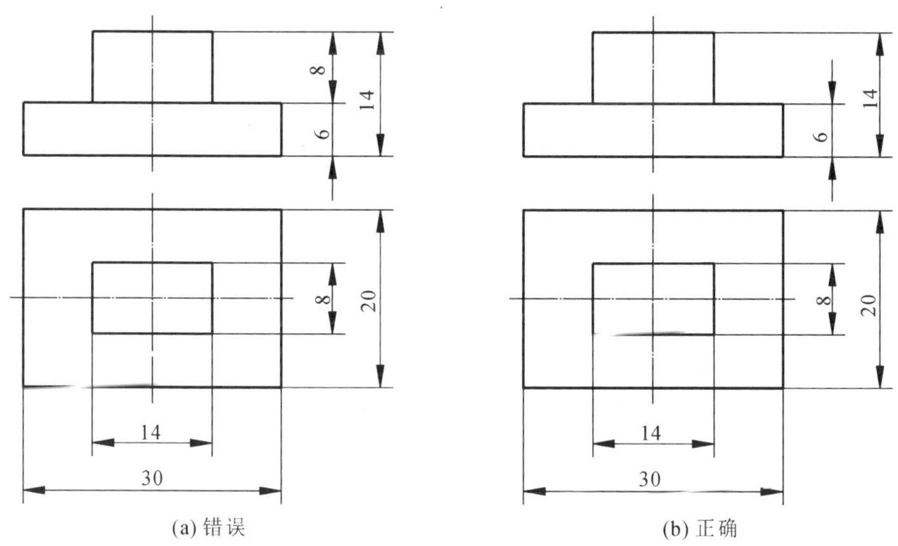

图 6-52　组合体的总体尺寸(2)

在标注尺寸时，有时不能兼顾以上各点，应根据具体情况，统筹安排，合理布置。

6.5.3　组合体的尺寸标注

标注组合体的尺寸时，首先要对组合体进行形体分析，明确组成该组合体的基本几何体形状及它们之间的相互位置，然后选定长度、宽度、高度三个方向的尺寸基准，逐个标注出组成组合体的基本几何体定形尺寸及它们之间相互位置的定位尺寸，再标注组合体的总体尺寸，最后检查。

下面以图 6-53 所示的轴承座为例说明尺寸标注的具体注法与步骤。

1. 形体分析

轴承座由底板、套筒、支撑板和肋板组成。

2. 尺寸基准的确定

尺寸基准是标注尺寸的起点，也是组合体中各基本体定位的基准。因此，为了完整和清晰地标注组合体的尺寸，必须在长、宽、高三个方向上分别选定尺寸基准。图 6-53 所示轴承座为左右对称结构，因此长度方向以左右对称面为基准；宽度方向以底板的后端面为基准；高度方向以底板的底面为基准。

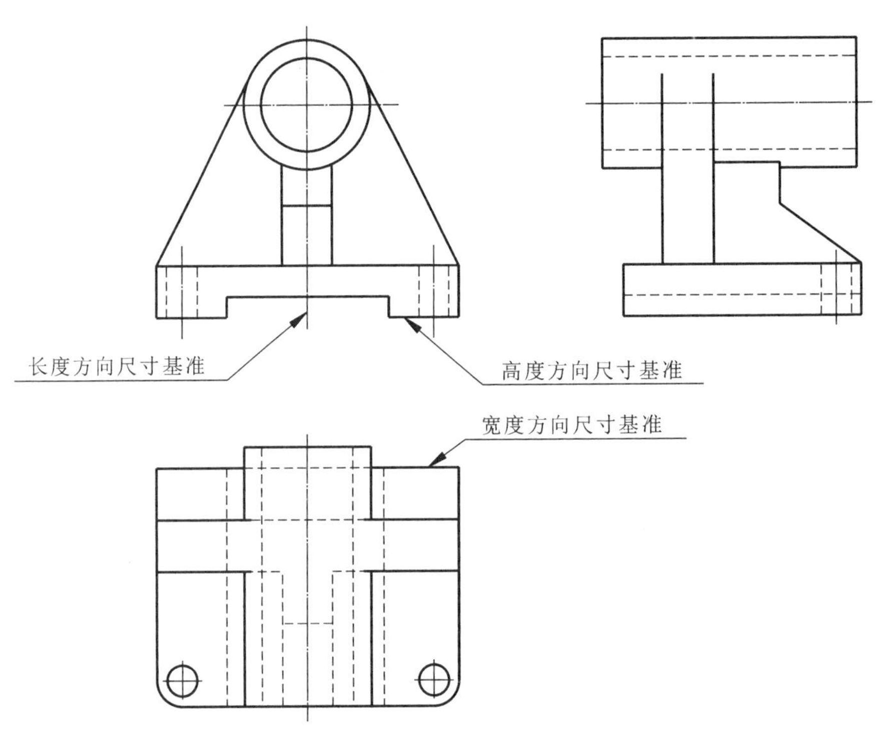

图 6-53　尺寸基准的确定

3. 逐个标注各个基本几何体的定形尺寸、定位尺寸

将轴承座分解成四个基本几何体后，再逐一标出各基本几何体的定形尺寸，注意要避免混标和余漏。定形尺寸尽量标注在反映该部分形状特征的视图上。

(1) 标注底板的尺寸，如图 6-54(a)所示，底板的定形尺寸有 60、46、10、32、4、$R5$、$2\times\phi6$；定位尺寸有 50 和 41。

(2) 标注套筒的尺寸，如图 6-54(b)所示，套筒的定形尺寸有 $\phi25$、$\phi18$、50；定位尺寸有 4 和 40。

(3) 标注支撑板和肋板的尺寸，如图 6-54(c)所示，支撑板的定形尺寸有 10，定位尺寸有 10；肋板的定形尺寸有 10、13 和 12。

4. 标注总体尺寸

如图 6-54(d)所示，轴承座的总长尺寸与底板长度方向的定形尺寸 60 重合，不需要标注。当标注了套筒相对于底板的定位尺寸 4 以及套筒的宽度尺寸 50 后，由于这两个尺寸有利于明显表示底板和套筒的相对位置以及套筒的宽度，为避免形成封闭尺寸链，不再标注轴承座的总宽尺寸。轴承座高度方向有回转面，总高尺寸由套筒高度方向的定位尺寸 40 和定形尺寸 $\phi18$ 确定。

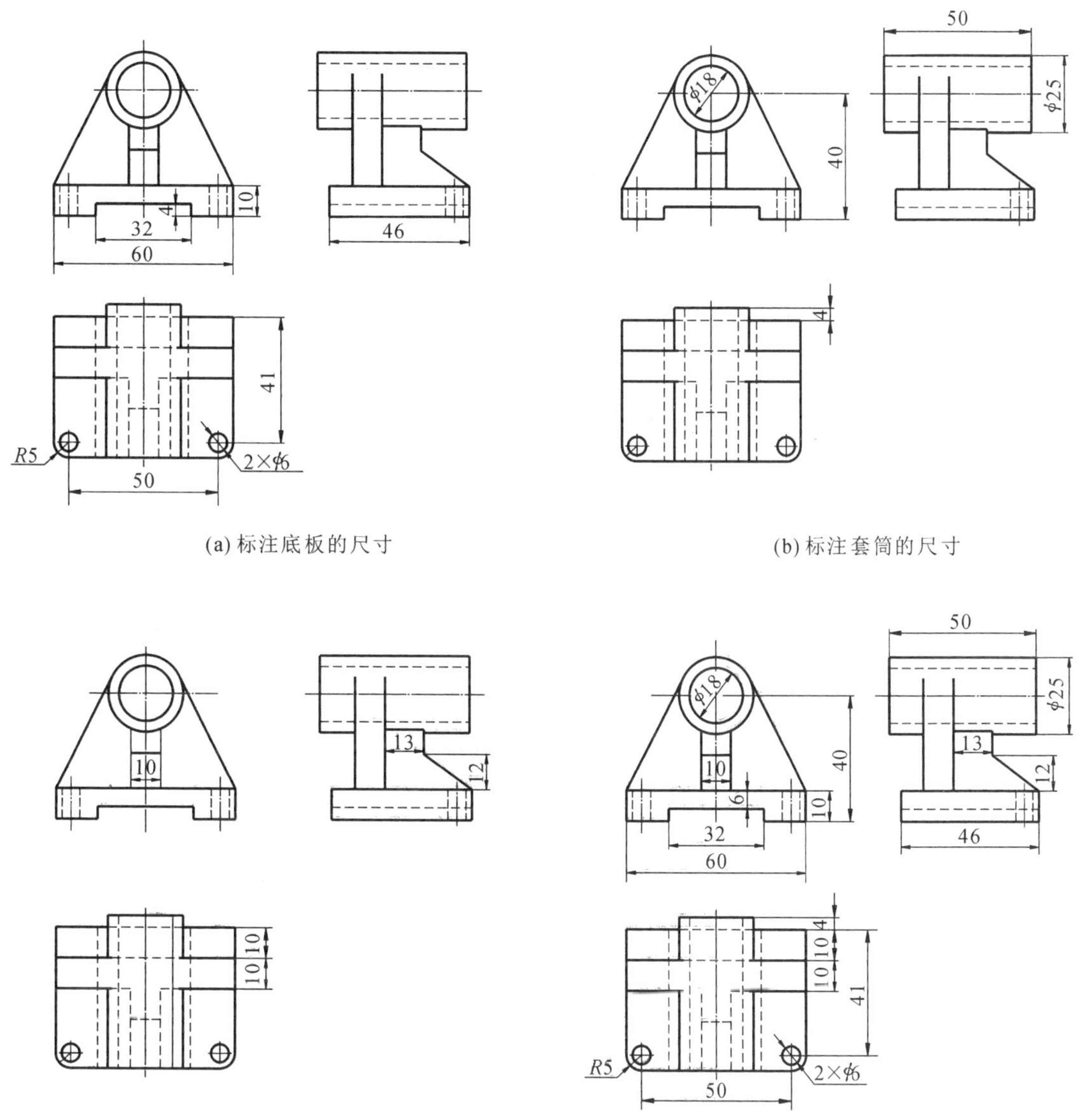

图 6-54　轴承座的尺寸标注

测　　试

如图 6-55 所示，已知组合体的主、俯视图，补画其左视图并标注尺寸（按 1∶1 量取，四舍五入取整）。

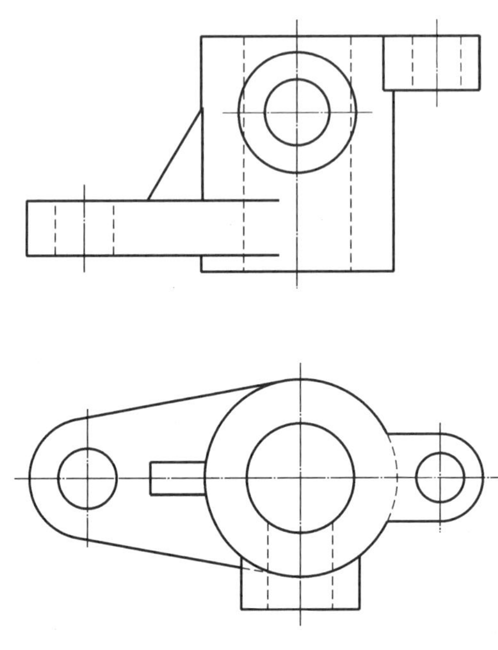

图 6-55　已知条件

第 7 章　机件常用的表达方法

教学视频

内容框图

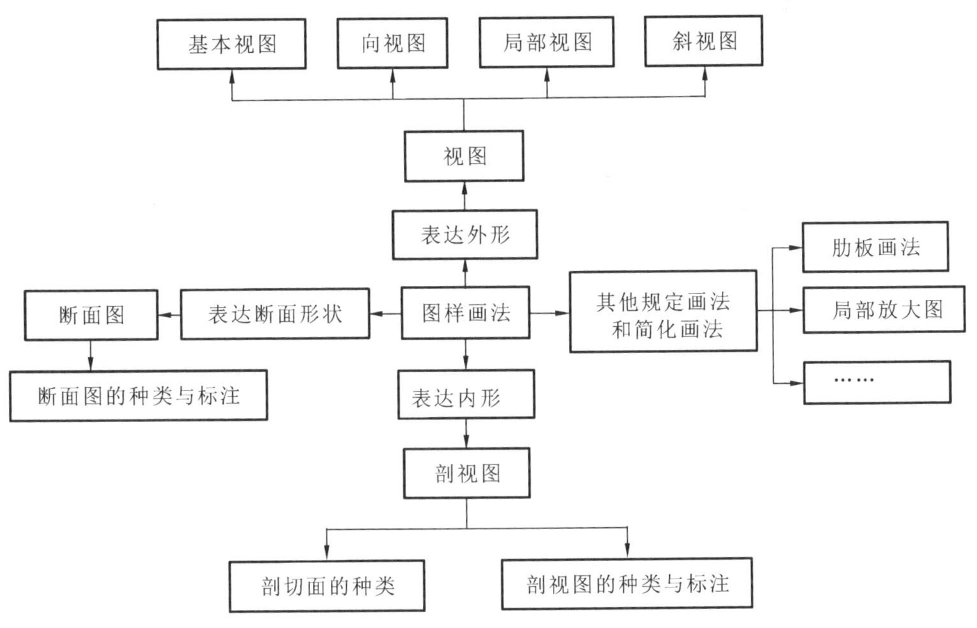

课程矩阵

一般性目标	培养综合分析的能力
具体目标	初步掌握各种基本表示法,能比较恰当地表达一般机件
教师教法建议	布置课前预习任务,提供课件、测试题;课件、模型辅助讲授;启发、讨论
学生学法建议	通过课前预习,网上互动、小测,听老师讲授,同伴互教,作业,3D 打印模型等完成学习任务
效果评价	作业完成情况 70%,学习过程 30%
建议课时	8 学时

机件的形状是多种多样的。在完整清晰地表达机件内外结构形状的前提下,力求制图简便。然而,对于外形复杂的机件、具有较多内部结构的机件、内外形都比较复杂的机件,仅仅采用主、俯、左三个视图去表达,虽然可以完整地表达机件内外结构形状,但视图中会出现过多的

虚线，给看图、画图、标注尺寸带来不便。如图 7-1(a)所示的机件仅仅用图 7-1(b)所示的三视图表达就不是很清晰。为此，国家标准 GB/T 17451—1998《技术制图　图样画法　视图》、GB/T 4458.1—2002《机械制图　图样画法　视图》、GB/T 17452—1998《技术制图　图样画法　剖视图和断面图》、GB/T 4458.6—2002《机械制图　图样画法　剖视图和断面图》、GB/T 16675.1—2012《技术制图　简化表示法　第 1 部分：图样画法》中规定了机件的各种表达方法，包括视图、剖视图、断面图、规定画法、简化画法等。学习掌握这些表达方法，以便根据机件的结构特点，灵活加以选用，从而准确、完整、清晰地表达机件的结构形状。本章的任务就是介绍各种常用的表达方法。

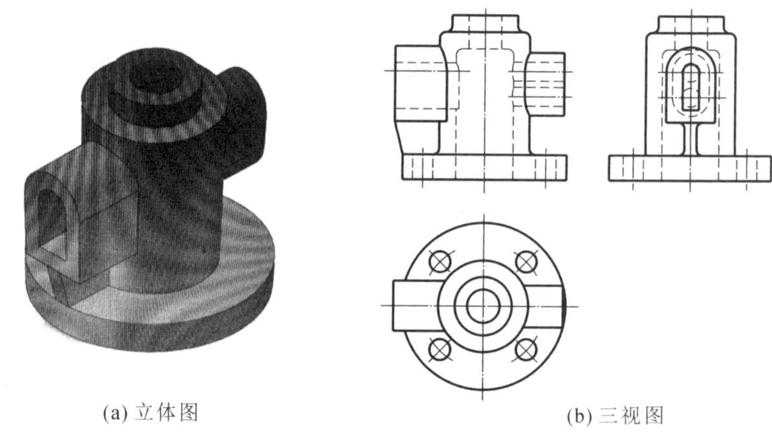

(a) 立体图　　(b) 三视图

图 7-1　机件的立体图及三视图

7.1 视　　图

用正投影法所绘制的物体的投影图称为视图。视图主要用于表达机件外部结构形状。机件可见的轮廓用粗实线表示，不可见的结构形状在必要时可用细虚线画出。视图分为基本视图、向视图、局部视图和斜视图四种。

7.1.1 基本视图

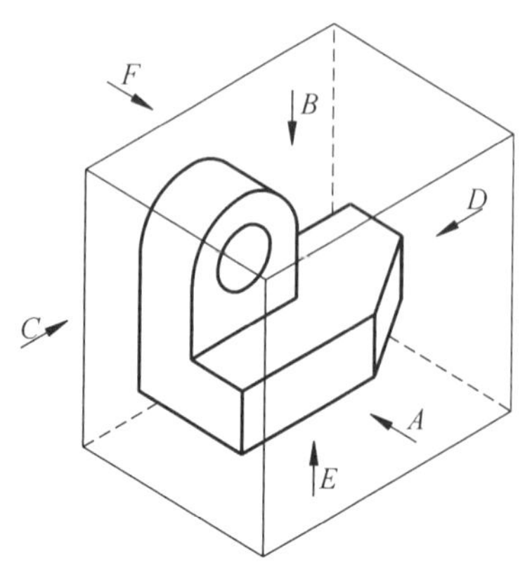

图 7-2　六个基本视图的形成

基本视图是机件向基本投影面投射所得的视图。

如图 7-2 所示，在原有的三个投影面的基础上再增加三个投影面，构成六面体的六个面，这六个投影面称为基本投影面。将机件置于六面体中，分别向六个基本投影面投射所得到的视图称为基本视图。

除前面已介绍的主视图、俯视图和左视图外，还有以下三个基本视图：

(1) 右视图：投射线由右向左投射所得的视图，它反映机件的高和宽；

(2) 后视图：投射线由后向前投射所得的视图，它反映机件的长和高；

(3) 仰视图:投射线由下向上投射所得的视图,它反映机件的长和宽。

六个基本投影面的展开方法如图7-3所示。展开后各视图的配置关系如图7-4所示。当六个基本视图的位置按图7-4配置时,一律不标注视图名称。

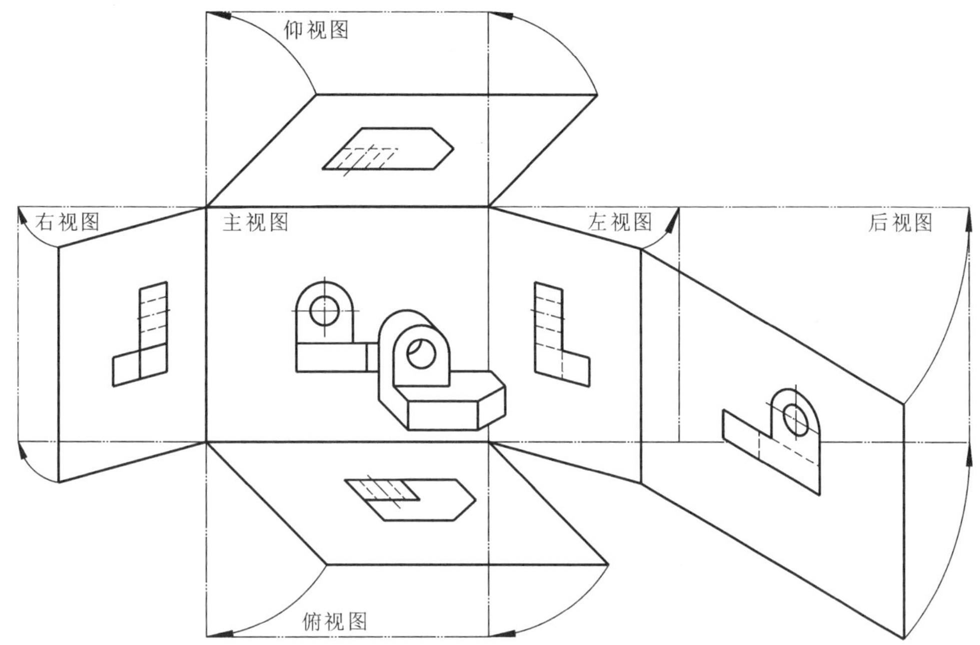

图7-3 六个基本投影面的展开

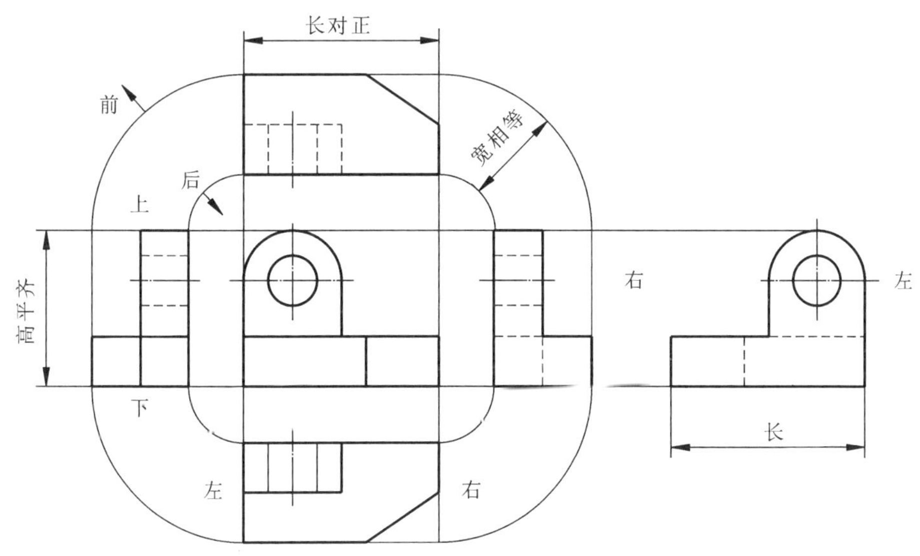

图7-4 六个基本视图的配置

六个基本视图的度量对应关系,仍遵守"三等"规律,即主视图、俯视图、仰视图、后视图长对正;主视图、左视图、右视图、后视图高平齐;左视图、右视图、俯视图、仰视图宽相等。另外,主视图与后视图、左视图与右视图、俯视图与仰视图还具有外轮廓对称的特点,参见图7-4。

六个基本视图的配置,反映了机件的上下、左右和前后的位置关系。特别应注意,左、右、俯、仰视图靠近主视图的一边代表物体的后面,而远离主视图的一边代表物体的前面。

在实际应用中，并不总是需要将机件的六个基本视图全部画出，而是要根据机件的结构特点，选用必要的几个基本视图。图 7-5 所示为一个机件的视图选择。除采用了主、俯、左视图外，为避免左视图出现过多的虚线，还选用了右视图，其他视图没有必要画。

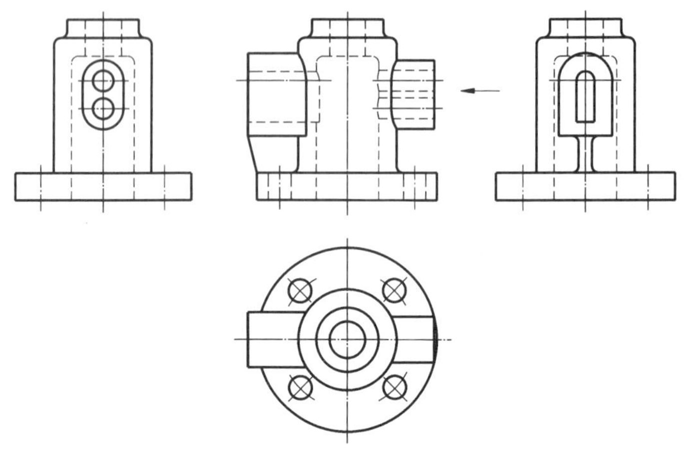

图 7-5 基本视图的应用举例

7.1.2 向视图

向视图是可以自由配置的视图。若视图不能按图 7-4 配置，则应在向视图的上方标注“*X*”（“*X*”为大写的拉丁字母，并按 *A*、*B*、*C*…顺次使用，下同），且在相应的视图附近用箭头指明投射方向，并注上相同的字母，如图 7-6 所示。

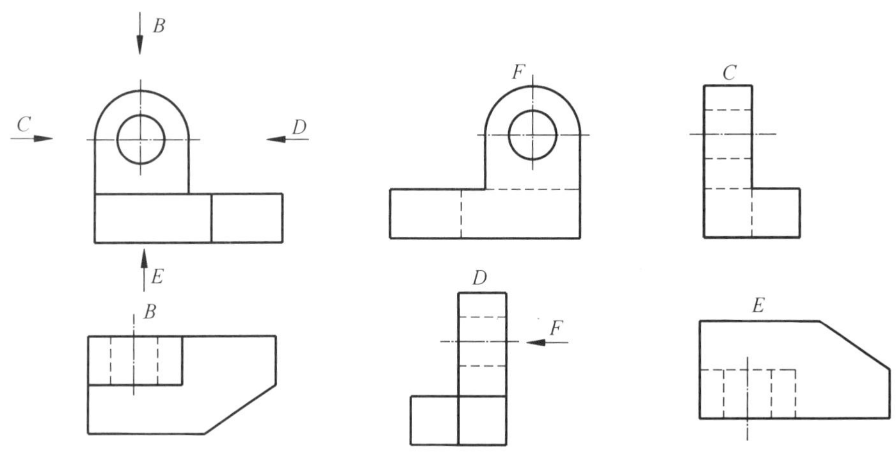

图 7-6 向视图的标注

7.1.3 局部视图

当机件仅有局部结构形状需要表达，而又没有必要画出其完整的基本视图时，可将机件的某一部分向基本投影面投影，所得到的视图称为局部视图。如图 7-1(a)所示机件，采用了图 7-7(a)所示的主视图和俯视图为基本视图，并配合左视、右视两个局部视图表达机件两侧凸台及左下侧的肋板厚度，比采用左视图、右视图的表达简单。

局部视图的断裂边界用波浪线表示，如图 7-7(a)中左视局部视图所示。波浪线画在机件的实体部分，不应超出机件，如图 7-7(b)所示。当所表达的局部结构是完整的，且外轮廓又封闭时，波浪线可以省略，如图 7-7(a)中 A 向局部视图所示。

局部视图的标注方法与向视图相同。

局部视图一般可按基本视图的形式配置，中间没有其他图形隔开时，可省略标注，如图 7-7(a)中左视局部视图所示。也可以按向视图的形式配置并标注，如图 7-7(a)中 A 向局部视图所示。

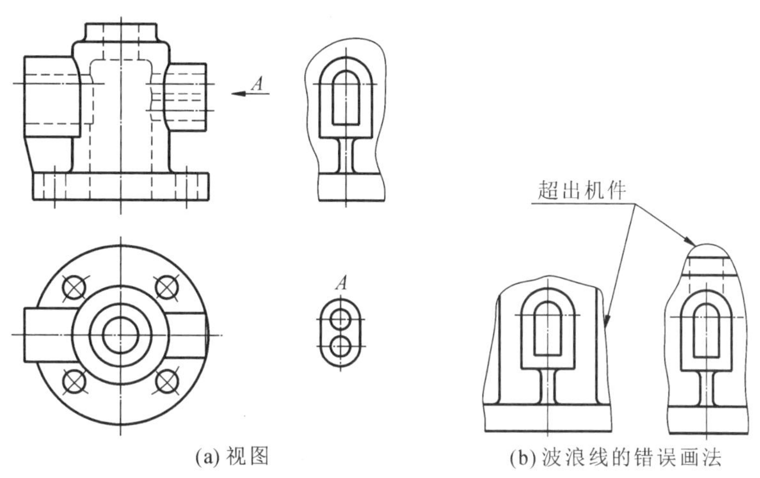

(a) 视图　　(b) 波浪线的错误画法

图 7-7　局部视图

7.1.4　斜视图

如图 7-8(a)所示的机件，其右侧结构倾斜于基本投影面 H，在基本投影面 H 上的投影不能反映该结构的实形。这时，可用更换投影面的方法，增设一个与右侧的倾斜结构平行且垂直于基本投影面 V 的辅助投影面，并在该投影面上作出反映倾斜部分实形的投影，所得的视图称为斜视图。如图 7-8(b)中的 A 向斜视图，表达了机件右侧倾斜结构的真实形状。

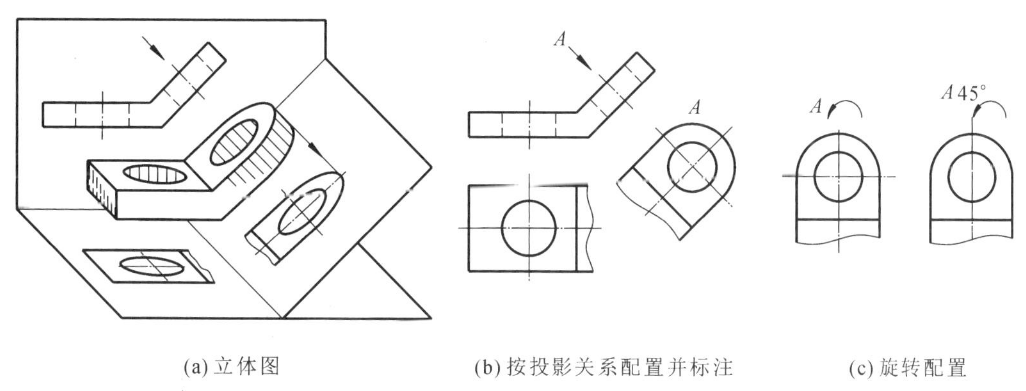

(a) 立体图　　(b) 按投影关系配置并标注　　(c) 旋转配置

图 7-8　斜视图和局部视图

斜视图一般只表达倾斜部分的局部形状，其余部分不必全部画出，可用波浪线断开。

斜视图必须标注，标注方法与向视图相同。注意表示斜视图视图名称的大写拉丁字母字头应该朝上。

斜视图可以按图 7-8(b)所示的投影关系配置。在不引起误解时，允许将图形旋转，按

图 7-8(c)所示配置,表示该视图名称的大写字母应写在旋转符号的箭头端,需给出旋转角度时,角度应注写在字母之后。

7.2 剖视图

如图 7-9 所示,当机件的内部结构比较复杂时,在视图中就会出现许多虚线,这些虚线与其他图线重叠往往会导致图形不清晰,给读图和标注尺寸带来不便。为了清晰地表达机件的内部结构,常采用剖视的画法。

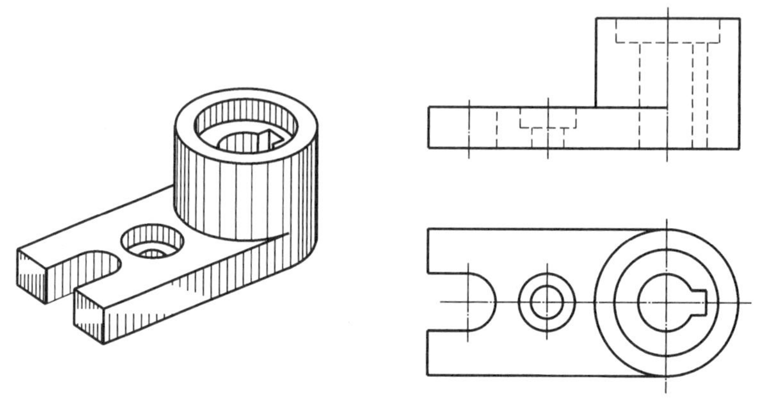

图 7-9 未剖开的机件

7.2.1 剖视图的形成

1. 剖视图的概念

剖视图主要用于表达机件内部的结构形状。如图 7-10 所示,假想用剖切平面剖开机件,将处在观察者和剖切面之间的部分移去,而将其余部分向投影面投射,并在剖面区域内画上剖面符号,所得的图形称为剖视图,简称剖视。

图 7-10 展示了剖视图的形成过程,图中所示的主视图即为剖视图。

采用剖视后,机件上原来看不见的内部结构形状变为可见,用粗实线表示,这样便于看图和标注尺寸。

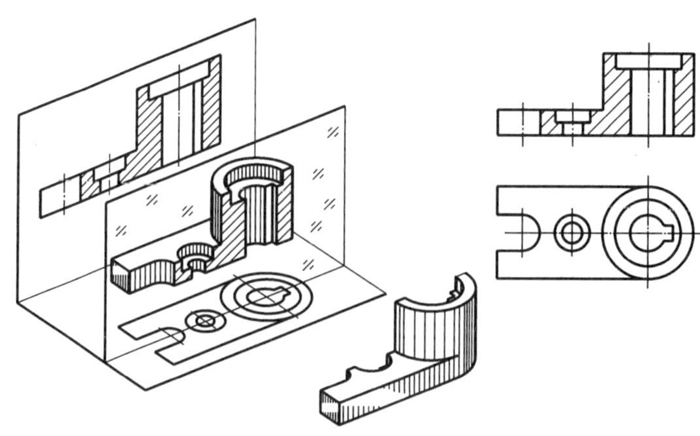

图 7-10 剖视图的形成及画法

2. 剖切面的位置

一般用平面作剖切面(也可用柱面)。为了能够清楚真实地表达机件的内部结构形状,避免剖切后产生不完整的结构要素,剖切平面通常平行于投影面,且通过机件上孔、槽的轴线或对称面。

3. 剖面区域

所谓剖面区域是指剖切平面与被剖机件相接触的部分。国家标准规定,剖面区域内要画上剖面符号。国家标准 GB/T 17453—2005《技术制图　图样画法　剖面区域的表示法》中,剖面区域的表示法规定了各种材料剖面符号的画法,不同的材料用不同的剖面符号表示,不需要表示材料类别时可采用通用剖面线表示,见表 7-1。金属材料的剖面符号一般画成与图形的主要轮廓线成 45°角且间隔相等的平行细实线,这些细实线称为剖面线。同一机件的各个剖面区域,剖面符号的画法应该一致。

表 7-1　剖面符号

材料名称	剖面符号	材料名称	剖面符号
金属材料(已有规定剖面符号者除外)通用剖面线	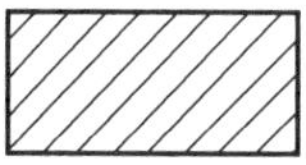	砖	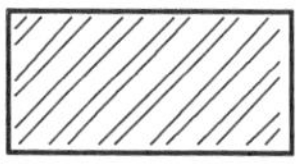
线圈绕组元件	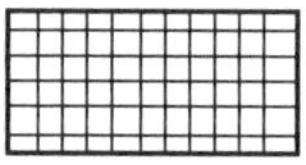	玻璃及供观察用的其他透明材料	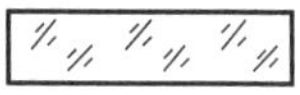
转子、电枢、变压器和电抗器等的叠钢片	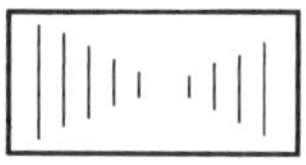	液体	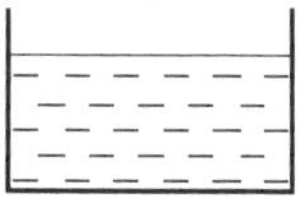
型砂、填砂、粉末冶金、砂轮、陶瓷刀片、硬质合金刀片等	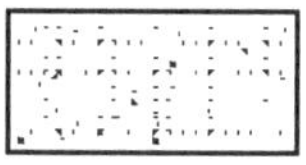	非金属材料(已有规定剖面符号者除外)	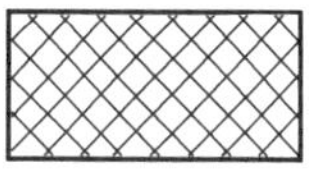

注:1. 剖面符号仅表示材料的类别,材料的名称和代号必须另行注明;
2. 叠钢片的剖面线方向,应与束装中叠钢片的方向一致;
3. 液面用细实线绘制。

4. 画剖视图

由于剖切是一种假想,虽然机件的某个视图画成剖视图,但机件仍是完整的,机件的其他视图在绘制时不受其影响,应该完整画出。在作图时要想清楚剖切后情况,即哪部分被移走了?哪部分被留下了?机件哪些部分与剖切面接触了?接触的剖面区域形状是什么样的?在画剖视图时,剖切面后方的可见部分要全部画出。

5. 剖视图标注

标注要素包括剖切符号、剖视图名称和剖切线。

剖切符号由粗短画和箭头组成,剖切符号尽可能不要与图形的轮廓线相交。粗短画(线长 5～10 mm 的粗实线)表示剖切面的起、止和转折位置,箭头(画在起、止处粗短画的外端,且与粗短画垂直)表示投射方向。

在剖切符号附近要注写字母“*X*”(“*X*”为大写拉丁字母,并按 *A*、*B*、*C*…顺次使用,下同),并在剖视图上方使用相同的字母注写剖视图的名称“*X*—*X*”,如图 7-11 所示。

剖切线是表示剖切面位置的细点画线,可省略不画。如果在同一张图上,同时有几个剖视图,则其名称应按字母顺序排列,不得重复。

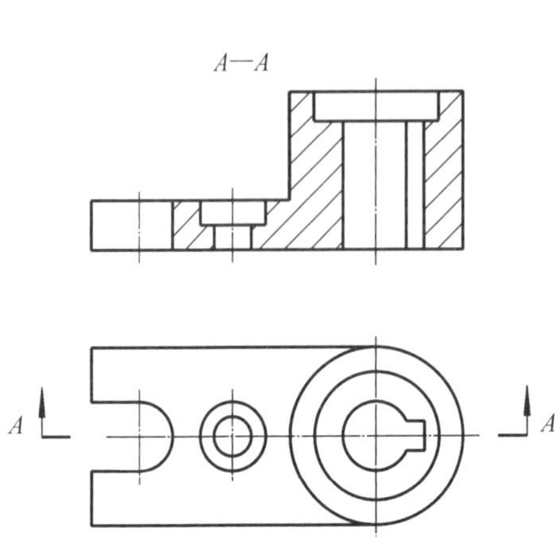

图 7-11　剖视图的标注

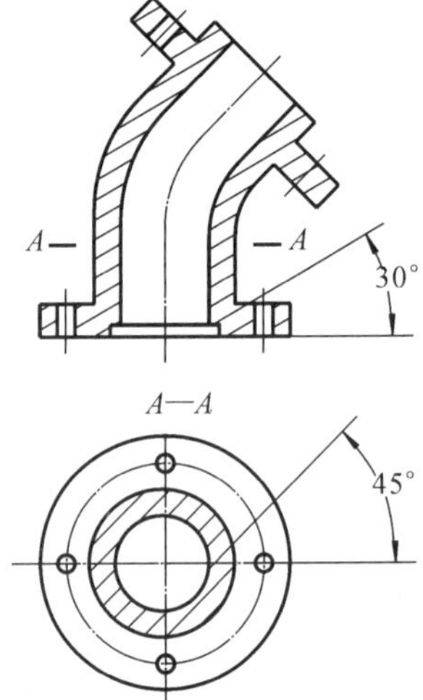

图 7-12　机件主要轮廓线与水平线成 45°

但是在下列情况，剖视图的标注内容可以简化或省略：

（1）当剖视图按投影关系配置，中间又没有其他图形隔开时，可以省略箭头，如图 7-12 中的 A—A 剖视图；

（2）当剖切平面与机件的对称平面完全重合，且剖切后的剖视图按投影关系配置，中间又没有其他图形隔开时，可以不标注，如图 7-13 中的剖视图。

画剖视图应注意以下问题。

（1）当图形中的主要轮廓线与水平线成 45°时，该图形的剖面线应画为与水平线成 30°或 60°的平行线，其倾斜的方向仍与其他图形的剖面线一致，如图 7-12 所示。

（2）剖切面后的可见轮廓应全部画出，不能遗漏，如图 7-13 所示。

（3）剖视图中的虚线通常省略不画，只有对尚未表达清楚的结构，才必须用虚线表示。

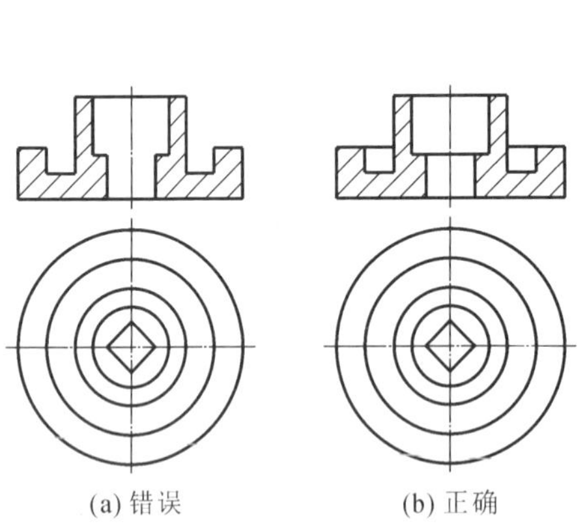

图 7-13　剖切面后面的可见部分应画出

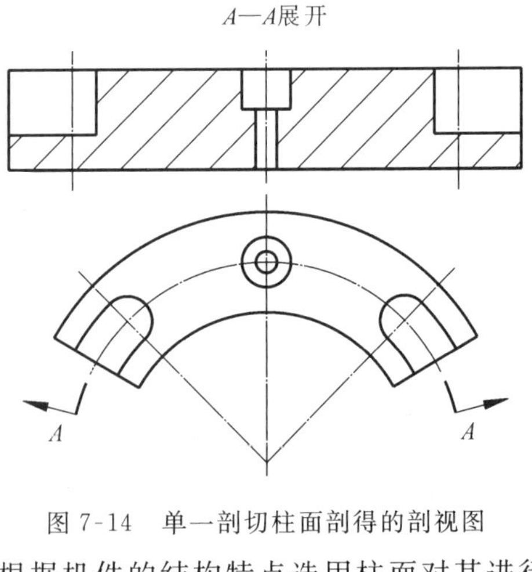

A—A展开

A

A

图 7-14　单一剖切柱面剖得的剖视图

除了可以选用平面对机件剖切以外，还可以根据机件的结构特点选用柱面对其进行剖切，如图 7-14 所示，柱面剖切画法与平面剖切画法相同。但是，采用柱面剖切剖得的剖视图一般采用展开画法。此时，应在剖视图名称后加注“展开”二字。

7.2.2 剖视图的种类

按剖切范围的大小,剖视图分为全剖视图、半剖视图、局部剖视图三类。

1. 全剖视图

用剖切面完全地剖开机件所得的剖视图叫全剖视图,如图 7-10～图 7-15 所示。其中图 7-14 为采用剖切柱面完全地剖开机件所得到的全剖视图。

全剖视图主要用于外形简单、内形比较复杂的不对称机件或不需表达外形的对称机件,如图 7-15 所示。

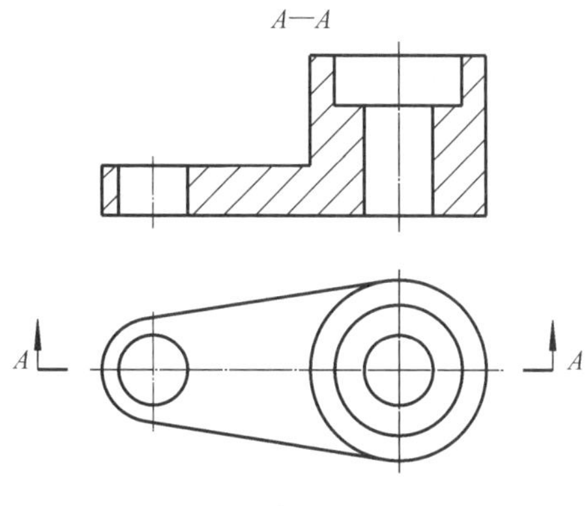

图 7-15 全剖视图

2. 半剖视图

当机件具有对称平面时,在垂直于对称平面的投影面上的投影可以对称中心线为界,一半画成剖视图,另一半画成视图,这样的图形叫做半剖视图,如图 7-16 所示。

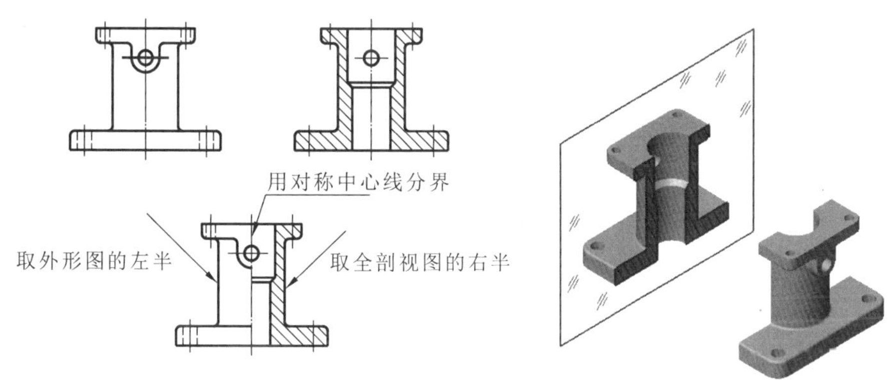

图 7-16 半剖视图的形成

半剖视主要用于内、外形状都需要表达的对称机件,如图 7-17 所示。当机件的形状接近于对称,且其不对称部分已另有视图表达清楚时,也允许画成半剖视,如图 7-18 所示。半剖视的标注与全剖视相同。画半剖视图应注意以下几点。

(1) 半剖视图中,剖与未剖部分的分界线应是细点画线,不能画成粗实线、细实线、虚线等其他线型,如图 7-16～图 7-18 所示。

(2) 当机件的内部形状已在半个剖视图中表达清楚时,在不剖的半个视图中应省略表示该内部形状的虚线,但对孔等结构需用点画线表示其中心线位置;未表达清楚的结构需在另外半个视图中用虚线表示出来,如图 7-17 所示。

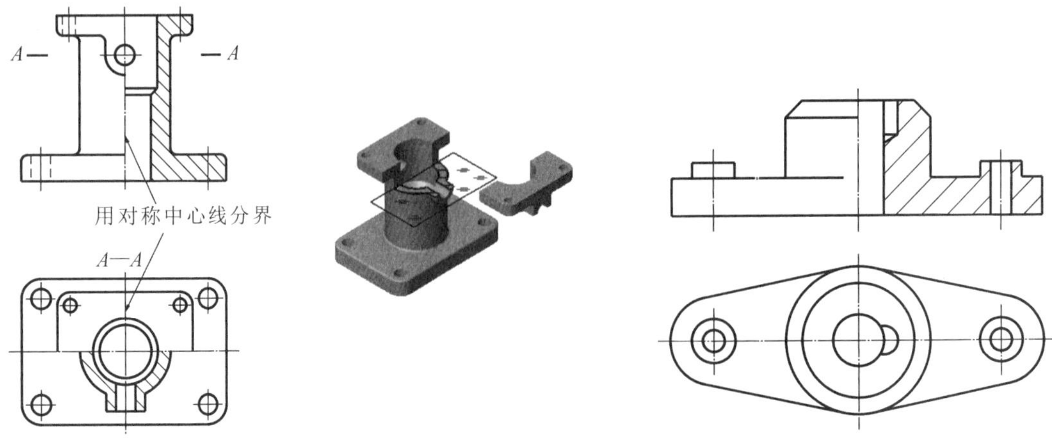

图 7-17　半剖视图　　　　图 7-18　机件接近于对称的半剖视

3. 局部剖视图

用剖切面局部地剖开机件所得的剖视图称为局部剖视图。局部剖视图一般用于表达机件局部内形，或用于不宜采用全剖视图、半剖视图表示的情况（如轴、连杆、螺钉等实心零件上的孔、槽等）。

如图 7-19 所示，机件上顶板和下底板上的小孔结构就是选用剖切平面通过该孔轴线局部地剖开所得到的局部剖视图。注意，两个位置的局部剖视图选用的是不同的剖切平面。

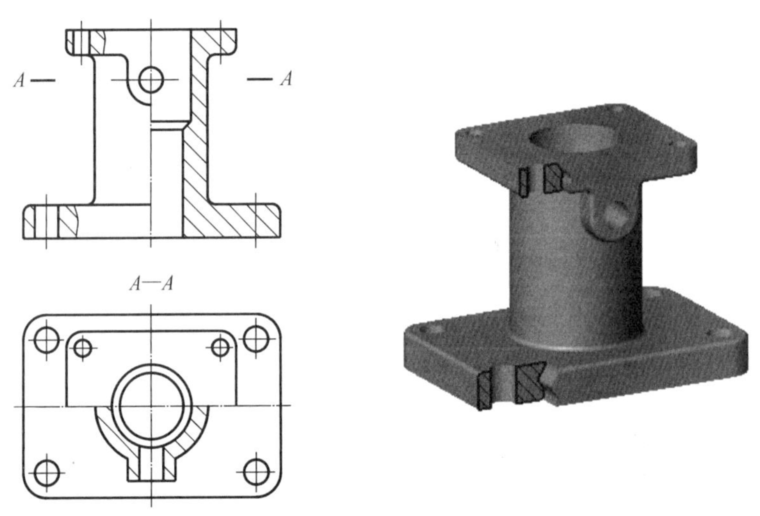

图 7-19　局部剖视图(1)

局部剖视图的适用范围比较广泛、灵活，一般用于下列两种情况。

(1) 当同时需要表达不对称机件的内外形状和结构时，如图 7-20 所示。

(2) 虽有对称平面但轮廓线与对称中心线重合，不宜采用半剖视时，如图 7-21 所示。

局部剖视图的标注与全剖视相同。当单一剖切平面位置明显时，可省略标注；当剖切平面位置不明显时，必须标注剖切符号、投影方向和剖视图的名称。

画局部剖视图应注意以下几点。

(1) 机件局部剖切后，剖与未剖部分的分界线用波浪线表示。波浪线表示机件断裂面的投影，应画在机件断裂实体部位，不应穿空而过或超出视图的轮廓线之外，如图 7-22～图 7-24所示。

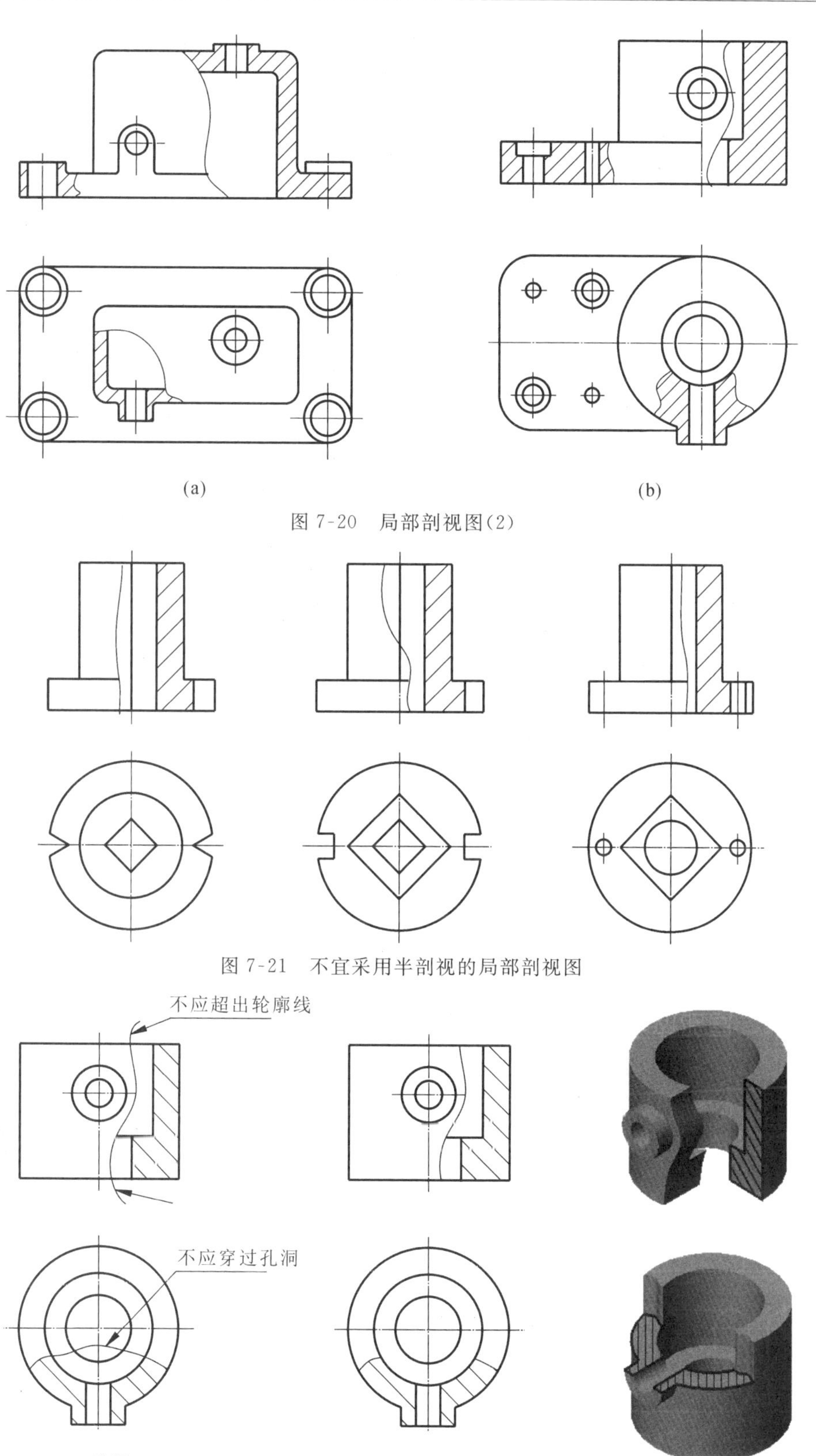

(a) (b)

图 7-20 局部剖视图(2)

图 7-21 不宜采用半剖视的局部剖视图

(a) 错误 (b) 正确

图 7-22 局部剖视图的波浪线画法(1)

(2) 局部剖视图中剖切范围的确定，即确定波浪线的位置。对机件的较大内腔作局部剖视时，应使其轮廓线一侧完全剖出，如图 7-23(b)中主视图的右侧内腔结构；对机件的较小内腔作局部剖视时，应使该结构轮廓线完全剖出，如图 7-23(b)中主视图的左侧两内腔结构。

(3) 波浪线不应与其他图线重合，也不应画在其他图线的延长线上，如图 7-24 所示。

(4) 当被剖结构为回转体时，允许将结构的对称中心线作为局部剖视图与视图的分界线，如图 7-25 所示。

(5) 在一个视图中，选用局部剖的数量不宜过多，否则会显得零乱以致图形不清晰。

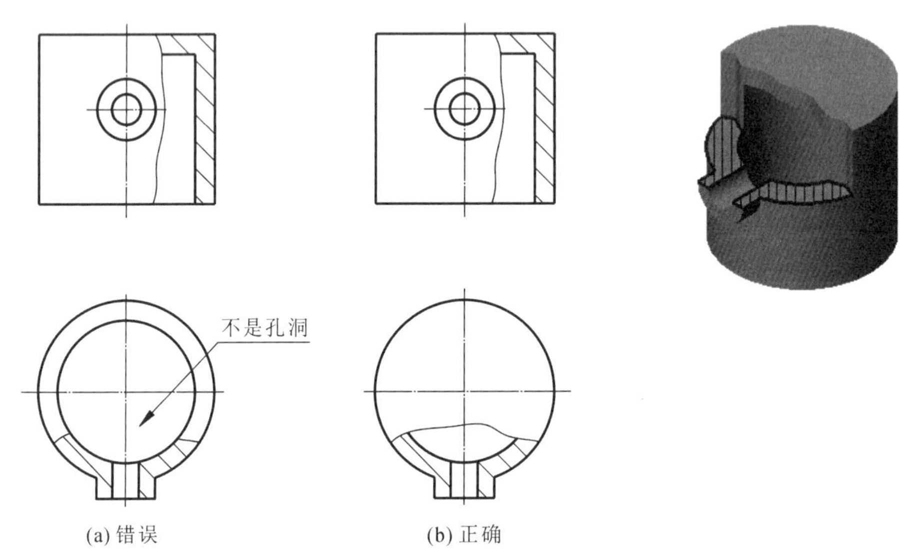

(a) 错误　　(b) 正确

图 7-23　局部剖视图的波浪线画法(2)

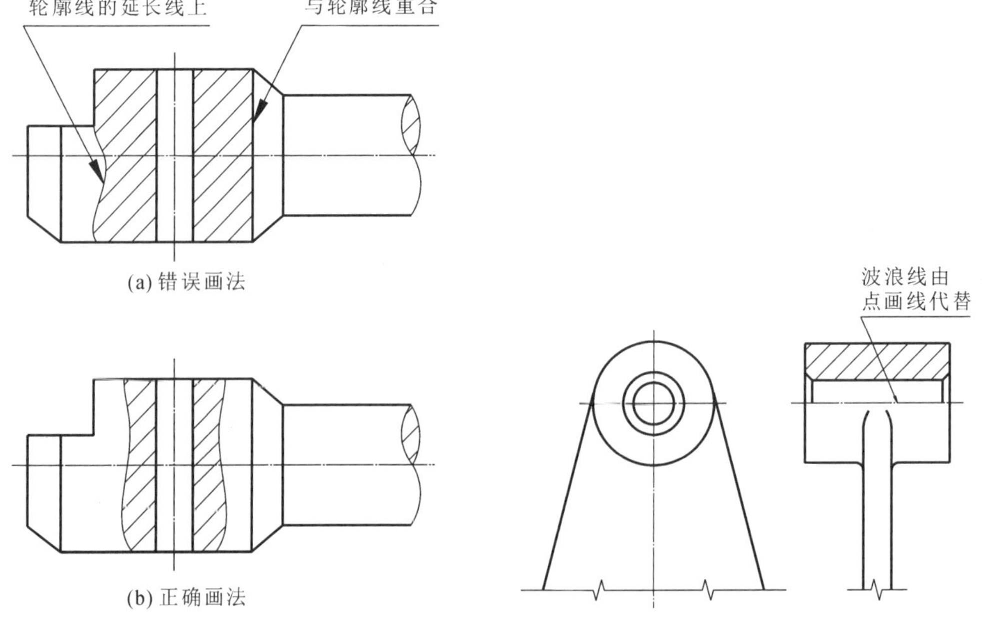

(a) 错误画法

(b) 正确画法

图 7-24　局部剖视图的波浪线画法(3)

图 7-25　局部剖视图的波浪线画法(4)

7.2.3　剖切面种类

根据机件结构的特点，可以选择下面三种剖切面剖开机件。

1. 单一剖切平面

(1) 平行于某一基本投影面的剖切平面。在前面介绍的各种剖视图例中，所选用的剖切平面都是这种剖切平面。

(2) 垂直于某一基本投影面的剖切平面。当机件上倾斜部分的内部结构在基本视图上不能反映实形时，可以用平行于机件倾斜部分并且垂直于某一基本投影面的平面剖切，再投射到与剖切平面平行的投影面上，即可得到该部分内部结构的实形，如图 7-26(a)中的*A*—*A*剖视图。所得剖视图一般放置在箭头所指方向，并与基本视图保持对应的投影关系，也可以放置在其他位置，如图 7-26(b)所示。在不致引起误解时，允许将图形旋转，但要在剖视图的上方用旋转符号指明旋转方向并标注字母，如图 7-26(c)所示，也可以将旋转角度值标注在字母之后。

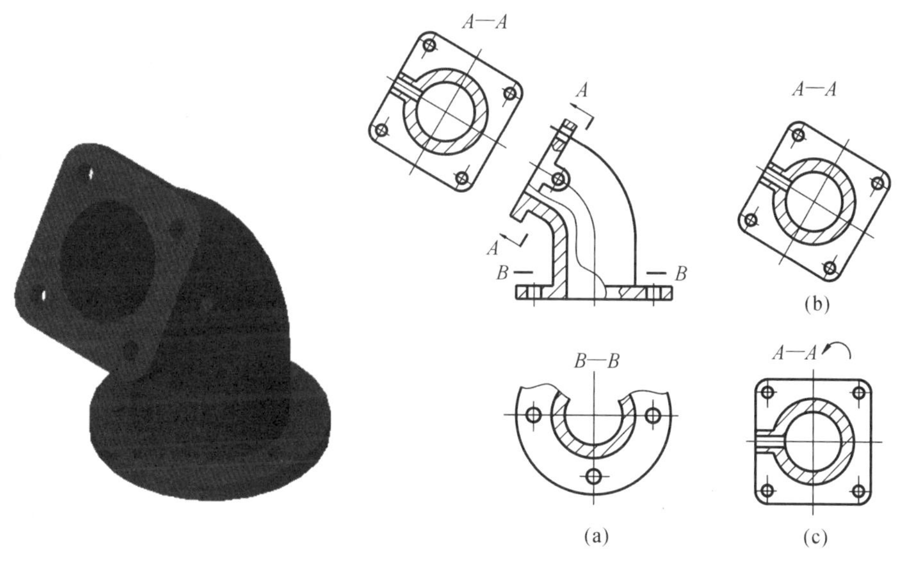

图 7-26　单一斜剖切平面剖得的剖视图

2. 一组相互平行的剖切平面

如图 7-27 所示，当机件上的孔、槽的轴线或对称面位于几个相互平行的平面上时，可以用几个与基本投影面平行的剖切平面剖切机件，再向基本投影面进行投射。在剖切平面的起、止和转折处画上剖切符号(转折处必须是直角)，并标注相同的拉丁字母。在剖视图的上方注出剖视名称“*X*—*X*”。

画一组相互平行的剖切平面剖切的剖视图时应注意以下几个问题。

(1) 在剖视图上不要画出两个剖切平面转折处的投影，如图 7-28(a)中的主视图。

(2) 剖切符号的转折处不应与视图上的轮廓线重合，如图 7-28(b)中的俯视图。

(3) 要正确选择剖切平面的位置，在剖视图上不应出现不完整要素，如图 7-29 所示。

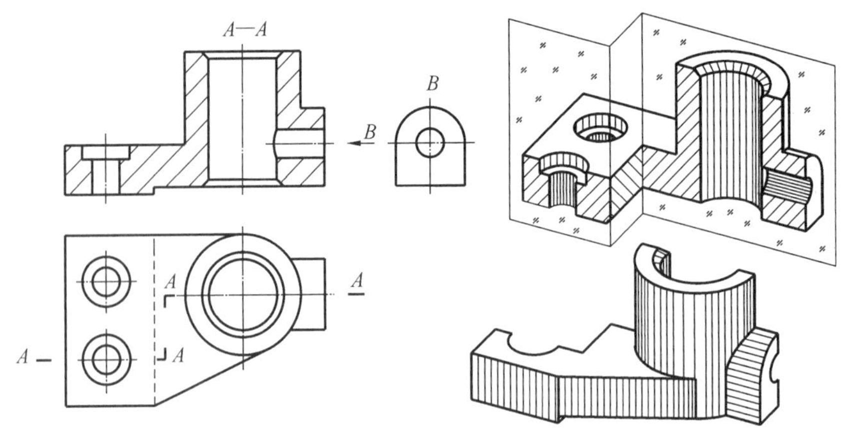

图 7-27　用一组相互平行的剖切平面剖切

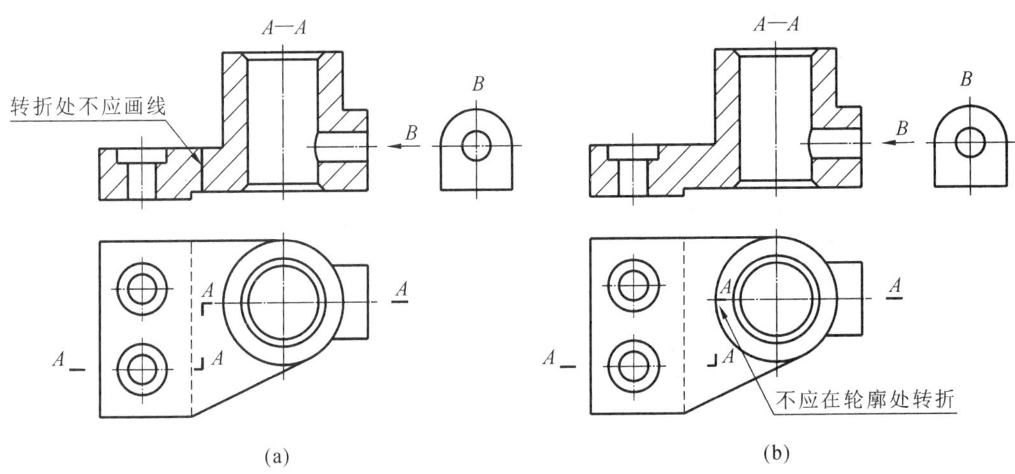

图 7-28　容易出现的错误

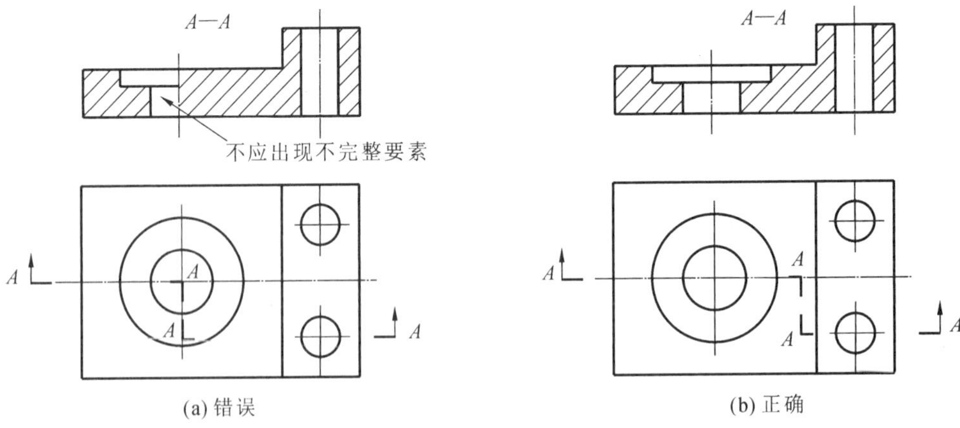

图 7-29　剖视图中不应出现不完整要素

3. 几个相交的剖切平面

如图 7-30 所示，当机件的内部结构形状用一个剖切平面不能表达完全，而机件又具有回转轴时，可用两个相交的剖切平面剖开机件。首先把由倾斜平面剖开的结构及其有关部分旋转到与选定的基本投影面平行，然后再进行投影，使剖视图既反映实形又便于画图，图 7-30 中的 $A—A$ 为旋转绘制的全剖视图。

在剖切面的起、止、转折处画上剖切符号，并在起、止处画上箭头表示投影方向，在剖视图上方注出剖视名称“$X—X$”。当转折处空间有限，在不致引起误解时，允许省略字母。

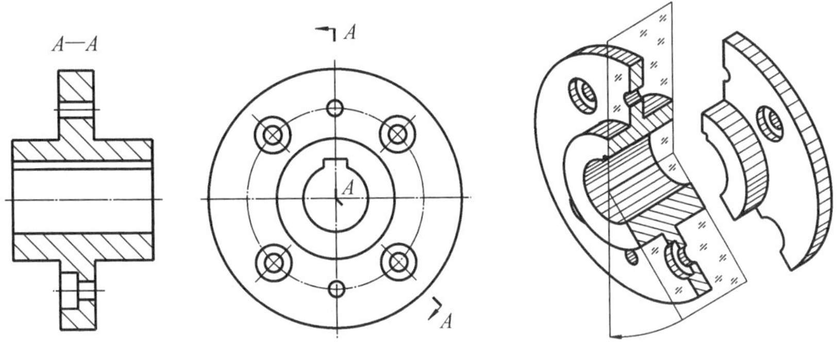

图 7-30　用两相交的剖切平面剖切

画几个相交的剖切平面剖切的剖视图时应注意以下几个问题。

(1) 几个相交的剖切平面的交线必须垂直于投影面，通常为基本投影面。

(2) 应该按“先剖切后旋转”的方法绘制剖视图。

(3) 位于剖切平面后且与所表达的结构关系不甚密切的结构，或一起旋转容易引起误解的结构，一般仍按原来的位置投射，如图 7-31 中的小油孔。

(4) 当剖切后产生不完整要素时，该部分应按不剖绘制，如图 7-32 所示。

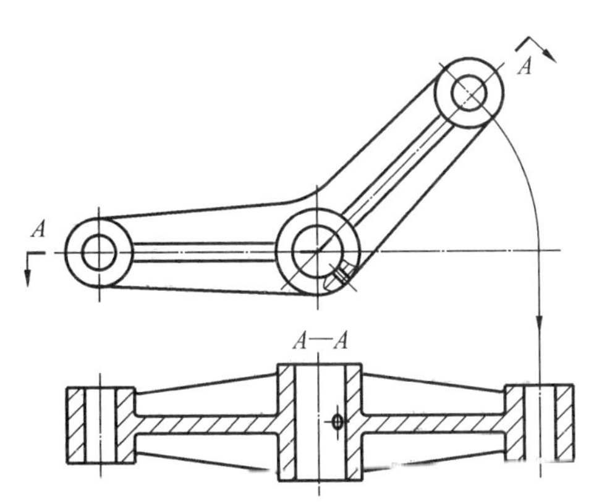

图 7-31　剖切平面后其他结构的处理

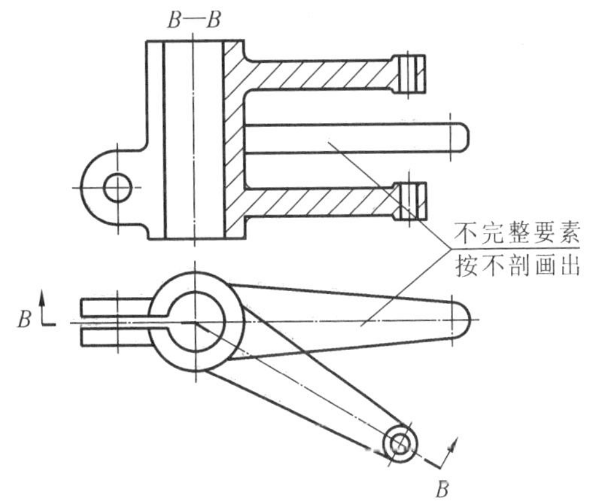

图 7-32　剖切后产生不完整结构的处理

7.3　断面图

7.3.1　断面图的概念

假想用剖切平面将机件的某处切断，只画出剖切面与机件接触部分(剖面区域)的图形叫做断面图，如图 7-33 所示。

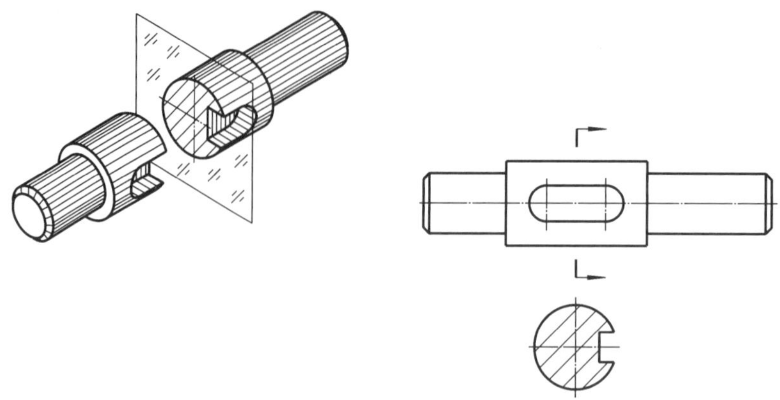

图 7-33　断面图

7.3.2　断面的种类

根据断面图配置位置的不同，断面图分为移出断面图和重合断面图两种。

1. 移出断面图

画在视图外面的断面图，称为移出断面图，如图 7-33 所示。

移出断面图的轮廓线用粗实线表示，应尽量配置在剖切线或剖面符号的延长线上，如图 7-33所示。剖切线是剖切平面与投影面的交线，用细点画线表示。必要时也可将移出断面图配置在其他适当的位置，如图 7-34(b)(c)所示。

画移出断面图时应注意以下问题。

(1) 当剖切平面通过回转面形成的孔或凹坑的轴线时，这些结构应按剖视图绘制，如图 7-34(a)(b)(d)所示。

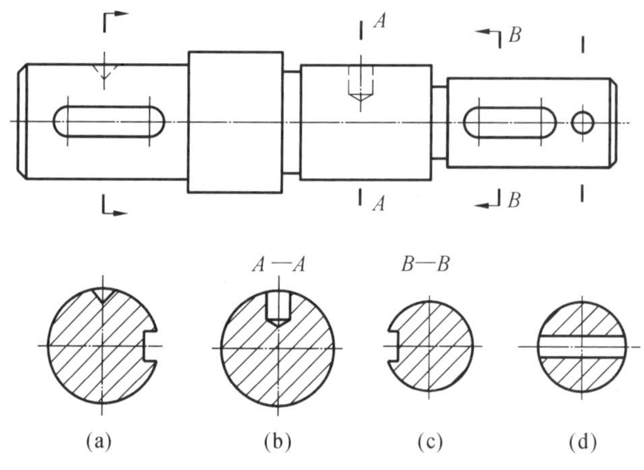

图 7-34　移出断面图的画法(1)

(2) 当剖切平面通过非回转面形成的孔，会导致完全分离的两个断面时，这些结构按剖视图绘制，如图 7-35 所示。

(3) 如图 7-36 所示，为了表示机件两边倾斜肋板的断面的真实形状，应使剖切平面垂直于轮廓线。由两个或多个相交的剖切平面剖切得出的移出断面，中间部分以波浪线断开。

(4) 断面图与剖视图的区别在于：断面图是面的投影，只画出剖切面和机件接触部分的断面形状，而剖视图是体的投影，则须把断面和断面后可见的部分的投影都画出来，如

图 7-34所示。机件上的肋、轮辐、轴上的键槽和孔等结构常采用断面来表达。

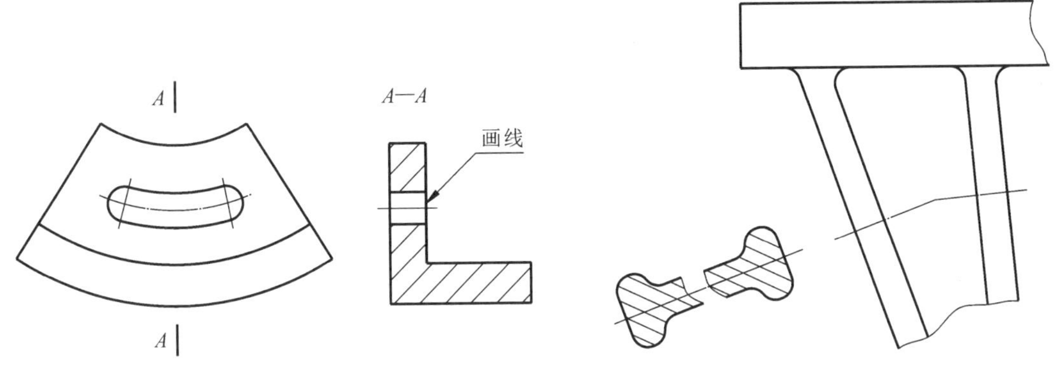

图 7-35　移出断面图的画法(1)

图 7-36　断开的移出断面图

2. 重合断面图

画在视图内的断面图，称为重合断面图。如图 7-37 和图 7-38 所示的都是重合断面图。

重合断面图的轮廓线用细实线绘制，当视图的轮廓线与重合断面图的图形相交或重合时，视图的轮廓线仍要完整地画出，不可间断。

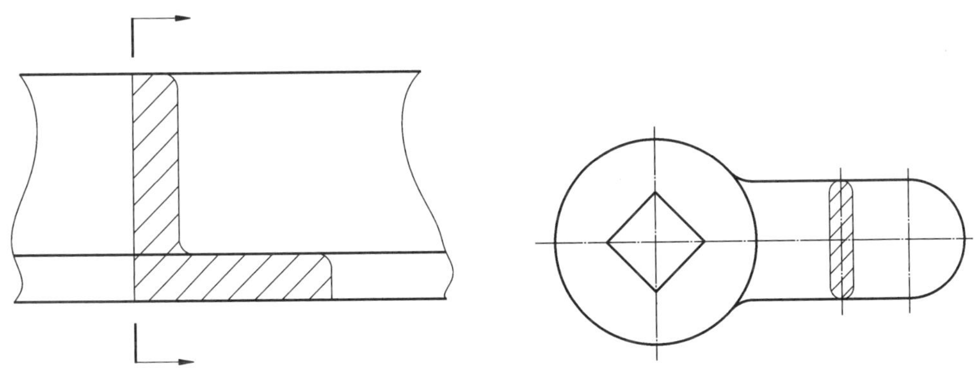

图 7-37　角钢的重合断面

图 7-38　方扳手的重合断面

3. 断面图的标注

断面图的标注与剖视图的标注基本相同。用剖切符号表示剖切面位置，用箭头表示投影方向，并注上字母“*X*”，在断面图上方用同样的字母标出相应的名称“*X*—*X*”，如图 7-34(b)(c)所示。

断面图的标注在下述情况下可以省略。

(1) 配置在剖切符号延长线上的不对称移出断面图不必标注字母，如图 7-34(a)所示。

(2) 不配置在剖切符号延长线上的对称移出断面图，如图 7-34(b)所示，以及按投影关系配置的移出断面图，如图 7-35 所示，一般不必标注箭头。

(3) 配置在剖切符号延长线上的对称移出断面图，不必标注字母和箭头，如图 7-34(d)所示。

(4) 不对称的重合断面可省略标注，如图 7-37 所示；对称的重合断面不必标注，如图 7-38所示。

7.4　规定画法和简化画法

7.4.1　局部放大图

机件上一些局部结构过于细小，当用正常比例绘制时，这些结构的图形因过小而表达不清，也不便于标注尺寸，这时可采用局部放大图来表达。将机件上的部分结构采用比原图形放大的比例画出的图形称为局部放大图，如图 7-39 所示。

在图 7-39 中，局部放大图可以画成视图、剖视图和断面图，它与原图中被放大部分的表达方法无关。绘制局部放大图时，应用细实线圈出被放大的部位，并尽量画在被放大部位附近，在局部放大图上方标注所采用的比例。当机件上有几个放大部位时，必须用罗马数字顺序地注明，并在局部放大图的上方标出相应的罗马数字及所采用的比例。

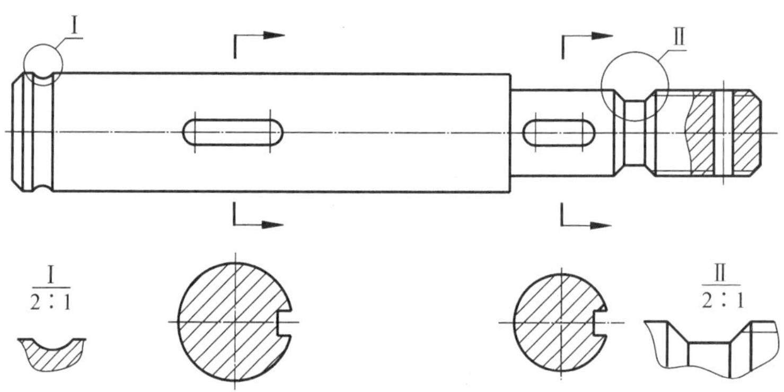

图 7-39　局部放大图的画法

7.4.2　简化画法及其他规定画法

除前述的图样画法外，国家标准《技术制图》《机械制图》还列出了一些简化画法和规定画法。

（1）当机件具有若干相同结构（齿、槽等），并按一定规律分布时，只需画出几个完整的结构，其余用细实线连接，在零件图中注明该结构的总数，如图 7-40 所示。

（2）若干直径相同且成规律分布的孔（圆孔、螺孔、沉孔等），可以仅画出一个或几个，其余只需用点画线表示中心位置，在零件图中注明孔的总数，如图 7-41 所示。

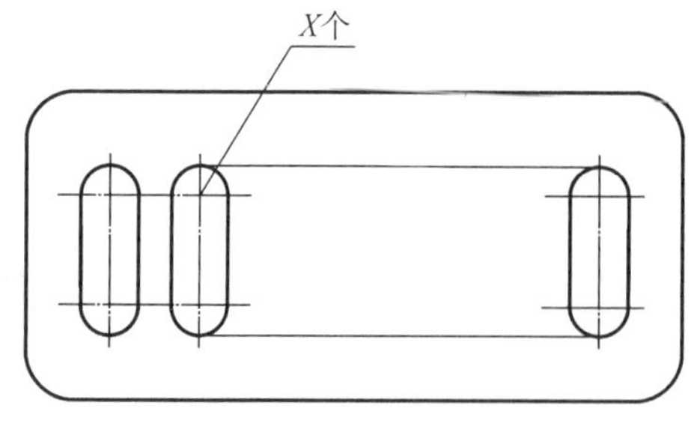

图 7-40　相同结构画法

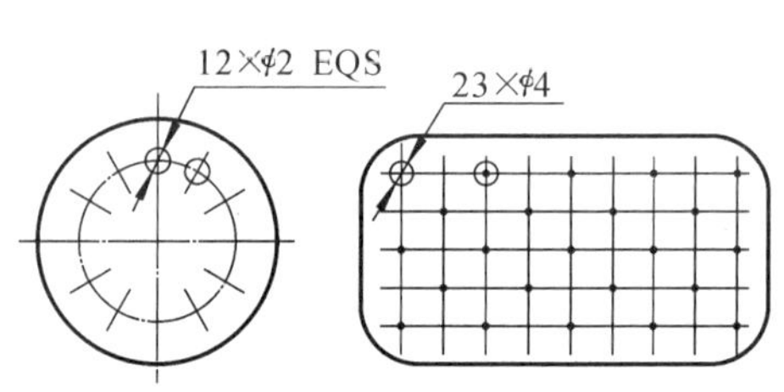

图 7-41　按规律分布的孔的画法

(3) 对于机件的肋板、轮辐及薄壁等，如按纵向(剖切平面平行于肋板的厚度方向)剖切，这些结构都不画剖面符号，而且用粗实线将它与其邻接的部分分开，如图 7-42 所示。

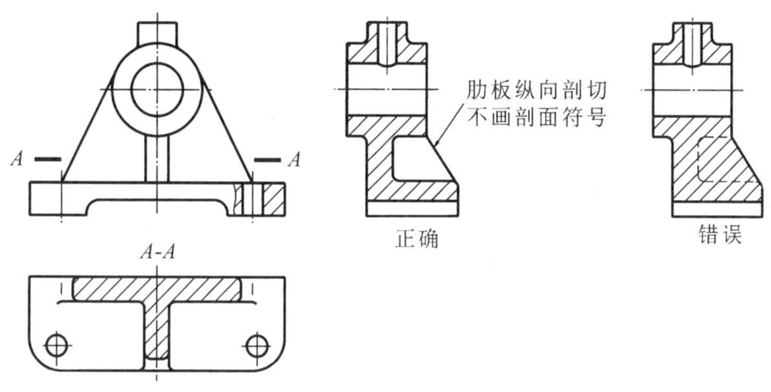

图 7-42　肋板结构画法

(4) 当零件回转体上均匀分布的肋、轮辐、孔等结构不处于剖切平面上时，可将这些结构旋转到剖切平面上画出，如图 7-43 和图 7-44 所示。

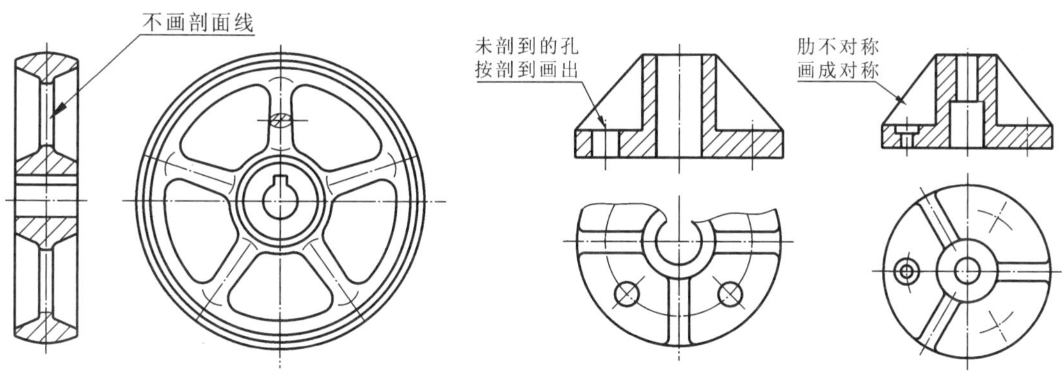

图 7-43　剖视图中轮辐的画法　　　　图 7-44　均匀分布结构的旋转画法

(5) 较长机件(如轴、杆、型材、连杆等)沿长度方向的形状一致或按一定规律变化时，可断开绘制，其断裂边界用波浪线画出，标注尺寸时应按实际长度标注，如图 7-45 所示。

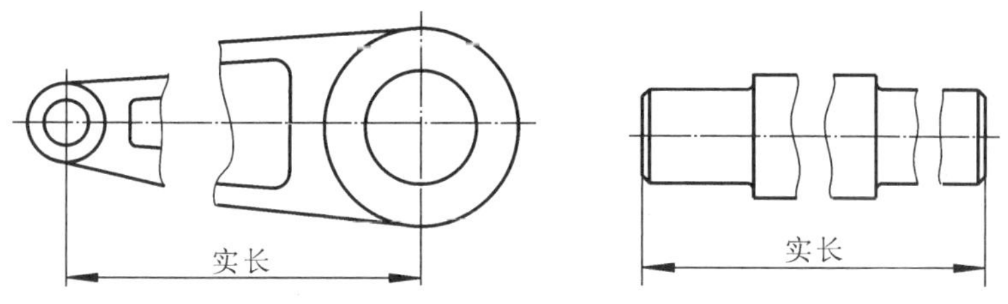

图 7-45　断裂画法

(6) 在需要表示位于剖切平面前的结构时，这些结构按假想投影的轮廓线绘制，以双点画线表示，如图 7-46 所示。

(7) 在不致引起误解时，对于对称机件的视图可只画出一半或四分之一，此时必须在对称中心线的两端画出两条与其垂直的平行细实线，如图 7-47 所示。

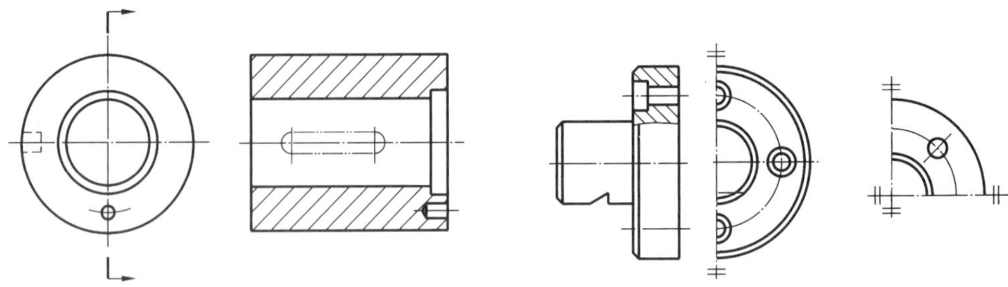

图 7-46　假想投影画法　　图 7-47　对称机件的简化画法

(8) 当图形不能充分表达平面时,可用平面符号(相交的两细实线)表示,如图 7-48 所示。

(9) 机件上斜度和锥度较小的结构,如在一个视图中已表达清楚时,其他视图可按小端画出,如图 7-49 和图 7-50 所示。

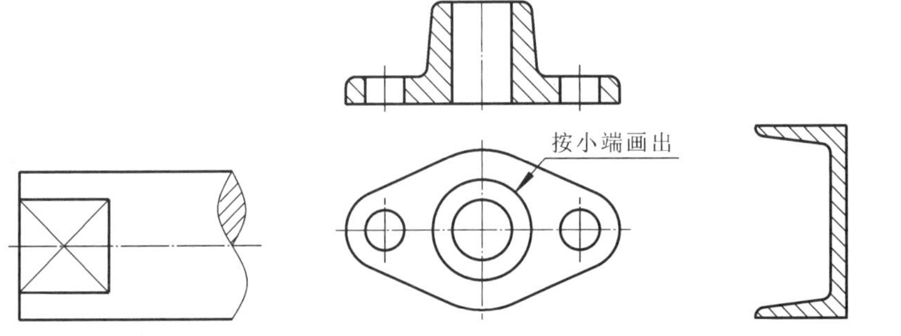

图 7-48　平面的简化画法　　图 7-49　小锥度的简化画法　　图 7-50　小斜度的简化画法

(10) 圆柱体上因加工小孔、键槽等出现的交线允许省略,如图 7-51 所示。但必须有一个视图已清楚地表示了孔、槽的形状。

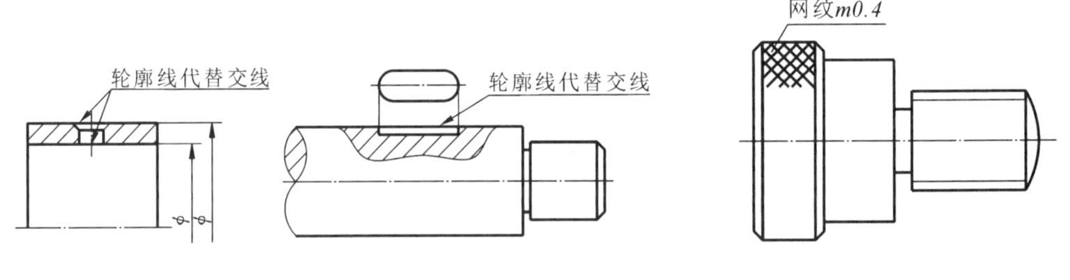

图 7-51　省略交线　　图 7-52　滚花的简化画法

(11) 对于网状物、编织物或机件上的滚花部分,可在轮廓线之内用粗实线示意画出,而在图上或技术要求中注明这些结构的具体要求,如图 7-52 所示。

(12) 与投影面倾斜角度小于或等于 30°的圆或圆弧,其投影可以用圆或圆弧代替真实投影的椭圆,如图 7-53 所示。

(13) 机件上有圆柱形法兰,法兰上按圆周均匀分布的孔,可按图 7-54 所示的画法表示。

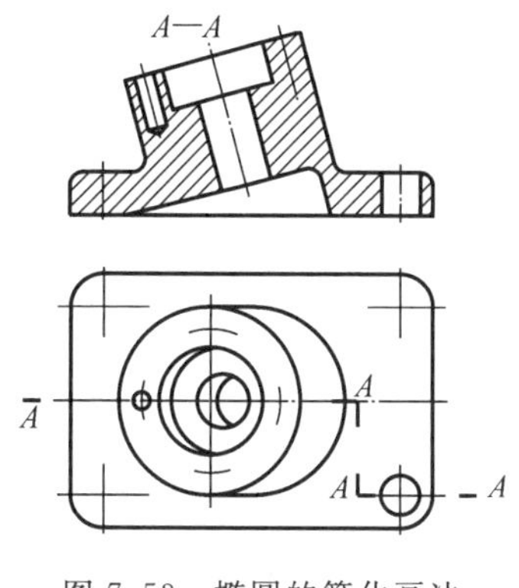

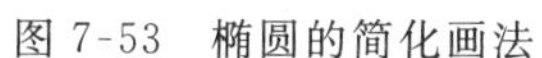
图 7-53　椭圆的简化画法

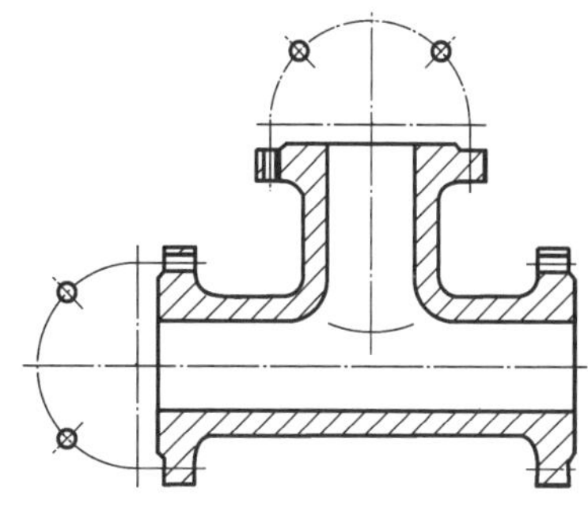
图 7-54　圆盘上均匀分布孔的画法

7.5　剖视图的尺寸标注

在前述章节介绍的尺寸标注方法同样适用于剖视图。但在剖视图上标注要注意以下几点。

(1) 同一轴线上的直径尺寸，一般应尽量注在非圆的剖视图上，避免标注在投影为同心圆的视图上，如图 7-55 中直径 ϕ 46、ϕ 60、ϕ 64。

(2) 采用剖视后，有些尺寸不能完整地标注出来，此时，可采用图 7-55 中尺寸 ϕ 46、ϕ 60 的形式标注，即不指出另一端尺寸界线与箭头。

(3) 在剖视图上，应尽量将外形尺寸和内部结构尺寸分开在视图的不同部位标注，这样既清晰又便于读图，如图 7-55 中外部尺寸长度 68、48 与内部深度尺寸 46 分别注在机件的外部与内腔。

(4) 如必须在剖面线中注写尺寸数字，则剖面线应断开，以标写数字清晰为主。

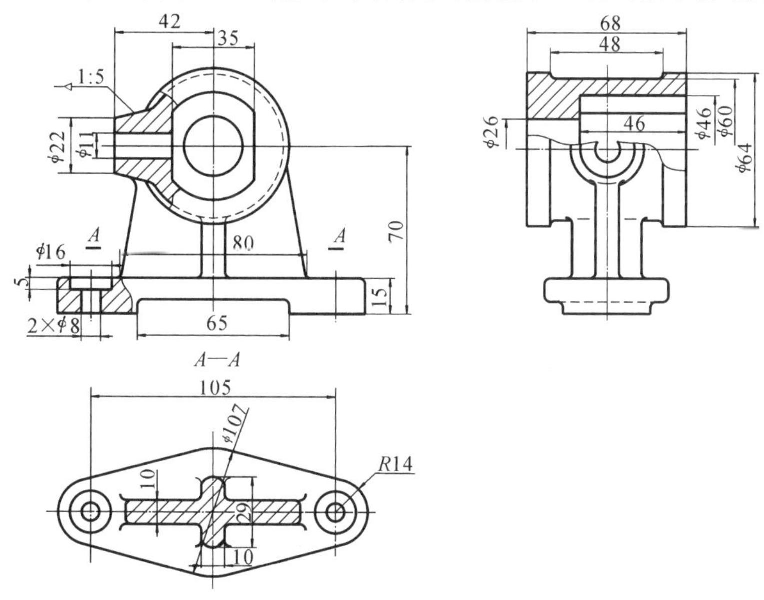

图 7-55　剖视图尺寸标注举例

7.6　第三角投影法简介

绘制工程图样时，有第一角和第三角投影法两种画法，此前所述各章节均为第一角投影法。

7.6.1　什么是第三角投影法

如图 7-56 所示，相互垂直的三个投影面 H、V 和 W 将空间分成八个分角，分别称为第Ⅰ分角、第Ⅱ分角、第Ⅲ分角……将物体置于第Ⅲ分角内，并使投影面处于观察者与物体之间而得到正投影的方法叫做第三角投影法。第三角投影法也称第三角画法。

第三角投影法由美国人提出，故称为美国方法，也称 A 法。1816 年《画法几何学》传入美国，1895 年 William L Ames 教授提出第三角投影法。现在世界上有美国、加拿大、日本、澳大利亚等几个国家用此法。现在上述国家也允许用第一角投影法。

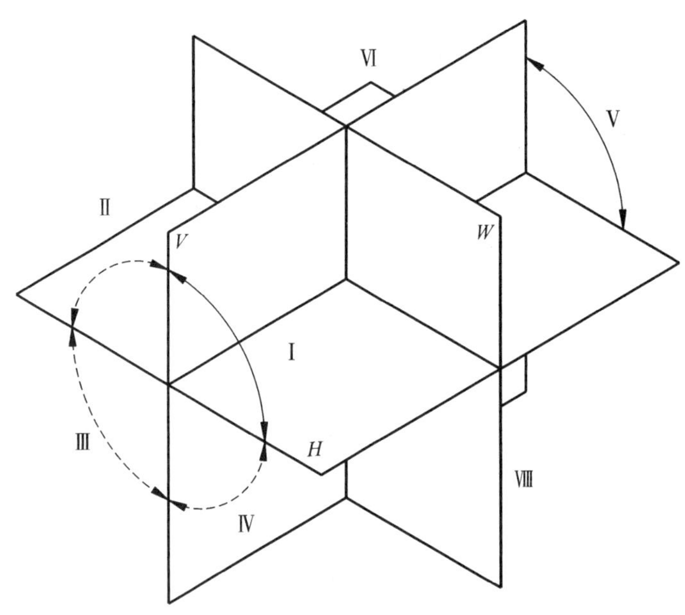

图 7-56　八个分角

第一角投影法由法国人蒙日提出，故称为欧洲方法，也称 E 法。现在世界上多数国家均采用此法。我国早前不同地区采用不同分角画法。1951 年至 1984 年修订的制图标准规定“技术图样采用第一角投影法”。而 GB/T 17451—1998 规定“技术图样优先采用第一角投影法”，也就是在必要时可采用第三角投影法。

ISO 规定“第一角投影法和第三角投影法具有同等效力”。

7.6.2　三面视图的形成

为了区分第三角投影法和第一角投影法所得的不同视图，用英文命名第三角投影法所得视图名称，如图 7-57 所示：

由前向后投射，在 V 面上所得的视图叫 front view；

由上向下投射，在 H 面上所得的视图叫 top view；
由右向左投射，在 W 面上所得的视图叫 right view。

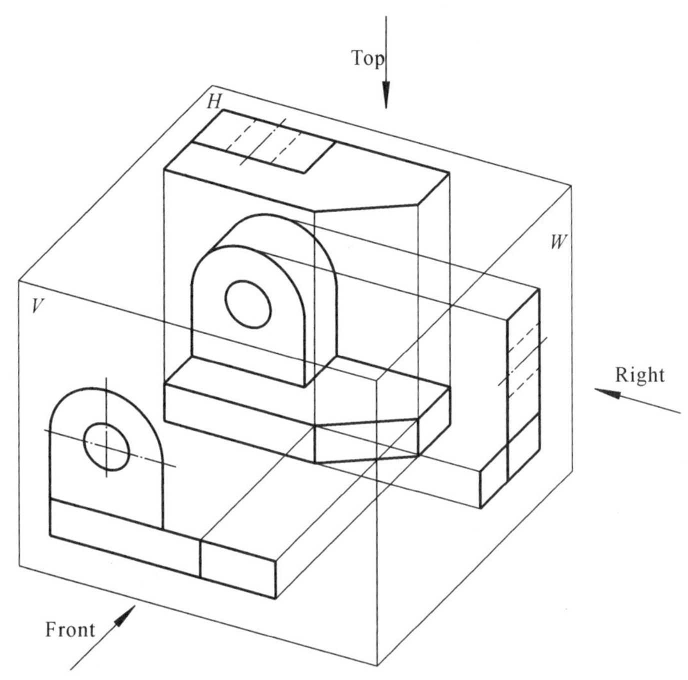

图 7-57　第三角投影法中三视图的形成

为了使三个投影面展开成一个平面，规定 V 面不动，H 面绕它与 V 面的交线向上翻转 90°，W 面绕它与 V 面的交线向右翻转 90°，即得到图 7-58 所示的三面视图。三视图之间的度量及方位对应关系如图 7-59 所示。

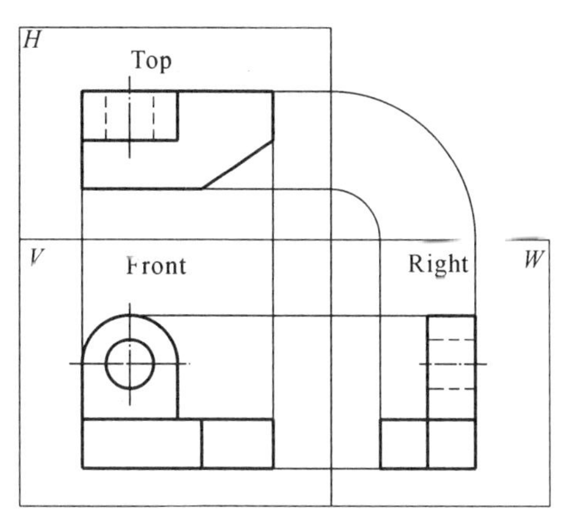

图 7-58　第三角投影法的三视图

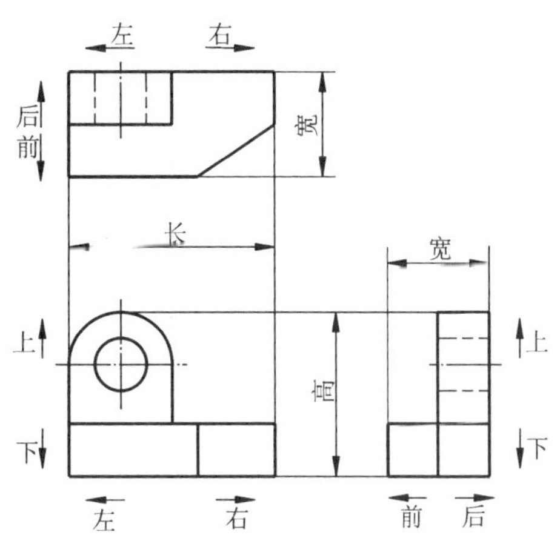

7-59　第三角投影法的三视图间的对应关系

7.6.3　第三角投影法中六个基本视图的配置

假设将物体置于透明的玻璃盒中，将盒子的六个面作为投影面，按第三角投影法向各个投影面作正投影，再把各投影面展开到与 V 面重合的一个平面上，即可得到如图 7-60 所示的六个基本视图。除上述三个视图外，新增加的三个视图为 left view、bottom view、rear view。

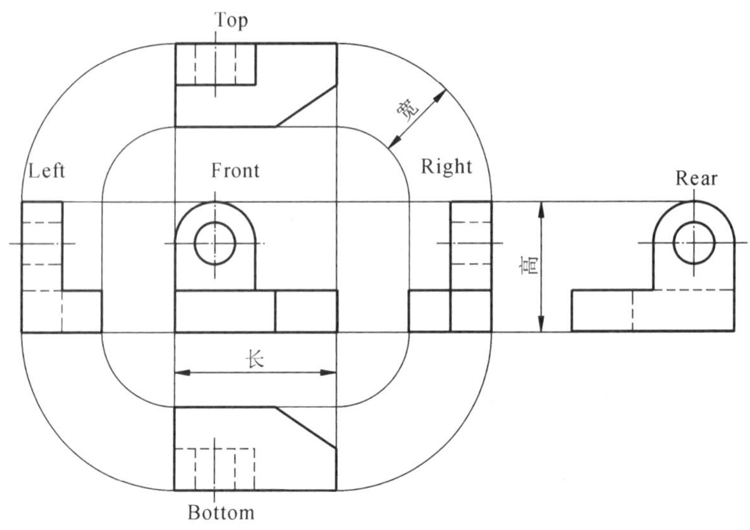

图 7-60　第三角投影法的六个基本视图

各视图之间的配置关系如下。

(1) 度量对应关系。各视图之间仍遵守“三等”规律：

主、俯、仰、后视图等长；

主、左、右、后视图等高；

左、右、俯、仰视图等宽。

(2) 方位对应关系。

左、右、俯、仰视图靠近主视图的一侧为物体的前面，而远离主视图的一侧为物体的后面。

我国国家标准规定，由于我国采用第一角画法，因此，当采用第一角画法时无须标出画法的识别符号。当采用第三角画法时，必须在图样的标题栏附近画出第三角画法的识别符号，如图 7-61 所示。

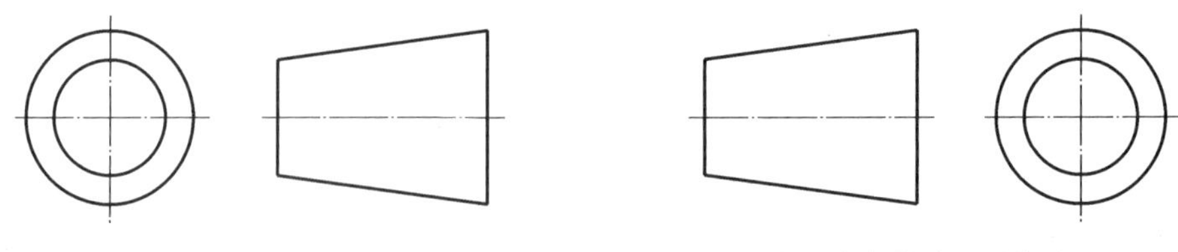

(a) 第三角投影法识别符号　　(b) 第一角投影法识别符号

图 7-61　第三角投影法和第一角投影法的识别符号

第三角投影法有许多优点，例如近侧配置，识图方便，易于想象空间形状，利于表达机件细节，尺寸标注便于集中等。在我国，第三角投影法的应用范围在不断扩大，所以工程技术人员有必要把第一角投影法和第三角投影法都掌握好。

测　　试

根据图 7-62 所示的机件的立体图，选择恰当的表达方案，将机件的内部结构和外部形状表达清楚，并标注尺寸(要求:符合投影关系，尺寸大小自定)。

图 7-62　机件立体图

第 8 章　标准件和常用件

教学视频

内容框图

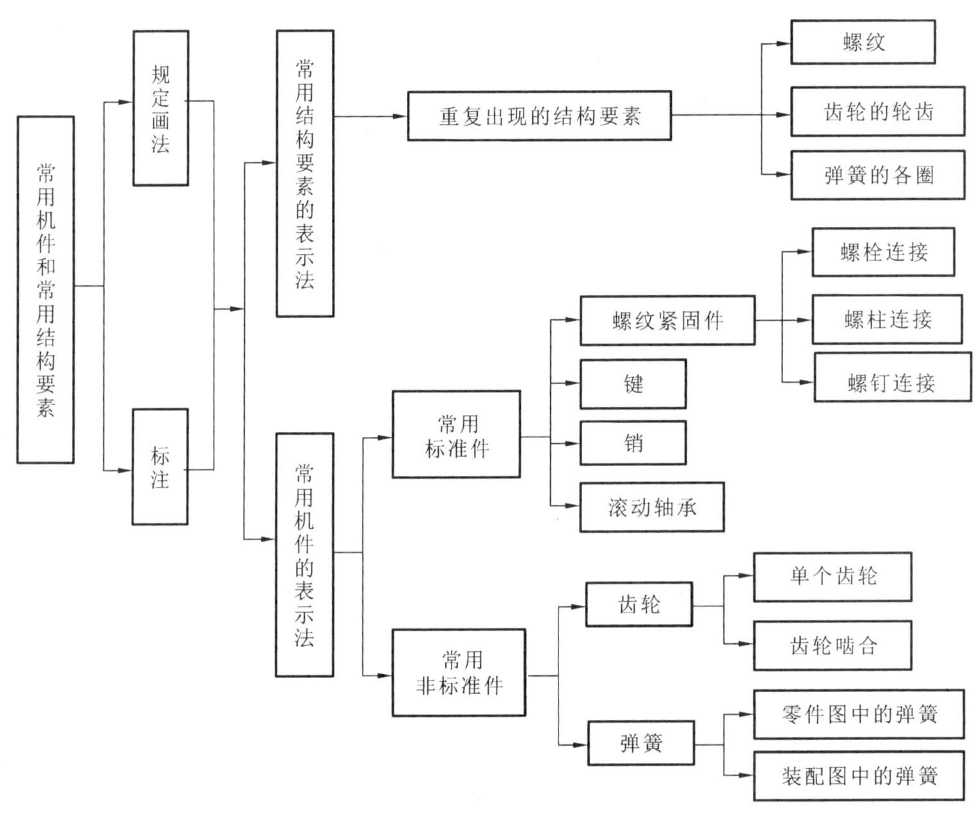

课程矩阵

一般性目标	培养查阅国家标准的能力
具体目标	熟练掌握螺纹及螺纹紧固件等标准件的规定标记及查阅标准的方法；掌握螺纹紧固件的连接画法，键连接、销连接、齿轮啮合的画法及滚动轴承和弹簧的规定画法
教师教法建议	布置课前预习任务，提供相关国家标准资料、课件、测试题；课件辅助讲授；启发、讨论、实物展示、适当板书
学生学法建议	通过课前预习，网上互动、小测，听老师讲授，观察实物，同伴互教，作业等完成学习任务
效果评价	作业完成情况 70%，学习过程 30%
建议课时	6 学时

在机器或部件中，大量使用螺钉、销等机件进行连接、紧固，使用齿轮、轴承、弹簧等进行传动、支承、减振。由于这些机件使用量较大，为便于提高产品质量和生产效率，降低成本，以及有利于组织专业化协作，有些机件的结构、尺寸、画法、精度等各个方面都已全部标准化，按标准由专业生产厂商加工制作，可称其为标准件，如图 8-1 所示的齿轮减速器中，螺栓、螺母、垫片、滚动轴承等属于标准件。在机械设计中，标准件一般都是根据标记直接采购，所以不需要单独画出它们的零件图或部件图。有些机件的部分结构要素(如齿轮的轮齿部分、丝杠的螺纹等)实行了标准化，如螺纹、齿轮、花键等，但就其整体而言，这些机件并非标准件，而是含有标准结构要素的常用非标准件。

标准件的加工使用标准刀具或专用机床，国家对这些已经标准化的结构形状制定了规定画法、代号或标记，不需按真实投影画出，具体结构和尺寸可查阅相应的国家标准或机械零件手册。本章重点介绍几种标准件和常用件的基本知识、规定画法、代号及标注方法。

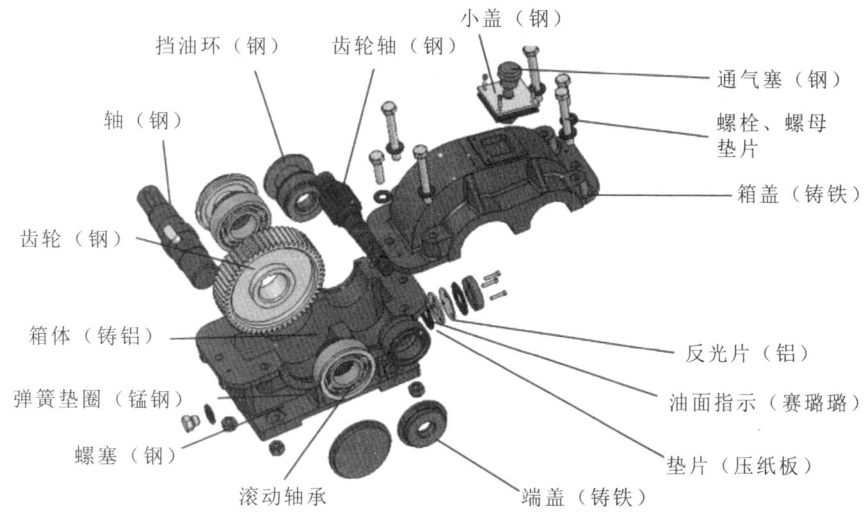

图 8-1　一级齿轮减速器中的标准件和一般零件

8.1　螺　　纹

8.1.1　螺纹的基本知识

平面图形(三角形、矩形、梯形等)在圆柱或圆锥等回转面上做螺旋运动，形成具有相同轴向断面的连续凸起和沟槽的螺旋体，工业上称这种螺旋体为螺纹(见图 8-2)。这个平面图形就是螺纹的牙型。

在圆柱、圆锥等外表面上加工的螺纹，称为外螺纹；在圆柱孔、圆锥孔等内表面上加工的螺纹，称为内螺纹。螺纹的加工方法主要有车螺纹、铣螺纹、磨螺纹、滚压螺纹、攻螺纹和套螺纹等，图 8-3(a)所示为在车床上车削外螺纹，图 8-3(b)所示为在预先加工好的光孔内用丝锥攻内螺纹。

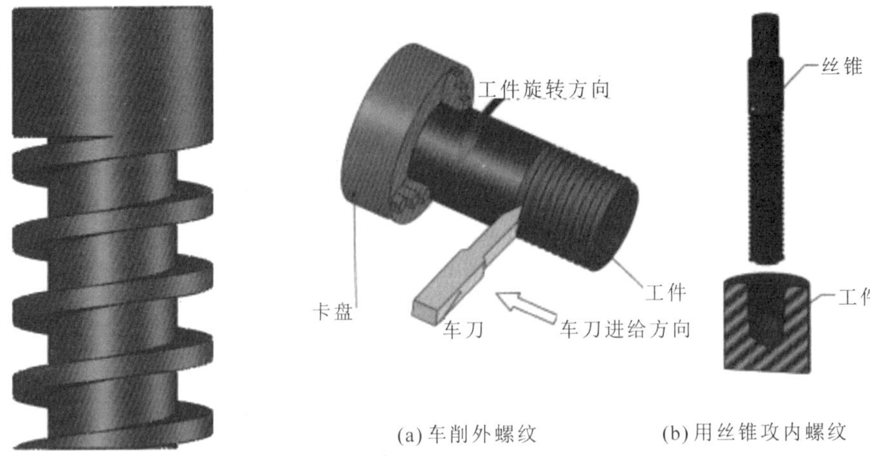

(a) 车削外螺纹　(b) 用丝锥攻内螺纹

图 8-2　螺纹的形成　　图 8-3　螺纹的加工方法

8.1.2　螺纹的要素

螺纹的牙型、公称直径、线数 n、螺距 P 和导程 P_h、旋向等称为螺纹的要素，内外螺纹连接时，上述要素必须一致。

1. 牙型

假想通过螺纹中心轴线作一纵向剖面，螺纹在该剖面上的轮廓形状，称为螺纹牙型。常见的螺纹牙型有三角形、梯形、锯齿形等，不同的螺纹牙型有不同的用途。

2. 公称直径

在加工螺纹的过程中，刀具的切入（或压入）形成了凸起和沟槽两部分，凸起的顶端称为螺纹的牙顶，沟槽的底部称为螺纹的牙底。与外螺纹牙顶或内螺纹牙底相重合的假想圆柱面的直径称为大径（内、外螺纹分别用 D、d 表示），也称为螺纹的公称直径，公称直径是代表螺纹规格尺寸的直径。与外螺纹牙底或内螺纹牙顶相重合的假想圆柱面的直径称为小径（内、外螺纹分别用 D_1、d_1 表示）。在大径与小径之间，其母线通过牙型沟槽宽度和凸起宽度相等的假想圆柱面的直径称为中径（内、外螺纹分别用 D_2、d_2 表示），如图 8-4 所示。外螺纹的大径和内螺纹的小径，又称顶径；外螺纹的小径和内螺纹的大径，又称底径。

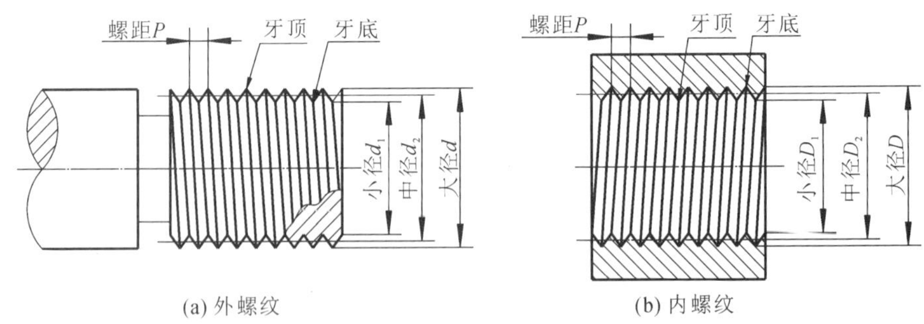

(a) 外螺纹　(b) 内螺纹

图 8-4　螺纹的牙型、大径、小径和螺距

3. 线数 n

螺纹有单线和多线之分，沿一条螺旋线形成的螺纹为单线螺纹；沿轴向等距分布的两条或两条以上的螺旋线所形成的螺纹为多线螺纹，如图 8-5 所示。

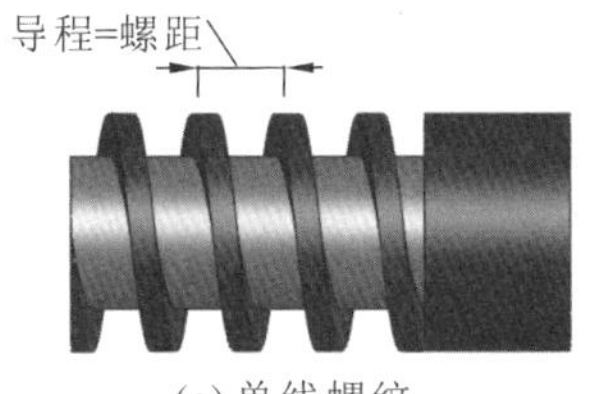

(a) 单线螺纹

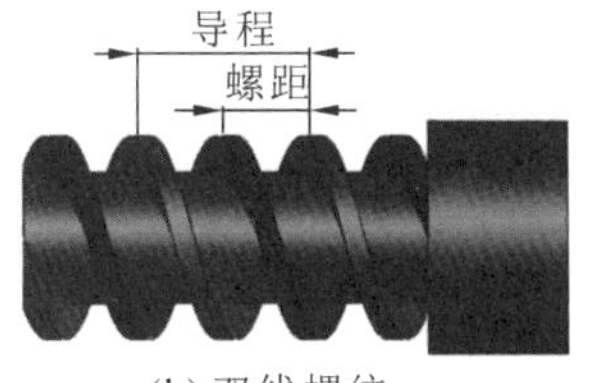

(b) 双线螺纹

图 8-5　螺纹的线数

4. 螺距 P 和导程 P_h

相邻两牙在中径线上对应两点之间的轴向距离称为螺距(P)。同一螺旋线上相邻两牙在中径线上对应两点之间的轴向距离称为导程(P_h)。导程与螺距的关系为 $P_h=nP$。单线螺纹导程和螺距相同,即 $P_h=P$(见图 8-5(a)),而双线螺纹导程等于两倍螺距,即 $P_h=2P$(见图 8-5(b))。

5. 旋向

螺纹有右旋和左旋之分。按顺时针方向旋转时旋进的螺纹称为右旋螺纹,按逆时针方向旋转时旋进的螺纹称为左旋螺纹。判别的方法是将螺杆轴线铅垂放置,面对螺纹,若螺纹自左向右升起,则为右旋螺纹,反之则为左旋螺纹,如图 8-6 所示。工程上常用螺纹多为右旋螺纹。

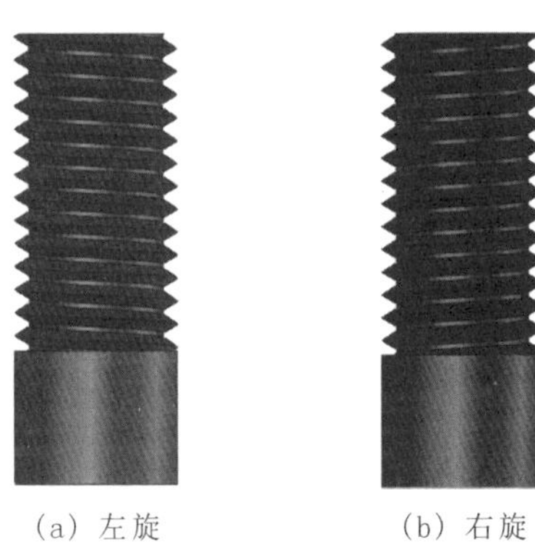
(a) 左旋　　　　(b) 右旋

图 8-6　螺纹的旋向

螺纹诸要素中,牙型、公称直径和螺距是决定螺纹结构规格最基本的要素,称为螺纹三要素。凡螺纹三要素符合国家标准的称为标准螺纹;而牙型符合标准,直径或螺距不符合标准的称为特殊螺纹;对于牙型不符合标准的,称为非标准螺纹。

若要使内外螺纹正确旋合在一起构成螺纹副,则内外螺纹的牙型、直径、旋向、线数和螺距等五个要素必须完全相同。

8.1.3　螺纹的结构

1. 螺纹末端

为了防止外螺纹起始圈损坏和便于装配,通常在螺纹起始处做出一定形式的末端,如图 8-7(a)所示。

2. 螺纹收尾和退刀槽

车削螺纹的刀具将近螺纹末尾时要逐渐离开工件,因而螺纹末尾附近的螺纹牙型不完整,如图 8-7(b)中标有尺寸的一段长度称为螺尾。螺纹的长度是指完整螺纹的长度,即不包含螺尾在内的有效螺纹长度。有时为了避免产生螺尾,在该处预先加工出一个退刀槽,如图 8-7(c)所示。

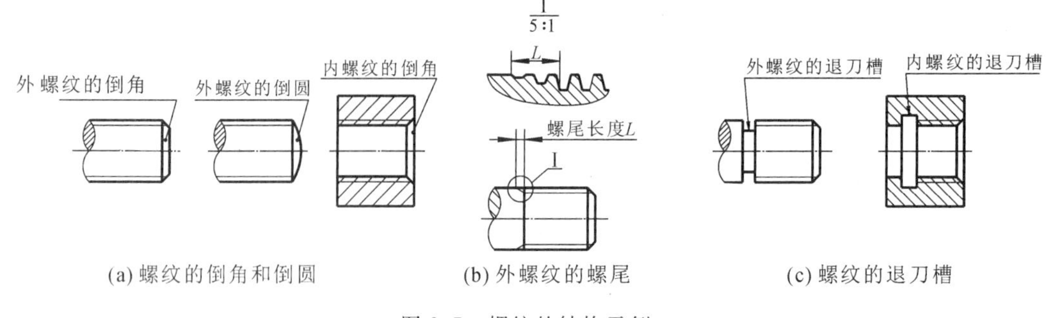

(a) 螺纹的倒角和倒圆　(b) 外螺纹的螺尾　(c) 螺纹的退刀槽

图 8-7　螺纹的结构示例

8.1.4　螺纹的规定画法

国家标准 GB/T 4459.1—1995《机械制图 螺纹及螺纹紧固件表示法》中统一规定了螺纹的画法，螺纹结构要素均已标准化，故绘图时不必画出螺纹的真实投影。

1. 外螺纹的规定画法

国标规定：外螺纹的大径（牙顶）及螺纹终止线用粗实线表示，小径（牙底）用细实线表示，小径可近似地画成大径的 0.85 倍（实际的小径值可查阅相关标准）；在平行于螺杆轴线的投影面的视图中，螺杆的倒角或倒圆部分也应画出；在垂直于螺纹轴线的投影面的视图中，表示牙底的细实线圆只画约 3/4 圆，此时螺纹的倒角圆规定省略不画，如图 8-8(a)所示。

在剖视图中，剖面线应画到粗实线处，螺纹终止线只画出大径和小径之间的部分，如图 8-8(b)所示。

螺尾部分一般不必画出，当确实需要表示螺尾时，螺尾部分的牙底用与轴线成 30°的细实线表示，如图 8-7(b)所示。

(a)　(b)

图 8-8　外螺纹的规定画法

2. 内螺纹的规定画法

内螺纹一般用剖视图表示，大径（牙底）用细实线，小径（牙顶）及螺纹终止线用粗实线，如图 8-9 和图 8-10(a)所示。绘制不穿通的螺孔时，一般应将钻孔深度和螺纹部分的深度分别画出，在图 8-10(a)中，钻孔深度应比螺孔深度深 0.5D，底部的锥顶角应画成 120°。在垂直于螺纹轴线的投影面的视图中，牙底仍画成约 3/4 圆的细实线，并规定螺纹孔的倒角圆也省略不画。当需要表示螺纹收尾时，螺尾部分的牙底用与轴线成 30°的细实线表示。

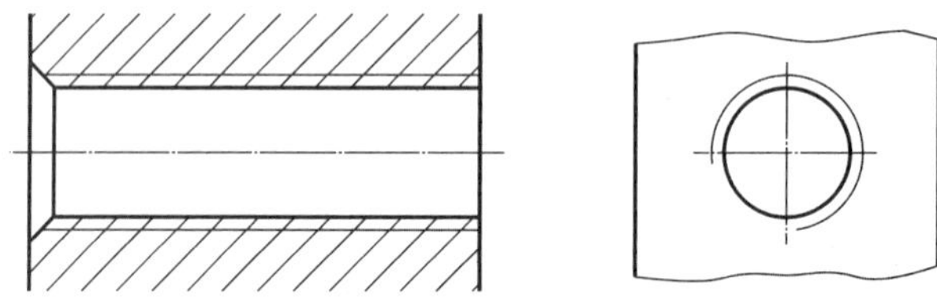

图 8-9　内螺纹的画法 1（穿通螺孔的剖视画法）

不采用剖视画法时，大径、小径和螺纹终止线皆为虚线，如图 8-10(b)所示。

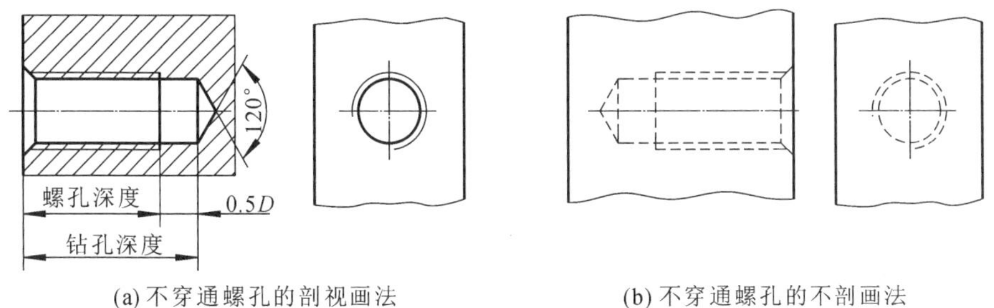

(a) 不穿通螺孔的剖视画法　(b) 不穿通螺孔的不剖画法

图 8-10　内螺纹的画法 2

3. 内、外螺纹连接的规定画法

图 8-11 所示为装配在一起的内、外螺纹连接的规定画法。国标规定，在剖视图中表示螺纹连接时，其旋合部分应按外螺纹的画法表示，其余部分仍按各自的画法表示。应注意的是，内、外螺纹的大径和小径应分别对齐，剖面线均应画到粗实线处，实心螺杆按不剖绘制。

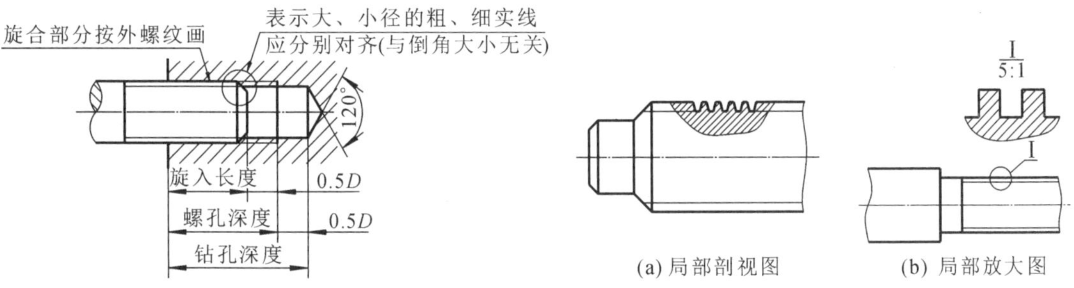

图 8-11　螺纹连接的画法

(a) 局部剖视图　(b) 局部放大图

图 8-12　螺纹牙型的表示方法

4. 螺纹牙型的表示方法

当需要表示牙型时，可用局部剖视图或局部放大图表示，如图 8-12 所示。

8.1.5　螺纹的种类和标注

螺纹按用途分为两大类，即连接螺纹和传动螺纹，前者起连接作用，后者用于传递运动和动力。常用螺纹分类如图 8-13 所示。

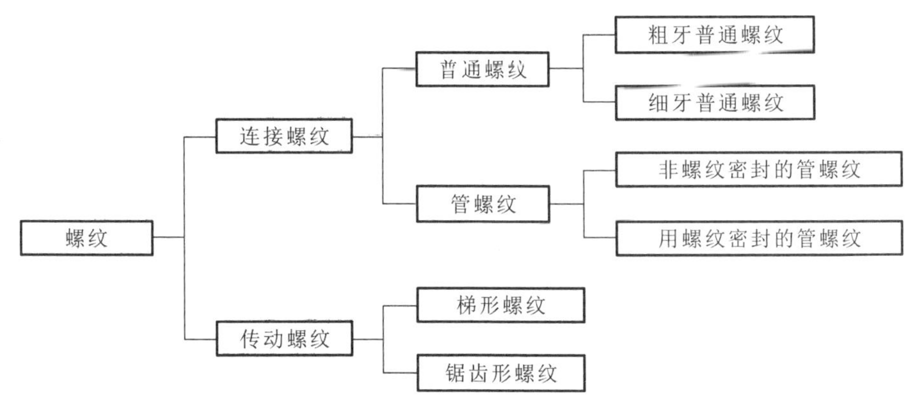

图 8-13　常用螺纹分类

螺纹按国标的规定画法画出后，还需要用标注代号或标记的方式来表明螺纹牙型、公称直径、螺距、线数和旋向等螺纹要素。常用标准螺纹标记方式及示例见表 8-1。

1. 普通螺纹

普通螺纹的直径、螺距等螺纹要素可查附录 A1。

普通螺纹的牙型为等边三角形（牙型角为 60°），同一公称直径的普通螺纹，其螺距有粗牙和细牙之分，区别在于细牙螺纹的螺距及螺纹牙高度都比粗牙螺纹的小。细牙螺纹多用于细小的精密零件和薄壁零件连接上。

普通螺纹的完整标记由螺纹特征代号、尺寸代号、公差带代号、旋合长度代号和旋向代号五部分组成，其格式如下：

[螺纹特征代号] [尺寸代号]-[公差带代号]-[旋合长度代号]-[旋向代号]

螺纹特征代号用字母 M 表示。

单线螺纹的尺寸代号为"公称直径×螺距"（粗牙螺纹螺距不标注，细牙螺纹螺距必须标注）；多线螺纹的尺寸代号为"公称直径×P_h（P 螺距）"。

公差带代号由中径公差带代号和顶径（指外螺纹大径或内螺纹小径）公差带代号组成，它们都由表示公差等级的数字和表示公差带位置的字母组成；大写字母表示内螺纹，小写字母表示外螺纹；如果中径公差带代号和顶径公差带代号相同，则只标注一个公差带代号即可。

旋合长度代号表示螺纹公差带按短(S)、中(N)、长(L)三种旋合长度给出了精密、中等、粗糙三种精度，可按照国家标准 GB/T 197—2003 选用，其中中等旋合长度最为常用。当采用中等旋合长度时，不必标注旋合长度代号；采用短或长旋合长度时，要标注旋合长度代号"S"或"L"。

螺纹旋向为"右旋"时不必标注旋向代号，为"左旋"时标注为"LH"。

[**例** 8-1] 请按要求标注出螺纹的代号：细牙普通外螺纹，公称直径为 20 mm，左旋，螺距为 1.5 mm，中径公差带代号为 5g，大径公差带代号为 6g，长旋合长度。其标记为：M20×1.5-5g6g-L-LH。

[**例** 8-2] 请按要求标注出螺纹的代号：粗牙普通内螺纹，公称直径为 10 mm，螺距为 1.5 mm，右旋，中径公差带代号为 7H，小径公差带代号为 7H，中等旋合长度。其标记为：M10-7H。

2. 管螺纹

管螺纹是在管道接头处管壁上加工出来的用于管道连接的螺纹，常用螺纹牙型为等腰三角形（牙型角为 55°），分为 55°非密封管螺纹和 55°密封管螺纹。55°非密封管螺纹连接由圆柱外螺纹和圆柱内螺纹旋合获得；55°密封管螺纹连接则由圆锥外螺纹和圆锥内螺纹或圆柱内螺纹旋合获得。管螺纹多用于管件和薄壁零件的连接，其螺距与牙型均较小，相应螺纹要素可查阅附录 A3。

(1) 55°非密封管螺纹，其内、外螺纹均为圆柱管螺纹，标记格式为

[螺纹特征代号] [尺寸代号] [公差等级代号]-[旋向代号]

螺纹特征代号用"G"表示。尺寸代号有 1/8、1/2、1、3/4 等，不是指螺纹大径，而是指带有外螺纹管子的内孔直径，其单位为英寸。外螺纹的公差等级代号分为 A、B 两级，内螺纹只有一级，不标注；左旋螺纹在公差等级代号后加"LH"，右旋不必标注。

例如："G$1^1/_2$ LH"表示 55°非密封内螺纹，尺寸代号为 $1^1/_2$，左旋；

"G2B"表示 55°非密封外螺纹，尺寸代号为 2、公差等级为 B 级，右旋；

"G$^3/_4$A-LH"表示 55°非密封外螺纹，尺寸代号为 3/4，左旋。

(2) 55°密封管螺纹，包括圆锥内螺纹与圆锥外螺纹连接和圆柱内螺纹与圆锥外螺纹连接两种形式。其标记格式为

螺纹特征代号　尺寸代号　旋向代号

其中圆柱内螺纹、圆锥内螺纹特征代号分别用“R_P”和“R_C”表示；与圆柱内螺纹旋合的圆锥外螺纹特征代号为“R_1”；与圆锥内螺纹旋合的圆锥外螺纹特征代号为“R_2”；尺寸代号含义与55°非密封管螺纹相同；左旋螺纹在尺寸代号后加“LH”，右旋不必标注。

例如：“R_C $1^1/_2$ LH”表示55°密封圆锥内螺纹，尺寸代号为$1^1/_2$，左旋；

“$R_1$2”表示与圆柱内螺纹旋合的55°密封圆锥外螺纹，尺寸代号为2，右旋。

3. 梯形螺纹和锯齿形螺纹

梯形螺纹牙型为等腰梯形，牙型角为30°，是最常用的传动螺纹，可以传递双向动力，例如机床丝杠上的螺纹就是梯形螺纹。有关梯形螺纹的螺纹要素可查阅附录A2。

锯齿形螺纹牙型为不等腰梯形，一边与铅垂线的夹角为30°，另一边为3°，形成33°的牙型角。锯齿形螺纹是一种受单向力的传动螺纹，例如千斤顶中的螺杆就是锯齿形螺纹。有关锯齿形螺纹的螺纹要素可查阅国家标准GB/T 13576—1992 。

梯形和锯齿形螺纹的标记格式与普通螺纹的标记稍有不同，主要是旋合方向的位置。梯形和锯齿形螺纹的旋合方向标记在螺距之后(右旋螺纹省略标记)，具体形式如下：

螺纹特征代号　公称直径×导程(螺距)　旋向代号 - 中径公差带代号 - 旋合长度代号

梯形螺纹特征代号用“Tr”表示；锯齿形螺纹特征代号用“B”表示。

如果是单线螺纹，用“公称直径×螺距”表示；如果是多线螺纹，用“公称直径×导程(螺距)”表示。

左旋螺纹用“LH”表示，如果是右旋螺纹，则不必标注。

两种螺纹只标注中径公差带代号。

旋合长度只有中等旋合长度(N)和长旋合长度(L)两种，若为中等旋合长度则不必标注。

例如：“Tr40×7-7H”表示公称直径为40 mm、螺距为7 mm的单线右旋梯形内螺纹，中径公差带代号为7H，中等旋合长度；

“Tr50×16(P8)LH-7e-L”表示公称直径为50 mm、导程为16 mm、螺距为8 mm、双线左旋梯形外螺纹，中径公差带代号为7e，长旋合长度；

“B40×10(P5)-8C”表示公称直径为40 mm、导程为10 mm、螺距为5 mm、双线右旋锯齿形内螺纹，中径公差带代号为8C，中等旋合长度。

表 8-1　常用螺纹的种类及标记示例

螺纹种类		牙型放大图	特征代号	标记示例		说明
连接螺纹	普通螺纹	60°	M	粗牙	M12-6g	粗牙普通外螺纹，公称直径为12 mm，右旋，中径、大径公差带均为6g，中等旋合长度
				细牙	M12×1.5-7H-S	细牙普通内螺纹，公称直径为12 mm，右旋，螺距为1.5 mm，中径、小径公差带均为7H，短旋合长度

续表

螺纹种类		牙型放大图	特征代号	标记示例		说明
连接螺纹	管螺纹	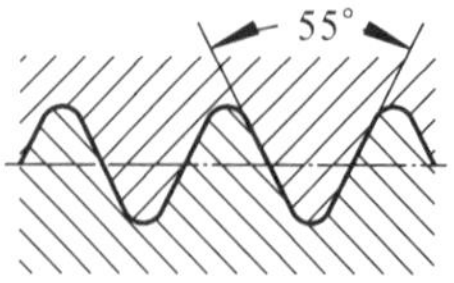 55°	G	55°非密封的管螺纹	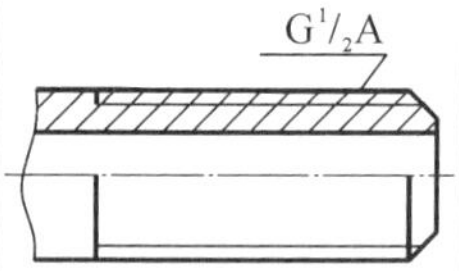 $G1/2A$	55°非密封圆柱外螺纹，尺寸代号为1/2、公差等级为A级、右旋。用引出标注
		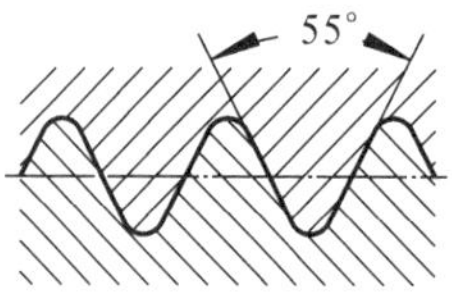 55°	R_C R_2 R_P R_1	55°密封的管螺纹	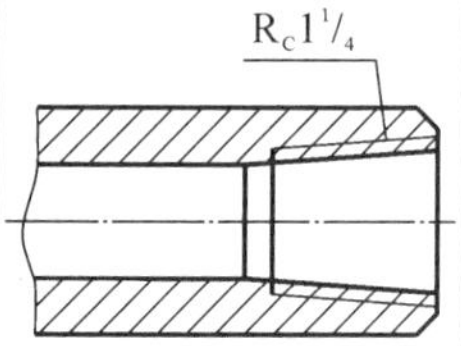 $R_C1^1/_4$	与圆锥外螺纹旋合的55°密封圆锥内螺纹、尺寸代号为$1^1/_4$、右旋。用引出标注 与圆锥内螺纹旋合的圆锥外螺纹特征代号用"R_2"表示；圆柱内螺纹与圆锥外螺纹旋合时，圆柱内螺纹特征代号用"R_P"表示，圆锥外螺纹特征代号用"R_1"表示
传动螺纹	梯形螺纹	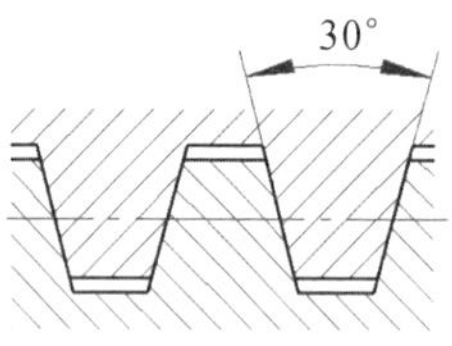 30°	Tr	Tr40×14(P7)LH-7H	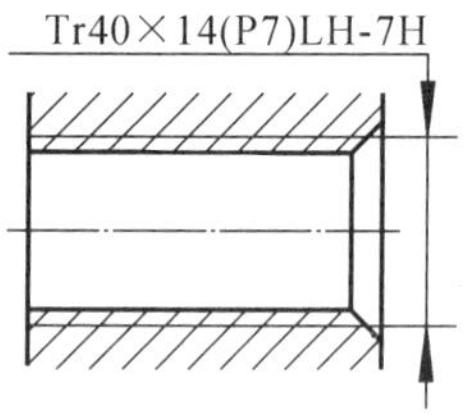	梯形内螺纹，公称直径为40 mm、导程为14 mm、螺距为7 mm、双线左旋，中径公差带为7H，中等旋合长度
	锯齿形螺纹	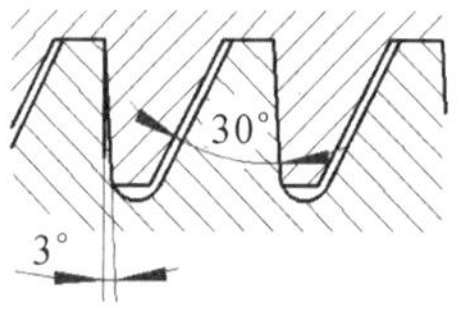 30° 3°	B	B32×6-7e	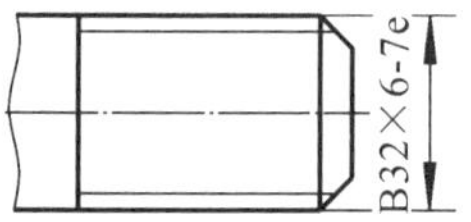	锯齿形外螺纹，公称直径为32 mm、螺距为6 mm、单线右旋、中径公差带为7e，中等旋合长度

8.2　螺纹紧固件

8.2.1　常用螺纹紧固件及其规定画法与标记

螺纹紧固件是运用一对内、外螺纹旋合到一起、起连接和紧固作用的零件。常用的螺纹紧固件有螺栓、螺柱、螺钉、螺母和垫圈等(见图8-14)，它们的结构和尺寸均已标准化，由专门的标准件厂成批生产。

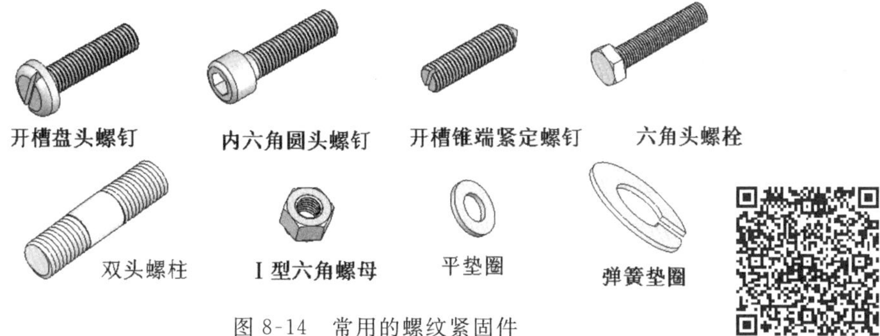

图 8-14　常用的螺纹紧固件

工程实践中一般不需要画出螺纹标准件的零件图，只需按规定进行标记，根据标记就可从国家标准中查到它们的结构形式和尺寸数据。紧固件的标记方法可查阅国家标准 GB/T 1237—2000，表 8-2 列举出了一些常用螺纹紧固件的视图、主要规格尺寸和标记示例。

表 8-2　常用的螺纹紧固件及其标记示例

名称及视图	规定标记示例	名称及视图	规定标记示例
开槽盘头螺钉（M10，45）	螺钉 GB/T 67—2008 M10×45	双头螺柱（M12，50）	螺柱 GB/T 899—1988 M12×50
内六角圆柱头螺钉（M16，40）	螺钉 GB/T 70.1—2008 M16×40	I型六角螺母（M16）	螺母 GB/T 6170—2015 M16
开槽锥端紧定螺钉（M12，40）	螺钉 GB/T 71—1985 M12×40	平垫圈 A 级（ϕ17）	垫圈 GB/T 97.1—2002 16—200HV
六角头螺栓（M12，50）	螺栓 GB/T 5782—2016 M12×50	标准型弹簧垫圈（ϕ20.5）	垫圈 GB/T 93—1987 20

常用螺纹紧固件的完整标记由以下各项组成：

名称 国家标准编号 螺纹规格(或螺纹规格×公称长度)-性能等级、热处理或表面处理

采用现行国家标准时，国标中的年号可以省略；当性能等级是标准中规定的常用的 8.8 级时，可以省略不注，但在其他情况下应该注明。

螺纹紧固件可以按其标记从标准中查出全部尺寸数据进行画图，工程实践中为了提高画图速度，通常采用比例画法（也称为近似画法）。比例画法是根据螺纹公称直径按比例关系计算出螺纹紧固件各部分尺寸，近似地画出图形。但应注意，比例画法作出的图形尺寸与紧固件实际尺寸是有出入的，如需在视图上标注尺寸或获取紧固件的实际尺寸，必须从相关紧固件的标准中查得。

1. 六角头螺栓、六角螺母和垫圈的比例画法与标记

六角头螺栓和六角螺母在装配图中的比例画法可以采用如图 8-15 所示的简化画法，即螺栓头部和螺母的倒角都省略不画，装配图中常用这种简化画法。垫圈的比例画法如图 8-16 所示。

1）螺栓

螺栓由头部和螺杆组成，有六角头、方头等，常用的为六角头螺栓（见图 8-15），螺杆上有全螺纹和部分螺纹两种形式之分。

螺栓标记为：名称 国家标准编号 Md(螺纹公称直径)×l（螺栓公称长度）

例如：螺栓　GB/T 5782—2016　M24×100

根据标记查阅附录 B1 可知：该紧固件是螺纹公称直径 24 mm、公称长度 100 mm，性能等级为 8.8 级，表面氧化、A 级的六角头螺栓。

2）螺母

螺母有六角螺母、方螺母和圆螺母，六角螺母（见图 8-15）应用最广。

螺母标记为：名称 国家标准编号 MD(螺纹公称直径)

例如：螺母　GB/T 6170—2015　M10

根据标记查阅附录 B6 可知：该紧固件是螺纹公称直径 10 mm、性能等级为 8 级、不经表面处理、A 级的Ⅰ型六角螺母。

3）垫圈

垫圈一般放在螺母与被连接件之间，保护被连接零件的表面，以免拧紧螺母时刮伤零件表面；同时可以增加螺母与被连接零件的接触面积。常用的标准垫圈有平垫圈和弹簧垫圈（见图 8-16），为便于安装，垫圈内孔直径比穿过其间的外螺纹大径要大一些，具体数值可查阅附录 B7、B8。

垫圈标记为：名称 国家标准编号 d(穿过垫圈内孔的螺纹公称直径)

例如：垫圈　GB/T 97.1—2002　12

根据标记查阅附录 B7 可知：该紧固件是公称规格为 12 mm(即与公称直径为 12 mm 的外螺纹配用)、硬度等级为 200 HV 级、不经表面处理、产品等级为 A 级的平垫圈。

垫圈　GB/T 93—1987　20

根据标记查阅附录 B8 可知：该紧固件是公称规格为 20 mm(即与公称直径为 20 mm 的外螺纹配用)的表面氧化的标准型弹簧垫圈。

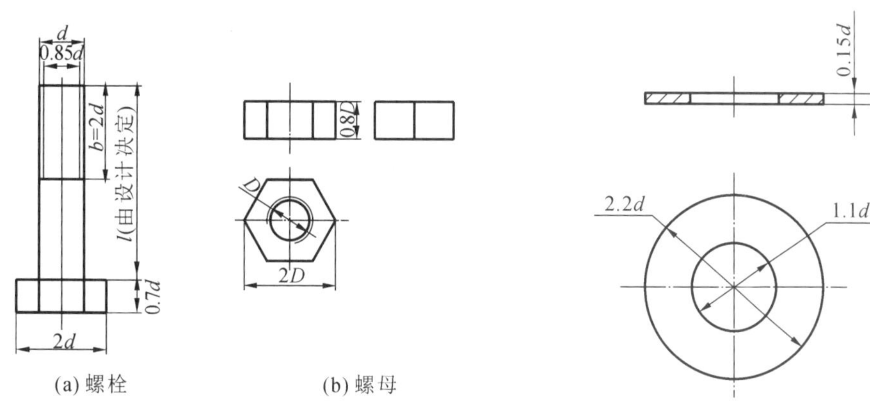

(a) 螺栓　(b) 螺母

图 8-15　六角头螺栓和六角螺母在装配图中的简化画法　　图 8-16　垫圈的比例画法

2. 螺钉的比例画法与标记

螺钉的种类很多，按用途可分为连接螺钉和紧定螺钉。前者用于连接不经常拆卸且受力不大的零件；后者用来固定零件相对位置，使之不发生相对运动。

螺钉标记为：名称　国家标准编号　Md（螺钉公称直径）×l（螺钉公称长度）

1）开槽圆柱头螺钉和开槽沉头螺钉

开槽圆柱头螺钉和开槽沉头螺钉属于连接螺钉，它们在装配图中的比例画法可以采用图 8-17所示的简化画法，即螺钉头部一字槽用粗实线表示、在顶面视图中用 45°粗实线表示。

例如：螺钉　GB/T 65—2016　M8×30

根据标记查阅附录 B3 可知：该紧固件是螺纹公称直径 8 mm、公称长度 30 mm，性能等级为 4.8 级，不经表面处理的 A 级开槽圆柱头螺钉。

例如：螺钉　GB/T 68—2016　M4×12

根据标记查阅附录 B3 可知：该紧固件是螺纹公称直径 4 mm、公称长度 12 mm，性能等级为 4.8 级，不经表面处理的 A 级开槽沉头螺钉。

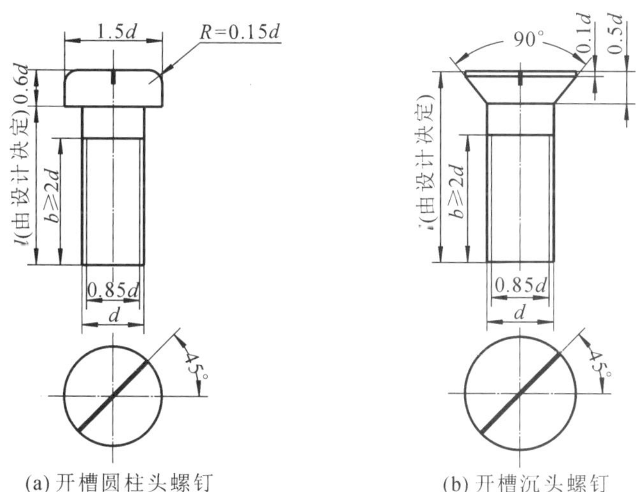

(a) 开槽圆柱头螺钉　(b) 开槽沉头螺钉

图 8-17　开槽圆柱头螺钉和开槽沉头螺钉在装配图中的简化画法

2）开槽锥端紧定螺钉

开槽锥端紧定螺钉的简化画法如图 8-18 所示。

例如：螺钉　GB/T 71—1985　M3×12

根据标记查阅附录 B5 可知：该紧固件是螺纹公称直径 3 mm、公称长度 12 mm，性能等级为 14H 级、表面氧化的开槽锥端紧定螺钉。

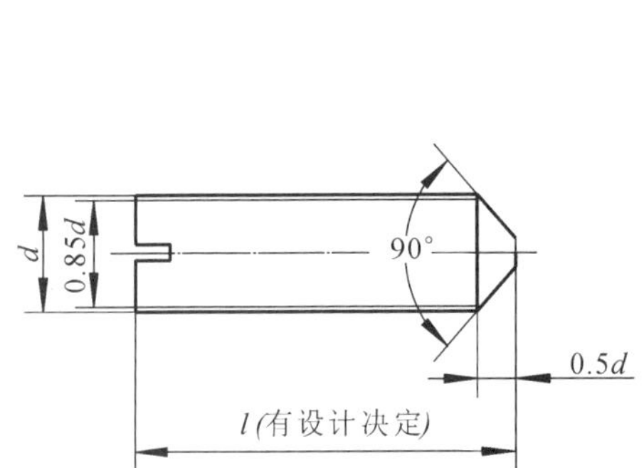

图 8-18　开槽锥端紧定螺钉的简化画法

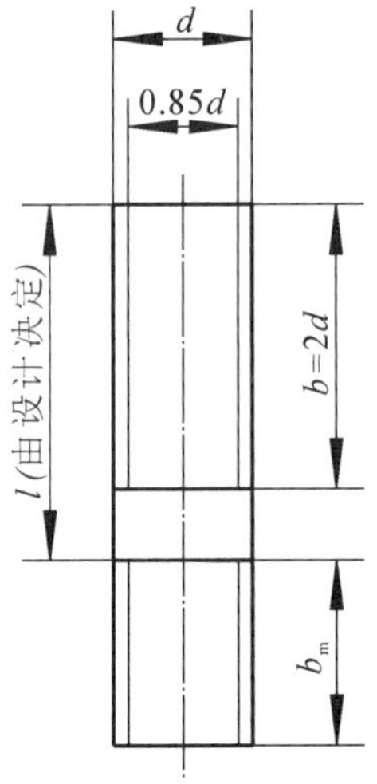

图 8-19　双头螺柱的简化画法

3. 双头螺柱的比例画法与标记

双头螺柱两端都有螺纹，其中一端全部旋入被连接件的螺孔内，称为旋入端，其长度用 b_m 表示；另一端用来旋紧螺母，称为紧固端，其长度用 b 表示。双头螺柱的简化画法如图 8-19所示。

双头螺柱标记为：名称　国家标准编号　Md（螺纹公称直径）×l（双头螺柱公称长度）

例如：螺柱　GB/T 897—1988　M10×50

根据标记查阅附录 B2 可知：该紧固件是两端均为粗牙普通螺纹，螺纹公称直径 10 mm、公称长度 50 mm、$b_m = 1d = 10$ mm，性能等级为 4.8 级、不经表面处理的 B 型双头螺柱。

8.2.2　螺纹紧固件的连接画法

用螺纹紧固件将两个(或两个以上)被连接件连接在一起，称为螺纹紧固件的连接。常见螺纹紧固件的连接形式有：螺栓连接、螺钉连接和螺钉紧定、双头螺柱连接等。

1. 螺纹连接装配图中的一般规定

(1) 相邻两零件表面接触时，只画一条线；不接触时，即使间隙再小也要画两条线，必要时可夸大画出。

(2) 在剖视图中，相邻两被连接件的剖面线方向应相反，必要时也可以相同，但要相互错开或间隔不等。在同一张图样上，同一零件的剖面线在各个剖视图中方向应一致，间隔应相等。

(3) 对于紧固件和实心零件(如螺钉、螺栓、螺柱、螺母、垫圈、键、销、球及轴等)，若剖切平面通过它们的轴线，则这些零件按不剖绘制；必要时，可采用局部剖视。但当垂直于轴线剖切时，则按剖视绘制。

2. 螺栓连接的装配图及其画法

螺栓连接适用于连接两个不太厚的零件。螺栓穿过两被连接件上的通孔，加上垫圈，拧紧螺母，就将两个零件连接在一起了，如图 8-20 所示。

螺栓连接的装配图画法如图 8-21 所示，要遵循前面所述螺纹连接装配图中的一般规定。

螺栓的公称长度 l 可按下式计算：

$l \geqslant t_1 + t_2 + h$(垫圈厚度 $0.15d$)$+m$(螺母厚度 $0.8d$)$+a$(螺栓末端伸出高度 $0.3d$)

其中：d——螺纹公称直径；

t_1、t_2——被连接件的厚度(已知条件)。

按上式计算出的螺栓长度，还应查阅附录 B1，根据螺栓的标准公称长度系列，选取公称长度值。

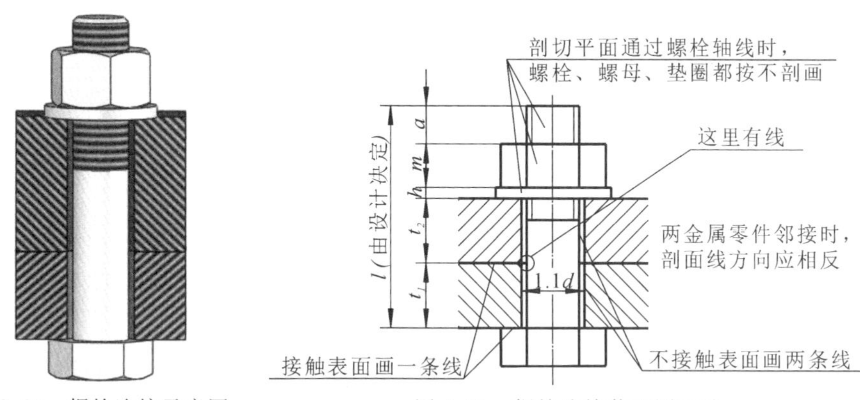

图 8-20　螺栓连接示意图　　图 8-21　螺栓连接装配图画法

3. 螺钉连接的装配图及其画法

螺钉连接不用螺母，而将螺钉直接旋入被连接件的螺纹孔内。螺钉连接常用于受力不大而又不经常拆装的场合。下面主要介绍开槽圆柱头螺钉和开槽沉头螺钉的连接画法、开槽锥端紧定螺钉的连接画法。

1) 开槽圆柱头螺钉和开槽沉头螺钉的连接画法

如图 8-22 所示，通常在较厚的零件上制出螺孔，另一零件上加工出通孔；连接时，将螺钉穿过通孔旋入螺孔拧紧即可。按前面所述螺钉在装配图中的简化画法将螺钉作为不剖画出；螺钉螺纹长度 $b \geqslant 2d$，并且要保证螺钉的螺纹终止线在被连接零件的螺孔顶面以上，以表示螺钉尚有拧紧的余地；对于不穿通的螺孔，可以不画出钻孔深度，仅按螺纹深度画出，如图 8-22(c)所示。

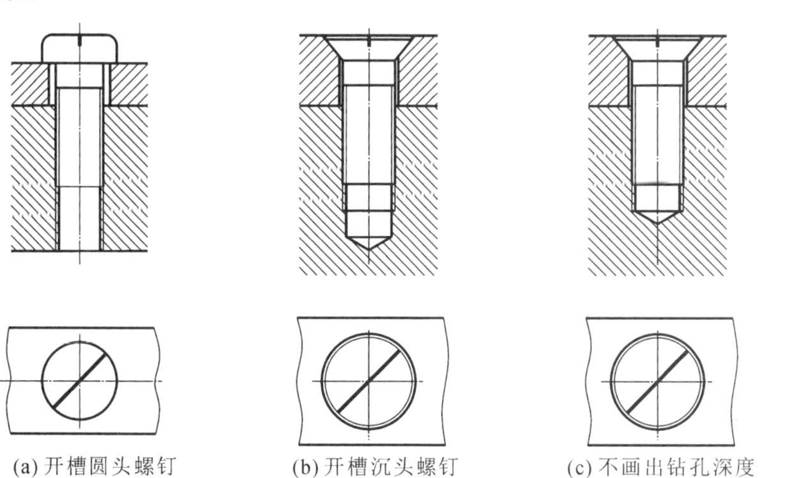

(a) 开槽圆头螺钉　　(b) 开槽沉头螺钉　　(c) 不画出钻孔深度

图 8-22　螺钉连接装配图画法

螺钉的公称长度 l 计算如下：

$l \geqslant t$(通孔零件厚度)$+b_m$(旋入端螺纹长度)

b_m值根据国家标准规定，由带螺孔的被连接零件的材料决定：材料为青铜、钢时，$b_m=d$；为铸铁时，$b_m=1.25\ d$ 或 $1.5d$；为铝时，$b_m=2d$。d 为螺钉的螺纹公称直径。

按上式计算出的螺钉的公称长度，还应查阅附录 B3，根据螺钉的标准公称长度系列，选取公称长度值。

2）开槽锥端紧定螺钉的连接画法

紧定螺钉用于防止两零件之间发生相对运动的场合。图 8-23 所示为开槽锥端紧定螺钉连接的装配图画法。为防止轴和轮毂的轴向相对运动，将锥端紧定螺钉旋入轮毂，使螺钉端部 90°顶角与轴上 90°锥坑压紧，从而固定轴和轮毂的相对位置。

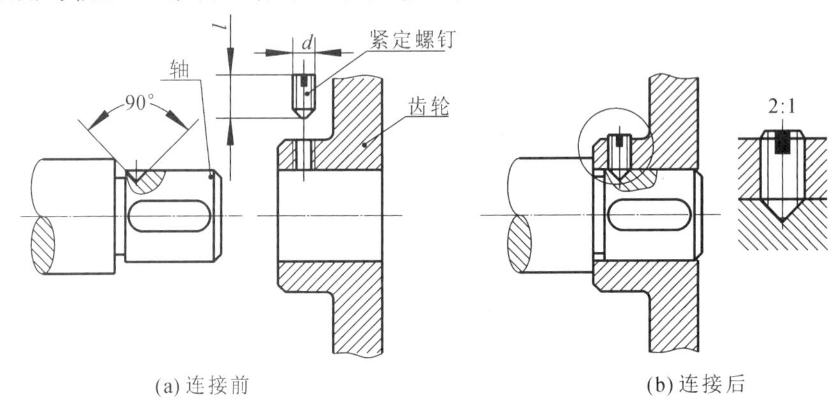

(a) 连接前　　(b) 连接后

图 8-23　开槽锥端紧定螺钉连接的装配图画法

4. 双头螺柱连接的装配图及其画法

双头螺柱连接常用于被连接件之一太厚而不能加工成通孔的情况。双头螺柱两端都有螺纹，其中一端全部旋入被连接件的螺孔内，称为旋入端，旋入端长度用 b_m 表示；另一端穿过另一被连接件的通孔，加上垫圈，旋紧螺母，如图 8-24 所示。

如图 8-25 所示，双头螺柱旋入端长度 b_m 应全部旋入螺孔内，故螺孔的深度应大于旋入端长度，一般取 $b_m+0.5d$。d 为双头螺柱的螺纹公称直径，b_m 由带螺孔的被连接零件的材料决定，取值方法同螺钉连接。由此可见，双头螺柱连接的上半部分画法与螺栓连接相似，下半部分画法与螺钉连接相似。

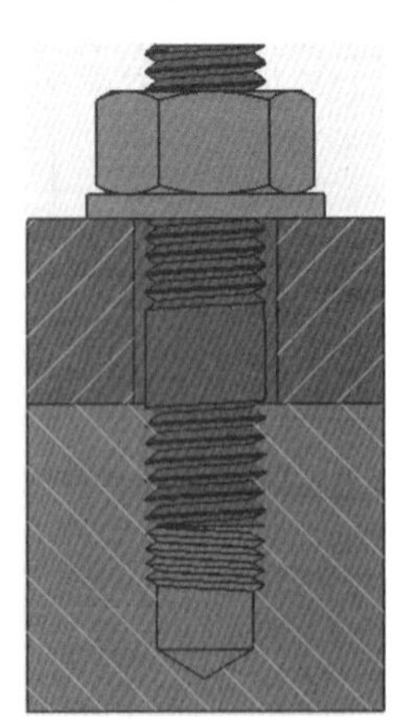

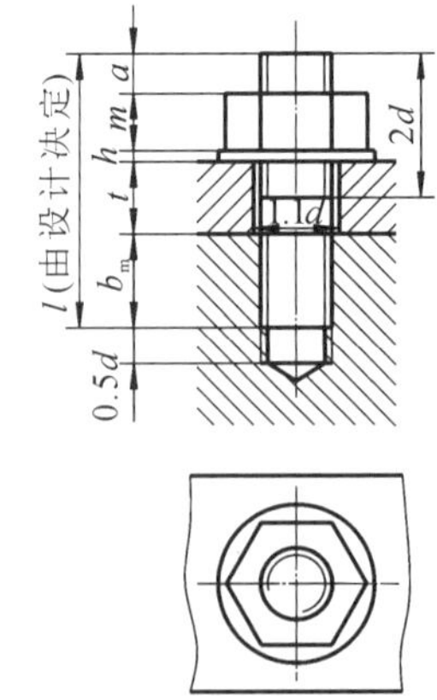

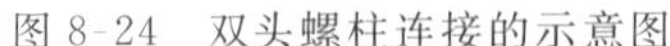

图 8-24　双头螺柱连接的示意图　　图 8-25　双头螺柱连接的装配图画法

螺柱的公称长度 l 按下式计算后查阅附录 B2 选取标准公称长度：

$$l \geqslant t+h+m+a$$

其中：t——通孔零件厚度(已知条件)。

注意：旋入端的螺纹终止线应与两个被连接零件接触面平齐。

8.3　键

8.3.1　键的功用、种类和标记

键通常用来连接轴和装在轴上的转动零件(如齿轮、带轮等)，起传递扭矩的作用，如图 8-26 所示。键连接是先在轮孔和连接轴上分别加工出键槽，通常轮孔上的键槽是通槽，把键嵌入轴的键槽内，再把轮孔上的键槽对准轴上的键插入，从而使轴与轮连接在一起。

常用的键有普通平键、半圆键和钩头楔键等，如图 8-27 所示。其中普通平键应用最广，其剖面呈矩形，两侧面是工作面。按其形状又分为 A 、B 、C 三种形式，其形状和尺寸如图 8-28 所示。

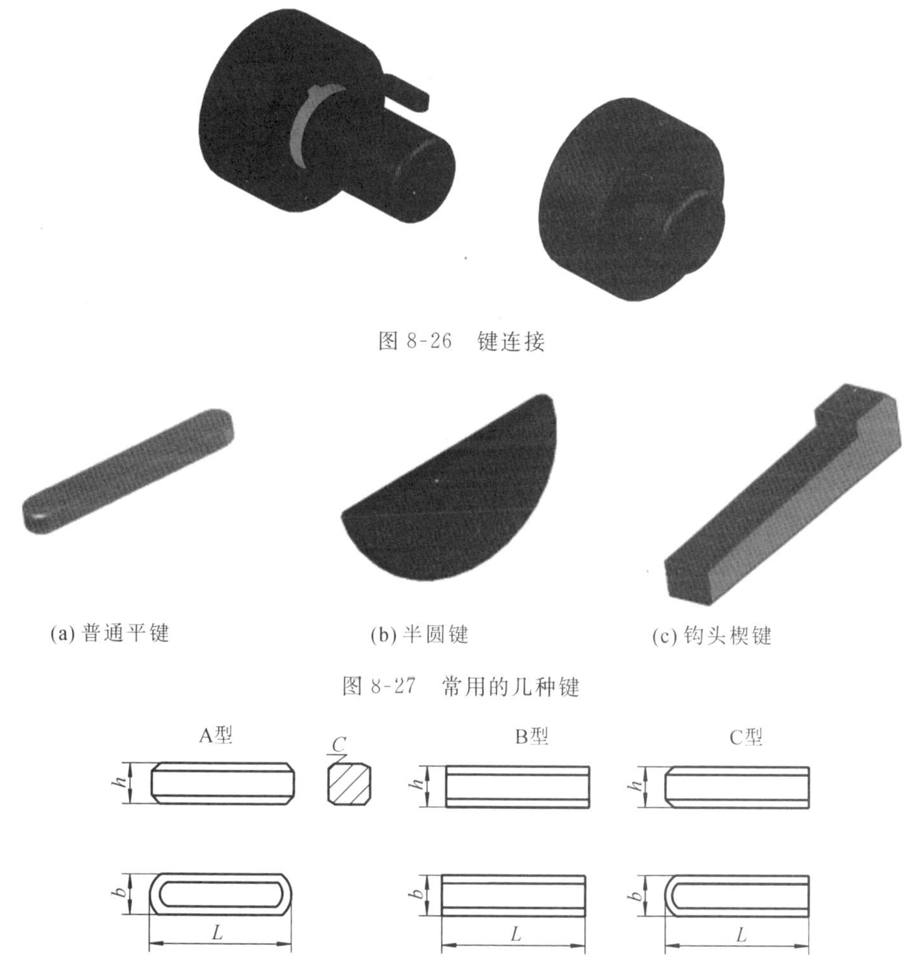

图 8-26　键连接

(a) 普通平键　(b) 半圆键　(c) 钩头楔键

图 8-27　常用的几种键

图 8-28　普通平键的形式和尺寸

键是标准件，完整标记格式为：

国家标准编号	名称	形式	规格尺寸(宽×高×长)

在标记时,A 型平键省略字母 A,而 B 型、C 型应写出字母 B 或 C。

如 $b=18$ mm、$h=11$ mm、$L=100$ mm 的圆头普通平键应标记为

GB/T 1096 键 18×11×100

又如 $b=18$ mm、$h=11$ mm、$L=100$ mm 的单圆头普通平键,则应标记为

GB/T 1096 键 C 18×11×100

常用键的标记方法如表 8-3 所示。

表 8-3　常用键的标记方法

名称	图例	规定标记
普通平键	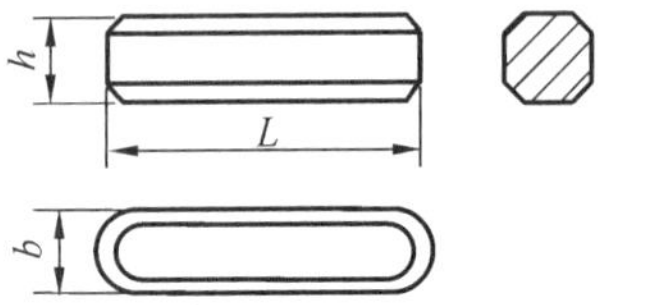 h L b	GB/T 1096 键 $b\times h\times L$
半圆键	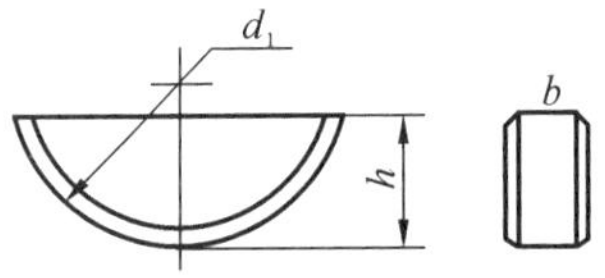 d_1 h b	GB/T 1099 键 $b\times h\times d_1$
钩头楔键	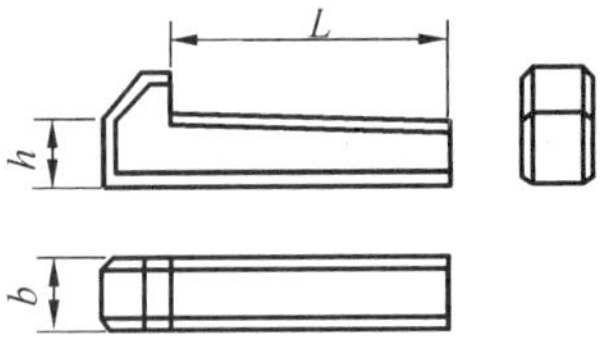 L h b	GB/T 1565 键 $b\times L$

8.3.2　键槽的画法和尺寸标注

图 8-29(a)(b)所示为轴和轮孔上键槽的画法及其尺寸注法。轴的键槽用轴的主视图(局部剖视)和在键槽处的移出断面图表示,尺寸则要标注键槽长度 L 、键槽宽度 b 和 $d-t$ (t 是轴上的键槽深度)。轮孔键槽采用全剖视及局部视图表示,尺寸则应注 b 和 $d+t_1$(t_1是齿轮轮毂的键槽深度)。键和键槽尺寸根据轴的直径可在附录 B9 中查得。

8.3.3　键连接的画法

键连接图采用剖视表达(轴上采用局部剖),当剖切平面通过轴和键的轴线或对称面时,轴和键均按不剖形式画出;当剖切平面垂直于轴线时,轴和键要画出剖面线。普通平键和半圆键的连接原理相似,两侧面为工作表面,装配时,键的两侧面与键槽的侧面接触,工作时,靠键的侧面传递扭矩。绘制装配图时,键与键槽侧面之间无间隙,画一条线;键的顶面是非工作表面,与轮毂键槽的顶面不接触,应画出间隙,如图 8-29(c)和图 8-30 所示。钩头楔键的顶面有 1∶100 的斜度,安装时将键打入键槽,靠键与键槽顶面的压紧力使轴上零件固定,因此,顶面是钩头楔键的工作表面。绘制装配图时,键与键槽顶面之间无间隙,画一条线;键

的两侧面是非工作表面，与键槽的侧面不接触，应画出间隙，如图 8-31 所示。

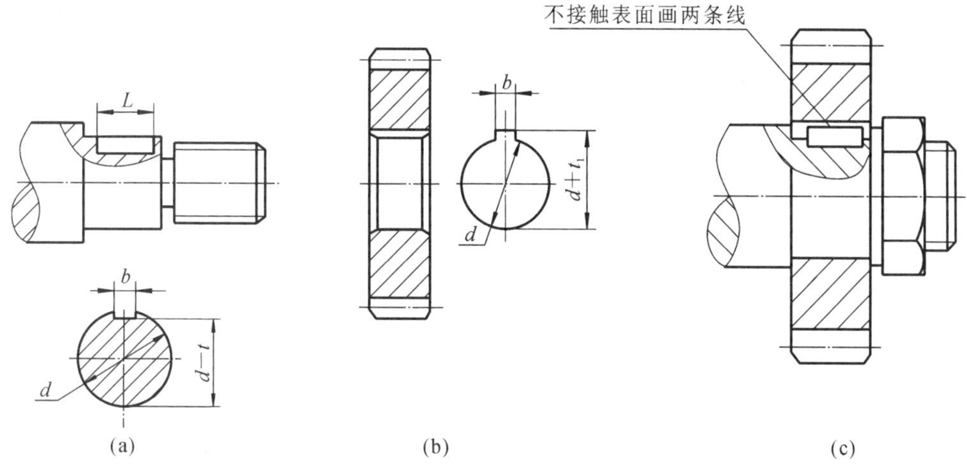

图 8-29　普通平键连接的画法

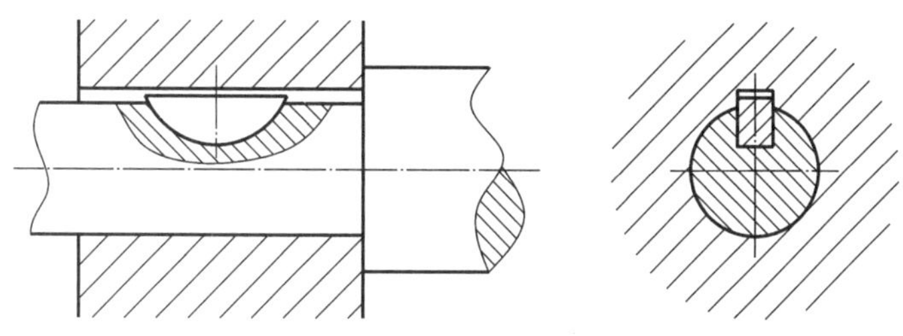

图 8-30　半圆键连接的画法

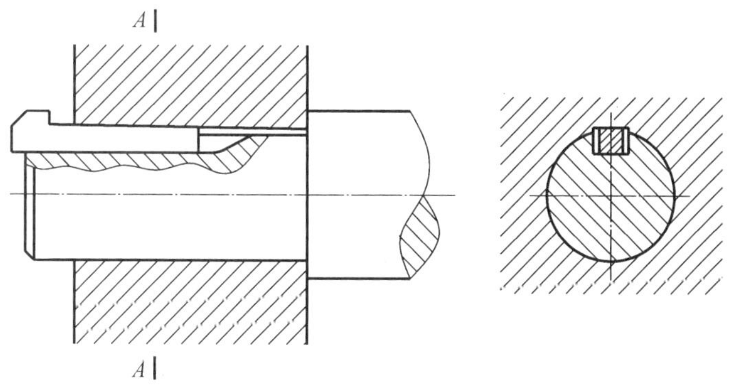

图 8-31　钩头楔键连接的画法

8.4　销

8.4.1　销的功用、种类和标记

销也是标准件，通常用于零件间的连接或定位。常用的销有圆柱销、圆锥销和开口销等，如图 8-32 所示。

图 8-32　常用的销

销的形式和标记方法见表 8-4。

表 8-4　销的形式和标记方法

名称	形式	标记示例	说明
圆柱销	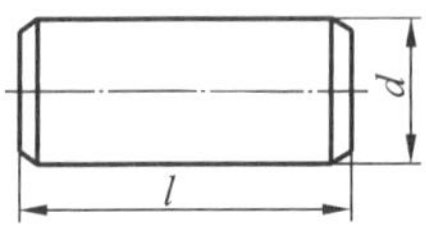	销 GB/T 119.1　8m6 ×30（B 型，公称直径 d＝8 mm，公差 m6，长度 l＝30 mm，材料 钢，不淬火，不经表面处理） 注：圆柱销有 A 型、B 型、C 型和 D 型，标记中 B 型销的“B”字省略不注	不淬硬钢和奥氏体不锈钢圆柱销，直径公差有 m6 和 m8 两种，可与销孔形成不同的配合，应根据工作条件选用
圆锥销	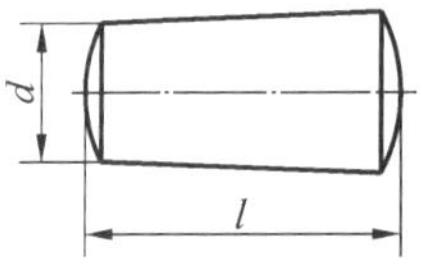	销 GB/T 117　10×60（A 型，公称直径 d＝10 mm，长度 l＝60 mm，材料 35，热处理硬度 28～38 HRC，表面氧化） 注：圆锥销有 A 型、B 型，标记中 A 型销的“A”字省略不注	A 型圆锥销为磨削加工，B 型圆锥销为车削或冷镦加工
开口销		销 GB/T 91　5×50（公称规格为 5 mm，材料为 Q215 或 Q235，不经表面处理的开口销）	公称规格为销孔的公称直径，标准规定公称规格为0.6～20 mm，根据供需双方协议，可采用公称规格为 3 mm、6 mm、12 mm 的开口销

8.4.2　销连接的画法

圆柱销和圆锥销的装配图的画法如图 8-33 所示。

用销连接和定位的两个零件上的销孔是装配在一起加工的，在绘制各自的零件图时应当予以注明“配作”二字，如图 8-34 所示。圆锥销孔的尺寸应引出标注，其中的直径尺寸是所配的圆锥销的公称直径，即销的小端直径。

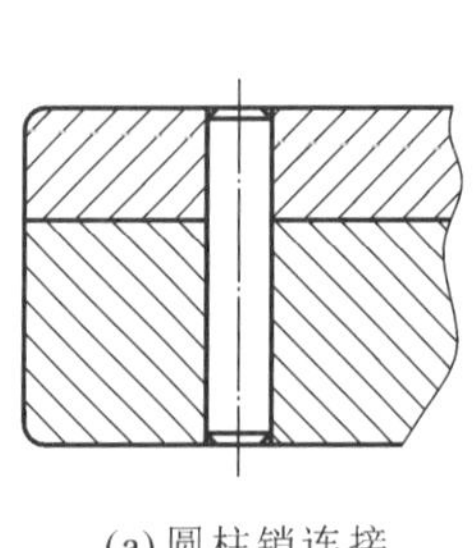

(a) 圆柱销连接

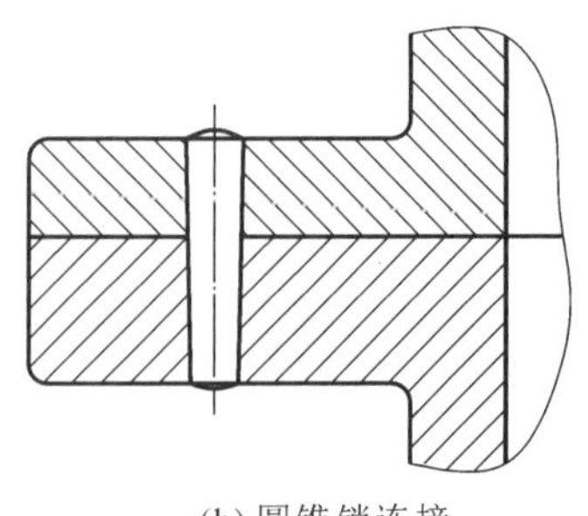

(b) 圆锥销连接

图 8-33　销的装配图画法

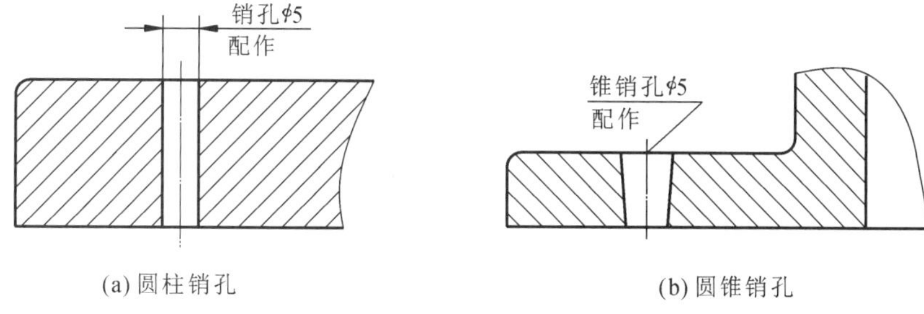

(a) 圆柱销孔　　(b) 圆锥销孔

图 8-34　销孔的标注

8.5　滚动轴承

滚动轴承是一种支承旋转轴的组件。它具有摩擦小、结构紧凑的优点，广泛应用在机器或部件中。作为一种标准件，其生产已经标准化。

8.5.1　滚动轴承的分类、结构及画法

滚动轴承种类很多，按结构和承载情况不同，可分为向心轴承（主要承受径向力）、推力轴承（主要承受轴向力）、向心推力轴承（同时承受径向和轴向力）三大类。但其结构大体相同，一般由外圈、内圈、滚动体及保持架组成，如图 8-35 所示。在一般情况下，外圈装在机座的孔内，固定不动，而内圈套在转动的轴上，随轴转动。

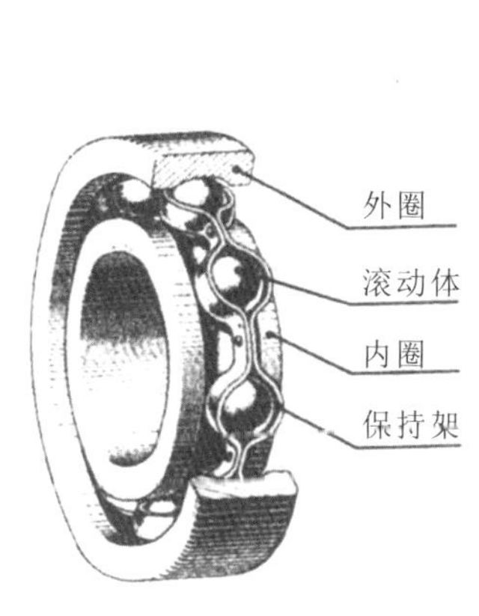

图 8-35　滚动轴承的结构

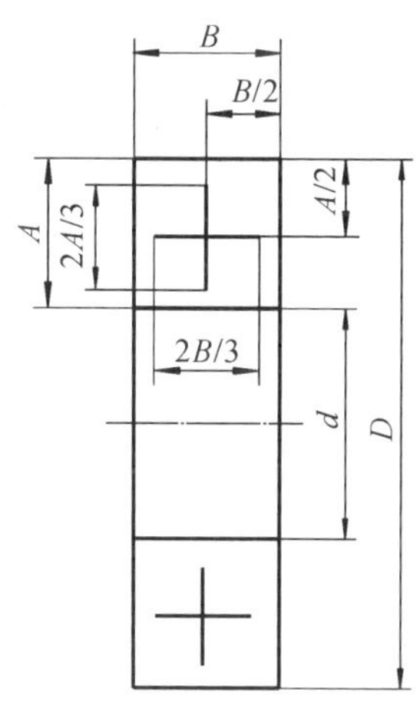

图 8-36　轴承的通用画法

在装配图中，滚动轴承通常采用简化画法和规定画法绘制。简化画法包括通用画法和特征画法两种，但在同一张图样中只能采用一种画法。

一般在画图前，根据轴承代号，从轴承标准中查出外径 D、内径 d、宽度 $B(T)$ 三个主要尺寸，按照规定画图。图 8-36 所示为轴承的通用画法，表 8-5 所示为常用的三种滚动轴承的规定画法和特征画法。

表 8-5　常用滚动轴承的规定画法和特征画法

轴承类型及代号	结构形式	规定画法	特征画法
深沟球轴承 60000 型 GB/T 276—2013	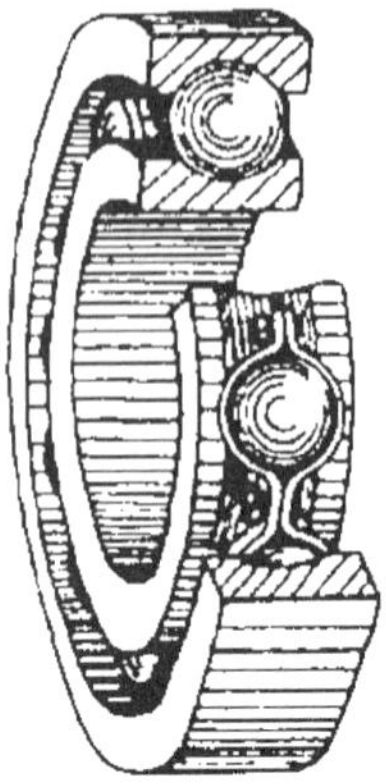	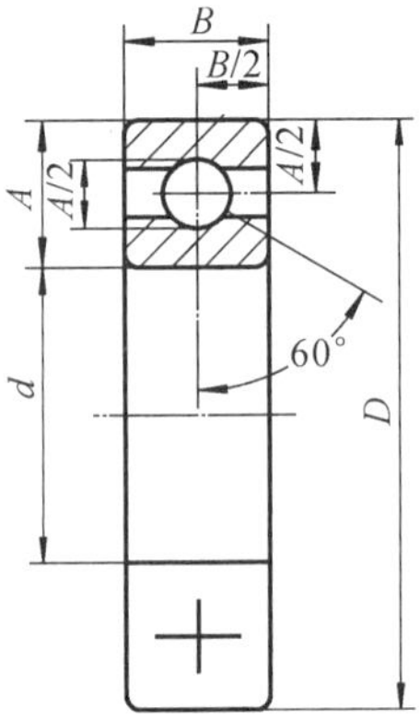	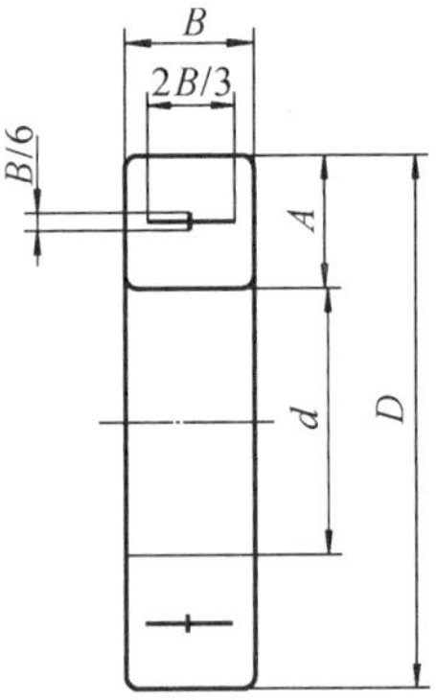
圆锥滚子轴承 30000 型 GB/T 297—2015	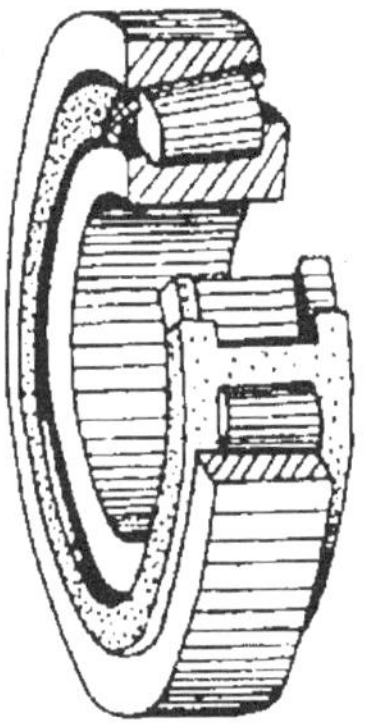	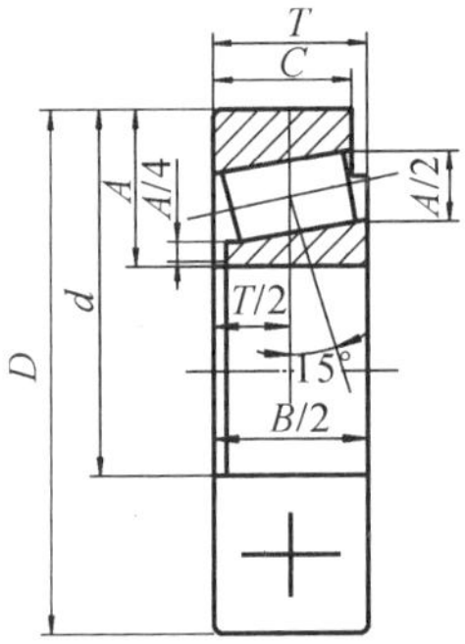	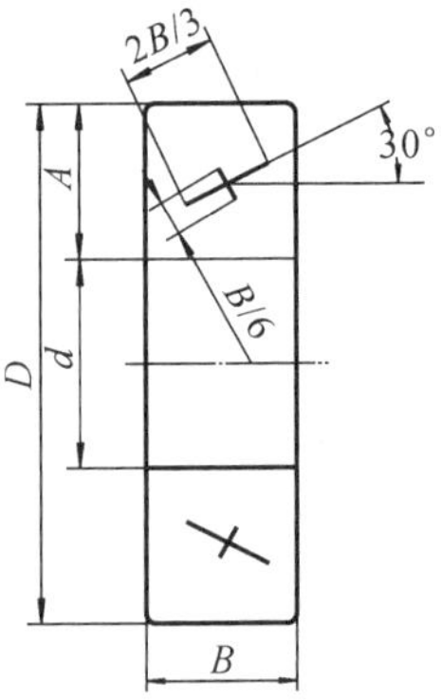
推力球轴承 50000 型 GB/T 301—2015	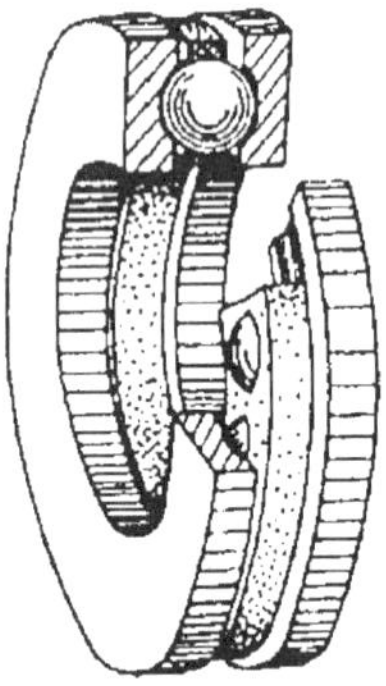	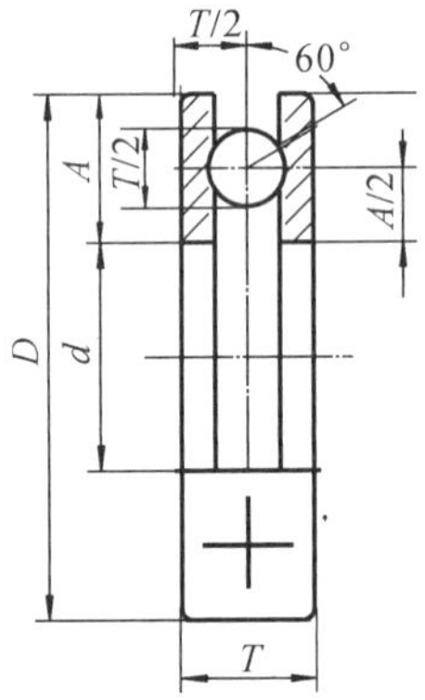	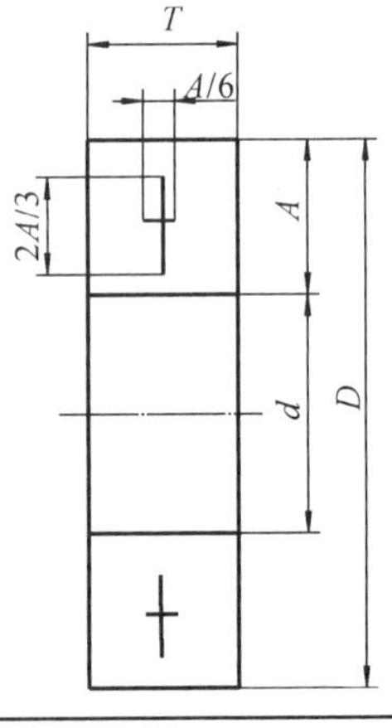

8.5.2　滚动轴承的代号和标记

滚动轴承的编号形式为：名称 代号 标准编号

轴承的代号表达了轴承的结构、尺寸、公差等级和技术要求等特征，由基本代号和补充代号组成。基本代号是轴承代号的基础，补充代号是在轴承的结构形状、尺寸、公差、技术性能等发生改变时，在基本代号前后添加的前置、后置代号。前置代号用字母表示，后置代号用字母或字母加数字表示。前置代号和后置代号的有关规定可查阅有关手册。一般轴承标记中的代号都是指基本代号。

滚动轴承的基本代号(滚针轴承除外)由轴承类型代号、尺寸系列代号和内径代号三部分组成。

1. 轴承类型代号

轴承类型代号代表了不同滚动轴承的类型和结构,用数字或字母表示,表 8-6 给出了部分轴承的类型代号。

表 8-6　部分轴承类型代号

代号	轴承类型	标准编号	代号	轴承类型	标准编号
0	双列角接触球轴承	GB/T 296	1	调心球轴承	GB/T 281
3	圆锥滚子轴承	GB/T 297	6	深沟球轴承	GB/T 276
5	推力球轴承	GB/T 301	N	圆柱滚子轴承	GB/T 283
7	角接触球轴承	GB/T 292	8	推力圆柱滚子轴承	GB/T 4663

2. 尺寸系列代号

为适应不同的工作(受力)情况,在内径一定的情况下,轴承有不同的宽(高)度和不同的外径大小,它们成一定的系列,称为轴承的尺寸系列。尺寸系列代号由轴承宽(高)度系列代号和直径系列代号左右排列的两位数字组成,其中一些轴承的第一位数字可以省略。

3. 内径代号

内径代号是表示轴承公称内径的代号,如表 8-7 所示。

表 8-7　轴承内径代号

<table>
<tr><th colspan="2">轴承公称内径/mm</th><th>内径代号</th><th>注写示例及说明</th></tr>
<tr><td colspan="2">0.6～10(非整数)</td><td>用公称内径(单位为 mm)直接表示,在其与尺寸系列代号之间用“/”分开</td><td>618/2.5——深沟球轴承,类型代号 6,尺寸系列代号 18,内径 $d=2.5$ mm</td></tr>
<tr><td colspan="2">1～9(整数)</td><td>用公称内径(单位为 mm)直接表示,对深沟及角接触球轴承 7、8、9 直径系列,内径与尺寸系列代号之间用“/”分开</td><td>618/5——深沟球轴承,类型代号 6,尺寸系列代号 18,内径 $d=5$ mm
725——角接触球轴承,类型代号 7,尺寸系列代号(0)2,内径 $d=5$ mm</td></tr>
<tr><td rowspan="4">10～17</td><td>10</td><td>00</td><td rowspan="4">6201——深沟球轴承,类型代号 6,尺寸系列代号(0)2,内径 $d=12$ mm</td></tr>
<tr><td>12</td><td>01</td></tr>
<tr><td>15</td><td>02</td></tr>
<tr><td>17</td><td>03</td></tr>
<tr><td colspan="2">20～480
(22、28、32)除外</td><td>公称内径除以 5 的商数,商数只有一位数时,需在商数前加“0”</td><td>23208——调心滚子轴承,类型代号 2,尺寸系列代号 32,内径代号 08,内径 $d=5\times 8$ mm$=$40 mm</td></tr>
<tr><td colspan="2">≥500 以及 22、28、32</td><td>用公称内径(单位为 mm)直接表示,在其与尺寸系列代号之间用“/”分开</td><td>230/500——调心滚子轴承,类型代号 2,尺寸系列代号 30,内径 $d=500$ mm</td></tr>
</table>

下面举例说明滚动轴承的规定标记:

滚动轴承　6208　GB/T 276—2013

其中 :“GB/T 276—2013”表示深沟球轴承的标准编号;

“08”表示内径代号,$d=8\times 5$ mm$=$40 mm;

“2”表示尺寸系列代号,代表(02)尺寸系列;

“6”表示类型代号，代表深沟球轴承。

8.6 齿　　轮

8.6.1 齿轮的作用及分类

齿轮是在机械中广泛使用的传动零件，它利用轮齿直接啮合来传递运动和动力，传动精确，并且可以改变转速和回转方向。齿轮的参数中只有模数和压力角已经标准化，因此属于常用件。齿轮的种类很多，常见的有以下三种形式：

(1) 圆柱齿轮，用于平行两轴之间的传动，如图 8-37(a)所示；

(2) 圆锥齿轮，用于相交两轴之间的传动，如图 8-37(b)所示；

(3) 蜗杆与蜗轮，用于交错两轴之间的传动，如图 8-37(c)所示。

(a) 圆柱齿轮

(b) 圆锥齿轮

(c) 蜗杆与蜗轮

图 8-37　齿轮的类型

8.6.2 圆柱齿轮

圆柱齿轮的轮齿有直齿、斜齿和人字齿三种，如图 8-38 所示。

(a) 直齿

(b) 斜齿

(c) 人字齿

图 8-38　圆柱齿轮的轮齿类型

1. 标准直齿圆柱齿轮各部分的名称、代号和尺寸计算

图 8-39 是相啮合的两个直齿圆柱齿轮的示意图，图中标出了齿轮各部分的名称和代号。

(1) 齿顶圆直径 d_a：连接齿轮各齿顶部的圆称为齿顶圆。

(2) 齿根圆直径 d_f：连接齿轮各齿根部的圆称为齿根圆。

(3) 齿槽：相邻两齿之间的空隙。

齿厚：一个轮齿两侧齿廓间的弧长。

(4) 分度圆直径 d：分度圆位于齿顶圆和齿根圆之间，该圆上齿厚与齿槽宽相等。分度圆上的齿厚及齿槽宽分别用 s 及 e 表示。

(5) 齿距 p：在分度圆上，相邻两齿对应点之间的弧长。

对于标准齿轮，$s=e=p/2$。

(6) 齿高 h：齿顶圆与齿根之间的径向距离。
齿顶高 h_a：齿顶圆与分度圆之间的径向距离。
齿根高 h_f：分度圆与齿根圆之间的径向距离。

(7) 齿数 z：齿轮上轮齿的个数。一般地，主动轮齿数用 z_1 表示，从动轮齿数用 z_2 表示。

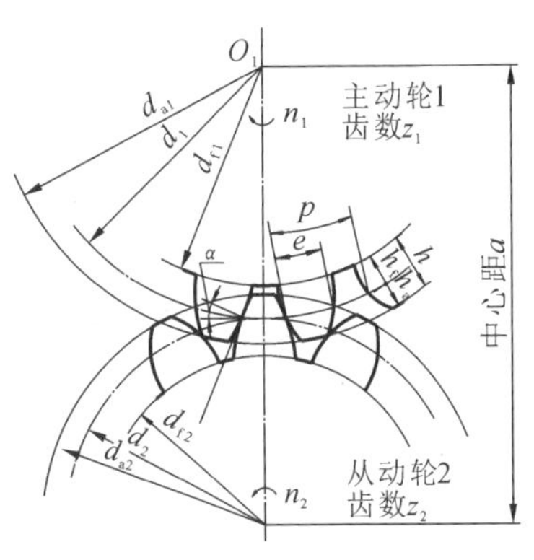

图 8-39　齿轮各部分的名称和代号

(8) 模数 m：由于分度圆周长 $=\pi d=pz$，所以 $d=\dfrac{p}{\pi}z$，令 $m=\dfrac{p}{\pi}$，则 $d=mz$，m 称为齿轮的模数。由其定义可知，两齿轮啮合时齿距 p 必须相等，因此，两啮合齿轮的模数必须相等。模数 m 是设计、制造齿轮的重要参数，它的数值已经标准化，如表 8-8 所示。模数反映齿的大小，模数越大，轮齿就越大，齿轮的承载能力就越强。

表 8-8　齿轮模数系列(GB/T 1357—2008)

第一系列	1.25	1.5	2	2.5	3	4	5	6	8	10	12
	16	20	25	32	40	50					
第二系列	1.125	1.375	1.75	2.25	2.75	3.5	4.5	5.5	(6.5)		
	7	9	11	14	18	22	28	36	45		

注：选用模数时，应优先选用第一系列，其次选用第二系列，括号内的模数尽量不用。

(9) 啮合角、压力角、齿形角：齿廓曲线的公法线与两分度圆的内公切线所夹的锐角称啮合角，也称压力角；加工齿轮的原始基本齿条的法向压力角称为齿形角，用 α 表示。一对标准齿轮啮合时，啮合角 = 压力角 = 齿形角 $=\alpha$，如图 8-39 所示。

齿形角的大小反映了齿廓形状的不同，是影响齿轮传动的一个重要参数，我国标准规定 $\alpha=20°$。

(10) 传动比 i：主动齿轮转速 n_1 与从动齿轮转速 n_2 之比，即

$$i=\frac{n_1}{n_2}=\frac{z_1}{z_2}$$

(11) 中心距 a：两齿轮轴线之间的最短距离。

标准直齿圆柱齿轮各部分的尺寸计算公式见表 8-9。

表 8-9　标准直齿圆柱齿轮各部分的尺寸计算公式

名称	代号	计算公式	名称	代号	计算公式
分度圆直径	d	$d=mz$	齿顶高	h_a	$h_a=m$
齿顶圆直径	d_a	$d_a=m(z+2)$	齿根高	h_f	$d_f=1.25m$
齿根圆直径	d_f	$d_f=m(z-2.5)$	中心距	a	$a=\dfrac{d_1+d_2}{2}=\dfrac{m(z_1+z_2)}{2}$

2. 圆柱齿轮的规定画法

1) 单个圆柱齿轮的画法

根据 GB/T 4459.2—2003 规定的齿轮画法，齿顶圆和齿顶线用粗实线绘制，分度圆和分度线用细点画线绘制，齿根圆和齿根线用细实线绘制，也可省略不画，如图 8-40(a)所示。

在剖视图中，当剖切平面通过齿轮轴线时，轮齿按不剖处理，齿根线用粗实线绘制，如图 8-40(b)所示。当需要表现斜齿或人字齿的齿线形状时，可用三条与齿线方向一致的细实线表示，如图 8-40(c)(d)所示。

直齿圆柱齿轮的零件图如图 8-41 所示。

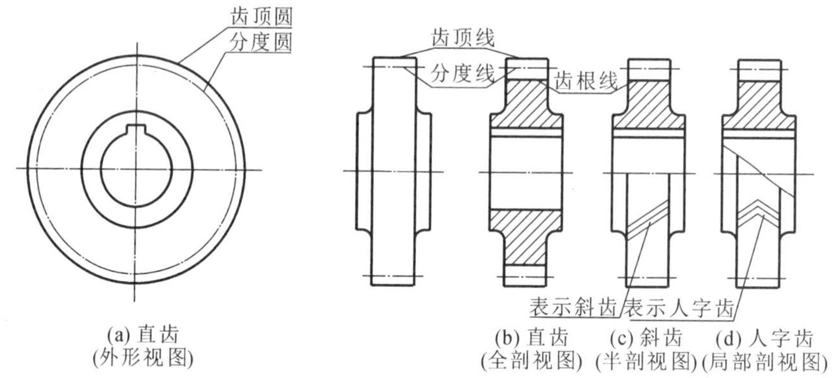

图 8-40　圆柱齿轮的规定画法

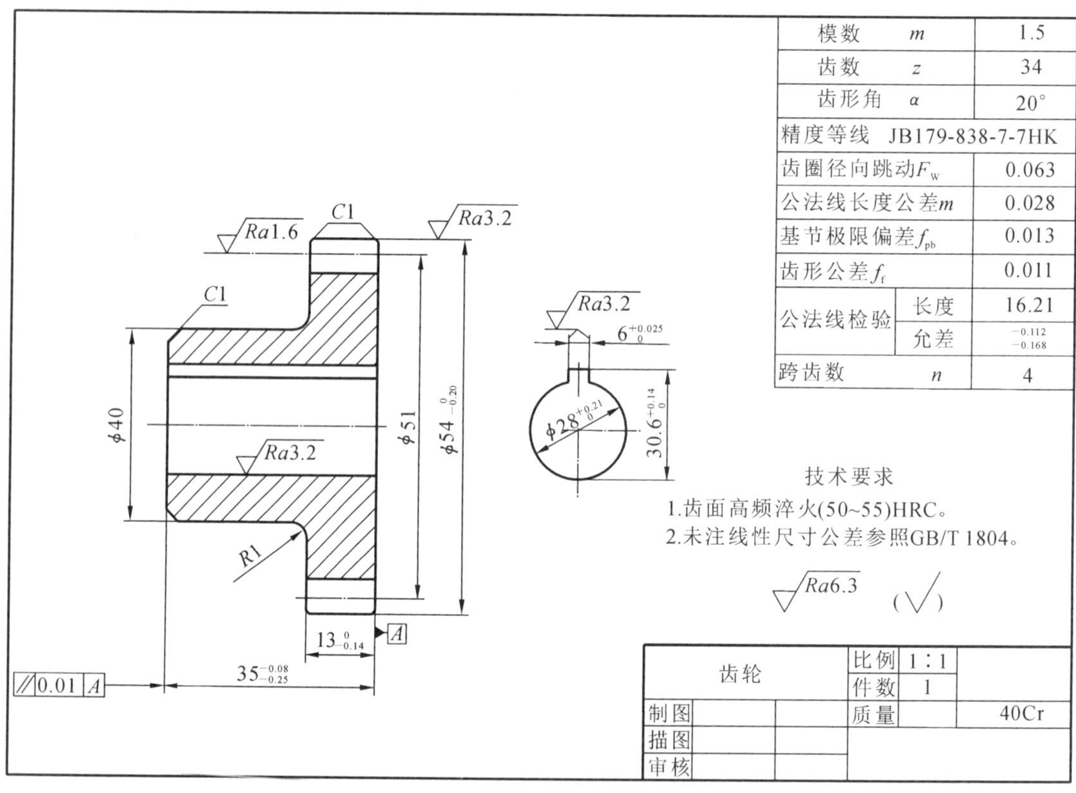

模数	m	1.5
齿数	z	34
齿形角	α	20°
精度等线	JB179-838-7-7HK	
齿圈径向跳动F_W		0.063
公法线长度公差m		0.028
基节极限偏差f_{pb}		0.013
齿形公差f_f		0.011
公法线检验	长度	16.21
	允差	$^{-0.112}_{-0.168}$
跨齿数	n	4

齿轮		比例	1∶1	
		件数	1	
制图		质量		40Cr
描图				
审核				

图 8-41　圆柱齿轮零件图

2）圆柱齿轮啮合的画法

装配准确的标准圆柱齿轮啮合时，两个分度圆处于相切的位置，此时的分度圆称为节圆。

在垂直于圆柱齿轮轴线的投影面的视图中，两节圆相切，用细点画线绘制；啮合区内的齿顶圆均用粗实线绘制，如图 8-42(a)的左视图所示；或采用省略画法，如图 8-42(b)所示。

在平行于圆柱齿轮轴线的投影面的剖视图中，啮合区内的两齿轮的节线重合，用一条细点画线绘制；齿根线均用粗实线绘制，一齿轮的齿顶线用粗实线绘制，另一齿轮的齿顶线用虚线绘制，如图 8-42(a)的主视图所示。被遮挡的部分也可省略不画。图 8-42(c)(d)(e)所示为啮合齿轮不剖的画法，啮合的齿顶线和齿根线不画，节线用粗实线画出。

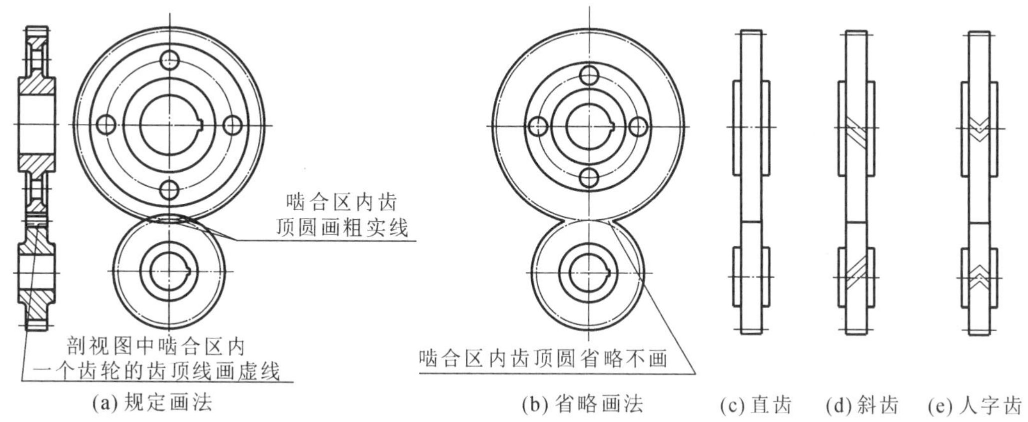

图 8-42　圆柱齿轮的规定画法

齿轮啮合时，齿根高与齿顶高相差 $0.25m$，所以一齿轮的齿顶线与另一齿轮的齿根线之间应有 0.25 倍模数的间隙，如图 8-43 所示。

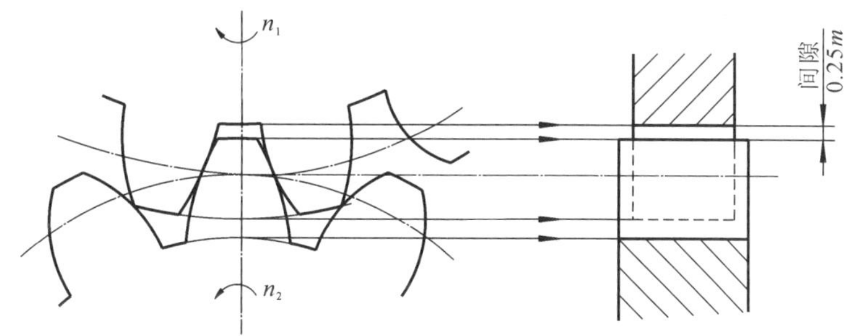

图 8-43　啮合齿轮的间隙

3）齿轮和齿条啮合的画法

当齿轮的直径无限大时，齿轮变成了齿条。齿轮齿条啮合时，齿轮的旋转运动带动齿条做直线运动。

齿轮齿条的啮合画法与两圆柱齿轮啮合的画法基本相同，只是齿轮的节圆和齿条的节线相切，如图 8-44 所示，被遮挡的齿顶线可以省略。

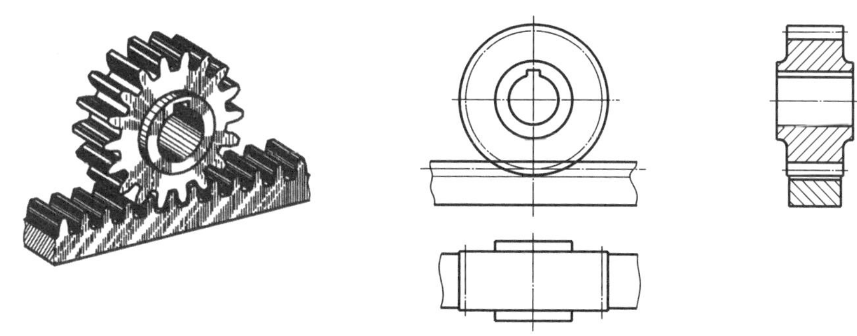

图 8-44　齿轮齿条的啮合画法

8.7 弹　　簧

弹簧是机器中常用的零件，具有减振、测力、夹紧和储存能量的作用。弹簧的种类很多，用途很广，常见的弹簧种类有压缩弹簧、拉伸弹簧、扭转弹簧、蜗卷弹簧，如图 8-45 所示。本节只介绍圆柱螺旋压缩弹簧的有关参数及其画法。

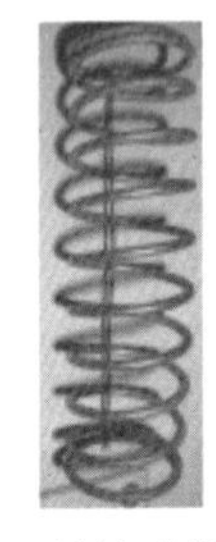

(a) 压缩弹簧

(b) 拉伸弹簧

(c) 扭转弹簧

(d) 蜗卷弹簧

图 8-45　常见弹簧的种类

8.7.1　圆柱螺旋压缩弹簧的各部分名称及尺寸关系

如图 8-46(a)所示，圆柱螺旋压缩弹簧的各部分名称如下。

(1) 簧丝直径 d：制造弹簧钢丝的直径。

(2) 弹簧中径 D：弹簧内径与外径的平均值。

(3) 弹簧内径 D_1：弹簧的最小直径，$D_1=D-d$。

(4) 弹簧外径 D_2：弹簧的最大直径，$D_2=D+d$。

(5) 弹簧节距 t：除两端的支承圈外，相邻两圈的轴向距离。

(6) 支承圈数 n_2：为使弹簧工作平稳、受力均匀，两端并紧磨平，工作时仅起支承作用的部分称为支承圈。弹簧支承圈数有 1.5、2 或 2.5 圈，常见的为 2.5 圈。

(7) 有效圈数 n：除支承圈外，其余保持节距相等参加工作的圈数。

(8) 总圈数 n_1：支承圈数与有效圈数之和为总圈数，即 $n_1=n+n_2$。

(9) 自由高度 H_0：弹簧在不受外力作用时的高度，$H_0=nt+(n_2-0.5)d$。

(10) 展开长度 L：制造弹簧时钢丝的长度，$L\approx n_1\sqrt{(\pi D)^2+t^2}$。

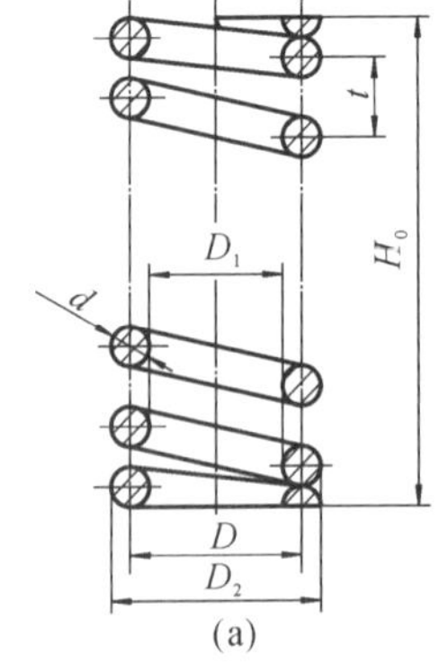

(a)

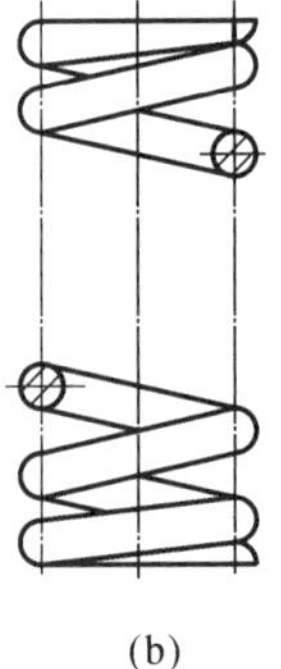
(b)

图 8-46　圆柱螺旋压缩弹簧

8.7.2　圆柱螺旋压缩弹簧的规定画法

圆柱螺旋压缩弹簧的真实投影复杂，为了便于画图，国家标准(GB/T 4459.4—2003)对弹簧的画法做了规定。

1. 单个弹簧的画法

(1) 在平行于弹簧轴线的视图上，各圈的轮廓线画成直线，如图 8-46 所示。

(2) 弹簧有效圈数大于 4 圈时，中间各圈可省略不画，用通过中径的细点画线连接，且弹簧长度可适当缩短。

(3) 不论弹簧两端的支承圈多少，均可按 2.5 圈的形式绘制。

(4) 不论左旋或右旋，弹簧画图时均可画成右旋，但左旋要加注“左”字。

2. 弹簧在装配图中的画法

(1) 在装配图中，被弹簧遮挡的结构一般不画出，可见部分应从弹簧的外轮廓线或从弹簧钢丝剖面的中心线画起，如图 8-47(a)所示。

(2) 在图上，当簧丝直径不超过 2 mm 时，簧丝断面可涂黑，如图 8-47(b)所示，也可画成示意图，如图 8-47(c)所示。

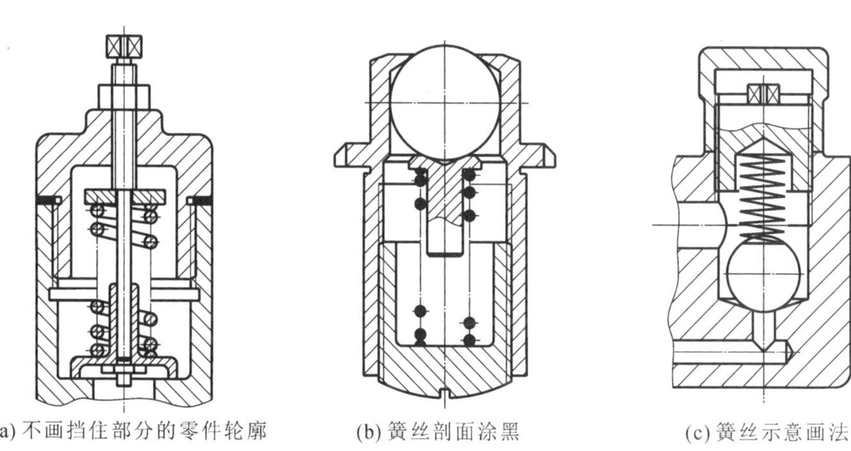

(a) 不画挡住部分的零件轮廓　　(b) 簧丝剖面涂黑　　(c) 簧丝示意画法

图 8-47　装配图中弹簧的规定画法

8.7.3　圆柱螺旋压缩弹簧的标记

国家标准 GB/T 2089—2009 规定了圆柱螺旋压缩弹簧标记的组成，规定如下：

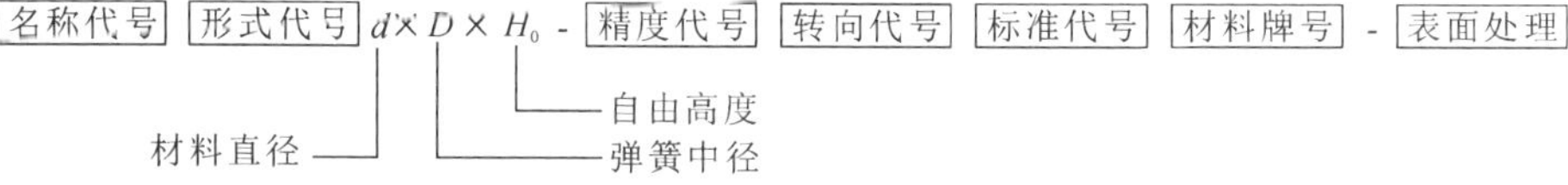

(1) 名称代号：圆柱螺旋压缩弹簧的名称代号为 Y。

(2) 形式代号：弹簧在端圈形式上分为 A 型(两端圈并紧磨平)和 B 型(两端圈并紧锻平)两种。

(3) 精度代号：弹簧的制造精度分为 2 级、3 级，3 级精度的右旋弹簧使用最多，精度代号 3 可以省略。

(4) 转向代号：右旋代号可省略，左旋弹簧的旋向代号需标注“LH”。

(5) 材料牌号：制造弹簧时，在材料直径不超过 10 mm 时采用冷卷工艺，一般使用 C 级碳素弹簧钢丝为弹簧材料；在材料直径大于 10 mm 时采用热卷工艺，一般使用 60Si2MnA 为弹簧材料。使用上述材料可不标注。

(6) 表面处理：一般不标注。

例如：YA 1.2×8×40-2LH　GB/T 2089—2009 表示 YA 型弹簧，材料直径1.2 mm，弹簧中径为 8 mm，自由高度为 40 mm，制造精度为 2 级，左旋旋向，材料为 C 级碳素弹簧钢丝，表示两端圈并紧磨平的冷卷压缩弹簧。

8.7.4　圆柱螺旋压缩弹簧的零件图

制造弹簧时，需要画出零件图。圆柱螺旋压缩弹簧的零件图如图 8-48 所示。其图形一般采用两个或一个视图表示。弹簧的参数应直接标注在图形上，当直接标注有困难时可在“技术要求”中说明。当需要表明弹簧的机械性能时，必须用图解表示。图中直角三角形的斜边反映外力与弹簧变形之间的关系，其中：F_1 为弹簧的预加负荷；F_2 为弹簧的最大负荷；F_3 为弹簧的极限负荷。

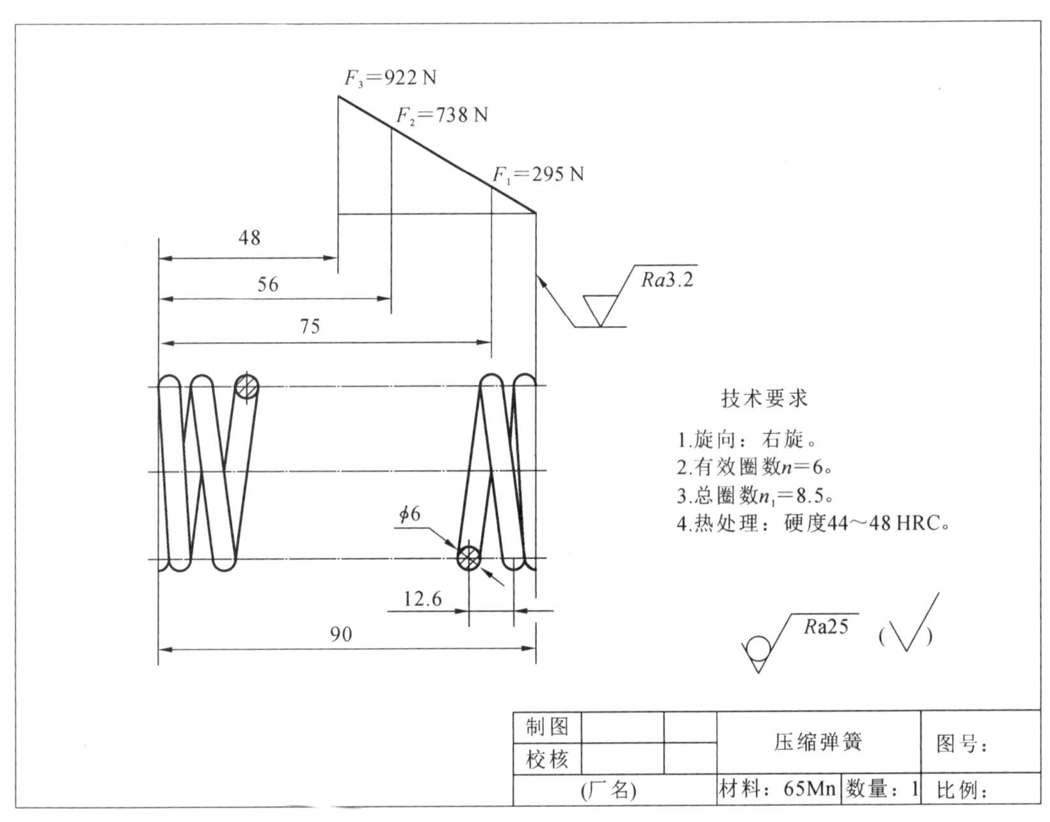

图 8-48　圆柱螺旋压缩弹簧零件图

测　　试

1. 内外螺纹只有当________、________、________、________、________

等五要素完全相同时，才能旋合在一起。

2. 按规定画法绘制螺纹时，若螺纹大径为 d，则小径按________ d 绘制。

3. 不通螺孔圆锥面尖端的锥顶角应画成________。

4. 全剖视图中，内外螺纹的旋合部分应按________的画法绘制。

5. 当不穿通的螺孔的钻孔深度与螺纹部分深度分别画出时，在制图中一般推荐两深度间相距________ D。

6. 齿轮的齿顶圆和齿顶线用________线绘制；分度圆和分度线用线绘制；在视图中，齿根圆和齿根线用________线绘制，也可省略不画。在剖视图中，当剖切平面通过齿轮轴线时，轮齿一律按________处理，齿根线用________线绘制。

7. 在齿轮零件图中，齿顶圆、分度圆和齿根圆三个圆的直径尺寸，只要注出________圆和________圆的直径，________圆直径不需要注出。

第9章　零　件　图

教学视频

内容框图

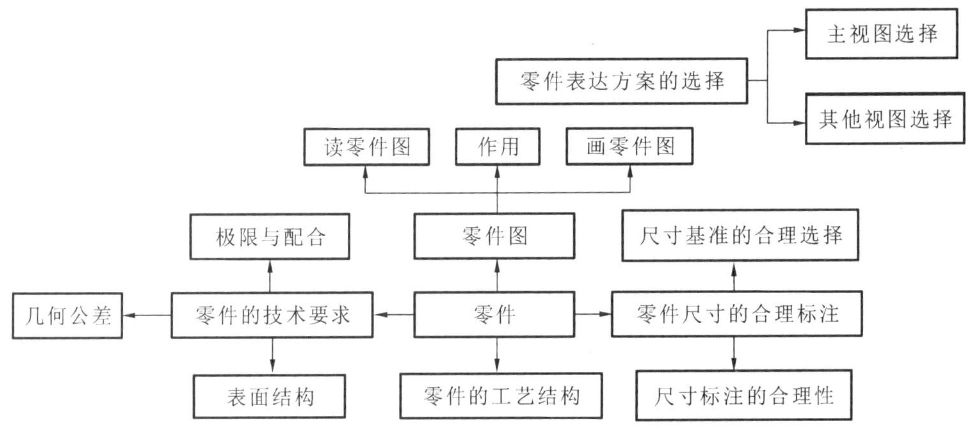

课程矩阵

一般性目标	培养综合应用知识的能力和工程文化素养
具体目标	能够根据零件的具体结构特点和形状特征做出最优的表达方案并合理标注尺寸，理解、掌握表面结构要求、极限与配合、几何公差的图样标注规定，具有识读零件图的能力
教师教法建议	布置课前预习任务，提供相关国家标准资料、课件、视频、练习题；课件、视频辅助讲授；启发、讨论、实物展示
学生学法建议	通过课前预习、小组讨论、自我展示、听老师讲授和点评、观察实物、作业讲解等完成学习任务
效果评价	作业完成情况70%，学习过程30%
建议课时	8学时

9.1　零件图的作用与内容

任何机器或部件都是由多个零件按一定的装配关系和技术要求装配而成的，零件是构成机器的最小单元。表达单个零件的图样叫零件图，除标准件外，其余零件一般均应绘制零件图。零件图是用来表示零件结构形状、大小及技术要求的图样，是直接指导制造和检验零

件的重要技术文件。

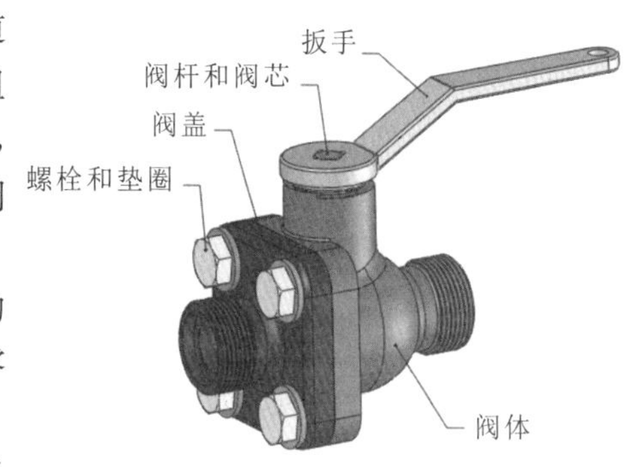

图 9-1　球阀的轴测装配图

图 9-1 所示为球阀的轴测装配图，球阀是管道系统中控制流量和启闭的部件，共由 13 种零件组成。当球阀的阀芯轴线与阀体的水平轴线对齐时，阀门全部开启，管道畅通；转动扳手带动阀杆和阀芯转动 90°，则阀门全部关闭，管道断流。

制造这个球阀时，必须要有除了标准件以外的所有零件的零件图，图 9-2 所示即为其中的阀盖零件的零件图。

零件图是制造和检验零件的重要技术文件，以阀盖零件图（见图 9-2）为例，一张完整的零件图应包括如下内容。

（1）一组图形：用视图、剖视、断面及其他规定画法来正确、完整、清晰地表达零件的各部分形状和结构。

（2）完整的尺寸：正确、完整、清晰、合理地标注零件的全部尺寸。

（3）技术要求：用符号或文字来说明零件在制造、检验等过程中应达到的一些技术要求，如表面结构、尺寸公差、形状和位置公差、热处理要求等。技术要求的文字一般注写在标题栏上方的图纸空白处。

（4）标题栏：标题栏位于图纸的右下角，应填写零件的名称、材料、数量、绘图的比例以及设计、描图、审核人的签字、日期等各项内容。

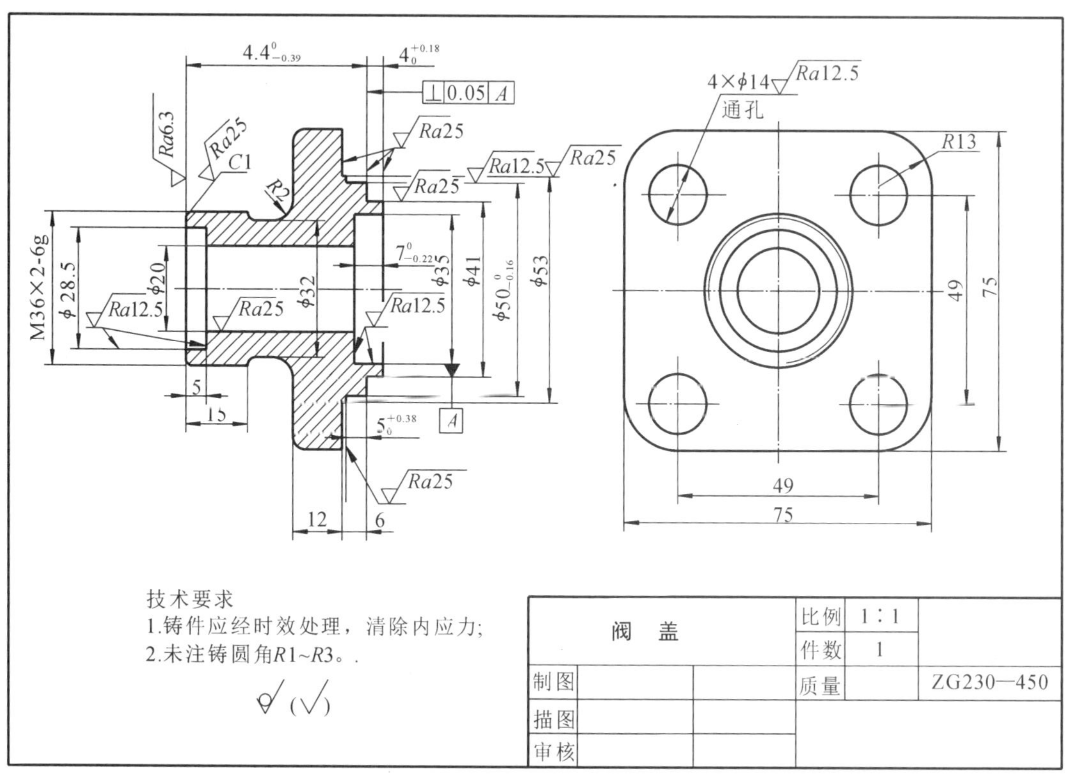

图 9-2　阀盖零件图

9.2 零件图的视图选择

零件的形状多种多样，其表达方案的选择也各不相同，在绘制零件图时首先要考虑看图方便，并根据零件的结构特点，选用适当的视图、剖视、断面等表达方法，在完整、清晰地表示零件形状的前提下，力求画图简便。要达到这个要求首先必须选好主视图，然后选配其他视图。

9.2.1 视图选择的步骤

1. 全面了解零件

了解零件的使用功能和要求、加工方法、安装位置等。该部分内容可以从零件的有关技术资料中获取。

2. 对零件进行形体分析和结构分析

形体分析就是分析零件由哪些简单几何体组成，各简单几何体之间的关系怎样等。结构分析主要是从零件的构型、加工、装配等方面考虑其形状。

3. 选择主视图

主视图是反映零件信息量最多的一个视图，主视图的选择合理与否，直接关系到画图和看图是否方便。选择主视图时，主要考虑以下两个方面。

（1）零件的安放位置——加工位置原则或工作位置原则。

加工位置原则就是对在制造过程中加工工序单一的零件绘制主视图时，按主要加工工序放置零件，便于加工时看图。工作位置原则是对加工工序复杂，或在部件中有着重要位置的零件绘制主视图时，按工作位置摆放零件。这样画主视图，便于对照装配图进行作业。

（2）投射方向——形状特征原则。

主视图应较好地反映零件的形状特征，即能较好地将零件各功能部分的形状及相对位置表达出来，且不可见部分越少越好。

4. 选择其他视图

配合主视图，把主视图没有表达清楚的结构形状用其他视图进一步说明，以弥补主视图表达的不足。力求在完整、清晰地表达出零件结构形状的前提下，尽可能减少视图的数量，每个视图都有一个表达重点。在选择其他视图时，要优先考虑选择基本视图并在基本视图上作剖视或断面等。

9.2.2 典型零件的视图选择

在生产实际中零件的种类很多，形状和作用也各不相同，为了便于分析，根据它们的结构形状及作用大体上可分为回转体和非回转体两类，如图 9-3 所示。

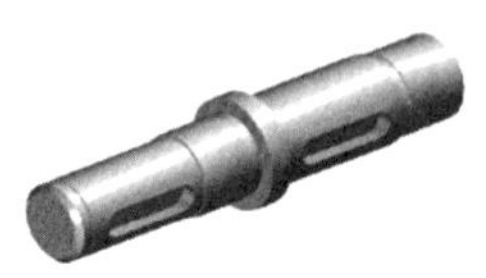   

图 9-3 常见典型零件

轴、套、盘盖等是常见的回转体零件，其特点是各组成部分大多为同轴线的回转体，这类零件的主视图通常以其加工位置安放，即将轴线水平放置。其他视图补充表示零件局部结构形状或外形轮廓。非回转体类零件常见的有叉、架、箱体、壳体等，通常形状比较复杂，加工位置多变。主视图以自然或工作位置安放，选取能明显反映形状特征的一面为投射方向。其他视图通常以基本三视图为基础，补充表达零件内、外结构形状。

1. 轴、套类零件

这类零件主要有轴、套筒等，主要结构为回转体，由于轴上零件的固定及定位要求，其形状一般为阶梯形，并有键槽，长径比较大。这类零件的主要加工过程是在卧式车床上完成的。

轴、套类零件的主视图应按加工位置原则选择，即画图时将轴线水平放置，表达方法一般采用主视图附加适当的移出断面图、局部剖视或局部放大图等，如图 9-4 所示。

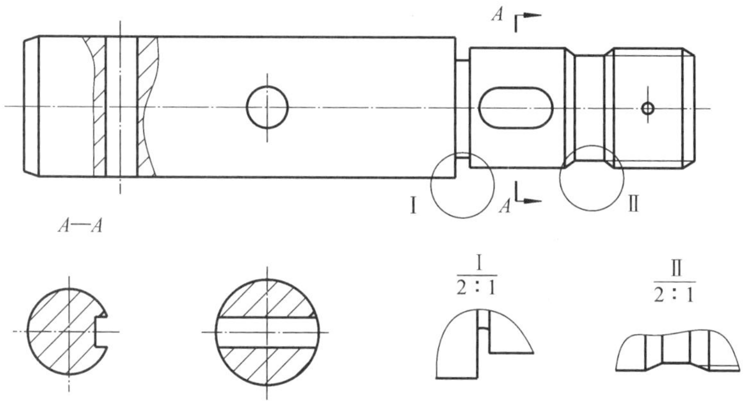

图 9-4　轴的视图选择

2. 盘、盖类零件

这类零件主要有齿轮、带轮、法兰盘及端盖等。其主要结构是回转体，长径比较小，形状特征是呈扁平的盘状。这类零件的主要加工过程是在卧式车床上完成的，因此其主视图采用加工位置原则，轴线水平放置，通常需用两个基本视图来表达。如图 9-5 所示，主视图常取剖视，以表达零件的内部结构，另一基本视图主要表达其外轮廓以及零件上各种孔的分布。

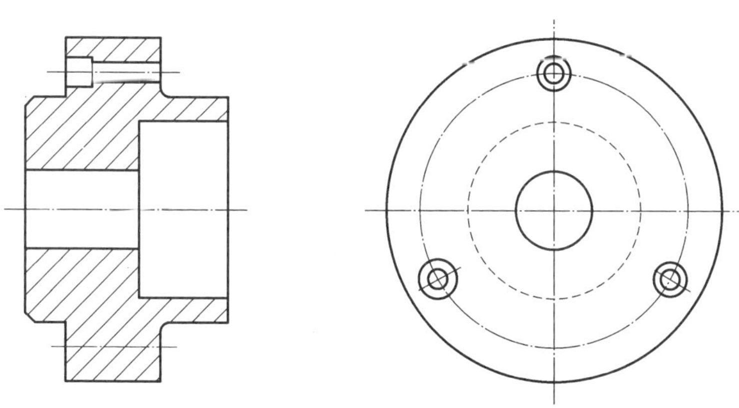

图 9-5　法兰盘的视图选择

3. 叉架类零件

叉架类零件主要包括支架、连杆、拨叉等，在机器中主要用于支撑或夹持零件，其结构形状随工件需要而定，因此一般很不规则，加工位置多变，所以，主要依据其工作位置来选择主视图，用局部视图或斜视图表达倾斜部分的形状，用局部剖视、断面表达内部结构和肋板断面的形状和结构，如图 9-6 所示。

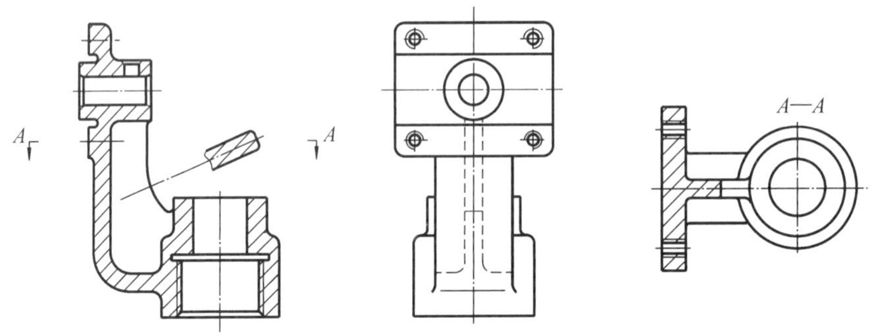

图 9-6 支架的视图选择

4. 箱体类零件

箱体类零件主要包括箱体、泵体、阀体、机座等，通常起着支承、容纳机器运动部件的作用。因箱体内部具有空腔、孔等结构，形状一般较为复杂，选择其主视图时主要遵循工作位置原则，表达方法一般需要三个基本视图，并配以剖视、断面等方法才能完整、清晰地表达它们的结构，如图 9-7 所示。

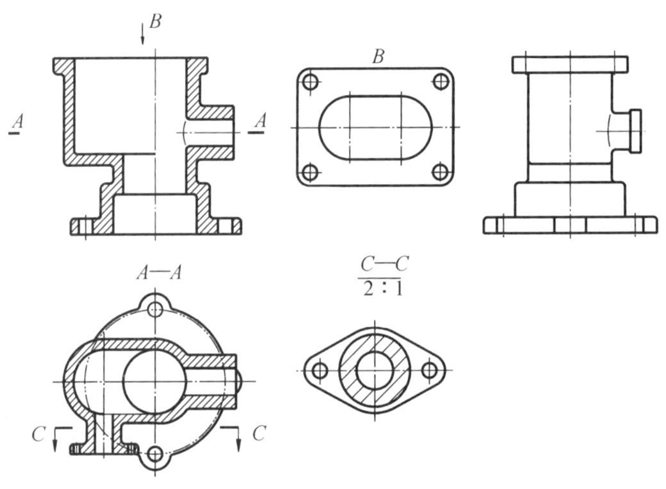

图 9-7 箱体的视图选择

9.3 零件常见的工艺结构

零件的结构形状，主要是根据它在部件或机器中的作用决定的。但是制造工艺对零件的结构也有某些要求，应使零件的结构既能满足使用要求，又方便制造。因此，为了正确绘制图样，必须对一些常见的零件工艺结构有所了解，下面介绍它们的基本知识和表示方法。

9.3.1　铸造工艺结构

1. 拔模斜度

用铸造方法制造零件的毛坯时，为了便于将模样（木模或金属模）从砂型中取出，一般沿模样拔起的方向做成约 1∶20 的斜度，叫做拔模斜度。因此铸件上也有相应的斜度，如图 9-8(a)所示。这种斜度在图上可以不标注，也可不画出，如图 9-8(b)所示。必要时，可在技术要求中注明。通常，拔模方向尺寸在 25～500 mm 的铸件，其拔模斜度为 1∶20～1∶10（3°～6°），拔模斜度的大小也可从相关机械手册中查得。

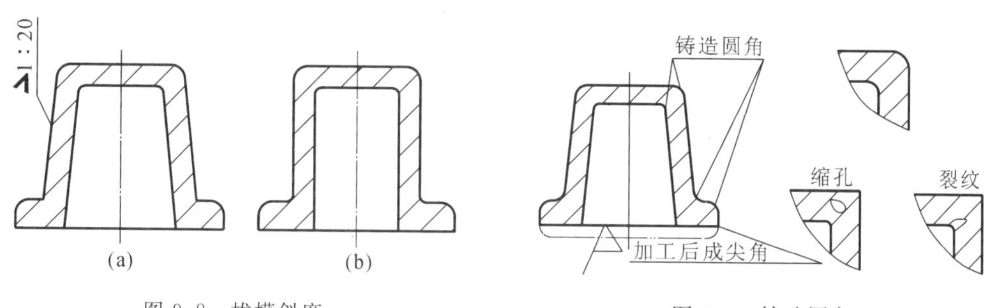

图 9-8　拔模斜度　　图 9-9　铸造圆角

2. 铸造圆角

在铸件毛坯各表面的相交处，都有铸造圆角，如图 9-9 所示。这样既便于起模，又能防止在浇铸时铁水将砂型转角处冲坏，还可避免铸件在冷却时产生裂纹或缩孔。铸造圆角半径在图上一般不注出，而写在技术要求中。铸造圆角半径一般取 3～5 mm，或取壁厚的 0.2～0.4 倍，也可从相关机械手册中查得。

图 9-9 所示的铸件毛坯底面（作安装面）常需经切削加工，这时铸造圆角被削平。

3. 过渡线

铸件表面由于圆角的存在，其表面的交线变得不很明显，如图 9-10 所示，这种不明显的交线称为过渡线。过渡线要采用细实线，过渡线的画法与交线画法基本相同，只是过渡线的两端与圆角轮廓线之间应留有空隙。

图 9-11 所示为常见的过渡线的画法，分图(b)中因肋板与圆柱相切而没有过渡线。

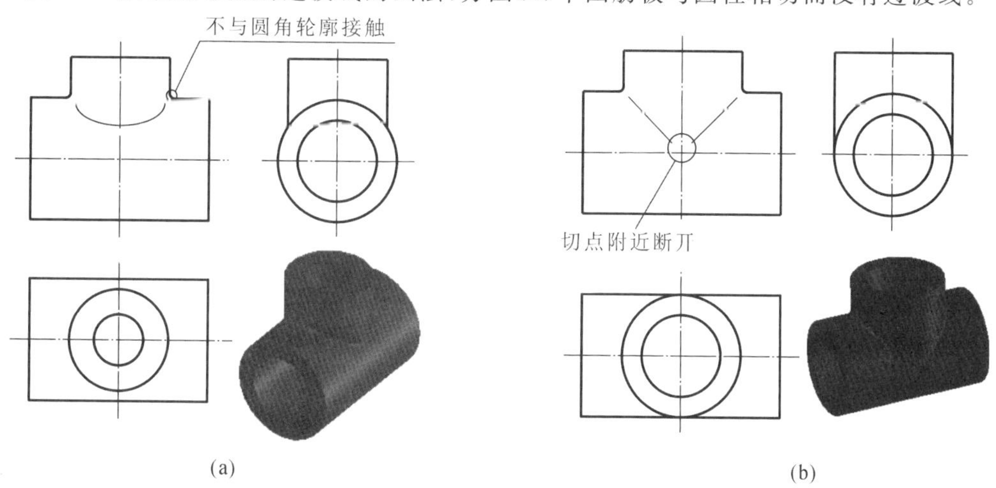

图 9-10　过渡线及其画法

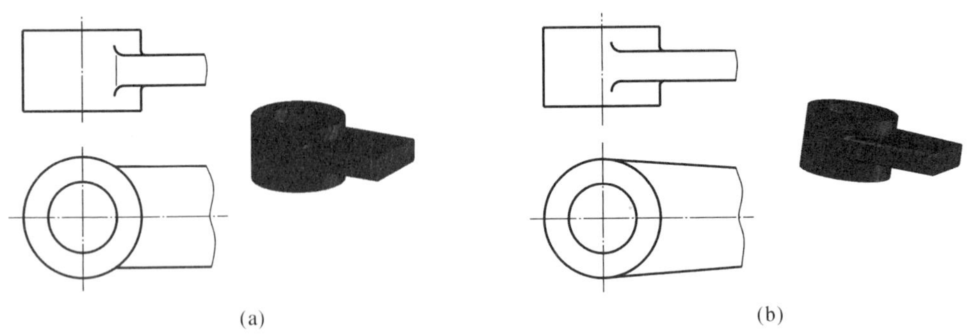

图 9-11 常见的几种过渡线

4. 铸件壁厚

在浇铸零件时，为了避免各部分因冷却速度不同而产生缩孔或裂纹，铸件的壁厚应保持大致均匀，或采用渐变的方法，并尽量保持壁厚均匀，如图 9-12 所示。

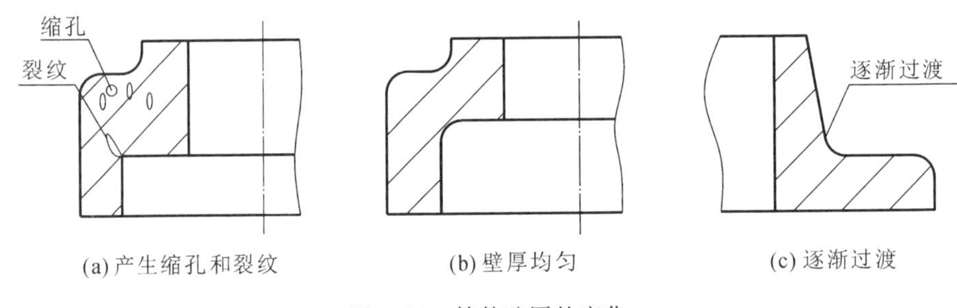

图 9-12 铸件壁厚的变化

9.3.2 机加工工艺结构

铸件、锻件以及各种轧制坯料，一般均要在金属切削机床上通过一定的切削加工，才能获得图样上所要求的尺寸、形状和表面质量。

1. 倒角与倒圆

为了便于零件的装配并消除毛刺或锐边，在轴和孔的端部通常加工出倒角。为减少应力集中，在轴肩处往往制成圆角过渡形式，称为倒圆。两者的画法和标注方法如图 9-13 所示，倒角和倒圆的结构尺寸参见附录 A5。

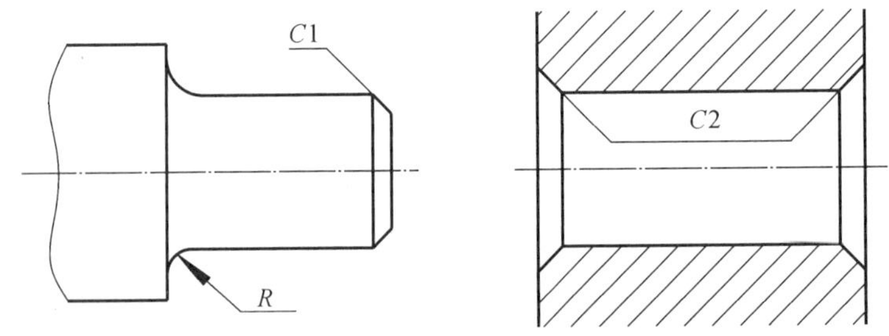

图 9-13 倒角与倒圆

2. 退刀槽和砂轮越程槽

在切削加工，特别是在车螺纹和磨削时，为便于退出刀具或使砂轮可稍微越过加工面，常在待加工面的末端先车出退刀槽或砂轮越程槽，如图 9-14 所示。

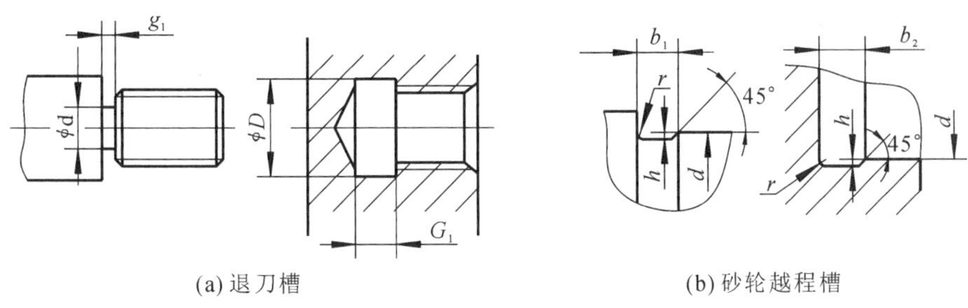

(a) 退刀槽　(b) 砂轮越程槽

图 9-14　退刀槽与砂轮越程槽

3. 钻孔结构

用钻头钻出的盲孔，底部有一个 120°的锥顶角。圆柱部分的深度称为钻孔深度，如图 9-15(a)所示。在阶梯形钻孔中，有锥顶角为 120°的圆锥台，如图 9-15(b)所示。

用钻头钻孔时，要求钻头轴线尽量垂直于被钻孔的端面，并且不应有半悬空孔，否则不易钻入，且会使孔的位置不易钻准，甚至折断钻头。另外还应留足钻孔的空间位置，以便于钻孔。图 9-16 展示了三种钻孔端面的正确结构。

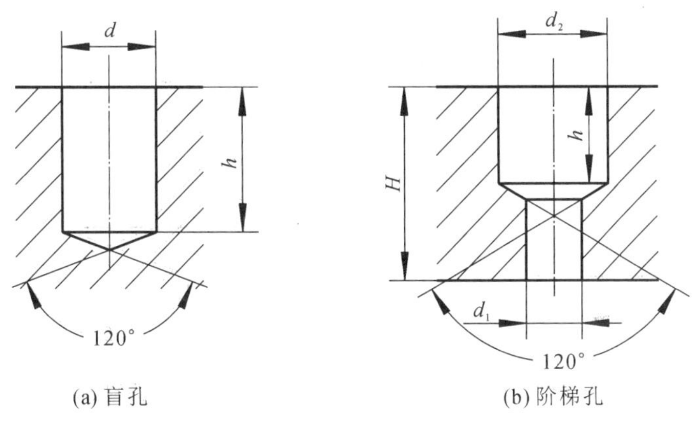

(a) 盲孔　(b) 阶梯孔

图 9-15　钻孔结构(1)

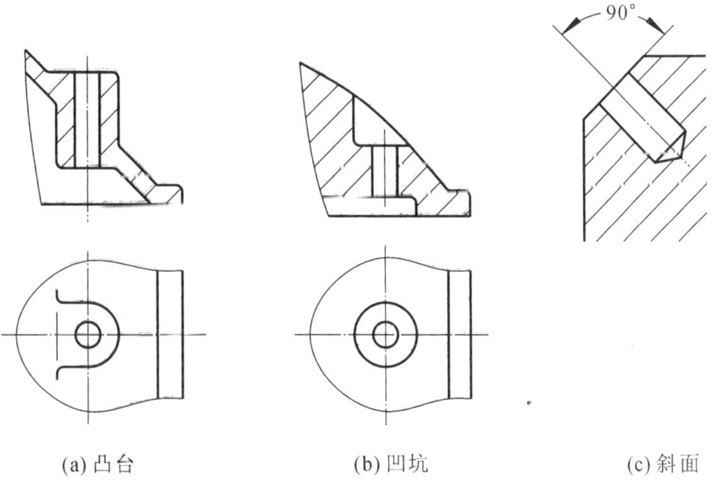

(a) 凸台　(b) 凹坑　(c) 斜面

图 9-16　钻孔结构(2)

4. 凸台和凹坑

零件上与其他零件的接触面，一般都要进行加工。为了减少加工面积，降低加工成本并保证零件表面之间有良好的接触，常在铸件上设计出凸台和凹坑。图 9-17(a)(b)所示为将螺栓连接的支承面做成的凸台和凹坑的形式，图 9-17(c)(d)所示为为减少加工面积而做成的凹槽和凹腔结构。

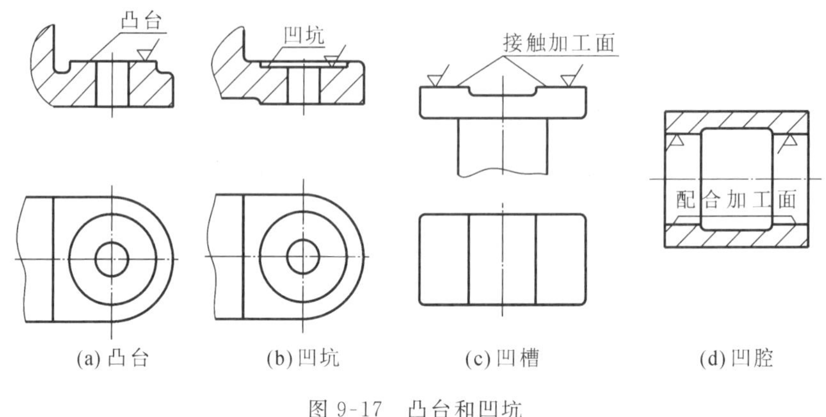

(a) 凸台　(b) 凹坑　(c) 凹槽　(d) 凹腔

图 9-17　凸台和凹坑

9.4　零件尺寸的合理标注

9.4.1　合理标注尺寸的基本原则

零件图尺寸标注的基本要求是正确、完整、清晰、合理。所谓合理标注尺寸，就要：

(1) 满足设计要求，以保证机器的质量；

(2) 满足工艺要求，以便于加工制造和检测。

合理标注尺寸，要考虑下面几个因素。

1. 合理选择尺寸基准

尺寸基准是指零件在设计、制造和测量时确定尺寸位置的几何元素，也可以理解为标注尺寸的起点。零件的长度、宽度、高度三个方向至少各有一个尺寸基准，当同一方向有几个基准时，其中之一为主要基准，其余为辅助基准，要合理标注尺寸，必须正确选择尺寸基准。根据作用不同，基准可分为设计基准和工艺基准。

(1) 设计基准：零件设计时，为保证功能需要，确定零件的结构形状和相对位置所选用的基准。设计基准通常是确定零件在机器或部件中位置的面、线或点。在图 9-18 中确定支架轴孔的中心高度的尺寸 25±0.02，是以安装底面为基准标注的，底面是高度方向的设计基准。

(2) 工艺基准：在加工零件时，为了保证精度及加工、测量方便所选用的基准。从工艺基准出发标注尺寸，则便于加工和测量。工艺基准通常是加工时用作零件定位和对刀起点及测量起点的面、线或点。图 9-18 中凸台的顶面是工艺基准，以此为基准测量螺孔的深度比较方便。

在标注尺寸时，最好把设计基准和工艺基准统一起来。这样，既能满足设计要求，又能满足工艺要求。如两者不能统一时，应以保证设计要求为主。

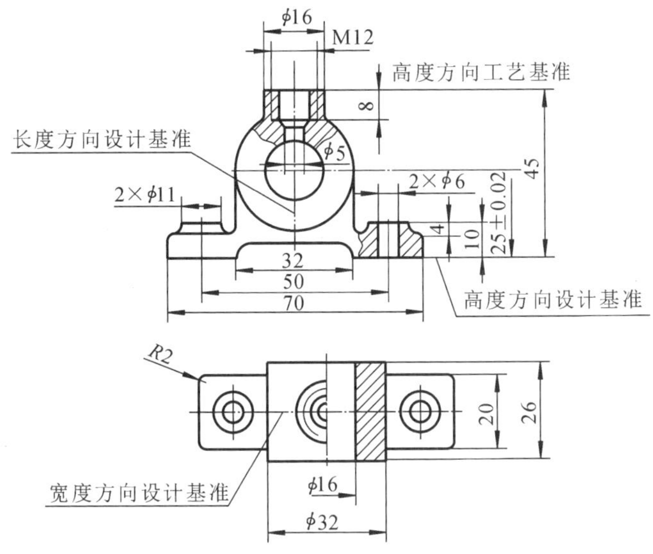

图 9-18　尺寸基准选择

2. 重要的尺寸应直接标注

重要尺寸是指零件上对机器(或部件)的使用性能和装配质量有直接影响的尺寸，这些尺寸必须在图样上直接注出。如图 9-19(a)所示的轴心定位尺寸 a 是重要尺寸，必须直接注出。另外，为了装配方便，底板上两安装孔的中心距 l 也应直接注出。若按照图 9-19(b)所示的注法，轴心高度由 $b+c$ 决定，安装孔的中心距也通过间接换算得出，则满足不了设计要求和装配要求。

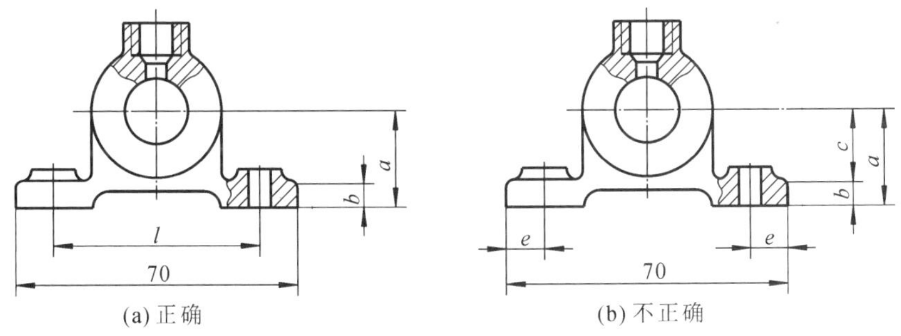

图 9-19　重要尺寸直接注出

3. 与加工顺序一致

标注零件尺寸时，应尽可能与加工顺序一致，以方便加工时看图和测量，如图 9-20 所示。

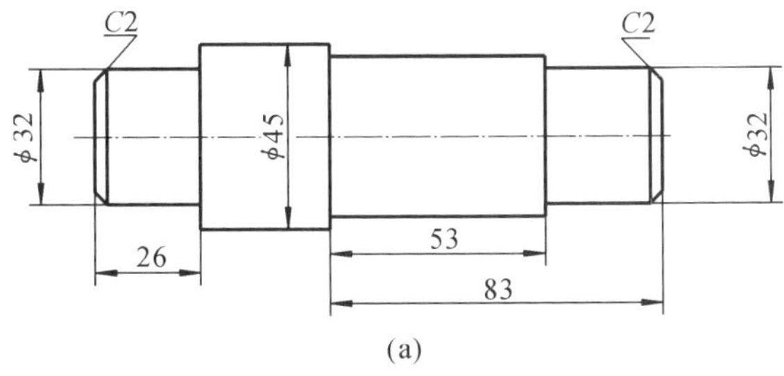

图 9-20　尺寸标注顺序与加工顺序一致

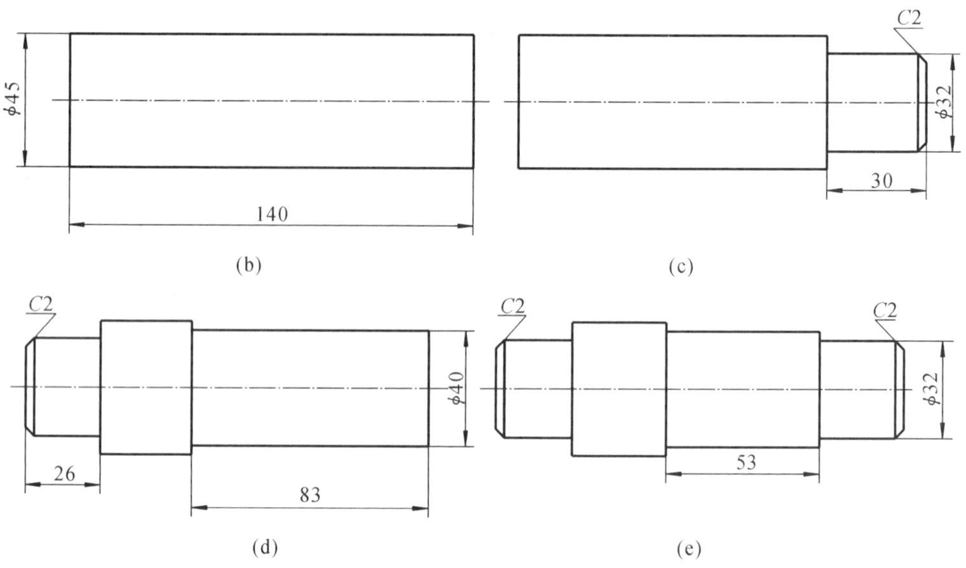

续图 9-20

4. 避免出现封闭尺寸链

同一方向上的一组尺寸顺序排列时，连成一个封闭回(环)路，其中每一个尺寸均受到其余尺寸的影响，这种尺寸回路称为尺寸链。尺寸链中的每一个尺寸均称为一个环。如图9-21中的 L_1、L_2、L_3、L_4为一个尺寸链。标注尺寸时，每个尺寸链中均应有一环不注尺寸，此环称为终结环或尾环。因此，设计时通常将某一个最不重要的尺寸(如 L_1)空出不注，形成开链。但有时为了设计、加工、检测或装配时提供参考，也可经计算后把尾环的尺寸加上括号标出(称为参考尺寸)。

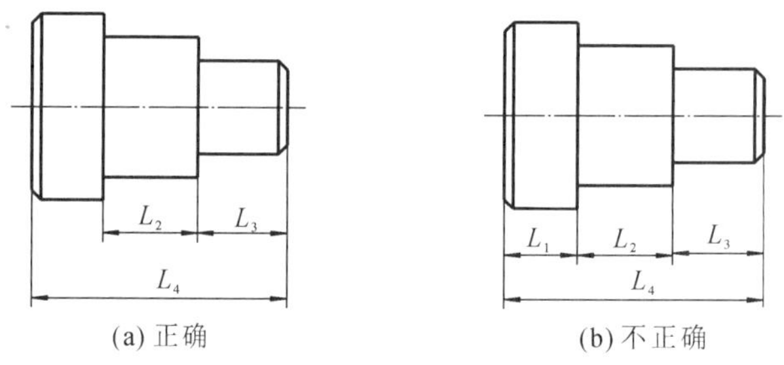

图 9-21　避免出现封闭尺寸链

5. 尺寸标注要便于测量

标注零件尺寸时，在满足设计要求的前提下，要便于测量和检验。图 9-22(a)所示的注法比较方便测量，如果使用图 9-22(b)所示的标注方法，则尺寸 24 很不方便测量。

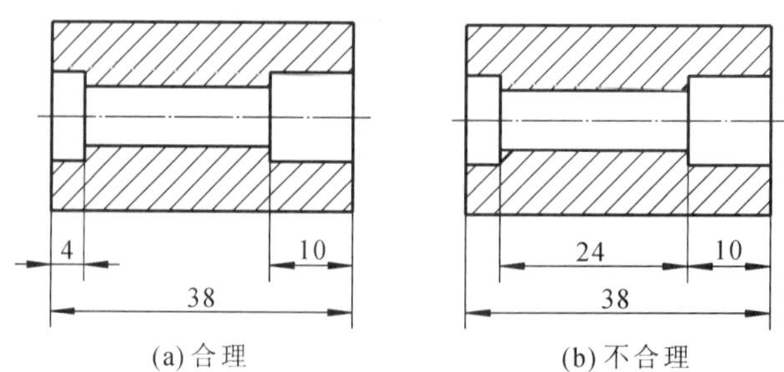

图 9-22　尺寸标注要便于测量

6. 加工面与非加工面联系尺寸

同一方向的加工面与非加工面之间，只能有一个联系尺寸。在图 9-23(a)中沿铸件的高度方向有三个非加工面 B、C、D，其中只有 B 面与加工面 A 有尺寸 6 的联系，这是合理的。图 9-23(b)中非加工面 B、C、D 都与加工面 A 有联系，那么，在加工 A 面时，要同时保证 B、C、D 三个联系尺寸 6、29、34 的精度是不可能的。

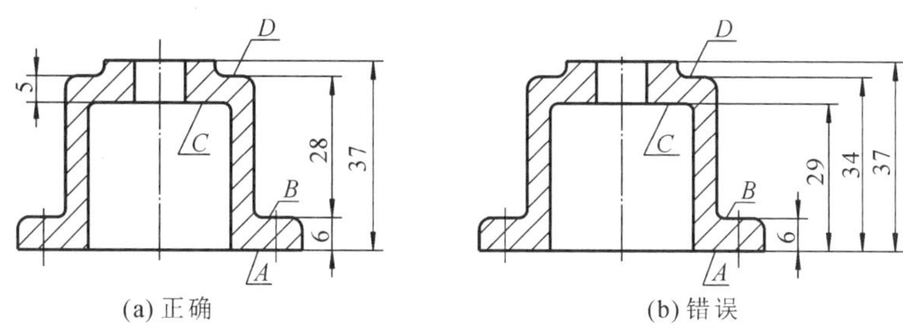

(a) 正确　　(b) 错误

图 9-23　加工面和非加工面之间只能有一个联系尺寸

9.4.2　零件常见典型结构的尺寸注法

工程中零件常见典型结构的尺寸注法如表 9-1 所示，常见孔的尺寸注法如表 9-2 所示。

表 9-1　零件常见典型结构的尺寸注法

结构	尺寸标注方法	说明
倒角	C2　C2　30°　2 C2　C2　30°　3	一般 45°倒角按“C 宽度”注出，30°或 60°倒角应分别注出宽度和角度
退刀槽	2×ϕ8　2×1　2×1	一般按“槽宽×槽深”或“槽宽×直径”注出
正方形结构	□10　10×10 □14　14×14	表示断面为正方形时，可在正方形边长尺寸数字前加注符号“□”，或用 14×14 代替□14

表 9-2 常见孔的尺寸注法

类型	旁注法		普通注法
光孔	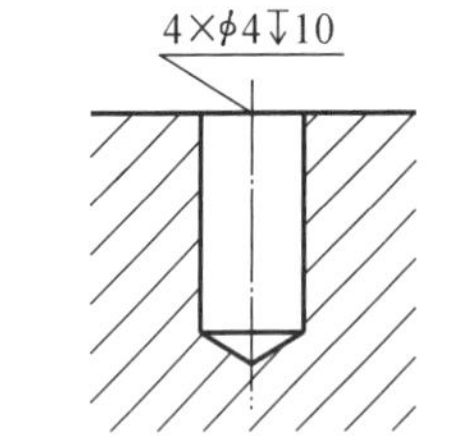 4×φ4↧10	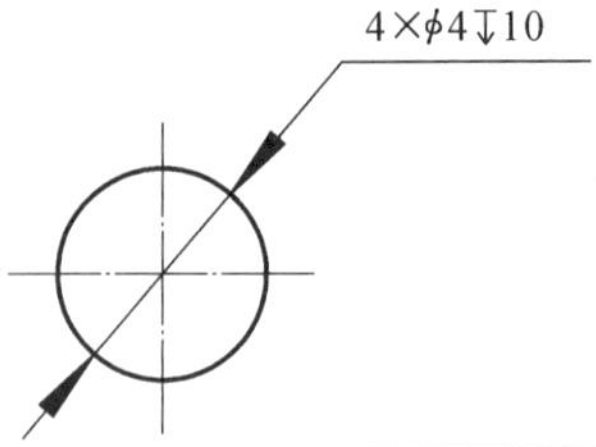 4×φ4↧10	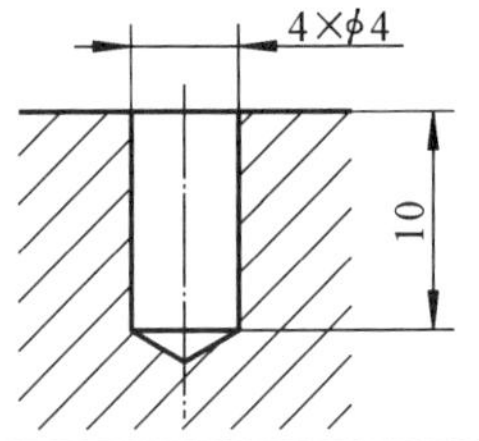 4×φ4 10
	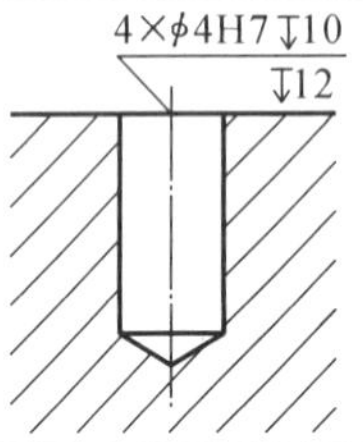 4×φ4H7↧10 ↧12	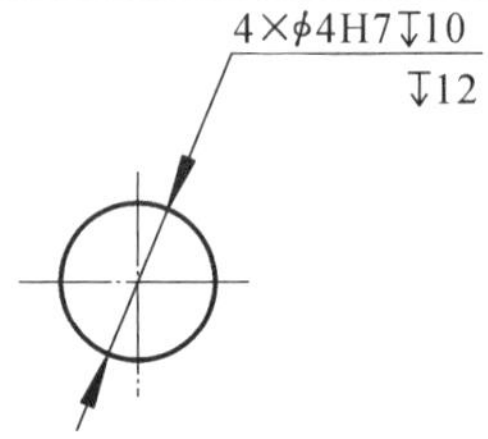 4×φ4H7↧10 ↧12	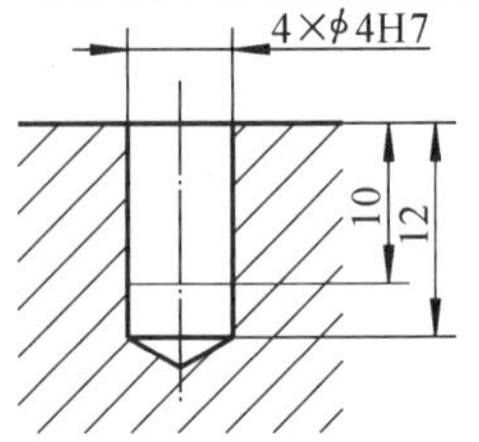 4×φ4H7 10 12
螺孔	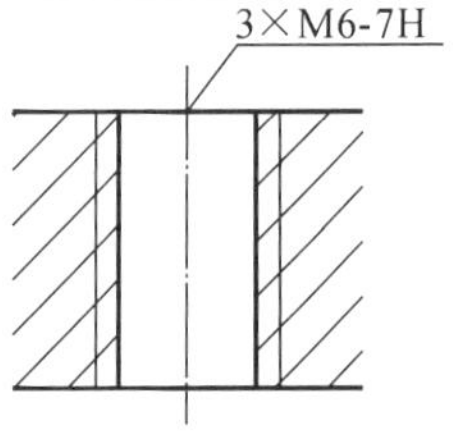 3×M6-7H	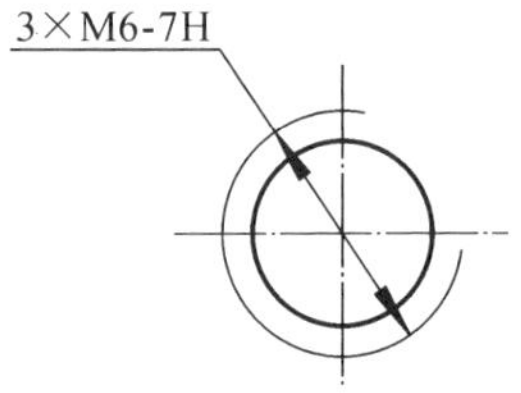 3×M6-7H	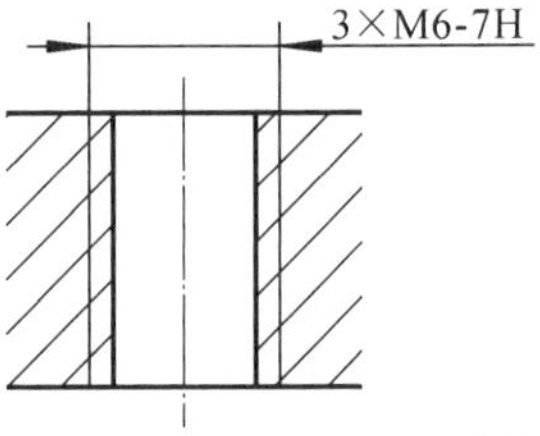 3×M6-7H
	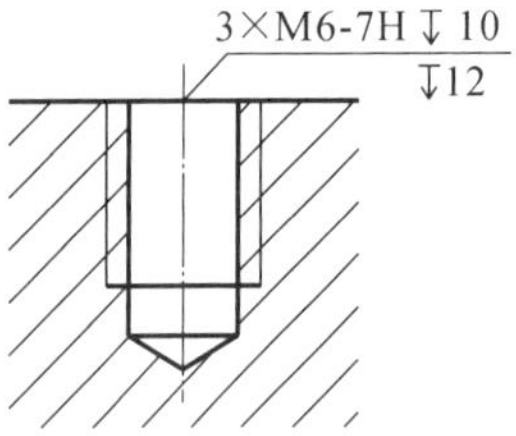 3×M6-7H ↧ 10 ↧12	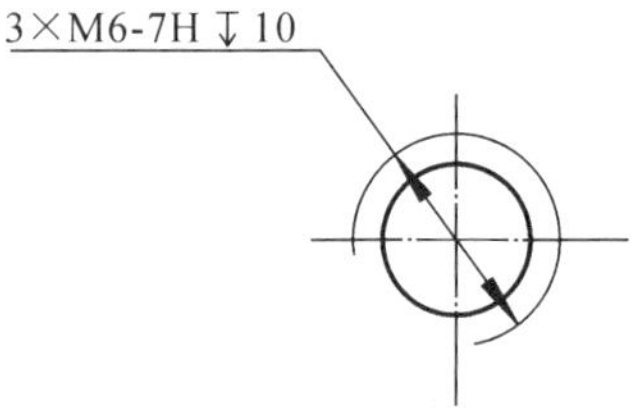 3×M6-7H ↧ 10	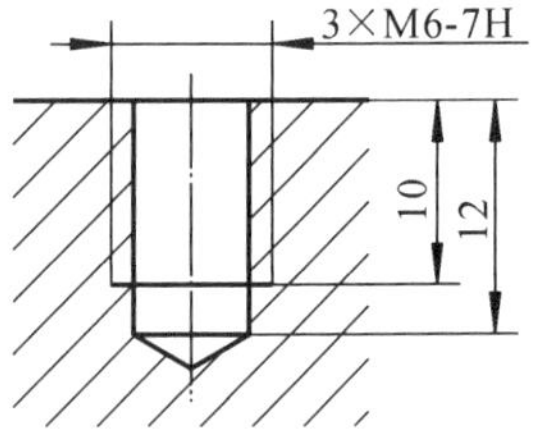 3×M6-7H 10 12
沉孔	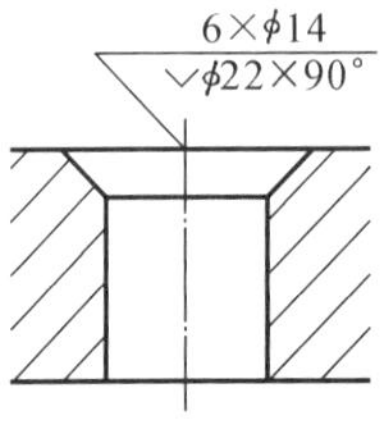 6×φ14 ⌵φ22×90°	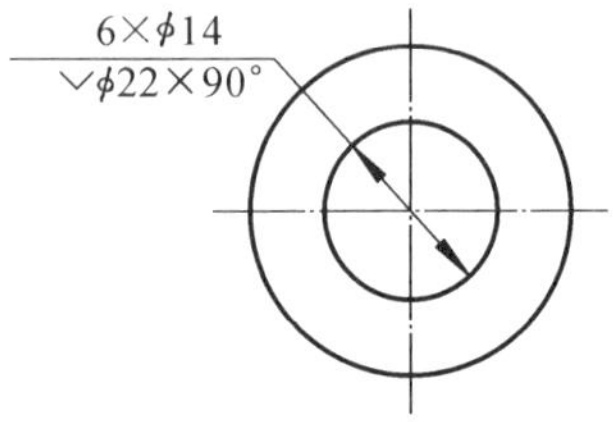 6×φ14 ⌵φ22×90°	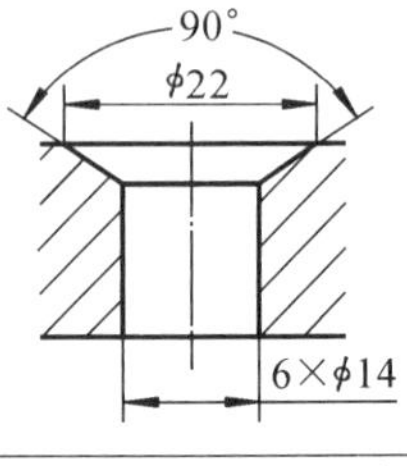 90° φ22 6×φ14
	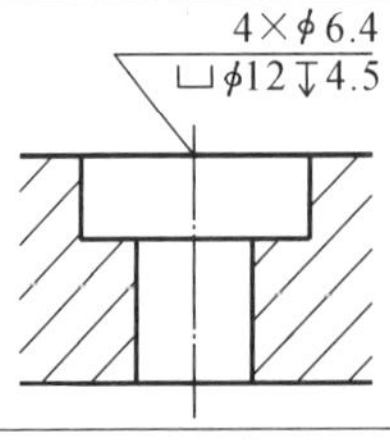 4×φ6.4 ⌴φ12↧4.5	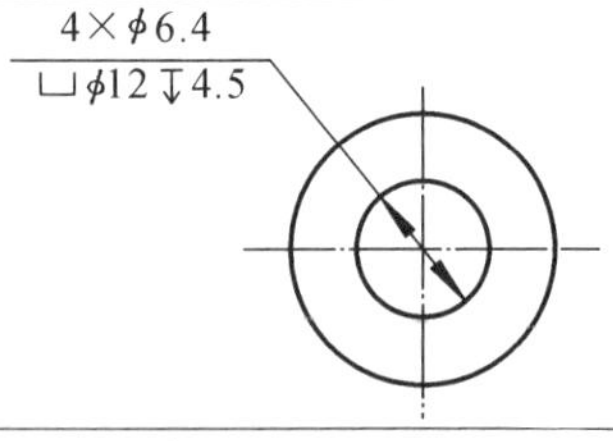 4×φ6.4 ⌴φ12↧4.5	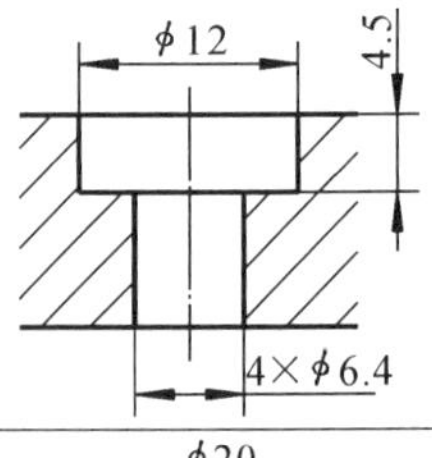 φ12 4.5 4×φ6.4
	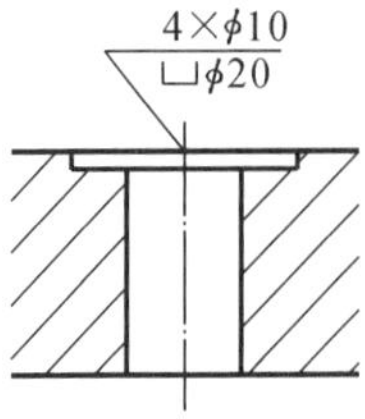 4×φ10 ⌴φ20	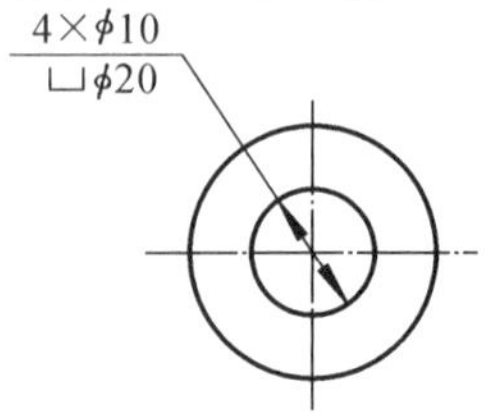 4×φ10 ⌴φ20	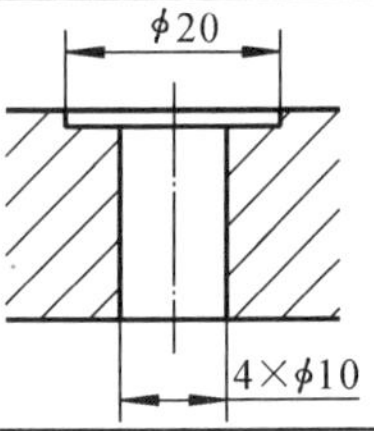 φ20 4×φ10

9.5　零件的技术要求

零件图上除了要标注出零件的形状尺寸外，还应注明零件在制造和检验时应达到的一些技术要求。零件的技术要求主要有表面结构要求（如表面粗糙度及材料热处理）、极限与配合、几何公差等。其中有些是国标规定的标注方法，如表面粗糙度、极限与配合、几何公差，有些则没有标准的标注方法，需要在“技术要求”中用文字说明。

本节主要介绍国标规定的关于表面结构、极限与配合及几何公差的基本概念和标注方法。

9.5.1　表面结构要求

1. 基本概念

零件加工后的表面结构可以用三种轮廓参数描述：粗糙度轮廓（R轮廓）、波纹度轮廓（W轮廓）和原始轮廓（P轮廓）。这里仅仅介绍粗糙度轮廓，以下统一定义为表面粗糙度。

由于零件在加工制造过程中受到各种因素影响，零件的实际表面都不是绝对平滑的，在放大镜（或显微镜）下观察，可以看到许多高低不平的波峰与波谷，如图9-24所示。零件表面具有的这种较小间距峰谷形成的微观几何形状特征，称为表面粗糙度。它是反映零件表面质量高低的标志之一，对零件的配合、耐磨性、抗腐蚀性、接触刚度、抗疲劳强度、密封性和外观都有影响。因此，在保证机器性能的前提下，应根据零件不同的作用，恰当地选择表面粗糙度数值。

图9-24　零件表面的微观状况

2. 评定参数

国家标准GB/T 1031—2009规定了评定表面粗糙度的参数主要有轮廓算术平均偏差 Ra 和轮廓最大高度 Rz，Ra 值既能反映被加工表面的微观几何形状特征，又能反映轮廓凸峰高度，是普遍采用的参数。Ra 值越小，表面越光滑，但加工成本也越高。所以，在满足使用要求的前提下，尽量选用较大的 Ra 值。

（1）轮廓算术平均偏差 Ra：在一个取样长度 l_r 内，曲线 $Z(x)$ 纵坐标的绝对值的算术平均值，如图9-25所示。

国家标准规定了评定表面粗糙度的各种高度参数，不同表面粗糙度的加工方法和应用举例见表9-3。

（2）轮廓最大高度 Rz：在一个取样长度 l_r 内，最大轮廓峰高和最大轮廓谷深之间的距离，如图9-25所示。

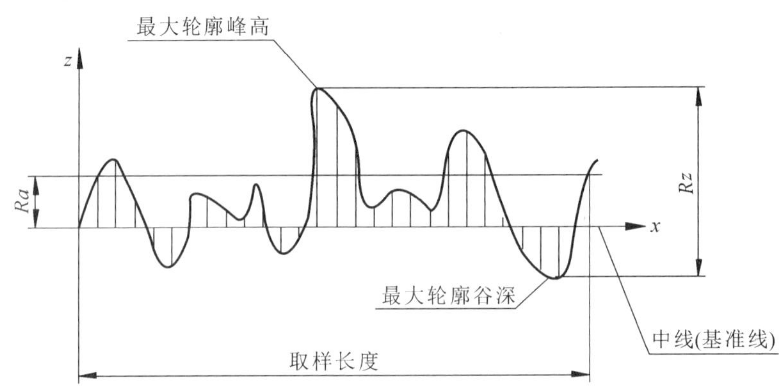

图 9-25 轮廓算术平均偏差 Ra 和轮廓最大高度 Rz

表 9-3 不同表面粗糙度的加工方法和应用举例

Ra/μm	主要加工方法	应用举例
50	粗车、粗铣、粗刨、钻、粗纹锉刀、粗砂轮加工等	粗糙度最大的加工面，一般较少使用
25		
12.5	粗车、刨、立铣、平铣、钻等	不重要的接触面或不接触面，如螺钉孔、轴的端面、倒角、机座底面等
6.3	精车、精铣、精刨、铰、镗、粗磨等	较重要的接触面，没有相对运动的接触面，如键和键槽工作表面；转动和滑动速度不高的接触面，如轴套、齿轮的端面
3.2		
1.6		
0.8	精车、精铰、精拉、精镗、精磨等	要求较高的接触面，如与滚动轴承配合的表面、锥销孔等；转动和滑动速度较高的接触面，如齿轮的工作面、导轨表面、主轴轴颈表面等
0.40		
0.20		
0.10	研磨、抛光、超级精细研磨等	要求密封性能较好的表面，转动和滑动速度极高的接触面，如精密量具表面、汽缸内表面及活塞环表面、精密机床主轴轴颈表面等
0.05		
0.025		
0.012		
0.006		

3. 表面结构的标注

(1) 表面结构的符号和含义见表 9-4。

表 9-4 表面结构的符号和含义

符号	含义
	基本图形符号 表示未指定工艺方法的表面，仅用于简化代号标注，一般不单独使用
	扩展图形符号 表示用去除材料的方法获得的表面，仅当其含义是“被加工表面”时方可单独使用

续表

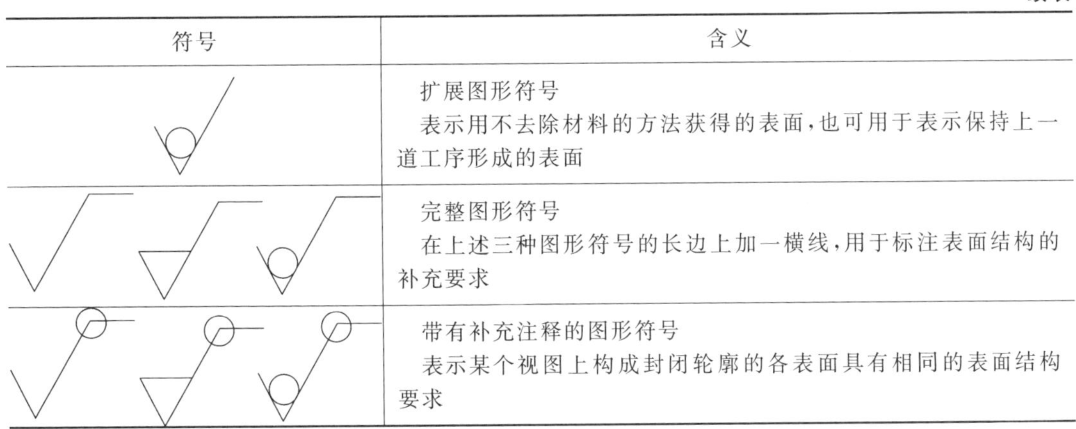

符号	含义
	扩展图形符号 表示用不去除材料的方法获得的表面，也可用于表示保持上一道工序形成的表面
	完整图形符号 在上述三种图形符号的长边上加一横线，用于标注表面结构的补充要求
	带有补充注释的图形符号 表示某个视图上构成封闭轮廓的各表面具有相同的表面结构要求

(2)表面结构符号的画法如图 9-26 所示，其尺寸见表 9-5。

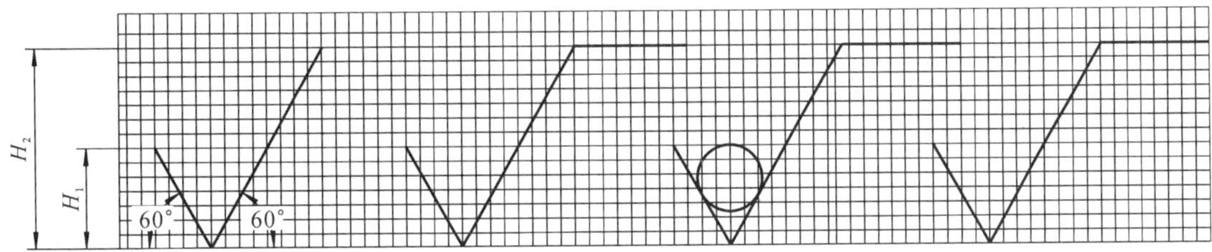

图 9-26　表面结构的画法

表 9-5　表面结构符号的尺寸　　　　(单位：mm)

数字和字母高度 h(GB/T 14690)	2.5	3.5	5	7	10	14	20
符号线宽 d' 字母线宽 d	0.25	0.35	0.5	0.7	1	1.4	2
高度 H_1	3.5	5	7	10	14	20	28
高度 H_2(最小值)	7.5	10.5	15	21	30	42	60

(3) 表面结构代号。

表面结构代号一般由完整图形符号、单一要求(参数代号及参数值)、必要的补充要求等组成，补充要求包括传输带、取样长度、表面纹理及方向、加工余量等。在图样上标注时，若采用默认定义且没有补充要求，可采用简化的代号标注，即将表面结构轮廓的参数代号及参数值写在完整图形符号的长线下方。参数代号为斜体平排的大小写拉丁字母，为了避免误解，在参数代号及参数值之间应插入空格。表 9-6 中给出了默认定义时表面粗糙度代号的写法示例和含义。

表 9-6　不同表面粗糙度的加工方法和应用举例

代号示例	含义解释
Ra 3.2	表示不去除材料，单向上限值，*Ra* 的上限值为 3.2 μm
Ra 3.2	表示去除材料，单向上限值，*Ra* 的上限值为 3.2 μm

续表

代号示例	含义解释
$\sqrt{Ra\ \max 3.2}$	表示去除材料，单向上限值，*Ra* 的最大值为 3.2 μm
$\sqrt{\begin{matrix}U\ Ra\ 3.2\\L\ Ra\ 1.6\end{matrix}}$	表示去除材料，双向上限值，*Ra* 的上限值为 3.2 μm，*Ra* 的下限值为 1.6 μm
$\sqrt{\begin{matrix}Ra\ 3.2\\Ra\ 1.6\end{matrix}}$	表示去除材料，双向上限值，*Ra* 的上限值为 3.2 μm，*Ra* 的下限值为 1.6 μm
$\sqrt{Rz\ 3.2}$	表示去除材料，单向上限值，*Rz* 的上限值为 3.2 μm

注：① 当给出的参数值为允许的最大值时，称为参数的上限值，在参数的前边加注“U”；当给出的参数值为允许的最小值时，称为参数的下限值，在参数的前边加注“L”。当参数前面未加注“U”时，则默认为上限值。

② 如果同一参数具有双向极限要求（既要求上限值，又要求下限值）时，在不引起歧义的情况下，也可不加注“U”“L”。

完工零件的表面按检验规范测得轮廓参数值后，需与图样上给定的极限值比较，以判定其是否合格。极限值判定规则有以下两种。

(1) 16%规则：在检测所得的全部实测值中，大于给定的上限值（或小于下限值）的个数不超过总数的 16%时，即认定该表面是合格的。这一规则称为 16%规则。16%规则是默认规则，参数符号中没有“max”标记，均为 16%规则。

(2) 最大规则：检测所得的全部实测值均不大于给定的上限值（或小于下限值）时，才能认定该表面是合格的。这一规则称为最大规则（又称为最大化规则）。符合最大规则的参数后面要增加一个“max”标记，例如 *Ra* max 3.2。

4. 表面结构在图样中的标注

(1) 表面结构要求在同一图样上，每一表面只标注一次，并尽可能注在相应的尺寸及公差的同一视图上。除非另有说明，所标注的表面结构要求是对完工表面的要求。

(2) 表面结构要求的注写和读取方向要与尺寸的注写和读取方向一致，其符号应从材料外指向并接触表面，如图 9-27 所示。

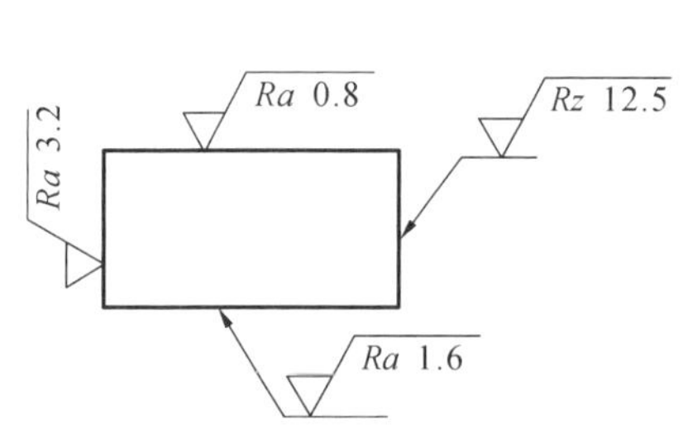

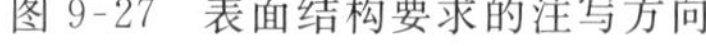
图 9-27　表面结构要求的注写方向

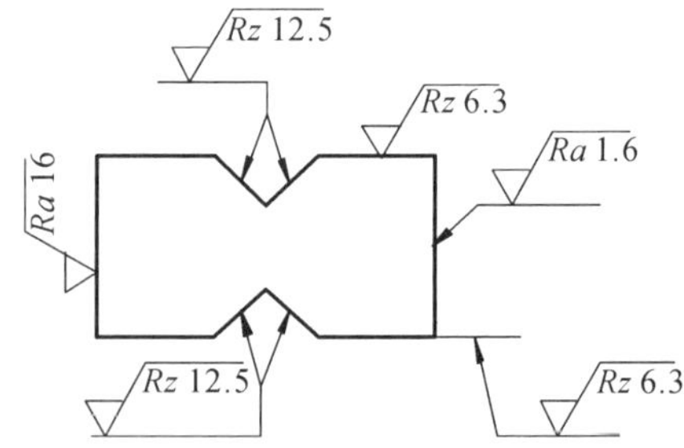

图 9-28　表面结构要求在轮廓线上的标注

(3) 表面结构要求可标注在轮廓线上或其延长线上，下方和右侧面以及不方便注写的地方用带箭头的指引线引出标注，如图 9-28 所示。必要时，表面结构也可用带箭头或黑点的指引线引出标注，如图 9-29 所示。

(4) 在不致引起误解时，表面结构要求可以标注在给定的尺寸线上。如图 9-30 所示，键槽两侧面的表面结构要求标注在键槽宽度尺寸线上，倒角的表面结构要求标注在主视图中。

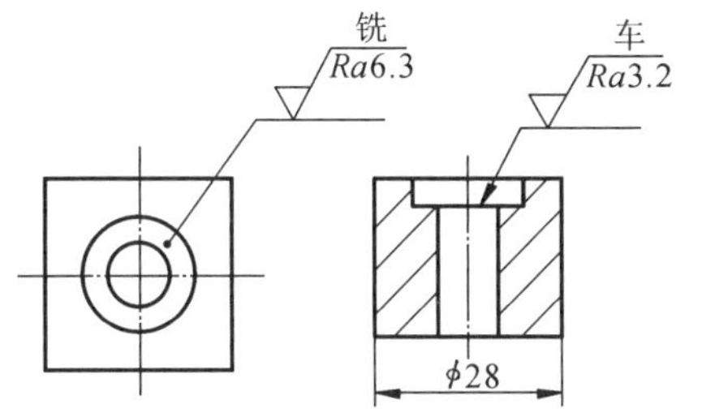

图 9-29　用指引线引出标注表面结构要求

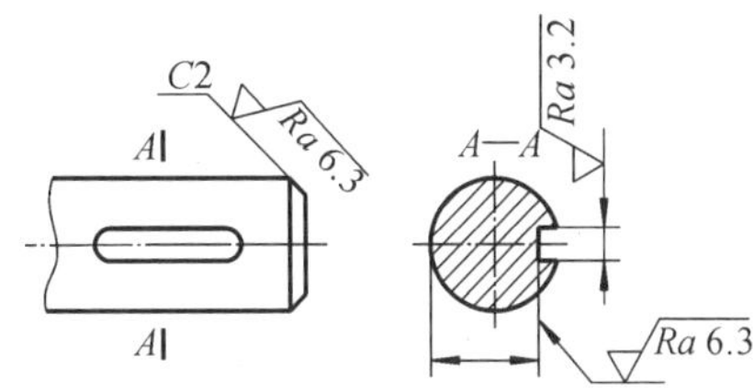

图 9-30　表面结构要求标注在尺寸线上

(5) 表面结构要求可以标注在形位公差框格的上方,如图 9-31 所示。

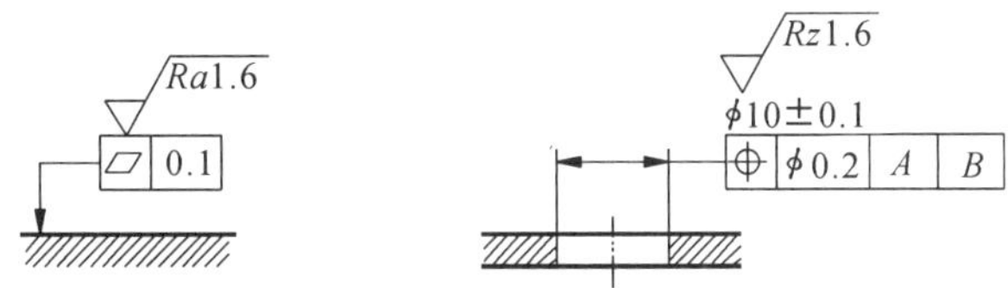

图 9-31　表面结构要求标注在形位公差框格的上方

5. 表面结构要求的简化注法

(1) 全部表面有相同的表面结构要求。当工件全部表面有相同的表面结构要求时,应统一标注在图样的标题栏附近,如图 9-32 所示。

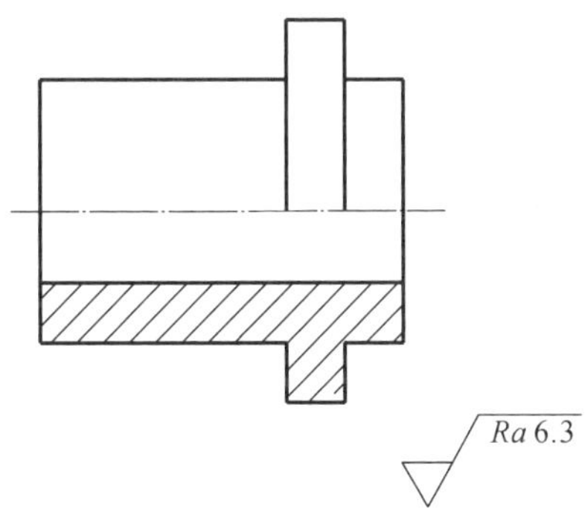

图 9-32　全部表面有相同表面结构要求时的注法

(2) 多数表面有相同表面结构要求。如果工件的多数表面有相同的表面结构要求,则应统一标注在图样的标题栏附近,并在符号后面加圆括号,在圆括号内给出无任何其他标注的基本符号,如图 9-33(a)所示;或在圆括号内给出不同的表面结构要求,如图 9-33(b)所示。

不同的表面结构要求应直接标注在图形中,如图 9-33 所示。

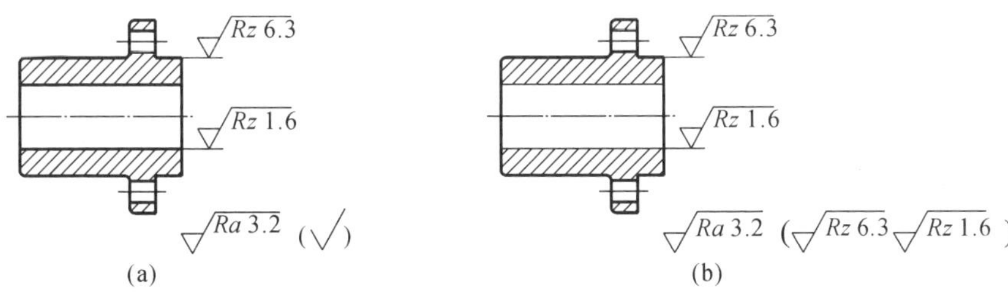

图 9-33　大多数表面有相同表面结构要求的简化注法

(3) 多个表面有共同要求或图纸空间有限时的注法。当多个表面有共同要求或图纸空间有限时,可用带字母的完整符号标注在图中,并以等式的形式在图形或标题栏附近,将相同表面结构要求标注出来,如图 9-34 所示。也可用基本符号或扩展符号以等式的形式给出多个表面共同的表面结构要求,如图 9-35 所示。

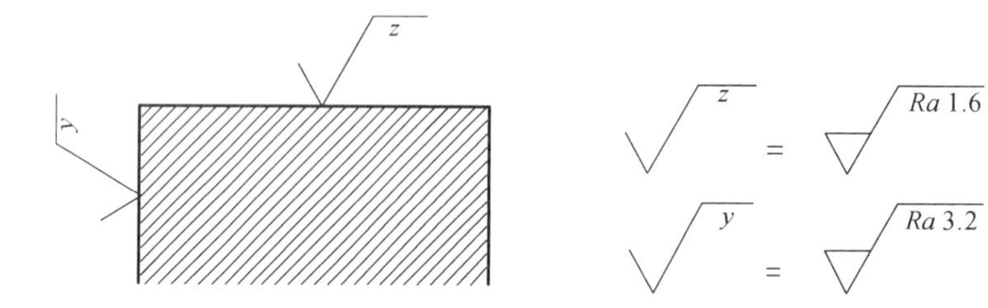

图 9-34 在图纸空间有限时的简化注法

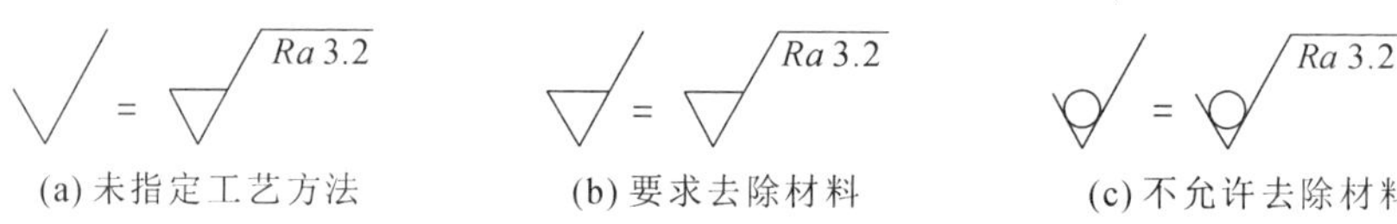

图 9-35 多个共同表面结构要求的简化注法

[例 9-1] 找出图 9-36(a)中表面结构标注错误之处并把正确的标注出来。

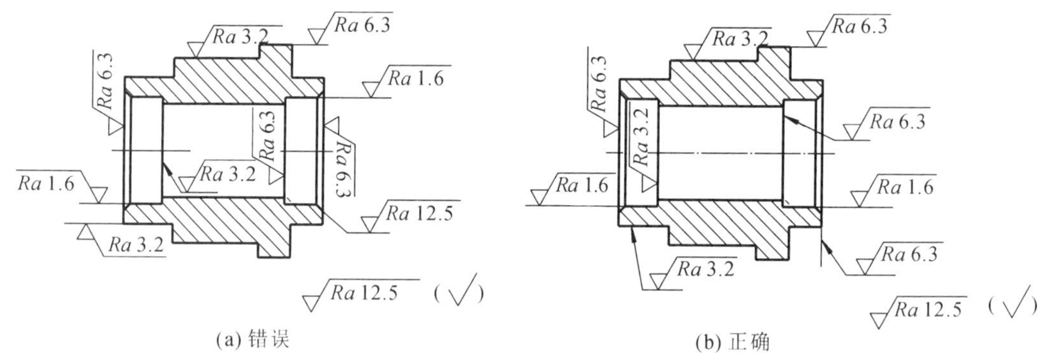

图 9-36 表面结构要求注法举例

9.5.2 极限与配合

极限与配合是零件图和装配图中的一项重要技术要求,也是检验产品质量的重要技术指标。为适应现代化大规模生产,要求零件具有互换性,即在同一规格的零件中,任取其中一件,不经过任何挑选和修配,就可以顺利地装配到有关部件或机器上,并能满足使用要求,零件的这种性质称为互换性。由于零件在制造时尺寸不可能做得绝对准确,它有一个变动范围。只要零件的实际尺寸在规定的范围内变动,这个零件在尺寸上就是合格的。规定的尺寸变动范围(变动量)称为尺寸公差。尺寸公差的大小以满足使用要求为准。为了保证互换性和制造零件的需要,国家标准 GB/T 1800.1—2009、GB/T 1800.2—2009、GB/T 1800.3—2009、GB/T 1800.4—2009 规定了尺寸公差的标准。下面主要介绍它们的基本概念(见图 9-37(a))以及在图样上的标注方法。

1. 有关术语

(1) 公称尺寸 设计时所确定的理想形状要素的基本尺寸。

(2) 实际尺寸 零件加工完成后实际测量时所得到的尺寸。

(3) 极限尺寸　允许零件实际尺寸变化的两个界限值。

上极限尺寸:界限值中最大的一个尺寸。

下极限尺寸:界限值中最小的一个尺寸。

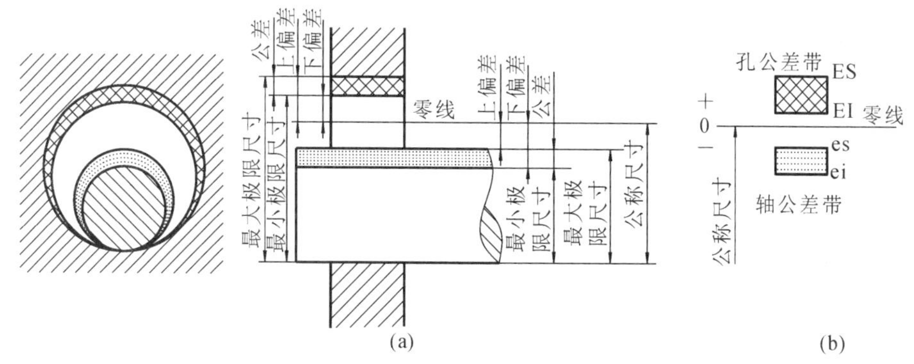

图 9-37　尺寸公差术语

(4) 极限偏差　极限尺寸减公称尺寸所得的代数差。

上极限偏差＝上极限尺寸－公称尺寸

下极限偏差＝下极限尺寸－公称尺寸

上、下极限偏差统称为极限偏差,可以为正、负或零。孔的上、下极限偏差分别用大写字母 ES 和 EI 表示,轴的上、下极限偏差分别用小写字母 es 和 ei 表示。

(5) 尺寸公差　允许尺寸的变动量。

尺寸公差＝上极限尺寸－下极限尺寸＝上极限偏差－下极限偏差

尺寸公差恒为正值。

(6) 公差带　由代表上、下极限偏差的两条直线所限定的区域称为公差带,如图 9-37(b)所示,用公差带图表示,其中表示公称尺寸的一条直线叫做零线,它是确定极限偏差的基准线。零线上方为正极限偏差,下方为负极限偏差。公差带反映了尺寸公差大小及其相对于零线的距离。

(7) 标准公差和公差等级　标准公差是在 GB/T 1800 系列标准极限与配合制中所规定的任一公差,见表 9-7。国家标准将各段公称尺寸的标准公差值规定了 20 个标准公差等级,每一个等级用一个代号表示。标准公差等级代号用符号 IT(IT 为国际公差的符号)和数字组成。标准公差等级分为 IT01、IT0、IT1、…、IT18,共 20 级。从 IT01 到 IT18 等级依次降低。精度越高,公差值越小。同一公差等级,公称尺寸越大,公差带越大,但具有同等精确程度。

表 9-7　标准公差数值(GB/T 1800.2—2009)

公称尺寸/mm		标准公差等级																			
		μm													mm						
大于	至	IT01	IT0	IT1	IT2	IT3	IT4	IT5	IT6	IT7	IT8	IT9	IT10	IT11	IT12	IT13	IT14	IT15	IT16	IT17	IT18
—	3	0.3	0.5	0.8	1.2	2	3	4	6	10	14	25	40	60	0.10	0.14	0.25	0.40	0.60	1.0	1.4
3	6	0.4	0.6	1	1.5	2.5	4	5	8	12	18	30	48	75	0.12	0.18	0.30	0.48	0.75	1.2	1.8
6	10	0.4	0.6	1	1.5	2.5	4	6	9	15	22	36	58	90	0.15	0.22	0.36	0.58	0.90	1.5	2.2
10	18	0.5	0.8	1.2	2	3	5	8	11	18	27	43	70	110	0.18	0.27	0.43	0.70	1.10	1.8	2.7
18	30	0.6	1	1.5	2.5	4	6	9	13	21	33	52	84	130	0.2	0.33	0.52	0.84	1.30	2.1	3.3
30	50	0.6	1	1.5	3.5	4	7	11	16	25	39	62	100	160	0.25	0.39	0.62	1.00	1.60	2.5	3.9
50	80	0.8	1.2	2	3	5	8	13	19	30	46	74	120	190	0.30	0.46	0.74	1.20	1.90	3.0	4.6

续表

公称尺寸/mm		标准公差等级																			
		μm													mm						
大于	至	IT01	IT0	IT1	IT2	IT3	IT4	IT5	IT6	IT7	IT8	IT9	IT10	IT11	IT12	IT13	IT14	IT15	IT16	IT17	IT18
80	120	1	1.5	2.5	4	6	10	15	22	35	54	87	140	220	0.35	0.54	0.87	1.40	2.20	3.5	5.4
120	180	1.2	2	3.5	5	8	12	18	25	40	63	100	160	250	0.40	0.63	1.00	1.60	2.50	4.0	6.3
180	250	2	3	4.5	7	10	14	20	29	46	72	115	185	290	0.46	0.72	1.15	1.85	2.90	4.6	7.2
250	315	2.5	4	6	8	12	16	23	32	52	81	130	210	320	0.52	0.81	1.30	2.10	3.20	5.2	8.1
315	400	3	5	7	9	13	18	25	36	57	89	140	230	360	0.57	0.89	1.40	2.30	3.60	5.7	8.9
400	500	4	6	8	10	15	20	27	40	63	97	155	250	400	0.63	0.97	1.55	2.50	4.00	6.3	9.7

注：公称尺寸小于或等于 1 mm 时，无 IT14～IT18。

(8) 基本偏差　基本偏差是指在 GB/T 1800 系列标准极限与配合制中，确定公差带相对于零线位置的那个极限偏差。它可以是上极限偏差或下极限偏差，一般指靠近零线的那个极限偏差。若公差带位于零线之上，基本偏差为下极限偏差；若公差带位于零线之下，基本偏差为上极限偏差。

基本偏差代号用拉丁字母表示，轴和孔各有 28 个，形成基本偏差系列，如图 9-38 所示，大写字母代表孔，小写字母代表轴。

从图 9-38 可以看出，对孔来说，从 A 到 H 的基本偏差为下极限偏差，J 到 ZC 的基本偏差为上极限偏差；对于轴，从 a 到 h 的基本偏差为上极限偏差，j 到 zc 的基本偏差为下极限偏差。

(9) 公差带代号　公差带代号用来表示公差带，它由基本偏差代号的字母和表示标准公差等级代号的数字组成，用来代表尺寸加工的精度，例如 H7、f6。

关于公称尺寸和公差带代号，在本书附表 C1、C2 的有关标准表中就可以查出其上下偏差值。例如：

ϕ30 H7　查附表 C2 知上偏差为＋0.021，下偏差为 0；

ϕ30 f6　查附表 C1 知上偏差为－0.025，下偏差为－0.041。

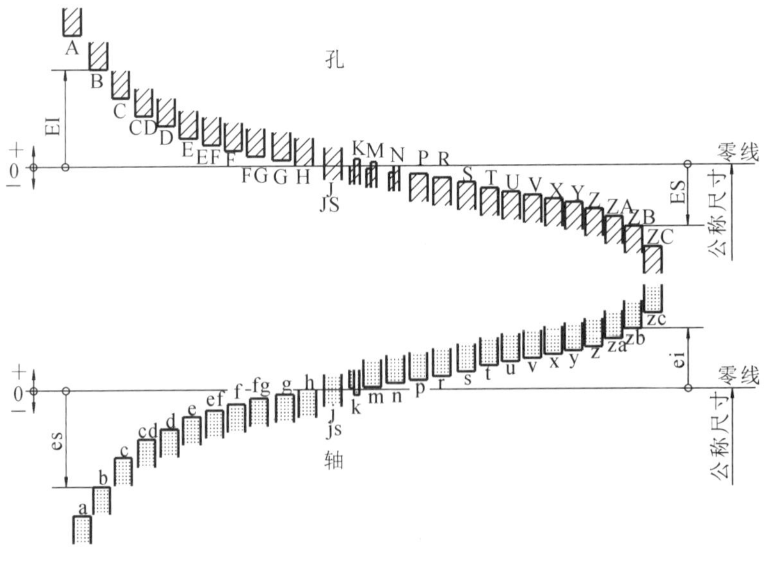

图 9-38　基本偏差系列

2. 配合

公称尺寸相同、相互结合的孔与轴的公差带之间的关系称为配合。

1）配合种类

当轴、孔配合时，若孔的尺寸减去相配合的轴的尺寸之差为正，则轴、孔之间存在着间隙；若为负，则轴、孔之间存在着过盈。根据轴和孔配合时的松紧要求不同，国标规定有以下三种类型的配合。

(1) 间隙配合：具有间隙的配合(包括最小间隙为零)。这时，孔的公差带在轴的公差带之上，如图 9-39 所示。对于有相对运动或虽无相对运动但要求装拆方便的轴孔的配合，应采用间隙配合。

(2) 过盈配合：具有过盈的配合(包括最小过盈为零)。这时，孔的公差带在轴的公差带之下，如图 9-40 所示。当相互配合的两零件需要牢固连接时，采用过盈配合。

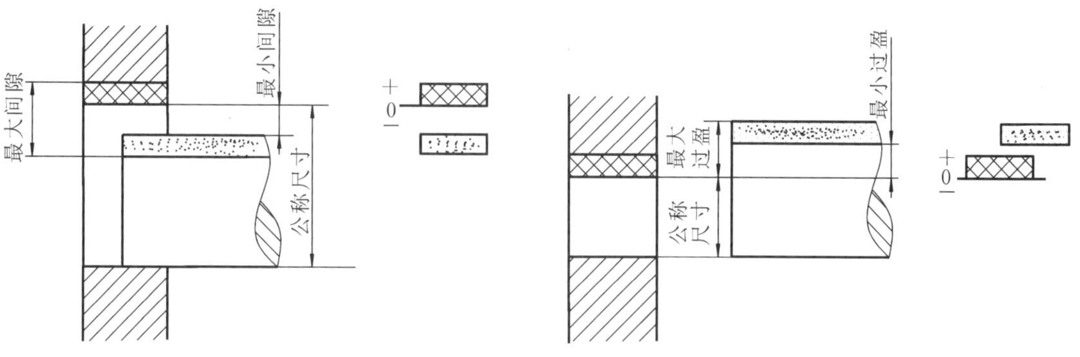

图 9-39　间隙配合　　图 9-40　过盈配合

(3) 过渡配合：可能具有间隙，也可能具有过盈的配合。此时，孔的公差带与轴的公差带相互交叠，如图 9-41 所示。对于不允许有相对运动、轴与孔的对中性要求比较高且又需拆卸的两零件的配合，采用过渡配合。

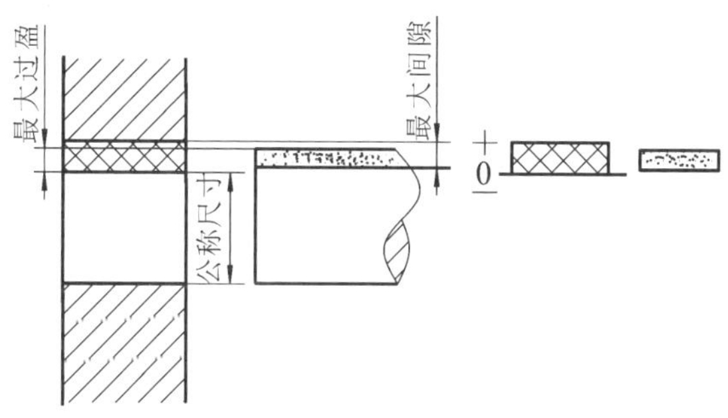

图 9-41　过渡配合

2）配合制度

为了便于零件的设计制造，国家标准 GB/T 1800.1—2009 规定了基孔制和基轴制两种配合制度。

(1) 基孔制：基本偏差为一定的孔的公差带与不同基本偏差的轴的公差带形成的各种配合的制度，如图 9-42 所示。基孔制的孔称为基准孔，用基本偏差代号“H”表示，其下偏差为零。

(2) 基轴制：基本偏差为一定的轴的公差带与不同基本偏差的孔的公差带组成的各种配合的制度，如图 9-43 所示。基轴制的轴称为基准轴，用基本偏差代号“h”表示，其上偏差为零。

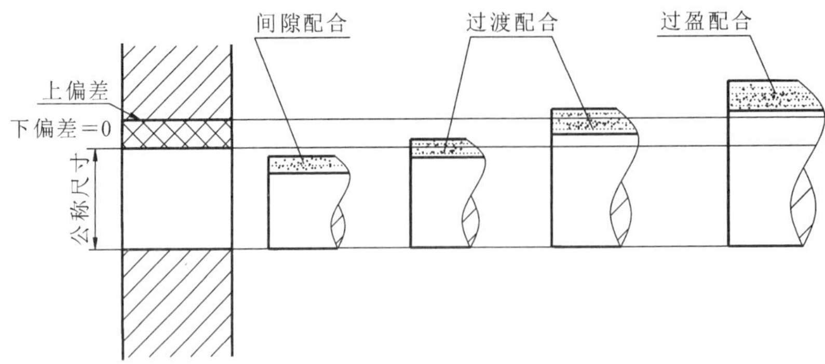

图 9-42　基孔制配合

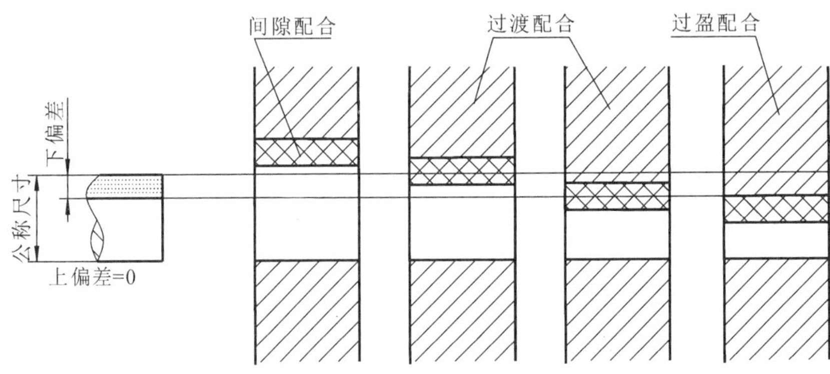

图 9-43　基轴制配合

设计中选用哪种基准制，要从具体的结构、工艺要求等方面考虑。无具体要求时，由于轴比孔加工容易，因此应优先选用基孔制。表 9-8 列出了基孔制的优先、常用配合；表 9-9 列出了基轴制的优先、常用配合。

表 9-8　基孔制常用配合、优先配合

基孔制	轴																				
	a	b	c	d	e	f	g	h	js	k	m	n	p	r	s	t	u	v	x	y	z
	间隙配合								过渡配合			过盈配合									
H6/						f5	g5	h5	js5	k5	m5	n5	p5	r5	s5	t5					
H7/						f6	◤g6	◤h6	js6	◤k6	m6	◤n6	◤p6	r6	◤s6	t6	◤u6	v6	x6	y6	z6
H8/					e7	◤f7	g7	◤h7	js7	k7	m7	n7	p7	r7	s7	t7	u7				
				d8	e8	f8		h8													
H9/			c9	◤d9	e9	f9		◤h9													
H10/			c10	d10				h10													
H11/	a11	b11	◤c11	d11				◤h11													
H12/		b12						h12													

注：带有◤阴影的格中轴公差代号与同行第一列基准孔代号组成优先配合代号。

表 9-9　基轴制常用配合、优先配合

基轴制	孔																					
	A	B	C	D	E	F	G	H	JS	K	M	N	P	R	S	T	U	V	X	Y	Z
	间隙配合								过渡配合			过盈配合										
/h5						F6	G6	H6	JS6	K6	M6	N6	P6	R6	S6	T6					
/h6						F7	◤G7	◤H7	JS7	◤K7	M7	◤N7	◤P7	R7	◤S7	T7	◤U7				
/h7					E8	◤F8		◤H8	JS8	K8	M8	N8									
/h8				D8	E8	F8		H8													
/h9				◤D9	E9	F9		◤H9													
/h10				D10				H10													
/h11	A11	B11	◤C11	D11				◤H11													
/h12		B12						H12													

注：带有◤的格中孔公差代号与同行第一列基准轴代号组成优先配合代号。

3. 极限与配合在图样上的标注

1）在零件图上的标注

国家标准规定，在零件图上标注公差有三种形式：在公称尺寸之后，或标注出公差带代号，或标出上、下偏差值，或两者同时标出，如图 9-44 所示。

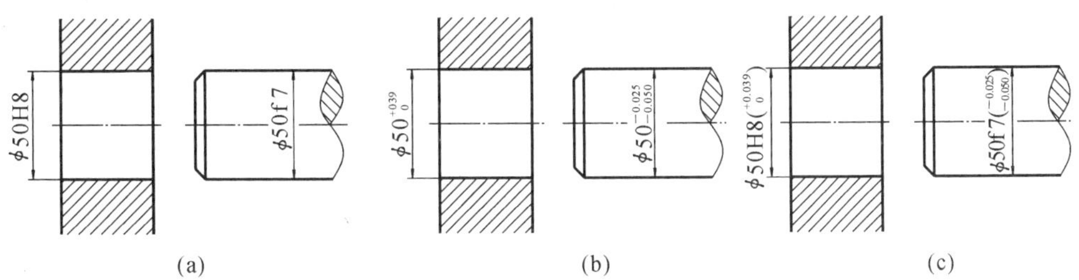

图 9-44　公差与配合在零件图上的标注

注写时应该注意以下问题。

(1) 偏差数值的数字应比公称尺寸数字的字号小一号。

(2) 下偏差应与公称尺寸注在同一底线上，上偏差应注在公称尺寸的右上方。

(3) 上、下偏差数值相同时，在数值前加“±”号，数字的大小与公称尺寸相同，如 $\phi 20 \pm 0.15$。

(4) 如有一个偏差为“0”时，必须写出此“0”；极限偏差数值小数点后右端数位为“0”时，一般不必注写“0”；仅当为凑齐上、下偏差小数点后的位数时方可填写末位的“0”。

如：$\phi 70^{-0.06}_{-0.09}$　　$\phi 60^{+0.015}_{-0.010}$　　$\phi 20^{+0.033}_{0}$　　（正确）

$\phi 70^{-0.060}_{-0.090}$　　$\phi 60^{+0.015}_{-0.01}$　　$\phi 20^{+0.033}$　　（错误）

(5) 同时标出公差代号和偏差数值时，偏差数值应写在代号之后的括号内。

2) 在装配图上的标注

在装配图上，公差与配合需在公称尺寸的后面用分数形式标出，分子为孔的公差带代号，分母为轴的公差带代号，如图 9-45(a)所示。当零件与标准件、外购件(如轴承)配合时，只需要标注零件(非标准件)的公差带代号，如图 9-45(b)所示。装配图上标注配合零件的极限偏差时，一般按图 9-45(c)所示的形式注出。

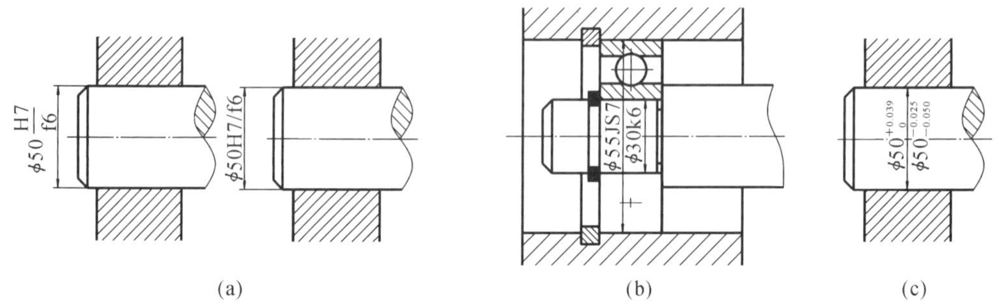

图 9-45　公差与配合在装配图上的标注

9.5.3　几何公差简介

1. 概述

机器中某些要求较高的零件，不仅需要保证其尺寸公差，还要保证几何公差。几何公差也叫形位公差，是指零件的形状、方向、位置和跳动等几何特征的实际要素对理想要素的允许变动量。如图 9-46(a)所示，为了保证滚柱工作质量，除了注出直径的尺寸公差外，还需要注出滚柱轴线的形状公差，这个代号表示滚柱实际轴线与理想轴线之间的变动量——直线度，必须保持在 φ0.006 mm 的圆柱面内。箱体上两个孔是安装锥齿轮的轴的孔，如果两孔安装轴线歪斜太大，就会影响锥齿轮的啮合传动。如图 9-46(b)所示，为了保证正常的啮合，应该使两孔轴线保持一定的垂直位置，所以要标注位置公差——垂直度，这个代号说明水平孔的轴线必须位于距离为 0.05 mm 且垂直于铅垂孔的轴线的两平行平面之间，*A* 为基准代号字母。

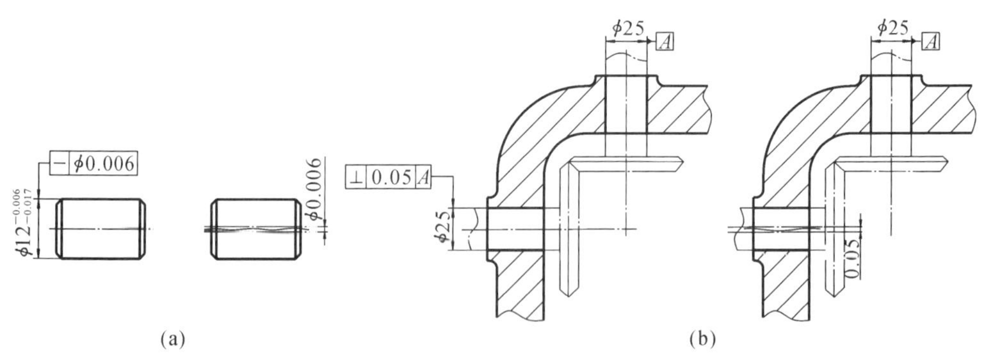

图 9-46　形状和位置公差

2. 几何公差的分类、特征项目和特征项目符号

国家标准 GB/T 1182—2018 规定用代号标注形状公差和位置公差(简称形位公差)，其分类、名称及各项目的符号见表 9-10。

表 9-10　几何公差特征项目及符号

分类		特征项目	符号	有或无基准要求
形状公差	形状	直线度	—	无
		平面度	⏥	无
		圆度	○	无
		圆柱度	⌭	无
形状或位置公差	轮廓	线轮廓度	⌒	有或无
		面轮廓度	⌓	有或无
位置公差	定向	平行度	//	有
		垂直度	⊥	有
		倾斜度	∠	有
	定位	位置度	⌖	有或无
		同轴(同心)度	◎	有
		对称度	⌯	有
	跳动	圆跳动	↗	有
		全跳动	⌰	有

3. 几何公差的标注

1）公差框格

公差框格由细实线画出,可画成水平的或竖直的。公差框格分两格或多格,一般形状公差分为两格,位置公差分为三格。从左起第一格内为形位公差符号,第二格为公差数值,第三格为基准代号等。框格高度是图样中尺寸数字高度的两倍,框格的宽度除第一格与框格高度相同外,其余各格须与所标注的有关字母的长度或宽度相适应。框格中的数字、字母和符号与图样中的数字等高(记为 h),如图 9-47 所示。

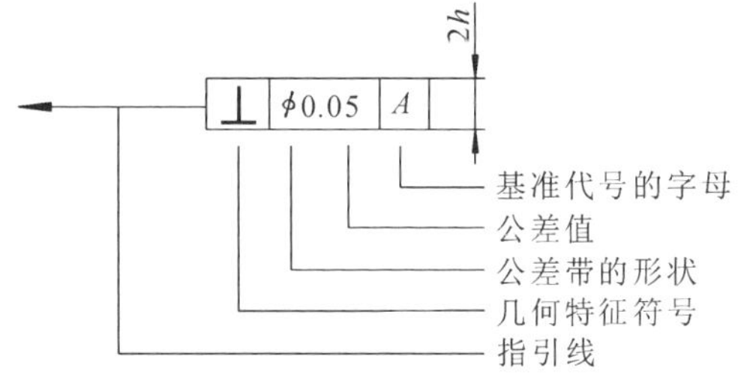

图 9-47　几何公差框格

2）被测要素表示法

零件的被测要素有轴线、表面、中心平面、球心等。标注被测要素的方法是,用带箭头的指引线将被测要素和公差框格连起来,指引线箭头应指向被测要素,另一端连接框格宽边中部位置。标注时应注意以下问题。

（1）当被测要素为轴线、中心平面或球心时，从框格引出的指引线箭头应指在该要素的尺寸线处，并与尺寸线对齐，如图 9-48(a)所示。

（2）当被测要素为线或表面等轮廓要素时，从框格引出的指引线箭头应指在该要素的轮廓线或其延长线上，但应与尺寸线明显错开，如图 9-48(b)所示。

（3）当被测要素为无积聚性的平面时，可在面上用小圆点引出指引线，如图 9-48(c)所示。

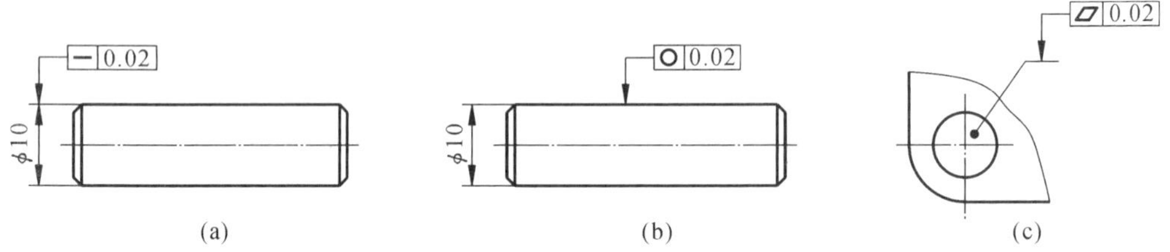

图 9-48　几何公差的标注

3）基准要素的表示法

基准要素是指有方向或位置要求时，作为测量基准的要素。基准要素用基准符号标注，符号中正方形与三角形间的连线用细实线绘制，且与基准要素垂直，如图 9-49(a)所示，方框内填写基准的编号，如图中的编号“*A*”，不论基准符号标注时的方向如何，方框内的字母都应水平填写，h 为字体高度。基准符号所接触的部位有以下几种情况。

（1）当基准要素为轮廓线或轮廓面时，基准符号的三角形应放置在该要素的轮廓线或其延长线上，并应明显地与尺寸线箭头错开，如图 9-49(b)所示。基准符号也可以放置在轮廓面引出线的水平线上，如图 9-49(c)所示。

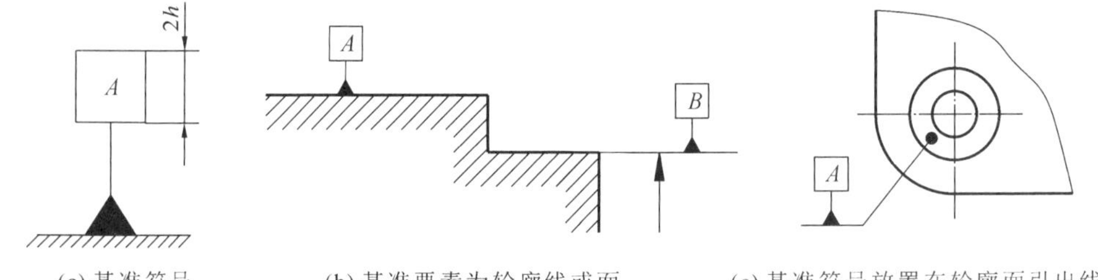

图 9-49　基准符号注法(1)

（2）当基准是尺寸要素确定的轴线、中心平面或中心点时，基准符号的三角形应放置在该尺寸线的延长线上，并与尺寸线对齐，如图 9-50 所示。如果没有足够的位置标注尺寸要素的两个箭头，则其中一个箭头可用基准符号代替，如图 9-51 所示。

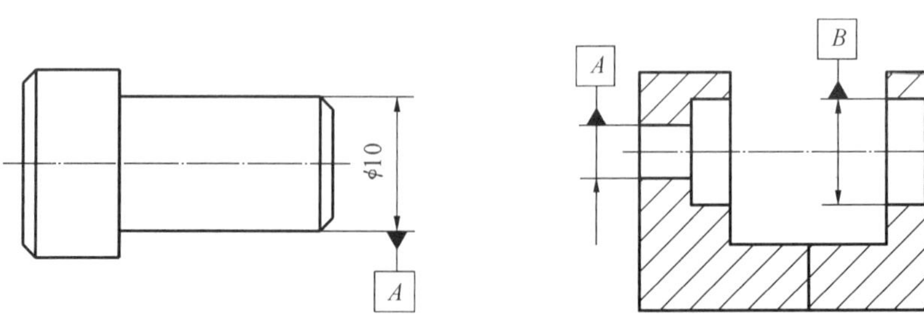

图 9-50　基准符号注法(2)　　图 9-51　基准符号注法(3)

(3) 以单个要素为基准时，用一个大写字母表示，如图 9-52(a)所示；以两个要素组成公共基准时，用中间加连字符的两个大写字母表示，如图 9-52(b)所示；以两个或三个基准建立基准体系(即采用多基准)时，表示基准的大写字母按基准的优先顺序自左至右填写在各框格内，如图 9-52(c)所示。

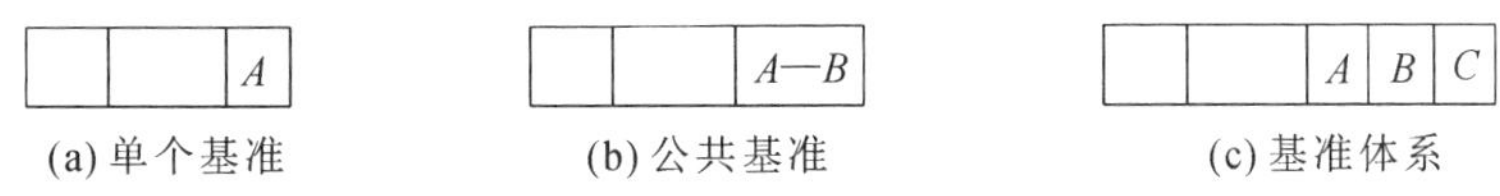

图 9-52　基准要素

(4) 基准符号中的字母与图形画法中采用的字母不应相同，字母的使用应以图形画法优先。

[例 9-2]　根据文字说明，在图 9-53 中标注形位公差的符号和代号。

(1) ϕ36g6 的圆柱度公差为 0.03 mm。

(2) ϕ36g6 的轴线对 ϕ18H7 轴线的同轴度公差为 ϕ0.05 mm。

(3) 右端面对 ϕ18H7 轴线的垂直度公差为 0.15 mm。

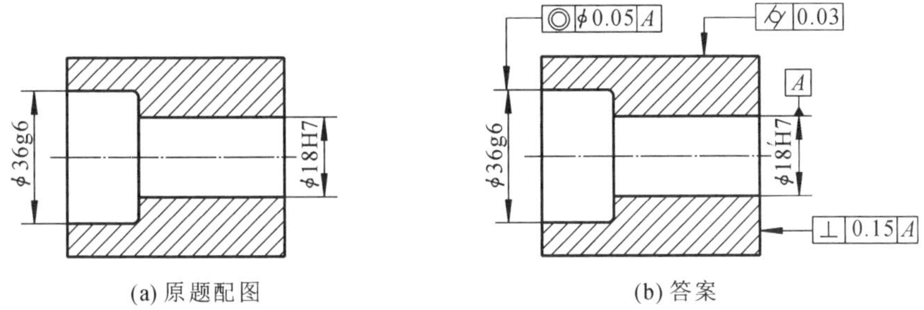

图 9-53　几何公差标注举例

9.6　看零件图

看零件图也叫读零件图，在实际生产中，看零件图就是根据零件图了解零件的名称、材料和用途，构思和想象出该零件的结构形状，分析零件的尺寸，了解零件各部分大小及相对位置，分析零件的技术要求，从而评价零件设计上的合理性，必要时提出改进意见，或指导生产，为零件加工拟订合适的工艺方案。本节介绍看零件图的一般方法和步骤。

9.6.1　看零件图的方法和步骤

1. 概括了解

首先从看标题栏入手，从中可以了解到零件的名称、用途、材料、比例等信息，由此可对该零件有一个概括了解，即零件在机器或部件中的作用及零件之间的装配关系。

2. 分析视图，想象形状

分析该零件采用了几个视图和所用的表达方法及各视图之间的投影关系，弄清表达方案，想象出零件内、外部的结构形状。

分析表达方案时可按下列顺序进行：

(1) 找出主视图；

(2) 看有多少视图、剖视图、断面图等，弄清它们的名称、相对位置和投影关系；

(3) 图中有剖视图、断面图时要找到剖切面的位置;

(4) 图中有局部视图、斜视图时要找到表达投射方向的箭头和字母;

(5) 看有无局部放大图和其他规定画法及简化画法。

分析结构形状时可按下列顺序进行:

(1) 先看看大致轮廓,再将其分为几个较大的独立部分进行结构分析,逐个看懂;

(2) 对主体结构进行分析,逐个看懂;

(3) 对局部结构进行分析,逐个看懂。

3. 分析尺寸和技术要求

分析零件的长、宽、高三个方向的尺寸基准,然后从基准出发分析各部分的定形尺寸和定位尺寸以及总体尺寸。

分析技术要求主要是了解各配合表面的尺寸公差、各表面的结构要求及其他要达到的技术指标等。

4. 归纳总结

把读懂的结构形状、尺寸标注和技术要求等内容综合起来,就能比较全面地读懂零件图。有时为了读懂比较复杂的零件图,还需参考有关的技术资料,包括零件所在的部件装配图以及与它有关的零件图。

9.6.2 读零件图举例

[例 9-3] 读图 9-54 所示的轴的零件图。

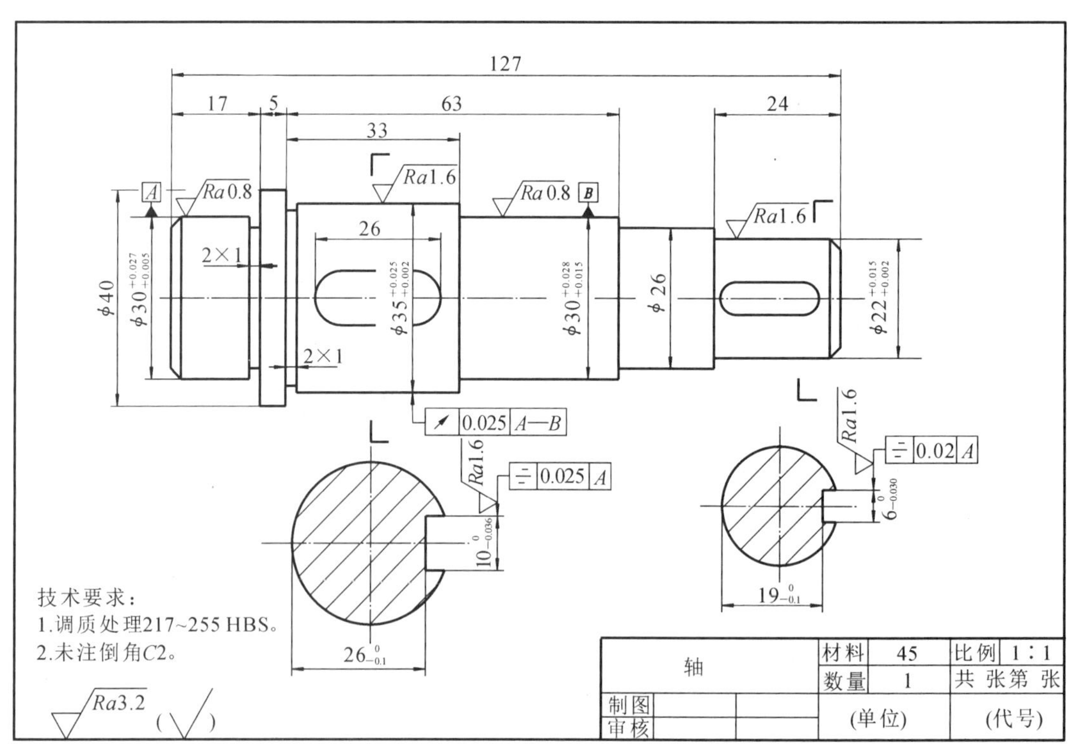

图 9-54 轴的零件图

1. 概括了解

由标题栏可以了解到:零件名称“轴”,材料为 45 钢,画图比例 1∶1,与实物大小一致。

轴类零件一般都是经切削加工而形成的。

轴是机器中重要的零件。轴的主要作用是传递运动和转矩，齿轮、带轮、链轮等传动零件一般都装在轴上，其基本形状为圆柱体，其他常见的结构有阶梯轴、键槽、退刀槽、倒角、倒圆、销孔、小平面等。轴类零件图的特点是：轴线水平放置的主视图配以断面图或局部放大图表示轴上各种结构。

由减速器轴系装配图（见图 9-55 和图 9-56）可以看出，轴由一对滚动轴承支撑在箱体孔内，右端伸出箱体部分有键槽，用于连接主动小齿轮，是轴的动力输入端，中间一段由键与被动大齿轮连接，将动力减速后输出。

2. 分析视图，想象形状

看视图：轴由一个基本视图和两个断面图表达，主视图按轴的加工位置轴线水平放置。由于轴上零件的固定及定位要求，其形状为阶梯形，用移出断面图表达键槽结构。

图 9-55　减速器轴系

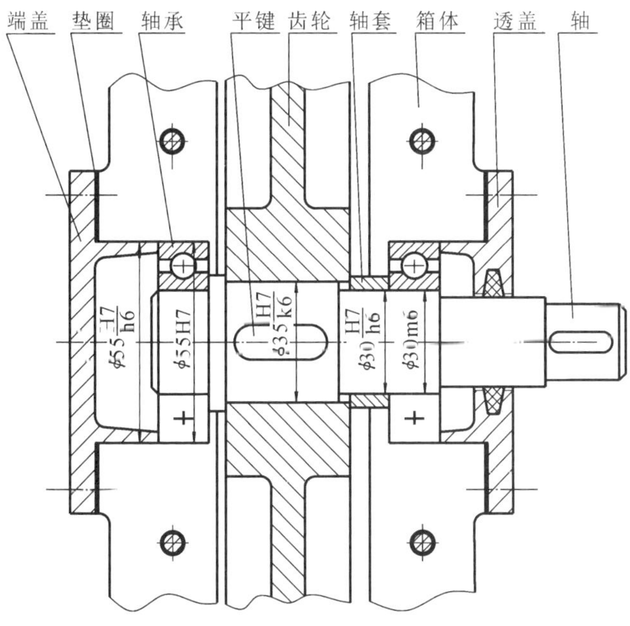

图 9-56　减速器轴系装配图

3. 分析尺寸和技术要求

轴的径向尺寸基准是轴的水平轴线，所有径向尺寸由此注出。凡是尺寸数字后面有公差的，说明该部分与其他零件有配合关系。如 $\phi30^{+0.028}_{+0.015}$ 是轴与轴承的配合，因为轴承是标准件，所以一般轴与轴承孔的配合都是基轴制的过渡配合，使得轴承内圈与轴抱紧一起旋转。轴的轴向设计基准是图中 A 所指的端面，该面与齿轮的端面接触，对齿轮起轴向定位的作用。以 A 面为主要设计基准，标注出尺寸 33、5、63、17。轴的两个端面是工艺基准。以轴的左端面作为轴向的辅助基准，再以尺寸 127 为联系，得到轴的右端面为轴向辅助基准，标注出尺寸 24。退刀槽尺寸 2×1 直接注出。

安装轴承与齿轮的部分，因为有配合要求，对表面粗糙度要求较高。轴经过调质处理，硬度达到 217～255 HBS。轴前后两端的倒角为 $C2$。

4. 归纳总结

根据以上分析得出轴的立体图如图 9-57 所示。

图 9-57　轴的立体图

[**例** 9-4]　读图 9-58 所示的座体零件图。

1. 概括了解

从标题栏可以了解到：零件名称“座体”，是箱体类零件，起支承作用；材料“HT200”，该零件毛坯是铸件，是用铸造的方法加工出来的，因此具有拔模斜度、铸造圆角、均匀壁厚等结构；绘图比例为 1∶2，比实物缩小一半画出。

2. 分析视图，想象形状

图 9-58 所示为铣刀头的座体零件图，采用了主、左两个基本视图和一个 A 向局部视图表达。主视图采用全剖视图，以表达圆筒内部结构，并反映左、右支撑板和底板的关系。左视图采用局部剖视图，主要表达了座体上左端螺孔的分布，左、右支撑板的形状，中间肋板和底板的关系，以及底板上安装孔的结构。A 向局部视图反映座体的底部结构。

从座体零件图的三个视图可以看出，零件的基本结构形状如图 9-59 所示。它的基本体由三部分构成，上部是圆柱体，下部是长方体底板，圆柱体和长方体底板之间用 H 形肋板连接。

看出基本体之后，再研究细部。圆柱体的内部由三段圆柱孔组成，两端的 $\phi80^{+0.009}_{-0.021}$ 是轴承孔，中间的 $\phi96$ 是毛坯面。柱面端面上各有 3 个 M8 的螺孔。长方体底板上有 4 个圆角，还有 4 个 $\phi12$ 的地脚孔，H 形肋板和圆柱为相交关系。

3. 分析尺寸和技术要求

座体的主要尺寸有 $\phi80^{+0.009}_{-0.021}$、115 等，加工时必须保证。长度方向用轴孔的中心线作为高度方向的主要基准，直接注出轴孔的中心线至地面的高 115，这样就确定了底板下表面的位置。以左端面作为长度方向的主要基准，右端面为辅助基准，这样就可以确定左、右轴承孔的长度尺寸 45，还可以确定左支撑侧板长度方向的位置。以该座体的前后对称平面作为

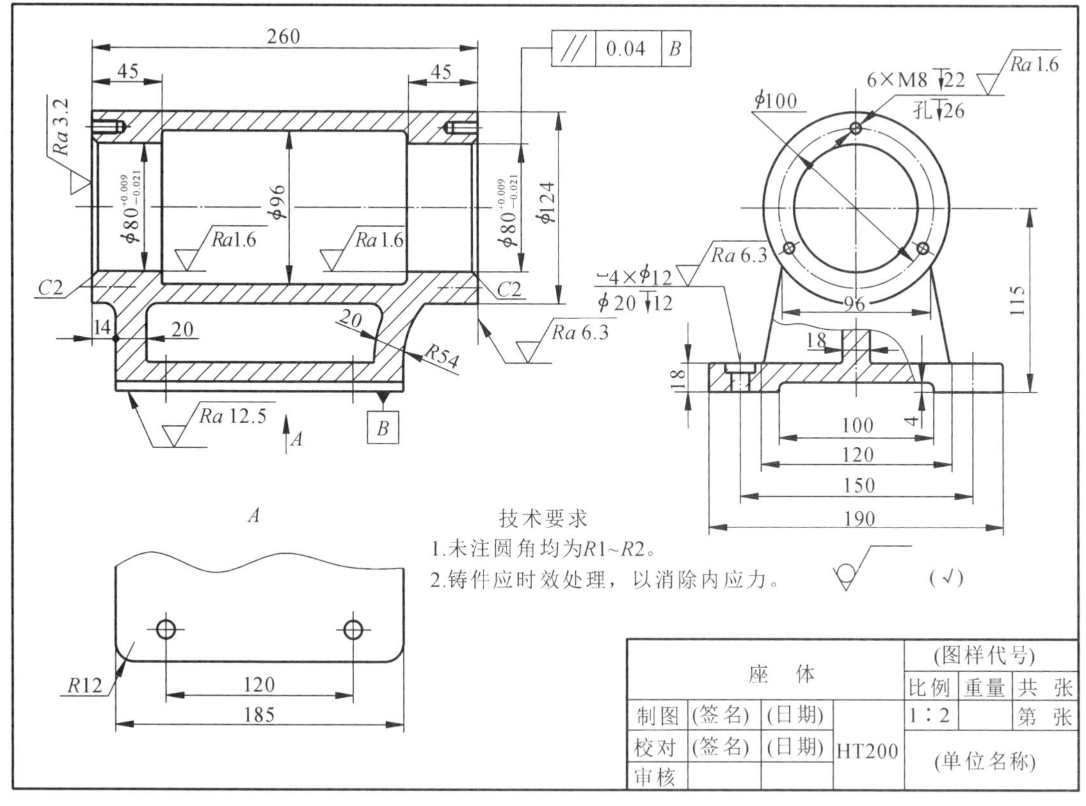

图 9-58 座体的零件图

宽度方向的尺寸基准，以尺寸 150 确定底板安装孔的中心位置。长度方向最大尺寸是 260；宽度方向的最大尺寸是 190；高度方向的最大尺寸未直接注出，需要计算，115＋124/2＝177 即为高度方向的最大尺寸。

图 9-58 中还注出了各表面粗糙度要求，如左、右端面 *Ra* 值都是 6.3 μm，精度最高的是 $\phi 80^{+0.009}_{-0.021}$ 轴承孔，表面粗糙度 *Ra* 值是 1.6 μm，且有与底面保持平行度的要求。

4. 归纳总结

把上述各项内容综合起来，就得到该座体的总体结构形状，如图 9-59 所示。

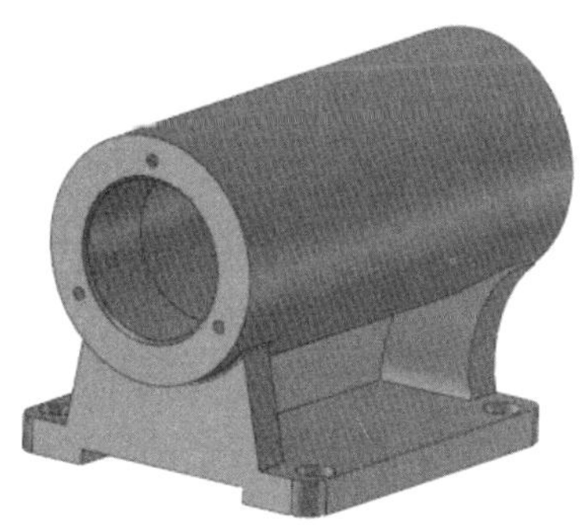

图 9-59 座体的立体图

测　试

一、选择(把正确选项的字母填到横线上)

1. 选择主视图时,一方面要确定零件的________,另一方面要确定零件主视图的________。

a. 投射方向　　b. 安放位置　　c. 数量

2. 回转体零件的主视图________。

a. 应选工作位置　　b. 应选加工位置(轴线横放)

3. 选择投射方向时,应使主视图________。

a. 最能反映零件特征　　b. 最容易绘制

4. 表达一个零件的视图的数目________。

a. 一般选三个视图,尽可能利用三个视图表达内外结构

b. 应在完整、清晰地表达零件内外结构的前提下,选最少的图形

5. 零件的结构形式________。

a. 与零件的功能和选用的材料密切相关

b. 不管是否满足功能要求,必须造型美观

二、读图

读图 9-60 所示的支架零件图并回答问题。

1. 零件名称是________,材料为________,绘图比例为________。

2. 零件图中主视图采用________的表达方法,A 向视图采用________的表达方法,Ⅰ视图采用________的表达方法。

3. 零件长、宽、高三个方向的主要尺寸基准为________,________,________。

4. 零件的总长________,总宽________,总高________。

5. 从 2×M8-6H 螺纹孔的标注可知,M 表示该螺纹为________,8 表示螺纹的________,2 表示________,其中径公差带代号为________。

6. 说明尺寸 ϕ35H9 的含义:ϕ35 为________,H9 为________,其中 H 为________,9 为________。

7. 左视图中Ⅱ处图线是________,是由________和________相交形成的。

8. 左视图中Ⅲ处所表示的平面的表面粗糙度为________,ϕ35H9 圆柱孔面的表面粗糙度为________,相比较而言,________表面粗糙度标注的平面更光滑。

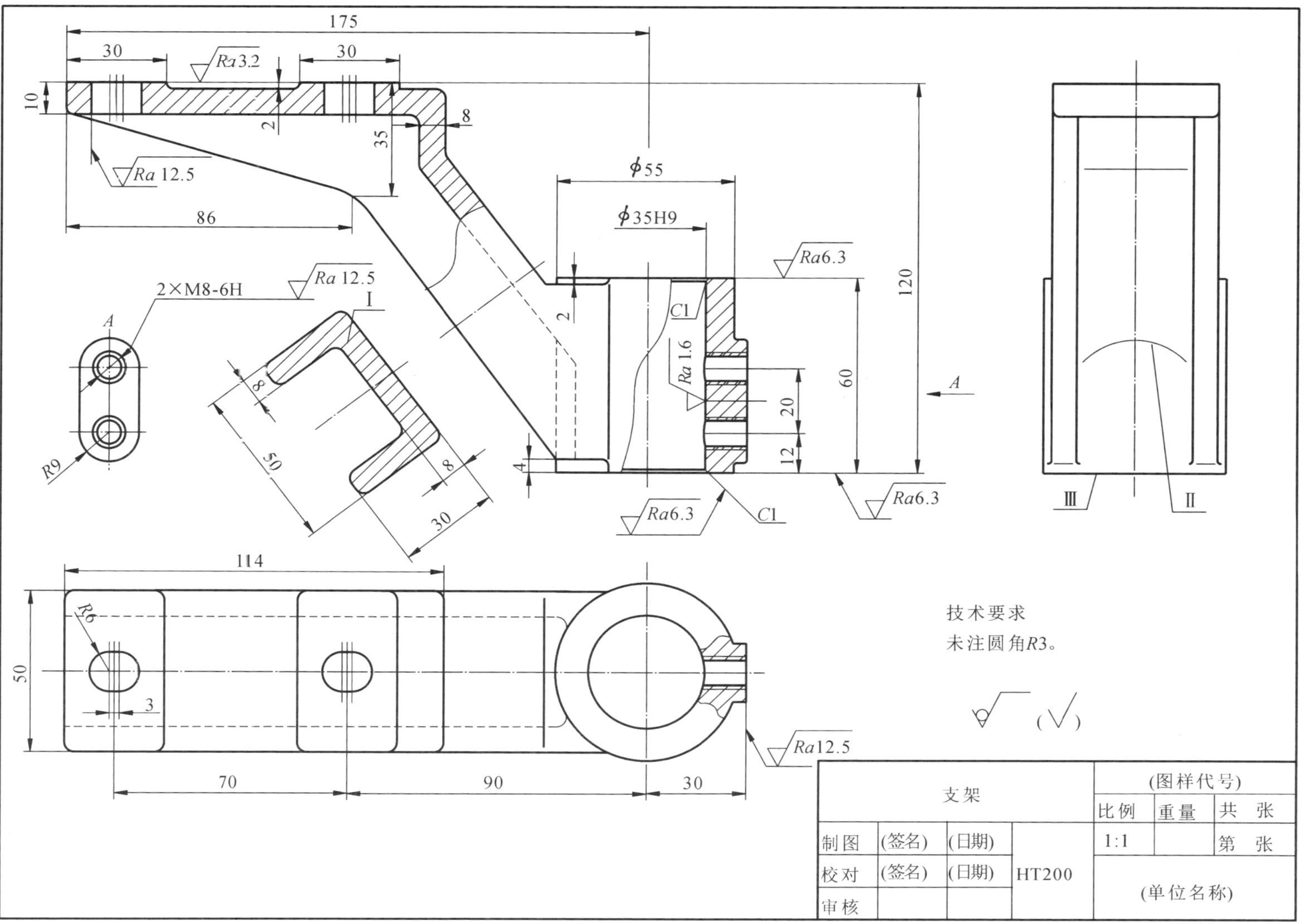
175
30
Ra3.2
30
10
2
8
35
Ra 12.5
86
ϕ55
ϕ35H9
Ra6.3
120
2×M8-6H
Ra 12.5
I
A
C1
Ra 1.6
60
A
20
12
4
R9
8
50
8
30
Ra6.3
C1
Ra6.3
Ⅲ
Ⅱ
114
R6
50
3
技术要求
未注圆角R3。
(√)
Ra12.5
70
90
30
支架
(图样代号)
比例
重量
共　张
制图
(签名)
(日期)
1:1
第　张
校对
(签名)
(日期)
HT200
(单位名称)
审核

图9-60　支架零件图

第10章　装配图

教学视频

内容框图

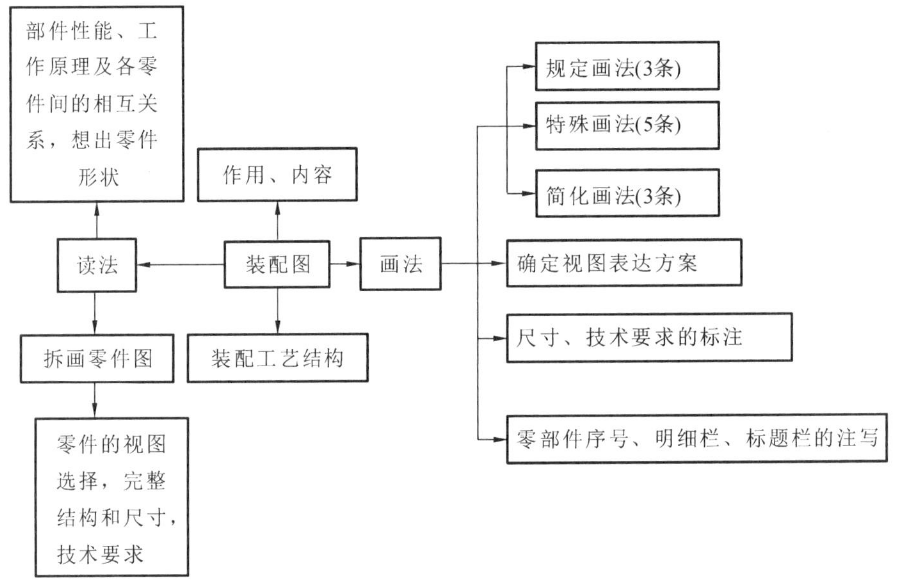

课程矩阵

一般性目标	具有综合运用所学制图知识的能力，为学习相关专业课打下基础
具体目标	掌握装配图画法、尺寸标注规定以及识读装配图和拼、拆画零件图的方法
教师教法建议	布置课前预习任务，提供课件、测试题；模型、课件辅助讲授；启发、板书、线上线下混合式教学
学生学法建议	通过课前预习，网上互动、小测，听老师讲授，小组合作，课堂展示，作业等完成学习任务
效果评价	作业完成情况 70%，学习过程 30%
建议课时	10 学时

表达机器或部件的结构、工作原理、零件间装配关系的图样称为装配图。机器可以由多个部件和零件组成。在设计机器(或部件)时，首先要根据设计意图绘制装配图，然后再由装

配图拆画出构成机器或部件的各个零件的零件图。装配图要反映机器(或部件)的工作原理、性能要求、零件间的装配关系、零件的主要结构和形状,以及在进行装配、检验、安装时所需的尺寸和技术要求。因此,装配图是设计部门提交给生产部门的重要技术文件。在进行装配时,生产者根据装配图把零件装配成部件或机器。同时,装配图又是现场进行设备安装、调试、操作和检修的重要参考资料。

本章将分别介绍装配图的内容、装配图的表达方法、装配图的尺寸标注、装配图的绘制、装配图的读图和拆画零件图几个部分。

10.1　装配图的内容

图 10-1 和图 10-2 分别是旋塞阀的装配示意图和分解图,旋塞阀是安装在管路中控制流体流量的开关装置。当旋塞阀处于开通状态时,流体从阀体和旋塞的通孔流过,将旋塞旋转 90°则通道关闭。图 10-3 是旋塞阀的装配图,现以该图为例说明装配图的内容。

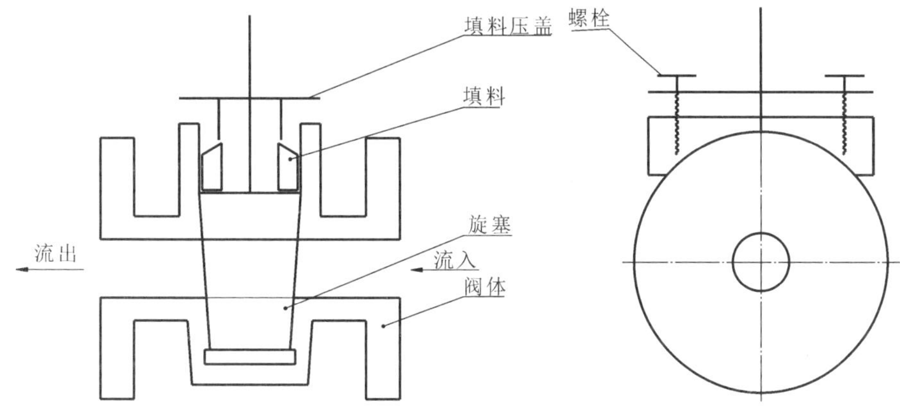

图 10-1　旋塞阀装配示意图

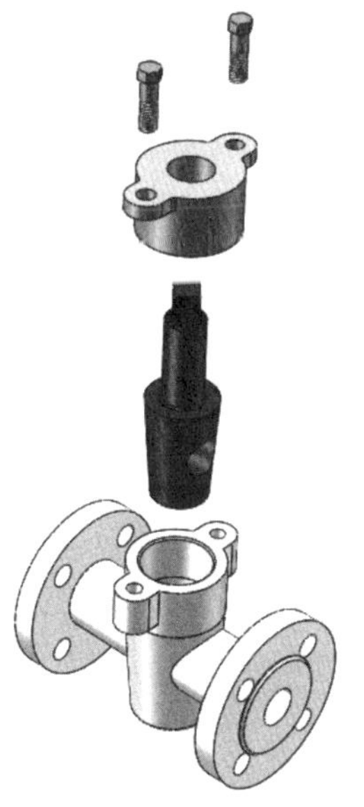

图 10-2　旋塞阀分解图

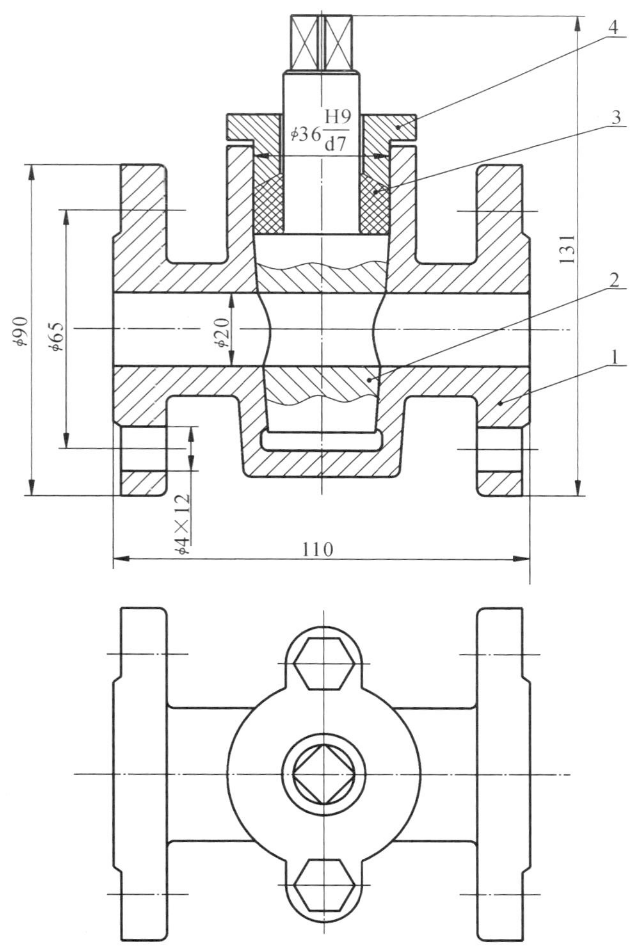

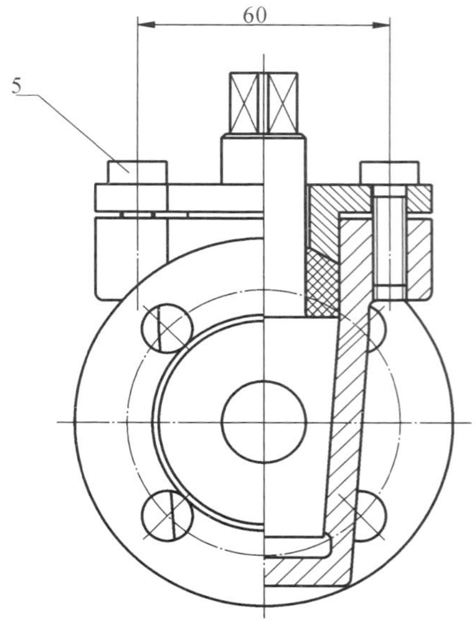

技术要求

1. 铸件不能有砂眼、气孔缺陷。
2. 密封要可靠，不能有任何泄漏现象。

5	螺栓M8×25	2	Q235	GB/T 578—2016
4	填料压盖	1	HT200	
3	填料	1	石棉绳	
2	旋塞	1	45	
1	阀体	1	HT200	
序号	零件名称	数量	材料	备注

制图	（姓名）	（日期）	旋塞阀	比例	1:1
审核	（姓名）	（日期）		（图号）	
（校名、班级）			（质量）		

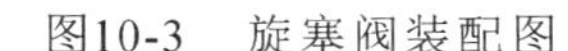

图10-3　旋塞阀装配图

根据装配图的作用，一个完整的装配图由四部分构成。

1. 一组图形

采用国标中规定的表达方法，正确、完整、清晰、简洁地表达机器（或部件）的工作原理、零件的装配关系和零件的主要结构形状。

2. 必要的尺寸

装配图中的尺寸包括机器或部件的规格（性能）尺寸、装配尺寸、安装尺寸、总体尺寸等。

3. 技术要求

在装配图中用文字或符号标注机器或部件的质量、装配、检验和使用等方面的要求。

4. 零件序号、明细栏和标题栏

在装配图中将不同的零件按一定的格式编号，并在明细栏中依次填写零件的序号、名称、数量、材料、质量、标准规格和标准编号等，用来说明机器或部件的组成情况。标题栏包括机器或部件的名称、代号、比例等。

通过上述的介绍可以看出，装配图的构成和零件图的构成虽然都是由一组图形、尺寸、技术要求和标题栏构成，但二者有很大的不同。装配图的一组图形是表达两个以上零件间的装配和连接关系以及零件的主要结构形状，而零件图是对一个零件的所有结构形状的完整表达。装配图中的尺寸用于构成机器或部件的零件的装配、机器或部件的安装等，在装配图中只需要标出与此相关的必要尺寸即可；而零件图中标出的尺寸是用于零件的加工和制造的，要求标出确定零件结构形状的所有尺寸。装配图和零件图中的技术要求也根据其用途的不同而不同，装配图比零件图多了明细栏和零件序号。

10.2　装配图的图样表达

在第 7 章机件常用的表达方法中详尽地介绍了各种表达方法，如视图、剖视图、断面图、局部放大图等。这些表达方法依然适用于装配图的表达。但装配图以表达机器或部件的工作原理和装配关系为目的，为了能把机器或部件内部和外部的结构形状和装配关系表达清楚，在装配图中还需要一些特殊的表达方法。

10.2.1　装配图的规定画法

1. 相邻零件轮廓线的画法

两相邻零件的接触表面画一条轮廓线，不接触的表面应分别画出各自的轮廓线，如图 10-4所示。

2. 装配图中剖面线的画法

相互邻接的金属零件的剖面线，其倾斜方向应相反，或方向一致而间隔不等，以示区分。在同一张装配图中，同一零件在各视图中的剖面线方向、间距应相等，参见图 10-4。

3. 紧固件和实心零件的画法

对于紧固件以及轴、连杆、球、键、销等实心零件，若按纵向剖切，且剖切平面通过其对称面或轴线时，则这些零件按不剖绘制。如需要特别表达这些零件上的有些结构（如通孔、盲孔、凹槽、键槽、销孔）或装配关系时，可用局部剖视表示。当剖切平面垂直这些零件的轴线剖切时，需画出剖面线。

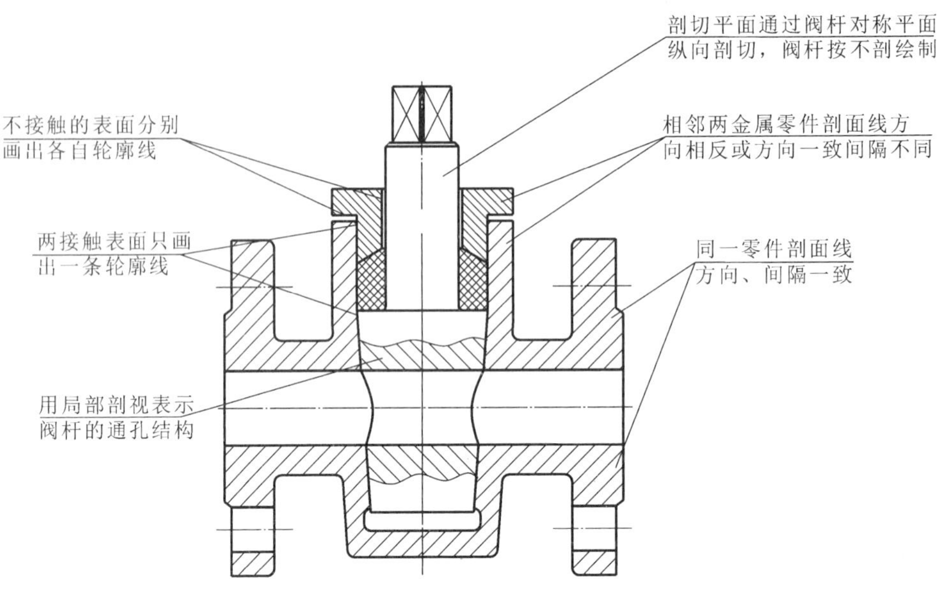

图 10-4　规定画法应用举例(旋塞阀)

10.2.2　装配图的特殊画法

1. 假想画法

在装配图中,如果需要表达运动零件的运动范围或极限位置,可在一个极限位置上画出该零件,然后在另一个极限位置上用细双点画线画出其轮廓。如图 10-5 所示,其俯视图中用细双点画线画出了扳手扳动的极限位置。此外,如果需要表达出与本部件有装配关系但又不属于本部件的其他相邻零件或部件,可采用假想画法将其他相邻零、部件用细双点画线画出,不画剖面线,如图 10-6 所示。

2. 拆卸画法

当某些零件在装配图中遮挡了需要表达的装配关系或结构时,可假想拆去这些零件,只画出拆卸后剩余部分的视图,并在视图上方加注"拆去××",这种画法被称为拆卸画法。图 10-5中的左视图是拆去扳手后绘制的。

3. 沿结合面剖切画法

在装配图中,为了清楚表达被遮住部分的结构和装配关系,可假想沿某些零件的结合面剖切,画出其剖视图,此时在结合面上不画出剖面线,如图 10-6 中 *A*—*A* 剖视就是沿两零件的结合面剖切的。

4. 单独表达一个零件的画法

当某个零件的形状未表达清楚而又对理解装配关系有影响时,可另外单独画出该零件的某一视图。但必须在所画视图的上方注出该零件的视图名称以及零件序号或零件名称,在装配图上相应零件的附近用箭头指明投射方向,并注上与视图名称相同的字母。如图 10-5 中零件 1 的 *B* 向、零件 11 的 *A* 向和图 10-6 所示泵盖 *B* 向均为单独表达一个零件的画法。

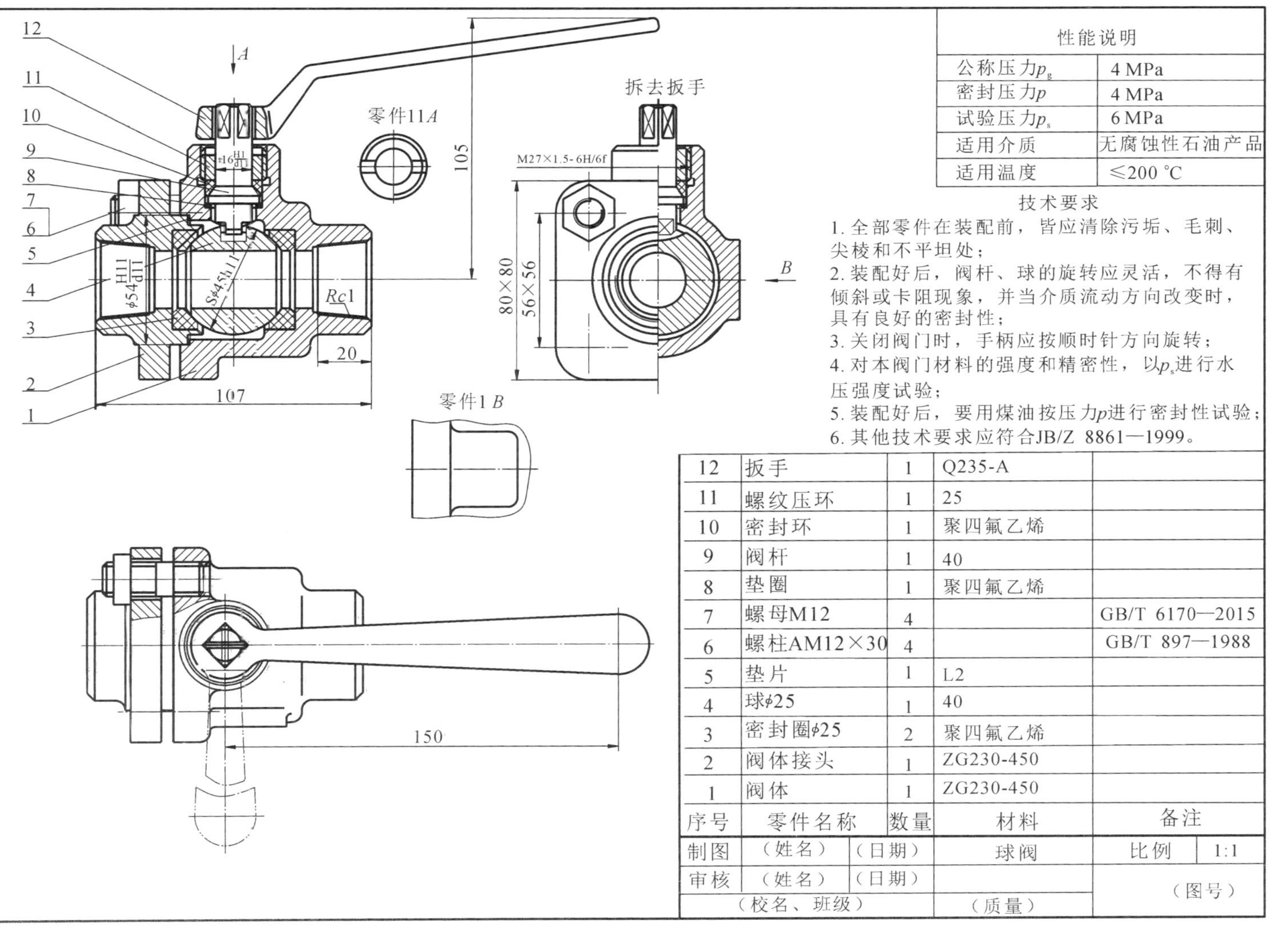

图10-5　特殊画法应用举例(球阀)

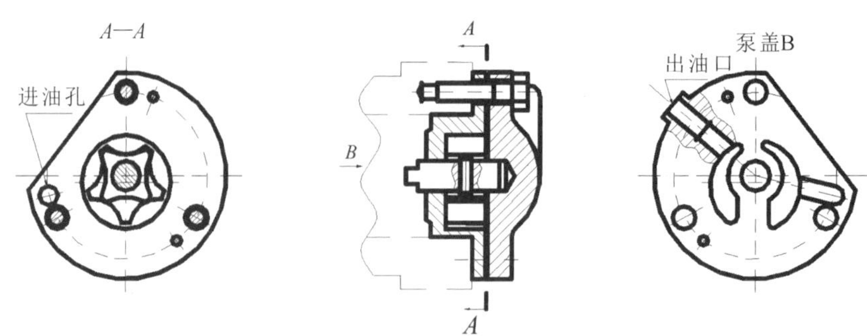

图 10-6　特殊画法应用举例(转子泵)

5. 夸大画法

画装配图时如果遇到薄片零件、细丝零件、微小间隙等,若按它们的实际尺寸很难画出或不能明显表达,均可以按比例夸大画出。如图 10-7 中螺钉与光孔间的间隙采用了夸大画法。

10.2.3　装配图的简化画法

1. 零件工艺结构省略不画

在装配图中,零件的工艺结构(如倒角、退刀槽等)可省略不画,如图 10-7 所示。

2. 装配图中某些标准件和常用件允许采用简化画法

(1) 在装配图中,螺母和螺栓头允许采用简化画法,简化为六棱柱,如图 10-7 所示。

(2) 在装配图中若干相同的零件组(如螺栓连接等),可仅画出一组,其余只需用细点画线表示其装配位置,如图 10-7 所示。

(3) 在剖视图中表示滚动轴承时一般一半采用规定画法,另一半采用通用画法,如图 10-7所示。

(4) 零件被弹簧挡住的部件,其轮廓线不画,可见部分应从弹簧丝剖切面的中心线往外画。

3. 剖面符号的简化画法

宽度小于或等于 2 mm 的狭小断面,可用涂黑代替剖面符号,如图 10-7 所示。

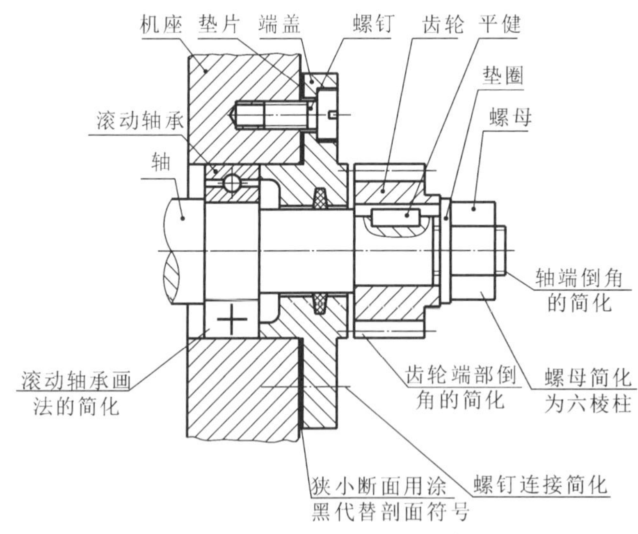

图 10-7　简化画法应用举例

10.3　装配图的尺寸标注和技术要求

10.3.1　尺寸标注

由于装配图和零件图的作用不同，对尺寸标注的要求也不同。在装配图中应标注下列五种尺寸。

1. 规格(性能)尺寸

这类尺寸用来说明机器(或部件)的规格或性能，它是设计和用户选用产品的主要根据。图 10-3 中 $\phi20$，它表明了旋塞阀与所连通的管道的通径规格，是选用时的重要依据，因此这个尺寸属于规格尺寸。

2. 装配尺寸

这类尺寸用来表明零件间装配关系和重要的相对位置，用来保证机器或部件的工作精度和性能。主要包括：

(1) 配合尺寸　表示零件间有配合要求的尺寸，如图 10-3 中尺寸 $\phi36H9/d9$；

(2) 零件间的连接尺寸　连接用的螺钉、螺栓和销等的定位尺寸，如图 10-3 中两个螺栓间的距离 60；

(3) 重要的相对位置尺寸。

3. 外形尺寸

外形尺寸就是机器(或部件)的总长、总宽和总高尺寸。外形尺寸表明了机器(或部件)所占的空间大小，供包装、运输和安装时参考，如图 10-3 中总长尺寸 110，总宽尺寸 $\phi90$，总高尺寸 131。

4. 安装尺寸

安装尺寸是将机器安装在地基上或部件装配在机器上所使用的尺寸，如图 10-3 中 $\phi65$ 和 $4\times\phi12$。

5. 其他重要尺寸

除了上述四类尺寸之外，在装配图上有时还需要标注出一些其他重要尺寸，比如设计时为保证强度、刚度的重要结构尺寸，为了装配时保证相关零件的相对位置协调而标注的轴向尺寸等。

需要说明的是，上述介绍的五类尺寸并不是相互孤立的，装配图上的某些尺寸有时兼有几种意义，同样，不是每一张装配图都具有上述各种尺寸。在学习装配图的尺寸标注时，要根据装配图的作用，真正领会标注上述几种尺寸的意义，从而做到合理地标注尺寸。

10.3.2　技术要求

在装配图中，有些信息无法用图形表达清楚，需要用文字在图纸的空白处说明。装配图中的技术要求一般有以下内容：

(1) 装配体的性能、安装和维护等方面的要求；

(2) 装配体在制造、检验和使用方面的要求；

(3) 装配时在加工、密封和润滑等方面的要求。

10.4　装配图的零件序号及明细栏、标题栏

为了便于图纸管理、生产准备、机器装配和装配图阅读，需要在装配图上对每个零件或部件编写序号，并在标题栏上方填写与序号相对应的零件信息。

10.4.1　零件序号编排要求

《机械制图》国家标准中的相关规定如下。

(1) 装配图中所有零、部件必须编写序号，相同的零、部件用一个序号，只标注一次。

(2) 序号排列应按顺时针或逆时针方向在水平或垂直方向顺次排列整齐，且分布均匀，如图 10-5 所示。

(3) 指引线自所指零件的轮廓线内引出，并在末端画一小圆点，如图 10-8 所示。若所指零件很薄不宜画圆点时，可在指引线末端画出箭头，并指向该部分的轮廓，如图 10-9 所示。

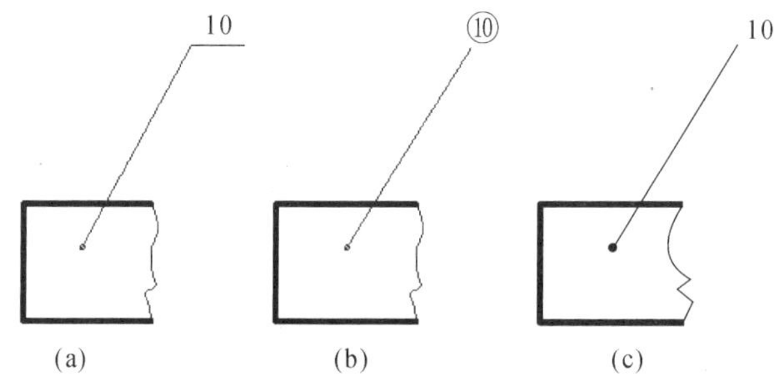

图 10-8　指引线引出及序号注写形式(1)

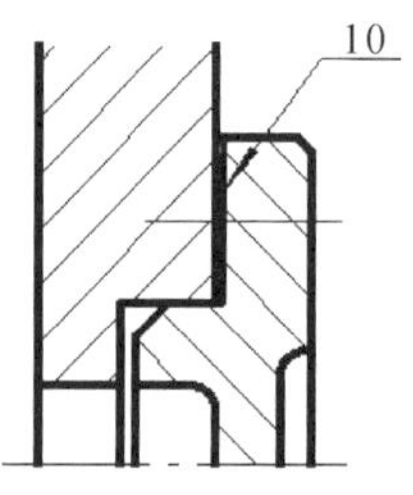

图 10-9　指引线引出及序号注写形式(2)

(4) 指引线尽可能分布均匀，不能相交。通过剖面线区域时，不能与剖面线平行。必要时指引线可以画成折线，但只可曲折一次。

(5) 一组紧固件或装配关系清楚的零件组，可以采用公共指引线，如图 10 10 所示。

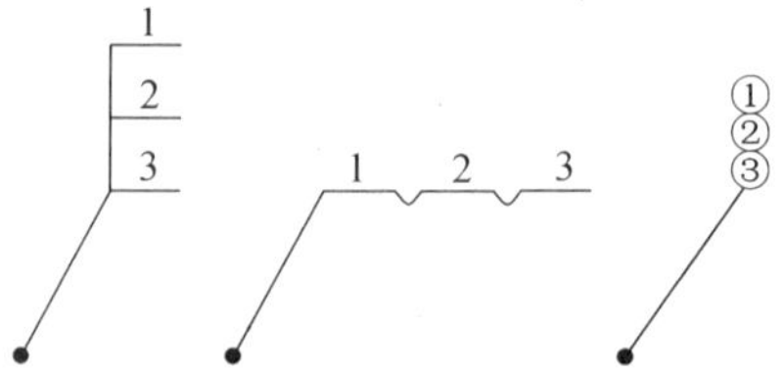

图 10-10　常用的公共指引线形式

(6) 序号注写有三种形式：

① 在指引线的末端画一水平横线(细实线)，在横线上注写序号，序号文字比该图尺寸数字大一号或两号，如图 10-8(a)所示。

② 在指引线的末端画一圆(细实线)，在圆内注写序号，序号文字比该图尺寸数字大一号或两号，如图 10-8(b)所示。

(3) 在指引线的末端附近注写序号，序号文字比该图尺寸数字大一号或两号，如图 10-8(c)所示。

为了保证装配图布置整齐、美观，在标注零件序号时，应先按一定位置画好横线或圆，然后再与零件一一对应，画出指引线。

10.4.2　标题栏和明细栏

装配图的标题栏与零件图的标题栏类似。明细栏是机器或部件中全部零件、部件的详细目录，一般由序号、代号、名称、数量、材料以及备注等组成，也可按实际需要增减项目。

标题栏和明细栏的格式在国家标准 GB/T 10609.1—2008(《技术制图　标题栏》)、GB/T 10609.2—2009(《技术制图　明细栏》)中已有规定。教学中可采用简化的明细栏，其格式如图 10-11 所示。

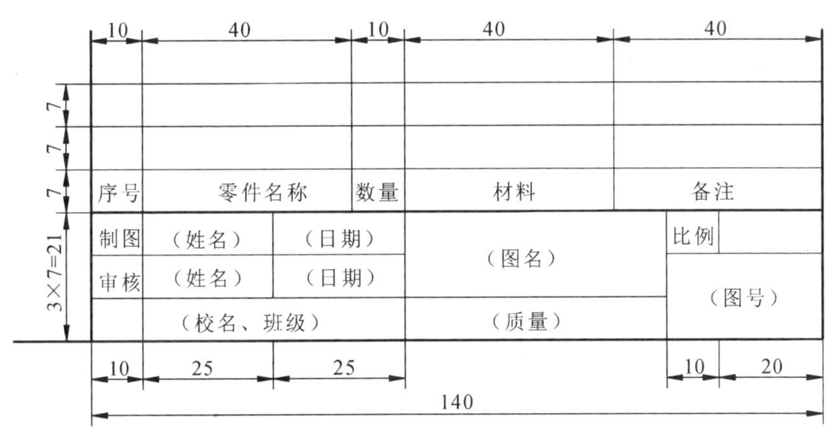

图 10-11　教学中使用的标题栏和明细栏

绘制标题栏和明细栏时，应注意以下几点(应用实例详见图 10-3)。

(1) 明细栏一般配置在装配图中标题栏的上方，按自下而上的顺序填写。明细栏中的序号必须与图中所注的序号一致。当由下而上延伸位置不够时，可紧靠在标题栏的左边再由下向上延续，注意必须要有表头(见图 10-29)。

(2) 明细栏和标题栏的分界线是粗实线，明细栏的外框竖线是粗实线，明细栏的横线和内部竖线均为细实线，明细栏最上一条横线为细实线，以便于修改。

(3) 在明细栏备注项中，可填写有关的工艺说明如发蓝、渗碳等；对齿轮一类零件，可注明模数、齿数等必要的参数；对于标准件可注明标准件的国家标准代号。

(4) 当装配图中不能在标题栏的上方配置明细栏时，可将明细栏作为装配图的续页按 A4 幅面单独给出。其顺序应是由上而下延伸，还可连续加页，但应在明细栏下方配置与装配图完全一致的标题栏。

10.5　装配图的画法

无论是设计新机器或对现有设备进行测绘，在了解了装配体的工作原理、用途并充分认识装配体结构特点和零件之间的装配关系后，就可以开始着手绘制装配图了。绘制装配图首先要选择适合所表达装配体的表达方案。

10.5.1　确定装配图表达方案

确定表达方案包括选择主视图、确定其他视图及表达方法。

1. 主视图的选择

主视图一般选择部件的工作位置，并能够较多地表达其工作原理、装配关系及主要零件的结构形状特征。一般在机器或部件中，将装配关系密切的一组零件称为装配干线。机器或部件是由一些主要和次要的装配干线组成的。为了清楚表达这些装配关系，常通过装配干线的轴线将部件剖开，画出剖视图作为装配图的主视图。

2. 其他视图的选择

在确定主视图后，针对装配体在主视图中尚未表达清楚的内容，再选取能反映其他装配关系、外形及局部结构的其他视图。装配图中将零件形状的表达放在次要地位。一般情况下，每个零件应至少在某个视图中出现一次，以便于了解其所在的位置和进行编号。对某些影响机器工作性能的重要零件，必要时应将其形状表达清楚。

要使所选视图重点突出、配合得当，需选出几个方案来比较，再从中确定最佳方案。为了便于看图，视图间的位置尽可能符合投影关系，使整个装配图的布局匀称美观。

10.5.2　装配体常见的装置和结构

在设计和绘制装配图时，还应掌握装配结构的合理性和了解装配体常用装置的结构，以保证绘制的装配图符合加工和装配的实际。

1. 装配结构的合理性

(1) 两零件在同一方向上只能有一对接触面。这样既可保证两面接触良好，又可降低加工要求，从而避免装配时发生互相干涉，如图 10-12 所示。

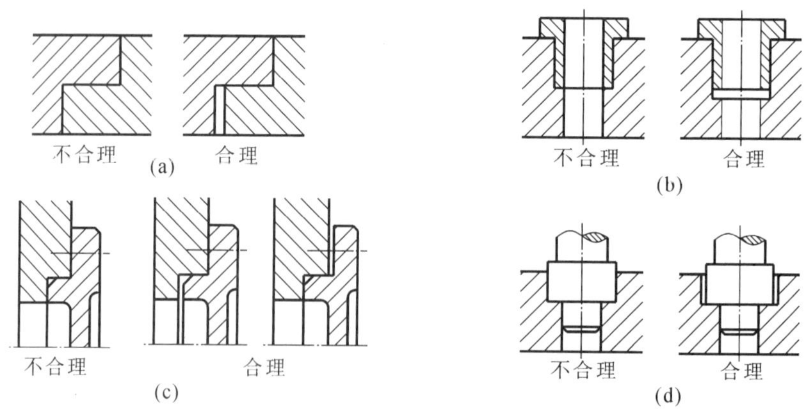

图 10-12　零件接触面的画法

(2) 轴与孔端面接触时，在拐角处孔边要有倒角或轴根切槽，以保证两端面能紧密接触，如图 10-13 所示。

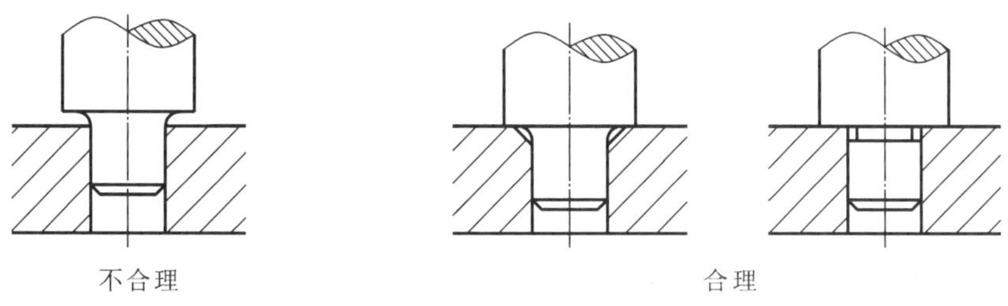

图 10-13　轴与孔端面接触时的画法

(3) 为了便于拆装，必须留出装拆螺栓的空间、扳手的空间或加工孔、工具孔，如图 10-14所示。

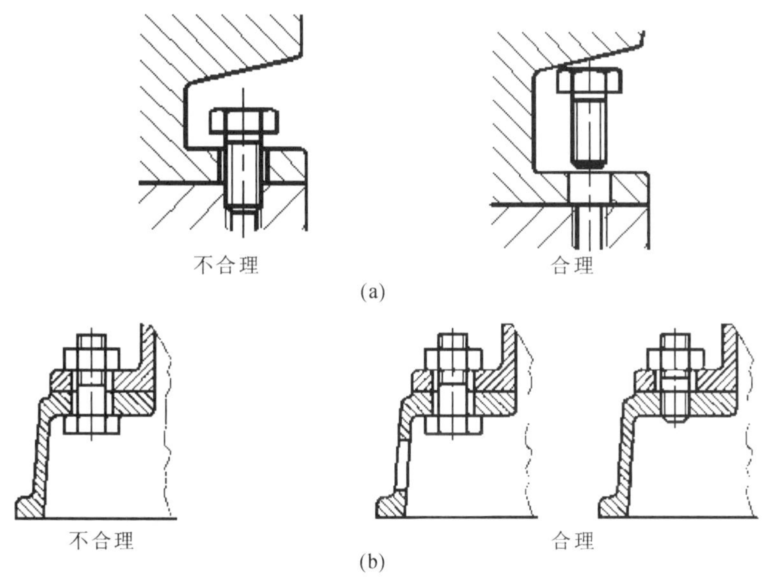

图 10-14　预留合理拆装空间

(4) 滚动轴承安装在箱体孔及轴上时，为便于拆装和维修，滚动轴承的内外圈应能方便地从轴肩和孔内拆出。图 10-15(a)(b)分别展示了在箱体孔中安装圆锥滚柱轴承和在轴上安装深沟球轴承时合理与不合理的画法。

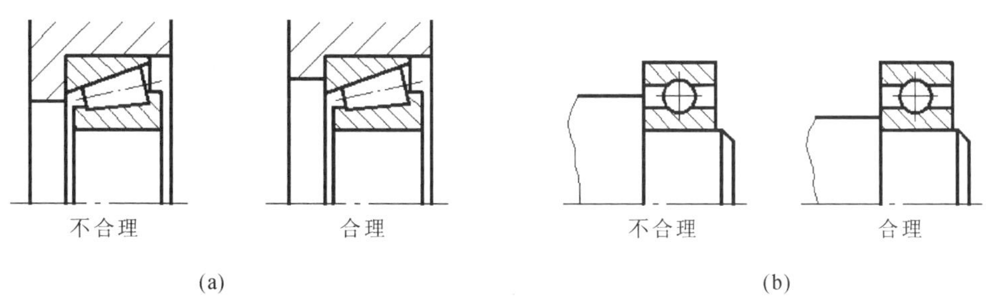

图 10-15　轴承安装的画法

2. 装配体中的常见装置

1）螺纹连接的防松装置

为了防止机器在工作中由于振动使螺纹紧固件松动，通常会采用如下结构来防松。

(1) 双螺母锁紧。利用两螺母旋紧后，螺母间产生的轴向力使螺母牙与螺栓牙间的摩擦力增大，从而防止螺母自动松动，如图 10-16(a)所示。

(2) 使用弹簧垫圈防松。利用弹簧垫圈压紧后产生的弹力来防止螺母的松动，如图 10-16 (b)所示。

(3) 使用开口销防松。螺母拧紧后，把开口销插入螺母槽与螺栓尾部孔内，并将开口销尾部扳开，防止螺母与螺栓的相对转动，如图 10-16 (c)所示。

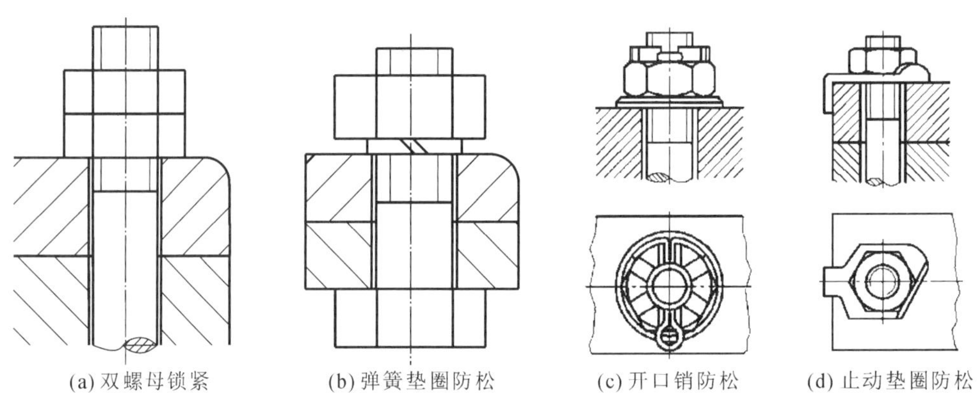
(a) 双螺母锁紧　(b) 弹簧垫圈防松　(c) 开口销防松　(d) 止动垫圈防松

图 10-16　常见螺纹连接的防松装置

(4) 用止动垫圈防松。这种装置常用来固定安装在轴端部的零件。止动垫圈必须和圆螺母配合使用，与之配合的外螺纹上开有槽，止动垫圈上有一个向内和若干个向外伸出的卡片，旋紧后分别嵌入到轴上的槽和圆螺母的槽内，从而达到防松的目的，如图 10-16(d)所示。

2）密封装置

在一些部件或机器中，常需要密封装置，以防止液体外流或灰尘、水汽和其他不洁物进入机器内部。如图 10-17 所示的密封装置是用在泵和阀上的常见结构。它依靠螺母、压盖将填料压紧。在画装配图时压盖与阀体端面之间应有一定的间隙，表示填料已经填满，以起到密封防漏的作用。

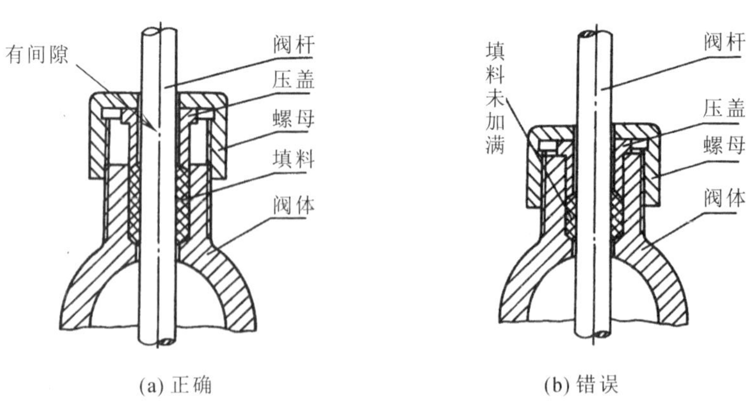

(a) 正确　(b) 错误

图 10-17　密封装置画法举例

10.5.3 画装配图的步骤和方法

（1）确定比例和图幅。

按照选定的表达方案，根据机器或部件的大小和复杂程度确定绘图比例。确定图幅时，不仅要考虑所画图形占据的面积，而且要预留出标注尺寸以及填写技术要求和标题栏、明细栏的位置，根据国家标准选取标准图幅。

（2）布置图面。

先画出图框，再根据选定的视图表达方案，布置好各视图的具体位置，画出各视图的中心线和基准线，并将明细栏和标题栏的位置确定好。

（3）画主要零件轮廓。

绘制装配图时，一般从主视图开始，再将其他视图结合起来绘制。装配图一般是按照从内向外画的顺序，从主要装配干线中起定位作用的主要零件画起，按照装配顺序逐步向外绘制。主要零件需根据具体的机器或部件进行分析确定。画图时要考虑零件之间的遮盖问题，一般先画可见零件，后画其他零件的未遮盖部分。画图过程中要随时检查零件间的装配关系是否正确，比较哪些面应该接触、哪些面之间应留有间隙、哪些面为配合面等。此外还要检查零件间有无干扰和相互碰撞，并及时纠正。

（4）检查底稿，画剖面线，标注尺寸。

（5）编写零件序号，填写明细栏和标题栏、技术要求。

（6）检查并清理图面，描深图线，完成全图。

10.5.4 装配图绘制举例

前面介绍了装配图绘制的一般步骤和方法，现以绘制单级齿轮减速器装配图为例，进一步介绍根据零件图绘制装配图的方法与步骤。

1. 分析了解绘制对象的用途、性能、工作原理和结构特点

减速器是改变传动速度的一种部件，如图 10-18 所示。汽车的变速箱、各种机床上使用的减速器等都是这类部件，它以齿轮作为动力传递机构，通过齿轮将电动机的每分钟回转数减到所需要的工作转速。要保证齿轮的啮合传动达到精度要求，需要有支承轴来放置齿轮。为了保证齿轮的灵活运转，在轴端要设置轴承；为了实现齿轮的轴向定位，就需在轴上设置轴肩或增加轴套来顶住轴承内圈，设置端盖和调整环来压住轴承外圈；为了保证齿轮的径向定位，齿轮与轴之间通过键来连接；为保证齿轮和轴承的润滑和密封，需要有润滑和密封装置。支承轴、齿轮及保证齿轮支承、定位、润滑、密封的零件组成一个轴系。支承轴系的部分是箱体和箱盖。箱体和箱盖不仅要承担容纳和支承轴系的任务，还要承担密封和储存润滑油等任务。为了了解箱内润滑情况，需要设置观察油面的装置；为了定期方便地清理和更换润滑油，需设置注油和清油装置；为了保持箱内外气压平衡需设置通气装置。

综上所述，根据图 10-19 所示的单级减速器装配示意图可知，该减速器由两个轴系构成，每个轴上装配有若干零件。左边小齿轮轴为输入端，右边大齿轮轴为输出端。左边高速轴端部有一键槽，可与一带轮连接，并通过带轮传动与电动机连接，经过减速器内的一对齿轮传动后，右边低速轴的键槽则用来与工作机的输入端连接。

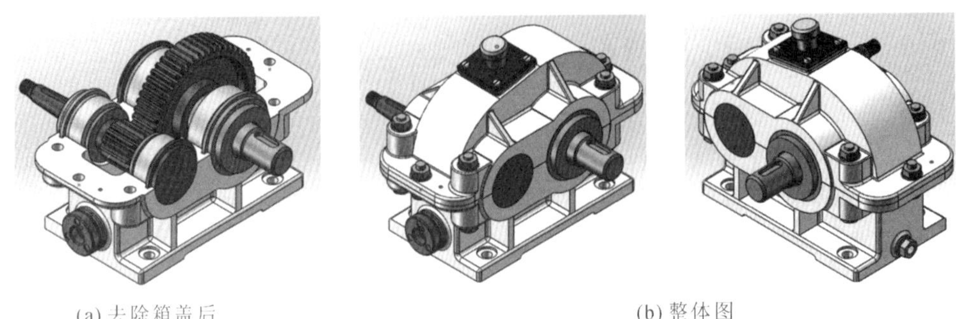

(a) 去除箱盖后　　(b) 整体图

图 10-18　单级减速器立体图

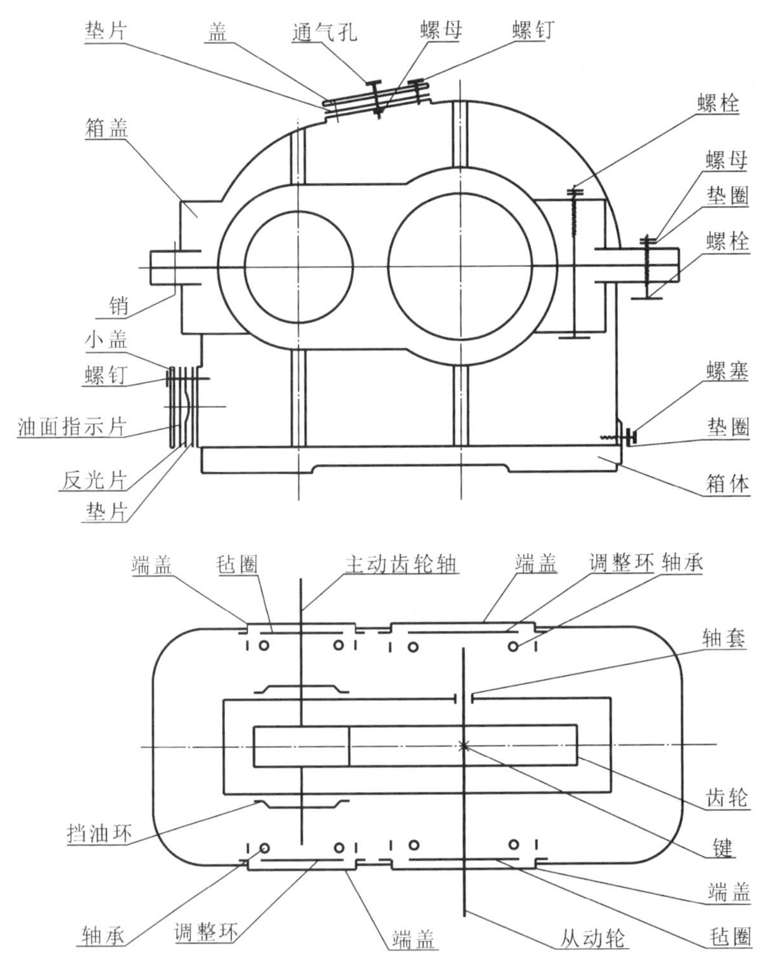

图 10-19　单级减速器装配示意图

2. 确定表达方案

在对减速器的工作原理、装配示意图分析的基础上，可以确定减速器装配图的具体表达方案。

1）装配图的主视图

减速器按工作位置，并按左低右高的方式放置，主视图用于表达整个减速器的外部形状，在其中采用了几个局部视图分别用于表达箱盖和箱体间的螺栓连接和销连接、箱盖上部的通气装置、箱体左下部的油面观察装置、箱体右下部的清油装置。

2）装配图的俯视图

俯视图采用沿箱盖和箱体结合面剖切的画法，用于表达减速器的工作原理及两个轴系上各个零件的装配情况。

3）装配图的左视图

左视图采用拆卸画法，用来补充表达主、俯视图上没有表达的箱盖和箱体的外部形状、箱座左下部的油面观察装置形状、输入轴和输出轴与整体的相对位置等。

4）其他视图

在装配图中采用单独画出一个零件的方法分别用于清楚表达某些零件的结构和形状，

3. 绘制装配图

按照前面所介绍的装配图绘制步骤，绘制减速器装配图如下。

1）确定比例和图幅

根据装配示意图和零件图计算出装配体的总长、总宽和总高，再按照确定的表达方案选定的视图数量来最终选择图幅和绘图比例。

2）布置图面

先画出图框，再根据选定的视图表达方案，布置好各视图的具体位置，画出各视图的中心线和基准线，并将明细栏和标题栏的位置确定好，如图 10-20 所示。

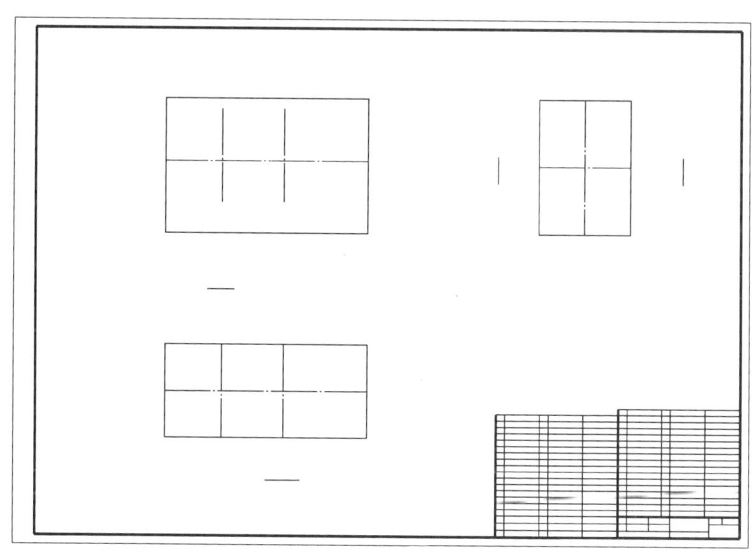

图 10-20　单级减速器装配图绘制——布置图面

3）画主要零件轮廓

画装配图一般应从主要装配线画起，故减速器的装配图从俯视图画起。先画出两个轴系装配的俯视图，然后将三个视图相结合来绘制箱体和箱盖，最后绘制其他部分。

（1）绘制主动齿轮轴轴系装配俯视图。

先将小齿轮轴上齿轮的中心线与俯视图中水平中心线对齐，按小齿轮轴的零件图绘制小齿轮轴。按装配关系依次分别绘制轴系上部的挡油环、轴承、端盖、毡圈，然后再依次画出轴系下部的挡油环、轴承、调整环、端盖，如图 10-21 所示。

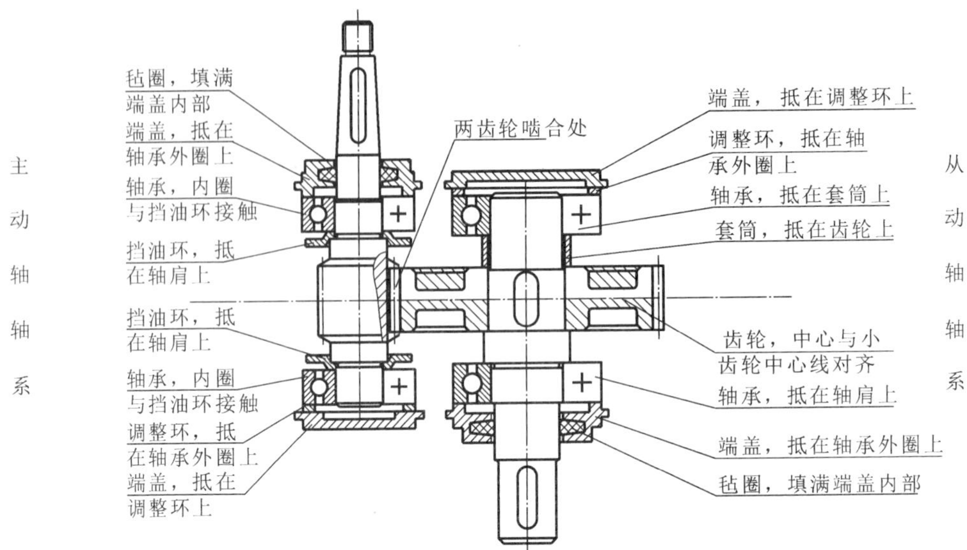

图 10-21　单级减速器装配图绘制——主动轴和从动轴轴系画法

(2) 绘制从动齿轮轴轴系装配俯视图。

先将从动齿轮轴上齿轮的中心线与俯视图中水平中心线对齐，按齿轮零件图绘制齿轮。接下来按装配关系依次分别绘制从动轴(齿轮抵在从动轴轴肩上)和轴系上部的套筒、轴承、调整环、端盖，然后再依次画出轴系下部的轴承、端盖、毡圈，如图 10-21 所示。在绘图过程中，注意主动轴齿轮与从动轴齿轮轮齿的啮合画法。

(3) 绘制箱体三视图。

将箱体水平中心线与上面所画两齿轮中心线对齐，按箱体零件图绘制箱体三视图，注意箱体的轮廓线被两个轴系挡住的部分不用画出，如图 10-22 所示。

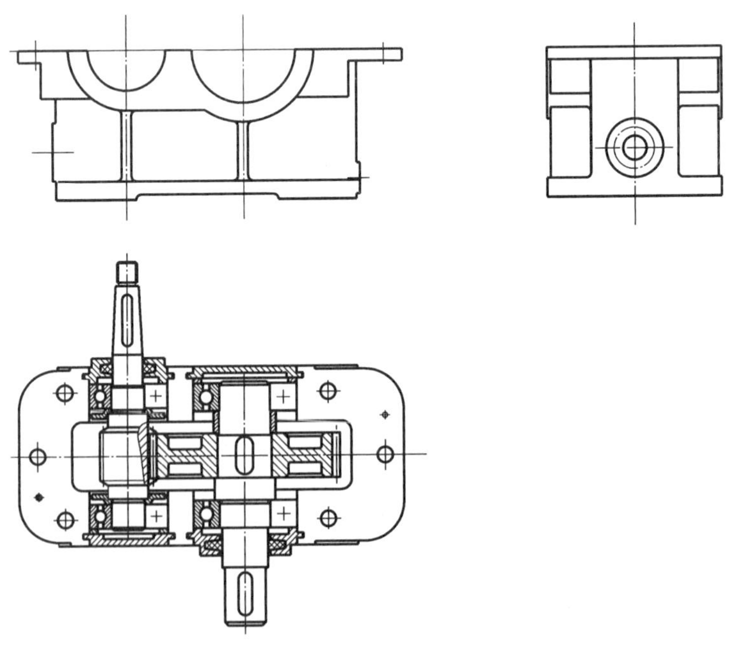

图 10-22　单级减速器装配图绘制——绘制箱体

(4) 绘制箱盖主、左视图。

按箱座与箱盖的装配关系，绘制箱盖主、左视图。在主视图中补充两齿轮啮合时分度圆的投影，在左视图中补充主动轴和从动轴的投影，如图 10-23 所示。

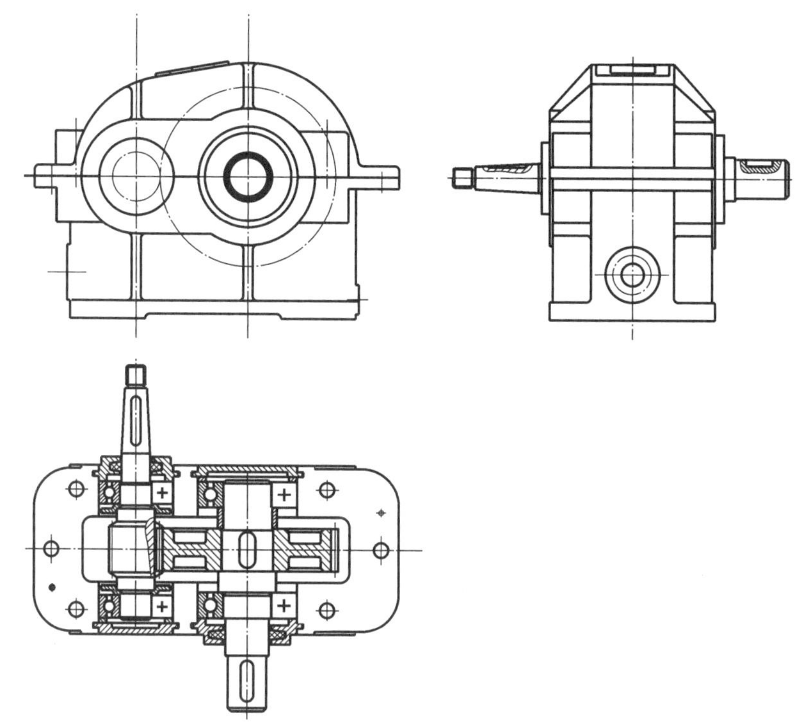

图 10-23　单级减速器装配图绘制——绘制箱盖

(5) 绘制箱盖与箱体的连接部分。

箱体与箱盖是通过螺栓和销来连接的。由于结构需要，螺栓连接有两组为较短螺栓连接，有四组为较长螺栓连接，销连接有两处。在主视图上分别用局部剖视画出这两种螺栓连接（螺栓、弹簧垫圈、螺母）和销连接。俯视图由于采用沿箱体与箱盖结合面剖切，因此只画出剖切螺栓杆和销的剖视图。左视图画出螺栓连接和销连接的外形图，如图 10-24 所示。

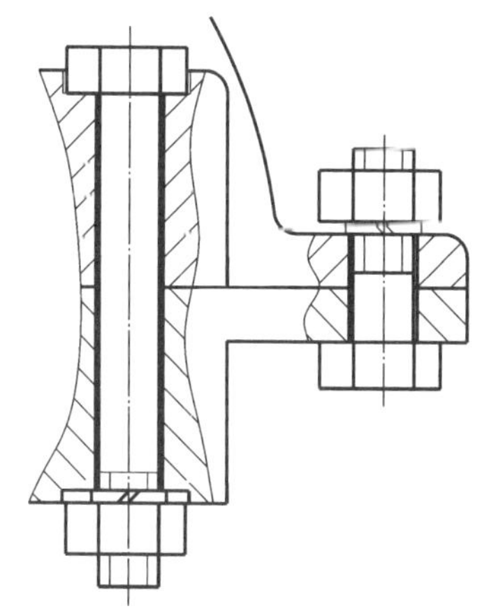

(a) 主视图中螺栓连接画法

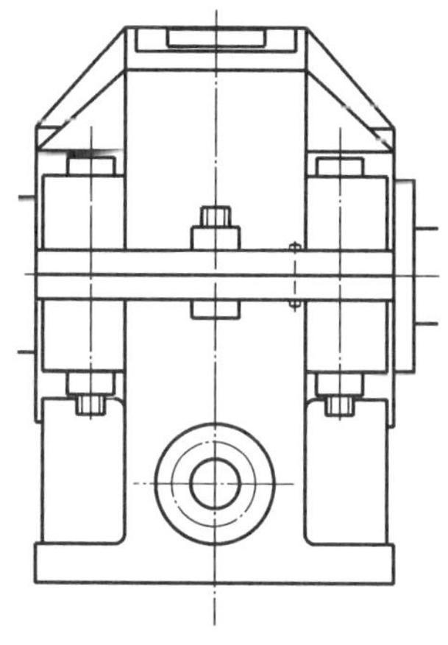

(b) 左视图中螺栓连接和销连接画法

图 10-24　单级减速器装配图绘制——绘制箱盖与箱体连接

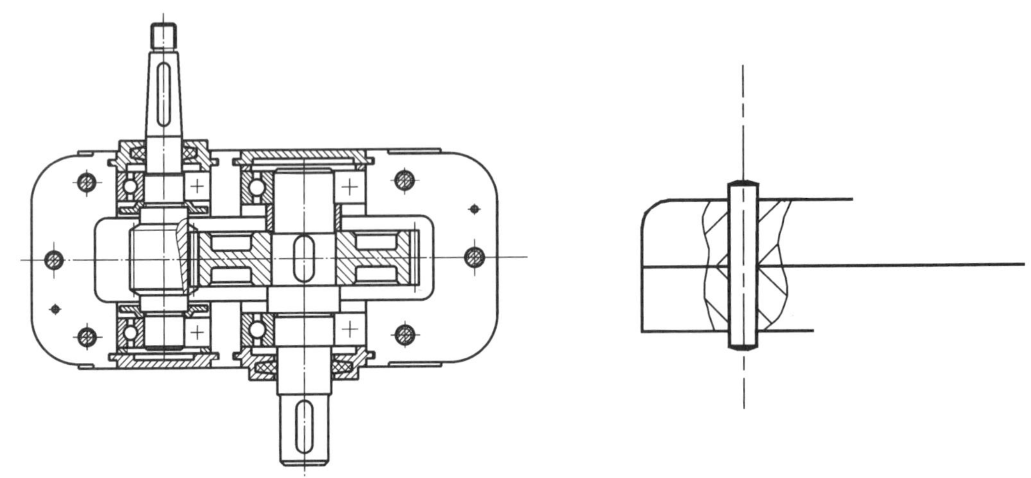

(c) 俯视图中螺栓连接和销连接画法　　(d) 主视图中销连接画法

续图 10-24

(6) 绘制清油装置。

减速器的清油装置是利用垫圈和螺塞通过螺纹与箱体右端的螺孔相连接的，具体装配画法如图 10-25 所示。

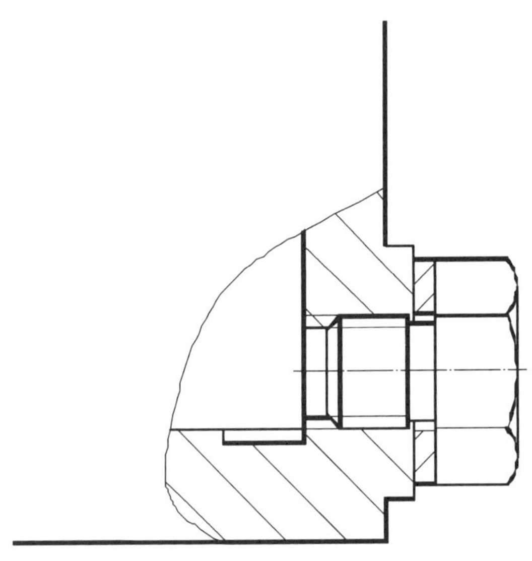

图 10-25　单级减速器装配图绘制——清油装置

(7) 绘制油面观察装置。

油面观察装置由垫片(两个)、反光片、油面指示片、小盖、螺钉构成。通过螺钉与箱座左下部螺孔相连。其在主视图和左视图中的画法如图 10-26 所示。

(8) 绘制透气装置。

透气装置由通气孔、盖、垫片、螺钉和螺母构成。盖和垫片通过螺钉与箱盖相连，通气孔通过螺母固定在箱盖上。主视图中用局部剖视图表示连接过程，盖的形状和螺钉的连接情况用一个斜视图来表示，通气孔用一个剖视图来单独表示。具体画法如图 10-27 所示。

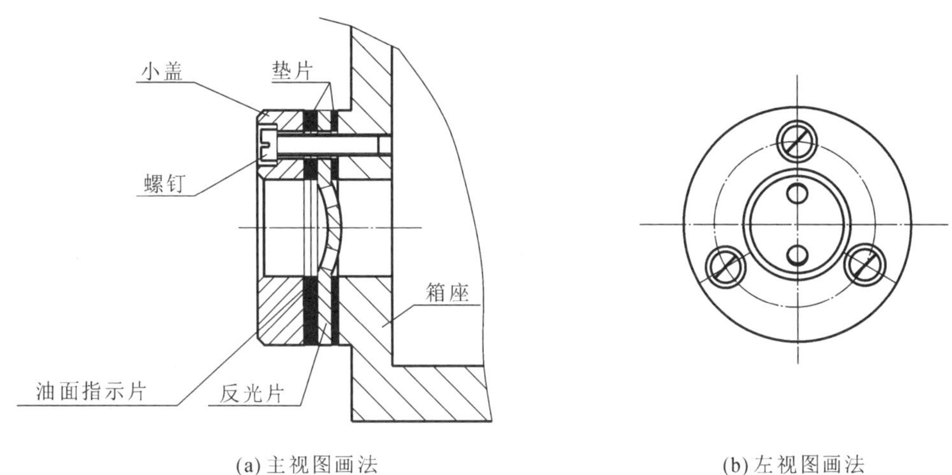

(a) 主视图画法　　(b) 左视图画法

图 10-26　单级减速器装配图绘制——油面观察装置

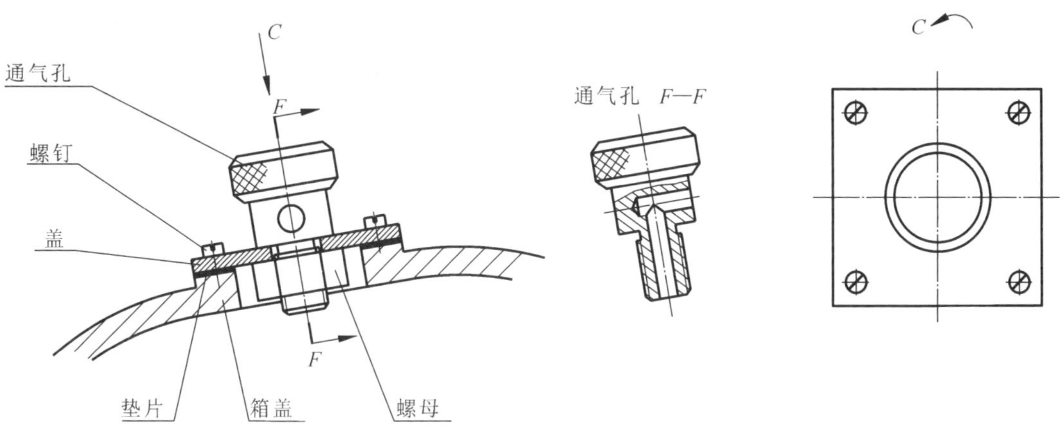

图 10-27　单级减速器装配图绘制——透气装置

4. 标注尺寸和技术要求

尺寸标注和技术要求注写如图 10-28 所示。

(1) 主动齿轮轴输入端、从动齿轮轴输出端的轴径尺寸和键槽尺寸是减速器的规格尺寸。

(2) 减速器的装配尺寸主要有：俯视图上滚动轴承与两个轴间、滚动轴承与箱体轴承孔之间、端盖与箱体轴承孔之间、齿轮与从动轴间的配合尺寸。另外主视图上两轴的中心距、俯视图中箱体和箱盖结合面上螺栓和销之间的安装位置尺寸也是装配尺寸。

(3) 减速器的外形尺寸为整个装配体的总长、总宽和总高。

(4) 减速器的安装尺寸包括箱座底板上的安装用沉孔的定形和定位尺寸，以及两齿轮的中心高。

5. 为零件编号并填写明细栏和标题栏

详见图 10-28。

6. 检查完成全图

检查整个装配图，正确无误后对整个装配图进行描深，完成装配图，如图 10-28 所示。

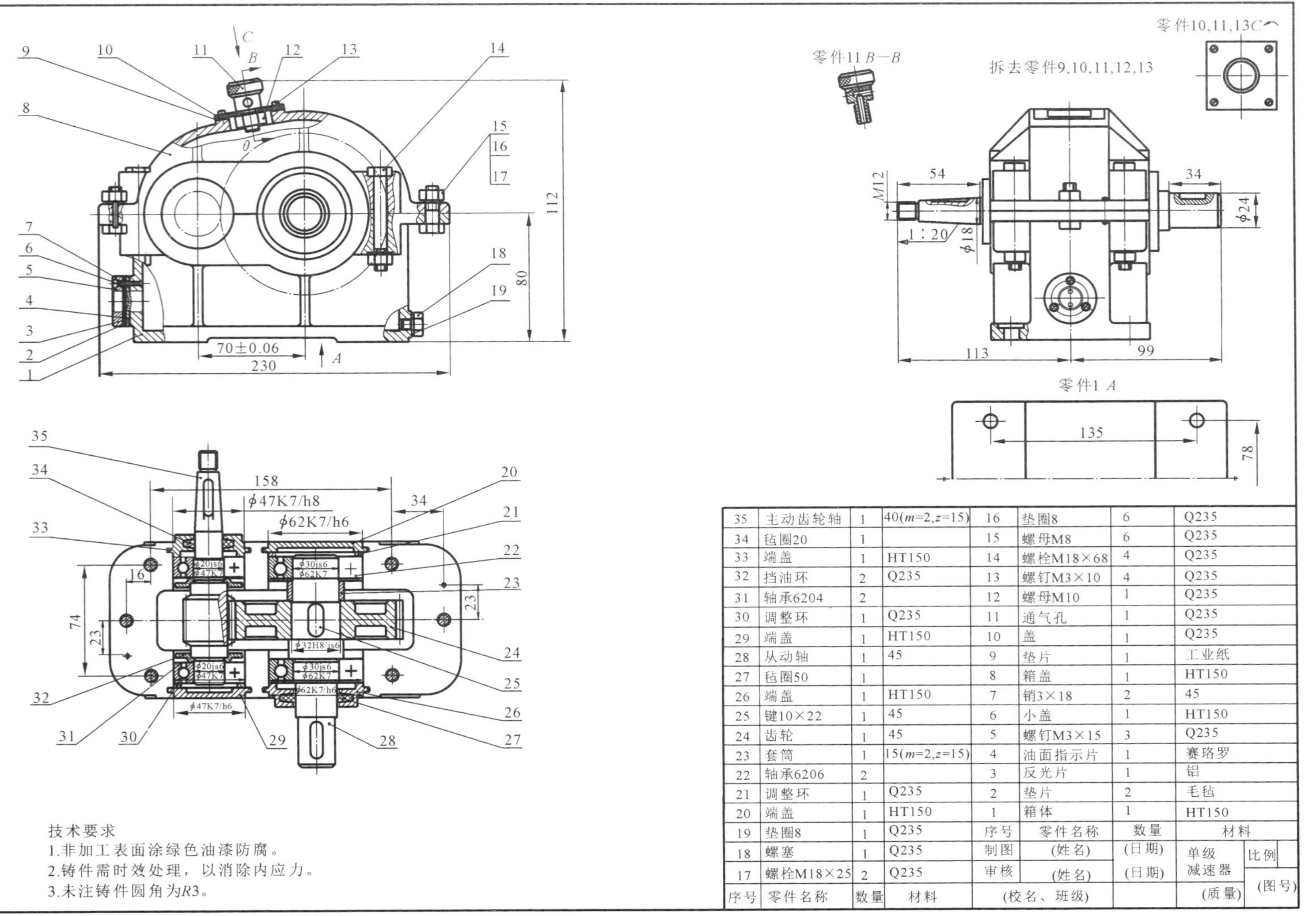

序号	零件名称	数量	材料	序号	零件名称	数量	材料
35	主动齿轮轴	1	40(m=2,z=15)	16	垫圈8	6	Q235
34	毡圈20	1		15	螺母M8	6	Q235
33	端盖	1	HT150	14	螺栓M18×68	4	Q235
32	挡油环	2	Q235	13	螺钉M3×10	4	Q235
31	轴承6204	2		12	螺母M10	1	Q235
30	调整环	1	Q235	11	通气孔	1	Q235
29	端盖	1	HT150	10	盖	1	Q235
28	从动轴	1	45	9	垫片	1	工业纸
27	毡圈50	1		8	箱盖	1	HT150
26	端盖	1	HT150	7	销3×18	2	45
25	键10×22	1	45	6	小盖	1	HT150
24	齿轮	1	45	5	螺钉M3×15	3	Q235
23	套筒	1	15(m=2,z=15)	4	油面指示片	1	赛璐罗
22	轴承6206	2		3	反光片	1	铝
21	调整环	1	Q235	2	垫片	2	毛毡
20	端盖	1	HT150	1	箱体	1	HT150
19	垫圈8	1	Q235	序号	零件名称	数量	材料
18	螺塞	1	Q235	制图	(姓名)	(日期)	单级减速器　比例
17	螺栓M18×25	2	Q235	审核	(姓名)	(日期)	(质量)　(图号)
序号	零件名称	数量	材料	(校名、班级)			

图10-28　单级减速器装配图

10.6　读装配图

在设计、制造、装配、使用、维修和技术交流过程中，都需要读懂装配图。读懂装配图是工程技术人员必备的能力。

10.6.1　读装配图的方法和步骤

通过阅读装配图需要了解以下内容。

(1) 机器或部件的名称、功用、性能和工作原理。

(2) 各个零件间的相互位置及装配关系。

(3) 各个零件的主要结构、形状和作用。

(4) 其他系统，如润滑系统、防漏装置等的原理和构造。

读装配图的方法和步骤如下。

1. 初步了解

(1) 通过阅读有关说明书、装配图的工作原理介绍、装配示意图、技术要求等了解装配体的功用、性能和工作原理。

(2) 对照明细栏和装配图中的零件序号，查找各个零件在装配图中的对应位置，了解零件数量、材料、规格并判断是否为标准件。

(3) 对装配图中各视图进行分析，找出各视图的表达方法、剖切形式、投影关系，明确各视图的表达重点。

2. 深入了解机器或部件的工作原理和装配关系

(1) 看图应从反映装配关系比较明显的视图入手，根据装配干线，再对照其他视图的投影进行分析。

(2) 根据剖面线和零件序号对各零件进行分离，分清零件的轮廓。

(3) 对各零件进行结构分析，确定零件的内外形状。

(4) 分析零件在机器中的运动情况以及零件的定位、连接和配合要求。

3. 综合分析，读懂全图

在分析出装配体的总体形状和各零件的形状后，结合图上所标注的尺寸和技术要求，读懂装配图。

10.6.2　读装配图举例

现以齿轮油泵装配图(见图 10-29)为例，具体说明装配图的读图过程。

泵是输送流体或使流体增压的机械。它能把流体抽出或压入容器，也能把流体送到高处。齿轮泵是依靠泵体与啮合齿轮间所形成的工作容积变化和移动来输送液体或使之增压的回转泵。由两个齿轮、泵体与泵盖组成两个封闭空间，当齿轮转动时，齿轮脱开侧的空间的体积从小变大，形成真空，将液体吸入，齿轮啮合侧的空间的体积从大变小，而将液体挤入管路中去。吸入腔与排出腔是靠两个齿轮的啮合线来隔开的。工作原理如图 10-30 所示。

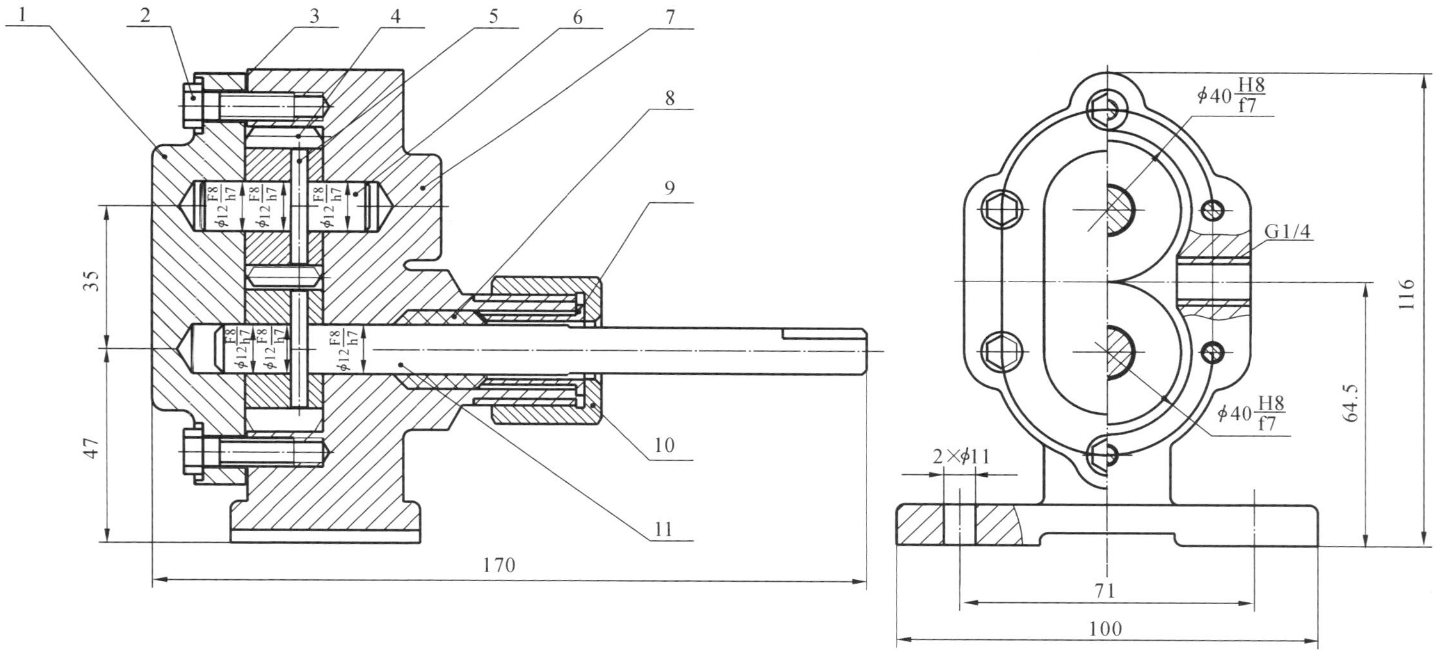

技术要求

1.齿轮安装后，能灵活转动。

2.两齿轮轮齿的啮合面应占齿长的3/4以上。

序号	零件名称	数量	材料	备注
11	主动轴	1	45	
10	盖螺母	1	ZL4	
9	填料压盖	1	15	
8	密封圈	1	毛毡	
7	泵体	1	HT200	

序号	零件名称	数量	材料	备注
6	从动轴	1	45	
5	销4×28	2	45	
4	齿轮	2	45	m=2.5，z=14
3	垫片	1	工业用纸	
2	螺栓M6×25	6	35	GB/T 5782—2016
1	泵盖	1	HT200	

制图			齿轮油泵	比例	
审核					

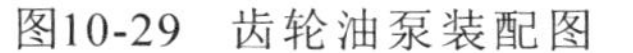

图10-29　齿轮油泵装配图

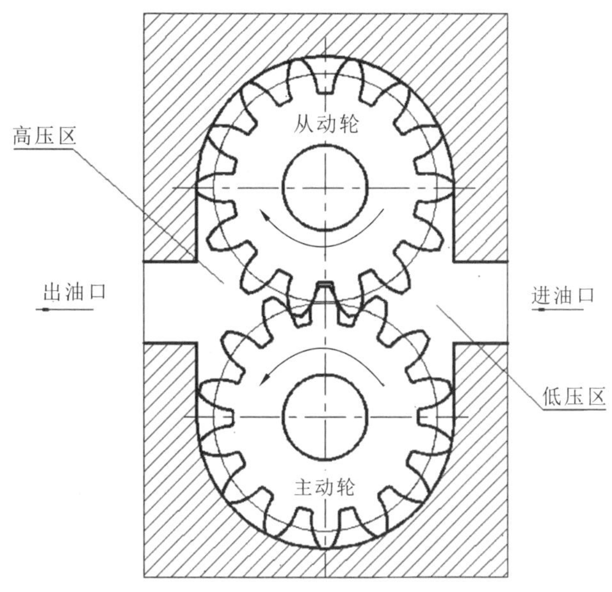

图 10-30　齿轮油泵工作原理图

1. 概括了解装配图

在标题栏中看到图名为齿轮油泵，就可以大致了解到该机器是以齿轮传动来输送油的装置。结合明细栏可知，该齿轮油泵由 11 种零件构成，其中有两种共 8 个标准件，分别为 6 个螺栓和 2 个销。装配图中有两个视图，其中主视图采用了全剖视图，表达了油泵的装配关系。该齿轮油泵由两个装配线构成。左视图采用了半剖视图，外形部分表达了泵体的外形、泵盖与泵体的连接情况。剖视部分是沿着泵体和泵盖的结合面剖切的，表示了齿轮油泵的工作原理。沿进油口轴线采用了局部剖视来表达油进入泵体的入口情况。泵体底板处的局部剖视表达了底板上安装孔的结构。

2. 结合视图，分析装配体的工作原理

结合对齿轮油泵的基本认识和装配图可以了解齿轮油泵的工作原理。当主动齿轮逆时针转动，从动齿轮顺时针转动，齿轮啮合区右边的压力降低，油池中的油在大气压力作用下，从进油口进入泵腔内。随着齿轮的转动，齿槽中的油不断沿箭头方向被轮齿带到左边，高压油从出油口送到输油系统。

3. 分析零件间的装配关系和装配体结构

从装配图主视图可以看出，齿轮油泵有两条装配线。一条为主动轴装配线，该装配线以主动轴为核心，轴的左端有装配尺寸 ϕ12F8/h7，该尺寸表示主动轴左端与泵盖孔腔的装配关系为间隙配合，主动轴左端可以在孔腔中转动；主动轴的右侧有装配尺寸 ϕ12F8/h7，该尺寸表示主动轴右侧与泵体孔腔的装配关系也为间隙配合，主动轴可以在泵体孔腔中转动。主动齿轮与主动轴有装配尺寸 ϕ12F8/h7，二者通过销连接来固定。为防止液体的漏出，通过拧紧填料压盖和盖螺母将密封圈压紧，起到密封作用。

另一条装配线为从动轴装配线。从动轴的左端和右端与泵盖和泵体孔腔的装配尺寸均为 ϕ12F8/h7，其装配关系为间隙配合，表明从动轴可以在两个孔腔中转动。从动齿轮与从动轴有装配尺寸 ϕ12F8/h7，二者通过销连接来固定。

泵盖与泵体是通过 6 个 $M6$ 的螺栓来进行连接的。泵盖和泵体上孔的分布可由左视图分析出来。为防止润滑油沿泵体和泵盖连接处渗漏,中间加垫片进行密封。同时,用垫片可以调整齿轮与泵盖的轴向间隙。

齿轮油泵的主要零件——泵体、泵盖的主要形状体现在左视图上,再结合主视图中零件对应的投影可以知道装配体的总体形状和结构,如图 10-31 所示。

图 10-31 齿轮油泵立体图

10.7 由装配图拆画零件图

由装配图拆画零件图是设计工作的一个重要内容,是工程技术人员必备的基本功,也是读懂装配图的主要目的之一。下面以拆画齿轮油泵装配图中的泵盖为例,说明拆画零件图的步骤和方法。

10.7.1 从装配图中分离零件

可依据以下几个方面从装配图中分离出零件:

1. 零件序号

通过零件序号,在装配图中找到要拆画的零件的位置。

2. 剖面线

装配体相邻两个零件的剖面线方向和间隔是不同的,而同一个零件的剖面线在不同的视图中则必须相同。根据这一原则,可以找到与拆画零件相关的轮廓线。

3. 对应投影关系

根据不同视图间对应的投影规律,找到不同视图上与拆画零件对应的投影,并进行投影分析,从而想象出拆画零件的形状和结构。

按照上述方法,从齿轮油泵的装配图中分离出泵盖的投影,如图 10-32 所示,可以想象出泵盖的立体结构如图 10-33 所示。

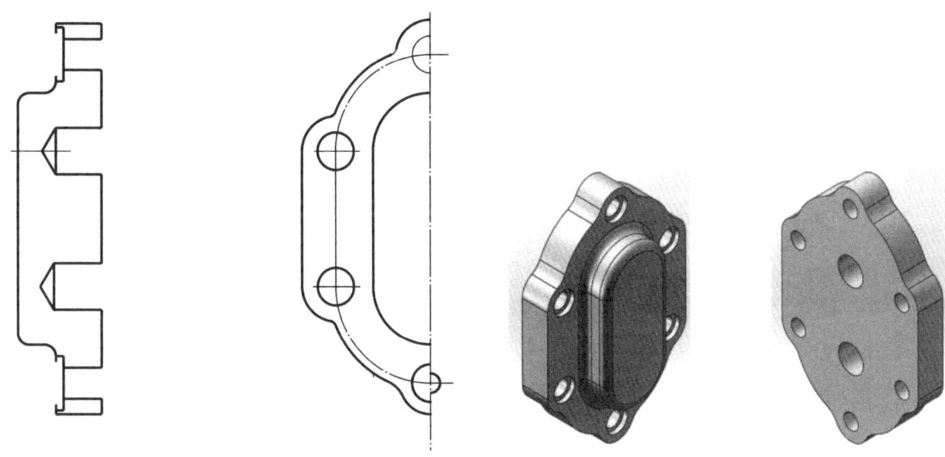

图 10-32　齿轮油泵装配图中分离出的泵盖投影　　图 10-33　由投影想象出的泵盖立体结构

10.7.2　绘制零件图

绘制零件图的过程已在第 9 章中详细介绍过，现结合齿轮油泵泵盖的特点具体说明。

1. 确定表达方案

拆画零件图时，零件的表达方案是根据零件的结构形状特点考虑的，不一定与装配图一致。在第 9 章中介绍了不同类型零件的表达方案的确定方法，此处的拆画对象——泵盖属于盘类零件，在确定放置位置时应按加工位置来放置，并把泵盖的非圆投影作为主视图投影方向。由于泵盖对称且内部有孔腔，其主视图选择全剖视图来表达。主视图选定后，用左视图来补充主视图上未表达出的泵盖上的阶梯孔和泵盖的主要形状。选定的表达方案如图 10-34 所示，方案一中主视图表达泵盖的外形和孔的分布，左视图采用全剖视图表示泵盖的内部结构。方案二中主视图采用全剖视图表示泵盖的内部结构，左视图表达泵盖的外形和孔的分布。比较两个方案，方案二较好。

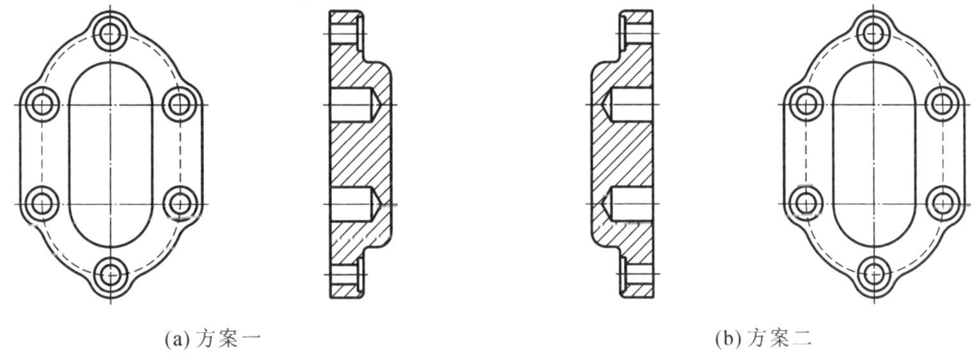

(a) 方案一　　(b) 方案二

图 10-34　泵盖视图表达方案

绘制零件图时，要注意将原装配图中省略不画的工艺结构，如倒角、倒圆、退刀槽等补上，并查阅相关标准进行标准化。

2. 标注尺寸

零件图中标注的尺寸用于零件的加工和检验，因此零件图中要标注零件的完整尺寸。零件图中尺寸标注可按下列方法进行。

(1) 对于装配图中已经标注的尺寸可进行分析后直接标注。如泵盖两个孔腔中心距35,可直接标注在零件图上。对于两个装配尺寸 ϕ12F8/h7,可将其中关于孔腔的装配尺寸分离出来标注为 ϕ12F8。

(2) 与标准件相连接或配合的有关尺寸,比如螺纹的尺寸、与螺纹紧固件连接的零件通孔直径、与键和销连接相关的键槽深度等尺寸,还有某些工艺结构尺寸,比如倒角、倒圆、退刀槽、铸造圆角等尺寸,都需要从相关标准中查取。本节拆画的泵盖螺栓连接孔的直径就可从标准中查出。

(3) 对于齿轮、弹簧等常用件,应根据装配图明细栏中提供的参数,通过计算来确定。

(4) 对于装配图中没有标注出的零件其他尺寸,由于这部分结构在进行装配图设计时已经过考虑,虽未标注尺寸,但在装配图中的绘制是正确的,因此,可在装配图中直接量取,并根据装配图的绘图比例进行换算和圆整后标注出来。

(5) 相邻零件接触面的有关尺寸及连接件的有关定位尺寸要协调一致。如本例中泵盖上用于螺栓连接的阶梯孔定位就与泵体上螺纹孔的定位尺寸一致。

在确定每个部分的尺寸后,对零件图的标注要结合立体形状和工艺加工的要求,按照形体分析的方法依次进行。泵盖零件图的尺寸标注如图 10-35 所示。

3. 确定技术要求

零件图中的技术要求主要包括表面结构、极限与配合、几何公差等。技术要求的制定需要有较强的工程设计制造经验。零件上各表面结构要根据其作用和要求确定,也可以采用类比法进行选择。一般接触面与配合面的表面粗糙度数值较小,不与其他零件接触的面的表面粗糙度数值较大。表面粗糙度可参照表 9-3 来选择。拆画后的泵盖零件图如图 10-35 所示。

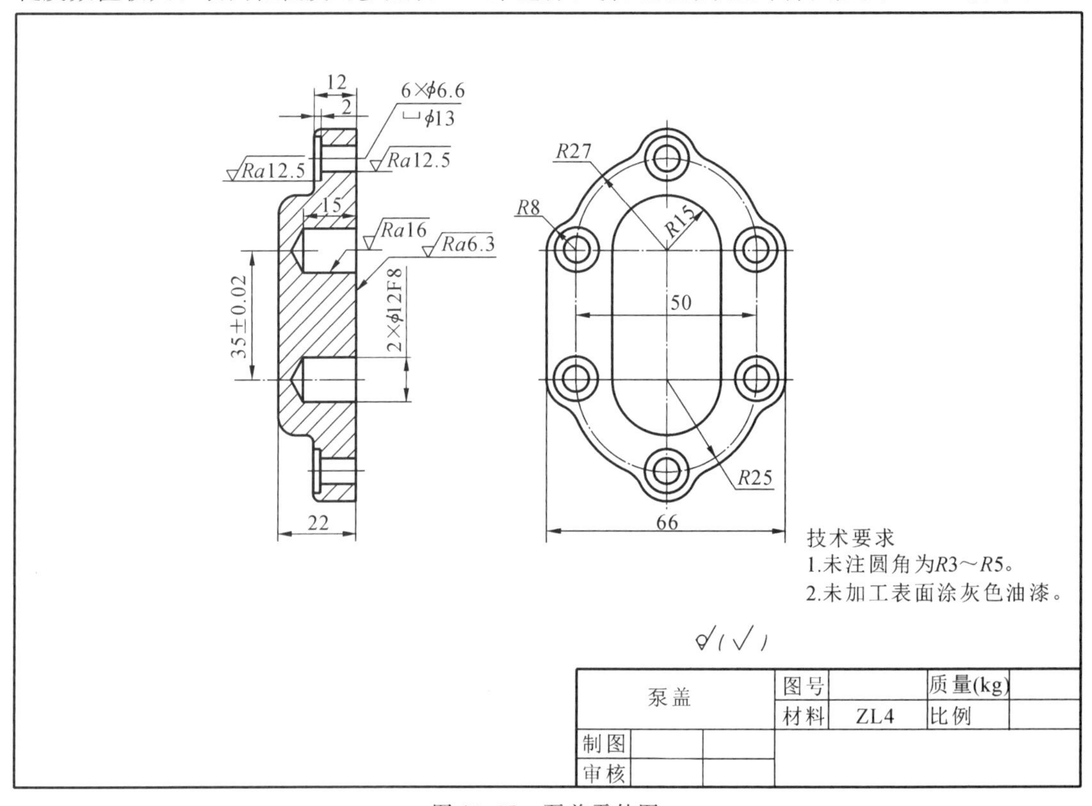

图 10-35　泵盖零件图

测　　试

一、看图填空

1. 请把图 10-36 所示球阀装配图中引线所指处采用的表达方法填写在下面。

1—________；　2—________；　3—________；

4—________；　5—________；　6—________。

2. 装配图中标注尺寸可分为________、________、________、________等。把图中引线所指尺寸的类型填写在下面。

A—________；　B—________；　C—________；　D—________

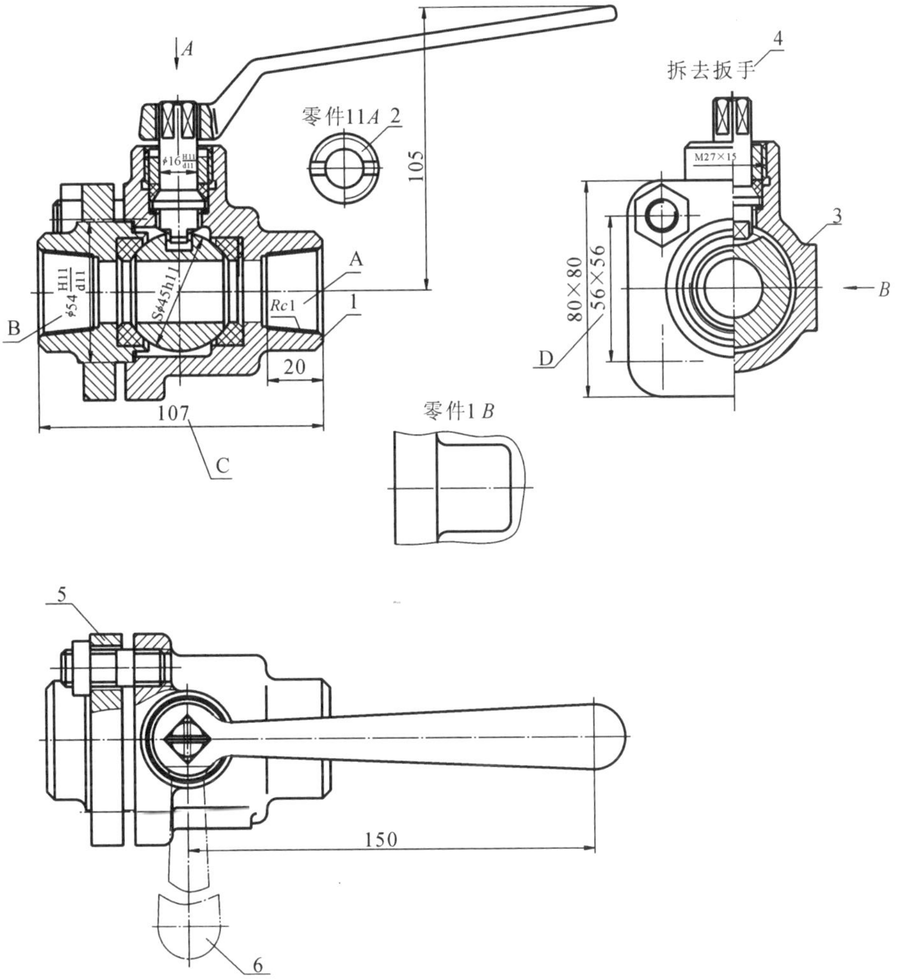

图 10-36　球阀

二、读图和拆画零件图

读图 10-37 所示的推杆阀装配图，回答问题并拆画阀体 3 零件图。

工作原理：当推杆 1 在外力作用下向左移动时，推杆通过钢珠 4 压缩弹簧 5，使钢珠向左移动离开 $\phi 11$ mm 孔，管路中的流体就可以从进口处经过 $\phi 11$ mm 孔的通道流到出口处。反之，当外力消失时，在弹簧弹力的作用下钢珠向右移动，将 ϕ11 mm 孔的通道堵上，此时流体不能流通。

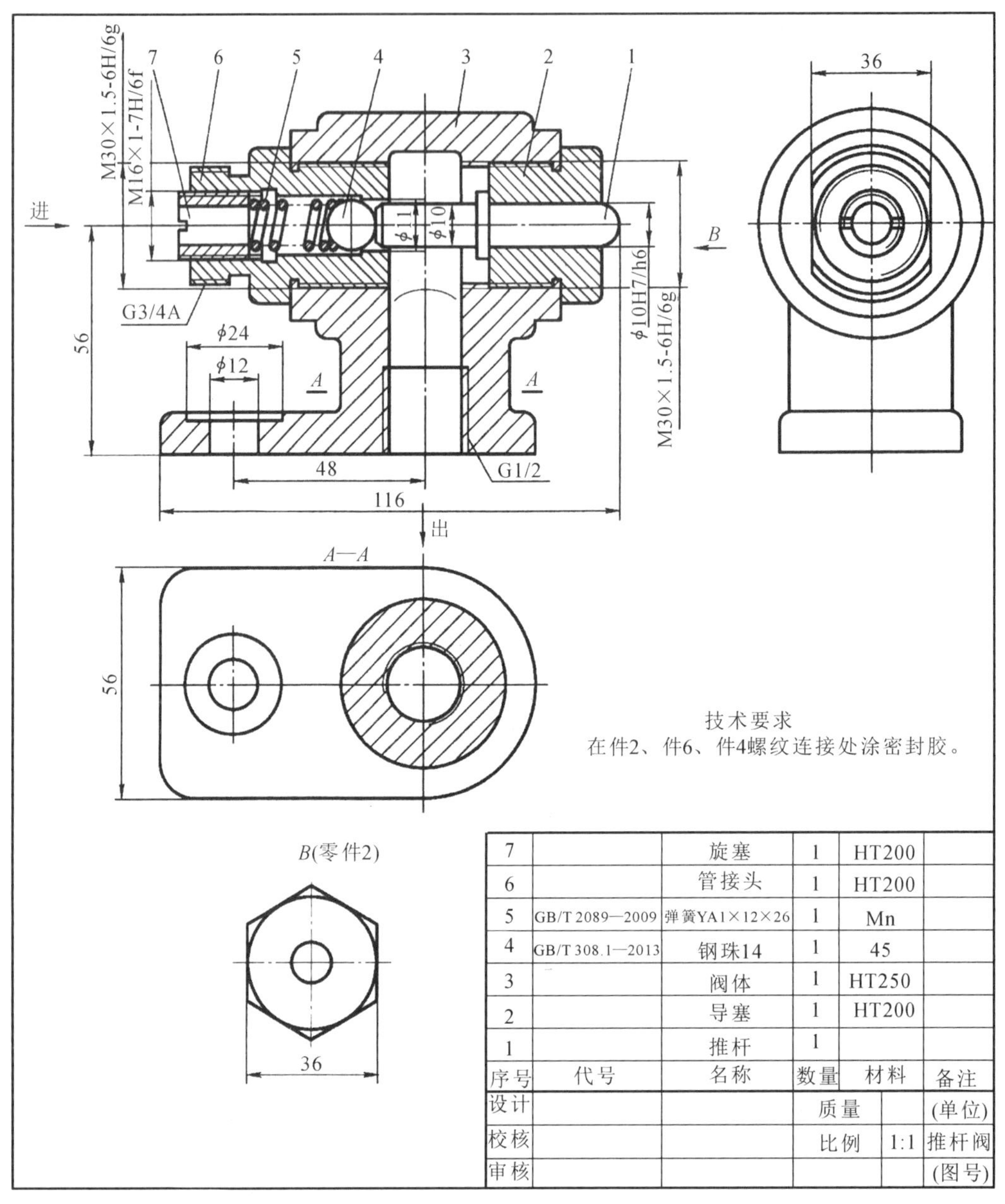

7		旋塞	1	HT200	
6		管接头	1	HT200	
5	GB/T 2089—2009	弹簧YA1×12×26	1	Mn	
4	GB/T 308.1—2013	钢珠14	1	45	
3		阀体	1	HT250	
2		导塞	1	HT200	
1		推杆	1		
序号	代号	名称	数量	材料	备注
设计			质量		(单位)
校核			比例	1:1	推杆阀
审核					(图号)

图 10-37　推杆阀装配图

1. 看图填空。

(1) 该装配图名称为________，由________种零件组成，其中标准件有________种，绘图比例为________。

(2) 零件 3 的名称为________，所用材料为________。

(3) 该装配图的俯视图采用________的表达方法，B 向视图采用________特殊画法。

(4) 装配图中 ϕ10H7/h6 为________和________的装配尺寸。

(5) 图中尺寸 ϕ11 为________尺寸；M30×1.5-6H/6g 为________尺寸，M 表示

________螺纹,30 表示________,1.5 表示________。

(6) 零件 1 的作用是________。

(7) 拆去零件 1 需先拆去________。

2. 拆画阀体 3 零件图。

附　录

附录 A　标准结构

附录 A1　普通螺纹(GB/T 193—2003)

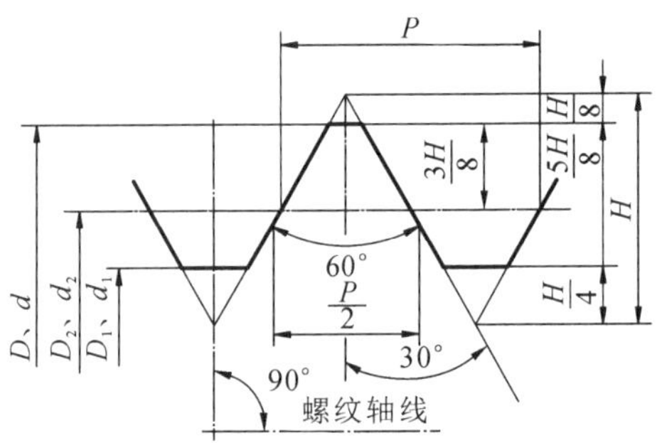

标记示例

粗牙普通螺纹、公称直径 12 mm、右旋、中径公差带代号 5g、顶径公差带代号 6g、短旋合长度的外螺纹：

M12-5g6g-S

细牙普通螺纹、公称直径 12 mm、螺距 1.5、左旋、中径和顶径公差带代号都是 7H、中等旋合长度的内螺纹：

M12×1.5-7H-LH

(单位：mm)

公称直径 D、d		螺距 P		粗牙小径 D_1、d_1	公称直径 D、d		螺距 P		粗牙小径 D_1、d_1
第一系列	第二系列	粗牙	细牙		第一系列	第二系列	粗牙	细牙	
3		0.5	0.35	2.459		22	2.5	2,1.5,1,(0.75),(0.5)	19.294
	3.5	(0.6)		2.850	24		3	2,1.5,1,(0.75)	20.752

续表

公称直径 D、d		螺距 P		粗牙小径 D_1、d_1
第一系列	第二系列	粗牙	细牙	
4		0.7	0.5	3.242
	4.5	(0.75)		3.688
5		0.8		4.134
6		1	0.75，(0.5)	4.917
8		1.25	1，0.75，(0.5)	6.647
10		1.5	1.5，1，0.75，(0.5)	8.376
12		1.75	1.5，1.25，1，(0.75)，(0.5)	10.106
	14	2	1.5，(1.25)，1，(0.75)，(0.5)	11.835
16		2	1.5，1，(0.75)，(0.5)	13.835
	18	2.5	2，1.5，1，(0.75)，(0.5)	15.294
20		2.5		17.294

公称直径 D、d		螺距 P		粗牙小径 D_1、d_1
第一系列	第二系列	粗牙	细牙	
	27	3	2，1.5，1，(0.75)	23.752
30		3.5	(3)，2，1.5，1，(0.75)	26.211
	33	3.5	(3)，2，1.5，(1)，(0.75)	29.211
36		4	3，2，1.5，(1)	31.670
	39	4		34.670
42		4.5	(4)，3，2，1.5，(1)	37.129
	45	4.5		40.129
48		5		42.587
	52	5		46.587
56		5.5	4，3，2，1.5，(1)	50.046

注：1. 直径优先选用第一系列，括号内尺寸尽可能不用。

2. 公称直径第三系列未列入。

附录 A2　梯形螺纹(GB/T 5796.1～5796.3—2005)

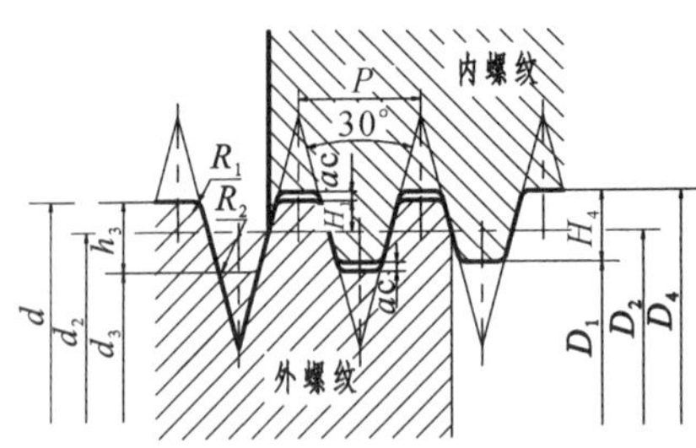

标记示例

单线梯形螺纹、公称直径 40 mm、螺距 7、右旋、中径公差带代号 7e、中等旋合长度的外螺纹:

Tr40×7-7e

双线梯形螺纹、公称直径 24 mm、导程 6、螺距 3、左旋、中径公差带代号为 7H、长旋合长度的内螺纹:

Tr24×6(P3)LH-7H-L

(单位:mm)

公称直径 d		螺距 P	中径 $d_2=D_2$	大径 D_4	小径	
第一系列	第二系列				d_3	D_1
8		1.5	7.25	8.30	6.20	6.50
	9	1.5	8.25	9.30	7.20	7.50
		2	8.00	9.50	6.50	7.00
10		1.5	9.25	10.30	8.20	8.50
		2	9.00	10.50	7.50	8.00
	11	2	10.00	11.50	8.50	9.00
		3	9.50	11.50	7.50	8.00
12		2	11.00	12.50	9.50	10.00
		3	10.50	12.50	8.50	9.00

公称直径 d		螺距 P	中径 $d_2=D_2$	大径 D_4	小径	
第一系列	第二系列				d_3	D_1
24		3	22.50	24.50	20.50	21.00
		5	21.50	24.50	18.50	19.00
		8	20.00	25.00	15.00	16.00
	26	3	24.50	26.50	22.50	23.00
		5	23.50	26.50	20.50	21.00
		8	22.00	27.00	17.00	18.00
28		3	26.5	28.50	24.50	25.00
		5	25.50	28.50	22.50	23.00
		8	14.00	29.00	19.00	20.00

续表

公称直径 d		螺距 P	中径 $d_2=D_2$	大径 D_4	小径	
第一系列	第二系列				d_3	D_1
	14	2	13.00	14.50	11.50	12.00
		3	12.50	14.50	10.50	11.00
16		2	15.00	16.50	13.50	14.00
		4	14.00	16.50	11.50	12.00
	18	2	17.00	18.50	15.50	16.00
		4	16.00	18.50	13.50	14.00
20		2	19.00	20.50	17.50	18.00
		4	18.00	20.50	15.50	16.00
	22	3	20.50	22.50	18.50	19.00
		5	19.50	22.50	16.50	17.00
		8	18.00	23.00	13.00	14.00
	30	3	28.50	30.50	26.50	27.00
		6	27.00	31.00	23.00	24.00
		10	25.00	31.00	19.00	20.00
32		3	30.50	32.50	28.50	29.00
		6	29.00	33.00	25.00	26.00
		10	27.00	33.00	21.00	22.00
	34	3	23.50	34.50	30.50	31.00
		6	31.00	35.00	27.00	28.00
		10	29.00	35.00	23.00	24.00
36		3	34.50	26.50	32.50	33.00
		6	33.00	27.00	29.00	30.00
		10	31.00	27.00	25.00	26.00

注:优先选用第一系列直径。

附录 A3　55°非密封管螺纹(GB/T 7307—2001)

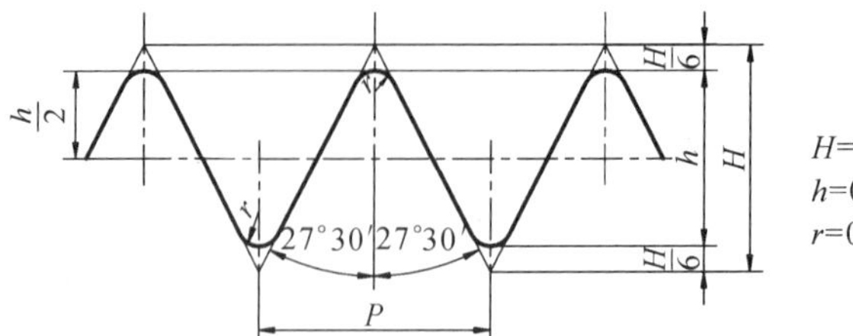

标记示例

尺寸代号为 1/2 的 A 级右旋外螺纹:G1/2A

尺寸代号为 1/2 的 A 级左旋外螺纹:G1/2A-LH

尺寸代号为 1/2 的 B 级左旋外螺纹:G1/2B-LH

尺寸代号为 1/2 的右旋内螺纹:G1/2

尺寸代号为 1/2 的左旋内螺纹:G1/2LH

(单位:mm)

尺寸代号	每 25.4 mm 内所含的牙数 n	螺距 P	牙 高 h	基本直径或基准平面内的基本直径		
				大径 $d=D$	中径 $d_2=D_2$	小径 $d_1=D_1$
1/16	28	0.90.7	0.581	7.723	7.142	6.561
1/8	28	0.907	0.581	9.728	9.147	8.566
1/4	19	1.337	0.856	13.157	12.301	11.445
3/8	19	1.337	0.856	16.662	15.806	14.950
1/2	14	1.814	1.162	20.955	19.793	18.631
5/8	14	1.814	1.162	22.911	21.749	20.587
3/4	14	1.814	1.162	26.441	25.279	24.117
7/8	14	1.814	1.162	30.201	29.039	27.877
1	11	2.309	1.479	33.249	31.770	30.291
1 1/8	11	2.309	1.479	37.897	36.418	34.939
1 1/4	11	2.309	1.479	41.910	40.431	38.952
1 1/2	11	2.309	1.479	47.803	46.324	44.845
1 3/4	11	2.309	1.479	53.746	52.267	50.788
2	11	2.309	1.479	59.614	58.135	56.656
2 1/4	11	2.309	1.479	65.701	64.231	62.752
2 1/2	11	2.309	1.479	75.184	73.705	72.226
2 3/4	11	2.309	1.479	81.534	80.055	78.576
3	11	2.309	1.479	87.884	86.405	84.926
4	11	2.309	1.479	113.030	111.551	110.072

附录 A4　普通螺纹收尾、肩距、退刀槽、倒角(GB/T 3—1997)

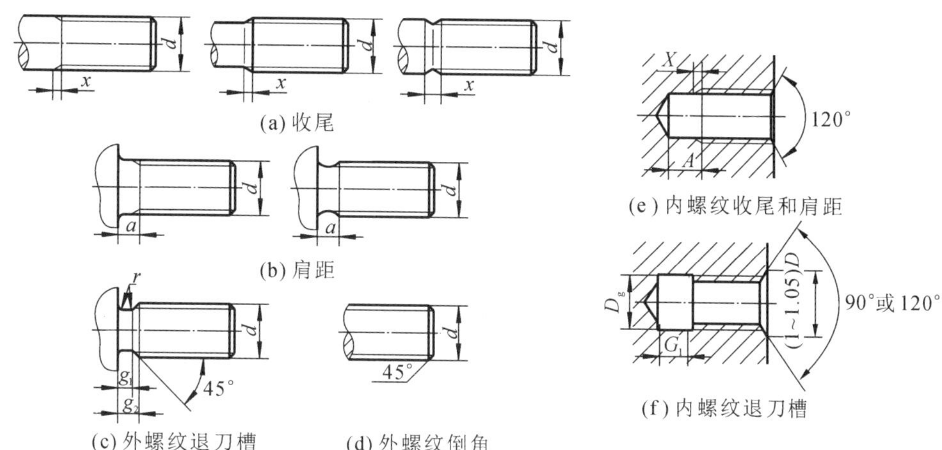

(a) 收尾　(b) 肩距　(c) 外螺纹退刀槽　(d) 外螺纹倒角　(e) 内螺纹收尾和肩距　(f) 内螺纹退刀槽

(单位:mm)

螺距 P	外螺纹									内螺纹							
	收尾 x max		肩距 a max			退刀槽				收尾 X max		肩距 A max		退刀槽			
	一般	短的	一般	长的	短的	g_1 min	g_2 max	d_g	r≈	一般	短的	一般	长的	G_1 一般	D_g 短的	R≈	
0.5	1.25	0.7	1.5	2	1	0.8	1.5	d−0.8	0.2	2	1	3	4	2	1	D+0.3	0.2
0.6	1.5	0.75	1.8	2.4	1.2	0.9	1.8	d−1	0.4	2.4	1.2	3.2	4.8	2.4	1.2		0.3
0.7	1.75	0.9	2.1	2.8	1.4	1.1	2.1	d−1.1	0.4	2.8	1.4	3.5	5.6	2.8	1.4		0.4
0.75	1.9	1	2.25	3	1.5	1.2	2.25	d−1.2	0.4	3	1.5	3.8	6	3	1.5		
0.8	2	1	2.4	3.2	1.6	1.3	2.4	d−1.3	0.4	3.2	1.6	4	6.4	3.2	1.6		
1	2.5	1.25	3	4	2	1.6	3	d−1.6	0.6	4	2	5	8	4	2	D+0.5	0.5
1.25	3.2	1.6	4	5	2.5	2	3.75	d−2	0.6	5	2.5	6	10	5	2.5		0.6
1.5	3.8	1.9	4.5	6	3	2.5	4.5	d−2.3	0.8	6	3	7	11	6	3		0.8
1.75	4.3	2.2	5.3	7	3.5	3	5.25	d−2.6	1	7	3.5	9	13	7	3.5		0.9
2	5	2.5	6	8	4	3.4	6	d−3	1	8	4	10	16	8	4		1
2.5	6.3	3.2	7.5	10	5	4.4	7.5	d−3.6	1.2	10	5	11	18	10	5		1.2
3	7.5	3.8	9	12	6	5.2	9	d−4.4	1.6	12	6	13	22	11	6		1.5
3.5	9	4.5	10.5	14	7	6.2	10.5	d−5	1.6	14	7	16	24	13	7		1.8
4	10	5	12	16	8	7	12	d−5.7	2	16	8	18	26	16	8		2
4.5	11	5.5	13.5	18	9	8	13.5	d−6.4	2.5	18	9	21	29	18	9		2.2
5	12.5	6.3	15	20	10	9	15	d−7	2.5	20	10	23	32	20	10		2.5
5.5	14	7	16.5	22	11	11	17.5	d−7.7	3.2	22	11	25	35	22	11		2.8
6	15	7.5	18	24	12	11	18	d−8.3	3.2	24	12	28	38	24	12		3

注:1. 应优先选用“一般”长度的收尾和肩距。

2. d(D)为螺纹公称直径代号。

3. d_g公差为 h13($d>3$ mm)、h12($d\leqslant3$ mm),D_g公差为 H13。

附录 A5　零件倒圆与倒角(GB/T 6403.4—2008)

形式：

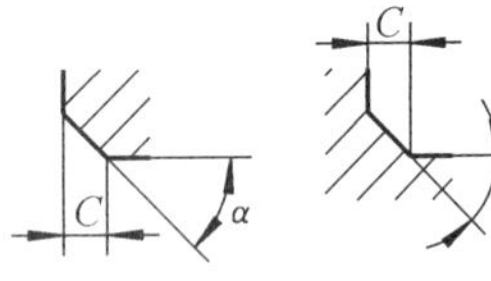

装配形式：

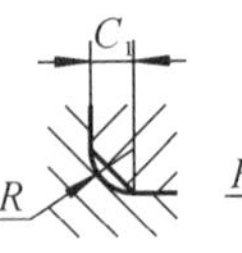

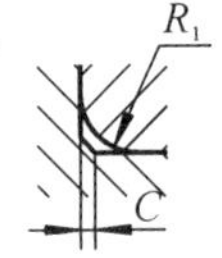

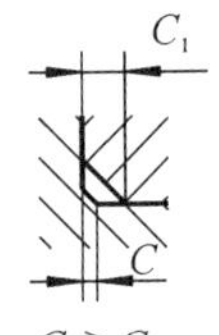

(单位：mm)

d、D	～3	>3～6	>6～10	>10～18	>18～30	>30～50	>50～80	>80～120	>120～180	>180～250	>250～320
C、R	0.2	0.4	0.6	0.8	1.0	1.6	2.0	2.5	3.0	4.0	5.0

d、D	>320～400	>400～500	>500～630	>630～800	>800～1000	>1000～1250	>1250～1600
C、R	6.0	8.0	10	12	16	20	25

附录 A6　砂轮越程槽(GB/T 6403.5—2008)

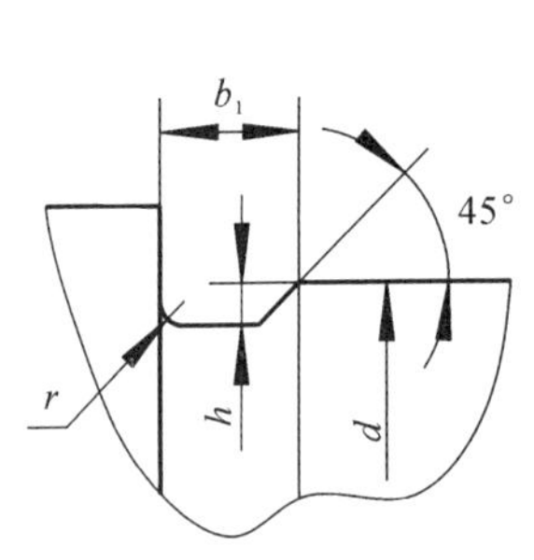

磨外圆

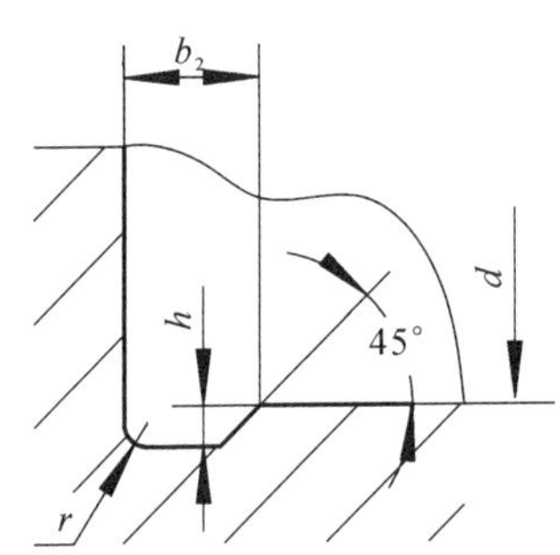

磨内圆

(单位：mm)

<table>
<tr><td>d</td><td colspan="3">～10</td><td colspan="2">>10～50</td><td colspan="2">>50～100</td><td colspan="2">>100</td></tr>
<tr><td>b_1</td><td>0.6</td><td>1.0</td><td>1.6</td><td>2.0</td><td>3.0</td><td>4.0</td><td>5.0</td><td>8.0</td><td>10</td></tr>
<tr><td>b_2</td><td>2.0</td><td colspan="2">3.0</td><td colspan="2">4.0</td><td colspan="2">5.0</td><td>8.0</td><td>10</td></tr>
<tr><td>h</td><td>0.1</td><td colspan="2">0.2</td><td>0.3</td><td colspan="2">0.4</td><td>0.6</td><td>0.8</td><td>1.2</td></tr>
<tr><td>r</td><td>0.2</td><td colspan="2">0.5</td><td>0.8</td><td colspan="2">1.0</td><td>1.6</td><td>2.0</td><td>3.0</td></tr>
</table>

附录B　常用的标准件

附录B1　六角头螺栓(GB/T 5782—2016、GB/T 5783—2016)

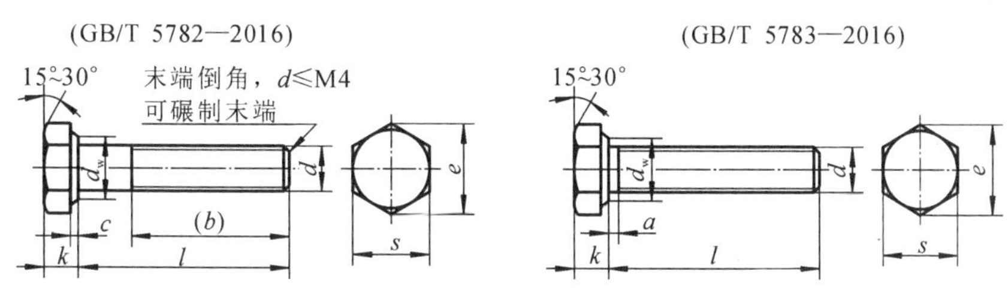

标记示例

螺纹规格 d=M12、公称长度 l=80 mm、性能等级为 8.8 级、表面氧化、杆身半螺纹、A 级的六角头螺栓：

螺栓 GB/T 5782 M12×80

螺纹规格 d=M12、公称长度 l=80 mm、性能等级为 8.8 级、表面氧化、全螺纹、A 级的六角头螺栓：

螺栓 GB/T 5783 M12×80

(单位:mm)

螺纹规格 d		M5	M6	M8	M10	M12	M16	M20	M24	M30	M36
k		3.5	4	5.3	6.4	7.5	10	12.5	15	18.7	22.5
s		8	10	13	16	18	24	30	36	46	55
c	max	0.5	0.5	0.6	0.6	0.6	0.8	0.8	0.8	0.8	0.8
	min	0.15	0.15	0.15	0.15	0.15	0.2	0.2	0.2	0.2	0.2
e (min)	A 级	8.8	11.1	14.4	17.8	20.0	26.8	33.5	40.0	—	—
	B 级	8.6	10.9	14.2	17.6	19.9	26.2	33.0	39.6	50.9	60.8
d_w (min)	A 级	4.57	5.88	6.88	8.88	11.63	14.63	16.63	22.49	28.19	33.61
	B 级	4.45	5.74	6.74	8.74	11.47	14.47	16.47	22	27.7	33.25
b 参考 (A、B 级)	l≤125	16	18	22	26	30	38	46	54	66	78
	125<l≤200	22	24	28	32	36	44	52	60	72	84
	l≥200	35	37	41	45	49	57	65	73	85	97
a	max	1.5	2.1	2.4	3	4	4.5	5.3	6	7.5	9
	min	0.8	1	1.25	1.5	1.75	2	2.5	3	3.5	4
l 范围	GB/T 5782	25~50	30~60	40~80	45~100	50~120	65~160	80~200	80~240	110~300	140~360
	GB/T 5783	10~50	12~60	16~80	20~100	25~120	30~150	40~150	50~200	60~200	70~200
l 系列		10、12、16、20~70(按 5 递增)、80~160(按 10 递增)、180~480(按 20 递增)									

注：1. 标准规定螺栓的螺纹规格 d=M1.6~M64。

2. 产品等级　A 级用于 d≤24 mm 和 l≤10d 或 l≤150 mm；B 级用于 d>24 mm 和 l>10d 或 l>150 mm(按较小值，A 级比 B 级精确)。

3. A 级和 B 级　材料为钢的螺栓性能等级有 5.6、8.8、9.8、10.9，其中 8.8 级为常用。

4. 末端按 GB/T 5782—2016 规定。

附录 B2　双头螺柱(GB/T 897～900—1988)

b_m＝1d(GB/T 897—1988),b_m＝ 1.25d(GB/T 898—1988),b_m＝ 1.5d(GB/T 899—1988),b_m＝ 2d(GB/T 900—1988)

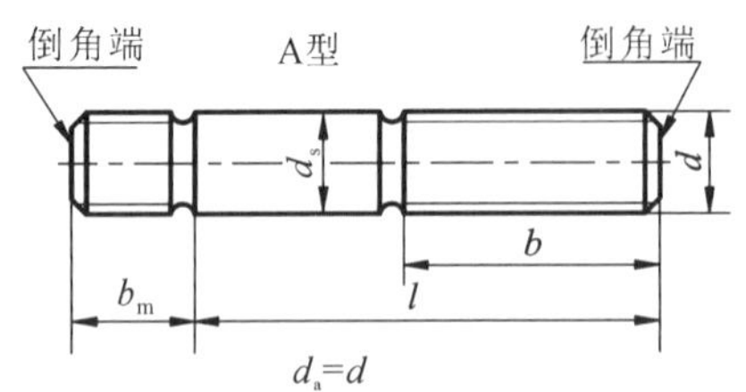

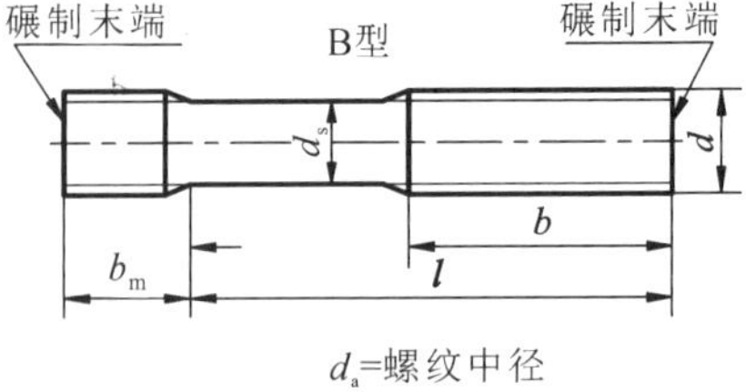

标记示例

两端均为粗牙普通螺纹、螺纹规格 d＝M10、公称长度 l＝50 mm、性能等级为 4.8 级、不经表面处理、b_m＝1d、B 型的双头螺柱：

螺柱 GB/T 897　M10×50

若为 A 型,则标记为：

螺柱 GB/T 897　AM10×50

(单位:mm)

螺纹规格 d	b_m				l/b
	GB/T 897	GB/T 898	GB/T 899	GB/T 900	
M4	—	—	6	8	(16～22)/8、(25～40)/14
M5	5	6	8	10	(16～22)/10、(25～50)/16
M6	6	8	10	12	(20～22)/10、(25～30)/14、(30～75)/18
M8	8	10	12	16	(20～22)/12、(25～30)/16、(30～90)/22
M10	10	12	15	20	(25～28)/14、(30～38)/16、(40～120)/26、130/32
M12	12	15	18	24	(25～28)/16、(32～40)/20、(45～120)/30、(130～180)/36
M16	16	20	24	32	(30～38)/20、(40～55)/30、(60～120)/38、(130～200)/44
M20	20	25	30	40	(35～40)/25、(45～65)/35、(70～120)/46、(130～200)/52
M24	24	30	36	48	(45～50)/30、(55～75)/45、(80～120)/54、(130～200)/60
M30	30	38	45	60	(60～65)/40、(70～90)/50、(95～120)/66、(130～200)/72、(210～250)/85
M36	36	45	54	72	(65～75)/45、(80～110)/60、120/78、(130～200)/84、(210～300)/97
l 系列	12、(14)、16、(18)、20、(22)、25、(28)、30、(32)、35、(38)、40、45、50、55、60、(65)、70、75、80、(85)、90、100～260(按 10 递增)、280、300				

注:1. 尽可能不采用括号内的长度系列。

2. b_m＝1d 一般用于钢对钢;b_m＝(1.25～1.5)d 一般用于钢对铸铁;b_m＝2d 一般用于钢对铝合金。

3. 材料为钢的螺柱性能等级有 4.8、5.8、6.8、8.8、10.9、12.9 级,其中 4.8 级为常用,产品等级为 B 级。

附录 B3　开槽螺钉(GB/T 65—2016、GB/T 67—2016、GB/T 68—2016)

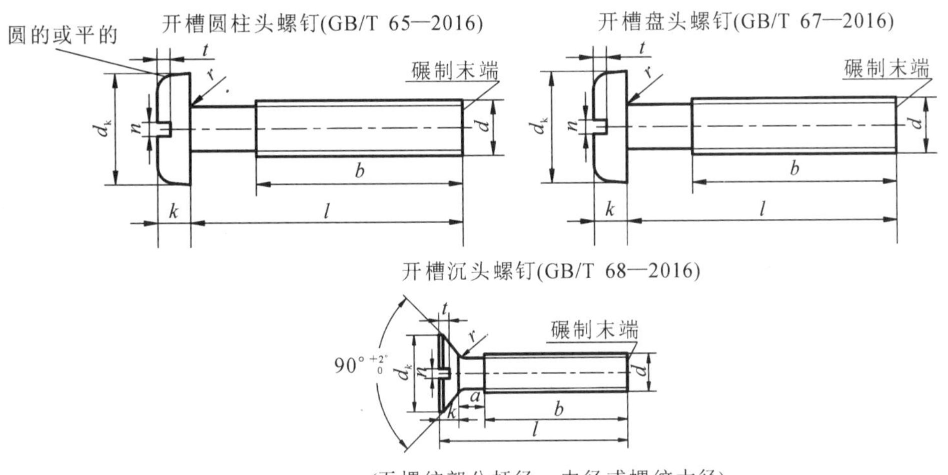

(无螺纹部分杆径≈中径或螺纹大径)

标记示例

螺纹规格 d=M5、公称长度 l=20 mm、性能等级为 4.8 级、不经表面热处理的 A 级开槽圆柱头螺钉：

螺钉 GB/T 65　M5×20

(单位:mm)

d		M1.6	M2	M2.5	M3	M4	M5	M6	M8	M10
b_{min}		25	25	25	25	38	38	38	38	38
n		0.4	0.5	0.6	0.8	1.2	1.2	1.6	2	2.5
GB/T 65—2016	d_{kmax}	3.0	3.8	4.5	5.5	7	8.5	10	13	16
	k_{max}	1.1	1.4	1.8	2.0	2.6	3.3	3.9	5	6
	t_{min}	0.45	0.6	0.7	0.85	1.1	1.3	1.6	2	2.4
	商品规格长度 l	2~16	3~20	3~25	4~30	5~40	6~50	8~60	10~80	12~80
	全螺纹长度 l	2~30	3~30	3~30	4~30	5~40	6~40	8~40	10~40	12~40
GB/T 67—2016	d_{kmax}	3.2	4	5	5.6	8	9.5	12	16	20
	k_{max}	1.0	1.3	1.5	1.8	2.4	3	3.6	4.8	6
	t_{min}	0.35	0.5	0.6	0.7	1	1.2	1.4	1.9	2.4
	商品规格长度 l	2~16	2.5~20	3~25	4~30	5~40	6~50	8~60	10~80	12~80
	全螺纹长度 l	2~30	2.3~30	3~30	4~30	5~40	6~40	8~40	10~40	12~40
GB/T 68—2016	d_{kmax}	3.0	3.8	4.7	5.5	8.4	9.3	11.3	15.8	18.3
	k_{max}	1	1.2	1.5	1.65	2.7	2.7	3.3	4.65	5
	t_{min}	0.32	0.4	0.5	0.6	1	1.1	1.2	1.8	2
	商品规格长度 l	2.5~16	3~20	3~25	4~25	5~30	6~40	8~50	10~80	12~80
	全螺纹长度 l	2.5~30	3~30	4~30	5~30	6~45	8~45	8~45	10~45	12~45
l 系列	2,2.5,3,4,5,6,8,10,12,(14),16,20,25,30,35,40,45,50,(55),60,(65),70,(75),80									

注:1. 尽可能不采用括号内的长度系列。

2. 本表所列螺钉的螺纹公差为 6g,机械性能等级为 4.8、5.8 级,产品等级为 A 级。

附录 B4　内六角圆柱头螺钉(GB/T 70.1—2008)

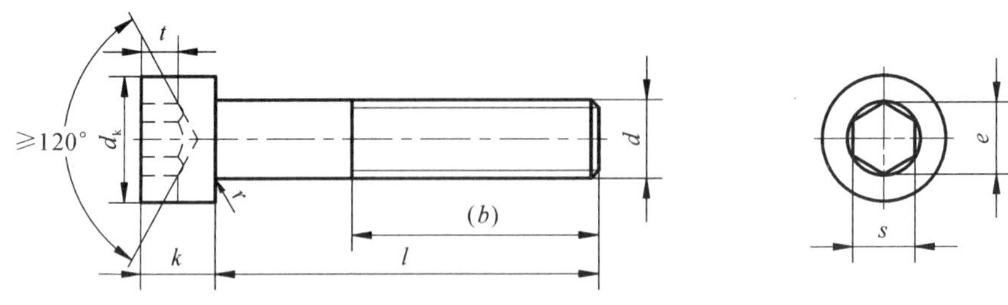

标记示例

螺纹规格 d=M5,公称长度 l=20 mm,性能等级为 8.8 级,表面氧化的内六角圆柱头螺钉标记为

螺钉 GB/T 70.1—2008　M5×20

(单位:mm)

螺纹规格 d	M5	M6	M8	M10	M12	M16	M20	M24	M30	M36
b 参考值	22	24	28	32	36	44	52	60	72	84
d_{kmax}	8.5	10	13	16	18	24	30	36	45	54
e_{min}	4.58	5.72	6.86	9.15	11.43	16	19.44	21.73	25.15	30.85
k_{max}	5	6	8	10	12	16	20	24	30	36
r	0.2	0.25	0.4		0.6		0.8		1	
s 公称	4	5	6	8	10	14	17	19	22	27
t_{min}	2.5	3	4	5	6	8	10	12	15.5	19
l 范围	8～50	10～60	12～80	16～100	20～120	25～160	30～200	40～200	45～200	55～200
制成全螺纹时 l≤	25	30	35	40	45	55	65	80	90	110
l 系列(公称)	8、10、12、(14)、16、20～50(按 5 递增)、(55)、60、70～160(按 10 递增)、180～200									

注:1. 尽可能不采用括号内规格。

2. 标准规定螺钉规格 M1.6～M64。

3. 材料为钢的螺钉性能等级有 4.8、5.8、6.8、8.8、10.9、12.9 级,其中 8.8 级为常用。

附录 B5　开槽紧定螺钉(GB/T 71—2018、GB/T 73—2017、GB/T 75—2018)

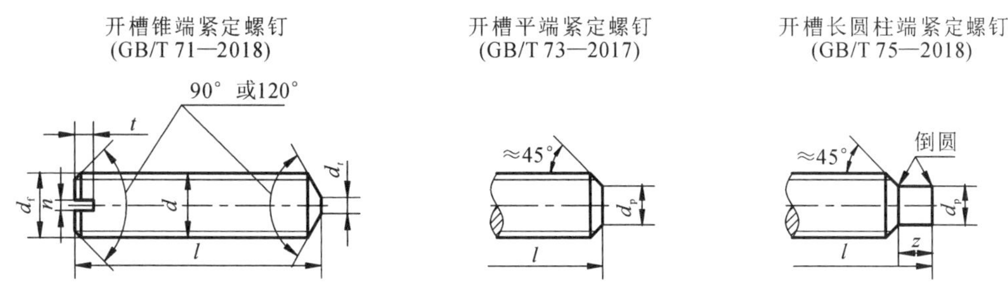

标记示例

螺纹规格　d=M5、公称长度 l=12 mm、性能等级为 14H 级、表面氧化的开槽锥端紧定螺钉，标记为

螺钉 GB/T 71　M5×12

螺纹规格　d=M8、公称长度 l=20 mm、性能等级为 14H 级、表面氧化的开槽长圆柱端紧定螺钉，标记为

螺钉 GB/T 75　M8×20

(单位:mm)

螺纹规格 d		M1.2	M1.6	M2	M2.5	M3	M4	M5	M6	M8	M10	M12
d_f		螺纹小径										
n		0.2	0.25	0.25	0.4	0.4	0.6	0.8	1	1.2	1.6	2
t		0.52	0.74	0.84	0.95	1.05	1.42	1.63	2	2.5	3	3.6
d_t		0.11	0.16	0.2	0.25	0.3	0.4	0.5	1.5	2	2.5	3
d_p		0.6	0.8	1	1.5	2	2.5	3.5	4	5.5	7	8.5
z		—	1.05	1.25	1.5	1.75	2.25	2.75	3.25	4.3	5.3	6.3
l	GB/T 71—2018	2～6	2～8	3～10	3～12	4～16	6～20	8～25	8～30	10～40	12～50	14～60
	GB/T 73—2017	2～6	2～8	2～10	2.5～12	3～16	4～20	5～25	6～30	8～40	10～50	12～60
	GB/T 75—2018	—	2.5～8	3～10	4～12	5～16	6～20	8～25	10～30	10～40	12～50	14～60
l 系列		2,2.5,3,4,5,6,8,10,12,(14),16,20,25,30,35,40,45,50,(55),60										

注:1. l 为公称长度。

2. 括号内的规格尽可能不采用。

3. 材料为钢的紧定螺钉性能等级有 14H、22H 级，其中 14H 级为常用。

附录 B6 六角螺母(GB/T 41—2016、GB/T 6170—2015、GB/T 6172.1—2016)

1 型六角螺母 C 级(GB/T 41—2016)

1 型六角螺母 A 级和 B 级(GB/T 6170—2015)

六角薄螺母 A 级和 B 级(GB/T 6172.1—2016)

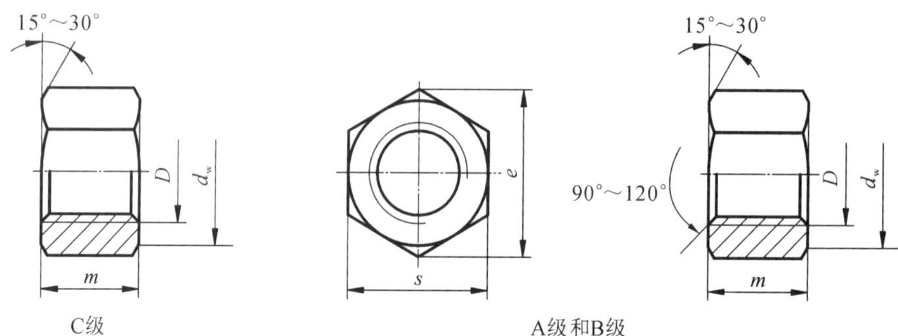

标记示例

螺纹规格 D=M12、性能等级为 5 级、不经表面处理、产品等级为 C 级的六角螺母:

螺母 GB/T 41 M12

螺纹规格 D=M16、性能等级为 10 级、不经表面处理、A 级的 1 型六角螺母:

螺母 GB/T 6170 M16

(单位:mm)

螺纹规格	D	M4	M5	M6	M8	M10	M12	M16	M20	M24	M30	M36	M42
s		7	8	10	13	16	18	24	30	36	46	55	65
e_{min}	GB/T 6170	7.7	8.8	11.0	14.4	17.8	20.0	26.8	32.95	39.95	50.85	60.79	71.3
	GB/T 41	—	8.6	10.9	14.2	17.6	19.9	26.2					
	GB/T 6172.1	7.66	8.79	11.05	14.38	17.77	20.03	26.75					
m_{max}	GB/T 6170	3.2	4.7	5.2	6.8	8.4	10.8	14.8	18.0	21.5	25.6	31.0	34.0
	GB/T 41	—	5.6	6.1	7.9	9.5	12.2	15.9	18.7	22.3	26.4	31.9	34.9
	GB/T 6172.1	2.2	2.7	3.2	4	5	6	8	10	12	15	18	21
d_{wmin}	GB/T 6170	5.9	6.9	8.9	11.6	14.6	16.6	22.5	27.7	33.2	42.7	51.1	60.6
	GB/T 41	—	6.7	8.7	11.5	14.5	16.5	22.0					
	GB/T 6172.1	5.9	6.9	8.9	11.6	14.6	16.6	22.5					

注:1. A 级用于 $D \leqslant 16$ mm 的螺母;B 级用于 $D>16$ mm 的螺母;C 级的螺纹规格为 M5～M60。

2. 材料为钢的螺母,A、B 级,螺纹公差为 6H,性能等级有 6、8、10 级,其中 8 级为常用;C 级,螺纹公差为 7H,性能等级有 4、5 级。

附录 B7　垫圈（GB/T 97.1—2002、GB/T 97.2—2002、GB/T 95—2002、GB/T 848—2002、GB/T 5287—2002、GB/T 96—2002）

平垫圈 A 级（GB/T 97.1—2002）　平垫圈倒角型 A 级（GB/T 97.2—2002）
平垫圈 C 级（GB/T 95—2002）　小垫圈 A 级（GB/T 848—2002）
特大垫圈 C 级（GB/T 5287—2002）　大垫圈 A 级和 C 级（GB/T 96—2002）

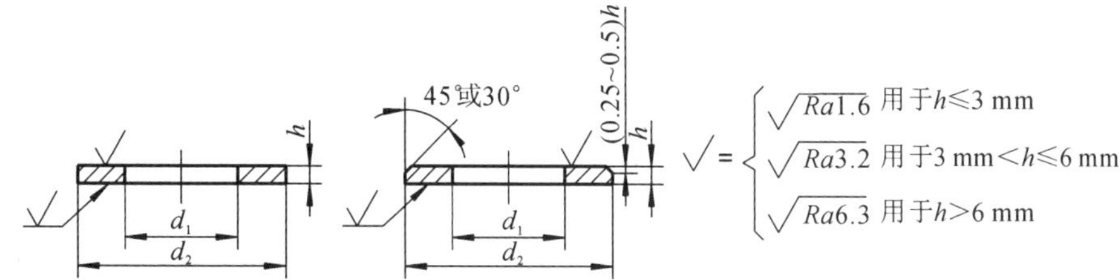

标记示例

标准系列、公称尺寸 d=8、由钢制造的硬度等级为 200 HV 级、不经表面处理、产品等级为 A 级的平垫圈：

垫圈 GB/T 97.1—2002　8

标准系列、公称尺寸 d=10、性能等级为 140 HV 级、倒角型，不经表面处理、产品等级为 A 级的平垫圈：

垫圈 GB/T 97.2—2002　10

（单位：mm）

公称直径 d（螺纹规格）		4	5	6	8	10	12	14	16	20	24	30	36
GB/T 97.1—2002（A 级）	d_1	4.3	5.3	6.4	8.4	10.5	13	15	17	21	25	31	37
	d_2	9	10	12	16	20	24	28	30	37	44	56	66
	h	0.8	1	1.6	1.6	2	2.5	2.5	3	3	4	4	5
GB/T 97.2—2002（A 级）	d_1	—	5.3	6.4	8.4	10.5	13	15	17	21	25	31	37
	d_2	—	10	12	16	20	24	28	30	37	44	56	66
	h	—	1	1.6	1.6	2	2.5	2.5	3	3	4	4	5
GB/T 95—2002（C 级）	d_1	—	5.5	6.6	9	11	15.5	15.5	17.5	22	26	33	39
	d_2	—	10	12	16	20	28	28	30	37	44	56	66
	h	—	1	1.6	1.6	2	2.5	2.5	3	3	4	4	5
GB/T 848—2002	d_1	4.3	5.3	6.4	8.4	10.5	13	15	17	21	25	31	37
	d_2	8	9	11	15	18	20	24	28	34	39	50	60
	h	0.5	1	1.6	1.6	1.6	2	2.5	2.5	3	4	4	5
GB/T 5287—2002	d_1	—	5.5	6.6	9	11	13.5	15.5	17.5	22	26	33	39
	d_2	—	18	22	28	34	44	50	56	72	85	105	125
	h	—	2	2	3	3	4	4	5	6	6	6	8
GB/T 96—2002	d_1	4.3	5.3	6.4	8.4	10.5	13	15	17	22	26	33	36
	d_2	12	15	18	24	30	37	44	50	60	72	92	110
	h	1	1.2	1.6	2	2.5	3	3	3	4	5	6	8

注：1. A 级适用于精装配系列，C 级适用于中等装配系列。
2. 材料为钢的垫圈，A 级，机械性能等级有 140 HV、200 HV、300 HV；C 级，机械性能等级有 100 HV。
3. C 级垫圈没有 Ra3.2 和去毛刺的要求。

附录 B8　垫圈(GB/T 93—1987、GB/T 859—1987、GB/T 7244—1987)

标准型弹簧垫圈(GB/T 93—1987)　轻型弹簧垫圈(GB/T 859—1987)　重型弹簧垫圈(GB/T 7244—1987)

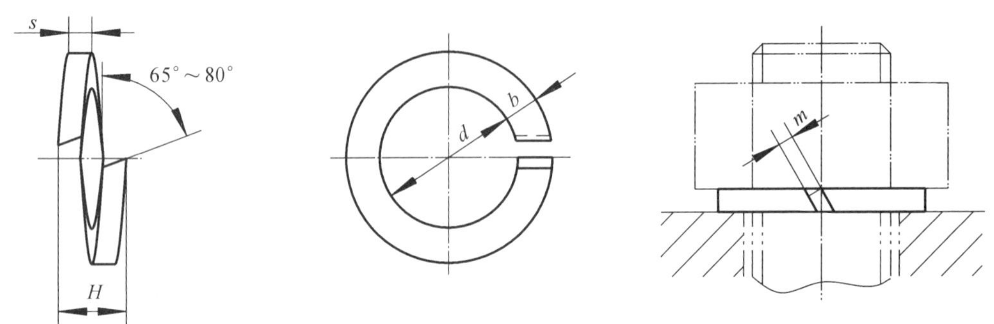

标记示例

公称直径 16、材料为 65Mn、表面氧化的标准型弹簧垫圈：

垫圈 GB/T 93—1987　16

(单位:mm)

公称规格（螺纹大径）		4	5	6	8	10	12	16	20	24	30	36	42	48
d		4.1	5.1	6.1	8.1	10.2	12.2	16.2	20.2	30.5	30.5	36.5	42.5	48.5
GB/T 93—1987	s	1.1	1.3	1.6	2.1	2.6	3.1	4.1	5	7.5	7.5	9	10.5	12
	b	1.1	1.3	1.6	2.1	2.6	3.1	4.1	5	7.5	7.5	9	10.5	12
	H	2.8	3.3	4	5.3	6.5	7.8	10.3	12.5	15	18.8	22.5	26.3	30
GB/T 859—1987	s	0.8	1.1	1.3	1.6	2	2.5	3.2	4	5	6	—	—	—
	b	1.2	1.5	2	2.5	3	3.5	4.5	5.5	7	9	—	—	—
	H	2	2.75	3.25	4	5	6.25	8	10	12.25	15	—	—	—
GB/T 7244—1987	s	—	—	1.8	2.4	3	3.5	4.8	6	7.1	9	10.8	—	—
	b	—	—	2.6	3.2	3.8	4.3	5.3	6.4	7.5	9.3	11.1	—	—
	H	—	—	4.5	6	7.5	8.75	12	15	17.75	22.5	27	—	—

附录 B9　平键及键槽剖面尺寸(GB/T 1096—2003、GB/T 1095—2003)

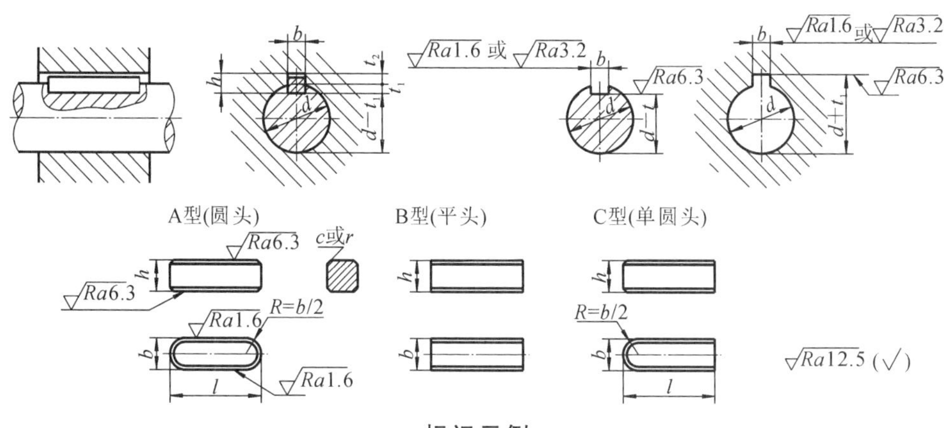

标记示例

$b=12$,$h=8$,$l=60$,普通 A 型平键:GB/T 1096 键 12×8×60

$b=12$,$h=8$,$l=60$,普通 B 型平键:GB/T 1096 键 B 12×8×60

$b=12$,$h=8$,$l=60$,普通 C 型平键:GB/T 1096 键 C 12×8×60

(单位:mm)

轴	键			键槽											
公称直径 d	键尺寸 $b\times h$	长度 l	倒角或倒圆	宽度 b						深度				半径 r	
				基本尺寸	极限偏差					轴 t_1		毂 t_2			
					松连接		正常连接		紧密连接	基本尺寸	极限偏差	基本尺寸	极限偏差		
					轴 H9	毂 D10	轴 N9	毂 JS9	轴和毂 P9					max	min
自 6~8	2×2	6~20	0.16~0.25	2	+0.025 0	+0.060 +0.020	-0.004 -0.029	±0.0125	-0.000 -0.031	1.2	+0.10	1.0	+0.10	0.08	0.16
>8~10	3×3	6~36		3						1.8		1.4			
>10~12	4×4	8~45		4	+0.030 0	+0.078 +0.030	0 -0.030	±0.015	-0.012 -0.042	2.5		1.8			
>12~17	5×5	10~56	0.25~0.40	5						3.0		2.3		0.16	0.25
>17~22	6×6	14~70		6						3.5		2.8			
>22~30	8×7	18~90		8	+0.036 0	+0.098 +0.040	0 -0.036	±0.018	-0.015 -0.051	4.0	+0.20	3.3	+0.20		
>30~38	10×8	22~110	0.40~0.60	10						5.0		3.3		0.25	0.40
>38~44	12×8	28~140		12	+0.043 0	+0.120 +0.050	0 -0.043	±0.0215	-0.018 -0.061	5.0		3.3			
>44~50	14×9	36~160		14						5.5		3.8			
>50~58	16×10	45~180		16						6.0		4.3			
>58~65	18×11	50~200		18						7.0		4.4			
>65~75	20×12	56~220	0.60~0.80	20	+0.052 0	+0.149 +0.065	0 -0.052	±0.026	-0.022 -0.74	7.5		4.9		0.40	0.60
>75~85	22×14	63~250		22						9.0		5.4			
>85~95	25×14	70~280		25						9.0		5.4			
>95~110	28×16	80~320		28						10.0		6.4			

注:1. GB/T 1095—2003、GB/T 1096—2003 中无轴的公称直径一列,现列出仅供参考。

2. $(d-t_1)$和$(d+t_2)$两组组合尺寸的极限偏差按相应的 t_1 和 t_2 的极限偏差选取,但$(d-t_1)$的极限偏差应取负号(—)。

3. l 系列　6~22(按 2 递增)、25、28、32、36、40、45、56、63、70、80、90、100、110、125、140、160、180、200、220、250、280、320。

附录 B10　圆柱销(GB/T 119.1—2000、GB/T 119.2—2000)

圆柱销　不淬硬钢和奥氏体不锈钢(GB/T 119.1—2000)

圆柱销　淬硬钢和马氏体不锈钢(GB/T 119.2—2000)

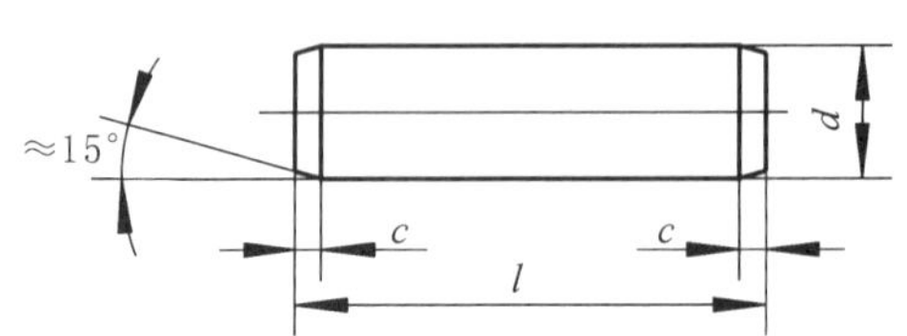

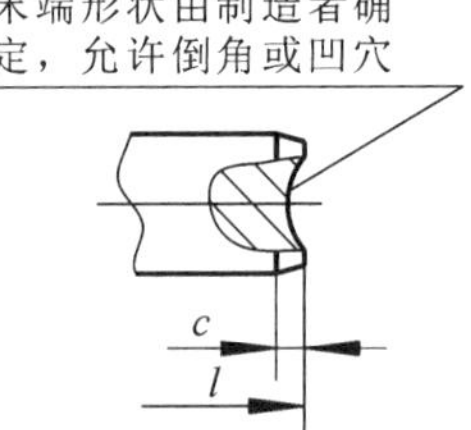

标记示例

公称直径 d=8、公差为 m6、公称长度 l=30、材料为钢、不经淬火、不经表面处理的圆柱销：

销　GB/T 119.1　8m6×30

公称直径 d=6、公差为 m6、公称长度 l=30、材料为钢、普通淬火(A 型)、表面氧化处理的圆柱销：

销　GB/T 119.2　6×30

(单位:mm)

$d_{公称}$		2	3	4	5	6	8	10
c≈		0.35	0.5	0,63	0.80	1.20	1.60	2.00
l 范围	GB/T 119.1	6～20	8～30	8～40	10～50	12～60	14～80	18～95
	GB/T 119.2	6～20	8～30	10～40	12～50	14～60	18～80	22～100
$d_{公称}$		12	16	20	25	30	40	50
c≈		2.50	3.00	3.50	4.00	5.00	6.30	8.00
l 范围	GB/T 119.1	22～140	26～180	35～200	50～200	60～200	80～200	95～200
	GB/T 119.2	26～100	40～100	50～100	—	—	—	—
l 系列		6～32(按 2 递增)、35～100(按 5 递增)、120～200(按 20 递增)						

注：1. GB/T 119.1—2000 规定圆柱销的公称直径 d=0.6～50 mm，公称长度 l=2～200 mm，公差有 m6 和 h8；

GB/T 119.2—2000 规定圆柱销的公称直径 d=1～20 mm，公称长度 l=3～200 mm，公差仅有 m6。

2. GB/T 119.1—2000 公差 m6：$Ra \leqslant 0.8\ \mu m$，公差 h8：$Ra \leqslant 1.6\ \mu m$；GB/T 119.2—2000　$Ra \leqslant 0.8\ \mu m$。

附录 B11 圆锥销(GB/T 117—2000)

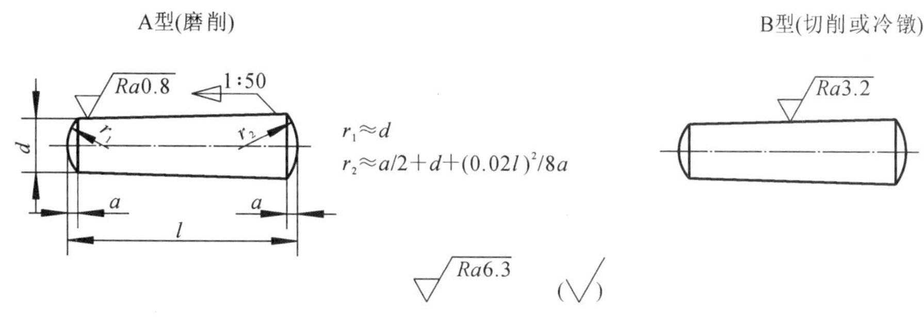

标记示例

公称直径 $d=10$,长度 $l=60$,材料为 35 钢,热处理硬度为 28～38 HRC,表面氧化处理的 A 型圆锥销:

销 GB/T 117 10×60

(单位:mm)

$d_{公称}$	0.6	0.8	1	1.2	1.5	2	2.5	3	4	5
$a\approx$	0.08	0.1	0.12	0.16	0.2	0.25	0.3	0.4	0.5	0.63
l 范围	4～8	5～12	6～16	6～20	8～24	10～35	10～35	12～45	14～55	18～60
$d_{公称}$	6	8	10	12	16	20	25	30	40	50
$a\approx$	0.8	1.0	1.2	1.6	2.0	2.5	3.0	4.0	5.0	6.3
l 范围	22～90	22～120	26～160	32～180	40～200	45～200	50～200	55～200	60～200	65～200
l 系列	2,3,4,5,6～32(按 2 递增)、35～100(按 5 递增),120～200(按 20 递增)									

附录 B12　开口销(GB/T 91—2000)

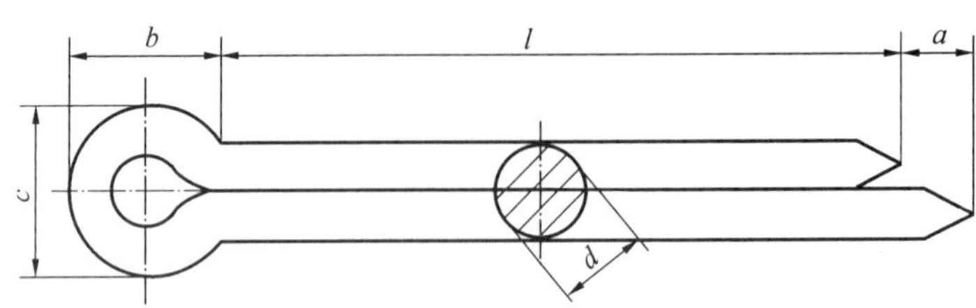

标记示例

公称直径 d=5 mm、长度 l=50 mm、材料为 Q215 或 Q235、不经表面处理的开口销：

销 GB/T 91—2000　5×50

(单位:mm)

d	公称	0.6	0.8	1	1.2	1.6	2	2.5	3.2	4	5	6.3	8	10	13
	max	0.5	0.7	0.9	1.0	1.4	1.8	2.3	2.9	3.7	4.6	5.9	7.5	9.5	12.4
	min	0.4	0.6	0.8	0.9	1.3	1.7	2.1	2.7	3.5	4.4	5.7	7.3	9.3	12.1
a	max	1.6			2.5				3.2	4				6.3	
c	max	1	1.4	1.8	2	2.8	3.6	4.6	5.8	7.4	9.2	11.8	15	19	24.8
	min	0.9	1.2	1.6	1.7	2.4	3.2	4	5.1	6.5	8	10.3	13.1	16.6	21.7
b≈		2	2.4	3	3	3.2	4	5	6.4	8	10	12.6	16	20	26
商品规格 l		4～12	5～16	6～20	8～25	8～32	10～40	12～65	14～63	18～80	22～100	30～120	40～160	45～200	70～200
l 系列		4、5、6、8、10、12、14、16、18、20、22、25、28、32、36、40、45、50、63、71、80、90、100、112、120、125、140、160、180、200、224、250、280													

附录 B13　深沟球轴承(GB/T 276—2013)

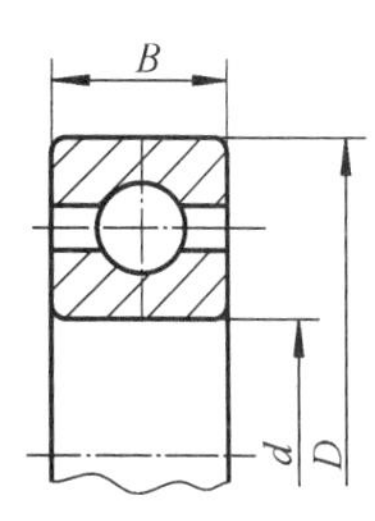

标记示例

类型代号 6

内径 d=60 mm、尺寸系列代号为(0)2 的深沟球轴承：

滚动轴承 6212 GB/T 276—2013

(单位：mm)

轴承代号	d	D	B	轴承代号	d	D	B
尺寸系列代号(1)0				尺寸系列代号(0)3			
606	6	17	6	634	4	16	5
607	7	19	6	635	5	19	6
608	8	22	7	6300	10	35	11
609	9	24	7	6301	12	37	12
6000	10	26	8	6302	15	42	13
6001	12	28	8	6303	17	47	14
6002	15	32	9	6304	20	52	15
6003	17	35	10	63/22	22	56	16
6004	20	42	12	6305	25	62	17
6005	25	47	12	63/28	28	68	18
60/28	28	54	12	6306	30	72	19
6006	30	55	13	63/32	32	75	20
6007	35	62	14	6307	35	80	21
6008	40	68	15	6308	40	90	23
6009	45	75	16	6309	45	100	25
6010	50	80	16	6310	50	110	27
6011	55	90	18	6311	55	120	29
6012	60	95	18	6312	60	130	31
尺寸系列代号(0)2				尺寸系列代号(0)4			
623	3	10	4	6403	17	62	17
624	4	13	5	6404	20	72	19
625	5	16	5	6405	25	80	21
626	6	19	6	6406	30	90	23
627	7	22	7	6407	35	100	25
628	8	24	8	6408	40	110	27
629	9	26	8	6409	45	120	29
6200	10	30	9	6410	50	130	31
6201	12	32	10	6411	55	140	33
6202	15	35	11	6412	60	150	35
6203	17	40	12	6413	65	160	37
6204	20	47	14	6414	70	180	42
6205	25	52	15	6415	75	190	45
6206	30	62	16	6416	80	200	48
6207	35	72	17	6417	85	20	52
6208	40	80	18	6418	90	225	54
6209	45	85	19	6419	95	240	55
6210	50	90	20	6420	100	250	58
6211	55	100	21	6422	110	280	65
6212	60	110	22	注：表中括号“()”，表示该数字在轴承代号中省略			

附录 B14　圆锥滚子轴承(GB/T 297—2015)

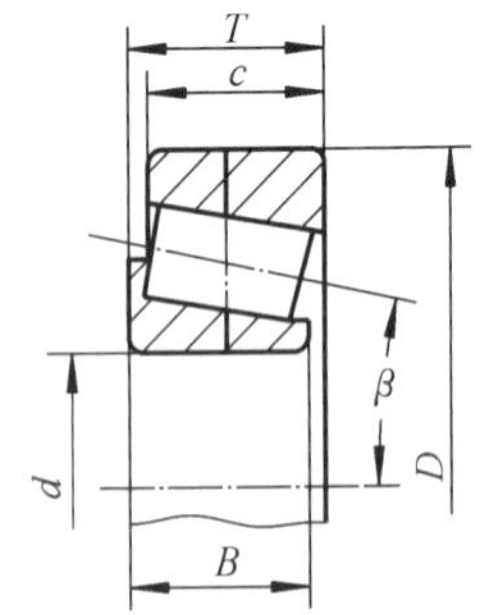

标记示例

类型代号 3

内圈孔径 d=35 mm、尺寸系列代号为 03 的圆锥滚子轴承：

滚动轴承 30307 GB/T 297—2015

（单位：mm）

轴承代号	d	D	T	B	c
尺寸系列代号 02					
30202	15	35	11.75	11	10
30203	17	40	13.25	12	11
30204	20	47	15.25	14	12
30205	25	52	16.25	15	13
30206	30	62	17.25	16	14
30207	35	72	18.25	17	15
30208	40	80	19.75	18	16
30209	45	85	20.75	19	16
30210	50	90	21.75	20	17
30211	55	100	22.75	21	18
30212	60	110	23.75	22	19
30213	65	120	24.75	23	20
30214	70	125	26.75	24	21
30215	75	130	27.75	25	22
尺寸系列代号 03					
30302	15	42	14.25	13	11
30303	17	47	15.25	14	12
30304	20	52	16.25	15	13
30305	25	62	18.25	17	15
30306	30	72	20.75	19	16
30307	35	80	22.75	21	118
30308	40	90	25.25	23	20
30309	45	100	27.25	25	22
30310	50	110	29.25	27	23
30311	55	120	31.5	29	25
30312	60	130	33.5	31	26
30313	65	140	36	33	28
30314	70	150	38	35	30
30315	75	160	40	37	31
30316	80	170	42.5	39	33
30317	85	180	44.5	41	34
30318	90	190	46.5	43	36
30319	95	200	49.5	45	38

轴承代号	d	D	T	B	c
尺寸系列代号 23					
32303	17	20.25	19	16	16
32304	20	22.25	21	18	18
32305	25	25.25	24	20	20
32306	30	28.75	27	23	23
32307	35	32.75	31	25	25
32308	40	35.25	33	27	27
32309	45	38.25	36	30	30
32310	50	42.25	440	33	33
32311	55	45.5	43	35	35
32312	60	48.5	46	37	37
32313	65	51	48	39	39
32314	70	54	51	42	42
32315	75	58	55	45	45
32316	80	61.5	58	48	48
尺寸系列代号 30					
33005	25	47	17	17	14
33006	30	55	20	20	16
33007	35	62	21	21	17
33008	40	68	22	22	18
33009	45	75	24	24	19
33010	50	80	24	24	19
33011	55	90	27	27	21
33012	60	95	27	27	21
33013	65	100	27	27	21
33014	70	110	31	3131	25.5
尺寸系列代号 31					
33108	40	75	26	26	20.5
33109	45	80	26	26	20.5
33110	50	85	26	26	20
33111	55	95	30	30	23
33112	60	100	30	30	23
33113	65	110	34	34	26.5
33114	70	120	37	37	29

附录 B15　推力球轴承(GB/T 301—2015)

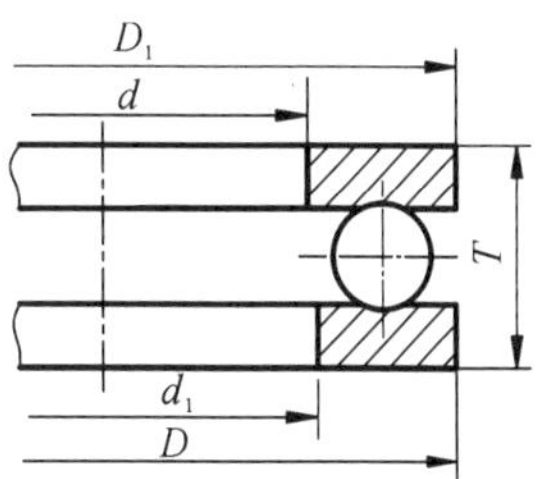

标记示例

类型代号 5

内径 d=30 mm、尺寸系列代号为 13 的推力球轴承：

滚动轴承 51306　GB/T 301—2015

(单位:mm)

轴承代号	d	D	T	d_1	D_1	轴承代号	d	D	T	d_1	D_1
	尺寸系列代号 11						尺寸系列代号 13				
51104	20	35	10	21	35	51304	20	47	18	22	47
51105	25	42	11	26	42	51305	25	52	18	27	52
51106	30	47	11	32	47	51306	30	60	21	32	60
51107	35	52	12	37	52	51307	35	68	24	37	68
51108	40	60	13	42	60	51308	40	78	26	42	78
51109	45	65	14	47	65	51309	45	85	28	47	85
51110	50	70	14	52	70	51310	50	95	31	52	95
51111	55	78	16	57	78	51311	55	105	35	57	105
51112	60	85	17	62	85	51312	60	110	35	62	110
51113	65	90	18	67	90	51313	65	115	36	67	115
51114	70	95	18	72	95	51314	70	125	40	72	125
51115	75	100	19	77	100	51315	75	135	44	77	135
51116	80	105	19	82	105	51316	80	140	44	82	140
51117	85	110	19	87	110	51317	85	150	49	88	150
51118	90	120	22	92	120	51318	90	155	50	93	155
51120	100	135	25	102	135	51320	100	170	55	103	170
尺寸系列代号 12						尺寸系列代号 14					
51204	20	40	14	22	40	51405	25	60	24	27	60
51205	25	47	15	27	47	51406	30	70	28	32	70
51206	30	52	16	32	52	51407	35	80	32	37	80
51207	35	62	18	37	62	51408	40	90	36	42	90
51208	40	68	19	42	68	51409	45	100	39	47	100
51209	45	73	20	47	73	51410	50	110	43	52	110
51210	50	78	22	52	78	51411	55	120	48	57	120
51211	55	90	25	57	90	51412	60	130	51	62	130
51212	60	95	26	62	95	51413	65	140	56	68	140
51213	65	100	27	67	100	51414	70	150	60	73	150
51214	70	105	27	72	105	51415	75	160	65	78	160
51215	75	110	27	77	110	51416	80	170	68	83	170
51216	80	115	28	82	115	51417	85	180	72	88	177
51217	85	125	31	88	125	51418	90	190	77	93	187
51218	90	135	35	93	135	51420	100	210	85	103	205
51220	100	150	38	103	150	51422	110	230	95	113	225

注:推力球轴承有 51000 型和 52000 型,类型代号都是 5,尺寸系列代号分别为 11、12、13、14 和 21、22、23、24,52000 型的形式、尺寸可查阅 GB/T 301—2015。

附录C 极限与配合

附表C1 轴的极限偏差数值(根据GB/T 1800.2—2009)

(单位:μm)

公差带代号 公称尺寸/mm	c	d	f			g		h						
	11	9	6	7	8	6	7	6	7	8	9	10	11	12
>0～3	−60 −120	−20 −45	−6 −12	−6 −16	−6 −20	−2 −8	−2 −12	0 −6	0 −10	0 −14	0 −25	0 −40	0 −60	0 −100
>3～6	−70 −145	−30 −60	−10 −18	−10 −22	−10 −28	−4 −12	−4 −16	0 −8	0 −12	0 −18	0 −30	0 −48	0 −75	0 −120
>6～10	−80 −170	−40 −76	−13 −22	−13 −28	−13 −35	−5 −14	−5 −20	0 −9	0 −15	0 −22	0 −36	0 −58	0 −90	0 −150
>10～18	−95 −205	−50 −93	−16 −27	−16 −34	−16 −43	−6 −17	−6 −24	0 −11	0 −18	0 −27	0 −43	0 −70	0 −110	0 −180
>18～30	−110 −240	−65 −117	−20 −33	−20 −41	−20 −53	−7 −20	−7 −28	0 −13	0 −21	0 −33	0 −52	0 −84	0 −130	0 −210
>30～40	−120 −280	−80 −142	−25 −41	−25 −50	−25 −64	−9 −25	−9 −32	0 −16	0 −25	0 −39	0 −62	0 −100	0 −160	0 −250
>40～50	−130 −290													
>50～65	−140 −330	−100 −174	−30 −49	−30 −60	−30 −76	−10 −19	−10 −40	0 −19	0 −30	0 −46	0 −74	0 −120	0 −190	0 −300
>65～80	−150 −340													
>80～100	−170 −390	−120 −207	−36 −58	−36 −71	−36 −90	−12 −34	−12 −47	0 −22	0 −35	0 −54	0 −87	0 −140	0 −220	0 −350
>100～120	−180 −400													
>120～140	−200 −450													
>140～160	−210 −460	−145 −245	−43 −68	−43 −83	−43 −106	−14 −39	−14 −54	0 25	0 −40	0 −63	0 −100	0 −160	0 −250	0 −400
>160～180	−230 −480													
>180～200	−240 −530													
>200～225	−260 −550	−170 −285	−50 −79	−50 −96	−50 −122	−15 −44	−15 −61	0 −29	0 −46	0 −72	0 −115	0 −185	0 −290	0 −290
>225～250	−280 −570													
>250～280	−300 −620	−190 −320	−56 −88	−56 −108	−56 −137	−17 −49	−17 −69	0 −32	0 −52	0 −81	0 −130	0 −210	0 −320	0 −520
>280～315	−330 −650													
>315～355	−360 −720	−210 −350	−62 −98	−62 −119	−62 −151	−18 −54	−18 −75	0 −36	0 −57	0 −89	0 −140	0 −230	0 −360	0 −570
>355～400	−400 −760													

续表

公差带代号 公称尺寸/mm	j	js	k		m		n		p		r	s	t	u
	7	6	6	7	6	7	6	7	6	7	6	6	6	6
>0～3	+6 −4	±3	+6 0	+10 0	+8 +2	+12 +2	+10 +4	+14 +4	+12 +6	+16 +6	+16 +10	+20 +14		+24 +18
>3～6	+8 −4	±4	+9 +1	+13 +1	+12 +4	+16 +4	+16 +8	+20 +8	+20 +12	+24 +12	+23 +15	+27 +19		+31 +23
>6～10	+10 −5	±4.5	+10 +1	+16 +1	+15 +6	+21 +6	+19 +10	+25 +10	+24 +15	+30 +15	+28 +19	+32 +23		+37 +28
>10～18	+12 −6	±5.5	+12 +1	+19 +1	+18 +7	+25 +7	+23 +12	+30 +12	+29 +18	+36 +18	+34 +23	+39 +28		+44 +33
>18～24	+13 −8	±6	+15 +2	+23 +2	+21 +8	+29 +8	+28 +15	+36 +15	+35 +22	+43 +22	+41 +28	+48 +35		+54 +41
>24～30													+54 +41	+61 +48
>30～40	+15 −10	±8	+18 +2	+27 +2	+25 +9	+34 +9	+33 +17	+42 +17	+42 +26	+51 +26	+50 +34	+59 +43	+64 +48	+76 +60
>40～50													+70 +5	+86 +70
>50～65	+18 −12	±9.5	+21 +2	+32 +2	+30 +11	+41 +11	+39 +20	+50 +20	+51 +32	+62 +32	+60 +41	+72 +53	+85 +66	+106 +87
>65～80											+62 +43	+78 +59	+94 +75	+121 +102
>80～100	+20 −15	±11	+25 +3	+38 +3	+35 +13	+48 +13	+45 +23	+58 +23	+59 +37	+72 +37	+73 +51	+93 +71	+113 +91	+146 +124
>100～120											+76 +54	+101 +79	+126 +104	+166 +144
>120～140	+22 −18	±12.5	+28 +3	+43 +3	+40 +15	+55 +15	+52 +27	+67 +27	+68 +43	+83 +43	+88 +63	+117 +92	+147 +122	+195 +170
>140～160											+90 +65	+125 +100	+159 +134	+215 +190
>160～180											+93 +68	+133 +108	+171 +146	+235 +210
>180～200	+25 −21	±14.5	+33 +4	+50 +4	+46 +17	+63 +17	+60 +31	+77 +31	+79 +50	+96 +50	+106 +77	+151 +122	+195 +166	+265 +236
>200～225											+109 +80	+159 +130	+209 +180	+287 +258
>225～250											+113 +84	+169 +140	+225 +196	+313 +284
>250～280	±26	±16	+36 +4	+56 +4	+52 +20	+72 +20	+66 +34	+86 +34	+88 +56	+108 +56	+126 +94	+190 +158	+250 +218	+347 +315
>280～315											+130 +98	+202 +170	+272 +240	+382 +350
>315～355	+29 −28	±18	+40 +4	+61 +4	+57 +21	+78 +21	+73 +37	+94 +37	+98 +62	+119 +62	+144 +108	+226 +190	+304 +268	+426 +390
>355～400											+150 +114	+224 +208	+330 +294	+471 +435

附表 C2　孔的极限偏差数值(根据 GB/T1800.2—2009)

(单位:μm)

公差带代号	A	B	C	D	E	F		G	H					
公称尺寸/mm	11	12	11	9	8	8	9	7	6	7	8	9	10	11
>0~3	+330 +270	+240 +140	+120 +60	+45 +20	+28 +14	+20 +6	+31 +6	+12 +2	+6 0	+10 0	+14 0	+25 0	+40 0	+60 0
>3~6	+345 +270	+260 +140	+145 +70	+60 +30	+38 +20	+28 10	+40 +10	+16 +4	+8 0	+12 0	+18 0	+30 0	+48 0	+75 0
>6~10	+370 +280	+300 +150	+170 +70	+76 +40	+47 +25	+35 +13	+49 +13	+20 +5	+9 0	+15 0	+22 0	+36 0	+58 0	+90 0
>10~18	+400 +290	+330 +150	+205 +95	+93 +50	+59 +32	+43 +16	+59 +19	+24 +6	+11 0	+18 0	+27 0	+43 0	+70 0	+110 0
>18~24 >24~30	+430 +300	+370 +160	+240 +110	+117 +65	+73 +40	+53 +20	+72 +20	+28 +7	+13 0	+21 0	+33 0	+52 0	+84 0	+130 0
>30~40	+470 +310	+420 +170	+280 +120	+142 +80	+89 +50	+64 +25	+87 +25	+34 +9	+16 0	+25 0	+39 0	+62 0	+100 0	+160 0
>40~50	+480 +320	+430 +180	+290 +130											
>50~65	+530 +340	+490 +190	+330 +140	+174 +100	+106 +60	+76 +30	+104 +30	+40 +10	+19 0	+30 0	+46 0	+74 0	+120 0	+190 0
>65~80	+550 +360	+500 +200	+340 +150											
>80~100	+600 +380	+570 +220	+390 +170	+207 +120	+126 +72	+90 +36	+123 +36	+47 +12	+22 0	+35 0	+54 0	+87 0	+140 0	+220 0
>100~120	+630 +410	+590 +240	+400 +180											
>120~140	+710 +460	+660 +410	+450 +200	+245 +145	+148 +85	+106 +43	+143 +43	+54 +14	+25 0	+40 0	+63 0	+100 0	+160 0	+250 0
>140~160	+770 +460	+680 +280	+460 +210											
>160~180	+830 +580	+710 +310	+480 +230											
>180~200	+950 +660	+800 +340	+530 +240	+285 +170	+172 +100	+122 +50	+165 +50	+61 +15	+29 0	+46 0	+72 0	+115 0	+185 0	+290 0
>200~225	+1030 +740	+840 +380	+550 +260											
>225~250	+1110 +820	+880 +420	+570 +280											
>250~280	+1240 +920	+1000 +480	+620 +300	+320 +190	+191 +110	+137 +56	+186 +56	+69 +17	+32 0	+52 0	+81 0	+130 0	+210 0	+320 0
>280~315	+1370 +1050	+1060 +540	+650 +330											
>315~355	+1560 +1200	+1170 +600	+720 +360	+350 +210	+214 +125	+151 +62	+202 +60	+75 +18	+36 0	+57 0	+89 0	+140 0	+230 0	+360 0
>355~400	+1710 +1350	+1250 +680	+760 +400											

续表

公差带代号 公称尺寸/mm	H	JS		K		M		N		P	R	S	T	U
	12	7	8	7	8	7	8	7	8	7	7	7	7	7
>0～3	+100 0	±6	±7	0 −10	0 −14	−42 −12	−2 −16	−4 −14	−4 −14	−6 −16	−10 −20	−14 −24		−18 −28
>3～6	+120 0	±6	±9	+3 −9	+5 −13	0 −12	+2 −16	−4 −16	−2 −20	−8 −20	−11 −23	−15 −27		−19 −31
>6～10	+150 0	±7	±11	+5 −10	+6 −16	0 −15	+1 −21	−4 −19	−3 −25	−9 −24	−13 −28	−17 −32		−22 −37
>10～18	+180 0	±9	±13	+6 −12	+8 −19	0 −18	+2 −25	−5 −23	−3 −30	−11 −29	−16 −34	−21 −39		−26 −44
>18～24	+210 0	±10	±16	+6 −15	+10 −23	0 −21	+4 −29	−7 −28	−3 −36	−14 −35	−20 −31	−27 −48		−33 −54
>24～30													−38 −54	−40 −61
>30～40	+250 0	±12	±19	+7 −18	+12 −27	0 −25	+5 −34	−8 −33	−3 −42	−17 −42	−25 −50	−34 −59	−39 −64	−51 −76
>40～50													−48 −70	−61 −86
>50～65	+300 0	±15	±23	+9 −21	+14 −32	0 −30	+5 −41	−9 −39	−4 −50	−21 −51	−30 −60	−42 −72	−55 −85	−79 −106
>65～80											−32 −62	−48 −78	−64 −94	−91 −121
>80～100	+350 0	±17	±27	+10 −25	+16 −38	0 −35	+6 −48	−10 −45	−4 −58	−24 −59	−38 −73	−58 −93	−78 −113	−111 −146
>100～120											−41 −76	−66 −101	−91 −126	−131 −166
>120～140	+400 0	±20	±31	+12 −28	+20 −43	0 −40	+8 −55	−12 −52	−4 −67	−28 −68	−48 −88	−77 −177	−107 −137	−155 −195
>140～160											−50 −90	−85 −125	−120 −159	−175 −215
>160～180											−53 −93	−93 −133	−131 −171	−195 −235
>180～200	+460 0	±23	±36	+13 −33	+22 −50	0 −46	+9 −63	−14 −60	−5 −77	−33 −79	−60 −106	−105 −151	−149 −195	−219 −265
>200～225											−63 −109	−113 −159	−163 −209	−241 −287
225～250											−67 −113	−123 −169	−179 −225	−267 −313
>250～280	+520 0	±26	±40	+16 136	+25 −56	0 −52	+9 −72	−14 −66	−5 −86	−36 −88	−74 −126	−138 −190	−198 −250	−295 −347
>280～315											−78 −130	−150 −202	−220 −272	−330 −382
>315～355	+570 0	±28	±44	+17 −40	+28 −61	0 −57	+11 −78	−16 −73	−5 −94	−41 −98	−87 −14	−169 −226	−247 −304	−369 −426
>355～400											−93 −150	−187 −244	−273 −330	−414 −471

附录D 常用的金属材料和非金属材料

附录 D1 金属材料

<table>
<tr><th>标准</th><th>名称</th><th>牌号</th><th colspan="2">主要用途</th><th>说明</th></tr>
<tr><td rowspan="7">GB/T 700—2006</td><td rowspan="7">碳素结构钢</td><td rowspan="2">Q215</td><td>A级</td><td>用于金属结构件、拉杆、套圈、铆钉、螺栓、短轴、心轴、凸轮(载荷不大的)、垫圈</td><td rowspan="7">“Q”为碳素结构钢屈服点“屈”字的汉语拼音首位字母,后面的数字表示屈服点的数值。如Q235表示碳素结构钢的屈服点为235 MPa</td></tr>
<tr><td>B级</td><td>用于渗碳零件及焊接件</td></tr>
<tr><td rowspan="4">Q235</td><td>A级</td><td rowspan="4">用于金属结构件、心部强度要求不高的渗碳或氰化零件、吊钩、拉杆、套圈、汽缸、齿轮、螺栓、螺母、连杆、轮轴、楔、盖及焊接件</td></tr>
<tr><td>B级</td></tr>
<tr><td>C级</td></tr>
<tr><td>D级</td></tr>
<tr><td>Q275</td><td colspan="2">用于轴、轴销、刹车杆、螺母、螺栓、垫圈、连杆、齿轮以及其他强度较高的零件</td></tr>
<tr><td rowspan="7">GB/T 699—2015</td><td rowspan="7">优质碳素结构钢</td><td>10F
10</td><td colspan="2">用于拉杆、卡头、垫圈、铆钉及焊接零件</td><td rowspan="7">牌号的两位数字表示碳的质量分数,45钢即表示碳的质量分数为0.45%;碳的质量分数小于等于0.25%的碳钢属低碳钢(渗碳钢);碳的质量分数为0.25%~0.6%的碳钢属中碳钢(调质钢);碳的质量分数大于0.6%的碳钢属高碳钢;沸腾钢在牌号后加字母“F”;锰的质量分数较高的钢要加注化学元素符号“Mn”</td></tr>
<tr><td>15F
15</td><td colspan="2">用于受力不大和韧度较高的零件、渗碳零件及紧固件(如螺栓、螺钉)、法兰和化工贮器</td></tr>
<tr><td>35</td><td colspan="2">用于制造曲轴、转轴、轴销、杠杆、连杆、螺栓、螺母、垫圈、飞轮(多在正火、调制下使用)</td></tr>
<tr><td>45</td><td colspan="2">用于综合力学性能要求高的各种零件,通常经正火或调制处理后使用。用于制造轴、齿轮、齿条、链轮、螺栓、螺母、销钉、键、拉杆等。</td></tr>
<tr><td>65</td><td colspan="2">用于制造弹簧、垫圈、凸轮、轧辊等</td></tr>
<tr><td>15Mn</td><td colspan="2">用于制造心部力学性能要求较高且需渗碳的零件</td></tr>
<tr><td>65Mn</td><td colspan="2">用于耐磨性要求高的圆盘、衬板、齿轮、花键轴、弹簧等</td></tr>
<tr><td rowspan="5">GB/T 3077—2015</td><td rowspan="5">合金结构钢</td><td>30Mn2</td><td colspan="2">用于起重机行车轴、变速箱齿轮、冷镦螺栓及较大截面的调质零件</td><td rowspan="5">钢中加入一定量的合金元素,提高了钢的力学性能和耐磨性,也提高了钢的淬透性,保证金属在较大截面上获得高的力学性能</td></tr>
<tr><td>20Cr</td><td colspan="2">用于心部强度要求较高、耐磨损、尺寸较大的渗碳零件,如齿轮、齿轮轴、蜗杆、凸轮、活塞销等,也用于速度较高、受中等冲击的调质零件</td></tr>
<tr><td>40Cr</td><td colspan="2">用于受变载、中速、中载、强烈磨损而无很大冲击的重要零件,如重要的齿轮、轴、曲轴、连杆、螺栓、螺母等</td></tr>
<tr><td>35SiMn</td><td colspan="2">可代替40Cr用于中小型轴类、齿轮类零件及430 ℃以下使用的重要紧固件</td></tr>
<tr><td>20 CrMnTi</td><td colspan="2">强度、韧度均高,可代替镍铬钢用于承受高速、中等或重载荷以及冲击、磨损等的重要零件,如渗碳齿轮、凸轮等</td></tr>
</table>

续表

标准	名称	牌号	主要用途	说明
GB/T 11352—2009	铸钢	ZG230—450	用于轧床机架、铁道车辆摇枕、侧梁、铁铮台、机座、箱体、锤轮、450 ℃以下使用的管路附件等	"ZG"为铸钢汉语拼音的首字母，后面的数字表示屈服点和抗拉强度，如 ZG230—450 表示屈服点为 230 MPa、抗拉强度为 450 MPa
		ZG310—570	用于联轴器、齿轮、汽缸、轴、机架、齿圈等	
GB/T 9439—2010	灰铸铁	HT150	用于小载荷和对耐磨性无特殊要求的零件，如端盖、外罩、手轮、一般机床底座、床身及其复杂零件，滑台、工作台和低压管件等	"HT"为灰铁的汉语拼音的首字母，后面的数字表示抗拉强度。如 HT200 表示抗拉强度为 200 MPa 的灰铸铁
		HT200	用于中等载荷和对耐磨性有一定要求的零件，如机床床身、立柱、飞轮、汽缸、泵体、轴承座、活塞、齿轮箱、阀体等	
		HT250	用于中等载荷和对耐磨性有一定要求的零件，如阀壳、油缸、汽缸、联轴器、机体、齿轮、齿轮箱外壳、飞轮、衬套、凸轮、轴承座、活塞等	
		HT300	用于受力大的齿轮、床身导轨、车床卡盘、剪床床身、压力机的床身、凸轮、高压油缸、液压泵和滑阀壳体、冲模模体等	
GB/T 1176—2013	5-5-5 锡青铜	ZCuSn5Pb5Zn5	耐磨性和耐蚀性均好，易加工，铸造性和气密性较好。用于较高负荷、中等滑动速度下工作的耐磨、耐蚀零件，如轴 7C、衬套、缸套、活塞、离合器、蜗轮等	"Z"为铸造汉语拼音的首位字母，各化学元素后面的数字表示该元素含量的百分数(质量分数)，如 ZCuAl10Fe3 表示含 Al 8.5%～11%，Fe 2%～4%，其余为 Cu 的铸造铝青铜
	10-3 铝青铜	ZCuAl10Fe3	力学性能好，耐磨性、耐蚀性、抗氧化性好，可以焊接，不易钎焊。可用于制造强度高、耐磨、耐蚀的零件，如蜗轮、轴承、衬套、管嘴、耐热管配件等	
	25-6-3-3 铝黄铜	ZCuZn25Al6	有很高的力学性能，铸造性良好、耐蚀性较好，可以焊接。适用于高强耐磨零件，如桥梁支承板、螺母、螺杆、耐磨板、滑块、蜗轮等	
	58 2-2 锰黄铜	ZCu58Mn2Pb2	有较高的力学性能和耐蚀性，耐磨性较好，切削性良好。可用于一般用途的构件，船舶仪表等使用的外形简单的铸件，如套筒、衬套、轴瓦、滑块等	
GB/T 1173—2013	铸造铝合金	ZL102 ZL202	耐磨性中上等，用于制造载荷不大的薄壁零件	ZL102 表示含硅 10%～13%(质量分数)、余量为铝的铝硅合金；ZL202 表示含铜 9%～11%(质量分数)、余量为铝的铝铜合金

续表

标准	名称	牌号	主要用途	说明
GB/T 3190—2008	硬铝	LY12	焊接性好，适于制作中等强度的零件	LY12 表示含铜(质量分数，下同)3.8%～4.9%、镁 1.2%～1.8%、猛 0.3%～0.9%、余量为铝的硬铝
	工业纯铝	L2	塑性、耐蚀性高，焊接性好，强度低。用于制作储槽、热交换器、防污染设备及深冷设备等	L2 表示含杂质小于等于 0.4%的工业纯铝

附录 D2　非金属材料

<table>
<tr><th>标准</th><th colspan="2">名称</th><th>牌号或代号</th><th>主要用途</th><th>说明</th></tr>
<tr><td>JB/ZQ 4196—2006</td><td colspan="2">尼龙 6
尼龙 66
尼龙 610
尼龙 1010</td><td>PA</td><td>具有优良的力学强度和耐磨性。广泛用于机械、化工及电器零件，例如轴承、齿轮、泵叶轮、风扇叶轮、高压密封圈、输油管、储油容器等</td><td>—</td></tr>
<tr><td>QB/T 5257—2018</td><td rowspan="2">聚四氟乙烯</td><td>板</td><td rowspan="2">PTFE</td><td rowspan="2">耐腐蚀、耐高温。用于腐蚀介质中，起密封和减磨作用，用作垫圈等</td><td rowspan="2">—</td></tr>
<tr><td>QB/T 4041—2010</td><td>棒</td></tr>
<tr><td>GB/T 7134—2008</td><td colspan="2">有机玻璃</td><td>PMMA</td><td>耐酸碱以及二氧化硫、臭氧等腐蚀气体，有较高的透明度。可用于耐蚀和需要透明的零件</td><td>有色和无色</td></tr>
<tr><td>JB/T 8149.2—2000</td><td colspan="2">酚醛层压布板</td><td>PECC1
PECC2
PECC3
PECC4</td><td>力学性能很高，刚性大，耐热性高，可用于密封件、轴承、轴瓦、带轮、齿轮、离合器、摩擦轮、电器绝缘零件等</td><td>—</td></tr>
<tr><td rowspan="3">GB/T 5574—2008</td><td colspan="2">耐酸橡胶板</td><td>2707
2807
2709</td><td>具有耐酸碱性能，可在温度为－30～＋60 ℃的 20％浓度的酸碱液体中工作，用于冲制密封性能较好的垫圈</td><td>较高硬度
中等硬度</td></tr>
<tr><td colspan="2">耐油橡胶板</td><td>3707
3807
3709
3809
3002</td><td>可在一定温度的润滑油、变压器油、汽油等介质中工作，可用于冲制各种形状的垫圈</td><td>较高硬度</td></tr>
<tr><td colspan="2">耐热橡胶板</td><td>4708
4808
4710</td><td>可在－30～100 ℃且压力不大的条件下，于热空气、蒸汽介质中工作，用于冲制各种垫圈和隔热垫板</td><td>较高硬度
中等硬度</td></tr>
<tr><td>GB/T 539—2008</td><td colspan="2">耐油石棉橡胶板</td><td>YS450</td><td>用作供航空发动机用的煤油、润滑油及冷气系统接合处的密封衬垫材料</td><td>厚度为 0.4～3.0 mm</td></tr>
<tr><td>QB/T 2200—1996</td><td colspan="2">软钢纸板</td><td>—</td><td>供汽车、拖拉机的发动机及其他工业设备上制作密封垫片</td><td>厚度为 0.5～3.0 mm</td></tr>
<tr><td>FZ/T 25001—2012</td><td colspan="2">工业用毛毡</td><td>T111
T112
T122</td><td>用作密封、防漏油、防振、缓冲衬垫等。按需要选用细毛、半粗毛、粗毛</td><td>厚度为 1.5～2.5 mm</td></tr>
</table>

附录 E　常用热处理和表面处理(GB/T 7232—2012、JB/T 8555—2008)

名称	代号	说明	目的
退火	5111	将钢件加热到临界温度(一般是 710～750 ℃,个别金属钢 800～900 ℃)以上 30～50 ℃,保温一段时间,然后缓慢冷却(一般在炉中冷却)	用来消除铸、锻、焊零件的内应力,降低硬度,便于切削加工,细化金属晶粒,改善组织,增加韧度
正火	5121	将钢件加热到临界温度以上,保温一段时间,然后在空气中冷却,冷却速度比退火快	用来处理低碳钢、中碳结构钢及渗碳零件,细化晶粒,增加强度和韧度,减少内应力,改善切削性能
淬火	5131	将钢件加热到临界温度以上,保温一段时间,然后在水、盐水或油中(个别材料在空气中)急剧冷却,使其达到高硬度	用来提高钢的硬度和强度极限。淬火会引起内应力,使钢变脆,所以淬火后必须回火
回火	5141	将淬火后的钢件重新加热到临界温度以下某一温度,保温一段时间,然后在空气中或油中冷却	消除淬火后的脆性和内应力,提高机件强度及耐磨性
调质	5151	淬火后在 500～700 ℃进行高温回火	用来使钢获得高的韧度和足够的强度。重要的齿轮、轴及丝杠等零件需调质处理
表面淬火	5210	用火焰或高频电流将零件表面迅速加热到临界温度以上,急速冷却	提高机件表面的硬度及耐磨性而心部又保持一定的韧度,使零件既耐磨又能承受冲击,常用来处理齿轮等
渗碳	5310	在渗碳剂中将钢件加热到 900～950 ℃停留一定时间,将碳渗入钢表面,渗碳深度 0.5～2 mm,再淬火回火	提高钢件的耐磨性、表面强度、抗拉强度及疲劳极限。适用于低碳、中碳结构钢的中小型零件
渗氮	5330	渗氮是在 500～600 ℃通入氨的炉子内加热,向钢的表面渗入氮原子的过程。渗氮层厚度为 0.025～0.8 mm,渗氮时间需 40～50 h	提高钢件的耐磨性、表面硬度、疲劳极限和耐蚀能力。适用于合金钢、碳钢、铸铁件,如机床主轴、丝杠、重要液压元件
碳氮共渗	5320	在 820～860 ℃炉内通入碳和氮,保温 1～2 h,使钢件的表面同时渗入碳、氮原子,可得到 0.2～0.5 mm 厚的氰化层	提高机件表面的硬度、耐磨性、疲劳强度和耐蚀能力,用于要求硬度高、耐磨的中小型薄片零件、刀具等
固溶热处理和时效	5181	低温回火后,精加工前,加热到 100～160 ℃后,保温 10～40 h。铸件也可进行自然时效(放在露天中一年以上)处理	消除内应力,稳定机件形状和尺寸,常用于处理精密机件,如精密轴承、精密丝杠等
硬度	HBW(布氏硬度见 GB/T 231.1—2018) HRC(洛氏硬度见 GB/T 230.1—2018) HV(维氏硬度见 GB/T 4340.1—2009	材料抵抗硬物压入其表面的能力依测定方法不同而有布氏、洛氏、维氏等几种	检验材料经热处理后的力学性能: HBW 用于经退火、正火、调质处理的零件及铸件;HRC 用于经淬火、回火及表面渗碳、渗氮等处理的零件;HV 用于薄层硬化零件

参考文献

[1] 杨惠英,王玉坤.机械制图[M].3 版.北京:清华大学出版社,2011.

[2] 薛颂菊,徐瑞洁.工程制图[M].北京:清华大学出版社,2015.

[3] 赵增慧.工程制图[M].2 版.北京:中国石化出版社,2012.

[4] 张京英,张辉,焦永和.机械制图[M].3 版.北京:北京理工大学出版社,2013.

[5] 大连理工大学工程图学教研室.机械制图[M].7 版.北京:高等教育出版社,2013.

[6] 周静卿,张淑娟,赵凤芹.机械制图与计算机绘图[M].北京:中国农业大学出版社,2007.

[7] 姚民雄,华红芳.机械制图[M].北京:电子工业出版社,2012.

[8] 何培英,贾雨,白代萍.机械工程图学[M].武汉:华中科技大学出版社,2013.

[9] 戴立玲,袁浩,黄娟.现代机械工程制图[M].北京:科学出版社,2014.

[10] 李学京.机械制图和技术制图国家标准学用指南[M].北京:中国标准出版社,2013.

[11] 何铭新,钱可强,徐祖茂.机械制图[M].7 版.北京:高等教育出版社,2016.

[12] 果连成,王槐德.机械制图课教学参考书[M].北京:中国劳动社会保障出版社,2011.

[13] 冯仁余,白丽娜.机械制图与识图难点解析[M].北京:化学工业出版社,2016.

[14] 贝尔托林,维贝.图形信息表达基础教程[M].5 版.童秉枢,改编.北京:清华大学出版社,2007.

[15] 弗伦奇,菲尔克,福斯特.工程制图与图形技术[M].14 版.焦永和,改编.北京:清华大学出版社,2007.

二维码资源使用说明

本书部分课程资源以二维码的形式在书中呈现,读者第一次利用智能手机在微信端扫码成功后提示微信登录,授权后进入注册页面,填写注册信息。按照提示输入手机号后点击获取手机验证码,稍等片刻收到 4 位数的验证码短信,在提示位置输入验证码成功后,重复输入两遍设置密码,选择相应专业,点击“立即注册”,注册成功(若手机已经注册,则在“注册”页面底部选择“已有账号?绑定账号”,进入“账号绑定”页面,直接输入手机号和密码,提示登录成功)。接着提示输入学习码,需刮开教材封面防伪涂层,输入 13 位学习码(正版图书拥有的一次性使用学习码),输入正确后提示绑定成功,即可查看二维码数字资源。手机第一次登录查看资源成功,以后便可直接在微信端扫码登录,重复查看资源。